国家出版基金项目
NATIONAL PUBLICATION FOUNDATION

CAMBRIDGE

政府（公共）部门治理与问责
系列丛书

财政联邦主义：多级政府治理原理与实践

罗宾·鲍德威　沙安文　主编
庞　鑫　王少康　译
姜永华等校译

中国财经出版传媒集团
中国财政经济出版社

图书在版编目（CIP）数据

财政联邦主义：多级政府治理原理与实践/（美）鲍德威，（美）沙安文主编；庞鑫，王少康译．—北京：中国财政经济出版社，2016.3

（政府（公共）部门治理与问责系列丛书）

国家出版基金资助项目

ISBN 978-7-5095-6513-1

Ⅰ.①财…　Ⅱ.①鲍…　②沙…　③庞…　④王…　Ⅲ.①财政分散制-研究-美国　Ⅳ.①F817.121

中国版本图书馆 CIP 数据核字（2016）第 285289 号

著作权合同登记号：图字 01-2016-5170

责任编辑：吕小军　　　　责任校对：张　凡

封面设计：思梵星尚

中国财政经济出版社出版

URL：http：//www.cfeph.cn

E-mail：cfeph@cfeph.cn

社址：北京市海淀区阜成路甲 28 号　邮政编码：100142

发行处电话：010-88191537　财经书店电话：64033436

北京财经印刷厂印刷　各地新华书店经销

787×1092 毫米　16 开　38 印张　513 000 字

2018 年12月第 1 版　2018 年12月北京第 1 次印刷

定价：118.00 元

ISBN 978-7-5095-6513-1

（图书出现印装问题，本社负责调换）

本社质量投诉电话：010-88190744

打击盗版举报热线：010-88191661　QQ：2242791300

剑桥大学出版社
剑桥、纽约、墨尔本、马德里、开普敦、新加坡、圣保罗、德里、东京、墨西哥城
剑桥大学出版社
32 avenue of Americas, New York, NY10013 - 2473, USA
美国，纽约 10013 - 2473，纽约，美洲第 32 大道
www. cambridge. org
关于此网站的信息：www. cambridge. org/9780521732116

首版 2009 年
再版 2011 年

该出版物的编目记录可向大英图书馆索取。

国会图书馆图书在版编目数据

鲍德威，罗宾 W.，1943 -
《财政联邦主义：多级治理中的原理与实践》/罗宾·鲍德威，沙·安文

p. cm.
包括参考文献及索引。
国际标准图书编号 978 - 0 - 521 - 51821 - 5（精装本） - 国际标准图书编号 978 - 0 - 521 - 73211 - 6（平装本）
政府间财政关系 2. 财政政策 3. 政府分权 4. 收入共享 I. 沙，安文。II. 题目
HJ197. B63　2009
336 - dc22　　2008045471

国际标准图书编号 978 - 0 - 521 - 51821 - 5 精装本
国际标准图书编号 978 - 0 - 521 - 73211 - 6 平装本

This is a Chinese edition of the following title published by Cambridge University Press:

Fiscal Federalism: Principles and Practices of Multiorder Governance

ISBN: 978 – 0 – 521 – 51821 – 5 hardback

ISBN: 978 – 0 – 521 – 73211 – 6 paperback

First published 2009

Printed in the United States of America

This Chinese edition for the People's Republic of China (excluding Hong Kong, Macau and Taiwan) is published by arrangement with the Press Syndicate of the University of Cambridge, Cambridge, United Kingdom.

《政府（公共）部门治理与问责系列丛书》中文版出版说明

由我主编的世界银行政府（公共）部门治理系列丛书中文版由现已过世的姜永华博士牵头负责，其翻译出版得到了中国国家出版基金的大力支持。我曾任世界银行学院公共部门治理项目的主任一职，目前为布鲁金斯学会高级研究员，并担任西南财经大学成都温江校区公共经济研究中心主任。系列书借鉴了近几十年来OECD国家和中国的经验，为公共部门治理改革提供了重要的经验教训。

运转良好的公共部门对于减贫至关重要。其必须提供满足公民所需要的优质公共服务，促进以民营市场为导向的经济增长，同时审慎地管理财政资源，并且所有行动对公民负责。该系列书的重要性，在于提供了如何实现这些目标的概念性指导和经验教训。系列书同样有助于世界各国学习彼此理念和实践经验，促进FAIR（公平、负责、廉洁和回应）公共治理的实现。系列书提炼了现有公共治理的卓见，并提出了提高公共部门效率、公平性和有效性的分析工具。系列书中内容包含了大量顶级公共政策专家和从业实践者的巨大贡献。

以下简要介绍系列中各书的基本内容：

财政联邦主义

本书基于目前公认的理论框架和最佳实践，系统全面地介绍了财政联邦主义的原理和实践。参考世界各地的联邦制国家和单一制分权国家遵循的实际做法，在统一的框架内探讨了关于职责分配、政府间财政安排、财政竞争和转移支付等传统议题。还包括对诸如基层政府治理、自然资源问题的影响等特殊问题，以及对诸如治理、腐败以及全球化和信息革命对民族国家影响等新问题的一体化考虑。应对这些问题的方式是非技术性的，适合包括学者、教师、学生、政策智囊和从业实践者在内的各类读者。

宏观联邦主义和地方财政

近年来，联邦制作为一种政府形式被提出来，它可以提供保障，防止集权剥削和分权机会主义行为威胁，同时使政府决策更贴近人民。但近几十年来联邦制受到了更多来自国内外因素的压力。全球化和信息革命的两大突出影响正在使国家内部以及国家之外的权力分配发生深刻变化。这两种力量将世界从集权治理结构转向全球化和本土化结构，有时也被称作“全球本土化”治理，这种趋势势不可挡。本书通过下述几个方面回顾了国家和全球治理的范式转变：(a) 考察了全球化和信息革命对民族国家内外部多级政府治理结构的影响；(b) 审视了财政安排对动态效率和经济增长的影响；(c) 提供了基层政府组织和财政应对不断变化的世界的比较视角分析。

财政管理

本书提供了解决财政审慎、财政压力、官僚低效、公民赋权和公共廉洁等问题的分析工具。这些工具旨在使政策制定者与实践者能够对政府财政管理和可问责治理的体制安排进行以下诊断测试：

财政谨慎测试：体制安排是否适合确保政府的财政管理决策限于保障项目的可负担性和可持续性？

财政压力测试：政府是否维持净值为正？

公民问责测试：政府如何知道它是在提供公民所要求的？当它不符合这些要求时会发生什么？

公共廉洁测试：行政部门如何对以权谋私的权力滥用行为问责？

预算与预算编制

预算编制和预算程序能够履行如下重要政府职能：确定公共资源分配的优先顺序；规划实现政策目标；对财政投入进行控制使其遵守规则；以审慎、高效和廉洁为原则管理运行；保障纳税人的权利。根据经济学和政治学文献，预算编制的有效性有助于改善一国财政和经济状况。但是在发展中国家，特别是非洲的发展中国家，预算程序和预算编制尚不完善，难以充分履行上述职能，只是被作为一种法律控制的手段。预算制度的改革对提高政府服务绩效、加强议会和公民对政府运作的监督至关重要。

本书提供了改革预算和预算编制的综合指南。本书分为两部分。第一部分提供了预算和预算编制的入门介绍。它涵盖了预算流程、方法以及相关工具和实践，详细阐述了传统与现代的预算和会计理念。此外，还讨论了将综合财务信息管理系统和评估方法引入公共支出管理和财政问责的实施问题。本书的第二部分概述了在非洲和战后国家对公共支出管理进行优先排序和排序时涉及的问题。此外，还对肯尼亚和南非的预算编制进行了案例研究。

参与式预算

预算实践者和学者提出的参与式预算作为实现包容性和问责治理的重要工具，已在全球众多发展中国家中以各种形式实施。通过参与式预算，公民有机会获得有关政府运作的第一手信息，从而影响政府政策并要求政府负责。然而，参与式流程也存在被利益集团捕获的风险。被捕获的过程可能会继续促进政府决策中的精英主义倾向。

本书概述了参与式预算的基本原理，分析了世界各国参与式预算编制做法的优点和缺点，旨在指导政策制定者和实践者为实现包容性治理而改进这些做法。本书包括五个区域调查，还提出了关于知识共享的议程，并从改革公共部门治理的跨国经验中学习，旨在帮助发展中国家的政策制定者和实践者作出更有针对性的政策选择。

绩效问责与反腐败

基于绩效的问责制具有吸引力，因为它有可能提高政府服务提供绩效，确保公共运营的廉洁性。但是实施这种问责制对任何公共部门组织都是一项重大挑战；绝大多数此类改革都因设计和实施困难而失败。本书就如何将基于绩效的问责制制度化提供了建议，特别是在缺乏良好问责制度的国家。本书还阐述了如何通过加强问责制度来反腐败。

本书分为两部分。第一部分涉及公共管理改革，以确保政府运作的廉洁性和提高效率。本部分概述了公共管理改革的议程，并讨论了电子政务和互联网解决方案在提高绩效方面的作用。本书的第二部分就加强代议机构，如议会机关和委员会的作用提供了建议，以此来监督政府规划和计划。它还提供了如何通过审计及相关机构来发现欺诈和腐败行为的指导。本书还突出强调了导致腐败产生的原因，以及运用内外部问责机构和机制的反腐败情况。本书还就如何针对个别国家特定情况制定反腐方案，以及如何对改革措施进行排序以确保可持续性提供了建议。

总之，我衷心希望这一系列书能有助于政府官员、发展实践者、发展经济学学生及那些有志于改善全球公共治理的人。

沙安文

2018 年 5 月

目　录

第二部分 收入共享与财政转移支付

第三部分　公共服务的融资和提供

第四部分 挑战与应对

编写人员简介

本书对财政联邦主义原理与实践作了全面的回顾，内容基于被广泛接受的理论框架和最典型的具体实践。参考世界上各联邦国家的具体实践，在统一的框架内讨论的传统问题包括：支出责任划分、政府间的财政安排、财政竞争以及转移支付分配等。特殊问题包括：地方政府治理和自然资源开发的影响等，以及新出现的问题，如政府治理、腐败、全球化和信息革命对国家和地区的影响等。书中的讨论是非技术性的，适合包括学者、教师、学生、智囊和公职人员等各式读者。

罗宾·鲍德威（Robin Boadway）是加拿大金斯顿皇后大学经济系大卫·查德威克·史密斯（David Chadwick Smith）主席，在此之前是皇后大学经济系爱德华·皮科克爵士（Sir Edward Peacock）教授，并一直在皇后大学执教。他曾获加拿大荣誉勋章，并且是加拿大皇家学会、政府间关系研究所、经济研究中心和经济研究所（CESifo）的成员。鲍德威教授还是加拿大经济协会的前主席和国际公共财政学会（IIPF）的现任执行副主席。他还曾是国际货币基金组织（IMF）财政事务部学术小组的成员，现在是慕尼黑经济研究所（IFO）科学顾问委员会的成员。他曾获得皇后大学的卓越研究贡献奖和两次获得哈里·约翰逊纪念奖章。他曾经是《加拿大经济学杂志》和《德国经济评论》的编辑，现担任《公共经济杂志》的编辑。著作包括《公共部门经济学》《福利经济学》《加拿大税收政策》《加拿大政府间财政关系》《联邦国家的均等化》，与沙安文博士合著《政府间财政转移支付》。

沙安文（Anwar Shah）是世界银行学院的首席经济学家，公共部门治理培训项目负责人，同时也是慕尼黑国际公共财政学会执行委员会和加拿大艾伯塔省埃德蒙顿市公共经济学院的一员，并在西南财经大学（中国成都）和中央财经大学（中国北京）担任名誉教授。沙安文博士曾任职于加拿大财政部和艾伯塔地方政府，以及美国国际发展署。他是联合国政府间委员会关于气候变化第二次报告的第一撰稿人，并在 2005 - 2007 年担任联邦制国家政府合作论坛财政主办的联邦主义全球对话协调员。他还曾经向澳大利亚、阿根廷、巴西、加拿大、中国、德国、印度、印度尼西亚、墨西哥、巴基斯坦、波兰、南非和土耳其等国政府提供财政体制改革建议。沙安文博士曾在渥太华大学讲授政府资源与环境经济学本科课程。他已经出版了 24 本关于政府治理与财政体制改革的书籍，并在专业期刊上发表过诸多论文。他最新著作是《财政联邦主义实践》和《宏观财政联邦主义与地方财政》。

前　言

全球化、信息革命、地区和种族冲突的加剧，使得对全球大量且越来越多的国家来说重新审视不同层级政府的角色以确保和平、秩序和良好的政府治理，重新定位自己的角色改善社会和经济成果以使其与公民生活水平密切相关，已势在必行。这种审视导致了一场席卷全球的无声革命，这一缓慢但渐进的过程带来了国际化、邦联化、中央化、州省化、本土化等不同特征的制度安排。这种无声的革命对政府治理结构的逐步转变影响表明，绝大多数人正在经历单一制的宪法结构向联邦或邦联治理结构的转变，或是单一制政府治理下的地方政府治理强化（2007 年，共有 28 个联邦国家或准联邦国家，20 个分权的单一制国家，占全世界人口的 2/3）这种新的治理愿景同样也重新点燃了研究财政联邦主义原理与实践的兴趣，而联邦体制一般认为能够避免中央集权的弊端和地方分权的机会主义行为的威胁，同时能使决策更贴近公民。本书的出版正是出于这种需要，为多中心的分权经济治理的理论和实践方面提供全面的文献参考。书中所介绍的财政联邦主义原理与实践，不但联邦国家感兴趣，对致力于为人民工作和服务的单一制国家政府也同样有重要的政策含义。

本书的目的是为大众读者总结广泛的和多样的财政制度设计和实践的文献，例如，收入筹集、支出、各级政府的管制职能、收入分享机制和政府间转移支付结构，以确保有回应、可问责、公平和负责的分权政府治理。本书的最初编写动机也同样由于，在过去的 30 年中无论是工业化国家还是发展中国家的政府，都曾向作者寻求财政体制改革的建议。令人惊讶的是，在这些会面中，几乎所有的对象均对概念性的指导和国外应对类似问题时好的实践案例信息表示出了强烈兴趣。虽然这些国家所面临的挑战有些类似，但他们发现的解决方案往往是独特的和偏狭的。因此，编写一本记录这些原理和实践的书，不仅有助于今后的改革努力，而且同样有助于学术界对这些知识的保存，并呈现给广泛的学生们和公民们。

本书代表了作者们超过 20 年来的成果和他们专业学识的结晶。编者想特别感谢的是桑德拉·罗伯茨（Sandra Roberts），感谢她在财政联邦主义实践领域为知识更新做出的开创性贡献。编者还要感谢剑桥大学出版社的高级编辑斯科特·帕里斯（Scott Parris），他的鼓励帮助我们完成了此书。此外，还要感谢几位匿名的读者，其精辟和敏锐的意见提高了本书的质量。编者感谢斯普林格（Springer）出版社对国际税收和公共财政杂志上文章的再版许可，也感谢世界银行允许我们自由使用作者曾经出版过的成果。

最后，感谢我亲人们的鼎力支持，对他们的感谢已经难以言表，只有无言的感谢。

罗宾·鲍德威

沙安文

2008 年 6 月

第一部分

财政体制设计

第一部分讨论的是联邦制度中财政权力的划分问题。专门用了7章的篇幅阐述各层级政府间的支出分配、税收分配以及管制权分配等问题。

第一章介绍了联邦主义的基本概念。本章区分了单一与联邦形式的体制，并在理论和实践上提出了联邦主义交替模式（即集权与分权的交替）的典型观点，明确了市场经济中低效率和不公平的根源，指出公共干预的理由。本章认为，一个国家联邦政府中的权力分配以及各级政府实施的最佳政策，最终取决于同样的效率与公平考量，而对两者的考量首先决定了政府干预的理论依据。因为联邦经济体由各个自治辖区组成，然而，另有效率与公平方面的额外考量。其中，某些考量因分权化对不同地方辖区的财政能力造成影响而起，导致了财政低效率和财政不公平；其他考量则是由财政横向外部性引起，因为特定层级政府的独立政策会对其公民或邻近辖区的政府产生影响；还有一些考量是在特定层级政府实施的政策对其他层级政府产生影响时产生的，形成众所周知的财政纵向外部性。这些不同影响的存在将会对支持分权的理由产生影响，因为他们代表的是必须与效益进行权衡比较的分权成本。这些影响还将决定应存在于不同层级政府间的财政（制度）安排结构。

第二章涉及的是分权治理利弊的调查研究。本章评估了对支出、税收和管制责任分权的优缺点，突出了理论和实践两方面考量，强调了政策制定者在各种服务提供责任的集权和分权方面作出适当选择时必须面对的权衡。本章附录给出了关于服务提供绩效及经济增长两者分权化影响的综合实证证据。

第三章强调了指导不同层级政府间特定服务的支出权力划分的分配原则。本章进一步仔细考虑了将支出项目的分权化供给与国家目标相协调时出现的其他问题。本章的结论是，强调将一项服务分配给某一特定层级的政府未必意味着公共供给，因为政府可以从政府之外的供应商处购买这类服务。

要加强可问责的分权化治理有一句格言——确保财力服从职能。

第四章不仅突出了征税权分配到各个辖区的原理与实践，还有征税（尤其是那些与流动性税基有关联的税种）分权方面存在的概念和实际困难。本章强调了协调统一的税收制度的重要性，以确保内部共同市场，保护经济联盟，进一步提供了在分权治理下实现统一税收制度的指导。

第五章论述了当自然资源禀赋在整个联邦内分配不均可能引起低效率和不公平情况时而出现的特殊问题。在某些联邦政府内部，这个问题尤其显著，因为资源所有权属于地方政府。这种分权化的所有权意味着资源收入将直接归地方政府，潜在导致了各辖区之间很大的净财政收益差别。在其他由联邦政府征税的国家，资源丰富的辖区可能会认为它们并没有得到的公平分配收益。当然，如果联邦政府被认为轻率地利用资源或参与腐败，那么这种紧张关系将会加剧。本章讨论了缓解单一制和联邦制国家这些关切问题的公共政策回应，特别关注联邦制国家中的纵向和横向财政缺口问题。

第六章涉及的是地方（基层）政府在地方治理中的角色。**地方（基层）政府**是指为了向相对较小的地理划分区域提供一系列特定服务而建立的特殊机构或实体。**地方治理**是一个比较宽泛的概念，被定义为基层政府集体行动的制定与执行。地方治理涵盖了充满活力的、现存的、运转的、环境得以保护的自治社区的各种目标。良好的地方治理并非只提供一系列的本地服务，还涉及保护辖区公民的生命和自由，为民主参与和公民对话创造空间，支持市场导向型以及环境上可持续的地方发展，促进可提升公民生活品质的产出。本章关注了一个地方政府在地方治理中可能起到的催化剂作用的概念基础，跟踪了地方治理的演变与分析基础，可作为更好地理解第七章所讨论的几个比较实践的背景，同时本章还构建了融合了各方文献著作的地方治理模式。

第七章介绍了过去几个世纪中，世界各地实行的地方治理的典型模式和制度。本章对古印度、古中国的地方治理制度与北欧、南欧、北美以及澳大利亚的地方治理模式进行了比较和对比。本章结尾部分比较概括了选定的工业化国家和发展中国家的基层政府组织与财政，目的是为发展中国家的未来改革总结经验教训。

第一章

财政联邦主义导论及政府在联邦经济中的角色

本专著是一项联邦制国家中的政府经济决策的研究。考虑多级政府的联邦制国家，其中不同层级政府并存，每一级政府在其辖区内都有一定程度的做出经济决策的独立权力。通过经济决策，政府囊括了各种事务。政府可以获得资源，以提供公共产品与服务。用于这些目的的支出常常具有经常性（如，雇佣员工、采购材料等）和资本性（如，建筑物、基础设施等）。各级政府可以获取（财政）收入，以便为私人或非盈利部门，诸如医院、大学或保险等所提供的服务融资。他们（指政府，下同）可以对经济中的家庭之间进行资源再分配。他们可以在私人部门市场中引入管制，以便对其市场的资源配置施加影响；他们也可以干预定价机制，作为实现资源配置或再分配效果的另一种方法，比如，通过对某些活动进行补贴或征税；他们还可以尝试通过预算活动，以及改变经济中的货币总量与信贷流通这两种途径来影响经济活动的总量。

联邦主义的基本概念

各层级政府间的权力分配体制分三类：单一制、联邦制和邦联制。

单一制政府

单一制国家有单一层级结构或多层级结构的政府，其中对所有政府职能的有效控制都取决于中央政府。政府的单一制形式促进了集权决策，进而增强了国家团结。相对于公共服务的多样性，单一制国家更重视公共服务的统一性和均等性。属于城邦性质国家的新加坡和摩洛哥具有单一层级的单一制政府。中国、埃及、法国、印度尼西亚、意大利、日本、韩国、新西兰、挪威、菲律宾、葡萄牙、瑞典、土耳其和英国拥有根据单一制结构建立的多层级政府。有些单一制国家把责任下放低层级政府（如玻利维亚、哥伦比亚、印度尼西亚、意大利、韩国、日本、秘鲁、英国）。因此，有些单一制国家（如中国、丹麦、波兰、挪威和瑞典）在财政上比一些联邦制国家，诸如澳大利亚、印度和马来西亚等更加分权。

联邦制政府

联邦形式的政府拥有多层级结构，其中所有层级政府拥有独立且共同的决策责任[①]。联邦主义代表的是地理构成单位要么“联合起来（coming together）”，要么“团结一致（holding together）”，以利用国家中的大国和小国优势。在一个扁平化的（全球化的）世界中，越来越明显的是，“民族国家太小而无法应对生活中的大问题，又太大而无法解决生活中的小问题”（Bell，1987：13－14）。Daniel · J. Elazar

---

① 联邦制国家（2008 年有 23 个）包括阿根廷、澳大利亚、奥地利、比利时、波黑、巴西、加拿大、科摩罗、埃塞俄比亚、德国、印度、马来西亚、墨西哥、密克罗尼西亚、尼泊尔、巴基斯坦、俄罗斯、圣基茨和尼维斯、瑞士、阿联酋、美国、委内瑞拉。尼泊尔于 2008 年 5 月 29 日成为联邦共和国。另外还有 5 个国家——刚果民主共和国、伊拉克、南非、西班牙和苏丹——已正式通过具有联邦特征的宪法条款。

（1980）同意这个关于联邦制“联合起来”的观点，他指出并详述了“federal”（联邦制）这个词源于拉丁语“foedu”一词，意思是“联盟”、“条约”或“契约”。最近，Robert · Inman（2007：530）指出，“federal”这个词开始代表的是联合在一起的任何形式的政府，在联盟内部，每一个构成的政府都承认中央政府在一度专属于各州责任的某些事务上作出决策的合法性。“联合起来”已经成为美国、加拿大以及欧盟等成熟联邦制国家的指导性框架。联邦主义的另一个观点“团结一致”也称作“新联邦主义”，代表了一种尝试，即为了消除区域和地方对中央政策的不满，把责任分权到地方政府*。这个观点是当前人们对单一制国家、相对较新的联邦国家（如巴西和印度等）以及新成立的联邦国家（如伊拉克、西班牙和南非等）中联邦主义原理感兴趣的背后驱动力。

联邦形式的政府促进了分权决策，因而有利于自由选择、公共服务偏好的多样性、政治参与、创新、问责等方面获得更大自由①。联邦政府还能更好地适应处理地区冲突。然而，在共治领域这一制度容易导致大量重复和混乱问题，并需要特殊的制度安排以维护国家统一，确保地区公平，保护内部共同市场。

联邦制国家广泛地遵照二选一模式：二元联邦主义或合作联邦主义。在二元联邦制下，联邦政府和州政府的责任是独立且清晰的。根据 William · H. Riker（1964；11）的说法，在实行二元联邦制的国家，首先，“两级政府管辖同一片土地和人民”；其次，每一级政府都至少有一个可以自治的活动区域；最后，每级政府的自治权在其自己的范围内……都有保障。”在合作联邦制下，各层级政府的责任大部分是互相联系的。无论在哪种模式下，各财政层级都是有组织的，这样国家政府和州政府都拥有其各自职责范围内的独立权力，且两者为平等的

---

* 如无特殊说明，按照中文表达习惯，本书中地方（state - local/Subnational）政府包含州/省（state/province）政府，及基层（local）政府。——译者注

① 并非所有联邦制国家都是分权的，而且并非所有的单一制国家都是集权的。例如，地方支出占总体公共支出的比重表明，尽管加拿大高度分权，澳大利亚和德国却是集权的联邦制国家。北欧的单一制国家比澳大利亚和德国更加分权。

伙伴关系。在这个制度安排下，国家政府和州政府经常承担着竞争且非合作性的角色。二元联邦制采取“千层饼”或同等权力的方式。在墨西哥、马来西亚和俄罗斯实行的“千层饼模式”下，各级政府之间的关系是一种等级（单一制）类型。国家政府处于顶端，有权选择通过州政府与基层政府打交道或直接与基层政府打交道。基层政府不具备任何宪法地位，它们只是州政府的延伸，其权力源自州政府。在二元联邦制的同等权力模式中，各州享有联邦政府授予的很大自治权，而各基层政府只是隶属于各州，与联邦政府几乎没关系或没有直接的关系。澳大利亚、加拿大、印度、巴基斯坦和美国等联邦国家的运作类似于二元联邦制的同等权力模式。

合作联邦主义模式实际上有三种形式：互相依赖型、凝成一体型和独立型。德国和南非（具有联邦特征的单一制国家）采用相互依赖型模式，由联邦政府制定政策，州政府和地方政府充当联邦政府所制定政策的执行代理角色。由于联邦政府在政策制定中具有支配地位，这一模式中的州政府或地方政府只有通过上议院才在联邦政策制定中拥有话语权。在德国和南非，第二层级（州）政府是由国家议会的上议院（分别为联邦参议院和全国省级事务委员会）所代表。在合作联邦制的“凝成一体模式”中，各层级政府的职责交叉共享，所有选举政府在联邦政府中都被视为平等的合作伙伴。比利时拥有三个地域和四种语言管辖区域，各地区通过这种方式形成强大的凝聚力。最后，在独立型合作联邦制国家中，各层级政府享有自治权和平等地位，并在横向和纵向上协调它们自己的政策。巴西是唯一践行这个联邦制形式的联邦政府。

竞争联邦主义模式是由财政联邦主义文献（Salmon，2006；Breton，2006；Kenyon 和 Kincaid，1991）所提出的理论构想，目前该模式的纯理论形式目前还没有在哪个国家实际践行。根据这一理论构想，所有层级政府责任将出现交叉，并且应该在纵向和横向上互相竞争以建立各自的服务委托人。有些分析家认为，这样的竞争框架将会创建更精简高效、更具响应性，对人民更负责的政府。

就联邦政府对地方政府的影响而言，具有联邦形式政府的国家大为不同。在澳大利亚、德国、印度、马来西亚、墨西哥和巴基斯坦，联邦政府对地方政府的影响力非常大；在尼日利亚和美国，影响力居中；在巴西、加拿大和瑞士，影响力弱。在最后这组国家中，国家对地方支出的控制相当有限，而地方政府拥有相当大的权力来确定自己的税基与税率。在集权联邦制国家中，联邦政府的有条件转移支付对州政府和基层政府优先事务的影响巨大。在澳大利亚这样一个集权联邦制国家中，宪法上要求联邦政府制定地区差异化政策。

地方政府对国家政策的影响在各联邦制国家大为不同。在一些国家，如澳大利亚和加拿大，国家和地方机构是明显分离的（“行政”或“州际”联邦主义），并且这两个层级的政府机构通过官员和部长会议互动。在德国和南非，州政府或省政府在国家机构中拥有直接话语权（“州内”联邦主义）。在美国，各区域和地方联盟在国会中扮演着重要角色。在一些联邦制国家，宪法规定要求所有立法都要承认最终权力属于人民。比如，在加拿大，所有立法都必须符合《加拿大权利和自由宪章》。在瑞典，在法律上属于邦联制但实际上是联邦制的国家，主要的立法变更需要得到全民投票通过。这种直接民主制规定间接地强化了公共服务提供的分权化。在所有联邦制国家中，地方政府对联邦政府和州政府的影响依然未制度化，且较弱。

非对称型联邦制

以联邦形式进行治理的国家未必以统一的方式对待二级政府。国家政府选举会灵活应对构成单元的特殊需要或要求，抑或对这些辖区贯彻联邦意志。这一适应性也许会表现为此形式：对待一些联邦成员不如其他联邦成员公平。例如，俄罗斯车臣和印度克什米尔都比其他州和邦享有较小的自治权，或者联邦政府也许会通过给予比其他联邦成员更广泛权力的方式来优待另一些联邦成员，如马来西亚的沙巴州和沙捞越州、加拿大的魁北克省。有些联邦政府给构成单元以自由选择权，后者通过选择加入或退出联邦制度安排的方式选择比其他成员不公平或更公平的待遇。这类选择是加拿大、西班牙协定，以及除英国、丹麦外的欧盟条约提供的制度安排的一部分（参见 Watts，1999）。

市场维护型联邦主义

Barry · Weingast（2006）曾为联邦制度的比较分析提出了理论概念。市场维护型联邦主义作为一种理想的联邦制度形式提出，其中：多级政府有着清晰划分的责任；地方政府对公共产品与服务有主要控制权，以便进行地方自治；维护内部共同市场的联邦政府；所有政府直面自身决策的财政后果（硬预算约束）；政治权力制度化。

邦联制政府

在邦联制中，广义政府充当着各成员单位代理人的角色，通常没有独立的征税与支出的权力。美国 1781 年到 1787 年曾实行过邦联制。联合国、欧盟以及目前由 11 个苏联（USSR）共和国组成的独联体国家（CIS）都近似于这个邦联形式政府。邦联制适合内部同质但作为一个群体又完全异质的共同体。然而，随着时间推移，欧盟正在不断承担起联邦的角色。

政府在联邦经济中的作用

广义上讲，政府参与经济活动使用的工具如下：

- 产品和服务支出。为了向其选民提供产品和服务，政府可以向私人部门购买劳动、资本、产品和服务。诸如国防开支、交通运输、学校和医院等主要支出都被纳入政府的公共产品与服务支出清单当中。在某些情况下，公共部门自己生产产品和服务。在其他情况下，公共部门只不过是为私人生产商或非营利部门的产品和服务供给提供资金而已。

- 对个人或家庭的转移支付。政府支出还包括转移支付。这种转移支付可以发放给经济中的家庭，比如，以福利性支出、残疾人补贴支出和老年人补贴支出的形式提供。转移支付既可以通过税收制度来进行管理，又可以由某个专门机构负责将转移支付提供给预期接受者。

• 对企业的补贴。有一种特殊形式的转移支付是对私人部门中企业的补贴，其目的通常是帮助企业参与到私人部门中，以这样的方式促进政府目标的实现。

• 对其他层级政府的转移支付。在联邦制国家中，转移支付还可以在各层级政府间转移。最常见的是，政府间的转移支付从较高层级的政府支付给较低层级的政府，但在某些情况下，转移支付是从较低层级政府支付给较高层级政府的。

• 税收。政府可以，并且确实利用广泛的税种来筹集收入。主要的税种包括，个人所得税和企业所得税、一般销售税、工资税、消费税、进出口关税、财产与财富（净财产）税等。不同层级政府都有权使用不同的税，并共享某些税基。

• 使用费。政府通过对提供服务收费也可以获得收入，例如，水费、垃圾费和污水处理费、养路费、向个人和企业征收的各种许可费、停车费和娱乐设施使用费、罚金、医疗服务和教育服务收费等。

• 借债。除靠征税和收费来增加收入之外，政府通常还会借债，尤其但不完全是为基本建设借债。因为借来的资金必须在将来偿还，所以它们也可被视为递延税收。低层级政府也许会被限制借贷资金种类。

• 货币创造。通过中央银行，政府还能够利用货币创造获得一些收入。从某种程度上说，货币创造会引发通货膨胀（也就是说，货币供应量增长迅速，超过了经济中满足交易量增长的需求量），经济学家认为货币创造类似于税收，在此情况下是一种关于持有货币的税收。然而，对货币供应量的控制，通常不会首先被视为收入的来源，而是被当作通过影响利率和汇率来控制总体经济活动运行的手段。

• 管制。管制是一种影响资源配置的非预算方式。管制可以采取多种形式，包括劳动力市场管制（工作时数、工会组建、反歧视法、职业许可、裁员规则、员工安全等）、资本市场管制（机构的资产或负债规则、破产法、内部交易规则、会计要求等），以及产品和服务市场管制（产品责任、广告规则、大型企业的价格和利润监管、竞争法、通信管制、环境法、诸如渔业和林业等自然资源的管制等）。在联邦制国家中，某一级政府也许对另一级政府拥有某种管制权。较高层级政府也许能够推翻或驳回较低层级政府的立法。管制还能够强加命令给较低层级政府，迫使其为自身选民提供特定类型的服务。

- 公共企业。政府还可以直接从事商业化活动，经营公共企业，这类企业从事被认为具有国家重要性的产业或是在私人的竞争性市场不占优势的产业，生产面向公众出售的产品和服务。这类产业包括：交通运输、通信、公共事业和飞机生产等。

研究联邦国家经济状况最终要解决的问题是，各个公共部门的活动如何在政府间划分或如何分配。哪些活动应分权给较低层级政府？哪些活动应留在中央？哪些活动应共同承担？责任划分应该如何写入宪法？如果某一级政府能够对其他层级政府施加影响，那么它应该施加什么样的影响？应利用何种制度安排来促进各级政府之间的互动？这类问题都将在随后的章节中予以解决。具体包括：财政联邦主义中的分配问题——税收、支出以及对各级政府管制责任的分配；财政（制度）安排——政府间财政关系的设计。这里的关键议题涉及了各种公共部门决策最优分权化程度，我们在下一章要着手讨论此议题。

当然，政府职能的分配是以公共部门承担的角色种类和政府干预的首要目标为条件。因此，值得从一般性的讨论入手，即政府在市场经济中的角色以及联邦经济中政府面临的特殊问题。

市场经济中的政府干预

把经济决策留给市场经济中私人部门的优点已得到充分证明，并为大多数经济学家所广泛接受。论证如下：这些私人决策的分权性质及作出这些决策所处的竞争性环境都有助于提高资源配置的效率，而且有关私人财产的协定和雇佣他人及使用其财产取得回报的权利，意味着对此类财产的最富有成效的利用将会产生激励机制。换言之，利润动机通常会产生有益的社会效应，使努力和效率得到在允许范围内不受约束情况下一样的回报。

从此观点来看，市场经济中政府干预的一个必要条件必须是某种形式的市场失灵。当集体决策利益大于分权化的个体决策损失时，就需要政府干预。在任何特定情况下的政府干预是否会有益，将涉及判断的问题。首先，在私人部门产出低效的情况下，公共部门也不能保证能取得更好的效果。也就是说，可能会出现公共部门失灵和市场失灵。其次，市场失灵的一个主要根源涉及市场结果的感知不公平。不同的人对再分配目标的重要程度和政府能成功达成这些目标的程度，将持有不同看法。因为再分配是政府的关键职能之一，这导致了关于经济中政府角色的意见产生分歧。

政府干预的有效性可以从规范的或实证的视角来考虑。规范的角度具有毫无疑问的理想主义性质。该角度调查研究了，如果政府以一种道德或仁慈的方式行事，诚心实意地信守其选民的意愿，他们应该如何发挥作用。政府实际上不会道德行事，规范的视角可能会造成对政府干预成效持过分乐观的观点。从规范的视角来看政府干预的有效性，政府的道德行为或道德目标函数由什么构成仍然是模糊的。因为道德涉及价值判断，不同的人将对政府应努力达到的目标产生分歧，尤其是在谈及再分配目标之时。如果不同的人对是什么构成了适当的社会偏好持不同意见，那么要找到一个能调和这些不同意见的政治程序一般来说是不可能的。这是福利经济学中的一个著名结论（阿罗的不可能定理）：超出社会次序的个人偏好不可能汇集到单一的社会偏好次序中，而这个社会偏好次序能满足某些看似无害的要求①。

尽管如此，规范框架还是构成了用以评判政府干预的有效基准。规范框架往往被视为适合于政策顾问的框架，政策顾问希望自己免受

---

① 这些要求是：对于社会结果的个人偏好是有序且不可比的，它们来自不受限制的领域（任何偏好次序是得以允许的）；弱帕累托法则适用（如果 A 州的所有家庭都比 B 州的家庭要好，那么 A 州在社会上得到偏好）；无关替代品的独立性成立（两个州的社会排名独立于其他州的可用性或排名）；没有任何人的个人偏好（既使他是有效的“独裁者”）可以决定社会次序。

政策制定的日常政治压力，并提供科学合理的政策建议。为了提供这类政策建议，政策顾问必须采用规范性标准，尤其是关于公平或再分配目标，以及如何有效地在这些目标与潜在冲突进行权衡等方面。出于本研究的目的，我们采用了一套可被视为合理偏弱的道德判断标准。政策顾问不必就政府应该进行的再分配的精确程度取得一致意见，而是同意某种标准的再分配。只要政策顾问愿意接受某些最低的道德判断标准，他就可以富有成效地使用规范分析。这些最低标准足以保证社会具有一定的再分配动机。也就是说，会有某种从较富裕人群到不富裕人群进行再分配的愿望。因此，如果政策顾问接受个人主义（个人偏好至上）、帕累托法则、无关选择的独立性、应匿名并均衡地对待所有家庭这个前提（即所有人应得以同等对待或受到同等重视，不管他们的身份如何），以及将不平等降低到至少是件好事这个假设，那么他就有正当理由利用抽象的社会福利函数（即在效用上是递增、对称且拟凹的）来评价社会成果。尽管我们无须将社会福利函数公式用到我们的讨论中，但是我们将其用作合理化再分配观点的价值判断，最好在心里理解这一类抽象社会福利函数。仅仅根据社会中个人获得的效用来对各选择进行排名的社会福利函数被称作福利主义的社会福利函数。它忽略了不同社会状态的非效用方面，如言论和宗教自由、司法等，除非它们在效用水平中有所体现。这些原则固然重要，但有人认为，可以通过独立于福利主义目标的方式来促进对他们的执行[①]。

我们认为，关于这些道德前提，有足够多的一致意见，保证把规范分析运用到财政联邦主义研究中。如此处描述的一样，只要我们对社会福利函数的一般特征取得一致意见，那么激励着我们的确切形式的社会福利函数便无须我们关注了。主要的待定问题涉及的是真正收

① 有大量关于社会福利函数的文献。关于其非技术性的阐述和说明，参考 Boadnay 和 Bruce（1984）的文章，非福利主义目标在制定经济政策方面重要性的论证可以参考 Sen 的文章（1977）。

入水平不公平容忍度，被称为“不平等厌恶”[①]。政治决策者表现出的不平等厌恶程度既与政府干预经济的程度有关，也与预期的分权程度有关，因为其将变得很明显。不平等厌恶也是对政府在经济中的角色的意见不一的主要根源之一。尽管如此，我们还是可以从长计议来讨论财政联邦主义的其他方式，而不具体说明不平等厌恶的确切数量（只要不是负的就行）。

此处概述的社会福利函数视角包含了一个在财政联邦主义中极具重要性的更深层特征。我们已假设社会福利目标应该是对称的、匿名的，因此所有人都被同等对待。在联邦制环境中，这意味着所有人都应被给予同等的重视，不论其住在何处。在一个不同地区有着不同福利水平的异构型联邦国家内，这可能是一个要在实践中遵守和应用的争议性原则。然而，我们还是可以将这个原则（即社会福利函数中所有人受到同等重视）视为一个国家公民身份的反映。结果是，等量加权原则（即所有公民受到同等重视）将成为分权联邦国家中设计财政制度安排时极其重要的考量因素。其接受程度必然涉及价值判断，因此这一原则也可能遇到其他人的不同意见。

规范性视角主要与目标函数的格式有关，而社会应该利用目标函数指导资源配置，结果便与再分配的相关程度有关。在本文中，我们还运用规范性视角提出对不同层级政府之间责任适当分配方面的建议。然而，说政府应该做什么是一回事，描述政府实际上做什么则是另一回事。这就是实证的视角独到之处。该视角通过强调政府行为可能与一个纯粹的慈善机构行为相背离的方式，调和了可以期许从政府那里得到什么的乐观主义。实证的政府行为理论仍远远不够完善，并且没有哪个人能用他来寻找明确的答案。在判断实际的政府行为与理想的政府行为背离程度如何时，一般两类考量因素要考虑：一类涉及实际

---

① 对不平等的厌恶可以从效用水平或收入水平角度来构建。即便在效用水平上没有对不平等的厌恶，可能仍存在对收入水平不平等的厌恶。例如，假设社会福利函数是有效用的：$W = \sum u(Y_i)$，其中 Y_i 表示实际收入，只要效用函数 $U(Y_i)$ 严格拟凹，就会在收入上产生正向的不平等厌恶，哪怕在效用上没有对不平等的厌恶。

投票程序作为集体决策时的方法所产生的结果，另一类涉及政府官僚机构内部决策的低效。

在理想世界中，投票作为采取集体决策的手段，未必与社会福利最优化相悖。毕竟，社会偏好应该以社会中个人的社会价值为基础。如果有人根据他们的道德价值观来投票，那么就没有理由去预测产生的规范性结果，包括人们对再分配水平的投票。然而，即使是在直接民主的理想环境中，各种各样的投票方式都有可能会带来低效或不公平的结果。首先，多数表决容易给出非传递性次序，而他们可能会转变成周期性结果（所谓的孔多塞悖论），尤其是当同时就不止一个问题进行投票时。这个情形也发生于切身相关的再分配问题上。如下文所解释的一样，当多数表决确实导致唯一结果时，他符合中间投票人的偏好，结果却通常效率低下。这些结果只不过是多数表决的技术问题，并且其可能不如首次出现时那么具有破坏性。通过代议制民主，可以在一定程度上克服循环多数的问题，其中，投票并非逐个问题进行，而是依据政党纲领将问题汇总起来进行。如概率投票理论文献所表明的，投票结果的不确定性也可能降低投票结果不稳定的可能性[①]。然而，现实的选举制度通常与理想的选举制度相去甚远，尤其是在最终决策权掌握在少数民选官员手里的代议制民主下。民选官员的投票，并非真正代表他们的选民，而是可能会受到各种形式的势力影响，从游说及互投赞成票到权力寻租和购买选票公开腐败等，在这些情况下，一点看不出民选议会的集体决策符合公民的社会道德次序观念。为达到我们的目的，投票必须当作一种不容忽视的，对公共部门决策的限制因素。

政府决策的另一个主要结果涉及公共部门实施集体决策的方法。后者由一个庞大的官僚机构组成，这个官僚机构不像私人部门一样受到利益动机和自由进入的限制或惩戒。官僚们或许很大程度上受私利推动，可能难以控制。要监督他们的工作、他们利用资源的用途以及

① 参考 Mueller（1989）的讨论以及 Hettich 和 Winer（1999）的分析。

他们对资源的实际需求可能很难。就民选官员而言，他们可能容易受寻租者、游说者、以权谋私者等的影响。因此不难理解为什么有些人可能会接受对官僚决策和影响的悲观看法，其中最极端的就是公共部门的利维坦化，此种模式下，官僚机构的目标是要使其机构规模最大化[①]。

遗憾的是，关于公共部门低效率和激励的经验证据极少。多数经验证据基于意见和推测，而非铁的事实。尽管如此，公共部门中的显著低效以及随之而来的公共部门仁慈的限制因素，是在联邦政府内部的非传统分权程度之间作出选择时必须留意的事情。发展中国家的经验性证据尤为缺少，其在选举程序强加的限制因素可能不如工业化民主国家完善，以及官僚机构在处理公共部门面临的复杂问题时经验欠缺且更易受腐败和寻租影响。此外，在承担令人满意的分权决策上，较低层级的政府目前可能不具备足够的行政专业知识。

考虑到这些警告，仍值得从规范性视角来看待政府的角色，然后从更积极的角度来影响我们的观点。规范性或社会福利的角度可以确认政府干预的符合两类市场失灵的两个一般性原因。反过来，这两类市场失灵与概念不同且涉及达到最高水平社会福利的两个步骤一致。第一个是，确保经济按照效用可能性边界运行，就是说，经济要有效率地运行。这要求我们看到，交易收益得到最大程度的利用，并尽可能与资源、技术以及社会面临的约束因素协调一致。这些约束因素包括制度和信息约束，我们把他称为经济政策的效率目标。第二个是，确保社会的效用可能性边界上的“最佳”点，即产出最高水平社会福利的点，是经过集体选择的。这是经济政策的公平目标，因为他涉及福利在人与人之间的比较。沿着社会的效用可能性边界移动，必然涉及会让一些人变得更富有，而其他人变得更贫穷的问题。这就是政府政策所做的主要工作，因此我们必须注意这一点。

市场经济单独产生的结果通常满足不了政策的效率目标和公平目

---

① Brennan 和 Buchanan（1980）最强调这一观点。

标，因此还潜在存在政府干预这样一个角色的必要。这些失灵问题与两条所谓的福利经济基本定理的失灵有关，这两条基本定理总结了竞争性市场机制的优势①。福利经济学第一定理认为，在特定的理想化的环境中，私人市场以竞争方式运行，将会产生帕累托有效的资源配置。换言之，私人市场会在效用可能性边界上产生一个点，在这个点上不可能让一个人变得更富有而不使另一个人变得更贫穷。福利经济学第二定理认为，任何帕累托最优资源配置（亦即社会效用可能性边界上的任何一点）都可以通过竞争性市场机制连同资源在各家庭中的适当再分配来实现。

简要地提一下：市场经济中低效率和不公平的某些更显著根源将有助于我们随后要讨论的联邦政府责任的分配问题。这些市场失灵是政府干预的规范性理论依据的根源。我们依次要考虑效率失灵和公平失灵的问题。关于两者的讨论将会从简，因为这些问题大部分都可以从公共经济学文献中熟知②。然后，我们可以花更多的时间考虑联邦环境中的低效率和不公平等特殊问题。

市场经济中低效率产生的原因

广义地讲，出现低效率是因为所有从交易中获利的机会没有得到最充分的利用。这可能有技术上的原因（如与产品的特点有关）、制度上的原因（如契约的性质与限制）、信息上的原因，或者仅因为市场不能适当地协调市场需求侧和供给侧。常见的低效率类别如下：

公共产品

公共产品是那些具有消费的非竞争性，在某些情况下还具有非排他性特点的物品。非竞争性意味着不只一个人可以“消费”同一件物品或从中获益。非排他性是指不能拒绝人们使用该物品，即使能也需

---

① 两大基本定理的概念是由 Arrow（1951）提出的。

② 参考 Atkinson 和 Stiglitz（1980）以及 Boadway 和 Wildsin（1984）的著作。

要付出高昂成本。这个理念可能适用于消费品及用作生产商投入的物品。前者的标准实例有国防和外交，包括国外援助等。更普遍来说，公共生产投入可能包括气象信息和知识。非排他性导致了免费搭车问题——如果任何情况下都不能排除人们使用某产品，那么他们就不会有为使用该产品付费的动机。由于免费搭车问题的存在，并不能完全依靠市场来提供足够数量的公共产品。

虽然公共产品的存在是财政学文献中政府干预的标准理论依据，但相对而言，用在公共产品本身的实际政府支出几乎很少。认识到这个点对了解联邦主义中的责任分配问题很重要。多数关于传统财政联邦主义的文献都把注意力集中在公共产品的供应上，并将其作为政府支出的根本目的。公共支出分权由于是以描述公共产品特性为中心，公共产品的效益要么受到地理邻近性的限制，在此情况下，他们被称为基层或州公共产品，要么受到拥挤（以至于人均效益随着使用者数量增加而减少）的限制，在此情况下，他们被称为俱乐部物品。这两种公共产品情况都与职能的分配有关，因为较低层级的政府可能提供更好公共产品[①]。然而，一旦认识到政府支出要比公共产品支出广泛得多，市场失灵原因作为政府干预的理论依据和适当分权程度的决定因素方面的相关重要性便会减弱。

外部性

外部性可以看作由更有限形式的公共性所造成的。外部性起源于共同消费性质的特殊结果，其中私人经济主体从事对其他人产生并不计价的效益或成本的活动。计价的缺失反映了不能轻易将受影响方排除在受争议活动的效益或成本之外这个事实。典型的实例包括污染、员工培训、通过研发所获得的新知识，以及交通拥堵等。最新的关于内生经济增长理论的文献也强调，作为投资决策的结果，外部性也许

① 基于公共产品地方特性的分配问题的经典表述可以参考 Breton（1965），亦可参考 Musgrave（1959）和 Oates（1972，2005）。

会发生于一个动态的环境中。新投资将带来新知识，而新知识带来效益也许并不是完全由投资公司享有。同样地，长久以来，在职培训和边干边学随着各公司长时间的生产而进行。较大的集团型公司的存在可能会提高彼此有生意往来的公司的生产力，这些公司导致了所谓的集聚外部性和网络外部性。

政府可通过各种方式来应对外部性的存在。政府可以承担起提供会产生外部性的产品和服务（如基础研究、员工培训等）的责任。他们还可以利用纠错机制，例如对产生外部性的私人经济主体征税或发放补贴，还可以对私人经济主体实施数量管制（污染控制）。因为许多外部性都受到地理条件限制，所以把对其控制下放至较低层级的政府是有可能的。

另一种更具争议性的外部性有时以为是起因于市场活动，涉及对社会价值的感知影响。因此，各种各样的社会可能关注的是某些类型的产品或私人部门的活动对其文化或语言、生活方式、人口中某些群体（如儿童、工人）的福利、健康和环境质量的影响，因此有许多到位的管控措施来应对这些感知影响。这些管制措施包括：立法、产品标准、劳动规章制度等。这些措施在多级政府的环境中尤为重要，特别是在政府施加可能会影响到其他辖区公民活动的管制措施的环境中。这些管制措施将经常限制跨地区的产品和生产要素的自由流动，而这可能会被解读为保护本地企业和工人。这个结果在联邦制国家与在国际环境中同等重要。

规模经济

产品或服务的成本最低的产出主要是相对于所服务的市场而言，这种市场的竞争并不激烈。在这种环境下，各企业也许并不是价格接受者，而且由于规模而存在天然的进入壁垒或是因为现有企业（和/或政府管制）施加的人为进入壁垒，自由进入也许不会发生。私人企业的提供可能会造成无效的低水平产出和正利润的存在。政府自身也许会承诺提供产品或服务，要么单独提供，要么与私人部门竞争，力图达到更有效的产出；或者政府可能会通过规定价格或可以获得的收益率来管制私人供给。在世界各国的交通、公用事业和通信等行业，都能看到这类纠正措施的实例。

闲置资源

一些市场中的协调问题，比如劳动力市场和资本市场，可能会造成资源闲置。以劳动力市场为例，技能与工作的匹配也许涉及低效的搜索过程，或者在监控员工能力上存有缺陷，也可能导致企业将解雇威胁当作一种惩戒员工的策略。这种威胁会采用将工资设定在高于市场出清水平的效率工资水平这个方式来实行[①]。至于资本市场，许多投资往往不可分割，其产生的效益往往取决于相互关联活动中其他方面所进行的投资。因此，任何既定投资项目的适用性取决于正在实施的其他项目。投资决定在一定程度上是独立作出的，并且错误的项目组合可能会出现，结果便是一种资本过多而另一种资本过少。

一些文献指出了如何利用诸如失业保险、工资或投资补贴等政府政策或宏观经济政策来减少这些低效率现象。然而，关于为这些目的而实施的政府政策的有效性观点存在相当大的分歧。尽管如此，大多数国家政府还是倾向于参与其中。

市场缺位

在某些情况下，从事特定类型交易活动的市场并不存在，也许是因为没有足够的交易来证明他们的正当性，交易的对象没有足够的同质性，或者交易成本太高。此情形的一个很好例证就是风险市场。一方面，市场可能过于薄弱，而不能处理所有可能的非系统风险，也无法促进系统风险在具有不同风险厌恶的主体间的交易。另一方面，某些形式的风险可能是由政府行为本身引起的。例如，失业保险中有效

---

① Diamond（1981）指出了求职性失业水平的低效。Shapiro 和 Stiglitz（1984）已用效率工资分析了失业的低效率。低效率的一个相关原因涉及将工资设置在过高水平以减少高成本的人员调整。

的私人市场的缺位可能是该事实的结果：失业作为被投保的事件，可能至少在一定程度上是处于政府控制之下的。这让失业成为一种不可保风险[①]。

在联邦主义环境中，对风险交易可能性的限制也具有相关影响。各地方辖区可能面临地区特定冲击的前景，这些冲击可能会也可能不会分散至其他辖区。如果不存在与其他辖区交易这类风险的完善市场，那么联邦国家的组成会为提供方法促进此类交易。事实上，联邦政府的角色之一就是要精确地在较低层级的组成政府间分散地区特定的风险。

不完全信息

因为信息不对称，市场可能会无效。两种最常见的形式是道德风险和逆向选择。道德风险是指，市场的一方可能会采取影响到市场结果的行为，但该结果不能被市场另一方所观察到。市场结果进而将涉及非最优数量的此类行为（与信息充分时所能实现的结果相比较）。当市场一方的参与者在某些不为市场另一方所观察到的特征上彼此之间存在差异时，就会产生逆向选择。我们知道，这类市场还会产生低效率的结果，甚至可能阻止均衡结果的出现[②]。这些问题可能会发生于各种各样的市场中。这类例子包括劳动力市场劳动者的技能和努力的不可观察性、对资本或信贷市场中的公司潜在生产力不完全了解、缺乏对耐用品质量的了解以及对保险市场中高风险人群和低风险人群无力区分。

文献中的普遍共识就是，在大多数情况下，政府鲜有或没有优于私人部门参与者的优势，因此要改善私人市场的低效状况，政府能做的事情很少。鉴于这一点，在提供诸如健康保险和失业补偿金等方面，政府也许并不比私人部门有效率。另一方面，强制购买保险也许是在

① 参考 Boadway 和 Marceau（1994）关于证明这一可能性以及随之产生的公共事业保险需要的模型。
② 关于道德风险和逆向选择问题的一般性讨论，参考 Hirshleifer 和 Riley（1992）的观点。

市场可能不以其他方式而存在的情况下的福利改善措施[1]。政府通常确实会提供某些形式的保险（如健康保险、残疾保险、工伤赔偿金、失业保险等）或提供资金购买这些保险。政府这样做，更有可能是出于公平或社会保险、利害关系的动机。随后，我们考虑了广泛倾向于这些福利要向公众提供的公平性论据。

时间不一致性问题

先前论述的政府干预依据的是私人市场有效配置资源的失灵。在一定程度上，政府是仁慈且消息灵通的，惩治性政策原则上可以提高效率。然而，有一种情况，即使是完全仁慈、消息十分灵通的政府也可能会执行导致结果非常低效的政策。这个情况值得考虑，因为他转而导致其他政策似乎也不合理的情况出现。此情况可以做如下简要描述：各个家庭和企业都会作出具有长期和短期影响的决定。就家庭来说，长期决策包括储蓄、人力资本投资和耐用品购买。对于公司而言，长期决策包括众多的投资决策，比如机器和建筑的投资。有远见的政府，在制定其政策时，会适当考虑那些政策对家庭和企业在长效激励机制方面的影响。例如，资本税不会定得过高，以免阻碍资本积累和储蓄。但是，假如政府不能致力于其未来的政策，那结果会怎样？在这些情况中，至少在一些家庭和企业已作出某些长期决定：他们积累财富或从事投资活动之后，政府才将有机会改变政策。因为这些政策已经作出，政府不再需要担心其政策的抑制效应。即使是完全仁慈的政府，也不能抵制对现有财富征高额税。在作出长期投资选择时，家庭和企业会正确预测这个点。预期会对资本所得征高额税，家庭和企业便会相应地限制自己的投资。最后，财富税和资本税将变得过高，而投资和储蓄将变得过低。

认识到存在时间不一致性这类问题的存在，就能在某种程度上解释

① 例如，参考 Dahlly (1981)。他指出如果家庭能够自愿购买保险以补充强制性保险，那这将成为事实。

现实世界中所观察到的某些政策现象。一个现象是对资本和财富征税要比标准理论预测的对它们应征税额高这个趋势。另一个现象是要遵守可以被解释为对时间不一致性问题进行合理回应的政策。关于这些结果，有显著的例证。预先投资激励措施，如免税期、投资税减免和投资补贴等都被广泛运用，并且可以被视为消除高资本税率不良后果的机制。实际上，这是对观察相同税收制度中的高资本税率和大量投资激励措施同时存在现象的许多貌似合理的解释之一。强制性的养老储蓄制度以及义务教育也都可以根据这些主张来予以解释。更广泛地说，强制储蓄和强制购买保险可以被解释为抵消对立形式的时间不一致性的适当措施，这一做法的目的是援助处于困境中的人群，而不是向已积累了财富的人征税。这也被称为“撒玛利亚人困境”①。有机会采取将改变他们未来生活前景的措施的人们会自我打消这样做的念头，因为他们预期政府会在他们生活贫困时施以援手②。因为两个原因，时间不一致性这个问题与联邦主义有关联。首先，许多可以看作对时间不一致性问题做出回应的政策工具，如各种社会保险形式等，经常是由地方政府来提供。其次，各级政府之间可能存在撒玛利亚人困境，或紧急援助（兜底）问题。如果较低层级的政府了解到其财力在低于某个标准水平的情况下将收到较高层级政府的转移支付，那么它将有动力利用那一种可能性，即作出有效提高获得联邦援助可能性的决策。比如，这种可能性解释了为什么较低层级政府的借债能力受到显著限制。

市场经济中不公平产生的原因

大多数公共支出项目都有一个公平维度，尤其是有大量社会事业的工业化国家的那些公众支出项目。实际上，许多重要的公共事业主要被公平问题所引发。有三种普通的再分配支出项目，一类是那些意在纠正因市场的正常运作而造成的收入不平等的项目（结果不平等）、二类是那些以提供

---

① 好撒玛利亚人提法源自《圣经》路加福音，“撒玛利亚人困境”，是指因救助他人的疏忽导致其受到伤害的情况下，无法得以免责。即常说的好心办坏事。——译者注

② Bruce 和 Waldman（1991）为强制性的或公开提供的社会保险指出了这一动机。

更多能成功的平等机会为基础的项目（机会不平等）、三类是那些以弥补由不同人群的非收入属性或特点而造成的不公平为基础的项目（社会保险）。政府利用多样的政策工具来解决这三类再分配的问题，其中一些政策工具意在服务于多个目标。下面将依次讨论这三种类型的再分配。

不平等收入

市场经济中最明显的不平等表现是收入分配不平等。参与市场经济所获得的收入差别是由众多不同原因引起的，包括市场中的自然禀赋、继承的遗产、积累的人力资本、工作努力程度和个人运气。几乎所有经济都试图通过各种再分配政策，通过现金转移支付和实物转移支付来缩小收入不平等差距。

且不说再分配的理想数量是一个价值判断的问题，单单基于收入（通过所得税制的自行申报办法进行管理）的再分配在达到公平目标方面的有效性也是有限的。首先，收入对经济福利而言是一个相当不完善的测度指标，原因之一是它并未反映效用的非市场原因，比如休闲和家庭生产。其次，个体可以通过改变自身行为或者以隐匿的方式轻易地操纵他们的应税收入。从关于最优所得税的大量理论文献中所得到的主要信息是——以收入水平为依据的再分配是一种作用相对有限的政策工具，而这种政策工具需要靠其他政策工具作为补充，如基于需求和就业能力的专项转移支付、专项实物转移支付（如住房、食物券）、提供诸如教育的普遍性公共服务①。实际上，无论是具有一定程度再分配性质或者近似比例性质的税收制度，还是现金和实物转移支付（无论是专项还是一般性的）都能让整体的财政政策完全具有再分配性质。

均等机会

决定所获收入以及个人福利的某些属性是不可变的。最明显的就

① Boadway 和 Keen（2000）充分讨论了为了再分配目的而采用的各种政策工具的有效性。

是劳动力市场技能。政府通常以全民为基础，投资相当大数量的资源以升级劳动力市场技能。全民公共教育是这些资源中最显而易见的，其他资源则包括劳动力市场培训、培养企业家精神的项目以及机会均等项目。甚至可以说，公共卫生项目促进了劳动者自身在市场中的生产力。这些支出大部分都用于具有私人性质的并主要提供给个体的公共服务上。因此，它们本质上像是由价格制度之外的公共部门所提供的私人产品和服务。我们遵循把它们称作准私人产品的一般惯例。Bewley（1981）曾把它们称为“公共服务”，以将其和公共产品（包含有共同消费性质）区别开来。我们也遵循这个惯例。

公共部门大量参与向个体提供本质上是私人产品和服务的事实，被证明与公共部门分权至较低层级政府的程度显著相关。通常恰恰是这些类型的支出被分权至地方层级的政府。同时，因为它们基于平等考量目标的支出项目，所以整个国家都对此感兴趣。

社会保险

实际上，个体获得收入的能力之间存在差异，而这至少与效用层面的不平等根源同样重要，并且可用作并已用作再分配政策的依据。这些差异包括卫生状况、就业状况、是否身有残疾、居住状况等。每个人具有的特点很大程度上是出生时的运气决定。基于这些特征的再分配有时被称为社会保险。如果保险能防范个人特点中的不幸，人们就会购买保险。此外，从事实来看，这类保险在相当大程度上具有可分散性。很显然，人们不能购买这类保险，因为这类保险只是在被保事件显现出来之后方可购买。因此，人们只有在事实出现之后才可以由公共部门“投保”。支持这类社会保险的理由必须最终依赖于价值判断。但是，只要社会目标函数表现出某种不公平厌恶，那么这类社会保险就应该提供。

这个社会保险的理论依据可以被视为公共卫生保险、失业保险、残疾人援助、支持不幸人群的代际转移支付等的主要正当理由。这些要素也构成了公共部门预算的很大比例。因为它们往往是由提供给个体的服务而非公共产品构成，所以服务提供的分权化是一种应当考虑的可行选择，这一点我们在下一章论述。

通过基于收入的税式转移支付制度可以实现的再分配程度有限，很大一部分的再分配是通过专项转移支付、实物公共服务、基于其他个人特点的社会保险来实现的，上述认识对于了解政府角色和职能分配产生影响。首先，它有助于解释为何大多数有关税收归宿的研究，甚至是那些基于不完全测度指标（比如收入）的研究，往往显示出税收只是适度具有再分配性质。其次，它引导人们认识到，政府即使不是有意为之，其实际所做的很多事本质上都具有再分配性质。于是，这一认识隐含了政府权力划分取决于人们对哪一层级政府应负责再分配措施的观点。

政治经济学考量

到目前为止的讨论依赖于有关政府角色的规范性论据。关于现行政府有多接近成为仁慈的社会福利最大化者，以及政府是否将公平因素考虑在内，观点因人而异。利用随机观察难以解决这个问题。一方面，人们观察政府做多种类型的工作，而这些工作根据规范性标准难以证明是正当合理的，包括管制活动、对某些活动的补贴和保护、提供某些私人部门更有效提供的产品和服务。因此，政府决策者离规范公共经济学的社会福利最大化者相去甚远，他们可能会受利己主义官僚或选票极大化政客的控制，对社会福利相对而言几乎毫无兴趣。另一方面，仅仅根据政府代表了大多数人自我利益或寻租利益集团来解释通过税式转移支付制度、社会保险、社会福利项目和实物转移支付而进行的再分配程度将非常难。事实上，存在一个完整的可能性谱系：从完全仁慈的政府到纯粹自私的政府。所选谱系上的点都取决于两个方面：人们通过自己的投票行为所表达的偏好以及政治决定在多大程度上将选民的偏好考虑在内。下面是谱系上的一些众所周知的观点。

道德投票

可以假定的是，人们根据他们的道德偏好而非自己的私利来投票。比如，众所周知，从纯粹个人观点来看，投票行为本身是不合理的。解释投票行为的一种方式就是，假设投票人在实施投票行为时无自私的想法①。政府实际上根据选民偏好行事的程度，意味着将政府视为社会福利最大化者有可信之处。这种解释与现代福利国家中实际观察到的表面上大规模的再分配项目相符合，正如我们已提到的这些福利项目，是很难仅仅根据投票最大化或官僚私利来解释的。

利他偏好

更加温和形式的公平是通过这一假设获得的，即人们虽然是出于自私而非道德投票，但他们的偏好包含了针对贫困人群的利他主义。这种可能性将更多利用帕累托改进型转移支付。毋庸置疑，利他主义是可用于解释公共部门进行再分配的一个强有力动机。利他主义能否解释一个人在实际中所观察到的再分配总额还难以确定。同时，从为联邦政府推荐制度安排的角度来看，利他主义的确无足轻重。如果我们讨论中偏好的规范性基础是利他主义而非某个社会福利函数所反映的道德偏好，那么我们所运用的所有规范性分析都几乎同样有效。

自私选民

如果选民是纯粹自私的，那么一个遵守选民偏好的政治制度就会针对决定性选民进行再分配，比如中位选民。大部分投票模式将表明，这会涉及针对中等或中等偏下收入选民的某些再分配，而且将会与所观察到的某些再分配活动一致②。解释针对最不富裕，同时也是在政治

---

① Brennan 和 Lomasky（1993）已强有力地提出了这一看法。

② 政党竞争标准模式——所谓的唐斯模型，因为它们是以 Downs（1957）概念中的政党选票极大化为基础——通常预测收入分配目标中的针对中位选民的再分配活动（Lindbeck 和 Weibull，1993；Dixit 和 Londregan，1996）。政党目标中一旦加进意识形态，就有可能获得针对社会最贫困成员的再分配，但意识形态的根源并未详细说明。

上通常最没影响力的人群的再分配将仍有困难。的确，事实上最不富裕人群（如残疾人）从公共部门获得了实实在在的好处。

压力集团影响

政治制度对选民偏好的回应可能少于对压力集团和特殊利益的回应。结果，当新集团被诱导而得以形成时，这很可能会导致支持这些集团的政策形成和可耻的寻租行为产生。比起基础广泛的再分配政策，压力集团的影响更有可能解释对已知集团的特殊对待[①]。

利维坦[②]

在谱系的极端位置是这样一个政府：纯粹以其自身利益来行事，并相对不受选民约束的政府。该政府通常被认为是对使其自身规模最大化感兴趣，并只受到其从纳税人那里征税的能力的制约。这个行为在一定程度上是正确的，它会对权力的分配产生影响，在这个意义上，更大程度的分权可能会降低政府随意扩大自身规模的能力。

对支出、税收和管制权恰当地分配到各层级政府的看法将会受到对公平考量（即管制对不公平的厌恶）的重视程度和对政府以社会利益而非以其自身利益行事程度看法的很大影响。这些看法因人而异。同样，这些条件会在不同国家存在制度上的差异。因此，我们对权力分配的探讨无法给出精准的公共决策分权程度方面的明确答案。尽管如此，分权的理由具有足够的暗示性和说服力，因此能够在许多情况下做出定性判断。

联邦经济中的效率和公平

最终，权力在一个联邦国家中的分配和每一级政府推行的最优政

① 参考 Grossman 和 Helpman（1996）、Dixit 和 Londregan（1996）对特殊利益政治的分析，以及 Boadway 和 Keen（2000）对这些模型的讨论。

② 原为《旧约圣经》中记载的一种巨型怪兽，在本书中用来比喻强势的国家。——译者注

策取决于同样的效率和公平考量，而这些考量首先确定了政府干预的理论依据。然而，联邦经济是由不同辖区组成的事实意味着会有一些专门针对联邦经济的效率和公平的额外考量。这些考量有一部分源于分权对不同地方辖区财政能力产生的不同影响，从而导致了所谓的财政低效率和财政不公平现象；其他部分的考量源于某个特定层级政府的独立政策会对临近辖区的公民或政府产生影响，即所谓的横向财政外部性；还有一部分源于众所周知的纵向外部性，即某个特定层级政府推行的政策会影响到其他层级政府。这些不同影响的存在将会对分权情况产生影响，因为它们代表了必须与许多效益进行权衡比较的分权成本。它们还决定着应存在于不同层级政府之间的财政安排结构。实际上，财政安排的主要目的恰恰就是以一种使成本最小化的方式促进财政责任的分权。这也是本书的主题。下面我们依次讨论这些效率和公平的考量。

联邦经济中的效率考量

在市场经济中，考虑到经济中的技术、信息和制度限制因素，效率的实现涉及尽最大可能的程度利用交易带来的潜在收益。更准确地说，在福利经济学文献中[①]，效率概念的特点被归结为一种满足以下条件的情形：

- 技术效率。各企业以最少的所需投入来进行产出。
- 交换效率。所有消费者面对相同的相对价格，这样消费者对所有产品、服务和投入的相对估值在消费者间也都是相同的。
- 生产效率。所有生产商都面临相同投入和产出的相对价格，所以投入转变成边际产品的价格在整个私人部门成本中是相同的，而且经济会在其“生产可能性边界”的界限上运行。
- 整体效率。消费者和生产者在所有市场中面临同一组相对价格，所以消费者给所有商品定的相对价值等于它们对于生产商的相对边际

① 关于福利经济学的完整总结包括上述条件，参考 Boadway 和 Bruce（1984）的观点。

成本。

要实现经济效率，分权化的竞争性市场经济需要走很长一段路。如我们所见，基于效率的政府干预可能被要求提供公共产品，内化外部性，确保资源得到充分利用，弥补市场缺位，应对规模经济的后果。在联邦经济中，存在内部政治界限和地理差别，有其他各种重要的经济效率维度。下面对一些比较重要的经济效率维度进行阐述。

内部共同市场

在各行政辖区中，存在多个渐进层次的经济融合，从自由贸易区（其中的产品、服务、资本可以跨境自由流通）到关税联盟（其中存在一种共同对外关税）、共同市场（其中劳动力可以自由流动），再到经济联盟（其中存在不同程度的协同）。尽管一个联邦国家拥有的特征比共同市场或经济联盟两者任何一个的特征要多得多，但其也拥有一些与两者共通之处，尤其是一个不同于经济联盟的联邦国家，有两个鲜明的特征。第一，具有一个中央政府，该政府可以就影响到所有辖区公民的事项立法，甚至可以对较低层级的政府进行某种程度的监督。第二，联邦国家的公民是整个联邦国家的公民，联邦国家赋予他们一些重要的权利，不只是自由流动权，还有平等待遇权。在我们对权力分配和财政安排的讨论中，联邦国家的这两个特征将得以凸显。不过，目前我们还是集中研究联邦国家与共同市场或经济联盟共有的那些特征，所以我们把联邦国家的市场说成是内部经济联盟或内部共同市场的组成部分。

联邦国家的内部共同市场具有许多特点，为便于参考，我们没有指出特定国家，而是遵循惯例将中央政府称为联邦政府，把地方政府称为州政府①。因为在联邦国家内没有边境管控，所以产品、服务、劳

① 许多同样的原则也将适用于州内，其中相关的政府是自治政府或基层政府。然而，情况通常是这样的：基层政府并不享有与州或联邦政府同样的立法独立性。同样，我们制定的相同原则也将适用于非联邦，但拥有多层级政府的国家。例如，尽管诸如日本和北欧国家并非联邦制国家，但是类似的多辖区财政依存性问题适用于国家政府和较低层级政府（州道府县）。其他国家，像南非，并不将自己称作联邦国家，却有多层级或范围的政府，这些政府同样拥有某种程度的独立立法责任。

动力和资本都能跨州自由流动。联邦国家与世界上其他国家有着共同的外贸政策，但是从联邦内部讲，各州能够参与制定其自己州内的税收、支出和管制政策，而这些政策可能会影响到产品和生产要素的跨州流动。联邦国家的合理效率目标可以是要实现所有产品、服务、劳动力和资本在这个国家内跨行政边界的畅通无阻而非扭曲的流动①。联邦国家内部的政府不应该通过税收和补贴、管制、优先采购政策或是设计地方公共产品与服务等方式来施加流动上的障碍。当然，可能会有贸易的自然成本，如运输成本、语言等，但我们关心的是政府施加的障碍。没有这些障碍，资源会更好地在联邦国家内部有效配置。

在一个决策分权的联邦国家内，各州政府可能会有意或无意地妨碍内部共同市场的效率。在前一种情形下，政府可能会采用诸如税收、补贴和管制之类的政策，以牺牲非公民利益为代价来改善地方状况，这就是所谓的辖区间财政竞争，后文将作更详细的讨论。如果所有州都参与辖区间财政竞争，结果也许会是所有州都每况愈下，类似于国家间的关税战的结果。另一方面，政策扭曲也许只是因为政府以一种不协调的方式采用了不同的政策——毕竟州财政政策无法避免失真，而几乎所有税收政策都必定是扭曲性的。如果不同的州采取不同的政策组合，那么跨境交易就会不可避免地扭曲。也许会出现一种例外的情形，产品和生产要素是流动的，各州被竞争所推动以采取与其邻州相似的财政政策。然而，这种高度的流动性不可能存在，因为流动性成本高昂。

较低层级的辖区采纳致使内部共同市场效率扭曲的政策的可能性已对责任的划分产生了影响。例如，某些税收、支出和管制政策的分

① 尽管产品、服务、劳动力和资本在国内边界自由流动的目标被广泛认可为联邦国家的合适目标，对于经济联盟而言，众所周知，因其作为次优的选择，该目标或许并非为一个在理论上合乎情理的目标。通过关税联盟理论，我们知道来自世界其他国家的贸易转移可以抵消联邦国家内部贸易创造的收益，还知道对后者的限制因素可能还是有益的（Lipsey，1970）。然而，在联邦国家内，一个人不可能拥有实施次优政策选择的信息，而且这在一定程度上是一个问题，因为对世界其他国家而言是存在障碍的。如果国家之间国际贸易和资本流动的障碍得以消除，那么该问题将会得到解决。当然，这正是国际市场全球化的真实世界中正在发生的事情。

权也许受到下述事实的削弱，即这些政策可能会导致内部经济联盟中的低效率现象。州政府负责提供医疗、教育和福利服务也许会导致全国范围的不同标准或阻碍劳动力跨境自由流动的（获得州民身份所需的）居住年限。因为大多数较低层级辖区的政策有可能扭曲经济联盟，所以联邦政府可能会妥善做好一些制度安排来阻止这些情况发生。

各种可能性都存在，例如，也许宪法会对扭曲产品、服务和生产要素跨内部边界自由流动的政策有禁止性规定。考虑到经济问题将成为决定性因素，这个措施将由法院掌控的责任强加至经济联盟上，虽然该责任并不适合由法院来承担。

或者，可以赋予联邦政府凌驾于州辖区政策的责任，因为这些政策被视为干涉了跨州交易、劳动力和资本的流动。当州立法被视为妨碍了内部共同市场效率或其他国家目标时联邦政府的这种凌驾可采用驳回州立法形式，也可以采取更强硬的形式，由联邦政府强制各州执行某些举措。这样一种体制，其构成要素广泛存在于众多联邦制国家（如美国），冒着使州政府屈从于联邦政府的风险，常常使得州政府在法案通过前“惴惴不安”。这可能会减损分权的所有好处，或者说，实际上有损于整个联邦国家目标的实现。

跨界扭曲问题还可以通过各州辖区间自身谈判协商来解决，类似于经济联盟（如欧盟）所采用的方法。尽管加拿大各省政府间在联邦政府的参与下进行了谈判，达成了约束力相对较弱的协议，但这种协商似乎并没有在联邦制国家中得以广泛应用。问题是，谈判往往是一个高成本的过程，而此过程导致了最低限度上可接受的结果，因为几乎所有州都拥有否决权，而且多级政府协议强制执行需要严厉的裁决或者争端解决机制，否则协议将是无效的。

一个更有希望的解决方案，也是许多联邦制国家已经应用过的方案，适合联邦政府使用有条件性（专项）转移支付鼓励各州辖区将遵守内部经济联盟的组成部分纳入自己的政策。例如，可以鼓励州政府转移某些项目收益，且不受获得州民身份所需居住年限的支配。按照加拿大的惯例，这个政策被称为联邦政府对支出权的使用。支出权是为了获得更普遍利益的政策手段，我们随后将对其应用进行讨论。目前，我们仅关注支出权具有的优势：成为依赖“胡萝卜”（即利诱）而非“大棒”（即威逼）的政策，因为支出权让各州最终负责颁布他们认为合适的立法措施。不受拘束地使用支出权也会存在较低层级政府的管辖范围内发生过度集权化或者带来联邦政府干预的风险，从而背离了联邦主义的目标。然而，支出权的使用在政治上受到如下事实的制约，即资金的转移支付必须与支出权的使用相伴随。

对州政府所做的财政决定会扭曲内部共同市场的可能性，作出适当回应的考量突出了财政联邦主义面临的一个关键困难问题。财政责任分权存在效益和成本，而效益和成本与采取措施抵消妨碍内部共同市场效率的行为有关。这些效益和成本的适当平衡涉及内在的判断。我们不得不参照世界各地的经验来理解，不同的联邦国家对这个问题和其他问题采取截然不同的补救措施。因此，我们不能宣称何为最好的补救措施。相反，我们的目的是要尽可能清楚地陈述何为效益与成本的性质，不同补救措施利弊何在，以及我们可以从成熟联邦国家那学到什么。

引导较低层级的政府作出协调而无扭曲政策的情形受到两个重要警告的制约。第一个警告是，除了潜在成本之外，较低层级的政府间通过财政政策彼此竞争也产生了显著的效益。这就是说，较低层级的政府作出的与合作截然相反的非合作行为也可能产生效益。公共选择派经济学家的大量文献都持以下观点，即政府间竞争是一件好事，因为其能引导地方政府更有效地作出决策，激励政策创新，精简政府规模，并确保政府以其公民的最大利益行事。此观点可能会被用作分权的论据。根据这个看法，其可以被称为竞争联邦主义视角[①]，分权越多，对较低层级辖区政策的约束就越少，联邦政府的效率就越高。由于假定的跨境产品和生产要素的可流动性，竞争本身将尽量避免使用扭曲的政策工具，而且由较低层级辖区制定的不协调政策所引起的任何扭曲成本将远远大于辖区间竞争的收益。该观点似乎的确严重依赖

① 关于此观点的一个很好的总结可以参考 Breton（1994）。

可流动性，以使得辖区间竞争不引人注目。我们将在本节对节选的联邦国家内部的其他低效率现象另作阐述。还值得注意的是，对支出权的使用无须过分减损竞争联邦主义的效益。其实，如果不唐突使用支出权的话，它会是一个联邦政策工具选项，顾及了分权决策的效益和分权决策可能导致内部共同市场更严重形式之间的适度折衷。

第二个警告是，并非全部产品、服务和生产要素的内部流动造成的扭曲都应被视为一件坏事。例如，为迎合公民偏好而设计的州或地方的公共产品与服务很可能在各州之间大为不同，而这种多样性是分权化的公共服务提供的一个好处，自然而然地，它将阻碍有着不同公共服务偏好公民的迁入。同样，支配本土语言或宗教惯例运用的法律可能会妨碍劳动力，甚至产品和服务的流动。更广泛地讲，劳动法、环境法和产品安全法等法律的严厉性也许因辖区而异，反映出各州居民偏好的差异。如著名的蒂布特模型（将在后文讨论）所规定的，这些差异看起来对流动性是可取的阻碍因素。实践中的问题是，在国际贸易范围中，难以将意图迎合地方居民特殊偏好的政策与意在从其他辖区转移可取资源的以邻为壑政策区别开来。因此，正如竞争联邦主义的情况，这个不确定性暗示了在干预较低层级辖区分权决策时的谨慎性。这个问题会在我们的讨论中反复出现。也许我们能从国际贸易舞台上吸取的一个有益于联邦制国家的教训就是，如果各州政府将采用扭曲政策，那么他们就应该遵守类似于所谓的国民待遇标准。也就是说，管制政策或财政政策，甚至采购政策应该平等地适用于州内交易的所有人或企业，而不论他们是否是该州的居民。至少这会消除公开的优先待遇案例。

地方公共产品与外部性

如先前所提及的，经济中公共干预的标准论据是公共产品与服务的供给。同样，职能分权至较低层级的政府的传统论据基于这个事实，即一些公共服务纯粹是地方性或区域性的①。联邦国家中的效率要求，

① 标准参考包括 Musgrave（1959）、Breton（1965）、Oates（1972）的观点。

每个地区的地方公共产品水平是由被服务的所有居民的效益和服务提供的成本之间的比较所决定。不同地区的居民一般来说偏好不同水平的服务提供。分权化的联邦制国家具有这样的好处，即每一个地方政府都能够提供当地居民偏好的公共产品和服务的类型与组合，而且如果居民是相对流动的，那么他们应该自由地流动到最能满足其偏好的辖区。蒂布特（Tiebout）模型已强调了联邦制国家中自由流动（“用脚投票”）以及分权决策的好处，其中有些公共产品具有地方性质，并且居民拥有不同偏好。我们曾强调过，并非所有政府支出都是为了公共产品。政府还提供许多准私人产品或公共服务。有关迎合当地居民偏好的类似论据可以在这些类型的公共支出例子中得到印证。同样，有些管制可能也是地方性的。例如，政府可以利用管制来保护可能被视为基层公共产品的当地文化或语言。在所有情况中，政策工具的好处主要属于当地居民或州居民这个事实，同时，人们对这些活动的偏好可能因辖区而异这个事实表明，它们应该属于地方政府的责任。

此外，不同的社区或地区对公共产品与服务组合与数量有着不同的偏好，这个不争事实并不意味着较低层级的政府必须提供这些公共产品与服务。原则上，中央政府有可能提供适当水平的地方差异性公共服务。然而，相对于联邦政府，较低层级辖区也许更具有信息优势，并在政治上对当地居民更负责。辖区间竞争也可能使得较低层级辖区对当地的需求和偏好更具响应性。下一章我们将基于上述这些理由及其他理由，回到支持和反对分权的论据。

辖区间溢出效应

某个特定辖区内进行的公共支出项目显然是为了让该辖区的居民获益，并在设计时考虑到了这一点。实际上，地方公共支出的受益者可能与承担支出的地区居民不一致。邻近辖区的居民可能从这个特定辖区政策中受益（或受损）。更具体地讲，存在辖区间溢出效应——类似于个别的经济主体之间的标准外部性。溢出效应涉及的是对非本地居民带来的效益或成本，它们可能是积极的，或是消极的。非本地居民因为地方政府不会有考虑其自身产生的溢出效应或其自身强加给非永久居民的损害的动机，所以从整个国家的视角来看，他们的决策可能会导致低效率的结果。地方辖区就有了动机为具有正向溢出效应的支出项目而进行过低层次的活动，并为具有溢出成本的支出项目进行高层次的活动。或者，活动在一定程度上涉及提供排他性公共服务，地方辖区可能试图限制其他辖区居民进入。

存在大量辖区间正向和负向溢出效应的例子。比如，住在别处的商务旅行人员和私人旅行者都可以使用某个辖区的公路。在某个辖区接受培训或教育的人可以搬到另一个辖区，并在其他地方缴税。一个辖区控制水污染或空气污染也许会对另一个辖区产生有利影响。来自某个辖区的失业者可以到另一个辖区去领取福利。供职于某个辖区的人可以在另一个辖区退休并在那获得公共服务福利。因为公共部门的决策变得更加分权，辖区间溢出效应的发生率将提高。如前所述，各辖区可以通过生产非最优水平的公共服务或强行限制非本地居民使用这些服务来做出响应。这些响应措施也许会导致对分权数量的限制，这个分权可能在其他方面是可取的，或者会导致伴随纠正溢出措施的分权。

辖区间溢出效应可以采用类似于私人部门中外部性的方式来进行分析，其中私人部门包含家庭或企业等个体决策者。从外部性文献我们可以了解到，溢出效应可以采用多种方式“内部化”，包括通过相关方之间的直接协商（科斯解决方案）、税收或补贴（庇古解决方案）或通过数量控制法令进行管制等。在财政联邦主义的背景下，涉及溢出效应的各方是较低层级的政府。他们可以通过内部协商使溢出内部化，可能要根据溢出的方向，由某个州向另一个州支付补偿金；或者联邦政府也许会通过对各州强行采取补救措施以使辖区间溢出效应内部化①。

在正向溢出的情况下，联邦政府可以通过有条件的配套转移支付

① 同样的观点适用于州一级政府与其市辖区之间的关系。

的形式对州政府实施补贴，以鼓励各州进行适当数量的活动。如果正向溢出效应不是一个纯粹的活动数量问题，而是其项目设计的问题（例如，获得州民身份的居住年限上的强制要求），那么可以采用有条件的非配套转移支付，转移支付的全额支付取决于正在实施的某些设计特征。这些有条件拨款的应用就是支出权力运用的例子。

对联邦政府而言，利用征税作为负向溢出情况的补救手段要难得多。对某个州政府征税意味着强迫州政府付钱给联邦政府，而这可能被认为是对作为唯一负责提高州收入的州立法机构最高权威的违背。另一种选择就是管制，要么强制要求各州政府设计并执行某些方案要求，要么不允许州立法，除非其满足某些可取的规范标准。联邦政府对州政府的这种直接管制可能被认为与一些国家宪法规定的权力划分，或与联邦主义精神不相容。甚至，联邦政府或许能够宣布违背了某些标准的州政府法律无效。实际上，至少在工业化国家，支出权力是联邦政府影响州政府行为的最常见形式，直接干预州政府决策的情形并不常见。

横向财政外部性

源于州支出项目的辖区间溢出效益和成本代表了各州分权的财政决策影响其他辖区居民的唯一方式。各州财政政策可能会对非本地居民面临的价格或收入产生影响，或者说，各州财政政策可能通过影响其他州政府的预算，尤其是其税基规模而间接影响非本地居民。各州财政政策对非本地居民预算或其他州政府预算的这些直接、间接影响被称为横向财政外部性。根据 Dahlby（1996）的说法，它们的简单分类如下[①]：

正向税收外部性——税收竞争。当税基可以在各州之间流动时，税收竞争就会产生。当以流动性为基础的税率提高时，税基的规模就会缩小。税基规模缩小部分可能仅仅反映了税基供给的弹性，而其他部分也可能反映了税基从一个辖区向另一个辖区的流动。因此，资本税率提高

① 横向财政外部性的最近研究可以参考 J. Wilson（1999）和 Lockwood（2001）的观点。

将会导致资本流出。所得税税率、工资税税率或一般销售税税率的提高往往将为劳动力外迁提供激励机制。消费税提高可能会导致购买行为偏向邻州，即跨州购物。在每一种情况下，邻州的税基和税收收入都会增加，而两者的增加被视为被征税州的损失。

使正向税收外部性影响具体化的一个方法就是利用公共资金边际成本（MCPF）。公共资金边际成本是对取得每1美元的边际税收收益的经济成本的测量。此概念是指，资源的额外收益通过税收从私人部门转移至公共部门，产生了多于1美元的实际成本。实际成本不仅包括这份价值1美元的资源转移，还包括因为税收扭曲而产生的无谓损失增量。税收扭曲是因为征收的税，比如对劳动收入征税，导致了税前和税后工资比率间存在税收楔子，阻碍了经济有效率地运行。公共资金边际成本这个概念可以用图1.1来说明，该图描述的是劳动力市场情况。需求曲线标示为D，供应曲线标示为S。在初始均衡状态中，企业支付的市场工资表示为w，税后工资表示为w－T，此处T是指供应每单位劳动所征的税。假设该税率逐步递增，就会引起均衡交易的劳动力数量从L降至L_1。公共资金边际成本就是筹集的每单位收入所引起的社会成本的变化，或者MCPF＝（ΔR＋ΔDWL）/ΔR。在此公式中，ΔR就是筹集的收入变化值，而ΔDWL就是无谓损失的变化值。在这里，ΔR＝C＋B－A，而ΔDWL＝A＋D＋E，或者对于微小变动而言，ΔDWL＝A。因此，我们可以把公式改写成：MCPF＝(C＋B)/(C＋B－A)＝1/[1－A/(C＋B)]。

这可以用近似公式MCPF＝1/[1＋(TΔL/LΔT)＝1/[1－ε]来表示。在此公式中，就税率而言，ε是劳动力税基的弹性①。对标准税收制度的公共资金边际成本重要性的估算值可以是1.2到2.0之间的任何值(Browning，1975)，而且他会随税率迅速提高。有一种类似的适用于任何税基的表达式，其中无论是何税基，都可以替换L。可以看出，对税率变化反应更强烈的税基将拥有更高的公共资金边际成本。至于劳动

① 这是针对MCPF的效率途径。如Dahlby（1998）和Sandmo（1998）所述，公平考量也包括在内。

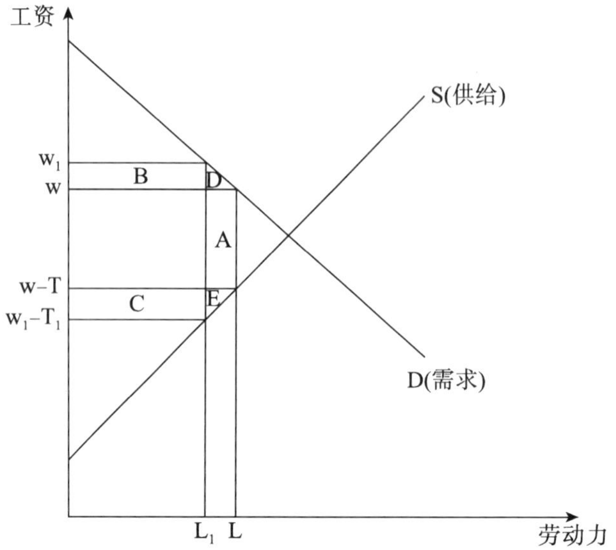

图 1.1 公共资金的边际成本

收入，这种反应性将取决于劳动力供求曲线的弹性。事实上，供给曲线或需求曲线弹性越大，公共资金边际成本越高。

正向税收外部性的出现使各州政府意识到，他们面临的公共资金边际成本比社会角度下的公共资金边际成本要高。那是因为税基 ΔL 的部分下降——由于劳动力向另一个州流动（供给曲线移动），亦或企业向另一个辖区迁移（需求曲线移动）。在任何一种情况下，整个国家的税基并不会减少，因为他现在只是转移到了其他州（如果我们假设没有国际流动性）。这个错觉会导致各州对流动要素设置过低的税率。因为所有州都存在同样的动机，各州都害怕失去税基。所以竞争有效地降低税收。最终，如果税率相对税基无效率地降低，州际间的税基流动几乎不会发生。讨论中的税基问题流动性越大，显然税收竞争效应越重要。因此，资本税和资本所得税比流动性小得多的劳动所得税更容易引发税收竞争。劳动所得税包括工资税和一般消费税，这两种税本质上都是针对劳动供给而征的税。特别消费税也存在相对适度的税收竞争效应。在此情形下，流动的税基包含了跨州购物。尽管连同这些固定要素一起使用的资本本身会流动，但是流动性最小的税基是那些位置固定的税基，如不动产或自然资源等。

在特定项目背景下，当各地区参与战略性的税收竞争或凭借以邻为壑的政策吸引企业时，就会产生一类重要的正向税收外部性。此战略涉及针对个别企业的税收激励或补贴。以邻为壑政策的麻烦之处就在于，所有地区都可能将相似类型的企业视作合意的目标，因此可能向他们提供竞争性的税收激励。最终，没有一个地区成功地提供更有利的税收环境，因此各地区企业的分配不可能受多大影响。相反，无论身居何处，这些企业都会获得有利的税收待遇，而从地区角度来看，这种税收待遇产生的结果适得其反。

负向税收外部性：税收输出。负向税收外部性起因于税收输出，因此非本地居民得承担部分税负。当对一个地区的非本地居民所带来的收入征税时，此情况就可能发生。因此，企业所得税、自然资源税和资本所得预缴税都有可能部分输出。同样，对非本地居民所购产品征收的税也可能会输出。公共资金边际成本实际上被低估，因而就产生了设置过高税率的动机。

税收输出可能会受到相对价格调整的严格限制。试图对并非一个地区永久居民的资本所得征税至少部分会被资本外逃所抵消。同样，试图从针对非本地居民的产品销售中获取税收将受到需求减少的限制。在一个小型开放经济体，即外部市场的价格接受者中，税收输出不会发生。情况很可能是，这些地区都处于这样的状态中①。

毫无疑问，虽然横向税收外部性的重要性可能有争议，但其存在是无可争辩的事实。联邦国家应对横向税收外部性问题的选择方案有限，这对税收分配产生了影响。人们普遍认为，出于效率考虑，税基流动性大的税种应优先分配给中央政府，那些税基流动较小的税种则分配给各个地区政府。因此，针对资本所得、资本和企业征的税种主要归联邦政府，而各地区（及其市辖区）政府可以获得消费税、劳动

---

① 当然，当资本已经配置的情况下，短期将有可能在没有资本外逃的情况下对其进行征税。但这一政策从长远来看并不可持续，因为如果资本所有者预计资本设备一旦到位，就会被征税，所以他们将不愿意配置资本设备。这就是在本研究中时而会提及的时间不一致性问题。

所得税、自然资源税和不动产税。当然，基于效率的分配很可能与基于公平或行政考量的分配冲突。

税收外部性的某些后果原则上都能够由各州合作解决。税基和税率都可以通过协议或通过行为规范来协调，以阻止采取以邻为壑的政策。但是，具有约束力的合作协议难以实现，并且在实践中也极少能行之有效。它们不仅需要一致的协议，还需要约束未来立法决策的争端解决机制，该机制在分权背景中似乎难以实现。

此外，中央政府和各州政府之间的财政安排可以应对税收竞争的某些影响。税收竞争越小，各州政府拥有的税收空间就越小，这是纵向财政缺口的观点。中央政府在通过正式的政府间（联邦—州）安排来鼓励各州根据流动性税基协调其征税方面也许能起作用。部分作者（如 Dallby，1996）曾建议，中央政府可以利用基于州税收努力的配套资金来引导各地区将税收外部性内部化。这种纠正措施还未被使用过，或许有些不切实际，因为要测量与地区税收政策相关联的外部性的重要性几乎不可能。

正向支出外部性：支出溢出效应。曾讨论过的辖区间支出外部性构成了这个类正向支出外部性。同样的论述也适用于正向支出外部性。

负向支出外部性：支出竞争。州支出项目可能也会引起辖区间的税基流动。负向支出外部性的主要例证也许是基础设施或企业服务的供给。提供这类服务可获得企业利润，并吸引它们落户到州内。各州将受引导高估这些支出的社会价值，并产生在这类服务上过度支出的动机。除了这种过度支出之外，公共支出组合还有偏斜的倾向。企业服务支出相对过多，而影响家庭的公共产品与服务支出相对过少①。

一种重要且特殊类型的支出外部性涉及以邻为壑政策的战略性应用。地区政府也许会试图利用企业特有的基础设施投资或直接补贴手段来吸引企业到来。政府采购和地区雇佣政策可能会歧视非本地居民。居住限制可能会施加于诸如福利、教育和医疗等地区性公共服务的使

① Keen 和 Marchand（1997）提出了这一观点。

用权上。如果负向支出外部性有效，这些措施就会扭曲内部经济联盟；但如果所有地区都参与进来，它们很可能适得其反而不起作用。阻止它们的参与涉及了税收激励情况中相同的考量因素。没有联邦政府参与便难以弄明白这些措施如何奏效。

管制外部性。事实上，同样的论证在各州强制实施影响非本地公民的管制措施的案例中也适用。管制可以应用在三大主要市场。例如，资本市场管制也许会通过支持区域拥有的资本来限制资本在各辖区间的自由流动。同样，劳动力市场管制也能阻止人们在其他州找工作。各区域教育和培训项目之间的课程差异可能使得到另一个州的深造机会变得很难。不同的环境或健康及安全管制可能把不同的成本强加到各州的企业上，而支持地区习俗、文化和语言的管制通常将有利于当地公民。在所有情况下，因为内部经济联盟中的低效率现象产生都是由相关的管制引起的，尽管有些管制措施可能体现了合法的社会政策目标，但是其他管制措施则构成了彻底的保护主义。因此，避免管制外部性不仅涉及适当形式的合作协议（无论有或者没有联邦政府的默许），还涉及关于哪些类型的歧视性管制措施是经过社会论证而被证明是正当合理的判断。

纵向财政外部性

联邦国家内引起低效率现象的另一个原因涉及较高层级政府和较低层级政府之间的外部性①。低效的原因在于某个层级的政府作出的财政决策不仅影响其自身预算，还影响其他层级政府的预算。当州政府和联邦政府都可以对相同税基征税时，这种影响表现得最为明显。我们来考虑工资税的案例。如果州政府提高其工资税税率，那么该政府将有可能筹集更多收入。然而，如果税基有一定的弹性，它则会收缩。因为联邦政府占有同样的劳动力税基，它会发现自身收入同样缩减

① 关于纵向财政外部性的研究，参考 Keen（1998）。

了[①]。因为州政府忽略将这个点考虑在内，结果是它观察到的公共资金边际成本小于实际的公共资金边际成本。为了理解这一点，我们回顾一下表达式：

MCPF = (ΔR + ΔDWL)/ΔR，或者 MCPF = 1 + ΔDWL/ΔR。

州政府低估了由税收变化引起的税收收入总体下降（-ΔR），因为它忽略了上交给联邦政府的收入的下降。因此，它低估了实际的公共资金边际成本。税基的弹性越大，联邦国家税率越高，这种负的纵向财政外部性就越重要。

即使各州和联邦政府不占有恰巧一样的税基，这个同样的影响也适用。所有主要的广泛的税基，如劳动力、收入、消费，都有相当大程度的重叠。对其中任何一项征税所产生的变化都将影响到全部税基的规模。例如，州工资税率的变化不仅可能影响到联邦工资税收收入，也可能影响到联邦所得税收入和消费税收入。

这种源于纵向财政外部性的低估公共资金边际成本的倾向会产生多种影响。它给予各州筹集过多收入的动机，因为它低估了这样做的成本。尤其是，它鼓励各州对承受了高联邦税率且更有弹性的税基征过头税。另一方面，税基在各州间流动，在一定程度上纵向财政外部性抵消了税收竞争效应，这种竞争效应，如我们所见，常常使各州高估了他们的公共资金边际成本。

与公共资金边际成本本身一样，纵向财政外部性的重要性也存在某种不确定性，虽然在一个分权化的联邦制国家，预期可以合理地偏大（Dahlby，1994）。强有力的证据表明，纵向税收的相互影响是存在的。Besley 和 Rosen（1998）发现，对美国而言，烟、酒的联邦消费税的提高促使各州也明显提高了他们的消费税，这是纵向财政互相影响的初步证据。Hayashi 和 Boadway（2001）研究了加拿大联邦政府和省政府的企业所得税背景下，两者间的相互影响。他们还发现，尽管联

---

① 事实上，州和联邦的总税收可能会下降，表明联邦作为一个整体，处在“拉弗曲线的错误一面”，即便个体的州并不如此。Keen 和 Kotsogiannis（2003）已证明了这一可能性。

邦税率的变化大大影响到省政府的税率，但在此情况中，其影响是负相关的。当然，资本并非烟酒，可以跨地区边界高度流通，所以纵向和横向外部性都适用。

原则上，同类型的纵向外部性也适用于相反的方向。联邦税率的变化将对州政府的收入造成损失，因为留给它们的税基缩小了，但这样就有了良好的理由认为：这不会使得联邦政府将其税率设得过高。关于各州税收政策，联邦政府作为首先行动者或斯塔克伯格（Stackelberg）模型之领导者的角色才是明智之举①。如果是这样的话，联邦政府就会预料到其税收政策对州政府设置其税率方面行为所产生的影响（充当追随者角色的各州将联邦税率视为给定的）。因此，联邦政府就会选择可使纵向财政外部性对各州产生的不利后果最小化的税率。在极简的条件下，这可能会导致联邦政府只课征包干税（lump - sum tax），把再分配的责任下放到各地方政府，而这违背了标准的处理方式②。更广泛地讲，联邦政府会把其税率定得过低，以抵消各州把税率定得过高的趋势。最终的结果将是，尽管总税率也许不会太高，但总收入的分配是低效的。具体来说，更多地收入将归属于各州政府而不是联邦政府。

从财政安排的观点来看，要完全避免纵向财政外部性，除非联邦政府完全退出主要税收领域之外，几乎没有其他办法。只要联邦政府还在征税，这些外部性就会存在。有可能的是，通过设计复杂的转移支付公式，使州税收努力降低到足以抵消纵向外部性的程度。但是，到目前为止，此方法可能不切实际，并且在政治上也难以实现。

原则上，这些纵向外部性尽管不是那么直接，但也可以体现在支出方面（Dahlby，1996）。例如，州一级的劳动力培训的增加能提高所得税税基，为联邦政府创造税收收入。这种形式的外部性将诱使各州提供过少关于效率层面的支出。正如辖区间的溢出效应，这个纵向外

---

① Hayashi 和 Boadway（2001）发现有不充分的证据表明，在加拿大，联邦政府是企业所得税背景下的首先行动者。

② 参考 Boadway 和 Keen（1996）以及 Boadway、Marchand、Vigneault（1998）的分析。

部性或许可以利用配套资金来纠正。

财政联邦主义文献也已开始思考各州作为首先行动者与联邦政府进行政策互动的可能性。在此情况下，任何既定的州政府政策都是以州政府期望联邦政府随后作出怎样的反应为条件的。事实证明，这导致了一些意想不到的结果，这些结果的产生是因为州政府具有预测联邦政府未来行动的能力。其中一个结果是所谓的撒玛利亚人困境的应用。假设联邦政府根据其居民的福利水平（例如，通过平均收入或税收能力测度），实行将资金转移支付到各州的均等化制度（这个制度将在本研究后面的篇幅中作更详细的讨论），在一定程度上，州政府可以付出一定的成本来影响这些措施，他们将有这样的动机：既不承担让自身经济状况转好的成本，却又期望联邦政府会将这些资金转移给自己。结果显然会是无效率的。撒玛利亚人困境的现实相关性很明显。另一个结果在某种意义上正好相反，被称为“坏小孩定理”[①] 的应用。如果州政府制定某些惠及全国的支出项目，对其不加干涉，他们往往只会提供过低水平的公共产品和服务项目，因为提供项目是有高成本的。但是，如果联邦政府倾向于将税后收入均等化，各州会有投入这些项目的动机，因为预期的转移支付会在一定程度上覆盖掉增加投入的边际成本[②]。

财政低效率

在联邦制国家中，较低层级政府的分权化财政决策本身就可能导致某种特殊形式的低效，文献中称之为财政低效率。问题的出现是因为处在特定层级的不同政府通常都能够为其居民提供不同数量的净财

---

① 亦既贝克尔定理，父母对于子女都有“利他心”，不过为人子女者却往往是“自私自利”的“坏小孩”。——译者注

② 参考 Caplan、Cornes 和 Silva（1998）的分析。他们表明，如果地区自愿贡献一种国家性的公共产品，那么这项计划（其中中央政府事后依据以往经济发展形势完全使地区差距均等化）将引导各地区提供最佳数量的全国性公共产品。相比之下，如果中央政府首先行动，各地区就会贡献次优的数量，并且如著名的沃尔中性定理所描述的，中央的再分配政策将无效。模型也存在于首先行动的家庭中，接着就是中央和地方政府。如果家庭对政府在未来将要实行的均等化政策有所期望，劳动力的分配便会无效。Mitsui 和 Sato（2001）构建了一个简单的例证，其中家庭更喜欢住在最大的社区内，这将导致高度的人口集中。

政收益（NFBs）。净财政收益即较低层级辖区提供的公共服务价值与其税收成本之间的差值①。各辖区间净财政收益存在差异意味着，相对于另一辖区，居住在某种辖区获得的收益不仅包括两个辖区之间的相对收入或生产力差异，还包括两个辖区的净财政收益差异。在一定程度上，人们是跨州流动的，分配低效是因为处于平衡状态的迁移将等于两个州边际移民的收入加上净财政收益的总额（迁移成本净额），而经济效率只涉及等于相对于净迁移成本的收益。

联邦制国家中的净财政收益存在差异有四个主要原因——财政外部性、基于税源的税收能力、州再分配、需求。下面依次进行阐述②。

财政外部性。财政外部性出现在有地方公共产品的经济中③。财政外部性起因于一个事实，即进入某个地方辖区的人们不会考虑他们是与当地的其他人共同分享当地的公共产品，从而减轻了他们为公共产品提供资金的税收负担。这个经典案例包括地方公共产品的环境，其中各个家庭类型相同，完全可以在各地区之间流动。如果各地区为其公民提供了纯公共产品，并用向公民征税为这些公共产品提供资金，那么简而言之每个辖区的财政外部性大小就是每个人的纳税义务。如果辖区间每个人的纳税义务不同，那么就有了无效率迁移的财政激励。

尽管财政外部性这个概念在财政联邦主义理论文献中占有突出地位，但在实际中却可能没那么重要。这在一定程度上是因为该现象不可能在数量上显著，在另一种程度上是因为大部分地方公共支出没有用于真正“公共的”产品上。比如，如果提供的是公共服务或准私人产品，那么在此给出的简单例子中就不存在财政外部性。内部其他地

① 净财政收益有时也指财政剩余（Buchanan，1950）。概念的完整描述可以参考 Mieszkowski 和 Musgrave（1999）。

② 关于这些净财政收益差异的原因及其与政策的相关性的详细论述，参考 Boadway 和 Flatters（1982b）、Boadway 和 Wildasin（1984）和 Boadway（2004）。

③ 财政外部性的概念首次是由 Buchanan 和 Goetz（1972）详细论述，并由 Flatters、Henderson 和 Mieszkowski（1974）进行分析。较低层级政府的财政政策有可能引起财政外部性的情况是由 Boadway 和 Wildasin（1984）论述的。

区的迁入者给地方辖区做的税收贡献可以刚好抵消掉将被消耗的额外公共服务的成本，所以不存在财政外部性。一定程度上，只有在内部其他地区迁入者对公共服务的使用没有挤出当地现有公民对它们的使用时，才会存在由迁移引起的财政外部性。

基于税源的计税差异。或许，财政低效性一个更重要的原因是各州间的净财政收益差异。财政外部性可能产生的方式源自使用基于税源的税基时存在的差异，尤其是对资源租金或对其他州特定的固定要素租金的征税，以及诸如公司所得税和资本税等。一定程度上，各州辖区有权对资源等产生的收入征税，这可以为定居在拥有大量资源禀赋的州的公民而提供宝贵的财政优势。实际上，一个人只需住在该州就可获得这些资源的产权了。相对于另一个州来说，一个拥有庞大税基的州能够以更低的税率提供公共服务，这可能会引起财政诱导的迁移以及劳动力的不合理分配。对将资源财富集中于某些州的联邦制国家而言，这种情况并不少见。

更广泛地讲，同样的观点适用于其他任何基于税源的税基。企业所得税或对企业征收的财产税增加了税收负担，而这些税收负担独立于所有者的居住权。拥有更多在自身边界内创造的企业所得的州，也具有代表其居民筹集税收的更大的能力。因为居民有效地获得了他们享有这些税收份额的要求权，所以就产生了迁移的纯财政激励。当然，鉴于资本的流动性，各州从企业税中获得收入的程度可能会受到限制。尽管在一定程度上计税差异存在且因州而异，但它们可能是净财政收益产生差异的一个重要原因。

州收入再分配。净财政收益差异第三个原因是州政府预算中固有的再分配。比如，假设州政府向所有公民提供实际上是以相等人均数量自然增长的准私人产品的公共服务。同样，假设他们会以向所有公民课征一定比例的所得税来为这些公共支出提供资金。那么，预算就具有了整体再分配效应（税收归宿研究似乎表明，这在经验上并非过于牵强附会）。高收入人群获得负的净财政收益，而低收入人群获得正的净财政收益。如果我们进行跨辖区比较，那么在平均收入低的州的人们的净财政收益将比平均收入高的州的人们的净财政收益低。

另外，假设所有州都采用相同的税率，这样不管所有人的收入水平如何，各州间的净财政收益差异对他们而言都将是相同的，因为无论身居何处，他们都支付相同的所得税税率，净财政收益差异就只是不同州所提供的公共服务水平的差异，该差异反过来又等于该州按既定税率征收的人均税收收入差异。对所有收入类型的人们而言，住在平均收入较高的辖区将有财政优势。受财政诱导的，从高收入州到低收入州的迁移还会再次发生，造成劳动力分配的低效[①]。为了便于未来参考，要注意的是，如果各州间进行均等化转移支付，净财政收益差异将会被消除，这样一来所有州都可以按照可比税率提供可比水平的公共服务。在刚列举的例子中，这将要求提高以居所为基础征税的能力完全均等化。在一定程度上，税收制度越具累进性，就越要求均等化，反之亦然。

需求差异。如果我们放松以平等的人均水平为基础提供公共服务这个假设，净财政收益差异的最后一个原因便会产生。事实上，根据个体需求，在全部人口中，公共服务可能会整体不同。年轻人需要提供教育服务，老年人则要求更多的保健医疗服务等。如果各州的人口组成不同，他们的支出需求也会系统性地不同。对于任何特定的人群来说，对公共支出的需求越低，净财政收益就会越高。可以通过基于需求差异的均等化的州际转移支付制度抵消这些差异。

实际上，财政低效率的这四个原因会共同存在。因此，总体上讲，在四个原因的每个案例中，整个联邦内都存在促使劳动力低效分配的激励。有证据表明，即使在像加拿大这样流动性往往相对比较高的国家，受财政诱导的低效率迁移的数量可能也不会显著[②]。尽管如此，就

---

① Buchanan（1952）曾是首次指出在这些情况中迁移将是低效或无效的可能性的人。关于应对此问题的详细办法，参考 Boadway 和 Flatters（1982b）的观点。

② 参考 Winer 和 Gauthier（1982）、Day（1992）的观点。Watson（1986）认为与 Winer 和 Gauthier 估计的相关的福利成本非常小，而 L. Wilson（2003）的观点相反。

像我们将在后文看到的一样，在联邦制国家，造成财政低效率的同类型净财政收益差异也会导致某种形式的财政不公平，而后者没有劳动力的流动也会产生。因此，出于效率和公平原因，有理由消除较低层级辖区之间的这些净财政收益差异。在后面一章中我们将更详细地讨论如何利用从联邦到州政府的均等化转移支付制度才能做到这一点[①]。作为保证可能另外伴随分权而产生的低效率和不公平得以抵消的一种手段，这是联邦制国家支出权力的潜在作用的另一个例子。换句话讲，支出权力促进了联邦制国家的分权决策。

税收协调

在筹集自己税收收入方面，较低层级的政府将（并且应该）普遍拥有一定的独立性。如果以不协调的方式筹集收入，通常将会出现低效率现象，因为州或地方税收制度强加的税收扭曲将在各个辖区表现各异。这些税收扭曲往往是关于资本所得或劳动所得的差异税率（造成这些要素在各辖区间的分配不合理）的结果，或者说是产品和服务销售或生产的不同税率（将会扭曲各辖区的生产模式）的结果。它们的产生还可能因为不同的辖区选择以稍存不同的方式确定其税基。扭曲的重要性将取决于税基的流动性。因此，关于税基（如资本）的差异税率将比那些流动性小的税基（如不动产）更具扭曲性。在一定程度上，联邦制国家以协调的方式选择税收制度，其中这些类型的扭曲将会减轻。税收协调可采取较低层级的政府之间合作的形式，或者采取较高层级政府以各种方式参与制定较低层级政府的税收政策。当两级政府占有相同的税基或至少共享收入时，后一种情形最有可能发生。在共同占有的税基领域，联邦政府参与州的税收政策可以包括：对州和联邦的征税进行集权化管理，两级政府都采用中央规定的税基，甚至共同的税率结构适用于共同的税基。较低层级的政府也许会受到设

---

① Myers（1990）认为，对出现在地方公共产品模型中的财政外部性案例而言，联邦政府无须参与其中。各州政府将自动做出必要改变。然而，一般来说，当家庭不属于同类型时，这一点将不适用。

定其税种级别（如通过对联邦税征收附加费）、选择地方信贷和免税额或确定整个税率结构的限制。较低层级的政府可以参与或可以不参与为整个联邦所选择制定的税收政策。

税收协调可通过减少私人部门和税务机关两者的管理、征收及遵从成本来提升内部共同市场的效率。它还可以减少对在不止一个辖区经营的企业所得进行双重征税或不征税的可能性。它也可以利用诸如意在把税基重新分配到低税收辖区的转移定价和金融交易等措施来降低逃税、避税的可能性。因此，它就降低了各辖区间浪费性税收竞争的可能。

某些税基的税收协调效益可以达到某种不用任何正式协议就可以达到的程度。也就是说，竞争压力可能会导致各州税基之间出现一定的相似性。同时，税基的相似性不足以保证效率。如前所述，税收竞争可能会采取意在吸引相邻辖区生产要素的以邻为壑的税收政策形式。如果所有辖区确实都参与税收竞争，尽管税率和公共服务水平效率低下，但结果也许会形成类似的税收结构。从效率的观点来看：协调对影响资本收入的税收而言是最重要的；对按照居住地课征的税收（如劳动所得税）和基于目的地的间接税而言是次要的；对不动产税最不重要。这意味着，协调在间接税制中不如在直接税制中重要。间接税的主要问题关系到不能强制执行税收的居住地规定。跨地区边界购物可以避开上述问题。假定没有边界管控，显然并非可以做任何关于此问题的事情。实际上，因为缺乏边界管控，为了保持销售税税率和税收结构相对类似，会有一些竞争压力。该观点对我们的税收分配到各辖区的讨论很重要。

税收协调将有助于减轻由使用不同税基或税收结构造成的低效率现象。它不会消除不同州的税收水平差异。然而，税收水平差异还是会被减轻到有效的均等化转移支付制度到位并降低各州净财政收益差异的程度。即使达到完全均等化，各州还是可以选择不同的税收水平，因为存在公共服务偏好的差异。税收协调在这些情况下仍将是有益的，因为它会降低私人部门和公共部门承担的行政成本、征税成本和遵从成本。

如我们之前讨论的，辖区之间存在竞争可能与税收政策环境中的协调一样有益。各州会被说服不采用与其他州大相径庭的税收制度，并且各州还会受到鼓励在其税收管理中提高效率。另一方面，在税基流动性大及非本地居民可部分享有税基的情况下，各州存在凭借以邻为壑的方式利用税收政策的动机。

支出协调

协调各地方政府提供的公共服务也许还有某些效率上的优势。这些项目设计上的差异可能会影响到辖区间的人口迁移。例如，提供给贫困人群的服务可能会促使低收入人群迁入。这种可能性可能会促使地方辖区参与某种浪费性的支出竞争，其目标是为了吸引合意的居民，排斥差强人意的居民。总的来说，这种尝试会在很大程度上适得其反。采用公共服务设计的共同标准也许会有优势，以便不会阻碍流动性。例如，可以将各州的教育标准标准化，这样便有了一套普遍适用的资格。同样，也可以协调从业资格标准并适用于各州。

如前所述，一些支出项目产生了有益于其他辖区公民的溢出效应，公民们可以利用这些服务。工业化国家中的一个例子就是高等教育。某个州/省的公民可以上另一个州/省的大学，因而从另一个州/省政府的支出中获益。其他的例子还有交通运输设施和医疗服务等。

最后，不同层级的纵向政府项目之间的支出协调也很重要。有些项目难免会重叠，而协调将可以避免高成本的重复劳动。这样的例子可能包括两级政府共同承担的区域开发项目，或劳动者培训及教育项目。

协调可以通过各州协议或联邦行为得以实现。也许最为可行的方法仍将是利用支出权力。

联邦国家低效率的其他原因

在联邦制国家内，为什么存在资源分配效率低下现象？这也是其他财政联邦主义学者们展开研究的动机。区域发展进程也许本身就具有外部性特征，从而导致市场解决方案无效。尽管地理学者已经长时间地研究了此现象，但要渗透倾向于以传统经济模型为基础的财政联邦主义理论却很慢。沿着 Krugman（1993）的思路，其中一种观点认为，存在集聚经济，提高了劳动力和资本市场的效率，因为它们变得更集中了。如果区域劳动力市场增大，信息交换得以完善，并且技能匹配工作的机会也会更多，可这些集聚效应不太可能被那些在选择其位置的人或企业所考虑①。结果就是，劳动力资源在辖区间没能得以有效配置。实际上，也许会有多个可行的最佳结果，这取决于哪些地区越变越大。在实践中，历史因素决定了哪些区域会成长，哪些区域不会成长。

在此背景下，不仅资源配置低效，政府政策本身可能也不利于区域或城市地区的有效集聚。例如，当均等化转移支付能有效地减少某些区域的人口时，它可能有助于使人口分散长期存在。虽然这个问题具有可能性，但现有的知识尚不足以解释要如何处理此问题。

与集聚问题相关的是新兴领域的内生增长理论，它也有区域性的影响。内生增长理论假设，某个特定经济体的增长一定程度上取决于两类因素：对不确定经济而言的内生性因素和对经济中的决策者而言的外生性因素。因此，尽管人力资本投资和研发（R&D）促进了生产力的增长，但那些从事研发活动的人却没有从这些活动中获得回报，所以几乎没开展活动。比如，拥有高技能的人把一些与技能相关的知识与技术传授给同区域劳动力市场的其他工人。这即意味着，高技能人才的迁入会给现有工人带来外部效益（这些效益并不能解释何时确定迁入地）。结果是，在联邦制国家内，资源不能得到有效配置，并且区域增长率也将达不到它们本来可以达到的高度。

再次强调，研究文献尚未达到可以在模型基础上提出政策方案的程度，但这些重要的集聚效应和区域相互影响的可能性会使得一个区域在为联邦国家采纳政策方面不至过于教条。

---

① 还是参考 Boadway、Cuff 和 Marceau（2003）的最近分析。他们研究了劳动力市场集聚效应对联邦环境中的公司分配效率的影响结果。

联邦制国家低效率现象的例子都会影响对不同层级政府的责任分配。这些现象还引发了政府间财政安排的争论，其中较高层级政府如果只是通过财政杠杆保留对较低层级政府的分权行动的影响，这个安排反过来要求较高层级政府获得比他们自身用途需求还要多的收入，并将这些收入转移支付到较低层级的政府以实现国家目标。当一个联邦制国家中不公平现象的原因被考虑在内时，这个观点就会得到强化，变成我们现在要转向讨论的话题。

联邦经济中的公平考量

正如联邦制国家内的分权决策导致了可能存在的低效率现象一样，它还引起了不公平现象。在提出不公平现象的原因时，参考公共财政经济学家传统上作出的横向公平和纵向公平的区分会有所帮助。横向公平原则宣称，无政府前提下的同等富裕的人也应该和有政府前提下的人同等富裕。所以，本质上它就是“同等人的同等待遇”原则。事实证明，这个公平概念在联邦财政制度的设计中至关重要。纵向公平涉及的是从社会较富裕人群向较贫困人群的适当数量的再分配问题。再分配政策实现纵向公平的程度取决于对再分配工具的限制因素和社会对不公平的厌恶程度。横向公平和纵向公平的差别已在财政联邦主义文献中占据重要地位。

在联邦国家中，公平问题还引入了在单一制国家不会存在的另外两大考量因素。一个涉及纵向公平，另一个是横向公平。下面依次对它们进行阐述。

联邦制国家中的纵向公平

由于联邦制国家存在多个层级的政府，实现纵向公平要比单一制国家要复杂得多。哪一层级的政府应对纵向公平负责成为主要问题。那些使用规范性论证支持中央负责任的人这样做的理由是，社会的“社会福利功能”应该在对称的基础上涵盖联邦制国家内的所有人。在某种意义上，这是公民身份或同等人同等待遇的影响。论据是，在判断从较富裕人群向较贫困人群要再分配多少量方面，这些人群定居何处应该不重要。他们还认为，为了公平而将责任分权将引起某种形式的辖区间竞争，进而导致再分配太少。每个辖区都有不进行再分配的动机，因为再分配倾向于吸引较低收入人群，而阻碍了较高收入人群迁入该辖区。

那些赞同某些再分配责任归于较低层级政府的人辩称，对再分配程度而言，存在明显的地方偏好。换句话说，某些地区比其他地区或许有相对较低的不公平厌恶程度。这个点通常被用来当作较低层级政府与较高层级政府共同分担再分配责任，而非由较高层级政府独自承担责任的论据。或许更有力的论据是一个人的利他性对那些住得离他更近的人而言更显著。在一定程度上，通过政治进程表现出来的利他主义才是再分配的最终理论依据，这也许表明，再分配应该是分权的（受制于先前提及的附带条件，即以邻为壑的竞争能导致低效为主的再分配）[①]。

另一方面，即使利他主义受地方控制，也并不意味着中央政府不能适当地实施，只要地方利他主义的程度在各地方间有所差异。最终，联邦政府和州级政府间再分配责任的适当共担成为一个价值判断的问题。在实践中，因为两级政府都有可用于再分配用途的财政工具，所以这个问题可能要通过政治进程来解决。

对政府行为方式持更积极（公共选择）观点的经济学家们经常会因为其他原因为分权再分配的职能而争辩。因为这种采取集体决策的方式，他们将政府视为参与了过多的再分配。

根据此观点，再分配的出现是因为纯粹自私的人群具有利用有利于自身的政治制度的能力，而不是因为某个人群对另一个人群的利他主义。因此，他们辩称，再分配效率低下且数量过多。将分配职能进行分权引入了辖区间的竞争，并有效地减少了进行再分配的数量（实

① 关于地方利他主义世界中的分权化再分配的分析可以参考 Boskin（1973）和 Paulky（1973）的观点。

际上，他们将同样的论证应用于政府的其他职能以及再分配职能上。比如，持利维坦观点的那些人就认为，政府必须受到约束，以免变得太大而无效率；将政府职能进行分权是实现这个点的一条途径）。更普遍地讲，那些不重点强调再分配的经济学家们倾向于支持对再分配职能进行更多分权。

当然，将公平的责任分配至某个层级或另一层级的政府并非是可行的选择。各级政府都不可避免地影响福利分配，因为他们做的每件事几乎都将不同程度地影响到不同的人群。对支出、收入和管制而言，情况就是如此。因此，限制不同层级的政府承担再分配职能，要么必须通过适当的职能分配来实现，要么必须通过某种层级的政府利用管制或财政激励机制以影响其他政府作出的决定来实现。事实证明，这种响应机制是联邦经济实际运行方式的一个重要部分。一旦人们意识到用于再分配的政策工具的完整程度，那么为了实现纵向公平而进行职能分配的结果就具有更为重大的意义了。如较早之前所讨论的，虽然经济学家们传统上主要关注累进的税收转移支付制度，但实际上这个再分配手段的组成部分可能是最不重要的。许多再分配都通过提供公共服务、社会保障计划和所得税制度之外的专项转移支付来进行。正如我们在下一章将进一步讨论的，事实证明，州一级政府对许多这些项目负责。因此，在缺乏纠正措施的情况下，各州以分权方式提供的政策通常将不会满足纵向公平的全国标准。这种不公平的原因在联邦制度内具有潜在的重要性，并构成了联邦政府干预论据的基础。

联邦制国家中的横向公平

在设计一套联邦财政制度安排方面，最为重要的考量因素之一涉及的是横向公平。在具有分权化财政责任的联邦制国家，横向不公平几乎无法避免，除非它得到明确无误的纠正。在联邦主义背景中，横向公平被称为“财政公平”，该术语可追溯至1950年，由Buchanan提出。它仅仅是一个适用于联邦环境中的横向公平的概念，类似于之前讨论的财政效率的概念。

如我们已探讨过的，在一个分权的联邦制国家中，不同辖区向其公民提供的净财政收益也不同。这些净财政收益差异源于基于税源的税收收入（例如，资源税、财产税和企业税）差异，以及通过以居所为基础征税而运行的地方政府预算的再分配组成部分。净财政收益差异也有可能源于各地区公共服务的成本和需求差异。例如，儿童比例较高的地区，需要等比例的更大教育支出比例。如果家庭可以轻易地迁移，那他们就有动机搬到净财政收益更高的州去，从而造成各辖区之间家庭的低效分配。但是，他们不能轻易地迁移（这可能是更相关的案例），因此，不同州的家庭整体上从其州政府得到的净财政收益也会不同，结果是其他方面等同的人将受到公共部门，尤其是州政府不同的对待。换言之，如果让州公共部门用其自身收入来源决定其自己的支出水平，那么州公共部门的行动将违背联邦制国家横向公平原则。

正如我们在后面章节所探讨的，较低层级政府之间净财政收益差异的存在是财政责任分权化一个不可避免的结果，它构成了从较高层级政府对较低层级政府实行均等化转移支付制度的主要论据。这类拨款的重要性越大，联邦制国家就越分权。利用拨款来消除净财政收益差异的论据具有独特性。因为联邦制国家中净财政收益差异的存在引起了财政低效或财政不公平，更有可能引起两者的结合。因此，基于效率和公平的理由，需要消除净财政收益差异。这是经济政策分析中那些罕见案例之一，其中效率和公平考量并不冲突。

发展中国家中的额外考量

本研究的主要目的是要吸取并利用工业化国家经验，对发展中国家公共部门职能分权的有利条件和方式进行调查研究。大量构成我们分析基础的财政联邦主义理论是以发达国家的联邦经济学为基础。简要探讨发展中国家的某些特征，它们可以缓和在这些国家中吸取它国经验基础的分权后果。我们首先概述那些相关特征，然后简要地考虑变革动力的某些原因。

区分发展中联邦制国家的特点

发展中国家不仅人均收入较低，其公共部门也不发达。我们注意到，经济合作与发展组织（OECD）国家中公共部门的一个主要职能就是要实现再分配或公平目标；还注意到许多应对再分配目标的政策工具被分权到地方政府。在发展中国家，再分配税收转移支付制度并不重要，并且在一些情况下几乎是不存在的。普遍的社会项目并不常见，主要的社会保障项目也是如此。因此，许多关于分权取决于提高公共服务提供效率的论据都没有相同的关联性。

发展中国家公共部门干预的性质完全不同。它更倾向于定位发展经济而非提供经济保障的目标。政府更多地参与成为市场经济部门，其中国家参与可以包括利用国有企业提供私人产品和服务，尤其是第三产业，例如，交通、公共事业和通信，但有时也会参与关键行业，如资源开发等。国家不仅通过政府投资，还通过为私人部门和投资许可作规划来更积极地指导投资决策。这些类型的活动，不论评价好坏，都不会让其轻易地走向分权化。

公共部门还面临着财政方面不同的限制和挑战，债务和赤字问题很常见。发展中国家公共部门增收的手段也比 OECD 国家落后很多。作为收入来源，具有广泛基础的税收制度也没那么有效。尽管数量日益增多的发展中国家设有所得税、销售税（例如，增值税）和工资税，但与 OECD 国家相比，其覆盖范围却相当有限。尽管在一定程度上这个差别是非正式部门变大的结果，但税收管理有时并不先进，且逃税行为越发猖獗，结果是税收组合大为不同，更多地依赖间接税，而非直接税。这再次让财政责任的分权变得更难。

在发展中国家，不仅公共部门欠“发达”，私人部门亦如此。对某些类型的交易而言，劳动和资本要素市场通常更薄弱或者甚至是不存在的。因此，财政工具的类型也可能越来越少，而银行和证券行业可能欠发达，以致融资难以实现且成本更高。许多工人可能受雇于（或自营的）非正式部门，其中能承担得起的保护工人的某些措施也许无效。

OECD 国家所发现的，诸如竞争法、产品安全条款、工作场所健康与安全规则、环境法规和破产法等此类的市场法规条例也许不存在。更普遍地讲，对所有类型的资产而言，产权可能没有很好地得以确定。这就再次制约了将财政责任分权的能力。

最后，政治管理和公共管理因素限制了有利于再分配的论据。或许缺少民主决策程序和制度，或许缺少管理较低层级政府重大职责的能力，在某些国家，也许存在对将决策当局进行分权而导致的政治不稳定性的畏惧心理，以及存在对地方政府也将更加腐败的担忧，最终这些政治和行政论据可能就是发展中国家比 OECD 国家，包括那些非联邦制或单一制国家，倾向于在财政上更加集权的理由。当然，我们还可以认为，分权通过为地方政府提供管理及政治经验，并引导它们成为责任型政府的方式，将有助于克服地方政府的缺陷。地方政府对其公民需求进行响应的要求可能还会降低腐败和低效的程度。我们甚至可以认为，分权化能抵消国家政府的某些缺陷。

分权的动力之源

财政责任从国家政府向地方政府逐步分权已成为全世界许多国家的共同主题。尽管进程因国而大异，且必定反映了每个国家特殊的制度、政治和历史特征，但也有一些关系到许多国家的共同要素。

第一个要素源于全球化的巨大压力。伴随着某些发展中经济体和通信革命的迅速发展，全球化导致世界市场开放这些变化引导这些国家力求更具竞争力，转而促进公共部门精简，以减少税收和其他可能妨碍竞争的政府项目。

与全球化相关的是对市场机制日益增加的接纳和依赖。冷战的结束或许被解读为资本主义理想典范对阵苏维埃经济的胜利，这场胜利转而导致了许多国家想要效仿资本主义国家的最为成功之处。对市场机制的信仰本身导致了对分权（作为市场经济组织理念）的信仰。理解分权化为市场经济带来好处的相同观点，同样可以用作支持公共部门分权的理由，我们将在下一章讨论。

经济科学本身的进展可能因为使支持分权的理由更令人信服而得到好评，尤其是将信息的角色置于经济分析及解释的中心的经济理论革命已展现出影响力。支持分权的某些最强有力论据是以信息，尤其是相比集权化国家，在分权化国家可以利用更好的信息为中心的。另外，人们对各国政府在第二次世界大战后所做的事情日益体谅。各国政府已开始成为经济保障的提供者和平等机会的媒介。现代福利国家的许多工具，由地方政府来提供或许比由联邦政府来提供更有效。

最后，有更多的人意识到，高度集权的公共部门容易变得太臃肿、太低效，对其选民的需求反应太迟钝。

第二章

政府权力的分权

引　言

联邦主义的本质是将关于某些经济问题的决策分权给较低层级的政府。分权是一个非常宽泛的概念。所有国家（即使是那些所谓的单一制国家，其中有一个中央政府监督所有其他层级政府）也必须参与某种分权。例如，提供给人们的公共服务，至少必须由接近被服务者的代理机构（即负责某个行政区域的政府组织）管理。因此，医院和学校必须由对支出决策有一定自由裁量权的管理者进行管理；诸如卫生、供水、娱乐及垃圾处理等当地服务几乎都由基层政府提供；福利援助及服务则由雇用社会福利工作者的代理机构提供等。联邦制国家区别在于，分权涉及赋予较低层级政府重要立法权，与单一制国家简单下放行政权力截然相反。该定义显然相当不精确。尽管如此，自认为是单一制的国家允许地方或区域政府在设计与提供某些公共服务方面有相当大的自由裁量权。另一方面，在某些联邦制国家，联邦政府可以拥有推翻或指导较低层级政府立法决策的相当大的权力。其实，一些并不将自己描述为具有联邦性的国家（如南非）与大多数联邦制国家一样有效地运行。这些大部分是我们无须过度关注的语义问题。实际上，联邦制国家的重要考量因素之一恰好是联邦政府应该在多大程度上具备干涉较低层级辖区决策的权力。

本章讨论了与决定多少立法权应该被分权至较低层级政府相关的原则。这些原则指导了在联邦国家内被称为分配的问题。联邦、州及基层政府在经济中的一般角色应该是什么[①]？谁应该对内部经济联盟的再分配或效率负责？哪些支出责任应该被分配到每一级政府？如果有，哪些责任应由各级政府共担？同样的问题适用于税收责任。哪一级政府应该负责管制特殊市场中的活动？应该允许什么类型的政府间补助？如果真的允许某一级政府推翻另一级政府的决策，那么何时会发生呢？我们将在接下来的章节中探讨这些类型的问题。我们考虑的是可以被用作回答这些问题的指南的一般原则。

尽管财政联邦主义涉及公共部门的分权化决策，但一开始用私人部门来打比方是有帮助的，因为经济学家认为私人部门决策的分权化是理所当然的。私人部门中分权化决策的优点一般是被广泛接受的。考虑到他们可利用的资源及其面对的价格，针对个别家庭的分权化决策给予他们作出符合自己最佳利益的选择机会，上述资源及价格关于要消耗多少不同的产品和服务，要付诸多大的努力并如何组织他们的家庭等。同样，企业的生产决策分权化使得企业以最节约的方式使用投入，并为其股东生产利润最大化的产出。分权化决策给予企业一种激励机制，让企业了解到员工与经理共同付出努力劳动的有效数量，并提供了将组织内部自然产生的各种监督与代理成本最小化的激励机制。此外，分权通过减少行政管理支出和更有效地使用信息这两方面来提高技术效率。分权顾及了更多的创新，并使得最接近经济产品最

---

① 如在前一章提及的，除非我们要考虑特定的国家，否则一般都采用整本书中称为三大层级政府的惯例：联邦政府、州政府和基层政府。在某些情况下，我们认为只考虑两个层级的政府就足够了。

终用户的那些人决策。

除了确保个别家庭和企业从其各自角度以最有效的方式行事之外，通过结果由市场上这些主体的互动而决定的方式，分权化的决策还实现了效率的提升。因此，在竞争性的市场环境中，分权引起了企业和家庭间的价格接受行为，进而一般能够实现在讨价还价过程中经济资源配置方面的效率，即前一章所述的福利经济学的第一基本定理。这些就是经济中私人部门的分权化决策的优点，目前尚未被质疑。

同时，私人部门中可能或可取的分权程度有限。各种意义上和许多领域的规模经济往往都十分重要。一些部门中的最小成本产出，可能需要像交通运输和公用事业中那样的大量资本投入。在诸如通讯等一些部门中，网络经济和信息经济可能很重要。研究开发或风险共担对其自身很重要的部门，可以受益于规模经济。最后，必须将分权的优势与那些在确定各行业中企业的最佳规模及企业内部决策的最优结构方面的比例进行权衡。尽管如此，鉴于分权的优势，举证责任必须由那些将采取行动抵消由分权可能产生问题的主体承担。

类似的问题也存在于公共部门中，其中决策机构并非个别家庭和企业，而是不同层级的政府。将各种政府职能从较高层级（且规模较大）政府分权至较低层级（且规模较小）政府，既有优势也有劣势。财政联邦主义文献在很大程度上致力于分析不同程度及形式的分权所带来的后果，并提出各种背景下可取的分权程度的建议。许多文献利用的是工业化国家的实践和情况，其中经济决策的联邦制度经过很长一段时间已经逐步形成了。本研究的主要目的之一是要回顾财政联邦主义文献的一些基本原则，这些基本原则在工业化国家的背景下已被构想出来，并要判断它们如何适用于发展中和转型国家的环境，总的来说，这些国家的决策更加集权化。

与私人部门分权相似，当然仍是不完美的分权模式，公共与私人两大部门中的决策存在诸多差异。关键的一点差异涉及经济决策的目标。私人部门的企业通常对利润最大化感兴趣。公共部门的目标可能包括，仁慈政府可以使用的经济效率和再分配性公平的传统规范目标，以及使政治或选举支持最大化并应对官僚和压力集团影响的更利己的目标。

公共部门进行的经济决策类型与私人部门所做的经济决策类型也大为不同。私人部门在市场上销售自身生产的商品和服务。公共部门主要参与非市场活动，广义上讲，涉及三种情形：支出、收入，并通过管制干预私人部门活动。支出采取两种主要形式：提供产品和服务（通常是免费的）并拨付各类转移支付给私人部门或给其他层级的政府。就上一章论述的意义而言，尽管一些由公共部门提供的产品和服务是“公共的”，但是许多甚至是绝大多数产品和服务具有私人性质。这些公共服务是准私人性的，换言之，即不通过私人定价制度来提供的私人服务。大部分政府支出采取转移支付和准私人服务提供的形式，这反映的事实是：政府所为多数具有再分配性质，而这些再分配多数又发生在预算支出方面。这对我们如何看待联邦政府中的分配职能有着重要影响。

在收入方面，尽管公共部门中的某些收入是通过征收所提供产品和服务的费用或使用费，或通过货币创造而获得的，但是大部分收入来自一种或其他形式的税收（包括通过政府借款而导致的未来税收负债）。通常税收制度非常复杂，包含各种各样的税收类型，一些税基很广泛，其他则税基较窄；一些对交易征税，其他则对个人或企业征税。如果存在税收政策分权化的意愿，那么就有相当大的实施空间。同样，管制政策也采取许多不同的形式。管制往往是要政府参与的诱人政策，因为政府能实现类似于税收和补贴的目标，但似乎不需要任何收入在公共部门流动。然而，管制政策的缺点是，官僚机构通常具有相当大自由裁量权，因此必须监督这些管制政策。政府管制可能引起高成本和反复无常的决策，并有可能催生非法活动。

同样应该记住的是，除了标准的公共和私人部门之外，还有非营利或志愿部门，在一定程度上补充公共部门的职能，尤其是那些涉及再分配性目标的职能。在发展中经济体内，国家尚未构建成一个实质性的社会安全网，依靠非营利部门提供在工业化国家中通常由政府执行的许多社会事业，包括提供诸如医疗卫生、住房、福利服务及教育等基本服务。随着经济的发展，政府开始提供福利国家的基础福利，他们往往在此过程中挤出非营利部门。

无论什么成为指导公共部门决策的驱动力，都要对分权化决策给较低层级政府带来的优、劣势进行权衡。本章的部分目的是概述那些优势与劣势可能是什么，并要从广义上讨论不同层级政府负责履行职能时可能扮演的整体角色。在随后几章中，我们更加详细地探讨了分配给联邦政府、州政府和地方政府的特定职能。在此，我们自我限制在原则讨论的范围内。

应该强调的是，人们不应该非常精确或教条地计算出分权的理想程度。各种税收和支出决策的分权程度和形式取决于讨论中的国家政治、经济和制度特点，及其政府实际承担的角色。价值判断以及关于政府运行方式和那些政府活动对经济的实证影响的判断都涉及在内。因此，理性且明智的人们可能就分权的期望程度产生分歧。鉴于该原因，虽然我们像其他人一样，对政府角色和职能分配都有自己的看法，且这些看法将不时地透露出来，但是我们以原则而非精确规定的形式提出了分析。考虑发展中国家分权化的背景下，这些关于政策规定性质判断的警告尤为重要。因为，正如我们所提到的，政策规定的特征与在工业化国家发现的那些政策规定特征多少有点不同，其中工业化国家的大量分权经过漫长演进，往往已经成为惯例。

我们现在转到对联邦政府中经济职能分配所涉及原则的一般讨论上。从公共部门预算的支出及税收两方面概述了分权的效益与成本。分权可采取多种形式。这些形式的范围包括，从将针对某个特定职能的专属责任分配给某个特定层级的政府，到共同承担责任的情况，其中某一层级的政府能够通过诸如管制、推翻决策的权力或是财政干预等机制，在不同程度上影响另一个政府的决策。在某种程度上，我们可以独立于税收方面来决定政府预算支出方面的分权数量，并且可以单独制定原则。最后，我们不得不协调各级政府的支出责任和财政收入筹集能力。这也是政府间财政关系制度的任务。政府间的财政关系，尤其是政府间转移支付制度，在联邦国家中扮演着至关重要的角色。设计合理的转移支付制度是在以不牺牲国家效率与公平目标的前提下，允许分权化决策效益的实现。

联邦体制中的职能分权

如我们所提到的，理想的职能分配的概念含糊其辞，因为这取决于制度考量、价值判断及难以证实的实证结果。这种模糊性源于多种因素。国家的政治和社会结构可能就是阻碍分权预期数量的这类因素。例如，由于害怕导致政治不稳定，包括脱离联邦的动力，地区不稳定的国家可能不愿意进行经济责任分权。人们支持的分权程度，还取决于人们如何评估政府在经济中所应承担角色的程度。大体来讲，那些希望对政府规模施加影响的人可能想要更多分权而非更少分权。联邦政府和较低层级政府的相对角色也将受到依赖政府进行收入再分配的程度的影响。那些强调政府再分配角色的人，与那些希望限制政府再分配活动的人相比，将普遍支持更多集权化。出现该结果，一定程度上是因为较低层级政府间的竞争减少了再分配的可能性。一定程度上也是因为再分配目标通常涉及采用共同标准进行再分配，而不管纳税人和转移支付接收者的居住州所在地。最终，分权的效益将取决于针对较低层级政府决策的经济活动响应性。换言之，州政府和地方政府的政策可以对被吸引至其辖区的经济活动水平影响（或认为它们可以影响）到何种程度？这个实证问题仍没有解决。

我们无法解决这些问题，因为它们要么取决于价值判断，要么取决于未经证实的政府行为假说。我们能尽力做的是，要概述在决定哪些职能要分权以及哪些职能要保留在较高层级政府时需要考虑的考量因素类型。最终，这些问题相当于将效率、公平和行政效能的传统概念应用到联邦环境中。

认为承担起将职能分配到较高层级政府或较低层级政府的有益视角涉及对市场角色和政府角色的对比。经济学家通常支持分权化的市场解决方案，除非这些方案被证实明显不可行。正如前一章所述，这是因为，与缺乏激励机制的政府官僚决策程序相比，前面章节论述的分权化的私人部门分权化的竞争性决策效率优势众所周知。结果，政府干预的责任完全落在了那些支持这一做法的人士肩上。

就联邦经济体而言，类似的观点可能认为，应该支持将经济职能分权到较低层级政府，除非能为经济权力集权化提出合理论证。这被称为主从法则（即下级自治优先法则）。以我们的观点来看，此法则是一个可供我们采纳和遵循的有用方法规则。在我们随后的论述中，联邦政府中分权化决策的优势应得以明确。赞成集权化的理由将由观察的情况中推断出，在这些情况下，分权化的公共部门决策不可避免地导致了联邦政府内的低效率和不公平。即使在这些情况中，集权化也无须承担特殊领域政策制定的专属责任。本研究的关键信息在于，可能伴随分权化而来的低效率和不公平，常常是由联邦政府不那么冒昧的政策来解决的，目的是取代分权化决策，并且为较低层级政府提供服务。因此，我们十分重视政府间的财政关系，尤其是转移支付制度，作为促进分权化决策的一种手段，同时维护国民经济和公共服务提供方面的效率、公平和行政效能。

本章中我们论述回避了发展中国家权力分配的一个潜在的重要问题：从一个联邦财政制度到另一个联邦财政制度的过渡。正如我们所见，通常情况是，与理想的状态相比，发展中国家的决策相对集权化。这个情况或许是有多种历史和政治原因的。比如，在较低层级政府机构中承担支出、收入和管制责任的机构，无论它们是决策机构还是行政及服务提供机构，要么不存在，要么发展程度不高。这类机构的缺失意味着将财政职能分权到较低层级政府会涉及一定的过渡成本或学习周期。在每种情况下，这种过渡成本将不得不与分权的效益权衡。但是，由于分权化带来的长期效益，我们应该谨慎地将过渡成本作为避免分权化的唯一理由，而不分权决策。发达国家的经验表明，一旦较低层级政府被赋予独立责任，它们通常可快速而有效地承担起相应责任。

前面章节论述的是市场经济中政府的效率与公平角色，以及在联邦经济中出现的特殊类型的效率与公平考量。为了正确看待权力分配问题，首先从支出和税收两方面入手，提出支持和反对联邦政府责任分权化论证是很有帮助的。鉴于发展中国家当前存在的权力高度集中的现状，这是一个天然需要采用的角度。然后，考虑到联邦经济中那些效率与公平的特殊问题，我们可总体观察较高层级政府角色与较低层级政府角色之间的对比。此方法使我们能够陈述一些关于联邦国家中不同层级政府的总体角色的观点，并且充当了我们随后在关于特定领域的政府责任中政府角色的论述基础，后面的章节将讨论这些问题。

在下文中，我们的论述是按照一个联邦国家中的两级政府进行表达的。为了便于阐述，较高层级指的是联邦政府，较低层级指的是州政府。实际上，所有的联邦国家都由许多不同层级的政府组成，包括联邦政府、州政府、区域政府、县政府、市政府，甚至包括一些具有特殊利益的辖区。上述制定的原则可以容易地被推广到这些层级的政府。

支出责任分权化的利与弊

将某些政府的经济职能分权到较低层级政府早有定论。正如第一章所述，其中一些论证与联邦经济中出现的效率与公平的特殊问题有关，其他论证则与该事实相关，即安排较低层级政府履行某些职能或许更好。将支出责任分权到州政府的主要一般性观点如下：

州和地方的公共产品

公共产品是由大量的个人和企业同时消费服务的产品，可根据提供效益的地理范围区分。一种极端是国家公共产品，例如国防、外交以及货币供应控制。这些产品天然是适合集中提供的。然而，其他公共产品为更多的本土化人口提供了集体效益。不可避免的是，公共产品必须在全国的不同地点分别得以提供。虽然它们可以由联邦政府提供给各个区域，但是由于某些原因，分权或许更可取。原因之一是，提供给特定地区的公共产品的优先数量和类型取决于当地居民的偏好和需求。当地政府可能更好地将自身产品的提供与当地偏好相匹配。联邦政府可能更倾向于执行全国统一的支出项目，而非那些迎合不同的本地偏好与需求的项目[①]。

较低层级政府的产品提供也有可能成本较低。因为各级官僚机构越少，行政管理费用应该越低，并且代理和监督的成本也可能越低。较低层级的辖区应该更好地鉴别并缩减供应商，以提供用于公共产品供给的产品和服务。由于跨州边界的资源流动性，较低层级的辖区还可能面临某些来自邻近辖区的竞争压力，该流动性可以作为约束政府成本效益的策略，还能通过当地人口可判断所提供的当地公共产品类型、质量及成本。

当然，任何一件地方公共产品提供的理想地理范围（在某种程度上，可以被有意义地确定下来）与联邦国家内的实际政治边界相一致，这是不可能的。将辖区与提供地方公共产品的责任进行最佳匹配，将需要对每件公共产品拥有不同规模的管辖权，从而导致出现大量具有重叠地域的辖区。出于行政和政治方面的理由，这个结果显然不可行。因此，辖区与提供地方公共产品责任的匹配或许并不完美，这有可能导致辖区间的溢出效应，必须通过适当的政策手段来处理[②]。

准私人产品和服务

我们已经提到通过公共部门提供的相对较少的产品和服务具有公共性，大部分为准私人产品和服务，就支出而言，包括某些最为重要的产品和服务（例如，学校、道路、医院）。支持准私人产品和服务分权化的类似问题与地方公共产品的情况一样适用于此。鉴于这些是最终提供给个人（或企业）的服务，无论哪一级政府负责它们的提供，

---

① 在 Oates（1972）关于联邦主义经济学的经典论著中，他强调了分权的效益，它是由 Tiebout（1956）模型的严密逻辑推断出来的。

② 关于职能与辖区的最佳匹配的重大意义论文是由 Breton（1965）完成，也可以参考 Breton 和 Scott（1978）两人较新版本的文章。

其实际供给都将由位于当地的机构或代理机构进行管理。与地方公共产品一样，由当地提供的准私人产品的主要受益人是参与其中的所在州公民。对各州的分权，应该使服务以最能迎合当地偏好和需求的方式提供。服务由州政府提供应该更具有成本效益，因为避免了联邦官僚机构导致的行政管理支出和监督成本。就经济术语而言，如果较低层级的辖区负责提供服务，那么与提供服务相关的代理成本应该减少。产生这些代理成本，是因为政府官员并不十分了解与提供公共服务相关的成本，以及成本取决于对地方人口、管理效率、地区政府中职员付出努力等需求的强烈程度。论据是，相比高层级政府，较低层级政府的消息更灵通并能更有效地监督服务提供机构，这两点差距不可避免地越拉越远。由于对应其各自选民而提供类似服务的州政府间所引起的一些竞争，有效的供给与创新也能导致上述差距。

另一方面，虽然将准私人产品的提供分权至州政府是存在效益的，但是如果对这些产品的某些设计特点的协调有好处，那么联邦政府保持监管或监督的角色或许是有用的。例如，如果居民是流动的，协调某些跨州辖区项目的一般特性，如可携带性与资格性的规定，就可能有助于确保劳动力的流动性不受阻，并防范各州间的浪费性竞争。此外，纯粹基于成本—效益的原因，分权的程度是有限的。在管理与提供准私人产品和服务方面，规模经济可能自始至终反对将其分权至地方政府。

或许最重要的是，某些主要的公共服务不只是简单地迎合了地方偏好，它们还实现了重要的公平或再分配目标。事实上，因为它们具有准私人性，所以在通过公共部门要求对公共服务进行提供方面，不存在固有的市场缺陷。重要的公共服务，例如，医疗、教育和福利服务，通常由公共部门提供，恰好因为它们是再分配政策的手段。它们可以提供社会和经济安全，促进机会均等，或者它们仅仅被视为对贫困人群极为重要的即实物转移支付的服务。同样，联邦政府对如何进行设计和提供准私人产品与服务拥有合法权利。行使这种权利未必能阻止有待讨论的服务分权给州政府，但这确实意味着必须采取措施确保州政府提供的这些公共服务满足公平与效率的国家标准。如何在不损害国家效率与公平目标的前提下获得分权的大量好处，是财政联邦主义中最为重要的且我们应该探讨的问题之一。目前，简单地说，解决这个问题不止涉及简单的责任分配，而是要对政府间的财政及制度安排进行设计。

专项转移支付

某些人际间再分配是通过所得税转移支付制度进行的，但通常情况是，提供给社会中最贫困成员的转移支付并非通过所得税转移支付制度进行，而是由福利机构提供。产生这一现象原因有多种。这些转移支付往往以某种程度上比收入更能反映需求的标准为基础。因此，工作能力及特殊类型的支出需求、资产财富和居住环境等需要考虑在内。贫困人群通常不是纳税人，因此在其他方面也不属于所得税制度的一部分。由于他们的境况可能经常变换，针对他们的转移支付需要在纳税年度不断改变。最后，不依赖所得税制度所使用的自我报告和后续审计机制可能更为可取。在任何情况下，对贫困人群进行的转移支付是以福利机构进行的预审为基础，并经常受制于持续的监查，以核实境况的变化，确保正在进行的求职活动。这些程序基本上旨在揭露信息，并且执行这些程序明确要求机构尽可能接近预期的接受者。将提供专项转移支付的责任分权至尽可能的最低层级政府，促进了对这些机构的控制。

就针对失业人员进行的转移支付而言，失业保险是一种特殊情况。该专项转移支付还需要与接受者直接接触。其复杂性在于对失业保险的需要可能取决于州际某种程度的独立冲击。如果是这样，就有可能成为联邦政府参与失业保险的论据，作为州际分担风险的一种手段。但是，这未必是联邦政府提供失业保险的必要条件。在不损害联邦政府所充当的风险分担角色的前提下，将失业保险的供应分权至各州的优势能够得以实现。设计一套为失业保险费提供资金的政府间（联邦—州）转移支付系统，以便明确负责各州在任何给定年份所面临的不同需求，这样就能实现上述优势。如此审慎的财政制度安排，既可以体现分权的优势，又不至带来某些成本。

对再分配的地方偏好

对再分配的偏好可能因地区而异。有些辖区可能比其他辖区更加厌恶不平等，或者说在不同辖区中，不同的人口或社会特征可能要求不同程度和类型的再分配偏好。某些地区可能更偏好使用某些类型的实物转移支付而非现金转移支付。该偏好意味着对主要具有再分配性质的产品和服务供给的分权。也可以通过税收转移支付制度，支持某些州在再分配程度方面责任的完成。

如同准私人产品和服务一样，对再分配目标的其他政策工具进行的分权化，会带来扭曲内部共同市场以及浪费性和无效性的辖区间税收或支出竞争的风险，以及损害国家再分配目标的风险。最后，必须在各州政府与联邦政府执行的再分配活动之间达成某种妥协。这种妥协的性质将因国情、合意的再分配程度的意愿或共识而异。

需要提醒的是：尽管存在人们从传统的联邦财政文献中得出的印象[①]，也不可能把再分配完全责任分给某一级或其他层级的政府，或者甚至不可能容易地将再分配责任划分成规定的比重。几乎政府所做的每件事，即使并非有意为之，也都具有再分配效果。最后，再分配是一项共担的责任，并且联邦政府和州政府以协调的方式执行各自再分配目标的机制要到位。

财政与政治问责

一般来说，责任的分权化也可能在联邦内引起更多的财政责任或问责，以及更多的政治问责。公共产品与服务的供给是由离所服务的人群“更近”的某一级政府进行的，且该政府面临着个人或企业离开某个行为不负责的辖区的惩罚（被称为退出选项）。与私人部门中企业

① 好的例子可参考 Musgrave（1959）与 Oates（1972）。

间的竞争相类似的是，辖区间竞争往往是良性且有助于提高效益的。此外，政府本身的内部层级划分责任使得特殊预算项目的责任更清晰。

支持财政问责的观点就此来说特别有效，即各州必须从其自有收入中为自身支出提供资金。该观点还可用作支持将为各州公共支出（至少是边际）筹集必要资金量的责任进行分权化的理由。然而，分权化通常以不对称的方式发生：支出责任比财政收入筹集责任更加分权。结果可能是，至少某些州（和基层）政府的支出资金是由来自联邦政府的转移支付。正如我们在后续的章节所坚决主张的，对于这样一个不对称的安排有充分的理由。虽然转移支付本身对联邦制度中国家目标的实现不可或缺，但通过模糊选民眼中对公共服务的财政问责，并可能通过造成各州不良的行为反应，转移支付是可以减损问责的。

后者的一个例子就是前面章节讨论的所谓软预算约束问题，在财政联邦主义的背景下，软预算约束指的是这样一种情形，其中较低层级的辖区预期，如果采取危害自身偿债能力或自身提供必要公共服务能力的预算活动，自己将得到联邦基金的救援（“紧急救助”）[①]。事实证明该预期是对的，因为联邦政府认为难以做到事后不对行为轻率的州施以援手。该问题还是公共政策时间不一致的典型案例，它的产生是因为政府无法致力于未来的活动。这种无能为力可能会驱使联邦政府约束较低层级政府，限制后者超出收入能力的支出。因此，或许存在对州政府和/或基层级政府发债能力施加的限制因素。

政治问责的另一个要素涉及政治制度可能会被政府官僚机构内、外部追逐私利派颠覆的程度。那些在内部的逐利派有可能作出以纳税人为代价来提高自身福利的决策，比如，拿走过多的额外补贴，膨胀自身官僚机构规模，甚或参与彻底的腐败。纳税人可能发现，正是因为他们缺少察觉这种行为的详细信息，通过自己选举的代表控制这种类型的行为十分困难，通过公开竞争和邻近辖区已经达到的标准，分

---

① 预算软约束问题还可以应用于政府紧急救援公共与私人企业的倾向中。Qian 与 Roland（1998）认为分权化能减少该问题的严重性。

权化可能有助于强化官僚机构强制实施纪律约束。出于同样的原因，外部利益集团有可能会俘获官僚机构的特殊支持，或者俘获产生于公共部门决策中不可避免的租金。此外，分权化可能通过降低潜在租金的规模，并通过使得凭借资源获取租金变得不值得这两种方式减少寻租行为所占的优势[①]，而且分权化仅是通过简单将决策权交给较低层级的政治机构便可以使得发现官僚慷慨和寻租更加容易。

相比分权化的许多优势，其劣势也宽泛。换言之，至少在联邦一级保留某些公共服务的设计与提供方面的责任是有一些优势的。有些缺点已经被当作对分权化效益的警告。接下来是一系列分权化劣势中的某些较为重要的方面，这些劣势构成了以下两种情况的基础：分配特殊责任给联邦政府，或者支持分权化的理由令人信服的情形中，寻求方法以管理分权化，以便国家目标不会过度牺牲。

财政低效率和不公平

分权最普遍的影响是由不同州可以拥有不同的提供公共服务的能力这一事实而引起的。换言之，由净财政收益（NFBs）差异通常将会产生。如我们所见，如果某一既定类型的人群从两个不同的州获得不同的净财政收益，将会产生财政不平等或财政低效率，或以上两种情况都有。如果家庭是流动的，那么将产生因为净财政收益差异而跨州迁移的动机，并且结果会是生产要素将在联邦国家内部得到低效率的分配。另一方面，如果家庭是不流动的，横向不公平将产生。两种方式（低效率与不公平）无论哪一种都会对分权化产生不伴随补偿措施的社会成本。

至于将支出进行分权，这些净财政收益的差异基本上是因为对公共服务的需求差异而引起的。如果政府目标是要提供公共服务给可鉴别的人群，比如，老年人（医疗）、年轻人（教育）或贫困者（福利），不同的州可能必须承担不同水平的支出，以提供规定水平的公共

① 关于该现象的正式分析，参考 Sato（1998）的观点。

服务。在这些情况中，与提供这些服务相关的，纳税人规定收入的税收成本即因此产生的净财政收益，可能因州而有显著差异。

如第一章所述，必须就由于需求差异引起的相关净财政收益差异而提出警告。第一，该问题只有达到分权化的公共服务不由受益税提供资金这一程度时才会出现。这似乎不是一个严重的问题。大多数研究似乎表明，州一级的财政政策至少具有适度的再分配性。与经济合作与发展组织（OECD）国家相当接近的情况是：州级政府的税收制度大致是成比例的。

第二，支出责任的分权化导致了因需求而产生的净财政收益差异，该事实不应该被视为反对分权化的有力论证。由联邦政府对各州政府进行的、设计合理的财政转移支付，可以容易地弥补这些差异。第九章和第十章将会回到探讨如何设计这种转移支付的问题。

第三，在分权化的环境中，即使在没有需求或税收能力差异时，也可能出现净财政收益差异。那是因为不同于单一制国家，不同的州可以选择为其公民提供不同层级的公共服务。确实，联邦国家的优点之一就是允许州政府决策存在多样性。虽然如此，也可能会出现这样的强有力观点：认为基于需求的差异是问题所在，并且应该通过均等化转移支付来消除。该观点是指，消除净财政收益差异为不同的州提供了一种可能性，即以可比税率来提供相当水平的公共服务。它们可能不会选择以普遍的方式，这一点也被视为财政责任分权化的合理结果。如后面章节所述，鼓励各州为某些支出类型提供一些最低水平的服务，基于某些其他的国家效率或公平原因。但是，这将超出与净财政收益差异相关的问题。事实上，在联邦国家内设计政策总会导致某种妥协，即由分权化产生的多样性优势与由各州坚持某些共同的国家标准而产生的国家效率与公平优势之间的妥协。不同联邦政府将以不同的方式解决这种妥协。

辖区间的溢出效应

如第一章所述，联邦经济中出现的效率问题之一是由较低层级辖区决策造成的辖区间溢出效应的可能性。某一个辖区所提供的公共及准私人产品和服务可能对周边辖区的居民带来效益。如果留给他们自己，辖区将会系统地减少对具有正向溢出效应的那些产品和服务的供应，增加对具有负向溢出效应的产品和服务的供应。正向溢出效应的例子包括：一个辖区提供的交通和通信设施被另一个辖区所利用；可以从其他辖区吸引人才的教育和培训项目，或者培训人员从其所获得培训的辖区迁走；福利项目不仅影响居住在相对于邻近辖区的特定辖区中的贫困人群数量，还对支持性辖区外的利他倾向具有吸引力；污染控制项目的好处不受政治边界的限制，而且也可在提供娱乐和文化设施的社区以外使用。

支出责任越分权，越可能出现辖区间溢出效应，且溢出效应的程度越大，结果可能是更大的资源不合理配置问题。将产生溢出效应的项目提供进行集权化（亦即不将项目提供分权至向较低层级的辖区）是一种将外部性内部化的明显方式。然而，供给的集权化并非是对溢出问题的必要回应，并且可能会适得其反。尽管那种方式必定会避免溢出效应，但是分权化的所有效益也将丧失。找到保留分权化供给的大量优势的补救措施，或许更明智。这样一种方式利用联邦政府的权力，即所谓的联邦政府的支出权力，将有条件的转移支付拨付到各州。通过配套有条件转移支付，或具体针对有待讨论的项目“分摊成本”的拨款，联邦政府可以影响州政府进行的产生溢出效应的活动供给，选择配套率的高低以提供预期的激励机制。无论是在财政联邦主义文献还是实践中，为此目的而使用配套的有条件转移支付，都有悠久的历史。许多联邦国家在诸如交通运输、基础设施、教育或培训项目、福利计划及卫生医疗等领域拥有分摊成本的项目。然而，它们的应用并非没有问题。首先，要知道“正确的”配套率几乎不可能，因为要观察由某个特定支出项目所产生的溢出效应程度是不可能的[①]。因此，

① 有人可能认为，测量公共支出项目效益的不可能性，更普遍地适用于所有产品与服务。另一方面，至少在州与基层政府提供的公共产品的情况中，公民“用脚投票”的能力为较低层级政府掌握其自身相对于税收的支出效益提供了方法。这便是蒂布特模型的启示。同样，这样一种机制并不适用于溢出效应。

配套率必须被随机选出。在实践中，配套率往往相当高，一般为 50%，批评者则辩称，这一比率为较低层级的辖区提供了超支的动机。

利用分摊成本拨款作为联邦政府政策工具，这个关键问题为联邦政府干预州政府决策的独立性提供了一种潜在手段。有人认为，该问题扭曲了它们（即联邦与州政府）的优先等级（从此程度上讲，成本分摊并非真正基于溢出效应），并且损害了分权化的目的。问题是，一旦赋予支出权力，就难以约束。联邦政府可以依照它所认为合适的范围对自身收入进行支出。在政府制度中，议会或立法机构在支出决策方面权力至上，对运用支出权力实施有意义的宪法控制，甚至以多种方式干预或影响州政府决策，都很难。政治进程本身必须依赖于纪律。涉及联邦政府合理使用支出权力，以影响州政府预算优先顺序的这个问题，绝不限于对辖区间溢出效应的控制。确实，如我们所述，在州政府支出项目具有重要的全国性影响的情况中，支出权力是确保联邦政府能够执行其国家效率和公平目标时不可或缺的政策工具。实际上，支出权力是分权化联邦政府有效运作的必要条件：它促进了分权化进程。

最后，成本分摊项目的一个非常重要的特征是：项目是基于公式还是自由裁量。理想地讲，由较高层级到较低层级政府的拨款应基于客观的公式，以便接受方的政府尽可能多地保留决策独立性。公式化拨款还确保了一连串拨款的可预测性，以便州政府可合理地计划其支出。然而，就成本分摊的条件性拨款而言，只要是决定哪种支出类型符合分摊条件，那么较高层级政府一定量的自由裁量权就是不可避免的。其风险在于拨款方政府变得太具干预性，试图影响受制于分摊的支出种类和设计。这种干预性还将推翻分权化决策的原则。溢出效应的补救措施可能比问题本身更糟糕。此外，考虑到支出权力的政策工具，很难想象如何防止较高层级的政府这样运行。预防过分热心的联邦政府的最佳方式就是政治制度本身的相互制衡，以及财政决策制度对公众和媒体的公开性。

有条件的转移支付并非可用来纠正可能出现于分权化政府中溢出

效应的唯一方法。与纠正市场经济中的外部性一样，原则上来说，溢出效应的内部化可以在较低层级政府间以科斯议价解的方式谈判完成。在此情况下，联邦政府根本无须参与其中。然而，政府间谈判是一个非常迟缓的过程，尤其是需要达成全体一致的协议。作为解决溢出效应问题或其他相互依赖性的一种手段，对较低层级政府间讨价还价的跟踪记录十分薄弱。

如果较高层级政府对较低层级政府有某些监管权，就可以调节溢出效应，使之不存在，例如，通过对较低层级政府的强制命令，要求它们以指定的方式行事。根据前面关于较高层级政府过度干预的相关表述，这可能不是一个理想的解决方案。要说有什么区别的话，或许它仅可适用于联邦国家中的州级政府，其中基层政府真正听命于州政府而非中央政府，国家层面更关注广泛的目标。

支出竞争

从州政府公共支出产生的效益不仅可以溢出到那些邻近辖区，支出也可能引起生产要素从一个州到其他州的重新配置。该可能性与三种类型的支出尤为相关——企业服务、基础设施及补贴。如前一章所述，这些是我们称为横向财政外部性的所有例子。使用这些形式的支出将引起破坏性以邻为壑竞争，因为每个辖区把来自邻近辖区企业的迁移视为增加自己的效益。因此，这些支出代表了负向的财政外部性，足以为所有辖区过度支出提供激励，进而造成资源浪费。

一旦把支出竞争放入其他财政政策工具的背景，就应该注意某些警告。首先，支出是由税收提供资金的，而税收本身与外部性有关，至此程度时，整体外部性影响就变得不太清晰。如果税基也是跨区流动的，换言之，如果税率上升对其他辖区的税基造成了损失，那么来自税收的横向财政外部性很可能就是负向的。如果企业支出是由这样的税收提供资金，那么过度支出的动机就会被抵消掉。

其次，对预期财政政策将无效地阻碍私人投资而言，可能有其他原因。令人信服的理由之一是资本税的时间不一致性，也被称为套牢问题。论证是，一旦资本到位，政府将倾向于对其征税，并且发现难以抵制该倾向。情况既然如此，企业则将预期到，资本税税率将过高，且这种可能性将阻碍投资。众所周知，解决该问题的出路是要为投资提供前期激励。企业服务的提供就是这样的一个补偿政策。因此，在此背景下的商业竞争可能是有利的[①]。

要注意的第三个问题涉及混合的公共部门预算。企业服务的提供是伴随负向财政外部性进行的，公共产品和服务的提供则不然，这一事实意味着，与投入公共产品和服务的数量相比，过多的预算将被投入企业服务、补贴和基础设施[②]。

规模经济

如在私人部门中一样，规模经济为较大的政府单位公共产品和服务的供给提供了论据。情况将会是，行政管理开支庞大，比如，在教育、医疗及福利服务领域，为个人提供劳动密集型的公共服务。在典型的案例中，适用于联邦政府和州政府之间职能分配的这个论证尚不明确，因为大部分国家的州或许足够大，将消耗大部分的规模经济。大概各州及其行政区划之间更具关联性。在行政经济存在的领域中，共担司法责任能使得联邦政府在利用规模经济的同时获得分权所带来的效益。该考量也适用于征税权力的分配，其中单一税务局的优势十分明显。

例如，在特定国家中的初等教育可以由州和基层政府共担。后者可能在其辖区被赋予建造及开办学校的全部责任，并且提供给学校的部分资金可以取自地方来源。州则可以负责课程标准制定、教师培训、设置就业标准以及监督并检验学校绩效。实际上，甚至存在三方共担教育责任的可能性，尤其是在较高层级的政府中，其中教育项目与学

---

① 的确，基于同样原因，资本税收竞争也是有利的。关于分析该问题的模型，参考 Kehoe（1989）的观点。

② Keen 与 Marchand（1997）对某个联邦政府进行了研究，其中各州政府在税收与企业服务两方面都进行竞争。

生评估的国家标准，对保持内部经济联盟的效率，并对在整个联邦国家中提供均等的机会很重要。该例证与接下来要探讨的完全分权化的最后两类弊端有特殊相关性。

在我们开始转而探讨其他类型的弊端之前，职能分配的讨论有时会进一步强调规模优势。联邦国家内的各州可能遭受特异性冲击。它们可能有不同的工业结构，或者说其全体公民可能有不同的人口构成。即使风险是可保的，各州也可能认为难以自我保险，因为市场是无效的。由于存在与政府决策相关的道德风险，保险或许不会被提供：政府对经济冲击的后果有高度的影响。或者说，各届政府的存在时间可能太过短暂，没有参与应对未来特异性冲击的长期自我保险的远见。此外，即使它们可以在一定程度上进行自我保险，其风险也可能并非完全可保。在这些情况下，尤其是如果其中一个比另一个更具风险倾向，或者它们的规模不同，不同州之间进行风险交易可能仍是有优势的。在这些情况下，加入联邦政府有助于为交易风险、分担风险以及应对风险提供工具，意味着对联邦政府提出了某些任务。

有三种可以调节各州所面临风险的方法。首先，面临困境的州可以通过劳动力及资本的流动性来对其进行调节。失业的工人可迁移到邻近辖区，企业及其资本可以搬迁，并拥有快速进入更广阔的资本市场以适应经济衰退的机会。其次，全国性的税收与转移支付制度有助于缓解经济衰退的冲击。的确，全国税收与转移支付制度的风险共担特征是支持将社会保险项目像失业保险那样由全国统筹管理的强有力论证。最后，在几乎所有多层级国家中，最为显著的州际均等化转移支付的角色之一，恰好是要给各州上保险以防不利冲击。当然，与任何保险计划一样，转移支付计划设计时要避免被各州利用，必须考虑道德风险及潜在的逆向选择问题。我们第九章和第十一章中将回到转移支付制度设计的问题上①。

① 一些最近的文献已专注于政府间均等化转移支付的道德风险及逆向选择问题。参考 Persson 与 Tablelini（1996a，1996b）、Lockwood（1999）与 Bordignon、Manasse 与 Tablolini（2001）的观点。

缺乏公共支出协调性

对于某些类型的服务而言，项目设计的某种统一性对确保州际资源的有效配置可能很重要。例如，养老金的可携带性、对住房及福利服务的住所要求的缺失、社会项目中提供的各类服务的覆盖范围，以及标准化教育或贸易资格，虽然实际的供给率可能因州而异，但上述这些情况使得人们从一个州迁移至另一个州更容易。协调性或许还可以通过有选择地使用支出，降低各州参与浪费性的以邻为壑政策的能力，吸引合意类型的要素，或排斥不合意的要素。后者将包括无论出于什么原因而使用大量公共服务的人群，如贫困者、残疾人及老年人。

此外，公共服务的集权化供给或许没必要实现协调性。使用有条件的转移支付以维持国家标准通常就足够了。在这种情况下，由于受争议的是项目的设计而非其规模，有条件的转移支付无须配套，也不必有特定用途。它们可能是具有相当普遍性质的分类补贴，其按州划分的相对规模是以某种客观的需求指标为基础的，该指标不直接对州中的实际项目支出作出回应（为了避免不利的激励机制）。然而，这笔转移支付将附带着项目必须满足的一般性条件，以便州政府有资格获得全额转移支付。不符合这些条件的州可能失去一部分由联邦政府自由裁量的转移支付。这是支出权力运用促进责任分权化，同时确保国家目标得以实现的一种手段的另外例证。

使用分类补贴实现支出协调性目标，将会在下一章进行更详细的论述。目前我们只注意到，正如成本分摊的项目一样，可能性甚至是诱惑性是存在的，联邦政府为了支出协调性目的，在行使其支出权力方面过分干预。没有简单的方式确保联邦政府将在这件事上负责。人们将希望最终能够依赖政治进程，使其成为强制执行的机制。

行使支出权力以实现内部经济联盟与其他国家目标的协调性，可能与宪法明确规定的责任分配有关，也可能无关。也就是说，联邦政府可能按照联邦国家的宪法规定使用支出权力来支持和影响独有的州管辖权领域的项目支出。支出权力涉及对各州进行的资金拨付，即使在拨付途中是有条件的，而各州要将那些资金使用需要符合这些条件。这并不涉及联邦政府在其支持的项目领域进行立法。人们或许希望在宪法上对联邦政府行使支出权力的方式进行约束。例如，人们可能想要在宪法中讲清楚联邦政府负责何种类型的目标及其可以合法使用支出权力所要实现的目标。然而，风险是存在的：试图约束支出权力的使用可能导致支出权力的完全摧毁。

存在支出权力的替代性选择，作为引导州支出政策优先协调性的方式，两者都或多或少地具有干预性。联邦政府有权力规定各州提供特殊公共服务的方式，或有权力驳回被视为令人不满意的州立法。虽然这一规定将产生预期效果，但是也存在明显缺点：减少了各州设计其自身认为合适的项目的责任，并且不过于对联邦政府负责。该规定也为联邦政府对各州进行无资金提供的管制带来了机会。也就是说，在没有附带资金转移支付要求的前提下，要求各州提供特定类型的公共服务。

抽象地讲，实现协调性的一种干预性较少的理想的方式是，使用州际协议确保各州项目之间某种程度的协调性，尤其是如果存在来自协调性的共同效率提高。不幸的是，现有的联邦国家经验并没有留下什么给我们可以继续研究。这或许是因为人们没有给予州际协定被采用的机会。或者说，有可能是因为谈判的成本、设计争端解决机制的需要以及达成一致性的要求，所以谈判有约束力和有意义的州际协议的可能性相对有限。像欧盟这样的经济联盟的经历表明了依靠州际协议实现集体目标是困难的。

损害联邦的公平责任

联邦政府使用支出权力以影响各州行为的另一个重要原因涉及了联邦政府对全国范围内再分配公平的兴趣。很大比例的政府支出目的是实现再分配目标。这些目标不仅包括基于收入或家庭人口特征的转移支付，还包括用于准私人产品和服务的支出（教育、福利服务、住房等）以及社会保险计划（医疗保险、失业保险、伤残保险等）。在一定程度上，联邦政府对整个国家的公平问题感兴趣并负责任，它也将对这类事业的结构与范围感兴趣。实际上，这个基本原则可能是联邦政府干预的最重要依据之一。此外，在该领域，联邦责任的履行需要联邦政府的供给，这一点并不明确。本研究的潜在主题之一是，联邦政府在联邦制度中可以实现许多公平目标，其中尽管大多数服务是地方政府提供，但联邦政府运用其财政和管制权力来影响各州项目的设计。

正如我们所见，就准私人产品和服务而言，将提供某些专项转移支付和某些形式的社会保险的责任分权至各州是具备强有力理由的。这些政策手段必须由靠近目标人口居所的机构提供。如果是州政府而非联邦政府对这些机构进行控制，那么它们可以最有效地运转。这些机构能更好地迎合地方偏好与需求，能更好地被管理，更具有创新性，并且能从州际竞争中获益。理想地讲，为了获得分权的所有效益，财政与政治问责、对地方需求和偏好的响应、对此类项目设计与项目提供的专有立法责任等，应该被授予各州。然而，由于先前所陈述的理由，联邦政府很可能保留这样的兴趣，即观察这些项目符合效率与协调性的某些基本标准。对联邦政府而言，将合法的联邦目标与分权的效益进行协调的一种方式是：对各州设计项目的方式实行一定程度的监督或施加一定程度的影响。支出权力的运用是联邦政府激励各州政府设计符合国家目标的项目的一种手段。如果联邦政府能够实现下述方式使用支出权力将是最优的，既不损害各州立法责任，又不损害各州以最有效和最创新的方式提供公共服务的能力与激励，将是更可取的。

如前所述，对使用支出权力的替代方案是有可能存在的。联邦政府可以通过使用驳回命令对各州项目行使立法权，或者可能存在各州之间通过磋商的自愿协议。然而，确定再分配问题涉及哪些领域或许更困难。对这些关键问题的重视程度不仅因州而异，而且还几乎必定导致总体上一些州成为“赢家”，其他州则变成“输家”。该结果将使得全体一致的协议几乎不可能达成。

支出方面的集权化程度对比分权化程度的选择，以及联邦政府实现其预期影响效果的精准方式将因支出类型而异。上述事务将涉及分权化效益与集权化效益之间的权衡，前者包括迎合地方偏好，以低成本提供服务的能力，建立创新激励机制；后者包括有效率的内部共同市场的维护、国家公平的实现、州际溢出效应的内部化、国家公共产品与服务的提供。如前所述，不同观察者对上述理想的权衡将持不同观点。

税收责任分权化的利与弊

在税收收入方面也出现了类似的问题。将从各种渠道筹集的（财政）收入分权至较低层级的政府，有利有弊。当然，支出责任分权化本身也为某些税收责任的分权化提出了论证，以保持一定程度的财政问责。然而，税收责任被分权至各州和基层政府的准确程度，原则上讲，可以完全独立于支出职能的分配而进行，意识到这一点很重要。对财政问责具有特殊相关性的问题是，边际收入是由较低层级辖区筹集的（除非溢出效应的存在能用于证明特殊支出的某些补贴是正当合法的），以保证较低层级的辖区对所筹集（财政）收入的数量和支出项目的规模有一定的控制权。即使较低层级的政府没有筹集足够支付其自身所有支出的（财政）收入，而是依靠较高层级政府的转移支付，只要这些转移支付是超边际的（换言之，它们的规模并不依赖于实际承担的支出数量），这个目标也能实现。这意味着，较低层级的政府对其自身的支出也有实际上的自由裁量权。

税收分权的形式

税收分权可以以多种方式进行。一种是，通过专门分配特殊税基给较低层级政府，且允许后者决定征税的程度。这种形式的分权通常不仅涉及地方决策，而且涉及地方管理和征税。然而，在没有必要损害问责的前提下，较少形式的分权是有可能的。例如，尽管税基和收入可以被分配到较低层级的政府，但是对两者的管理可以集中操作；或者说，虽然可以分配房产税给地方政府，并且后者保留征收此税而获得的所有收入，但是税收本身可以由州级政府进行管理，以利用具有行政性的规模经济，并确保一套房产评估的通用程序。

或者，州政府和联邦政府可以共同占有税基，尤其是受关注的广泛税基，然后不同程度的分权决策和协调性便成为可能。联邦政府可以负责本身及各州的行政及征税，并且可以负责决定税基，或许还能决定税率结构。州政府仅需通过运用自身税率作为联邦纳税义务的附加税来决定征税的水平，此制度有时被称为税收寄征。该制度把税收协调的最佳特征与对各州筹集（财政）收入的某种程度的问责结合起来。各州对他们筹集税收收入的数量负有最终责任。税收寄征的缺陷是，各州收入立即受联邦政府税率变化的影响。降低联邦税率将可能减少联邦纳税义务，并且因此减少各州的征税。如通常情况下的预算措施一样[1]，如果联邦政府几乎不预先通知而对税率做出变动，那么就可能出现问题，但是如果允许各州将自己的税率应用于由联邦政府决定的税基上，而非联邦纳税义务上，那么各州就能避免问题的发生。该制度被称为对税基征税而非对税种征税的制度。更分权化的制度会在基于税基征税的制度下，允许各州设置自身的税率结构。至少在共同的税收管理制度允许的限定范围内，各州甚至能够选择自己的税基。

在限定范围内，尽管两级政府可以共同占有相同的税基，但是它们独立地设置和管理其自身认为合适的税收结构。即便在这个极端的情况下，为确保相同的收入来源不在多个州被重复征税，需要各州之间，通常以分配到各州的税基规则的形式，来达成某种最小程度的协调。在非常分权化的制度下，由于税收竞争压力，某种协调性也可能出现。税基在各州间越流动，这个结果将越可能出现。我们将在后面的章节更为完整地讨论税收协调机制。

---

① 随着联邦税基的变化，类似问题也将出现。但是，这并非严重的问题，因为税基变化的频率没有税率变化的频率大。

税收分权的效率成本

尽管渴望征税权力的分权化主要是为了把政治问责引入联邦政府，但是地方辖区可能对税收制度的某些特征有特殊偏好，比如，累进程度、公共部门的规模或税收优惠设定的使用。分权将使这些不同偏好在税收政策中得以实现。然而，正如支出的分权一样，税收责任的分权化可能引起各种低效率和不公平。低效率的出现有两个主要原因。两者都牵涉各州间流动要素配置的扭曲，因而降低了内部共同市场的效率。出现第一种情况，仅仅是因为分权化的税收政策扭曲了产品和/或生产要素的州际自由流动。第二种情况的发生是因为税收分权化必然导致这样一种结果，即不同的州拥有不同的征税能力，并且因此可能对其各自的公民产生不同的净财政收益。

因为以不协调的方式行事的各州，单独选择征收不同的税率，所以税收分权能扭曲内部共同市场中产品、服务、劳动力及资本的配置。就产品和服务而言，跨边界贸易是扭曲的，因为家庭和企业选择在辖区内以最低的产品交易税率购买产品和服务。在某种程度上，如果商品税是基于目的地征收的（这是通常情况），那么这个问题就是可以避免的。在这样的情况下，某个辖区的居民有望支付在其居住州而非购物州适用的税率。问题是因为没有边境海关的控制，所以目的地原则难以在联邦国家中得到完全地维持。换言之，跨境购物难以阻止。在跨境购物花费不太高的联邦国家中，如果各辖区间的税率不同，那么生产和消费模式可能会被扭曲。但是在这种情况下，税收差异不可能持续下去。各州将在税率上进行竞争，其结果将是：不仅更统一，而且将存在更低的税率。也就是说，各州将觉察到（财政）收入筹集实际比其本身的成本更高，因为税率提高所产生的部分效益将会流失到邻近辖区[①]。

① 关于商品税收竞争的文献，代表性的论文包括 Mintz 与 Tulkens（1986）以及 kanbur 和 keen（1993）的文章。可以在 Lockwood（2001）与 J. Wilson（1999）的文章中找到理论依据。

比起对更具流动性的生产要素，尤其是不受束缚的资本与企业或企业家的征税而言，税收竞争的问题可能对商品的税收是次要的。流动的生产要素往往将以最低的税率自然地、低效率地定位在各州。因为资本具有高度流动性，所以这将意味着各州在自己辖区内的资本税可能存在高度的扭曲。同样地，各州所得税可能被扭曲到这种程度，即对于流动性更大的部分人口，比如，高技能的年轻人和企业家，各州采用不同的平均税率。鉴于此情况，税收竞争可能导致辖区间税率的很大统一性。

即便这样，税收竞争本身可能造成非最佳情况。正如第一章中所解释的，各州将意识到诸如资本等要素的流动性，并将有动力参与以邻为壑的税收竞争，来吸引它们这些要素。最后的结果很可能是税率统一起来，但从各州的集体角度看，税率水平过低。各种扭曲对流动性较小的生产要素（例如，不动产）征的税收将减少。在大多数联邦国家中，相比于资本，大多数人在辖区间的流动性将小得多。因此，相比于对资本的征税，对于个人征收的税，例如，劳动所得税、基于居住地的所得税或一般营业税等，一般将产生较少的效率成本。如前所述，例外的情况将是部分人口高度流动，这可能包括那些具有更高技能的个人企业家。

税收责任分权的第二种类型的低效是由各州间净财政收益的差异引起的，重要的原因之一是财政能力的差异。不同的税收能力将导致相对于较富裕州的较贫困州更低的净财政收益，并且将造成过多的要素安置在后者，导致低效率。此外，这可能包括那些受州资源控制较少的更具流动性的家庭以及企业。正如我们即将讨论的，解决与分权化税收责任相一致的问题的出路，将涉及联邦政府以在各州间的均等化拨款的形式采取的集体行动。

税收分权的公平成本

从全国的角度看，税收责任分权化一般也将导致不公平。首先，不同的累进程度将意味着较高收入者将会面临不同的，取决于他们居住地所在州的税收负担。从全国角度来看，这个结果将是横向的不公平。同样，该结果将带来整个联邦国家内不同程度的纵向公平。允许州政府为了再分配及全国范围内横向和纵向公平而执行自己的地方偏好，因此在所产生的效益之间存在一种权衡。此外，如果劳动力是流动的，即使在再分配是各州所期望的情况下，各州间的税收竞争也可能会导致各州竞相远离州内的再分配活动。然后，可能需要联邦政府的干预，以达到各州本身更偏好的再分配程度。

实际上，在财政联邦主义文献中，导致次优再分配结果的州内竞争是一个旧想法，并且解释了这个标准论证：再分配应该是一项联邦政府职能[①]。该论证已被最近关于纵向财政互动的文献所动摇。曾经有人提出，当联邦政府和州政府都征收具有广泛基础的税收时，各州将会低估征税的真实成本。提高减少税基规模的州税率将引起联邦税收收入的下降，并且该成本不会被联邦政府考虑在内。其结果是，各州将因此有动机进行最佳水平之上的再分配活动，而非在最佳水平之下进行再分配活动。最终结果是否是过低水平的再分配是由倾向于减少再分配的横向税收竞争与倾向于增加再分配的纵向互动之间的平衡所决定的[②]。

即使各州不竞相远离再分配，即使它们参与统一的再分配政策，税收责任的分权化一般也将造成财政不公平，我们之前就已经将其定义为联邦国家中的一种横向不公平的形式。尽管事实上各州政策包含相当数量的再分配（规定），但是居住在具有较高财政能力的州的人们，将按部就班地收到来自其州政府的较高净财政收益，其结果就是财政不公平。正如财政低效率一样，纠正措施可以包括不损害税收责任分权化能力的联邦转移支付制度。如我们将探讨的，联邦国家转移

① 这是 Musgrave（1959）和 Oates（1972）文章中“再分配应该是一项联邦政府职能”的经典论述的基础。参考 Boskin（1973）和 Pauly（1973）早期关于为了再分配的税收竞争结果的讨论。再分配竞争以及联邦政府在纠正再分配竞争方面所扮演角色的较新分析可以参考 Wildasin（1991）的文章。

② Johnson（1988）首先指出这个纵向影响。Boadway（1996）和 Keen（1996）以及 Boadway 等人（1998）已对再分配产生的结果进行了分析。可以在 Dahlby（1996）的文章中找到横向与纵向财政外部性两者的抵消影响的一般性讨论。

支付的一个关键功能之一恰好是要弥补各州间的净财政收益差异。

更普遍地讲，对税收责任分权化所产生的公平结果的关注程度，将取决于联邦政府在解决具有再分配公平方面所扮演的角色。如果人们认为维护公平主要是联邦政府的责任，那么那些最适合再分配的税收应被集中控制。这些税包括对家庭征收的直接税，如所得税和财富税。集权化控制并不意味着专属的联邦管辖权，州政府对联邦政府直接税进行的税收寄征，可以通过联邦政府维持对税率结构的控制来完成。因为拨给人们的转移支付相当于消极的直接税，所以联邦政府也可以控制直接税的结构。另一方面，如果人们认为再分配是次要的，或认为联邦政府有过度再分配的倾向，那么财政责任的分权化或许是件好事。它能有效制约再分配活动进行的数量（易受警告，即纵向互动可能会为各州提供进行过多再分配活动的动机）。

在联邦国家中，联邦政府在税收转移支付制度中的角色变得尤为重要，其中公共服务的提供被高度分权化到各州，这在实践中并不常见。正如我们在第一章所指出的，从更广义上讲，最重要的公共服务是再分配的基本手段。除了提供实物转移支付以外，各州也提供社会保险，并促进机会均等，因此可被视为对实现重要的国家公平目标很有必要的政策手段的一部分。公共服务被分权到州级政府，很大程度上是由效率问题促进的。如果联邦政府要保持对国家公平目标的某种影响，那么它必须有实现这些目标的工具。它们对公共服务的提供控制越少，它们为了再分配目的而需要依靠的其他工具就越多。对直接税和转移支付的控制就是这样一种工具。使用有条件的转移支付来影响各州如何提供这些重要公共服务是另外一种方式。后者在我们后面章节关于政府间（联邦—州）财政政策的讨论中起到了关键作用。

税收分配到较低层级辖区的标准

当谈及决定把哪些特殊税收以专属或共同占有的形式为基础分权到各州和基层政府时，会有几个相关因素。由于这些标准的一部分对任何特定类型的税收而言可能是矛盾的，因此不可避免地要作出判断。

• 税基在各辖区间流动性越大，将税基的使用分权至较低层级的辖区就越困难。例如，如前所述，因为资本是高度流动的，所以影响资本收入的税收不太容易被分权。因为劳动力不如资本的流动性大，对劳动力收入或消费的征税更适合分权化，所以工资税和个人劳动所得税可以进行分权化。同样，消费税——无论是特殊消费税还是一般消费税——都能进行分权化，除非跨境购物很容易（受后文提到的关于行政成本附带条件的制约）。不动产税和资源税收也可以进行分权化。

• 对再分配最为重要的税收可以保留在联邦一级，或者至少联邦政府可以控制税收结构。这些税种包括，个人所得税和财富税。虽然一定程度的协调性是有利的，对防止各州竞相远离分配目标尤为如此，但各州是可以允许共同占有这些税基的。

• 在各辖区间分配十分不均衡的税基对分权的吸引力不大。这些税基引起了各州间财政能力的差异，并因此导致了净财政收益的差异，而这些差异又造成了财政低效率和/或财政不公平。原则上讲，尽管这种低效率可以通过各州间有效的均等化转移支付制度抵消，但是均等化制度被施加更多压力，并且各州间的税收能力更加不均衡。

• 最难管理且更容易逃避的税收，保留在联邦一级或许会更好。该政策可能适用于某些直接税，比如，个人所得税、企业所得税和财富税。如我们随后所详细讨论的，它也可以适用于以多辖区为基础而难以管理的增值税。

• 应该与特殊支出或调控项目相协调的税收，要与这些项目处在同一层级。例如，纠正外部性的税收可以由负责环境控制的政府层级征收；石油税可以由负责交通运输的政府层级进行管理；特定用途税，如针对社会事业的工资税，应该由提供社会事业的机构来征收。

• 收入来源不确定的税收可以保留在中央一级，因为联邦政府分散风险和承受冲击的能力最强。同时，针对省份的风险可以通过均等化转移支付制度来调节。实际上，那是此类转移支付的作用之一。

• 充当受益税的税收非常适合分权化。如果它们与受益有关，即使家庭是流动的，它们也不大可能引起地区间的扭曲。正如我们所提到的，净财政收益差异不会增加到根据受益征收公民税的程度。

这些一般原则不太可能对税收分配——当然也不会为不同层级政府税收的适当水平给出一个明确的方案。其中一部分原则为了某些收入来源而产生冲突。例如，人们可能将资源所得税或是资源收入税视为分权的典范，因为资源税收基础是不会跨辖区流动的。然而，资源可能在各辖区间的分配极不均衡，因此对其进行分权，有可能引起各州财政能力的显著差异。因此，有些资源税收基础可以进行分权，有些则不然。这不可避免地涉及某种判断。

简而言之，尽管财政问责规定对税收责任进行分权，允许州政府拥有至少为它们自身某些支出提供资金的能力，该分权还是不可避免地导致了不公平与低效率。分权化程度越高，它们的重要性越大。该解决方案或许一定程度上在于，将对税收结构的控制权保留在了联邦政府的手中，这使得联邦政府和州政府之间的税收制度更加协调，从而有助于提高国家经济的效率，并降低征税成本。这种控制权也将促进联邦政府通过税收制度努力实现再分配的目标。另一方面，通过转移支付给各州，联邦政府可以消除某些分权化税收制度的低效率和不公平，尤其是那些产生于各州间净财政收益差异的低效率与不公平。

联邦政府和州政府的总体角色

关于分权效益与成本的考量因素，引出了最适合联邦政府、那些应该留给各州及其基层政府，以及那些应该由两级政府共担的责任类型的总体方案。我们首先概述两级政府可以承担的一般角色，然后总结这些一般角色对更具体职能的分配意味着什么。我们的论述集中于概述联邦政府的总体责任——也就是说，它考虑的是应该被中央保留的各种角色的程度、应该被分权化的其他任务的假设。这种方法的逻辑是由我们前面讨论的推理规定的，缺少支持集权化的具体理由，分权化的责任就应该成为规则。这就是主从法则（即下级自治优先法则）。

应再次提醒读者的是，在主张将特殊模式的责任分配至各级政府过程中涉及某种判断。我们的观点将不会与其他消息灵通的观察者们相同。他们依靠的是经济中政府角色的特殊观点、再分配公平（即具有再分配性质的公平）的重要性和可以用来实现再分配公平的政策工具，以及政府能够运行以实现自身目标——评估（即必须牢记集体决策的复杂性及现存的政治压力）的方法的一般性假设。在那些研究财政联邦主义的经济学家中，我们认为自己的观点将被视为合理的。

从最普遍的意义上讲，我们采取的假设是，联邦政府应该为重要的国家效率目标和公平目标承担责任。国家效率目标包括内部共同市场的有效运转、国家公共产品的提供、联邦内部溢出效应的内部化，以及与其他国家的关系。对于这个一般原则有一些警告。在某些情况下，可以通过州际磋商和协议实现这些目标。举个例子，涉及地方政府法规的州际协议或操守，可能违反内部共同市场效率的采购政策或财政政策。这些协议类似于国际协议，比如，世界贸易协议、北美自由贸易协议或欧盟方面的协议。另一个例子是，为了实现部分效率目标，比如那些涉及（实现解决）州际溢出效应问题的目标，各州可以和联邦政府共担责任。

相比效率目标，联邦政府在努力实现州公平目标（包括对于这些目标的定义）中所扮演的角色，或许更具争议。受争议的是，观察者可能对将效率作为目标本身的强调程度不同。我们持有的观点是，在一定程度上，追求公平被认可为政府的合法角色，联邦政府被假设为对全国的横向公平和整个工薪阶层的纵向公平都感兴趣。同样地，有可能存在其他不容易被纵向和横向公平概念充分体现的广泛的公平目标，可以用来查询市场经济的事后结果。从广义上讲，国家公平目标包括涉及事前政策干预概念的机会均等。社会保险目标和经济不安全因素的排除也构成对公平的关注。甚至可能还有其他公平目标，比如 Sen（1985）所强调的，包括州政府在提供给居民过上有益且满意生活的能力方面扮演的角色。这些不同的公平目标——横向和纵向公平、机会均等、经济安全——都有国家维度在其中，并且在大多数联邦国家中，至少部分程度上属于联邦责任的领域。这并不妨碍各州发挥州内公平的角色，甚至为实现国家公平目标而共担责任。当某些对实现国家公平目标至关重要的政策工具掌握在各州手中时，州政府的参与将尤为重要。

国家效率与公平目标的责任共担如何能在联邦环境中实施，对联邦与各州间的财政关系的设计而言是一个关键问题。实际上，那些关系的主要目的之一是要促进联邦国家内（其中，重要的财政责任分权到各州）国家目标的实现。我们将在接下来的分节中更为详细地描述所要承担的一般性角色，首先讲的是国家公平。

联邦政府的公平责任

支持分配联邦政府主要公平责任的标准理由是：所有人，无论居住于国家何处，都应被一视同仁，且只有联邦政府能保证这种情况的存在。这类似于规范经济学中的技术概念，即所有人应该把国家的社会福利功能“计算”在内。同样地，它可以被视为国家中的典型特征甚或公民权利，一种“平等对待”的惯例。从纯粹的规范性角度看，平等对待的概念能被发挥到极致。居住在不同地区的人们将在社会偏好次序中被赋予等同权重。在这些情况下，赋予联邦政府唯一的，或最重要的实现再分配性公平目标的责任，是自然而然的。进一步的考量是，将公平分配给联邦政府降低了各州参与“事与愿违”的辖区间竞争（将阻碍分权化联邦国家中公平目标的实现）的机会。

事实上，以相同权重参与社会的规范性社会福利函数的所有人，并不意味着是特定类型的所有人（例如，收入、财富）会在所有地区被等同对待。例如，一个地区的再分配效率成本可能高于其他地区，因为这个地区提供服务的成本比其他地区要高。如果存在与不同地区相关联的这类不同成本，即使在国家的社会福利函数中，所有人被给予相同权重，其他方面就他们所面临的财政收益和成本而言，同等的人最终将不会得到同等的待遇。成本必须与收益进行权衡。因此，即使在单一制国家，居住在国内不同地区的人们会认为他们接受一揽子不同的公共服务，仅仅是因为所提供的成本不同。当这种成本差异不存在时，公平待遇标准的更为实质性影响才适用。在这种情况下，尽管单一制国家可以提供普通水平的公共服务及整个国家的税收，但是在联邦国家内，则有可能违反严格的横向公平标准。

支持各州在一定程度上不同的再分配政策的理由，至少可以基于三个利用积极的公共经济学推理的考量因素。首先，最终由实际集体选择程序来实施的再分配性公平，应该以那些富人的利他主义为基础，那么针对无论身居何处的所有人待遇平等的假定就不再适用了。这是因为利他主义可能是基于地理位置的：相比其他州，特定地区的富裕人群可能更强有力地支持本地的贫困人群。鉴于此，除了再分配偏好或许因州而异这个可能性之外，还可以提出支持各州承担起再分配的某种责任的理由。

其次，没有办法不进行再分配。实际上使用赋予各州的任何政策工具都会有分配性影响，且各州必须在决定如何使用政策工具方面做出某种具有分配性的选择。一个州所扮演的角色尤其适用于人们希望看到基于效率原因而被分权的公共服务类型。不可避免的是，某种公平责任将成为规范标准。因此，尝试并做好联邦政府的独有角色是不可行的。

最后，将再分配责任分权到各州是以公共选择概念为基础的，即至少根据观察者关于多少再分配是“足够”的想法，政治进程导致了政府执行“过多”再分配政策。因此，如果某个州采用严格的利他再分配概念，并相信只有达到由利他主义（亦即从 Hochman 和 Rodgers 的理解来看，再分配必须具有“效率提升性”，1969）来判断再分配的程度，才应该进行再分配活动。但愿是由于低收入群体的选民占多数优势，所以政治制度将产生“过多”再分配，这个假设是合理的。在这些情况下，如果我们假设辖区间的流动性足以引起州政府间竞相远离它们自身的某些再分配倾向，那么将再分配进行分权化可能是限制政府参与再分配活动数量的一种方式。这个论证的缺点是，阻止联邦政府进行再分配活动可能很难，除了通过宪法禁令约束联邦政府的权力，在实践中几乎没有成功（即阻止联邦政府进行再分配活动）的例子[①]。

因此，存在支持联邦政府和州政府扮演再分配性角色的论证。关于什么数量的再分配活动应该托付给联邦政府，以及给予各州多少量的再分配活动，是不存在明确的指导方针的。在本研究中，我们所持的观点如下：我们认识到各州可能对再分配性公平感兴趣。此外，鉴于因其他理由而被我们视为有效益的分权数量，各州政府无疑会被给予能使自身执行州内再分配政策的政策工具。同时，我们认为，存在联邦政府应该负责的重要的国家公平目标。最后，从再分配性公平的角度来看，如果一个国家内的公民概念意味着一切，它必须包括某种程度的全国范围的平等待遇，而后者包括先前所提到的各种公平概念——减少基于所得的不公平，可以得到社会保险项目以及机会均等。因此，我们认为，分权化的同时也应该在联邦层级保留着努力实现国家公平目标的能力。正如我们将看到的，这意味着不仅在联邦层级保留某些对人际间再分配至关重要的工具，而且能够进行州际转移支付，这样一来，联邦内所有州都有财政能力执行它们州内相当可比的再分配政策。

内部共同市场的效率

与国民经济的公平问题相平行的是效率问题。对联邦国家而言，一个重要的效率目标将会促进公共部门产品、服务、资本以及劳动力在联邦经济中的共同市场内自由而无扭曲地流动。假设联邦政府在确保努力实现这个目标方面扮演关键角色是合理的。或者说，把维持内部共同市场效率的责任转交给法院，如果不行的话，依靠州际协议来阻止各州参与扭曲内部交易的政策。后一个解决方案的难点是，即使州政府能通过磋商达成协定，管理其内部贸易行为——尽管一点也不明显的是：一项有效协议是可以协商的——但协议仍然得须要强制执行。由法院来强制执行一项经过立法的协议或涉及内部交易的宪法规

① 支持在更普遍而非联邦环境下通过宪法约束政府的论证是由 Brenman 和 Buchanan（1980）提出来的。

定，必然是有问题的。这将不可避免地涉及法院做出具有经济政策性质的决策。在评估关于贸易或歧视惯例的限制因素方面，从服务其他社会和经济目标的角度来看，总有涉及上述惯例是否公正合理的某种判断。例如，干涉内部交易的地方环境法规是否公正合理？至于劳动法规或生产安全规则方面，同样的问题也出现了。因为必然涉及政治判断以及国家效率目标，所以似乎不可避免的是，即便在高度分权的联邦国家，联邦政府也应该承担起内部共同市场效率的某种责任。将责任分权到州政府，可能会干预到这个目标。在各州行使它们自己认为合适的政策的权力，与联邦政府渴望看到各州不以过度扭曲内部共同市场运转的方式行使它们的权利之间，将会存在自然的冲突。

内部经济联盟的效率是联邦政府可取的目标，但声明是一码事，运用该原则则是另一码事。正如我们先前所强调的，由各州行使分权的权力，使得它们自身能努力实现合法的州经济目标，这在某种程度上干涉了内部经济联盟的效率。因此，我们不能把产品、服务及生产要素流动性的去扭曲化作为绝对目标。例如，在蒂布特的理想世界中，将家庭分类成最符合其偏好的社区群体必然涉及“流动性障碍”。应用自由且无扭曲的州际交易原则的困难之处，类似于在国际及自由贸易协定或经济联盟安排方面所遇到的困难。实际上，联邦内的问题更为困难，因为个人有能力选择其居住的辖区。然而，观察这些协定的细节可能会给我们一些教训。例如，在设计各州政策方面，国民待遇原则可能是要求各州遵守的一条最低标准。国民待遇原则要求在辖区内适用的任何政策必须平等地适用于在该辖区内从事交易的所有企业及个人，无论他们是否为本地居民。

在联邦经济联盟的市场效率目标和旨在满足各州居民特殊偏好与需求的政策之间，将不可避免地存在权衡。因此，联邦政府在努力实现这个目标方面所扮演的角色必须多多少少要由各地区间不同政策的效益得以调和。此处与其他地方一样，拥有不被过于重视的职能分配权，在支持联邦干预方面或州独立性的另一方面都是有帮助的。理想地讲，应该存在联邦的某些制度特征，即在各层级政府间引导互相合作或伙伴关系的方式。

不仅内部共同市场的效率目标模糊，而且实现该目标的合适政策工具也并不明确。如前所述，关于州政策应该是非扭曲和非歧视的要求，可以被写入宪法作为对州法律的约束，在此情况中，将由法院在给定情况下决定干预内部经济联盟是否正当合法。因为这将涉及经济判断，所以法院是否最适合处理这种情况根本不明确。如果这就是联邦政府的责任，后者应该以何种方式行使责任也不明确。在某些联邦国家，联邦政府或许能驳回或否决州法律，尽管这可能被认为是过于严厉粗暴的政策工具。或者，可以依靠支出权力的好处为各州提供激励机制，以避免内部共同市场的过多扭曲。我们的观点是，后面的政策代表了努力实现内部经济联盟中效率的最合理机制。如何约束联邦政府不过分干预应用支出权力是一个极为重要却有待解决的问题。

维护内部共同市场的愿望，表明了有关管制权力分配的各种情况。扭曲的政府决策产生的重要潜在原因是管制权力。政府通常在产品和服务市场（如农业、交通运输业和通信行业）、劳动力市场（如职业执照、工会条例、工作场所安全、就业公平规则）以及资本市场（如破产规定、内部交易规则、养老金规则）强制实行管制。在许多情况下，这些管制权是出于保护的目的，而不是作为提高市场经济的效率或公平的方法。将管制职能进行分权几乎必然会干预内部共同市场的效率，并且由于此原因，管制职能的分权化应该避免与国家习惯兼容。在不同的联邦国家中，州政府想要拥有某种管制责任，以保护本地文化、语言、宗教等，这是不可避免的。难点在于确保这些管制权不以公然歧视和保护的方式被使用。

内部共同市场效率的一方面涉及了宏观经济政策，也就是说，影响经济活动总量的政策，广泛的经济总量的运转，比如，货币供应、通货膨胀率、增长率及或许由于特定区域的经济冲击而发生在国家不同地区的经济活动的相关程度。有一个普遍的共识就是：虽然各州预算必然对宏观经济结果产生影响，但宏观经济政策的制定与实施应该是联邦政府的最终责任。联邦政府应该为货币供应及关于资本市场的信贷条件负责，以至于一个开放的经济体具有上述影响力。在财政政策方面，对联邦政府而言，成为效率型政府需要对在税率和税收水平以及可用于刺激或延缓经济活动的激励结构，施加某种最小程度的影响。这个结果可以通过确保联邦政府对经济中具有广泛基础的关键税种保持支配作用，得以最充分地实现。考虑到可以有选择地影响各州的可能性，联邦政府必须具有促进摆脱各州可能面临风险的能力。存在许多分散整体经济中风险的方法。国家税收转移支付制度本身具有在各州间暗中进行再分配的内在能力。此外，提供均等化转移支付的部分政府间（联邦—州）转移支付制度，有助于确保州政府抵御不利冲击。对地区冲击的调整，一定程度上可以由各州间的要素流动来进行，这个事实也很重要。在设计财政制度安排方面的一个重要考量是，要确保联邦对州政府转移支付的结构不会妨碍劳动力及资本在各州间有效的再分配。在各州所面临的冲击具有永久性而非短暂性的情况下，该灵活性尤为重要。

宏观经济管理中一个问题更多的领域，涉及了赤字财政的运用以及举债的能力，这是一个关于政府角色的一般性问题，它不只包含政府权力分配的相关性。有些人可能会辩称，政府应该正视宪法对自己举债能力的限制，作为阻止当前政府把债务转嫁给继任政府和未来世世代代的方式。这些限制可以普遍适用于政府预算，或仅可具体适用于当前支出。假设合理的分期偿还和折旧原则可以适用的话，那么借款就可以用来为资本支出提供资金。可以基于年度或更长（或更短）时间段来应用这些限制。关于对此问题辩论的全面考量，有点超出我们的研究范围。它涉及的事项有：什么是恰当的借债限制（如年度预算平衡，跨商业周期，或者在某些限制红线内借债，比如达到规定的债务与国内生产总值的比率）？债务应包括什么内容（如通过代际转移支付，如出现在经常账户里的没有资金的公共养老金；或预算外的项目，如社会保险计划）？谁来监督或控制政府借债（假设为法院，但这是否有效）？有立法权的忽视这些限制，结果将会怎么样？那么，借债作为一种财政政策工具或作为一种应对外生性冲击的调整工具如何呢？

换句话说，将关于公共部门为整个国家借债的限制方面的概念付诸实践，并非易事。如果这些限制仅仅是由资本市场的债务问题所界定的，比方说为当前政府运行提供资金，那么就有避开这些约束的核算办法。此外，通过使用正式债务问题来界定限制因素，本身就是一个相当狭义的概念，它甚至几乎都掌握不了某个政府留给未来世代的负债净额。例如，从负面意义上来看，这些负债将包括环境退化和自然资源财富减少；从正面意义来看，还包括技术知识发展和人力资本培养。就缺失合适的代际核算制度而言，用此核算①的某个特殊要素来约束政府，或者通过宪法命令而非政治进程来施加限制，几乎都没有经济意义。鉴于后者，为何由某个政府通过的立法应该约束将来的政府，原因并不明显。因此，需要使持怀疑态度的经济学家信服的是，可以或应该对政府的借债数量施加立法外的限制。

在联邦主义背境下，这些问题在某种程度上更为复杂。在此，处在紧要关头的是较低层级政府的借债能力。对于为何应该限制较低层级政府借债或其运行赤字的能力，可以提出各种论证。这些论证取决于人们将什么视为借债的目的。一方面，可能仅仅是出于宏观经济的目的，尤其是为了让政府能够对经济周期或非预期冲击做出调整。一些人可能辩称，各州（或其市辖区）不需要为稳定目的而借债或作为调节冲击的方式而借债，因为宏观经济政策的制定与执行留给中央最好。该论证被赋予了额外的动力：联邦对州的转移支付制度有助于确保各州抵御不良冲击。借债，尤其是经过一个较长时间范围完成的借债，也可以充当代际转移支付的方法。反对因此目的而使用州政府借债的人则辩称，尽管使用代际转移支付是追求公平或贯彻代际社会保险的合法政策工具，但是实现代际公平最好是分配给联邦政府。更普遍地讲，各州及其行政区划或许被设想为，通过“效益原则”而非“支付能力”原则为自身支出提供资金，尽管这将与某些州内再分配是合法的州政策目标的论证背道而驰，但是这个论证两方面都说得通。

① 关于代际核算的总结，参考 Auerbach、Kotlikoff 与 Leibfritz（1999）的观点。

州政府支出通常支持在未来效益自然增长很大的持久耐用产品（基础设施），就上述程度来说，将需要使用债务融资以便与效益原则近似。有些人可能从不信任角度出发（即认为权力会被不负责任地使用），限制州政府与基层政府的借债。当然，这些限制将与支持分权化的理由矛盾，亦即较低层级的政府在为其居民提供服务方面更有责任。

最后，基于政治经济考量因素的两个论证值得认真考虑。实际上，它们很可能构成了谨慎对待州政府和基层政府借债，或至少对借债施加一些限制的主要原因。第一个论证是，辖区间家庭的流动性减少了对使用赤字融资的政治约束①。居住在某一个州或地区的家庭了解到自己可以避免偿还因为搬到另一个地区所导致的债务成本，他们将更愿意接受当前支出的赤字融资。第二个论证是，考虑到各州财政在某种程度上听命于联邦政府（基层政府则听命于州政府），它们可能按照预期运行，即如果发生财政困难，或者说不怎么严重的困难，它们将得到紧急救助，如果它们获得大量的债务还本付息成本，联邦政府将认为它们更贫困，因此提高对它们的转移支付额度。这被称为软预算约束问题②。该论证当然具有说服力，并且得到了关于时间非一致性文献的支持，文献强调了委托人在遵守政府公布的长期政策方面可能遇到的困难，尤其是如果委托人是其在时间上受到短期执政要求限制的某个政府。联邦政府可以对各州宣布，未来它将不会对任何一个陷入财政困境的州进行紧急救助。但是，当未来某个州已将自身置于困境之时，联邦政府免不了对其进行救援。此外，各州将能够预测可能发生的事，并且，充分利用这一点采用不如自身支出与借款那样谨慎的策略。

如果我们假设存在可能支持限制州和基层政府借款的理由，那么问题便是，如何完成这个论证。各州可能完全被阻止借债，资本目的除外。至于后者（即资本借债），它们可能需要获得另一个权力（无论

---

① 该论证是在简单的两期模型背景下由 Bruce（1995）提出并分析的。

② 参考 Wildasin（1997）的文章。

是较高层级的政府还是通过全民公投的选区）的许可。或者，它们可以被限制从联邦政府借债，在此情况下，联邦政府对借债的数量和使用情况拥有更直接的控制权。在任何情况下，此问题都并非是一个清晰的问题。任何赋予联邦政府对州政府借债的监督或控制角色都将不可避免地与分权化产生冲突。

国家公共产品和辖区间溢出效应

联邦政府提供国家公共产品，并解决州际溢出效应的责任也许是经济权力集权化争议最少的原因，因为这些责任是以效率为基础的，这一点大多数观察者是赞同的。然而，就实际预算的重要性而言，这些责任的意义最小。

即使在这些领域，也有几样事情使得联邦的角色模糊不清。

第一，因为公共产品的效益和溢出效应是无法观察的，所以关于来自某个特定公共产品的公共效益，如果有的话，是什么，以及关于政治进程是否决心要适当地解决问题，这两方面将会存在分歧。一些公共选择理论家辩称，政府就该最大限度提供公共产品与服务并且更具干预性，因而要尽可能多地限制国家公共产品的清单。

第二，国家利益的一些效益，尤其包括那些由州际溢出效应内部化所产生的效益，原则上可以通过州际协议解决。我们较早以前就已经指出关于对依靠这些协议来解决州际溢出效应问题的功效的怀疑。类似的关注问题甚至更强有力地适用于提供涉及预算支出的国际公共产品。因此，我们的观点是，联邦政府的角色在这些领域是不可或缺的。

联邦政府拥有可以行使其管辖权的各种方式，以确保适当地对国家公共产品的效益和州际溢出效应负责。由联邦政府提供是方式之一，对于纯粹的国家公共产品，比如，国防、外交、货币供应的控制、刑法等，这是明显的解决方案。然而，将公共产品（受益者主要是州公民，但某些效益也超越州边界）提供分权至各州，从效率角度来看，可能是有优势的。在这种情况下，通过给各州提供附带条件的转移支付支持这类支出，联邦政府仍然能引导各州在不牺牲分权效益的前提下考虑溢出的效益。这笔转移支付可能是附带陈述国家标准的相当普遍条件的分类补贴或者说它们在条件上可以更具体些。人们应该意识到，对联邦政府的问责越详细，将要实现的分权效益就越少。该转移支付可能具有配套性，以便引导各州在此类产品上提供足够的支出。

在某些情况下，联邦政府的财政干预或许是不必要的。这足以让联邦政府对州政府的行为强制实施管制，如阻止州政府干预内部共同市场效率的决定的管制。上述替代能减少分权化的效益（其中之一就是要引导由较低层级政府作出的负责任且没约束的决定）。

准私人产品和服务的提供

政府的大比例支出是在几乎免费的基础上提供的准私人产品或服务，包括教育、卫生医疗和地方服务等。如前所述，可以提出，支持将这些产品与服务的提供分权至各州政府的强有力理由是，这将会提高效率与问责，以及地方偏好与需求的匹配度。同时，这些公共服务的提供可能对于共同市场效率和国家公平产生影响。

例如，因为旨在吸引合意公民的服务方面存在州际竞争，所以州政府提供产品与服务可能是低效率的，而且还可能存在与各州使用的公共服务类型有关的溢出效应。一个州的居民或许能够获得由邻近州通过各州间暂时性或永久性流动而提供的服务效益。各州可能减少非本地居民所获得的好处，并且对其提供过低水平的产品与服务。更普遍地讲，如果公共服务提供方面的差异阻碍了资源在各州间的自由流动，那么内部共同市场的效率可能会受损。

与可能对内部共同市场效率产生的负面影响一样，准私人产品和服务也会影响国家公平。正如我们早先强调的，许多公共服务可以被看作通过公共部门预算的支出方面实现再分配目标的策略。这就是为什么尽管它们是私人的，但通常是免费提供给居民或收取象征性的使用费。其充当再分配策略的程度取决于设计细节，比如，全面程度如何、公众对它们的使用权、它们的资格要求是什么。在这些类型的设计特征方面的显著差异可能被视为对国家公平标准的违背。此外，这些差异可能是各州间以邻为壑竞争的结果。

虽然效率原则要求准私人产品和服务由各州提供，但或许理想的情况是，联邦政府保留影响权力实施方式的能力。联邦政府对内部经济联盟效率和国家公平感兴趣并负责的程度使得自身将有兴趣观察到：公共服务由州提供是遵循了某些普遍标准或国家标准的。例如，他们可能希望确保可携带性的条件适用，并确保居民和非本地居民具有同样的资格条件。出于同样的原因，除了共同的可携带性和资格条件、服务的全面性和质量及其可得性之外，还可能涉及联邦政府对再分配性公平的兴趣。可得性可能涉及对强加于居民使用这些服务时的使用费的限制。

考虑到联邦政府对各州提供准私人产品和服务的一般性质感兴趣，那么问题就变为，如何最好地影响各州遵循这些特征。分权原则（或主从法则，即下级自治优先法则）将建议应该在这些项目的设计、立法以及实施方面赋予各州尽可能多的独立性。有两种联邦政府能够影响州政府提供产品与服务的潜在方式。其中一种是，联邦政府可能拥有推翻支配这些产品与服务提供的州法律的立法权，尽管这看起来与为提供这些产品而赋予各州独立的立法责任相矛盾（此说法可能是由支持分权化的论证表明的）。此外，推翻各州立法的权力是一种相当粗暴的干预手段，其将以最节约、最负责及最具响应性的方式损害各州设计自己项目的能力。

政策影响的替代性工具可能是支出权力，在这种情况下，使用的是分类条件性转移支付。这些转移支付将会是鼓励各州在不直接干预各州的最终立法责任的前提下，实施满足某些一般条件的项目的有效方式。当然，人们将要寻找约束联邦政府在使用支出权力方面干预过多的方式，寻找最终政治进程可能会负责的某样东西。

税收分配与税收协调

支持分权化的一般性论证，应用在预算的支出方面比应用在预算的税收方面更具有说服力。中央层级拥有单一的大型征税机构，将产生明显行政性的征收与合规经济。同样，税收政策的集权化促进了联邦政府实现国家公平目标。此外，由于各州税收政策强加给州际资源配置而可能存在的扭曲，由于产生于不同州有不同税收能力时的分权化制度中的财政低效率，税收权力的分权化导致了内部共同市场的低效率。这些要素对税收分配给各级政府以及联邦政府在协调较低层级政府的税收政策方面所扮演的角色产生影响。

就税收分配而言，一种税的税基越“流动”，支持此税由中央控制的理由就越强有力。因此，对资本所得和动产库存的征税应该分配给中央。出于公平目的，联邦政府对直接税的控制很重要，因为这些税收的设计能最好地解决公平问题。难以管理的，并且以分权为基础的税收，例如增值税，最好保留在中央。在各州间分配极度不均衡的税基可以保留在中央一级，以防止财政能力的广泛差异，除非联邦对州的均等化转移支付可以抵消这些差异。这一系列原则仍然给分权化的征税责任留下了足够的空间。

应该强调的是，集权化征税和税收政策的优势并不需要某些税种专门只分配给联邦政府。可能存在税收共享的安排，将联邦征税和管理以及联邦控制税收结构与同联邦政府一道负责设置各自税率水平的各州结合。尽管如此，为确保自己的有效控制，联邦政府必须保留足够大的税收空间。当然，税收共享与收入共享截然不同，在此情况下，联邦政府把特定税基收入中事前确定好的部分移交给各州。收入共享绝对不是将筹集（财政）收入分权至各州的方法。至于收入共享，联邦政府保留了对税收政策的完全控制。各州是部分收入的被动接受者。最好将收入共享视为联邦政府对州政府转移支付的一种形式，并且稍后将论述收入共享问题。

尽管事实上，（财政）收入筹集责任的分权化有相当大的范围，但事实仍然是基于经济原因的，将支出责任分权化的理由有可能更充分[①]。结果有可能是这样一种情形：联邦政府筹集（财政）收入的能力比起支出责任要大，并且对各州而言，反之亦然。也就是说，这将会产生财政缺口或纵向财政不均衡。该财政缺口不仅是这个事实（即，在预算支出方面支持分权的理由要比税收方面更强有力）的自然结果，而且证明是联邦制度的一个令人满意且有用的特征，即联邦政府转移支付要扮演一个有益的角色。我们稍后讨论该角色。

转移支付和社会保险

转移支付，连同公共和准私人产品与服务的提供，一起构成了大部分的政府支出（尤其是在工业化国家）。这些转移支付可以拨付给个人、企业或者其他层级的政府。某些转移支付，尤其是对个人的转移支付，从普通意义上讲，是出于再分配的目的。就社会保险意义而言，有些也是为了再分配，如失业保险、医疗保险及公共养老金。其他的转移支付，如那些针对企业的，是出于工业政策或区域发展的目的。那些对其他层级政府的转移支付，通常是从较高层级政府到较低层级政府进行的。上述这些转移支付有助于弥补财政缺口，并实现政府间转移支付的各种目标。

几种因素对转移支付的责任分配有影响。至于对企业的转移支付，许多经济学家辩称，这些转移支付首先不应该被使用，尤其是如果它们具有自由裁量性的话。但是，鉴于这些转移支付已被使用，如果是在州一级使用转移支付，它们则可能比在联邦一级使用更具自由裁量性。这是因为，补贴的目标通常是要刺激企业活动，尤其是资本投资。虽然增加具有补贴的商业活动总量可能是有某种范围的，但是通常这

① 在最近关于财政联邦主义的文献中，已经出现了以效率为基础并支持财政收入筹集能力分权化的论证（Boadway 与 Keen，1996；Dahlby，1996）。该论证是以如下观察评论为基础的：州税收将负外部性强加给联邦税收收入。例如，州消费税率的提高将减少税收基础，因此降低了联邦政府的税收总额。换言之，被州政府察觉到的州一级公共资金的边际成本比其真正价值要少。各州将被引导设置过高税率，并且州税收相对于联邦政府税收的比例越小，涉及的外部性将越大。基于这些原因，赋予各州筹集财政收入的责任越大，外部性的规模将越小。

样的活动也跨区流动。因此，补贴的部分效果可能是要从其他州转移商业活动。除了扭曲内部经济联盟的效率之外，如果所有州同时使用这类补贴，其影响在某种程度上是适得其反的。另一方面，如果资本在国际上是完全流动的，一个辖区的补贴将不会对邻近辖区产生任何影响，并且从此意义上讲，不会扭曲跨辖区资本的配置。它们将成功地从国际资本市场吸引到资本，并且因此有效地结束对州辖区内的其他非流动因素（如劳动力）的补贴。上述两种情况的一种是由支持补贴使用权留在中央而非允许补贴被随意使用，或至少不鼓励各州随意使用补贴的论证造成的。这似乎是明确的事实：竞争性的联邦主义是不利的。如何能使这样的方案生效，尚不明确。就是说，如何阻止各州使用自己的一般性收入补贴位于其辖区内经营的企业，并不清楚。尽管中央保留企业税，将取消通过制度而运作的补贴，但是并不会阻止各州独立自主的补贴计划。对扭曲内部共同市场的措施的某些禁止令，无论是作为国家宪法的一部分，还是作为政府间磋商协议的一部分，都是有必要的。但是，某些强制执行此类协议的手段也是有必要的。这使我们回想起，在分权化的联邦国家中可用以实现国家目标的选择方案——一项有约束力的争端解决机制、法院强制执行或者通过支出权力进行的联邦政府的强制执行。行使支出权力似乎在这些选项中最为可靠。

关于对个人的转移支付，因为它们中的大部分是出于再分配目的，所以对它们的分配是以联邦政府承担实现公平目标的主要责任的程度为中心。从经济学观点来看，转移支付仅仅是负直接税。有人可能辩称，转移支付应该由控制直接税的相同层级的政府控制，以便转移支付因公平目的而得以整合，并且因国家效率目的而得以协调。当人们意识到可能存在解决不同维度的公平或社会保险问题的几种转移支付时，支持中央层级整合（即中央集权）的理由得到强化。将失业保险与所得税制度相协调，或将养老金与支付给贫困人群的费用相协调，是具有优势的。将转移支付分权给各州，将可能导致内部共同市场的低效率、财政不公平和辖区间以邻为壑的政策。此外，某些转移支付必须由政府机构来提供，因为转移支付必须针对人口的特殊部分，而这需要当场进行监督。效率考量因素可以规定这些机构是各州政府的机构而非联邦政府机构。在这种情况下，联邦政府可能不得不寻找某种方法，确保这些专项转移支付的提供满足国家公平的标准规范。

当然，所有这些是以想要联邦政府在再分配方面起支配作用为依据的。这往往是我们同意的观点。它似乎也是一个反映了许多联邦国家现实的观点。

总而言之，联邦政府相对于州政府的角色是由国家利益支配的。国家利益涉及了提供国家公共产品和服务，维护内部共同市场效率以及努力实现全国范围内的再分配公平。国家利益的重要性很大程度上决定了联邦政府的集权程度。公平目标影响了联邦政府在直接税制度和转移支付制度中应该承担的角色。它们还对联邦政府在准私人产品和服务（其中，许多充当再分配职能的角色）提供方面的兴趣产生影响。联邦政府在公平方面的兴趣影响了联邦对各州的转移支付制度的运用，而该制度影响了各州的运行方式，并以均等化的方式在各州之间重新配置资源。换句话说，联邦政府所起作用的程度，主要是由其对再分配活动感兴趣与否所决定的。

最佳责任分配的特点

我们强调，对经济职能理想地分配给不同层级政府的探究，必定是徒劳的。不同的人可能对诸如此类的事做出不同的判断：政府运行方式、政府间竞争的重要性、政府政策对资源配置的实证影响以及公平作为政府目标的重要性。尽管如此，根据前面关于集权化对比分权化优势的论述，我们还是可以提出关于哪些职能应该被分权的建议。在此，我们概括了权力分配的观点：尽管涉及判断，但我们认为该观点将获得各层次经济学家的共识。此观点是从广泛的角度被提出的，并且在随后章节充当了各政策领域更详细论述的背景。

一般性原则

概括地讲，联邦政府应该主要负责稳定政策，负责解决国家再分配公平的目标，负责确保效益超越边界的公共产品和服务的最佳提供，负责维护内部共同市场在产品、服务、劳动力、资本方面有效平稳地运行。公平目标由横向公平和纵向公平构成，它不仅包括收入再分配，而且包括社会保险和机会均等目标。经济责任应该在最大程度上被分权到符合上述这些国家经济目标的州。各州应该负责提供具有地方或州性质的产品与服务，也就是说，其受益者主要是州界限内的居民。它们也可以与联邦政府共担某种再配置责任。上述情况的部分原因是，各州可能具有针对其贫困人群再分配的具体偏好，并且观点可能因辖区而异，而且还因为各州的许多财政活动将会对公平产生不可避免的影响，尤其是那些由其本身支出而引起的影响。此外，许多分权到州政府的政策工具将成为实现公平和社会目标的重要手段。

支出分配

优先的支出责任分配是从上述一般原则推断而出的。各州将负责提供具有准私人性质的公共服务，例如，医疗保健和保险、各种形式的教育（或许包括高等教育和人力资源培训）、福利服务、家庭及孩子的辅助服务、州交通运输和通信服务、地方公用事业和市政服务及资源管理（包括地方土地管理和环境问题）。联邦政府还将负责具有明确的国家属性的支出，包括国防、外交、国际贸易、移民以及立法制度。出于稳定的目的，联邦政府应该承担中央银行和货币的责任。针对个人的转移支付可以按以下程度集中：可以通过税收制度或易于观察的一般性标准（如家庭规模、年龄）提供转移支付。此外，如果转移支付要求详细的行政监督和监测，州级政府或地方层级政府的提供可能更有效率。遵循这些原则将导致（由相对分权化的公共部门所提供的产品和服务方面的）支出责任分配。

与此同时，联邦政府保持对各州支出责任行使方式的兴趣。例如，来自各州自身支出方案设计方式的国家效率与公平，是存在几种结果的。就教育来说，公平目标可能意味着，均等的机会与可得性是重要的目标。效率则可能表明了课程标准的协调性以及从一个州到另一个州的可携带性。我们可以提出类似的论证，以支持医疗保健以及由公共医疗保健支出所覆盖的，多或少具有综合定义类型的服务的可得和可携带性。在维持各州提供的完整性同时，这些目标可以通过联邦政府以条件性拨款的形式对各州进行干预来实现，即通过我们所说的支出权力来实现。如果支出权力被广泛使用，那么分权化决策与分权化供给的效益同各州支出项目的协调性（确保国家公平与效率目标得以满足）便能一起得以实现。各州决策者必须以不过于突兀和专横的方式来行使支出权力，这仅需要最低数量的问责。在支出权力缺失的情况下，将公共产品和服务的提供彻底分权到州级政府可能导致浪费性的支出竞争和不达标准的效率与公平。

管制职能

为确保内部共同市场的平稳运行，有州际影响的管制职能责任应该属于联邦政府。这些职能包括对产品和服务的国际和州际贸易（如农业、通信业及交通运输业）、涉及多个州的环境与资源的使用问题、资本市场的管制。对劳动力市场调控的分配包括职业资格和贸易许可证及就业惯例，也应该归属于联邦政府以维持内部共同市场中无扭曲的劳动力流动性。

同时，鉴于劳动力市场的情况因州而异，各州在参与对这些市场的管制方面可以发挥某种作用，条件是此类管制不能以歧视或扭曲的方式被使用。此外，支持将调控资本、产品及服务市场方面可以存在的任何角色分配给联邦政府的理由很充足。与公共部门支出的情况相比，调控责任的分配将因此变得相当集权。

可能行使这些调控责任的最有效方式是通过类似独立的、很可能有州代表参与的调控机构。虽然如此，即使联邦政府选择运用此类机构来行使有效的责任，它也必须亲自维持这份责任的有效性。出于同样的原因，对于某些类型的支出而言，组成具有特殊目的的机构（其角色是要提供特殊类型的公共服务）可能是合乎情理的。对最佳提供水平位于现存的各级政府之间的公共服务来讲，或者说，对使用费或受益税是其合适的融资模式的那些公共服务来讲，该选择可能是适合的。此类机构的例子包括：当地学校董事会、自然资源保护或环境机构、地方公用事业及交通运输或通信机构。当提及筹集（财政）收入和提供服务时，这些机构可能会被赋予不同程度的自治权及政治问责权。此外，在没有将政治机构分权化，并没有引起政治不稳定性的前提下，此类机构可以代表经济决策分权化的手段。问题是，人们未必觉得受到现存的这套政治管辖权的约束。

财政收入筹集责任

财政收入筹集责任分配的确定可以独立于支出责任的分配，尽管有关问责的论证可以用来限制这种独立性。尽管各州不能以和谐的关系更好地共同占有该领域（即所得税）是没有原因的，但是所得税制度应处于联邦政府的控制之下。该领域由联邦政府支配，帮助实现了国家公平目标，因为所得税是可用以再分配目的的主要工具之一。联邦控制所得税也有助于确保后者在内部的协调，这样一来，管理成本与遵从成本被降至最低，并且各州间的资源配置不会被州税收条款所扭曲，还有助于宏观经济政策目标的管理。

其他常用的直接税包括：资本税、财富税和财富转移税（包括遗产税和继承税）、资源税、不动产税及工资征税。可以提出支持确保中央对资本税和财富税进行控制的强有力理由。就资本税、财富税、继承税和遗产税而言，流动性是最重要的考量因素，各州对资本征税要么因为各州间的税收竞争而低效，要么导致资本配置方面的扭曲。同样，各州可能通过竞争减少对财富、继承和遗产的征税，因此降低了它们的有效性。

资源税是一个有趣的税种，因为都可以就此提出支持集权化与分权化的论证。资源税分权的问题，很明显并非税基流动性问题，而是资源往往极不均衡地分布于各州之间的问题。从公平角度来看，有人可能会辩称，丰富的自然资源禀赋产权应该取决于国家政府，由其来分享给所有居民。赋予各州征收资源税的权力，导致了各州间不同的净财政收益，结果就是我们先前已讨论过的财政低效率与不公平。因此，可以支持联邦政府对那些规模重大且在各州间分布不均衡的资源征收的租金进行分配。常见的例子包括，石油和天然气所有权以及重大矿藏。

可以支持各州保留对征收生产税和其他类型资源使用费的控制权。那些不重要的资源，比如小矿场和采石场，可能成为各州不错的收入来源。同样的情况也适用于木材所有权。就资源收入而言，额外的考量因素出现了，那就是，政府在管理、开发（包括提供基础设施）及保护资源方面所起的作用。上述这些通常是主要效益归于各州居民的职能。各州税收和使用费制度对这些监管目的有用，至此程度时，责任分权对各州而言将是一件好事。尽管联邦政府能否比各州政府本身更好地设置此类标准尚不明确（除非存在涉及资源管理的跨境问题），但如果需要的话，联邦政府总能通过自身的支出权或监管权为优质资源的使用提供一般性的激励机制。

结果是，必须基于具体情况来考虑资源税分配。因为资源是不流动的，所以资源收入最适合成为各州的税收来源之一。资源的价值越显著，资源在各州间的分布越不均衡，集权化变得越重要。即使各州承担着资源税的责任，联邦政府也仍有通过给予各州均等化转移支付以纠正资源不均衡分布的选择。

上述这些直接税的第四种是不动产税，一般被视为分配给较低层级政府（考虑到它们的非流动性，尤其是市级政府）的理想税种。各州可以通过协助财产评估进程，甚至充当收税人的角色，发挥协调和管理的职能。同时，它们可确保不同的自治市，在各自有不同不动产税税收能力的辖区，能够为居民提供相当水平的服务。也就是说，正如联邦政府可以消除州际净财政收益差异一样，各州也可以消除自己边界内的净财政收益差异。然而，出于财政问责的目的，地方辖区能够设置自身的税率是很重要的。

最后，在这些直接税中，我们可以建议联邦政府有权使用工资税，因为后者与所得税互补。此外，因为这些税种并非实现公平目标的重要工具，所以联邦政府没有理由控制该领域。实际上，工资税将是州政府筹集财政收入的极好来源。工资税通常是只适用于劳动收入的单一税率税种。只要各州间的税率差异不是太大，工资税就几乎不可能造成低效率，因为劳动力流动性比资本流动性小。工资税经常用作社会保障项目融资的指定来源。然而，没有理由不将工资税用作一般性收入来源。相反，由于工资税相对容易管理且基础广泛，将其当作一般性税收使用，在发展中国家意义重大。

至于间接税，支持中央控制的论证就不如支持直接税的论证有说服力。达到财政收入筹集能力的分权化得以满足的程度时，间接税便很适合被分配至各州。实际上，间接税制度的设计本身取决于将税收分权至各州的程度。如果一般销售税被专门地分配给各州，那么可能很难以多阶段为基础来管理税收，比如增值税（VAT）。增值税下的信用制度将要求对跨边界贸易进行报账，以便能够将跨州边界的早期阶段销售税收入抵免。由于存在州税率差异和免税额差异的可能性，这样的核算成为一项艰巨的任务。这意味着将一般销售税分权至各州，可能需要每个州的一套单个零售阶段的销售税。就管理和经济效率而言，增值税的收益将会丢失。各州使用的税基，比起最佳水平，将不可避免地缩小，并且众所周知的逃税以及无法完全对资本购买免税，对出口免税的问题将会持续。更普遍地讲，各州有可能被强迫采用消费而非收入来作为税收基础（这可能不算是一个缺点）。此外，执行以目的地为基础的税收活动的能力，将受到各州间跨边境购物的可能性的限制，尤其是因为在联邦国家内，没有边界控制。

上述情况反过来也适用。如果一般销售税被集权至联邦政府，后者可以使用增值税，并且获得其所有优势。最简单的制度将是这样的一种制度：各州不以给予其自身税率与税基自由裁量权的方式参与该制度。该制度将是一个统一的制度：具有共同税基和税率结构以及单一的征税机构。无论是基于财政收入筹集地点，还是基于其他因素，这并不会妨碍任何形式的税收收益共享，也不会阻碍某种形式的，由联邦政府和州政府共同决定的税基和税率。然而，该制度有本质的缺点，即各州对各自筹集（财政）收入的机构没有自由裁量权。

另外一种可替代的选择是增值税制度。尽管其中联邦政府设置税基以及免税者清单和零税率产品，但是在该税制下，各州可以设置各自的单独税率（如果产品是免税的，那么它们就不会被征销售税，并且它们不符合进项税抵免的条件。如果产品是零税率，尽管不对其征收销售税，但是它们符合进项税抵免的条件）。虽然会产生某些额外的管理成本，但只要有单一的征税机构，这样的制度似乎就可行。正如我们将在第六章进一步讨论的，额外的管理成本主要产生于州际销售税的课征方式。简单地说，问题是，在标准的发票抵扣型增值税制度下，一个州的生产商对另一个州的生产商的销售额将会由前一个州的卖方征税（销售税），并且受另一个州买方进项税抵扣的影响。州级销售税一般会引起各州间的某些净税收转移支付。同样，如果税率因州而异，企业会产生额外的遵从成本，并且征税机构的审计活动将变复杂。这些问题中，有些可以通过修订增值税的形式来避免。一种选择是采用被称为延期付款的方法。在该制度下，输出到另一个州企业的产品在产地州将是零税率，因此这种销售会被清除掉所有的州税收（联邦政府增值税仍将适用）。输入产品时，与标准的目的地税不同的是，输入州最初是不收税的。然而，当输入企业销售产品，将输入用作进项时，销售便承担了全额税，并且没有收到进项税抵免。因此，它被完全带入了输入州的税网。虽然加拿大是一个具有发达征税机构的国家，但是这样的制度也已显示其可行性。在发展中国家的环境中，它的应用可能比较困难。无论如何，其可行性在这两种环境下（发达或发展中国家），似乎是依赖于联邦增值税与州增值税以及单一的征税机构来进行有效管理的[①]。

---

① 支持延期付款制度的理由是由 Bird 和 Gendron（1998）提出的。他们认为，在联邦环境下征收增值税是可行的，举出的例子是加拿大联邦中的魁北克省。然而，魁北克仍然是加拿大唯一一个同联邦政府一同实施其自己的增值税的省份。Bird 和 Gendron（2001）已经将论证延伸至发展中国家。

最终，一般销售税的分配归结为，相对于各州，联邦政府应该有多少税收空间。如果可以以管理上可行的方式进行销售税的分权化，那么给各州的支出责任越分权，各州就越希望能将某些税收权力分权给自己，将销售税分权给他们就越有益。当然，有可能单独的联邦销售税与州销售税在相同的税制中是并存的[①]。主要的问题是，联邦政府对所得税的控制权比对销售税的控制权更重要。

选择性的消费税，例如，那些对烟、酒、燃油、娱乐及通信征收的消费税，可以容易地被分权至各州，或由联邦与州这两级政府共同占有。主要的效率问题涉及跨边境购物的可能性。实际上，该政策将会限制各州设置广泛而不同税率的能力。各州的消费税也可能导致净财政收益的差异，以至于不同的州对这些消费税有不同的税收能力。如果是这种情况的话，则会产生联邦政府将需要通过转移支付结构来解决的财政不公平问题。

总的说来，各州可以占有间接税领域（包括一般销售税和选择性消费税两种），并且与联邦政府共同有权使用针对公民征收的直接税（个人所得税和工资税）。各州也可以征收一般工资税。联邦政府将负责征收除不动产税外的所得税、主要资源税和资本收益税或财富税。财富转移税也将被集权化。在这些可选项中，几乎任何税收能力分权至各州都是有可能的，并且可以通过税收类型的分配和某些税收的共享得以实现。使用费也可以成为州政府及其市政府的主要收入来源，因为有利于价格分配的公共服务类型有可能被分权。

州政府及基层政府有权使用债务融资的问题仍尚无定论。在具有高度发达的政治制度的国家以及财政上独立于联邦政府的经验丰富且负责任的较低层级政府中，虽然债务融资受资本市场制度的约束，但使用债务融资可能被简单地视为由州政府或基层政府所决定的事情。然而，较低层级的政府依赖于联邦政府的地方，或者较低层级的政府

① 应该注意的是，如果各州根据目的地来征收间接税，包括一般销售税或特殊消费税，那么应该在边境对来自其他国家的进口产品征收这些税。

尚未形成负责任地管理债务的行政能力，这就可能对较低层级政府的借债能力构成了某些限制。危险之处在于，无论被施加什么约束，它们将足以逐渐削弱分权化决策，并阻碍负责任行事能力的开发。利用债务融资的能力是必须基于个体国家来决定的事情。

尽管将税收空间转移给各州是可行的，但是从经济学的角度讲，可取的税率是：联邦政府出于自身支出目的而征收的税收，比其需要的税收要多。这种不平衡，一定程度上是税收集权化的期望数量超过了支出分权化的预期数量的结果。例如，联邦政府需要很大程度地存在于税收领域，以便能执行有效的财政政策。我们也已经论证过，联邦政府应该在直接税中维持足够的支配权，以便能实现税收协调性和国家效率目标。联邦政府税收超过支出责任的额外部分，也考虑到了联邦政府对各州的资金转移支付。这些转移支付在具有分权责任的联邦经济中拥有独立的角色，我们在后面的章节进行讨论。

本章附录　分权化对服务提供和经济增长的影响：综合的实证证据

分权化的公共治理不断地引起争议和辩论。分权化的支持者视分权为发展中国家公共部门改革的灵丹妙药（Shah，1996a、1998b、1998d、2003、2004a），然而反对者认为这是通往毁灭的道路（Tanzi，1996）。这些分歧主要由对此类政策在发展中国家制度环境中的潜在影响的观点引起。本附录为此辩论提供了关于分权化对服务提供及经济增长的影响的信息。宏观管理的分权化影响及控制腐败的影响都在随后的章节中有所涉及。

分权化对服务提供的影响

最近的研究探索了多个国家分权化的影响。在下面的段落中，我们把这些研究按其结果进行了分组——积极的、消极的以及不确定的影响。

积极影响。Alderman（1998）认为，分权对阿尔巴尼亚的社会救助目标有积极影响。Bardhan 和 Mookherjee（2003）同样认为，分权化管理促进了西孟加拉和印度减贫目标的实现。同样的结果也在 Gauasso 和 Ravallion（2001）关于孟加拉国的研究中得到了证实。Eskeland 和 Filmer（2002）利用来自阿根廷学校的横截面数据提出，教育的分权化提高了学生的学业成绩。Faguet（2001）也认为，玻利维亚的分权化帮助提高了公共服务与地方偏好、社会服务的质量和使用权的一致性。Foster 和 Rosenzweig（2002）认为，印度的民主分权化完善了对有利于贫困人群的地方服务的分配。Santos（1998）认为，采用了参与式预算的巴西阿雷格里港实现了同样的效果。Isham 和 Kähkönen（1999）观察到具有当地社区管理的印度尼西亚中爪哇省在供水服务方面的完善。King 和 Ozler（1998）注意到尼加拉瓜学校的分权化管理提高了学生的学业成绩。Estache 和 Sinha（1995）采用了工业化国家和发展中国家的横截面数据，认为分权化增加了对公共基础设施的支出。Huther 和 Shah（1998）、Enikolopov 和 Zhuravskaya（2003）利用了大量国家的横截面和时间序列数据，并认为分权化促进了公共产品供给的完善。一份由世界银行、亚洲开发银行及国际开发银行英国分行（World Bank，2004b）的联合研究，利用巴基斯坦 6 个县和 12 区的市政管理的关于 2001 年地方分权影响的调查数据，提出所有样本区域的健康和教育的服务供给渠道都统一得到了完善，而供水及卫生服务仅在几个区域显示得到改善。Faguet 和 Sanchez（2006）比较研究了玻利维亚和哥伦比亚的分权化对教育结果的影响，他们认为玻利维亚的分权化，通过改变公共投资方向到最需要的地区，使政府更具响应性。在哥伦比亚，教育融资的分权化提高了公立学校的入学率。在这两个国家，投资由基础设施转移到主要的社会服务上。在上述这两种情况中，更小、更穷、更农村化的城市，证明是完善教育结果的催化剂。

消极影响。Ravallion（1998）认为，阿根廷较贫困省份在惠及其贫困地区方面并不那么成功，并且分权化在贫困地区的公共支出上产生了大量的不平等。Azfar 和 Livingston（2002）并没有认为乌干达的分权化对地方公共服务提供的效率与公平有任何积极影响。West 和 Wong（1995）认为在中国农村，分权化导致了在更贫困地区更低水平的公共服务。由尼日利亚州拉戈州和科吉州的地方政府所做的一份健康服务研究，显示了低效的服务供给绩效（Khemani，2004）。

不确定的影响。几项研究观察到了分权化的混合或不确定影响。Azfar 等人（2000a，2000b）得出菲律宾和乌干达案例的结论：尽管基层政府似乎确实意识到了地区偏好，但是它们的响应往往不足，因为地方政府受到程序、融资及治理的约束而难以为继。Khaleghian（2003）对 140 个州的数据进行研究认为，分权化提高了低收入国家的免疫覆盖率，在中等收入国家却得出相反的结果。Winkler 和 Rounds（1996）回顾了智利的教育分权化经历并得出结论，教育分权化虽然提高了供给效率，但是也经历了认知测验成绩的下降。Elhiraika（2007）利用南非的省级数据，发现针对各省的有限的财政分权化对服务提供具有不确定影响。

分权化对经济增长的影响

数项研究认为，分权化对经济增长有积极的影响。Akai 和 Sakata（2002），利用美国州级数据，得出的结论是，财政分权积极地促进了美国的经济增长。Akai、Sakata 和 Ma（2003）的研究进一步证实了这些结果。Lin 和 Liu（2000）认为财政分权对中国的经济增长有积极影响。Thiessen（2000）认为，在分权化与高收入国家、西欧国家及中等收入国家的经济增长面板（数据）之间存在正相关且直接的关系。Zhang 和 Zou（1997）都认为印度的地区增长同样存在上述情况。Martinez – Vazquez 和 McNab（2005）在国际横截面和时间序列数据的基础上，发现财政分权通过其自身对宏观经济稳定性的直接而积极的影响，对经济增长产生正面的影响。Stansel（2005），利用美国 314 个大都市区的数据，认为大都市中心城区的人口比例和经济增长之间呈负相关关系，且 10 万居民的自治市数量及 10 万居民的县数量与经济增长之间呈正相关关系。调查结果为分权促进经济增长的假设提供了支持。Atsushi（2005）分析 51 个州的数据认为，财政分权对经济增长有积极影响。Bodman 和 Ford（2006）在经济合作与发展组织国家面板数据的基础上，认为财政分权与物质资本积累及人力资本积累之间呈正相关关系。Akai、Nishimura 和 Sakata（2007）通过利用美国州级横截面数据以及 1992 年至 1997 年这段时间内 50 个州的面板数据组合，检验了财政分权与经济增长的关系。他们认为，财政分权与经济增长之间的关系是非线性的，因此财政分权对经济增长的影响取决于互补性结构。他们的分析表明，有助于经济增长的财政分权最优程度高于某些情况下的平均数据，因此进一步的分权化因经济增长而受到推崇。

其他几项研究认为，分权对经济增长的影响要么是消极的，要么是不确定的。Davoodi 和 Zou（1998）以及 Xie、Zou 和 Davoodi（1999）利用发展中国家、发达国家的多种数据组合以及美国时间序列数据，发现分权与经济较慢增长存在关系。Zhang 和 Zou（1998）认为中国的财政分权导致了更缓慢的省经济增长。Rodriguez - Pose 和 Bwire（2003）认为分权对墨西哥和美国的经济增长有消极影响，但对德国、印度、意大利和西班牙没有影响。Phillips 和 Woller（1997）及 Martinez - Vazquez 和 McNab（2003）并没能发现，财政分权与经济增长之间存在统计上的显著关系。Thornton（2007），在 19 个经济合作与发展组织国家的样本数据基础上，发现分权化对经济增长的影响并不显著。按照 Davoodi 和 Zou（1998）及 Zhang 和 Zou（1998）的观点，财政分权和经济增长之间的负相关可能表明，在实践中地方政府可能不对本地公民的偏好和需求做出响应。例如，当地方官员不由当地公民选举产生之时，当本地公民可能太穷而不“用脚投票”之时。至于中国的情况，中央政府不断受到高速公路、铁路、发电站、通信及能源等有限的公共投资的约束。此类关键的基础设施项目可能对中国各省之间的经济增长比相应的在每个省内的经济增长有更为显著的影响。这个调查结果对其他发展中国家和转型经济体有某些影响。相对于现有的收入和支出分配以及经济发展的阶段，必须对财政分权的优点进行衡量。在经济发展的早期阶段，中央政府或许能更好地承担起具有全国范围外部性的公共投资。更重要的是，如果在总的财政收入和支出中，基层政府占比已经居高，那么进一步的分权可能会导致更缓慢的总体经济增长。

结　论

基层政府被赋予代表其选民作出所有政策及项目决定的权力。该形式的分权化代表了复杂的政治、行政、财政自治及相关的问责机制，以确保对选民的响应与责任。理论上，这样的制度有望对公共服务提供的效率与公平产生积极影响，并为促进经济增长提供了一个授权的环境。在实践中，这些结果取决于现有的制度安排（包括权力关系）和分权政策的连贯性，为自下而上的问责制创造适当的激励环境。该制度的复杂性解释了我们在实践中所看到的种种结果。然而，此处提出的实证证据，广泛地支持了分权政策对服务提供和经济增长的积极影响。

第三章

支出的权责配置

支出分权的理由

在第二章中，我们大致介绍了支出分配的普遍原则，并概括性地论述了可以下放到各州的支出责任。本章我们将更详细地探讨支出分配问题。我们将探讨一般原理在特殊类型支出功能中的应用，以及在协调州政府支出项目规定与国家目标过程中出现的某些其他问题。

简要地回顾并总结支出分权的关键论据有助于展开下文的讨论。以下论据构成了支出责任下放的理由。这些已经在前面两章作过简要论述。

满足地区偏好和需求

分权的经典论据是（Oates，1972），各州对公共物品和服务有不同的种类和水平要求各不相同。这种不同也许仅仅源于公民自己的个人偏好，也许源于文化差异或者各州之间多样性。再或者，它可能源于更多的客观因素，如地理差异（地形、人口密度）、人口统计学差异

(人口年龄结构)、相关价格或成本的差异。奥茨分权定理假设，中央规定会倾向于统一化，因此，如果允许区域型社区提供当地的公共产品和服务，以满足当地偏好和需求，那么系统效率就会提高。

Tiebout（1956）提出的著名模型（以地方社区为背景，而不是以由若干个社区组成的州为背景）已经走在了前面一步，他认为社区本身的组成是内生的，而分权决策将有助于社区最优组合的形成。人以群分的天然倾向将会促使基层政府相互展开竞争，为其居民提供高水平的公共产品和服务。虽然蒂布特关于各地方经济体竞争的观点有一定道理，但全盘接受蒂布特假设却受到了相当的质疑。首先，除社区内流动这种可能性之外，人们在社区之间的流动远远没有达到形成最优社区所需的程度。即使家庭的迁徙率很高，也会因为地方资本和地方基础建设的不可逆性而减少流动。实际上，劳动力流动本身的局部不可逆性造成了概念性难题。如果一个人作出迁徙决策而长期不归，而政府又总是可以以此为基础反复做出预算决策，那么蒂布特模型及其对最优社区形成的影响都会趋于消失。[①] 蒂布特模型过于简单化，仅有一个维度。由于蒂布特模型构建相当简单，在这种模型中，不论均衡状态不存在（家庭总是希望搬到其他地方）还是存在，它都是低效的或者不稳定的（Bewley，1981）。事实上，分区法案的存在即是明证，在城市背景下，家庭和企业的自由迁徙都不太可能带来令人满意的结果。一般来说，尚不清楚同质社区的蒂布特模型是否与各地区或州相应社区所组成的分析实体有关。即使流动迁徙促使家庭聚集到同质社区，各州也会由很多这样的社区组成。除了论及纯粹地方范围的公共支出应下放到社区一级之外，上述文献仍没有正式提出这一点对于州一级决策的意义。

尽管如此，蒂布特模型传达的主要信息却是强有力的。面对异质社区，分权决策者受制于要满足可能迁入的家庭和企业的需求，将会

---

① 在劳动力迁徙完全不可逆和各个家庭抢在未来政府行为前行动的极端情况下，各家庭会产生聚集在少数过大辖区的想法。这一点在 Mitsui 和 Sato（2001）的论著中已有分析。

竭力为其居民提供他们能提供的公共产品和服务的最佳组合。针对这一点，必须进行多重考量：

1. 基层公共产品和服务。蒂布特模型中的这一点实际上只适用于服务当地社区居民的公共产品和服务。因为许多重要的、下放到各州的候选公共项目都比服务当地社区居民的公共产品和服务项目具有更深远的好处，这样就产生了溢出效应，这种溢出效应将会限制中央政府到各州政府的分权决策的效果。而这构成了中间层级政府（如州政府）存在的理由。[①]

2. 内部经济同盟效益。满足地区偏好可能会与内部经济联盟的有效性相冲突。不同的社区也许具有不同的地区偏好，涉及环境恶化、产品安全、文化保护和语言保护、劳动力标准等。这些偏好可能会导致政策妨碍到产品和生产要素跨州界的自由流动。在国际化背景下，必须在联邦共同市场效益和管制地方市场实现非经济目标之间做出某种程度的妥协。

3. 流动性考量。可流动程度可能会在不同类型的家庭或企业中间有所不同，在这种情况下，流动迁徙最多的家庭要求有最优惠的政策。因此，如果低收入家庭迁徙，各州的再分配政策可能不是最优的。如果有些企业比其他企业更不受约束，他们就会选中有利于他们的财政政策。

4. 再分配问题。再分配的州的再分配财政计划将带来诸多难题。不同州的居民对于再分配会有不同的偏好，它们不仅彼此不同，与联邦政府也不同。不可避免的冲突的产生与哪一级政府占支配地位有关系。解决这种冲突必然会涉及妥协方案，也许，正是众多妥协方案中最重要的那些构成了政府相互依存的联邦政府体系。与州政府相比，联邦政府对再分配的偏好取决于联邦体系中的分权程度。大致来说，越是分权，联邦再分配政策和州再分配政策冲突的范围就越广。再分

---

① 关于这一点的开创性文章有 Breton（1965）的论著，Breton 把分配问题视为其能力与其获得的公共物品利益范围相对应的社区的分配职能之一。正如他指出的一样，完美的对应不可能存在，所以溢出将成为多级政府的一个必然特征。他的分析，就像很多早期的联邦主义文献一样，把政府描绘成主要提供公共物品的角色，虽然有些公共物品可能会被限制于地理范围内。如同我们在第一章中强调的一样，公共物品仅仅构成了政府实际项目的一部分。公共服务（准私人公共物品）和转移支付构成了政府支出的大部分。

配冲突的可能性是期望的分权范围和形式的关键决定因素。其也是现有分权管理体制下财政制度构建过程中重要的考量因素，后续章节将讨论这一主题。

信息不对称

在政策制定中存在某些这样的情况，即州政府（及其市辖区）比联邦政府拥有数量更多质量更好的信息，因而能够更有效地提供公共服务。因此，在决定最优数量的公共产品和服务时，各州可能在满足州内居民的偏好与需求方面更具有优势。同等重要的是关系到管理公共项目、提供公共服务和专项转移支付的信息问题。这类项目通常由各代理机构具体执行，其负责人则通常是当地官员、社会工作者等。代理机构本身也可能是公共部门的一部分，但在某些情况下，它们是与管理这些服务项目的政府签约的私人机构或非盈利机构。后者包括医院、儿童福利机构和非公立学校等。

不论是不是公立机构，它们都对相关政府公共部门负责，因此必须监督他们的行为。这种监督会引起矛盾，因为左右机构决策的动机通常都会与政府的目标存在差异。此外，这些机构本身也会遇到一般的有关管理和控制的“代理人问题”，因为政府官员并不能完全观察到其下属机构的相关特征，这也导致无法进行有效地管理。

与保险中的逆向选择相类似，这类代理人问题服务于不同人群的代理机构所提供服务需要的成本会截然不同。[①] 如果政府机构并不确知这些成本，那么要让代理机构运转需要多少资金也不明了。例如，相对于在一个缺乏足够教育的社区办一所学校而言，在一个高收入社区办一所学校的成本是多少？如果不知道成本是多少，那么结果将必然是资源被浪费。有人辩解说，州政府也许比联邦政府更能监控提供这类公共服务的真正成本，因为他们距离提供服务的地点更近，而且只

① 这一问题对于转移支付结构的影响已在 Boadway、Horiba 和 Jha（1999）以及 Lockwood（1999）的论著中进行过分析。

需要监控其辖区内的那些项目。

另一个问题类似于道德风险。要监督公共服务提供者付出的努力也许很难，要确保服务提供者将这些服务（或转移支付）针对目标人群或许也很难。像失业保险、伤残抚恤金和救济金等项目，就是针对特殊人群的，其将依照满足某些条件（比如在找工作、参加培训）的群体来确定。另外，在缺乏认真监督的情况下，很可能导致巨大的浪费。[①] 和之前提到的原因一样，州政府则能在这类监控上有优势。

这些理由不仅适用于提供给各个家庭和企业的公共服务，还适用于针对无收入来源的人群的转移支付。将这类补助和通过税收转移制度发放的补助区分开来很重要。后一类可以采用所得税制度申报程序来加以管理，由中央政府来发放更有效。但是，选择目标人群涉及初始资格和复查资格的监督，要做好这个甄别，分权机制可能收效更大。

最后一个问题，分权也许本身就能通过减少官僚机构层级而降低提供服务的管理成本。除州政府拥有更多的信息这个原因之外，这也构成了分权的另一个理由。

在管理成本占据某些项目的成本很大一部分的领域中，这些基于信息的论据就相当有力度。持这些观点的人认为，要将更多的精力用于向个人或企业提供的公共服务上，而非通过税收制度进行大规模转移支付，因为前者可能带来显著的规模经济效应。的确，关于分权的许多论调都有这样的特征，即其尤其适用于公共服务的提供和专项转移支付。因此，在许多联邦制国家，公共服务供给比税收和转移支付制度管理更分权也就不足为奇了。甚至在单一制国家，公共服务也常常下放由地区或基层政府提供。正如我们在前面章节中提到的一样，这些例子包括北欧国家和日本，在这些国家中，公共支出虽然通常都有显著的中央控制，实际上都高度分权，同样地，中国 2003 年地方政府承担了政府总体支出的 70%（Dong，2007）。

在本书中，通篇反复重述着一个早已出现的观点，即这些分权理

① 关于对失业保险和福利提供进行监控的作用的分析，可参考 Boadway 和 Cuff（1999）的论著。

由都建立在效率考量的基础之上。各州提供的许多重要的公共服务都有一个重要的公平维度的考量—如医疗、教育和福利都直接纳入了考量。因此，对这些服务供给执行如何多好、或者应由什么层级的政府来提供这些服务联邦政府可能会感兴趣。如果分权没有辅之以其他措施，那么可自主行事的州政府就有可能以不符合全民公平标准的方式来设计其服务项目。财政安排的作用就是要解决这个问题。

公共项目的创新和成本效益

由于州级决策者面临较多机会和较少约束，分权可能会促发项目设计和项目交付的改进与创新。在许多州存在竞争的情况下，对于项目设计与执行来说，就有更多的创新机会，而且一旦做出改进，其他辖区就可能会争相效仿。

邻近辖区的存在本身就可能对服务交付产生有益的影响。服务供给成本的衡量标准将变得可供利用，它可用于惩戒某个特定的辖区。相似的民众和政治家将有机会比较邻近辖区提供公共服务的成本，并期望自己所在州的公共部门能和邻近辖区一样具有成本效益。这种流动性也将促使各州以一种高效的方式提供服务。当然，这种竞争可能也有其不利的一面，因为各州都加入破坏性的竞争，就会引起联邦对这一问题干预。

政治经济学方面的观点

公共选择学派经济学家通常用市场类比来评判公共部门产出的效果。他们把由权力分权引起的政治竞争看作是比中央集权的财政决策效率提高更高的原因。[①] 这个观点很难清楚地表达于经济模式中，它们有时难以证实，但其有某种直观上的合理性。有关政治竞争的一个共识建立在蒂布特模型假设的基础之上，这个假设是，家庭和企业、尤其是模范家庭和企业是可以在各辖区之间流动的。这种可流动性阻止

---

① 参见 Breton（1994）论著中的论述和进一步的引证。

了各个互相竞争的政府课征过高的税率或提供过高水平的公共服务。当然，这种论调两方面都说得通。鉴于流动最活跃的可能是较富裕的家庭，公共项目层面竞争减少，尤其是累进税的竞争减少会让实现再分配目标变得更难。这就是为什么支持权利下放的人经常被视为等同于那些希望限制政府再分配能力的人的原因。

正如第一章所述，这种论点的极端形式基于这样一种假设，即政府本质上都是自私的“利维坦”，热衷于扩大其公共支出比例。在 Brennan 和 Buchanan（1980）合著的知名论著中，政府会最大化其规模。通过限制政府从一个不知情选区攫取资源的能力，将有助于抑制“利维坦”。[①] 这种论点也依赖于跨区流动，作为限制之源的企业和家庭可以自己选择退出。

政治经济学观点方面的一些争议还以其他的形式存在着。其中一个常见争议就是，较低层级政府更“可靠”，因为它们“离选区更近”。政治问责也许会因为分权而得到加强，因为这有可能将特定的公共项目与特定层级的政府区分开来，将特定的税收与特定的支出区分开来。但所涉及的问责争议仍是不明确的，没有令人信服的证据证明，较低层级政府对其选民更负责任。实际上，由于国家媒体宣传的聚光灯常常指向联邦政府，人们可以提出更多反对的理由。还有观点指出，分权后职责的界限变得更模糊不清，而不是更清晰。

最后一个政治经济考虑因素论及分权对违背社会公德的政治行为，即寻租、以权谋私或公开腐败的影响。有观点认为，也许是由于减少了实施分权的好处，分权降低了这种行为的可能性。[②] 此外，除了溢出效应，由分权引起的腐败很有可能只影响到较少的人。一般地，州政府腐败行为的后果会局限在其特定的州或地区内，反之，联邦政府腐败行为的影响却可能波及整个国家。另一方面，如果官僚机构和地方选民之间关系密切，那么分权可能会让官僚机构更容易陷入腐败行为。

---

① 在 Edwards 和 Keen（1996）的论著中可以找到这一点的精确论述。

② 在 Sato（1998）的论著中可找到关于这一点的正式分析。

而分权和腐败之间的关系目前尚无定论。

其他理由

刚提到的四种观点也许是将支出项目责任下放到各州最有说服力的普遍论据。在真实的联邦经济体中，其他因素也会起作用。在发展中国家中，与发展水平尤其有关系。下放到各州的主要候选公共服务项目种类也是那些发达国家全面提供的服务项目，如全民医疗保险、教育和社会福利，以及专项转移支付等。

历史、政治和宪政因素有助于确定分权可行和可取的程度。由于宪法规定难于变更，因此其也许能限制财政责任的分权程度。如果财政责任下放，也许有人会为国家的稳定担忧。在各州财富、文化、语言或可能反映了潜在民族特性的其他特征都大不相同的情况下，这种担忧也许特别重要。显然，分权程度必须显著考虑这些国别化的因素。常被用作反驳分权的一个理由是：各州既没有提供公共服务的行政管理能力，也没有做出负责任的财政决策所需的政治经验。这主要是一个关于调整成本的争论。毋庸置疑，基级政府很难在其没有过去经验的情况下突然被委以重任提供重大公共服务项目。在这种情况下，转向更分权的政府体制需要一段时期的过渡，在这段时间内，要培训人员、建立决策和问责制度，并从失误过程中获得经验。为了这样的过渡转变，可能还需要提供资金。认识到过渡是必需的，而且可能要付出很大的代价，这一点很重要。分权的长期效益应与过渡成本进行权衡比较。马上就能满足改革的所有条件，这种情况并不常见。有时候由于人们认为州政府没有能力独立承担其责任，从而轻易地放弃了分权。分权的支持者必须能强有力地证明，基于现状的分权，其过渡期投资将会取得中期的成功。

南非就是这样一个例子，尽管其计划实施被推迟，其过渡期得到了正式的认定。南非宪法明确地规定，有必要培养下级行政管理能力，而且一旦这些能力具备，即可向其转移支出责任。拥有足够行政管理能力的各省有权在某些领域执行这项国家立法。同样地，拥有适度行政管理能力的城市必须承担省内的地方政府事务。然而，尽管有这些宪法规定，可实际上却没有发生支出责任再分配现象。的确，南非2003年修改宪法允许各省政府干预地方财政危机，某些情况下甚至强制省政府干预地方财政危机，省级政府作用得到了强化（Steytler，2005）。财政不稳定和地方行政能力不足等类似问题有利于巴西中央政府确立其在联邦中的统治地位。例如，1988年的巴西宪法，在各州或各城市财政需要重组的时候中央政府保留了进行干预的权力（Souza，2005）。

在经济学论著以及前面章节的讨论中，低效政府决策产生的一个主要原因是所谓的时间不一致性问题，这个问题通常会导致政府征税和支出也过量。针对政府过度行为，与许多公共选择学派解释不同的是，这一解释甚至在完全仁慈政府的假设下也适用。它的产生本质上是因为政府没有能力去履行长期的承诺。如果某一政府宣布一项拥有长期有效的政策，想必其会希望考虑所有长期的影响，尤其是长期决策对其居民的影响。然而，过一段时间政府就有撤销先前发布的政策的冲动。各公司和家庭已经投身于长期决策而不能取消这些决策，例如，因为资本税会抑制投资，政府就提出不征高额税率的资本税。但是，一旦某项投资已经实施，某种程度上这项投资已不可撤回。这时政府就会产生对其课征高额税率的冲动。这一观点已被用来解释资本和财产的高额税率，以及政府积累债务、缩减公共养老基金、救助夕阳产业或效率低下的产业渡过难关的趋向。分权及由此导致的政治竞争可用来化解这些趋向。[①]

根据支出类型进行的责任配置

有了这些一般原理作背景，我们现在可以考察公共支出的特殊类型，以评估其在分权中的作用。表3-1列出了与后续段落论述一致的

① 分权惩戒政府救助低效企业的理由，可查阅Qian和Roland（1998）的论著。出于同样的原因，分权也许有助于消除资本所得税的时间不一致性问题。Kehoe（1989）已证明，各国之间的资本所得税协调政策实际上可能会加剧这个问题的恶化。

一种具有代表性的责任分配法，表3－2则对比总结了12个联邦制国家的分配方法。

表3－1　　　　支出责任在各级政府中的代表性分配

职能	制定政策，制定标准和监督	提供服务和管理	生产与分配	注释
解决地区间和国际间冲突	U	U	N，P	国际范围内的成本效益
对外贸易	U	U，N，S	P	国际范围内的成本效益
通信	U，N	P	P	包括国内和全球两个维度
金融交易	U，N	P	P	包括国内和全球两个维度
环境保护	U，N，S，L	U，N，S，L	N，S，L，P	全球、国内、州和基层范围的外部性
外国直接投资	N，L	L	P	当地基础设施建设的关键
国防	N	N	N，P	国家范围内的成本效益
外交	N	N	N	国家范围内的成本效益
货币政策、货币流通与银行	U，ICB	ICB	ICB，P	关键是独立于所有层级的要害部门受到一些国际角色常见纪律的约束；
州际贸易	宪法，N	N	P	宪法保障重要生产要素和产品的流通
移民	U，N	N	N	负责强制驱逐出境属于超国家责任
转移支付	N	N	N	再分配
刑事民事法律	N	N	N	法规，受到全国关注
产业政策	N	N	P	旨在预防以邻为壑的政策效应
管制	N	N，S，L	N，S，L，P	内部共同市场
财政政策	N	N，S，L	N，S，L，P	合理的协调
自然资源	N	N，S，L	N，S，L，P	促进地区公平，形成内部共同市场

续表

职能	制定政策，制定标准和监督	提供服务和管理	生产与分配	注释
教育、医疗和社会福利	N, S, L	S, L	S, L, P	实物转移
公路	N, S, L	N, S, L	S, L, P	成本效益范围不同
公园与休闲娱乐设施	N, S, L	N, S, L	N, S, L, P	成本效益范围不同
治安	S, L	S, L	S, L	主要地方受益
给水、排水、垃圾处理和消防	L	L	L, P	主要地方受益

注：U = 超国家责任；ICB = 独立中央银行；N = 联邦政府；S = 州或省政府；L = 基层政府；P = 非政府部门或公民社会。

表 3－2　　　十二个联邦制国家权力分配汇总统计

地方政府拥有共享和/或分配责任的国家数量		
支出类别	责任	提供
国防	0	0
外交	0	0
国际贸易	0	0
货币银行	0	0
州际贸易	0	0
移民	1	0
航空与铁路	4	4
失业保险	1	2
环境	7	8
公路	8	8
教育	11	11
自然资源	8	8
社会福利	9	10
工业与农业	9	9
治安	10	10
医疗	9	11
其他职能	2	2

注：样本国家包括澳大利亚、巴西、加拿大、德国、印度、马来西亚、尼日利亚、俄罗斯、南非、西班牙、瑞士和美国。

资料来源：摘自 Shah（2007a）国家案例研究。

公共产品类

传统的公共财政文献把公共物品的供给当作政府克服市场失灵的主要职能，也被称之为政府的“效率”方面。因为其非竞争性和非排他性，公共产品会遇到“搭便车”问题，它会使得公共产品供给必须是强制性的，并建立在集体决策而非市场决策的基础之上。早期的财政联邦主义文献只简单地从地理维度来考虑公共产品，试图根据上述公共产品跨越的区域来分配支出职能。从而基层政府就负责当地公共产品供给，州政府负责整个地区的公共产品供给，联邦政府负责整个国家的公共产品供给。早期的财政联邦主义模型确定了基层政府和州政府的决策范围，以及税收权力的分权范围。

这一模型虽然概念上没什么漏洞且完全没有争议，现实中对联邦经济体的这一描述却既不完善也不太令人满意。首先，公共产品不能对应基层、区域和国家层级，责任也就不能进行相应的分配。它们的地理范围与政治边界并不匹配。利益倒很可能有重叠。因此，职能的分配必然不清晰，而通过“任意的”政治边界分权都有可能导致重叠辖区公民利益溢出。[①] 当然，有条件的配套政府间转移支付加入上级政府的“工具箱”中。这一结果会被吸纳进入财政联邦主义理论中，也许更重要的事实还在于，只有相对较少的公共支出项目纳入了公共产品范畴。众多主要的职能如国防、外交、司法、环境、文化和通信政策以及货币调控都可以看作属于公众利益的项目。除环境政策或文化政策外，这些政策大部分都是国家性的，因而被自然地分配给了中央政府。司法审判职能一定程度上仍然可能下放给基级政府，但在这种情况下政府之间的协调与信息交流显然很重要。例如，在巴西，城市安全属于州政府责任，但联邦政府对大多数有组织的犯罪活动都拥有管辖权。在实践中，由于缺乏协调已妨碍到了城市治安，从而导致某些观察家呼吁中央政府扮演更强有力的角色，以及加强各级政府之间

---

① 这就是 Breton（1965）关于联邦制国家中责任分配问题的有影响力的观点的精髓之处。

协作（Rezende，2007）。还有一些完全属于地方的职责，至少部分可以认为具有公共属性，如消防、供水与环境卫生、道路、公园和图书馆等。此外，对于上述基层政府的职责分配，也少有的争论。（争论涉及公共服务的最佳提供方式，是由公共部门来提供还是通过与私人部门签约来提供，但这类争论与职能分配问题不同。）

确定州一级政府的公共产品责任范围有点难。这在前文已有阐述，环境与文化政策因素需要考虑。公共卫生项目，尤其是那些涉及传染疾病的公共卫生项目具有公益性质成分。有些形式的公共基础设施，如交通设施等也要考虑。尽管这些公共基础设施的共同消费性质，但在本书中都被当作单独的类别。大多数州一级支出项目都不是萨谬尔森（1954）最初所定义的传统意义上的公共产品。相反，它们被归为以下类别之一。

公共服务类

公共支出用于产品和服务上的重要部分，也可能是主要部分，并不是公共产品却是准私人产品，即我们称之为公共服务的部分。涉及教育、医疗和社会服务的大类支出项目都属于此类，这在第一章和第二章都有阐述。鉴于这些服务的私人性质，有关它们的分配就产生了各种截然不同的观点。地方公共产品和全国性公共产品这种两分法并不适用，因为供应这些公共服务没有自然的地理局限性。由于这些服务本质上属于私人性质，一个人不能指望用传统的效率型市场失效的原因来证明提供这些服务属于公共责任。相反，就像我们在前面章节中所建议的一样，公共部门应主要承担起出于再分配理由而提供公共服务的责任。这些再分配理由可能比传统的基于收入的再分配理由有更充分的理由更充分，包括，如机会平等和社会保险平等这类关注点。这两个特征会导致这样的一种情况出现涉及国家利益的，即分权的理由在很大程度上取决于效率原因，但分权的项目却包含有再分配维度的考量。

公共服务以个人为单位直接提供给各个家庭。如果责任由下级政府（州政府）承担，公共服务供给效率更高，分权的理由成立。州政府能够识别出公民的特殊需求和偏好，并为其提供适合公共服务项目，还能更好地监督提供服务的代理机构。而且，由于必然存在的地区间竞争，由州政府来提供公共服务可能会产生更多的创新模式、带来更多的成本效益（如果仅仅只是通过标尺竞争）。

然而，分权也许不会下放到基层政府。提供公共服务项目会有一定规模经济效益，各州内合理的项目协调制度也会有某些好处。所以，对州一级政府的主要职责定位为提供医疗、教育和福利等广泛领域的公共服务项目，也就不足为奇。实际上，发达联邦制国家和发展中联邦制国家之间分权的程度存在系统性的差异，主要的原因之一就在于，医疗、教育和福利项目在发达联邦制国家中相对更重要。

公共服务下放到州政府的程度可能会引起争论。与州、基层公共物品不同，公共服务要实现主要的公平目标。此外，公共服务的设计还可能会对内部经济同盟的效率产生影响。下放到各州的公共服务的范围在各个联邦政府之间可能会大不相同，而某种特定公共服务的分权程度也可能会千差万别。教育的主要部分下放到了各个州（之前提到的效率观点适用）。在大多数联邦制国家，州政府提供初等和中等教育。高等教育则由联邦政府提供，尤其是学生流动性趋向较高的国家。然而，即使是在由州政府提供教育的地方，根据国家课程标准、教师任职资格等标准的严格限制。促使各州遵守教育体系设计的国家标准，反映了将分权决策的优势和实现全国公平与效率目标的优势相结合的自然愿望。但是这也是困难重重借助诸如教师培训、全国总体工资水平、课程要求、学校设计之类的措施实行国家控制，自然有损州财政责任、模糊了责任制界线。在提供公共服务的过程中管理联邦与州的共同目标是财政联邦主义最具有争议的问题之一。

医疗的情形也类似。医疗服务的供给责任也常常被下放到各个州。同时，某些职责中央可能会保留（如研究、医生培养等），而且，可能还存在各州必须遵守的项目设计标准。正如教育一样，在医疗方面，财政责任下放以获得分权决策全部好处的愿望和维持联邦控制以便使全民公平目标纳入项目设计考量的愿望之间存在矛盾。医疗实际上要复杂得多，因为政府提供的医疗服务范围和公民自身负责的那些服务范围之间界限更不明确。但鉴于医疗技术发展的速度，州政府创新的空间大得多。

关于提供福利服务的责任分配，各联邦制国家也各不相同。相比教育或医疗，福利服务通常更可能限制在联邦政府层级，这也许是因为分权提供福利服务的好处远没有那么普遍。福利服务创新空间较小，信息问题也许没有那么严重。特别是考虑到更狭窄（和影响力更小）的受益人群基础时。福利服务可能比医疗和教育更容易造成辖区间的竞争压力，另外，福利服务也许与税收转移制度（通常处于联邦政府的控制之下）的关系更密切。尽管如此，福利服务（还有福利性支出）下放到各州的现象还是相当普遍。各州的特殊需求可能会各不相同，因此，由各个州政府来管理这些提供服务的机构很有好处。

社会保障类

提供经济保障已开始成为现代国家的一个主要职能，虽然其中有大量国家近年曾出现过某种程度的倒退。许多人认为，战后初期兴起的福利国家的建立是20世纪80年代众多国家面临的赤字和债务问题的根源。还有这样的担心，即经济保障的普遍提供对激励机制带来了不利影响。[①] 因此就出现了经济保障紧缩与合理化的趋向。在许多国家，社会项目已越来越有针对性，并不覆盖所有民众，特别是那些要设法应付高失业率带来的财政后果和由于人口老龄化造成的人口结构发生改变的国家。这些问题还给联邦制国家的财政安排增加了某种程度的压力，因为州一级政府提供的许多项目都是针对社会保障的。

在考虑社会保障职能的分配时，许多问题都必须解决。经济社会保障中政府角色的恰当定位是首要的问题。两种类型的社会保障存在显著差别。第一类保障牵涉到针对意外灾难提供保障的国家，由于某

① 参考 Sino（1985）的分析。

些原因，这类意外私人部门通常不提供保险。这类例子包括失业险、残疾险、包括工伤险在内的劳工补偿险和为应对无法预料的疾病的健康险部分。市场失灵可能有许多原因，包括道德风险、逆向选择、有利于保险服务提供方的信息不对称、规模经济、行政管理成本，以及在有失业保险情况下投保的事项至少有部分处于政府控制之下的现实情况。对市场失灵的这些确切原因及其严重性、在克服市场失效的问题上，政府是否能比市场做得更好，经济学家颇有争论。他们还担心在政府不能完全监控导致个人在经济困难的原因必然出现的激励/保障权衡问题。尽管如此，几乎所有发达化国家，政府都深度参与提供这类经济保障。

第二类社会保障与无法保险带来的不良后果有关尤其是那些出生时才显露的不良后果。特别地，那些一出生就可能带有让其相对于他人而言处于不利地位的特征。他们也许有残疾、容易患严重疾病，也许运气不佳生错了时间或地点。事实上，一个人可以把再分配问题本身看作一种社会保障。有的人可能天生就具有不同的能力、技巧或生产能力，而这些将引领着他们走向不同程度的经济上的成功，而不论其工作努力程度如何。[①] 私人部门明显不能给这类社会保障提供保险。假如从公平与效率权衡的话，公共部门应给出生时即遭遇不幸的人提供保障的程度是一个有关价值判断的问题，但是，许多国家的政府，尤其是发达国家的政府，都深度参与提供社会保障。全民健康保险就是一个普遍的社会保障项目，正如伤残抚恤金、社会保险（公共养老金）和地区均等化项目一样。

接下来的问题是，哪一级政府应负责提供这类社会保障。分权的观点直接适用于这种情况。州一级政府在因地制宜地规划社会保障项目以切合其居民的需求；使这些项目瞄准它们的那些目标人群，以及在击败代理机构计划过程中拥有优势。而且，他们着手提供其项目的

---

① Mirrlees（1971）有建设性地提出的收入再分配传统理论建立在这类能力的基础上。在 Boadway 和 Keen（2000）的论著中可找到关于再分配理论与实践的概述。

效率得益于跨辖区的竞争。因此，毫不奇怪，在联邦制国家中许多社会项目被分配至州一级政府负责。

将提供社会保障的责任下放到各州也有缺点。因为全体公民的人口结构或者影响到其发展的事件，不同的州要面对不同的社会保障需求。就第一类社会保障来说，各州也许会面临特殊风险，而中央可能会规定由几个州共同承担这些风险。由州提供保障也可能会产生不良副作用。跨地区竞争可能会促使各州降低其提供给受到不利影响的那些人的保护水平，这种跨地区竞争特别不利于第二种形式的社会保障。还有，不同的州也许只会简单地选择相差甚远的社会保障形式，从而导致社会保障在整个国家的覆盖范围不均，降低了内部经济同盟的效率与公平程度。

各个不同项目对于分权提供的优缺点权衡也有所不同。残疾保险和劳工补偿险是分权提供的，这反映了监督问题和代理人问题可能相对重要的事实。上级政府的参与程度也各异。在加拿大，各省拥有其管辖区域劳工关系的管辖权（Knopff 和 Sayers，2005）。在德国，工作安全属于代表国家政府的市政责任。国家保留提供法律监督和评估地方措施有效性的权力。如果各市无视其指令，监督机构可以采取行动（Kramer，2005）。在印度，包括工作条件、劳工补偿险和雇主责任险之内的全面劳动福利都纳入了联合管理的范畴，只有几个被专门指定给这个联邦政府的产业（矿山、油田）除外。印度各州对残疾人和不能受雇者负责（印度宪法第 246 条）。在巴西，向残疾人提供服务属于一项共同的责任（Souza，2005）。健康险也因为同样的原因被指派给各个州。而在加拿大，医疗保健完全属于各省的责任。在许多联邦制国家，医疗保健是一种共同分担的责任；这类国家有巴西、墨西哥、南非和瑞士。在美国，联邦政府提供针对老年人的医疗保健服务（老年保健医疗计划），同时分担面向贫困人群的医疗保健责任（医疗补助计划）（Fox，2007）。失业保险有时下放有时集中。监督很重要，但特殊风险责任也很重要。公共养老金计划几乎总是留在联邦政府一级。他们相对容易管理，可能也更容易引起跨区竞争。巴西和美国一样，社会保障也完全属于联邦政府的责任（Souza，2005）。在印度，老年人退休金被纳入了联合管理的范畴，虽然联邦政府和州政府都对其从业人员的养老金负有责任（Majeed，2005；印度宪法）。中国与众不同，其失业救济金和养老金分归基层政府管理。这些支出责任可能超过了可获得的财政资源（Mountfield 和 Wong，2005）。

由于分权的理由很充分，因此许多社会保险计划被下放到各州并不奇怪。虽说如此，还是可以采取措施来抵消可能来自分权的不利后果。特别是，可以采用均衡联邦和政府之间的转移支付的方法来弥补各州之间需求的差异。联邦政府还可以尝试引导各个州利用附有一般性条件的分类补助将其计划到统一至最低国家标准。

巴西社会援助的提供说明了其中的几点：社会援助主要由基层政府提供；州政府和联邦政府则提供技术和财政支持。在实践中，州一级和基层一级政府之间几乎均等地分担这种责任。联邦通过给予州一级和地方基层一级的专项转移支付而得以实施控制。这些转移支付在经济危机侵蚀了大量的税基之后表现出更强的重要性。另一方面，为协调州一级和市一级基层政府之间的服务供给而付出的努力却未取得成功。管辖权界线不明晰。配套立法允许各州建立同等性质的都市圈。结果，都市圈缺乏真正的权力、服务供应遭遇互相冲突的政策、管理重叠、使用服务的机会不均。巴西的例子就凸显了职责分配明晰的重要性（Rezende，2007）。

个人转移支付类

针对个人的转移支付是政府整个再分配政策的组成部分。个人转移支付可以采取多种不同的形式，但我们可以区分出三大类个人转移支付：第一大类也是最普通的一类，是人群式转移支付，是发放给某个特定人口类别所有人一定数量的一次性总额转移支付。通常根据年龄来分类，包括发放给老年人群的转移支付和根据子女数量发放给各个家庭的全民转移支付。因为其一次性包干性质，人群式转移支付能够避免私人部门减少效率，但与此同时，由于再分配的数额庞大，人群式转移支付花费可观。

第二类个人转移支付通过所得税制进行转移。这类转移支付有时候被称为可返还的税收抵免，实质上相当于负所得税。转移支付和可抵免税率的数额都事关政策选择。这类转移支付的一个重要特征就是，它们由所得税征税部门进行管理，因此其数额可以根据收入以及其他税收变量进行调节。一般来说，当提到“税收转移支付制度”时，这些转移支付就会被想起，虽然经济学家支持负所得税制已有很长一段时间，但直到最近它们才在发达国家得到广泛的应用。它们的引入一定程度上与全民福利国家的退出有关。它还反映了所得税管理和会计已变得更加精简，并且适应了电算化到来所发生的变化。同时，通过税收制度发放转移支付的一大问题在于转移支付制度相对僵化。转移支付必须以上一个税务报告年度的收入数据为基准。因此，转移支付很难满足环境频繁交换的人的需求。

第三类这类是前两类转移支付的补充，它是根据其特殊环境及特殊需求发放给个人的转移支付。第三类转移支付包括发放社会福利或社会救助给穷人，包括长期失业、单身家长和那些丧失劳动能力的人。转移支付项目由机构进行管理，负责确定并准确发放转移支付、监督受助者是否有持续的需求，这类转移支付可能有附加的大量资格条件，如要求受助人在找工作或参加培训活动，甚至要求参与工作作为获得转移支付的前提（例如，工作福利计划）。

这几类补助的分配理由各不相同。就人群式转移支付而言，分权并无特别的优势。这类项目相对容易管理，甚至具有规模经济效应。联邦提供可确保全国各地都能获得统一的转移支付。

在通过税收制度发放转移支付的情况下，联邦控制也是显而易见的。通常联邦政府管理所得税体系，并控制税基和税率结构，并且考虑纵向均等化的国家标准。另一方面，如果需要州政府在基于收入的转移支付中起作用是可能的。正如各州可以选择施加附加税率于联邦所得税制度上，其也可以与联邦政府一样，允许选择针对各州具体情况的可返还的转移支付。当然，这种选择的能力通常会使的各州采用不同的再分配标准。但是，因为会被认为是允许各州的公民拥有不同的再分配集体偏好这也许会被认为是合意的。

专项转移支付是分权到各州的主要政策选项。地方机构发放这些转移支付，并且负责确定贫困人群、并监督他们是否具备继续受助的资格。对各机构及其管理的项目进行分权控制的理由尤其充分，所有的原因，我们在前面都已有论述。在加拿大，针对个人的转移支付属于省级政府的责任（Boadway，2007）。在印度，执行社会服务和社区服务项目，特别是扶贫的责任归于地方政府。不过，由于需要获得了资金以便实施这些项目，地方政府没有多少真正的灵活性（Rao，2007）。

在美国，政府间转移支付聚焦于个人之间的均等。有两个主要的社会保障计划：面向贫困人群的社会福利计划（贫困家庭临时援助计划 TANF）和医疗保障计划（医疗补助计划 Medicaid），它们很好地说明了这种分权的提供系统。这两种社会保障计划都由州政府进行管理，由联邦转移支付提供资金。贫困家庭临时援助计划补助是固定转移支付，而医疗补助计划补助占一个州医疗补助计划费用的 1/2 到 3/4 之间。州政府的此类计划应服从联邦规定。但是，为了使其计划有所不同，各州也可以申请放弃实施上述计划。实验的可能性被认为是这个制度所带来的积极效应。

企业转移支付类

企业转移支付在大多数国家似乎都很盛行，尽管有些经济学家并不赞成。问题是，虽然有选择性的企业转移支付在理论上可能有某些合理的理由，但要证明转移支付使用合理的情形却很难。企业转移支付不可避免地会应用于贸易保护主义或公然的政治（“分肥”）动机上。

转移支付的主要理论观点在于存在某些与商业活动相关的外部性。研发活动可能会给经济体内的其他主体带来溢出效应。新增长理论文献强调这些外部性与工艺创新、投资、干中学和培训的外部性相关。[①]

① 在 Aghion 和 Howitt（1998）的论著中可找到关于新增长理论及其政策含义的全面论述。

假定这些外部性的范围因公司类别而不同，那意味着补助可能也会有针对性。问题是，补助本身的外部性难以衡量，所以不清楚这些转移支付应该给谁。而且，要查证这些补助是否已正确地发放也很困难，因此问责制就成了一个问题。也许存在对各企业研发活动的普遍支持，而大多数政府也确实提供了这类支持。但是，特殊类的补助容易用于政治用途上。巴西已执行了一种广泛支持适用性研究的战略。由联邦农业研究机构推动的技术创新使这个国家不发达的北部和东北部地区已建起高产的农场（Rezende，2007）。

另一种更无可非议的另一种企业转移支付形式就是提供保险。可能存在这样的例子，私人保险市场无法提供有效水平的保险，那公共部门就介入了这一市场。例如，农业行业可能会依赖公共部门提供农作物保险和自然灾害保险。这种公众的角色可能就是所谓的政府政策时间不一致性的原因，撒玛利亚人两难境地的一种表现，这个在前面章节中已有讨论。理由是，政府总是会援助那些遭遇严重灾难的企业，而不管他们是否已购买了保险。如果这被理解为可以获得援助的理由，企业就会只给其自己购买过低的保险。在这类情况下，公共供给（或购买强制保险）也许能起到作用。[①] 把企业转移支付权力下放到各州政府，看上去似乎没有什么好理由。的确，要防止州政府使用这些转移支付，可能是一个更大的问题。这类转移支付是各个州用以让各个企业参与以邻为壑的竞争和扭曲内部经济联盟的主要原因。财政分权的主要优点是，实施时不会遇到太多阻力。当然，还存在企业转移支付成为联邦政府某种手段的问题。它还能用于分肥政治，更多可用的收入也许更易于引发分肥政治。

基础设施类

政府在公共物品和服务上的支出可能是经常性支出也可能是资本

---

① Bruce 和 Waldman（1991）以及 Coate（1995）曾对这种现象做过分析。它还适用于针对个人的社会保险项目。也许有人会说，根据同样的理由，公共养老金大部分都是合理的。各家庭不会储蓄自己的退休金，因为他们预计到，如果他们的储蓄不足，政府会提供给他们。如果结果是这样，那么政府以通过公积金或公共养老金项目来强制推行退休金储蓄的方式来做出回应就是合理的了。

性支出。后者由用于提供公共物品和服务的资本品组成，如医院、学校、政府大楼和军事装备等。这类资本支出责任分配与提供相关公共服务的支出责任分配密切相关。加拿大各个省对医院和医疗负责，而印度宪法则将医院和诊疗所连同公共医疗责任分给了各州（Knopff 和 Sayers，2005；印度宪法第 246 条）。当然，即使公共服务权力被下放，联邦政府还是可以通过有条件的转移支付对与服务提供相关的资本支出施加影响。因此，支持州教育计划的联邦转移支付可能还包括特别用于学校建设的部分。

公共部门某些形式的资本支出牵涉到提供私人部门（不论是企业还是家庭）使用的基础设施。交通设施就是一个很好的例子。政府参与道路、机场、水道、公共交通，有时还有铁路包括主要的通信设施的提供。市政供水和污水处理系统通常由政府提供，灌溉项目也是如此。关于公共部门应提供这类基础设施的范围，以及公共部门干预（如果合理的话）应该采取的形式都存在激烈的争论。原则上说来，大多数基础设施都可以由私人部门来提供，而公共部门可以监督也可以不监督。规模相对较大的这类设施，其自然垄断性质和战略性质通常会导致某种形式的政府干预。

问题是，哪一级政府应负责哪些类基础设施。通常说来，基础设施的责任分配很简单的。在某些情况下，分权就是一个显而易见的解决办法。不论该基础设施是否是纯粹地方性质的（就像地方公路、供水、排污和灌溉的情况一样），分权的优势都是显而易见的。由地方管理很可能更具成本效益，也很可能更适合用户的需求。其受益面更宽广的项目，如高速公路、水道、机场和主要通信设施等，都可以留给联邦政府。比如在德国，联邦政府负责航空运输、水道、铁路和高速公路，而各市则有其独立的规划，管理水、电、垃圾处理和地方公路的权力（Kramer，2005）。在南非，公共交通属于一种分而治之的责任，省道和省内交通是专属于省级政府的责任，而地方公路和街道清洁则是专属于地方政府的责任（Gonzalez，2005）。

由于效率是问题的核心，因此产生冲突的机会相对较小。当他成为一个财政问题时，联邦政府可能会为州政府提供资金（在第九章详细讨论），但联邦政府干预州政府基础设施项目理由却不充分。尽管如此，联邦政府可能还是有些不情愿让州里拥有对基础设施项目的自由裁量。这些项目可能会被视为部分有利于或只有利于政治目的。实际上，分权到各个州可能是用于反驳这类政治倾向的一种方式。州际竞争可能有助于减少基础设施中的浪费倾向。

公共企业类

政府运营其自己的商业企业的可能性也很大，尤其是在业务涉及显著规模经济的情况下。在公用事业、通信广播、交通运输、邮政服务，有时甚至还有工业企业，如石油或汽车等领域中，公有制最常见。将公共企业用作一种政策工具存在很大的争议，特别是，有些经济学家对其持怀疑态度。但是，政府却很仁慈对待公共企业。

就基础设施来说，分权问题往往相当简单。公共企业可以属于联邦政府也可以属于州政府。如果所销售产品的使用者是当地人，如地方公用事业企业或地方运输企业，就需要州政府参与。事实上，将某种形式的市场竞争引入州政府责任本身就可能有利于克服公有制最坏的可能性后果，另一方面，许多更重要的公共企业，如通信和交通运输公司及邮政服务企业，其必然更具全国范围的普遍性。

专有分配和共担分配

在许多支出领域，联邦政府和州政府都对项目的设计提供感兴趣。由于各种我们之前已有提及的原因，将提供这些项目的任务下放到各个州可能更可取。但是，尚在讨论中的项目也许会与全国关心的问题相冲突。内部经济联盟的效率也许利害相关，项目也可能是国家均等化战略的重要组成部分。要协调这些项目的基本特征也许很重要，而因为特殊的原因，同时要给州政府留出自由裁量权。某些项目的覆盖范围（例如环境项目）可能还存在重叠或跨区溢出效应的现象，而这些都需要联邦政府参与或监督。

项目重叠和对象共享问题可以采用多种方式解决。其中部分问题我们已经讨论过了。接下来我们要对可采用，并且在实践中已应用的机制种类作一个更一般的总结，以便对分权的优点和国家政府的利益作出权衡。

联邦政府监督下的州政府专属责任

在一种极端情况下，各州可能会赋予指定领域的专属立法责任。对于某些州政府支出责任，如医疗、教育或社会保障等，这些项目的设计可能会与全国的效率或公平医疗考量冲突。这些全国性的问题可以采用不同的方式解决，但同时又要保留各省专属立法责任的完整性。一个相对生硬的办法就是借助宪法授权。说它生硬是因为它无法涵盖当前的政策点，而且其执行很可能会将法院牵涉进去，这在包含有经济目标的情况下可能不适合。

或者，联邦政府可以保留驳回的权利。如果加以合理的使用，并经过事先的协商，驳回的威慑力也许能促使各州设计出尊重国家目标的政策，同时将政策协调到国家标准。不过也存在驳回权被专制使用的危险。如果是这样，驳回权力可能被用作保证联邦政府意志得到全面执行的策略，从而让下放的立法责任起不到应有效果。

联邦政府还有权对各州实施管制，主要是命令这些州必须立法的种类。这种驳回权更具主动性，相应地也存在更多的滥用可能。如果联邦政府能够管制州项目设计，那么它就会有效地使用这个权力而剥夺州政府的职责。管制权力可以作为对州项目强加最低标准的有效策略，重要的是，其使用范围仅限于此。后文我们将再讨论管制的使用问题。

最后，联邦政府还可以使用“胡萝卜”而不是“大棒”来引导各州将国家目标纳入考量。适用于这一目的的恰当手段是使用有条件的转移支付或支出权，这也是用来协调分权与实现国家目标冲突的最常用的方法。理论上，这些与支出权使用相关的条件应限于常规的事项，而非那些涉及详细项目设计的事项。所以，与特定有条件转移支付相比，有条件分类财政转移支付通常更适合实现宽泛的国家目标。此外，它通常不需要为了这个目的而使用配套规则。正如前面的方法一样，支出权的使用也打开了其被联邦政府滥用的大门。这就是说，联邦政府可能会以一种过度介入州政府责任领域的方式来使用它。但不管怎样，还是可以这样说，支出权引起的滥用比驳回或管制权力的滥用可能性要小得多。也就是说，因为事实上有联邦税金投入其中，所以对联邦政府而言，它要试图把其意志强加给州政府代价昂贵。而且，如果专属立法责任归给州政府的话，这本身就是在限制有条件转移支付条款可以将详细的立法要求强加到州政府之上。

我们的一般假设是，支出权为财政机构兼顾下放的责任和实现国家目标提供了多种灵活的方式。但无论如何，支出权必须得到宪法的批准。但各个国家支出权各不相同。

在加拿大，联邦支出权隐含在宪法规定的收入与支出分配当中，宪法给予中央政府大过支出需要的税收收入。诸如教育、医疗和福利领域的支出权责任专属于各省。例如，各省不能对其权益项目，如医疗和福利等强加最低居住年限要求（Boadway，2007b）。由于各省都在努力取得宪法规定的责任领域，而联邦政府则在努力控制其债务，通过支出实施控制的程度各省也各不相同。在最近几十年中，限制较少的转移支付变得越来越普遍，例如，加拿大健康与社会转移支付（一种基于人群的转移支付），取代了基于省支出的共同分担费用的转移支付（已确立项目融资和加拿大援助计划）（Knopff 和 Sayers，2005）。为了进一步细分支出权的使用范围，联邦政府和各省之间达成了《社会联盟框架协议》。现在，联邦政府被要求提前公示其支出的使用情况（Boadway，2007b）。

在德国，联邦政府承担教育的全部责任。但各种的作用在日益增加。在高等教育体系的设计方面，联邦政府发挥了强大的影响力，联邦政府还制定了小学和中学教育的国家标准（Joumard，2003）。为解决服务供给的问题，德国采用了合作的解决方法。在联邦政策通过教育部长会议加以协调之后，学历和教育课程在全国实现了实质上的统一。尽管这次会议没有写入《基本法》，但它却是许多形成合作政策中讨论的问题（Kramer，2005）。

在印度，公共医疗和医院属于州政府的责任。联邦政府通过多种渠道对结果施加影响。作为临时性的专项工作团体，联邦政府已成立了中央医疗委员会和印度药物中央委员会。这些委员会原本是打算研究和讨论共同关注的问题，以便为各政府之间协调政策提供建议。印度联邦政府还在医疗保健中起到了更直接的作用，因为控制传染性或感染性疾病是一项共同的责任（Majeed，2005；印度宪法）。

在澳大利亚，中央政府不会直接干预各州或各地区的支出决策政策，只通过财政渠道来发挥其影响力。专项用于某个特别用途或目标的资金则被用来促进医疗、教育和住房等国家的优先项目（Morris，2007）。

共享责任领域

在某些责任领域，联邦政府和州政府可以共享管辖权，这或许因为宪法未划分这种责任，或许因为管辖权兼有国家和地方两个维度的因素。因此，公路归联邦政府和州政府共管。大学可能由州和联邦共管。环境政策也可能同归州和联邦管辖。在某些情况下，联合立法也许不会导致困难。但在其他情况下，联合立法却可能会导致冲突和矛盾，或导致管理复杂、规制重叠。这类冲突可以通过协商来解决。协商也许会很艰难，在有多个州政府参与的情况下尤其如此。在这种情况下，联邦政府可以利用支出权来协调州政策和联邦政策。

联邦最高权威

在调解互相矛盾的联邦政策和州政策中，有些困难是可以通过某个层级政府凌驾于另一个层级的政府来解决。如果联邦政府是最高权威，这就意味着，州立法只可应用于联邦政府立法没有覆盖的范围。这种制度上的规定可能是另一个有效的方法，既允许立法责任下放到州一级，同时又能确保国家目标被纳入考量。至于分权与实现国家目标之间协调的其他手段，由于存在风险，联邦政府会热衷于保留其对有效决策的控制权。

作为一种灵活的方法而言，与联邦最高权威机构共享管辖权比有选择性地逐州去实施更具优势。例如，它允许非对称联邦主义存在，各州的责任各异。在联邦国家中，这种灵活性是一种合意的特征，其中某些州拥有独特的文化、语言或历史特征，而这些特征又能保证他们受到区别待遇。非对称联邦主义国家的例子包括：加拿大、西班牙和马来西亚等，这些国家全部都有一个或多个州级政府承担比其他层级政府更多的财政责任。

鉴于这一规定十分可行，宪法必须允许其存在，而这取决于所涉及国家大多数管辖权共享的联邦制国家都保留了联邦在那些领域的最高权威；这类例子包括澳大利亚、巴西、加拿大、德国、印度、墨西哥、南非、瑞士和美国。在共同管辖领域里联邦政府是否占据支配地位，取决于各个国家的特征。

巴西 1988 年宪法确立了对称联邦制，其共辖权涵盖医疗、社会福利和教育等方面。正如前文所述，基本医疗、初等教育和社会援助的主要责任被分配给了地方政府，更高层级的政府则提供技术和财政援助。在实践中，州政府和地方政府几乎共担均等地责任。联邦政府直接介入高等教育和更复杂的医疗保健。借助联邦指导方针和资源，可以促进医疗保健和初等教育的一致性。实际上，联邦政府对财政的控制权使其占据主导地位。联邦专项转移支付已成为向社会服务项目的主要资金来源。各州对其预算内的资源几乎没有控制权。各城市相对更独立，其预算有一大部分来源于一般性转移支付（Souza，2005；Rezende，2007）。

墨西哥也采用对称联邦制，其共享责任涵盖教育、医疗和环保领域。墨西哥通过联邦法律建立了正式的协调机制。这些机制主体包括所有相关层级的政府的代表，联邦、州，如果有市，还包括市。在实践中，联邦政府占据主导地位，而地方政府则居于从属地位（Gonzalez，2005）。

在印度，联邦法在共同管辖的领域占优势，这些共同管辖领域包括社会保障、失业保障、劳动福利和教育。为了提高国家的对称性，有多个领域从州管辖变成了共同管辖。支出权也被用来保证更大的统一性。财政委员会则成了印度管控和协调各州福利项目的一项工具（Majeed，2005）。

在德国，大多数立法属于共同管辖，在出现冲突的时候，联邦法律优先。但也加入了某些限制。只有在联邦政府认为有必要通过保证统一性（法律或经济）或达到宪法规定的平等生活条件要求的情况下，联邦政府才可以承担某个领域的责任，有效地阻止存在冲突的土地法案。联邦宪法法院曾经就否决了中央政府的某些个案（Kramer，2005）。

州最高权威

最高权威可能会归属各州。在这种情况下，只有在各州选择认可联邦决策的时候，联邦决策才能起作用。可以说，州最高权威是在避免联邦干预且获得分权好处的最合理方式。和联邦最高权威的情形类似，州最高权威也允许非对称联邦制安排。

州最高权威很可能使得确保联邦政府能够担当起国家经济和社会目标监督者这一职责变得更难。另一方面，联邦支出权的使用不需要排除在这种情况之外。在加拿大宪法中发现的几个显而易见的共同管辖权例子中，其中一个“养老金和辅助福利”责任被分配给了省政府和联邦政府共同管理，省级法律优先（Knopff and Sayers，2005）。

管　　制

正如前文所述，管制方法既可以促使各州设计其支出项目（也许还有税收制度），又可以使其服从国家经济和社会目标的一个方法。根据管制的属性以及其如何颁布和执行的方式，管制可能会有所不同。

关于管制的属性，我们可以区分出：消极的和积极的两种类型。在协调内部经济同盟甚至国际贸易协定的决策时，这些刚好与消极的和积极的整合措施相对应。消极管制指的是，强加于各州头上的禁止其设计其项目，导致违背了内部经济联盟基本公平效率原则的禁令。因此，各州将避免将有歧视性的因素引入支出项目，或限制商品和服务、劳动力以及资本跨区流动，各州可能会被排除在其外。例如在美国，联邦政府强加了各州怎样发放驾驶执照、登记选民的条件（Fox，2007）。加拿大各省正如前文所述，在设计医疗或福利项目时，不能阻止劳动力的流动。

积极管制要求各州安排某些领域支出项目，或者以推进国家经济或社会目标的方式设计其项目。例如，各州也许被强制要求向其辖区某个指定年龄段的所有孩子提供某个类别和水平的学校教育。或者，它们可能被要求为其公民提供最低标准的医疗服务。

两种类型的管制，要求各州的条件和义务可能会或多或少具有一定普遍特征。正如我们已经反复论证的，要求各州的义务越具体，各州的自由裁量权越小，分权的好处就越难以实现。最重要的国家目标往往是相当普通的目标（如机会均等原则、学校教育水平、医疗服务的可获得性和全面性、最低水平的社会援助、内部经济联盟的效率）。在这些最普通的原则之内，州级政府的个别项目设计有相当大的余地。要在国家强制标准和项目设计的个体性之间实现理想的平衡不是一件简单的事情。考虑到联邦政府容易过分干预的自然倾向，有人可能会错误地主张在任何可能情况下分权。无论如何，两个层级政府之间的沟通极为重要。最好各州拥有足够的财政独立性，不用依赖联邦政府大量的援助资金。

宣布和执行管制的责任也可能会各不相同。管制可能是宪法规定的，实践中这些管制可能相当普通。执行可以是法院的责任，也可以是联邦政府的责任。法院执行有可能相当生硬、不完整，尤其因为强制命令会有政策和司法层面的成分。法院也许不是权衡实现不同程度合规性利弊的最佳机构。在执行管制的过程中，联邦政府可能会更高效。正如前文所述，执行管制可以用“大棒”（对各州的相关项目设计发号施令），更可取地是用“胡萝卜”（有条件转移支付）。

联邦政府也可能第一位地负责实施管制。接下来，主要的问题变成了如何确保联邦政府不会有颠覆各州财政责任以实施管制。管制对地方政府预算有相当大的影响。根据最近一份研究估算，美国联邦管制为一组项目（包括具有大刀阔斧的教育改革在内）实行的管制，政府产生的成本比提供的资金要高数百亿美元（Fox，2007）。在中国，中央政府要求基层政府增加多个部门的支出。比如，到2000年，教育支出要达到GDP的4%，而科技方面的支出则增加到GDP的1.5%。仅用预算的资金要实现这些要求几乎不可能。结果就变成了更多地依赖附加费、使用费和其他预算外的资金。平均起来，地方政府使用这些资金来提供的经费几乎占到了其支出的一半。资金缺乏透明度，还有倒退性质的使用费，成了大家关注的问题（Mountfield 和 Wong，2005）。部分集权的行为是无资金支持的管制，从而限制了地方政府的灵活性。例如，在南非，集中的劳资谈判和协议限制了分权决策（World Bank，2003）。在某些联邦制国家，存在准独立咨询机构，其目的是为了提供政府间（联邦—州）财政安排的建议，包括管制和有条件转移支付等等。如果其能与政府保持一定的距离，并获得决策者的尊重，那么他们就能有效地避免联邦政府过度介入州政府的责任领域。

公共产品或服务的私人供给

最后应注意，政府对公共产品和服务负有的责任并不意味着公共物品和服务要由公共部门来供应。为公民提供公共服务的方式有多种。一个极端的方式是，公共部门可以提供资金并通过公务员提供公共服务。另一个极端的方式是，由私人部门，包括非盈利部门来提供这些服务，政府只作最低限度的干预。政府干预可以限定于提供财政援助或规范供给条款。在这两个极端方法之间，有各种不同程度的公私合作。政府可以与私人部门签约提供某些服务。这样，非政府机构可以提供某些社会服务。而地方服务可以外包给私人公司。参与提供服务的专业人员可以签约聘请，而不必成为公职人员。医生可能就是一个这样的例子。至于社会保障，政府可以担当私人部门所提供服务的保障人。

为提供公共产品和服务，这些不同的制度安排的存在并不会改变政府承担的责任。政府可以通过综合财政激励和管制影响公共服务的提供方式。大多数分权原则、及其与国家目标的协调仍保持着相关性，即使是由私人组织或代理机构提供公共服务。例如，在美国，大部分医疗服务由私人提供。而管制这些服务供应者的责任则由各级政府共担（Fox，2007）。

第四章

收入的权责配置

收入责任分权是财政联邦主义中最难解决的问题之一。争议问题涉及支出责任分权的范围和方法，而对其利弊的讨论相对较少。在联邦制国家中，通常会将医疗、福利和教育等主要公共服务的提供，以及纯粹与州级或基层一级有关的公共产品与服务的提供如道路、供水和卫生等下放。[①] 其中一些项目具有国家重要性。然而，各联邦制国家在进行财政分权的同时下放征税责任的程度上存在很大差别。例如，在加拿大和美国，省级或州级政府享有相当大的征税自主权，可获得几乎与联邦政府相同的广泛的税基税收。相反，在澳大利亚和德国，由州政府和联邦州（*Länder*）负责提供医疗和教育服务，他们在很大程度上依赖联邦政府的财政转移支付来获得资金支持，而不能直接征收所得税或一般销售税。在这两种情况下，他们通过税收共享安排与联邦政府共享销售税收入，但这使得他们没有征税的自由裁量权。

出现这种不同情况的原因是，收入责任的下放没有支出责任下放

① 甚至在非联邦国家也是如此。例如，北欧国家及日本将提供医疗与教育，乃至福利供给的责任下放至低层级政府。

那样明确。对于这一点，最激烈的政治争论可能在于征税的问责性，这是一个不太容易明确表述或验证的概念。人们所持的一个观点是，州政府在决定自己收入方面所负的责任越大，则会对他们自己的选民更加负责，在资金的使用上也会更加有效和明智。这一反应在边际上似乎尤其如此，如果政府间（联邦—州）财政转移支付数量没能很好地与州政府的支出水平相匹配，则州政府必须提高增量收入，以便能够对其预算的规模和分配进行有效控制。

对征税责任下放的进一步争论是，如果由联邦政府对州政府的事权行使提供资金支持，将会不可避免地出现这样一个趋势，即联邦政府利用其财政地位来不适当地影响州政府行使事权的方式。这会产生两个负面后果：首先，联邦政府可能会利用其财权过度干涉州政府的事故行使，以及强行影响州政府的支出优先级。联邦控制会减损支出责任向州政府的真正下放。其次，由于联邦政府的优先事项及其财政状况会不时发生变化，州政府可能会受制于联邦政府单方面突然的资金变化的影响，从长期的角度来看，这将会对州政府的规划和预算能力产生不利影响。

上述考虑进一步增强了下放征税责任至州级政府的必要性，州级政府的公共支出增长在过去几十年里一直是最高的，至少在经合组织国家（OECD）里是如此。不利的一面是征税责任分权可能会严重影响内部经济联盟的效率和公平。对流动性生产要素征税会对劳动、资本和交易的分配造成扭曲，并引起各州之间无谓的税收竞争。对直接税（和转移支付）分权还会导致破坏性竞争，从而损害社会再分配目标，以及导致各州之间迥异的再分配标准，从而影响国家公平目标。如果各州在税基的大小上存在很大差异，征税责任分权会导致各州在提供公共服务的能力方面产生巨大差异，这本身会成为财政低效率和不公平的来源。征税责任分权还会带来显著行政管理成本的发生。纳税人将受制于他们必须向之申报纳税的另一级税务机关，从而增加税收体制的复杂性与遵从成本并损害其完整性。最后，如果在可能被州政府采用的税基方面选择性太强，征税责任分权将会导致税收结构的低效率和不公平。这里要表述的主要观点是：鉴于在一个现代联邦国家中，州政府可能要承担相对较大的支出责任，获得一些税基广泛的税种对于州政府达到合理的税收征缴能力来说似乎是必要的。例如，如果各州依赖于消费税或资源税而仅给予狭窄的税基，将会促使他们对其过度征税，从而损害整个税收体制。

如果我们视州政府一级支出责任下放的范围为已知，每个联邦国家显然需要在征税责任分权的收益与成本之间找到合适的平衡点。本章对可用于对各国可能会做出的选择给予指导的原则进行了概述。我们还讨论了关于哪些类型的税收及其他收费最适合被下级政府使用的问题（由下级政府独占，或者与上级政府共享）。政府依靠各种广泛的征税工具来满足他们的收入需求。这些工具包括直接税和间接税、一般税和特定税、企业税和个人税以及贸易税、许可证、使用费等。

从一开始就应该强调的一点是，征税责任分权不需要且确实不应该在真空中进行。让各州获得新的税基所带来的不利影响可以通过两种方式得到消减：首先，它可以与旨在协调各州之间以及州政府与联邦政府之间税收体制的措施同时实施。其次，税收分权给税基相对较高的州带来的效益差别可通过有效的均等化转移体系抵消。

如第二章的概述中所述我们先对税收分配的一般原则进行一下回顾。然后我们来考虑这些原则如何适用于通常所征收的常见税费类型。接下来，我们来探讨由多级政府共享给定税基所引起的系列问题，并讨论纵向及横向税收协调的方法。

税收权责配置的一般原则

按管辖权分配税收在一定程度上取决于国家整体而言所采用的各项税收组合，即对广泛税收如所得税、财产税、工资税、一般销售税和消费税的依赖程度。根据公共经济学理论，即使在单一国家，理想的税收组合同样尚未得到广泛发展。

各国政府普遍采用将税负分摊至众多不同税收类型的平衡税制，

该政策可使任何一种税基的税率保持在相对较低的水平。此类税收体制的一个有趣特点是，许多不同的税收隐含适用基本上相同的税基，或至少在很大程度上存在重叠。例如，一般销售税、工资税和所得税的税基高度重叠。事实上，就现值而言，它们几乎一样。它们之间的主要区别体现在资本收入的处理上，这在许多国家是相对较小的一个税基部分。从标准效率与公平原则的角度来看，应能够选择首选的一般税基，同时辅以单一一般税，从而节约成本。

然而，没有任何一个政府这样做。他们通常的做法是采用不同的税种向类似税基征税。这样做的理由通常是出于管理与遵从成本考虑。税收组合使任何一种税收的税率保持在较低水平，从而减少了实施逃税或避税的动机。此外，通过采用税收组合，即便纳税人能够逃避一项征税，也难以逃避另一项征税，从而确保了税收体制整体的公平性。[①] 然而，各税收在整个税收组合中的重要性仍然是一个见仁见智的问题，而非能够从诸项原则中进行推导。就本文而言，我们仅假定各国政府希望采用一个税收组合。

上述同样的一般考虑因素适用于确定一个联邦经济体中的税收组合。然而，现在需要考虑的另一个因素是，该等税收组合应如何在各级政府中进行分配，以确保既在全国范围内实现最佳税收组合又在各级政府中实现最佳税收分配。此外，税收分配与税收组合的确定必须能够在联邦政府与州级政府之间实现适当的征税责任划分。适当的税收组合、税收分配以及征税责任划分等诸项目标的实现必须同时完成。有鉴于此，税收的分配不能基于独立于更广泛的税收组合与职能责任分配等问题之外的抽象标准。例如，就会定的税收组合而言，向州政府分配数量有限的税收来源可能会导致他们不得不针对这些税种设置过高的税率。其结果是，要么不得不向州政府分配更多税收，要么州

① 对基于这类观点的最优税收组合的初步分析，参见 Boadway、Marchand 和 Pestieu（1994）。在最优税收文献资料中，对于以一组商品税来补充某一非线性所得税是否有用的问题已由 Atkinson 和 Stiglitz（1976）和 Edwards，Keen 和 Tuomala（1994）予以探讨。然而，本文不是就该术语被用于税收组合的分析而言，而是不同税收的相对税率水平相反，本文分析的是边际税率的结构，任何给定税率结构与众多不同的税率水平相匹配。

政府与联邦政府必须共享税基。这种税收困境已在许多联邦国家中出现，在这种情况下需要采取特殊的措施来协调两级政府对税基的同时征税，该问题我们将在本章的后续部分进行详细阐述。

与税收组合的选择一样，针对州政府和联邦政府的税收分配在选择上并不是十分明确。标准效率和公平问题必须与行政管理和合规考量进行协调，准确的分配取决于明智的判断。但我们可以对将哪些税收分配给下级政府分配哪些税种的经济原则进行概述。它们包括内部经济联盟的效率、国家公平、征税与遵从成本的最小化，以及财政问责。我们将依次对这些问题加以探讨，然后转向讨论产生此类一般性标准的一些更加具体的原则。

内部共同市场的效率

如果所有资源和商品（劳动、资本、商品和服务）能够在各地区之间自由流动而不受政策的阻碍或扭曲，内部共同市场或内部经济联盟将会得到有效运行。请注意，这并不排除来自其他因素的阻碍。例如，运输成本构成妨碍资源与商品自由流动的一个自然障碍，因此成为跨境交易的一项经济成本。它们导致各州类似商品的成本产生差异这一事实并不意味着内部共同市场的任何低效。同样，当地的成本条件（例如，气候、地形）可能造成各州之间的生活成本有所差异。但这种差异并不反映各国国内资源配置的任何低效，因此不需要基于效率理由采取纠正措施。这里可能会存在一些有关公平的争论，以纠正由各州之间生活成本的差异产生的不平等现象，但它们通常不得不在地区间资源分配所导致的低效之间权衡。

分权税收体制可以三种方式影响经济联盟的效率：第一，不协调的税收规定可能会造成各州税收体制在税率结构或税基定义方面的差异。而这会导致同类交易在各州负担不同税率，完全基于税率的考虑将带来交易在税率较低的州进行的激励。然后这一激励又将导致可跨州流动的资源和商品发生市场扭曲现象，尤其是资本和贸易品。

第二，税收结构上的差异同样会增加税收体制的行政管理与遵从成本。如果公司在多个州运营且在各州面临不同的税收结构，为了遵循两种不同的税收结构他们将不得不承担额外成本。事实上，如果各州的税基分配规则不同的话，一些交易可能最终会同时在两个州被征税（或在任何一州均没有被征税）。此外，跨地区的公司通常会倾向于对其会计和财务做法进行调整，以便将税基从税率较高的地区转向税率较低的地区。这种调整可通过垂直一体化公司内的转让定价业务实施，即在税率较高的地区举债务来为税率较低的地区内业务融资（利用利息抵扣条款之漏洞），或通过纯粹旨在将纳税额减至最低的其他税收筹划策略。这些税收筹划策略除了使公司出于纳税原因而改变他们所做的真正决策之外，还需要公司付出额外管理、会计及法律资源，而这些资源本可以投入到更有效率的领域。

如果各州政府认识到资源的流动性，联邦国家内由征税造成的资源分配扭曲，以及税收筹划问题将会通过税收竞争得到缓解。竞争压力应倾向于使税收比本来的更加均衡统一。同时，如果各州意识到他们的税收政策可对跨州资源分配产生影响的话，可能会出现第三个问题，他们可能会采取造成社会浪费的以邻为壑政策以吸引资源流向他们自己的州内。如果所有的辖区都采取这种政策的话，最终的结果很可能是各州统一税收体制。但也可能形成以低效方式对流动要素征收低税率（或高补贴）的税收体制。这一结果为在联邦政府一级保有对流动要素的征税权利提供了一个强有力的支持。

国家公平

税收转移支付体系显然是实现再分配公平的一个主要工具。正如我们在前面所讨论的，公平成为联邦政府努力实现的一个主要目标的理由很简单，即所有人有权平等进入社会的“社会福利函数”；出于公平再分配的目的，所有公民应同等对待。其假设是联邦政府是可采取措施确保各地区公民受到公正对待的唯一层级政府。但如果各州对于再分配的偏好各不相同，如果再分配是基于在州内所起作用最大的利他主义，或如果集中决策并非遵循规范标准，那么这一观点可能会受到削弱。在这种情况下，各州可合法分担公平再分配责任，同时追求他们自己的公平目标。但即使是在这种情况下，从国家公平的角度考虑，建议联邦政府在均衡各州的潜在能力方面发挥一定的作用，以便他们能够基于可比税收提供可比服务，无论各州是否选择这样做。

从财政角度来看，政府实际所做的如此多的工作是与实现可再分配目标有关的，各州就达成再分配目标所应承担的责任范围很显然是重要的决定因素，不仅仅是对于税收的分配，也是对于下放给各州的理想的财政责任范围。通常，州级政府的责任关乎价值判断，制度以及过往的历史，在各国之间可能存在很大的差异。

在公平被视为联邦政府的一项政策目标的情况下，税收分权会影响到这一目标的实现。就效率来讲，各州不协调的税收政策可能会无意中造成因不同州公民而言再分配结果的随机性差异。如果劳动力相对固定，收入水平不同的个人将会受到不同再分配政策的影响，这取决于他们在哪个州居住。同时，在劳动力跨州流动的情况下，各州可能会采取税收转移来实施不当的再分配政策以吸引高收入群体，同时排斥低收入群体。如果各州同时实行这种政策的话，以邻为壑的再分配政策可能会在资源分配方面予以抵消。但它们将导致在不采取该等措施的情况下更少的再分配。[①] 当然，那些痛恨政府采取再分配政策或认为政治过程倾向于过度再分配的人士出于同样的原因将会偏好分权的再分配政策。过度再分配对于可再分配的税种以及税收转移支付来说显然更成为一个问题。

这一讨论的结果是，如果再分配被视为是联邦政府的一个主要职责，那么适合用于再分配的税收工具如所得税和财产税应由联邦政府来控制。这一政策并不排除各州采用这类税收工具来获得自己的收入来源。但在这种情况下，以协调的方式将税收共享予以制度化会更加有利。正如后文将会予以详细阐述的，所得税协调安排的设计可保持

---

① 对此的早期分析，参见 Boskin（1973）。关于最近竞争性政府限制由再分配政策引起上述流动的一般处理，参见 Wildasin（1991）和 Christiansen，Hagen 以及 Sandmo（1994）。

税基的一致性以及单一的征税机关，同时允许各州灵活地选择自己的税负水平，甚至自己的累进税制结构。

行政管理与遵从成本

正如我们先前在效率和公平标准的讨论中所提到的，征税责任下放还会增加公共部门和私人部门两者的征税与遵从成本。首先，对于各州采用的每一税种，均会产生与征税有关的固定的行政管理成本。这些成本可通过与联邦政府的联合征税机制得到减少，但仅建立在各州愿意使其税收符合要求以确保联合征税对联邦政府而言物有所值的基础上。还有由政府负担的征税成本，纳税人自己同样必须针对征收的所有税费承担合规成本。在税收由联邦政府和州级政府共同征收的情况下，如所得税或销售税和消费税，纳税人所负担的合规成本可通过联合征税机制再次予以降低，因为纳税人不需要另行纳税申报。

随着某些税种征收责任的下放，逃税和避税的可能性也会增加，尤其在税基具流动性或跨越不止一个辖区的情况下。对于后一种情况，需要制定相关规则以在各辖区之间进行税收分配。如果缺乏相关规则的话，一些税基可能会面临双重征税或完全免于征税。正如我们先前所看到的，州际课税差异会促使企业实施税收筹划，其目的在于将税负从税率较高的州转向税率较低的州。针对那些涉及跨州交易的税基的政府审计程序也可能发生扭曲。在涉及审计非本地公民或其征税收入部分归于另一辖区的交易时审计人员可能会持更加谨慎的态度。

在行政管理与遵从成本方面很少制定一般性原则。也许最重要的一个原则便是：税收结构的选择应尽可能简化以便能够与实现税收体制的其他目标相匹配。在某些情况下，这一原则意味着使税基尽可能的广泛，以及使税率尽可能的保持在较低水平，以便尽可能减少税收体制对交易及税务申报造成扭曲的诱因。

财政问责性

除了向各级政府分配特定税收之外，各级政府之间收入责任的划分（所谓的税收空间的划分）同样具相关性。当然，这种划分并非可以在所涉及政府的立法权之外以法规的形式规定或以其他方式规定。相反，它是通过两级政府的独立税率设定内生决定的。在这一点上联邦政府通常被视为起主导作用。各州的征税责任和能力将受到联邦政府针对广泛税基设定的税率水平，以及联邦政府选择向各州转移的财政收入的影响（即财政缺口的大小）。尽管如此，州政府和基层政府增加自身收入的能力在一定程度上还取决于他们有权征收的税基类型。

在确定州政府征税责任和能力时需遵循的一般性原则和财政及政治问责有关。即要求从他们自己的收入来源来为自己的支出融资的辖区越多，其财政问责也就越大。问责性将使他们在财政支出上持更加谨慎的态度，并具成本意识增强他们的独立性。他们必须就做出的支出仅对他们自己（或他们的选民）负责。为了培养问责性，税收来源的获得应尽可能与税收需求密切匹配。旨在促进特定政策目标实现的税收工具应分配给对这一目标负责的一级政府。因此，累进再分配税种、稳定性工具以及主要的资源租赁税适合分配给国家政府，同时市际道路通行费适合分配给州政府。一般地说，允许各州使用一些与联邦政府相同的税基广泛的税收（如一般销售税、工资税或所得税）可在自行征税能力上获得相当大的灵活性。从某种意义上说，前两种税非常适合由州级政府征收，因为它们相对而言不会产生扭曲效应且不具备再分配价值。然而州政府对之的使用可能存在局限性。在由联邦政府征收增值税的国家，允许各州采用相同的税基可能是可行的，但却非常繁琐，尽管他们仍可使用单阶段销售税。工资税可能已被作为用于特定社会项目的税收来源。在这种情况下，从财政问责标准的角度来考虑，建议允许州级政府采用通常被认为更适合由国家政府管理的税收，如个人所得税。最好的方法是保留联邦政府设置统一的所得税结构的权力。例如，州级政府可被允许通过对联邦所得税设置附加税率来依附于联邦所得税体制。

影响州政府税收分配的相关因素

判断多大程度的税收分权合意的标准仍然是一般性的。为了使其更适用于实际的税收分配问题，有必要对在决定哪些税收可分配给州级政府时应加以考虑对那些更具体的经济因素进行设定。我们暂且忽略州级政府是否应专享还是应与联邦政府共享特定税收的问题。

税基的流动性

在所有其他因素相同的情形下，相较于那些流动性较低的税基，流动性较高的税基不适合作为州级政府的税基。原因是州政府适用于流动税基的税收会对其他州产生溢出效应（或横向财政外部性），而这可能导致各州之间资源分配的效率低下。此类低效率有两种形式：

第一种是，如果各州政府在税收体制的选择上不够协调，他们可能会具有不同的税收结构。这样一来，不同的生产和消费活动在不同州将面临不同的税率，其结果是，税收扭曲带来资源在各州之间被不当配置。有人可能会认为，各州之间的税收竞争会促使各州选择在一定程度上相互一致的税收结构。但这种竞争同样也会导致第二种形式的低效率。

第二种效率低下是因为税收竞争会促使各州采用税收转移政策来有意影响商业活动的分配，使之转移至他们自己的州内，试图吸引理想的企业和高收入纳税人群，同时阻止被认为会对本州的经济形成阻碍的商业活动及个人。如果所有各州均采取这种做法的话，这种以邻为壑的政策只会弄巧成拙，而如果他们不这样做的话，将会导致资源不充分的地理配置。

最具流动性的税基应该是资本收益、自由企业家和企业。工人应不具备很强的流动性，当然也并非完全不流动，尤其是那些拥有高需求技能的人员。不动产相对固定，至少一旦实施到位便会固定下来。同样，自然资源是固定的，尽管开发自然资源所需的资本可能具流动性。商品税税基也相对固定。如果商品税的征收是基于目的地原则，那么它们与基于公民管辖权的税基非常类似；因此它们与基于公民管辖权的税基一样是固定的。另一方面，如果目的地原则可以通过跨境购物予以规避，这将会使税基变得更具流动性。

针对再分配目的的税基适用性

一些税收（如所得税）出于公平目的是税收组合的重要部分。其税基和税率结构可根据针对再分配的社会规范进行选择。在再分配被视为是联邦政府职能的情况下，这些税收结构应主要由联邦政府确定。财产税也可以履行再分配的职能，甚至某些消费税税种（如对奢侈品征收的消费税）同样可实现再分配的目的。

即使联邦政府被认为在再分配中起主导作用，各州也可以有自己的合理再分配目标。如果有的话，允许州级政府征收可用于再分配的税收，如所得税是合理的。然而，州政府实施的再分配政策很可能获得与初衷相反的结果。在高收入人群或低收入人群流动的情况下，州政府的再分配目标可能会受到州际财政竞争的阻挠，这种情况被恰当地称之为“逐底竞争”。

众所周知，实际税收体制是非累进的。也就是说，政府相对来讲很少依赖于税收体制来实现其再分配目标。这么做是有充分理由的，如高边际税率的不良动机效应或高税率在多大程度上导致逃税和避税活动。尽管如此，所得税系统在再分配中的一个重要作用是将税收转移支付给低收入人群。虽然很多再分配转移支付是从所得税制度单独提供（如，福利、公共养老金、失业保险），利用通过所得税系统提供的税收抵免返还在 OECD 国家正变得越来越盛行。原则上，联邦政府和州政府均可出于此目的以协调的方式采用所得税制度。

税基的分配不均

正如我们在第二章中所提到的，财政分权可能会导致低效率和不公平的现象发生，原因在于不同的州被赋予相对不同的税收能力。在各州需自行增加税收的情况下，其中一些州要比另一些州做地更好。这种差异产生了我们称之为“净财政收益”（NFBs）的差异现象。为了提供给定水平的公共服务，不同的州将不得不适用不同的税率。或与之相反，不同的州将基于可比税率提供不同水平的公共服务。

文献已强调，各州之间净财政收益的差异（即，来自州政府公共服务的每个公民收益减去每个公民税负成本之差额）会导致内部经济联盟的低效率和不公平现象。由流动生产和商业要素导致的低效率会促使企业完全出于财政原因的考虑迁移至人均税基较大的州。不公平现象反映出联邦国家内未能实现横向公平，相同的人群基于居住地点的不同受到公共部门的不同对待。

这些因素可能表明将地区之间高度分配不均的税基征税责任下放会导致联邦内的低效率和不公平现象。一个例子是对主要自然资源的征税。另一方面，在联邦政府对州政府均等化转移支付到位的情况下（如澳大利亚和加拿大所实施的相关转移支付），这类问题在一定程度上是可以避免的，但需要意识到的一个事实是，分权越多，对均等化体系的需求也就越多。随着各州对于自行增加税收变得更加负责，旨在维持均等化的政治支持会逐渐减弱。对此我们将在本章的后续部分再回过头来进行探讨。

税基的广度

财政责任的大量下放要求州政府能够获得可增加相对较多税收的税基，也就是广泛税基。如果州政府过于依赖狭窄税基，则相较于其他税基，这些税基的税率很可能会被推得过高。广泛税基的选择性相对较少。其中三个主要税基为所得税、销售税和工资税。这样看来，如果州政府要大幅增加税收，他们需要使用这几种主要税基的至少其中一种。现在的问题是：单独一种税基是否足够。如果各州仅占有其中的一种税基，那么整个联邦和州税收系统中的整个税收组合极有可能过于向各州所占有的税基倾斜。

税基的弹性

除了具流动性，税基还或多或少具有弹性，即能够对税率做出响应。税基的弹性是决定适当税率的一个重要考虑因素。从效率的角度来看，弹性越高，税率就越低，因为提高税率会造成更大的无谓损失。在一个联邦国家，税基的弹性作为制约各州设置过高税率的一个因素，所产生的影响可通过所谓的“纵向财政外部性”减弱。[①]

该论点已在第一章中阐述得颇为微妙，值得我们进行一下回顾。假设州政府和联邦政府均共享部分税基。在评估州级税率增加对税收的影响时，某一州会将税率增加进而减少其税基这一事实纳入考虑（要么是因为税基具有弹性，或是因为其可以跨州流动），而税基减少将会导致其自身的税收收入减少。但是，在税基具弹性的情况下，税基的这种减少同样会使联邦政府从相同税基获得的税收减少，而州政府却不会考虑这一点。从而促使各州针对弹性税基过度扩展其税率。[②]目前尚不完全清楚如何避免这一问题。

Dahlby 和 Wilson（2003）最近的研究表明，纵向财政外部性的迹象可向任何一个方向发展，这取决于税基是被定义为税前还是税后。以工资税为例。如果其税基被定义为税前工资，则州政府税收的增加即便是在劳务供应减少的情况下也会增加税基的规模。也就是说，税前工资可随着州政府税收的增加而上涨。如果联邦政府适用相同的税基，其税收也将增加。因此州政府税收的增加会对联邦政府预算产生有益影响，而各州也会因此高估增加税收的边际社会成本。从而促使他们将税率设置过低，进而强化横向税收竞争的影响。这种纵向外部性，无论它们是否对联邦政府的预算产生正面或负面的外部效应，似乎是财政分权一个不可避免的结果。

---

① Boadway 和 Keen（1996）和 Dahlby（1996）对此有更详细的讨论。

② 从技术上来讲，州政府被认为低估了其“公共资金的真正边际成本”。情况也可能是均等化体系加剧了这一问题。在加拿大，均等化体系由一个省的税基来确定。各省税基的任何减少至少在一定程度上通过增加获得均等化转移支付抵消。而这为各省征收过高税率提供了进一步的动机。参见 Smart（1998）对该观点的阐述。

使用费和受益税

在税收反映它们预期将支持的公共服务的效益的情况下，许多由税收征缴责任下放引起的低效率和不公平问题是可以避免的。在一个纯粹效益定价体系中，各省之间不存在净财政收益差异，因为从公共部门获得服务的所有人的效益在他们支付的征税价格中得到了反映。这表明在很大程度上基于效益原则征收的税种适合下放给州级政府，尤其是地方政府。

其税基近似于效益原则的税种包括房产税、部分消费税和使用税。这类税种对于为当地公共服务融资而言非常重要，但它们无法完全满足医疗、教育和福利领域主要公共服务的融资需求。一个例外情况可能是用于社会保险项目（像工伤赔偿或养老金）的工资税。

进一步的管理成本考虑

对于部分税种，与其征税责任下放有关的行政管理成本可能非常大，特别是在联邦政府与州政府共享的情况下。税基复杂的税种（如所得税）在由一级政府征收的情况下会迫使纳税人承担重大的合规成本，更不用说由两级政府共同征收。这些问题对于那些收入来源自多个州的纳税人（如企业）而言变得更加复杂。

销售税如果属于多阶段销售税的话也不适合下放给州级政府，如增值税（VATs），事实上，许多企业间交易为跨州发生，这使得各州之间的税收分配和税收抵免难以实施，特别是在不同州实施不同税率的情况下。增值税特别适合实施边界控制的辖区。若各州之间缺少此类边界控制的话，会使得完全下放的增值税系统基本上无法管理。正如我们将看到的，如果联邦政府与各州共享增值税并实行单一税务机关的话，部分问题是可以克服的。单阶段销售税存在的问题相对较少。跨境销售使得目的地原则难以准确应用，并且同样难以确保地方企业与州外企业一样获得同等对待。这是因为就单阶段课税而言，很难避免对企业购买的业务投入征税。

其中一个适合下放的具广泛税基的税种为工资税。它的结构通常非常简单，鉴于采用工资扣款的形式，因此合规也相对直接明确。财产税或资本税同样可以相对容易地由州政府一级进行管理，尽管它们不太可能作为主要税收来源。

鉴于上述考虑因素，它们对个人税分配的影响是什么？我们接下来探讨这一问题。

税种的权责配置

上述各原则的相关性根据税种的不同会有所不同。它还取决于向各州下放的征税责任范围。在本节中，我们探讨这些原则如何适用于各主要税种。在相关的情况下，我们将指出 OECD 发展中国家在这方面存在的特定问题，以及实践做法。当然，也可能存在对根据经济原则自由分配税收之能力的制度性障碍。特别是，各国税收制度可能会限制联邦政府或州政府承担某些税种的征税责任的能力。这种可能性显然取决于所讨论的具体国家。还有一种情况是，在某些国家，联邦政府可以凌驾于州政府的政策之上，包括税收政策，其中此种政策上的凌驾基于国家目标被合理化，如为了维护有效的内部经济联盟或实现公平目标。例如，美国宪法中的州际贸易条款允许联邦政府推翻妨碍州际贸易的州级法律。

最后，允许各州征收某些税收的可行性和可取性可能取决于在税收共享情况下是否实施到位，旨在协调各州之间或州政府与联邦政府之间税收结构的制度安排。我们将在下一节中探讨税收协调问题。

个人所得税

适用于个人（或家庭）的所得税是许多 OECD 国家的主要税收来源。但其重要性在发展中国家有所减弱，因为在发展中国家中，复杂的征税机制尚未充分发展，许多纳税人尚未进行税收管理所需的自行纳税申报。可以假定所得税作为发展收益有可能成为越来越重要的税收来源。所得税的重要性在于其再分配功能或至少可以作为一种公平税。与其他税种不同的一点是，所得税的税率结构可以选择根据需要累进。在税收体制完善的国家，所得税是税收组合中的一个重要组成部分。

税基广泛的所得税包括来自多种收入来源，不论其投入何种用途。但对于该税究竟应涵括哪些类型的收入目前仍然有争议。受到特别关注的三项所得税收入来源是资本收益、营业收入和遗产继承。此外，对于该税的税率结构应如何累进仍然存在争论。所有争论均与征税责任下放有关。在资本收益、营业收入和遗产继承被纳入税基的情况下，征税责任下放变得没那么必要。这些具潜在流动性的税基容易导致各州之间的税收竞争。

由联邦政府主要管理所得税的主要观点与再分配有关。所得税是用于实现公平目标的主要税种。鉴于联邦政府在国家公平中的假定利益，所得税应作为其税收组合的一个重要部分。将个人所得税转移给州政府可能会违背国家公平目标。各州可在其税率结构中选择不同程度的累进，至少在一定程度上受到通过竞争减少再分配的以邻为壑的政策所驱使。各州也可以选择多组不同的税收豁免和抵免来作为有利于（或不利于）某些类型纳税人的方式，尤其是具流动性的纳税人。此外，正如我们先前所提到的，由于资本收益通常是这些税收的一个组成部分，资本市场有可能会被扭曲。州级所得税体系可以给予州内产生的资本收益以优惠待遇。由于资本收益在州内和州外均可获得，因此在个人所得税的征税责任被下放的情况下，遵从与征税成本以及逃税的可能性也有可能会大幅增加。鉴于所有这些原因，个人所得税的征收责任主要由联邦政府来承担更为可取。

类似的观点同样适用于其他针对个人的直接税，如个人财产税以及财富转移税（例如，遗产税）。事实上，鉴于这些税收的税基具高度流动性，以及作为实现公平的有效工具，由联邦政府来负责这些税收的征收也许更合适。

同样，通过所得税系统向个人提供的补贴（本质上属于负的直接税）同样可由联邦政府征收并与所得税系统相集成。但通过税收体制来提供该类补贴是有限的。最主要的补贴项目由专门机构提供，如失业保险或福利机构，由于这些补贴通常是基于接受者的特点而非其收入来提供，因此这些特征往往需要予以密切监控。这一需求对国家再分配政策构成了一个重大困境，正如我们所强调的，这些补贴是适合下放给各州的理想候补税种。与税收体制不同，由联邦政府来对它们实施直接控制不太切实可行。间接手段（如采用有条件的财政转移支付）必须加以利用。尽管如此，重大转移支付可通过税收体制以税收抵免返还的形式提供。这些税收转移在 OECD 国家中正变得越来越普遍，并逐渐从普遍税收转移转向更具针对性的税收转移支付。在联邦一级保留对所得税的控制对于联邦政府能够提供这些再分配转移支付而言非常重要。

同时，州政府有合法理由在实施自己州内再分配目标上拥有一定的回旋余地。各州的人口构成各不相同，从而使之对再分配产生不同的偏好。问题是如何在完成再分配目标的同时又不影响国家公平目标或不致于使税收体制的管理过于繁复。一个方法是允许各州共享所得税，但必须保持适当的协调。我们将在下一节中对此进行详细阐述。现在我们仅指出，让各州选择不同的再分配元素以适应各州的特定情况是可取的，譬如，向某些类型的纳税人提供税收抵免或甚至对州级税率结构进行调整，同时维持一个共同的税基并排除会对内部共同市场造成扭曲或对非本地居民造成歧视的相关州级措施。该种制度可能需要联邦政府必须在所得税管理中保持主导地位，以便具备一定的道德权威以确保税收协调受到各州的重视。

在将这些原则应用于发展中国家的过程中需注意的一点是，在低收入农业社会和中低收入国家，个人所得税的覆盖范围非常有限。由于逃税现象普遍，其作为财政制度的一个再分配元素的作用受到进一步的削弱。Shah 和 Whalley（1991）认为，当考虑与城市所得税有关的农村向城市迁移效应，以及通过贿赂系统获得的所得税逆向再分配效应时，个人所得税在中低收入国家中可能不会被视为是税制结构的累进元素。在此种情况下，个人所得税完全由联邦政府控制就显得不是那么合理。而且在发展中国家，由地方政府提供的许多服务不能被视为与财产直接相关，许多是可再分配的。尽管联邦政府可能会实施累进所得税结构，地方政府应就联邦政府的税基被给予统一税率。这样他们可以获得税基广泛的税收来源，这些税收来源在以后会变得越来越重要，与此同时，地方政府将对他们增加的税收收入负责。

在各州被允许获得个人所得税收入的情况下，各州之间税基分配对于确保每个人仅被征税一次而言变得很重要。原则上，基于住所地进行税收分配应优先于基于工作地进行税收分配。但如果人员在纳税年度流动的话，要确立住所地可能会存在困难。根据个人在某一纳税年度在某一州所居住的时间比例来决定分配至该州的税基比例是一个比较复杂的事情。实行分权所得税制度的国家通常根据在某一给定日期个人的居住状态（例如，当年的最后一天）将整个纳税年度的居住状态分配给该州。该问题必须通过税收协调制度进行处理。

发展中国家的做法各不相同。中国将个人所得税征收分配给省市县各级地方政府，同时中央政府保留对税基确定的控制权。在大多数其他发展中国家，个人所得税税基和税率的确定由中央政府负责，而税务管理偶尔与地方政府共同负责。在俄罗斯，所得税属于联邦税，（与所有其他税收一样）由联邦税务部门负责征收（Salikov，2005）。在墨西哥，最高法院确认所得税为共享税，尽管大部分税收是由联邦政府征收。一个例外情况是针对低收入个人的征税（“小规模纳税人制度”）。该税由州政府和市政当局负责征收和保留，但在某些情况下部分比例缴纳给了联邦政府。要在各辖区之间分配税收，个人需在其工作地点或雇主所在地缴纳税金（Gonzalez，2005）。印度在这方面属于例外情况，在印度，所得税由联邦政府和州政府共享。中央政府对非农业收入和财富征税，而州政府可对农业收入和财富征税。但这一区分带来了诸多问题，州政府发现对农业收入征税从政治的角度来讲并不切实可行，为逃税行为创造了机会。农舍在大城市地区附近是比较普遍的投资项目。消除个人收入来源上的差异是印度改革中亟需探讨的一个问题（Rao，2007b）。在巴西，各州被允许针对联邦税基设定补充税率。尼日利亚的做法则比较与众不同，联邦政府仅征收比例有限的所得税，且仅获得由军队、外事员工和联邦首都特区公民缴纳的税金。州政府在所得税征收中的优势地位对再分配形成了阻碍。在某些情况下，州政府控制着不包括所得税在内影响收入再分配的工具。例如，在巴西，对遗产、赠与和补充资本收益的征税由州政府负责。在尼日利亚，遗产税由州政府征收（Ayua 和 Dakas，2005）。而在俄罗斯，基层政府负责征收遗产税。俄罗斯联邦的《税法》允许基层政府设定税率以及确立各类纳税人的相关权利（Salikov，2005）。

企业所得税

与个人所得税一样，企业所得税最好也由联邦政府进行征收。首先，企业所得税在一定程度上可被看成是个人所得税的辅助手段，或更准确地说，作为个人所得税的扣缴工具。它是对本可用于公司再投资和避免即刻征税。就企业税服务于这一扣缴目的而言，最好是由负责征收个人所得税的同级政府来征收，这样可以很容易进行整合。在一个开放的经济体中，企业所得税也可以作为一个来自外国企业获取税收的有用工具，尤其是那些可以从本国政府那里获得税收抵免的企业。再次，联邦政府似乎最合适征收企业所得税。在瑞士，联邦政府原则上仅限于征收间接税。但它可以在有限的一段时间内对净利润和企业资本及准备金征收直接税。这些税定期予以扩展。当前的直接联邦税自2006年起生效，《瑞士联邦宪法》（Schmitt，2005）对之设定了最高税率。更重要的是，由于企业税税基为一个辖区范围内的资本收入，将之下放给州政府会危及资本市场的有效运作。它可能会引起不必要的税收竞争，结果是以其他辖区的利益为代价来吸引资本。一个州征收企业所得税还将会导致实施歧视坐落于其他州内的企业的措施。正是由于存在这些潜在问题，美国联邦政府在州政府对企业所得税的使用中仍保持一定的控制权。法庭裁决已经确定企业收入可在某一州范围内征收。当国会认为州级征税有可能会阻碍州际贸易时同样会通过立法优先征收（Fox，2007）。

行政管理简单化也有利于集中企业所得税的设计和管理。由于很多企业同时在不止一个辖区进行业务运营，多辖区背景下的税务管理成为一个比较复杂的事情。对于任何给定辖区，必须分配适当的税基比例，税务机关必须想办法对公司进行监控以确保其合规。由于税务机关是完全独立的，要做到这一点比较困难。这很可能会促使公司实施转让定价或财务和账面交易，目的在于跨境转移其利润，从而减少税负。如果公司在不同辖区面临不同的税制，公司本身的遵从成本无疑也会大大增加。不过也有一些联邦国家允许地方政府征收企业税，如加拿大和美国。在这种情况下，通常是按照公式分配法，将与确定税收比例有关的管理和激励问题降至最小，在省级或州级辖区之间分配税基，常见的方法包括根据某一公司的工资、收入以及可能的股本的比例组合在各辖区之间分配该给定企业的税收。在美国，大多数州采用联邦政府出于征税之目的对企业收入定义的一种变体形式进行征税。虽然应税企业收入按公式在辖区之间分配，但具体形式各州又有所不同。在实践中，这些分配形式上的差异导致遵从成本的增加（Fox，2007）。

因此，企业税适合由联邦政府集中管理。征收的其他与公司资本有关的税同样如此，如资本税。鉴于低层级政府存在利用补贴吸引资本从而以可能造成市场扭曲或歧视的方式与其他辖区竞争的明显倾向，按对称参数，向企业提供的补贴应集中由联邦政府管理。

当然，并非所有的税收竞争都是不必要的。通过对下级政府施加某种形式的市场约束可以提高下级政府的征税效率。如果各州承诺不利用税收竞争来扭曲内部共同市场或歧视非本地企业，税收竞争的一些不利影响是可以避免的。后者相当于国际贸易政策中的所谓“国民待遇原则”，即某一州范围内的所有资本被同等对待，无论其所有者在何处居住。实施这样一个计划需要各州就其税收政策做出具约束力，以及可强制执行的承诺或联邦政府能够通过“胡萝卜”（补助政策）加“大棒”（管制或禁止）手段来执行此类政策。无论在哪种情况下，如果联邦政府在企业所得税领域保持主导地位的话，内部共同市场的完整性将会更容易维持。一般来讲，最好是由联邦政府单独负责企业所得税的征收，虽然在宪法允许州政府征收所得税的情况下这不太可能实现。

在大多数发展中国家，企业所得税税基和税率结构的确定由联邦政府负责。但税收征管责任有时会下放给各地方政府。在菲律宾，营业税是地方财政收入的一个重要来源，2002 年平均占 29.8%。税率由中央政府确定（Taliercio，2005）。在巴基斯坦和俄罗斯联邦，企业所得税的管理由国家政府和地方政府共同负责。在中国，企业所得税的征收在中央政府、省政府和基层政府之间划分（尽管仅中央政府有权设定税基和税率）。省政府和基层政府分别负责对省级和地方性企业征税。中央政府负责对央企以及外资企业和所有的内资私人企业征税。事实上，这种由中央政府设定税基和税率结构结合部分征税责任分权的模式适用于中国的所有主要税种，包括销售税和消费税。在印度尼西亚，对特定行业征收营业税，如酒店、餐馆和广告业。越来越多的地方政府征收这类税，从而有可能造成地方市场扭曲（Taliercio，2005）。在某些情况下，地方政府控制着可能影响资本流动性的工具。例如，在印度，资本交易税由州政府负责征管。

一般销售税

销售税是适合下放至各州的理想候选税种，尤其是在需要担负重大增税责任的情况下。尽管如此，销售税在部分联邦国家由联邦政府集中征管。在瑞士，仅联邦政府可以征收增值税或特殊消费税（Schmitt，2005）。在南非，省政府和市政府被禁止征收增值税或一般销售税（Steytler，2005）。通常情况下对消费品征收一般销售税，根据不同程度的包容性予以定义，且遵循目的地原则。因此从本质上讲它们是对征税管辖区公民征收的一般税。鉴于家庭的流动性相对较低，与针对流动税基（如资本，至少在投资货物没有纳入税基的情况下是如此）的征税相比，它们可能不太容易产生扭曲。由于一般销售税并非实现再分配的重要工具，从公平的角度来看，将之下放给各州不会带来什么损失。

然而，由州级政府征收销售税可能会产生一些市场扭曲与行政管理问题。主要的效率低下问题与跨境购物有关。销售税税率较高的州的公民会倾向于在税率较低的州购物，以减少其税负。由于联邦境内缺乏边界控制措施，这种结果将很难避免。其结果是，税收竞争可能会导致辖区之间的税率水平和结构差异不大。乍看起来，这可能会给较贫困的辖区带来问题，可能需要设定更高的税率来为其基础公共服务融资。但正如在上一节中所讨论的，如果联邦政府实施到位有效的平衡财政转移体系的话，这种不利情况是可以得到缓减的，从而使各州能够基于可比税率提供可比公共服务。

然而，由州级政府征收销售税存在一些严重的行政管理问题，特别是在联邦销售税并非由单一征税机关征收的情况下。如果州销售税采取地方政府、税收抵免的增值税形式，州际交易的征税可能会产生重大的行政管理困难。该等交易可基于目的地征税（最终消费征税），其中进口征税而出口为零税率，或基于来源地征税（生产过程征税），其中进口免于征税，而出口在来源州全额征税（即非零税率）。基于来源地征税的好处是，不再需要对跨境销售进行密切监控。但由于基于来源地的销售税征收与针对生产州的征税类似，州际税率差异（如果各州真正行使独立的征税权的话，这种情况肯定会发生）将转化为各州之间生产分配的低效率。采用目的地原则征收增值税需要在联邦内州界适用适当的税收，包括对销售辖区内就中间业务投入缴纳的税款实施税收抵免。如没有实施边界控制，则必须依赖于被征税企业的自行评估。这不仅增加了企业的遵从成本，执行起来也会很困难（除非审计信息能够跨州自由交流）。实施单一的联邦税务管理确实会让事情变得更简单，但公司逐州跟踪对其投入的税收抵免过程却异常复杂，从而成为国内商品和服务自由流动的一个障碍。

这里有一些关于目的地原则征税的替代方案。一是采用所谓的“限制原产地原则”，其中州际贸易基于来源地原则征税而国际贸易则基于目的地原则征税。如果地方政府实行统一的增值税税率且国内及国外的跨州贸易流通不至于过于不均的话，该方案会起到很好的效果（Cnossen，1998）。但如果各辖区的税基不同，则会导致低效率，例如，州政府可能会倾向于采用来源地原则而非基于住所征收州税。

第二个替代方案是“清算所方法”。这里，出口并非零税率，而是在来源州被全额征税。进口公司在目的地州缴税时就向出口辖区缴纳的税款申请全额抵免。如果将这一方法适用于所有跨境贸易，则可能导致各州之间亏欠的税收失衡，因为由出口州征收的税抵免进口州的税（尽管已在其他地方缴纳)。这一平衡可通过州际支付体系实现。该体系确实能够简化私人贸易商的税务合规，特别是在实行单一征税的情况下。但它会使税务机关的工作复杂化，因为必须对州际税收负债进行跟踪。在实践中，平衡性转移支付通常基于州级税收负债的一些粗略指标（如总体消费)。

第三个替代方案是采用所谓的“递延纳税法”，该方法能够巧妙处理州际税收抵免问题。主要是通过对从本州销售至其他州纳税企业免征销售税。同时，进口公司不被立即征税。相反，货物仅在被进口公司再出售时被征税。该系统确保进口货物最终在进口州被全额征税，根据目的地原则必定如此。但该系统并非万无一失，仅在加拿大的一个省予以真正应用。但那里的经验表明该系统是可行的，至少在可以依赖于由合理审计支持的纳税自行申报法的情况下是可行的。一个中央征税机关无疑对后者起到了促进作用。该系统的主要问题与任何销售税系统一样，很难确保对消费者（以及其他最终用户）的跨境销售予以适当征税。理想情况是，针对消费者的货物出口应以适用于目的州的税率征税，但这一点可能很难实施。随着电子商务的出现，这个问题很可能会变得愈加困难。在一个由数个州构成的联邦内，所有各州采用不同的销售税税率，从而使得税收合规变得颇为复杂，尤其是当意识到州际销售的处理与国际销售的处理有很大不同的情况下。该系统的生存能力在发展中国家背景下仍有待观察。①

但采用州销售税时最常见的做法是采用单阶段销售税来避免这些问题的发生，尽管它们会导致低效率。在单阶段销售税形式下，通过购买被征税的业务投入很难避免税收重叠的发生，特别是在零售阶段征税的情况下。而针对从注册经销商购买的商品缴纳的税款从稍后的征税中抵免或豁免的系统减少了此类问题的发生（需付出部分行政管理成本），但没有将之完全消除。与之有关的一个问题是难以确保向州外买家提供的货物销售已清除对中间投入的征税。相同的问题也在联邦政府一级出现，通常采用多阶段增值税予以解决。在增值税形式下，对业务投入的征税通过投入购买税收抵免体系予以消除，而根据目的地原则，对已缴纳的税金出口货物给予全额抵免，进口商品则被全额征税。正如前所述，由于缺乏边界控制，要在州政府一级采用相同的补救措施是比较困难的。此外，由于各州不可避免地比整个国家更加开放，对所有跨境贸易实施征税和抵免系统将存在很大的管理复杂性，可能会对州际贸易造成重大扭曲。鉴于这些原因，发展中国家可能会优先考虑单阶段州销售税，至少在可行替代方案（如递延纳税法）通过尝试和检验之前。②

且不说生产者和消费者应对跨境贸易的这些困难，就政府而言，单独的州销售税意味着额外的行政管理机制，就企业而言，则需承担额外的纳税合规成本。在联邦政府和州政府均征收销售税的体制下此类成本尤其高昂。在美国，由于销售税的征收是基于目的地原则，公

---

① 递延纳税系统在加拿大联邦得到了有限应用。魁北克省在联邦政府的增值税体系（在全国范围内适用）之外还实施了自己的增值税体系。在魁北克与加拿大其他地区之间从事跨省交易的公司缴纳除联邦商品和劳务税（GST）之外，还必须对在魁北克采购的所有货物缴纳魁北克销售税（QST）。对其采购货物已缴纳魁北克销售税的公司在后续销售上可获得税收抵免，无论此类销售活动是否在魁北克发生。魁北克的销售商在魁北克之外采购货物的，仅可获得联邦商品和劳务税抵免。在自行评估的基础上纳税的公司需遵循一般审计条款。Bird 和 Gendron（2001）认为该体系在任何联邦国家均是可行的。在加拿大，仅魁北克政府采用自己独立的增值税体系。如果其他几个省份也这样做的话，该体系可能没有在一个省范围内应用时那样简单。巴西也在地方政府一级（而非与中央政府共同）采用了增值税体系。它是一个基于原产地的征税体系，具备该系统的所有缺陷。

② 与此相反的观点，如 Burgess、Howes 和 Stern（1995）主张印度实施州增值税体系。以及我们先前提到的 Bird 和 Gendron（1998）建议采用涵盖联邦和省两级政府的双重增值税体系（至少是针对发达联邦国家）。

司可能面临差异很大的税制。例如，科罗拉多允许地方政府设定自己的销售税税基和税率。而另一方面，在弗吉尼亚，销售税的税基和税率完全由州政府来确定。潜在高昂的税收合规成本使得最高法院不得不裁定，一家公司在被要求在某一州缴纳销售税之前必须在该州有实体存在（Fox，2007）。

与地方政府管理多阶段销售税有关的实际困难通过巴西经验可以得到了充分说明。在巴西，联邦政府征收被称为“工业化产品税”（IPI）的生产商一级销售税；各州负责征收税基广泛的抵免法增值税（商品和服务流通税，ICMS，税率为17%）；市政当局负责征管服务税（服务税，ISS）。在ICMS形式下，州际销售基于来源地原则征税（北－南贸易的税率为12%，南－北贸易的税率为7%），国际贸易基于目的地原则征税。这样，在国内贸易中，相对欠发达的北部各州被给予优惠税收待遇。在国际贸易中，由于大部分进口是运往南部各州，同时不成比例的出口经过东北各州，大部分税收由较富裕的各州征收，而出口退税则由较贫困的各州给予。另一个新出现的重大潜在州际冲突是采用ICMS作为州级工业发展的工具。部分东北对工业部门提供15年的ICMS延期纳税。在高通胀环境下（如巴西），除非对此类税收负担建立索引，否则它们有可能消除大部分ICMS税收负担。一个单独的冲突源是新兴信息技术产业类别，如通信和软件。如果这类企业销售货物，需遵循州级ICMS；如果属于服务提供商，市政当局可征收ISS。州政府和市政当局之间的跨辖区纠纷将继续存在（Rezende，2007）。

意识到这些困难之后，中国采取了增值税集中管理（于1994年1月1日生效），取得收入与各省共享。各省被给予25%的增值税收入，中央政府分享其余部分。印度在其销售税体制改革中正面临着重大困难。目前，销售税分配至州一级；联邦政府负责消费税的征管，而收益与各州共享；货物入市税是针对市际贸易征收的地方税。虽然这些税收分配为专门分配不共享，但在实践中由于其复杂性会存在重叠征税的现象。主要生产活动在生产阶段发展为一个中央增值税（CEM-

VAT）。因此，生产活动由中央政府征税，而商品销售由各州征税，基本上共享相同税基（Rao，2007a）。销售税基于狭窄税基管理，税率的数量各州有所不同，从奥里萨邦的 6 个至比哈尔邦和古吉拉特邦的 17 个。一些州将销售税视为再分配政策的一个重要工具。为了改革现有的销售税结构，联邦政府已提出一个税基广泛的国家增值税，但受到各州的强烈反对。各州同样不满意消费税由联邦政府管理，因为限制了他们的征税权。联邦政府偏好通过管制价格而非征收消费税获得额外收入，因为通过征收消费税获得的收益必须与州政府共享。针对市际贸易征收的货物入市税是地方政府的重要收入来源，因此尽管其存在逆贸易偏向，却仍然受到地方政府的欢迎。

州销售税征收方面存在其他可能的低效率与行政管理问题有关，这些问题在发展中国家出现的可能性比较大。其中一个问题与税基越广泛越难以强制实施这一事实有关。要获得一个广泛的消费基础，包括商品和服务，根据单阶段体系或增值税系统在最终销售一级（零售阶段）向消费者征税是非常有必要的。这一要求大大增加了合规成本，因为纳税企业的数量可能会相当庞大。在实践中，对小企业实行税收豁免可以缓解这一问题。然而，在发展中国家，合理的税收豁免可能涉及大量企业，从而使税基大幅度缩小。此外，如果在零售一级征税的话，税收的执行会变得困难，逃税现象也可能会增多。通过在较早阶段征税可以避免其中一些问题的发生，尽管会再次使税基变得更狭窄。

消费税

特定消费税也是适合下放给各州的理想候选税种，甚至比一般消费税更为适合，尽管它们提高税收的潜力可能不大（很显然，我们没有将海关关税和出口税包括在这一类别，因为它们显然应由联邦政府负责）。如果特定消费税基于目的地原则征收的话，不太可能会阻碍内部经济联盟的效率或造成重大的劳动与资本分配不当。它们仅成为一种对居民的征税形式，不太可能会导致人口迁移。如果特定消费税基于原产地原则征收的话，情况可能会有所不同。企业可能会迁移到别处以避免被征税，除非对产品的征税取决于当地资源。针对后者的一个例子是对石油和天然气征税，这一点我们稍后在讨论资源税的时候再进行阐述。

从效率的角度来看，消费税存在两个问题：第一，由于被征税的商品的运输成本可能比较低廉，与销售税一样，他们会带来跨境购物问题（可能是大规模的）。税收竞争可能会降低这个问题的重要性，特别是在州政府的财政能力没有太大差异和/或均等化转移支付使得差异进一步减少的情况下。

第二个可能的问题由消费税会扭曲被征税商品的市场这一事实导致。如果州政府必须依赖消费税来获得大部分收入的话，这种扭曲可能会非常严重。当然，有人可能认为，对于一些商品，至少部分差别税可基于外部性予以合理化。酒税和烟草税在这方面就是很好的例子，汽油税也可以如此认为。

如果消费税是针对低收入人群消费的商品征收的话，则可能会对公平产生不利影响。但只要联邦政府利用其他税收工具（如基于收入的税收转移支付体系）在更广泛的基础上解决再分配问题，这就不会成为一个显著问题。但联邦政府的其他政策目标可能会受到消费税政策的影响。例如，联邦政府可能会担心医疗政策，因为医疗政策的有效性可能会受到烟草税、酒税、污染和道路使用（这一点又与汽油税有关）的影响。

联邦政府和省政府可以共享针对酒类和烟草的消费税，因为在大多数联邦国家，医疗健康以及事故与犯罪的预防通常由这两级政府共同负责。概率游戏和赌博通常属于州政府和地方政府的职权范围，因此针对赌博、赛马和彩票收入的征税仅适合分配给地方政府。

对控制环境外部性，如拥堵和污染的征税可能适合由负责缩减该等外部性的政府一级负责。相应地，应对全球和国家污染问题的碳税应由联邦政府负责。各级政府在自己的职权范围内应征收能源税（BTU）税，机动车燃料税和拥堵费。旨在处理州际污染问题的排污税应由联邦政府负责。对市际污染的征税由州级政府负责，但处理市际污染的责任应由基层政府负责。影响多式联运选择以及规管当地交通堵塞的停车费应由当地政府负责。

相对于其他税种，与消费税征管责任下放有关的管理问题没有那么严重。消除对一般销售税造成影响的业务投入征税，以及出口征税的困难在这里并不适用。对销售商或政府而言，征税成本可能不会很高。如果该税的税率在整个联邦范围内不是非常高且差异也不是非常大的话，与其他税种相比，实施征税应该不存在大的问题。

在发展中国家中，消费税分配存在比较大的差异。在部分国家，如印度尼西亚和墨西哥，消费税由中央政府负责征管。印度尼西亚已实行了部分责任下放。2000 年的第 34 号法律将机动车登记税和转让税以及燃料税分配给省级政府。城市和政府部门可以对酒店、娱乐、广告和停车场等商业活动征收消费税。但税率不能超过立法规定的最高税率（Taliercio，2005）。在其他国家，如孟加拉国和阿根廷，消费税征管责任被予以下放。在大多数发展中国家，消费税由中央政府和地方政府共享（例如在马来西亚、尼日利亚和泰国）。在泰国，汽油税和烟草税是地方政府自身税收来源的一部分（Taliercio，2005）。在俄罗斯，1998 年的税法规定将消费税分配给联邦政府，将对高速公路、运输和博彩的征税分配给地区政府。地区立法机关对分配的税种确定税率（Salikov，2005）。

工资税

在工业化发达国家，工资税通常被用于为社会保障计划融资，特别是那些与员工有关的社会保障计划。利用工资税作为融资工具的社会保障计划通常下放给州政府（工伤赔偿、医疗健康），在这种情况下，它们很显然属于州级政府的收入来源。然而，它们也可以作为一般收入融资的有用辅助手段。无论在何种情况下，它们均是州级政府税收来源的理想候选税目。工资税的管理相对比较容易，因为它们可以通过工薪扣款以最低的成本征缴。其税基几乎相当于一般销售税的税基，且与所得税税基大量重叠。由于税基非常广泛，相对而言不容易产生扭曲。事实上，如被视为社会保险福利款项的话，它们几乎不会导致任何市场扭曲。假如各州的税率差异不大，它们也不太可能导致内部共同市场的重大扭曲。

除了导致内部劳务市场的轻微扭曲之外，工资税对再分配的影响很小。它们不是联邦再分配政策工具的必要组成部分，它们对收入分配的任何不利影响均可以通过联邦一级的其他税收轻易予以抵消。事实上，考虑到工资税的属性，也许会惊讶为什么其不是下放给各州的首选税基。

工资税的一个所谓的缺点是它对就业的影响。工资税被称为“工作税”，尤其是在商业部门。这种说法无疑是一种误解。对劳动收入的一般征税给就业造成的影响应该不会比销售税或所得税更大。在劳务市场自由运行的情况下，工资税将会被传导至劳动者，如劳动力供应相对缺乏弹性的话，对就业几乎没有任何影响。在工资的确定制度化的情况下这种说法可能不够准确。例如，工会交涉可能会使工人免于缴纳工资税，从而导致工资的设定高于市场结算水平。或最低工资可能会上涨以响应工资税的增加。然而，发达国家的经验性证据表明，至少从长远来看，工资税由工人承担，对就业没有什么影响。[①]

在许多工业化联邦国家，地方政府使用工资税。例子包括澳大利亚（其中各州不允许使用其他主要的税基广泛的税种—所得税和销售税）、加拿大和美国。但这在发展中国家中并不那么普遍，例外情况出现在许多拉美国家。也许是因为在许多发展中国家，有组织的经济部门中的劳动力比例仍然相对较低，对他们征收工资税可能会阻碍进一步的组织发展。尽管如此，鉴于使用工资税的好处，发展中国家的地方政府可能会更多地使用这一税收工具，特别是随着发展进程的继续进行。

① 例如在加拿大，Abbott 和 Beach（1997）。

资源税

资源税比较有意思，因为它导致两个经济标准（效率和公平）的直接冲突。一方面，因为资源禀赋在各辖区是固定的，州政府征收资源税，如果设计适当的话，一般不会造成内部经济联盟的扭曲。事实上，资源租赁税从某种意义上来讲是一个理想税种，因为它们不存在任何效率效应。[①] 与州资源税有关的行政管理成本也不会过高，资源税的征收与管理双管齐下，州级政府通常在这方面表现出更高的效率。同时，在某一给定国家，资源的分布往往非常不均。在这种情况下，将资源税征管责任下放至各州会导致税收能力方面的显著差异，从而产生财政低效率与不公平现象。

在理想情况下，将资源税征收责任下放给各州的同时通常会到位一套联邦对省政府均等化转移支付机制以缓解缺位导致的净财政收益差异。然而，很少会实现税收能力的完全平衡，而且，如果资源收入的分布在各州非常不均，在政治层面上也会出现问题。在这种情况下可能会选择由联邦政府来控制这些非常重要且分布不均的资源，如石油和天然气以及矿产，而将其他不那么重要的资源（如采石和林业）下放给各州。

在实践中，资源税税基往往与租金不一致，因此资源税确实存在效率效应。其往往会对资本和就业决策造成扭曲。各州可能会倾向于利用它们作为吸引经济活动到本州的工具，从而妨碍了内部经济联盟的效率。因此本来可以成为州政府有效税收来源的资源税结果可能成为一个高度扭曲的税种。在这种情况下，将征税责任下放的效果就会大打折扣。

然而，部分资源税（如针对生产和/或产出的开采使用权税费和开采税）旨在弥补地方服务或基础设施提供的成本，可分配给地方政府。此外，地方政府也可以强行征税以阻止当地环境的恶化。

---

① 对于资源税取得租金的设计方式的一般讨论，请参见 Boadway 和 Flatters（1993）。

这个原因解释了加拿大、澳大利亚和美国的相关做法，即州级政府（在美国还包括基层政府）对自然资源征收此类税费。在澳大利亚，各州无权对资源产品的生产征税，但他们可以对本州境内以及三海里领海范围内的资源使用征收使用税（Saunders，2005）。在德国，《基本法》和《土地法》均没有授予任何政府对自然资源的正式所有权或征税权。但在德国北部的油田和天然气田运作的私人企业，需针对这些油田和天然气田所在的土地缴纳开采费（下萨克森州和石勒苏益格－荷尔斯泰因州）。这些税费在计算横向平衡支付时计为收入（Kramer，2005）。

资源税在大多数联邦国家通常由中央政府负责。在墨西哥，开采自然资源需要联邦特许或授权，对石油产品的征税专门由联邦政府负责（Gonzalez，2005）。在尼日利亚，联邦政府对石油和固体矿物质拥有独家所有权（Ayua 和 Dakas，2005）。一个例外情况是加拿大，加拿大各省可获得在自己省内产生的资源税收，这是加拿大联邦的一个特点，该特点导致在战后时期发生多次政治冲突。另一个例外情况是印度，在印度，资源税的征收由州政府负责。在马来西亚，资源税由联邦政府和州政府共享。在一些发展中国家，如哥伦比亚和俄罗斯，税收管理被下放给地方政府。在印度尼西亚，市政府和政府部门可对选定矿物质的开采征税，尽管最高税率已由 2000 年第 34 号法中规定（Taliercio，2005）。

财产税

不动产税通常是市财政的主要支柱，对此有很充分的理由。不动产在各辖区是固定的，所以使用它作为税基的效率成本很低。此外，可以说当地公共服务的许多好处均是由不动产所有者享有，因此该税可以作为一种受益税。当然，管理不动产税会发生成本费用，出于征税目的对不动产价值的评估存在相当大的自由裁量权。因此，有理由让各州在不动产税的管理中起到一个协调作用，虽然不一定是在设定本地税率方面。例如，在加拿大，由单一的省级机构评估不动产价值，而基层政府适用自己的税率（Boadway，2007b）。在美国，不动产税主要由基层政府征收，占地方收入的将近3/4。当急剧飙升的不动产价值使税负增加时，各州便会采取适当的干预措施。例如，密歇根在1994年降低了房产税，取而代之的是增加了2%的州销售税。德克萨斯和新泽西是目前对地方融资替代来源进行评估，以降低对不动产税的依赖的其中两个州（Fox，2007）。另一方面，南非提出国家立法，通过2004年的《不动产税法案》对市不动产税税率进行协调（Steytler，2005）。

正如各州的财政能力各不相同，因此向其公民提供的净财政收益也不相同一样，各市政当局的财政能力也各不相同，尤其是在不动产税的税基方面。在各州内的各市之间进行均等化税收转移支付与在各州之间进行类似转移支付一样具有必要性。当然，可能是各州（而非联邦政府）进行转移支付。在工业化国家，基层政府在地产开发方面的一个常见做法是要求支付开发商在一个新区域提供基本的基础设施，即所谓的公共设施配套。这种做法在发展中国家同样具备一定的应用潜力。

不同的发展中国家对不动产税的分配各有不同。在印度尼西亚，不动产税由中央政府征收。在巴西、中国和菲律宾，不动产税则由联邦政府、州政府和基层政府共同征收。譬如在中国，基层政府根据法律规定的最大税率和最小税率对城镇土地使用税设定税率（Taliercio，2005）。在俄罗斯，不动产税以及组织机构财产税由区域政府征收。来自组织机构的财产税的收入作为区域预算和当地预算。当地政府可以对土地、个人财产以及财产的取得征税。在所有情况下，税收由联邦税务部门征收（Salikov，2005）。在阿根廷、马来西亚和巴基斯坦，财产税由州政府和地方政府共同征收。在其他大多数发展中国家，如孟加拉国、哥伦比亚、墨西哥、尼日利亚、巴布亚新几内亚和泰国，财产税则完全由基层政府负责征收。在墨西哥，仅市政当局征收不动产税，尽管可以做出相关安排让州政府管理和征收不动产税作为获得一部分收入的交换（J. Gonzalez，2005）。因此，发展中国家将不动产税征收责任下放具有很大的潜力。哥伦比亚已对此进行了成功的尝试，对城市地产增值征税（稳定价格税），以便为改善不动产价值的基础设施投资项目融资。印度尼西亚的雅加达正在尝试征收地产增值税，以便为城市基础设施改善项目提供资金。

发展中国家还经常征收农业土地税。基于土地面积、土地的市场价值、生产潜力以及土地的市场准入的征税在许多发展中国家被作为中央政府的一个收入来源。这些税种更适合分配给基层政府。

公共服务定价

公共服务的一个潜在的重要私有资金来源是以使用费和许可的形式对这些服务进行定价。尤其是地方和一些州级公共服务，因为他们通常为私人所有。赞同公共服务定价的理由最清楚，其中所讨论的服务并非是由公共部门出于再分配原因而进行提供的。许多地当地服务属于这一类型，包括供水、垃圾处理、地方公用设施和娱乐设施。

除了纯粹增加财政收入的作用之外，对公共服务定价的一个好处是可以促进服务的有效利用。这对于定量配给可用物资，以及确定投入多少资源来提供服务均能起到帮助作用。这并不是说定价在这种情况下在分配上保持中立。事实上，许多这类服务属于必需品，是低收入人群消费的一个重要组成部分。然而，在公共部门发达的经济体中，分配目标让高层级政府负责（而非作为所提供的每一项公共服务的一部分）可能更为合适。

另一方面，一些重要的准私人公共服务是由公共部门（在很大程度上出于再分配目的）予以提供，包括医疗和教育。严重依赖使用费来为这些服务融资似乎与这一目标相违背，虽然这并不排除通过数量有限的管制定价来减少医疗服务的过度使用。

在任何情况下，这些收入来源可能对下级政府更为重要，因此他们的服务往往属于私人所有。用户定价不应对资源分配产生不利影响。其管理成本也不应太高，因为其仅是按服务收费原则的一个应用。如前所述，对公平的任何不利影响可通过上级政府所采用的一般性政策予以更有效的解决。

使用费在菲律宾比较常见。该国对33种以上的服务收费，范围从动物登记到垃圾收集。泰国的地方政府对医疗服务和儿童保健、垃圾收集、公用设施和公共交通运输收费。在印度尼西亚，医疗服务收费是省级政府征收的最重要的使用费。在越南，使用费几乎是地方政府唯一的自有收入来源。费用包括养路费和针对学校和医院的部分收费（Taliercio，2005）。

总之，这里讨论的税收分配明确了一点，征税分权的理由不如公共服务提供分权那样强有力。

较低层级的征税会带来整个联邦资源分配的低效率，以及导致不同辖区的个人之间出现不公平现象。征收和合规成本也会显著增加。这些问题对一部分税种而言似乎要比另一部分税种更严重，因此选择下放哪些税种必须予以谨慎对待。最后，在低层级政府需要实现财政与政治问责与（从国家的角度来看）存在一个分散的税收体制的缺点之间必须达成一种平衡。几乎所有国家，这种平衡均涉及相邻层级政府之间的财政缺口。

因征税责任分权而导致的问责性增加与经济成本增加之间的权衡可通过各级政府之间的财政安排予以缓解。我们先前已经提到过，财政转移支付体系可用于减少由各州不同的财政能力所引起的财政低效率和不公平现象。除此之外，征税责任下放可能引起的一些税收结构的分散可通过不同辖区之间的税收共享和税收协调得到缓解。这一点将在下节中进行讨论。

联邦与州政府税基共享

税收不需要仅分配给一级政府或另一级政府，而是由两级政府共同占有。这方面的例子如联邦政府和州政府共同征收所得税（美国、加拿大），联邦政府和州政府共同征收一般销售税（加拿大），联邦政府和州政府共同征收工资税（加拿大），以及联邦政府和州政府共同征收消费税（加拿大、美国）。事实上，即使是市政当局也可以共享所得税或销售税税基（如美国和北欧国家）。允许共享税基是将征税责任下放至各州又不致于影响税收体系协调的一个有效方式。

税基的共享可通过不同程度的协调来实现。在一个极端，两级政府单独设定各自的税收政策，从这个意义上来说可能不存在正式的协调。即使是在这种情况下，税收政策也不会完全不相关。出于税收之目的对任何给定税基的探索有一个限度。一级政府可获得的税收空间将取决于被另一级政府所挤占的税收空间。在一个原本不协调的税收体系中，税收空间的划分会影响税收协调的程度。例如，联邦政府占有的税收空间比例越大，州政府越有可能采取与联邦政府类似的税收结构。这种相似性对向所得税这样的税基而言可能非常重要，因为它们是实现国家目标的工具。事实上，确定联邦政府应占有的各税种的税收空间在一个分权的联邦体制下是一项重要的政策决定。例如，在美国，全部所得税收入的大约80%由联邦政府征收取得。鉴于联邦政府所起的这样巨大的一个作用，大多数州在计算其个人所得税税基时开始采用联邦政府税收定义的一些变体形式（Fox，2007）。

共享税基的替代协调形式是存在的。至少可以交换纳税人信息和其他审计信息，辖区之间税基分配公式协议，以及销售税和消费税的税率界限协议。共同税基或共同的税基结构也可以进行约定。可采用共同的征税机制。在极限情况下还可能存在高度集中的税收体系，其中适用一致认可的税收共享公式。下一节将更详细地探讨不同程度的税收协调的设计和后果。

表4－1给出了将各种税收分配给三个主要政府层级——联邦政府、州政府和基层政府的主要参数。表4－2列出了关于12个样本联邦国家中税基下放程度的广泛观点。

表 4－1　典型的税收权力分配

税种	税基确定	税率确定	征收和管理	备注
关税	F	F	F、I	国际贸易税
企业所得税	F、U	F、U	F、U、I	流动因素、稳定工具
资源税				
资源租赁税（利润和所得）税	F	F	F、I	税基高度分布不均
特许使用权税费；				针对地方服务的受益税费
开采税；生产税、产出税和财产税	S、L	S、L	S、L、I	
保护税	S、L	S、L	S、L、I	旨在保护地方环境
个人所得税	F	F、S、L	F、I	再分配、流动因素、稳定工具
财产税（对资本、财富、财富转移、遗产和赠与的征税）	F	F、S	F、I	再分配
工资税	F、S	F、S	F、S、I	受益税，如社会保障覆盖
多阶段销售税（增值税）	F	F、S	F、I	联邦分配下可能的边境税调整；潜在稳定工具
单阶段销售税（生产商、批发和零售）				
选择 A	S	S、L	S、L、I	较高遵从成本
选择 B	F	S	F、I	协调、较低遵从成本
“罪恶”税				
对酒类和烟草征收的消费税	F、S	F、S	F、S、I	医疗保健，共同负责
赌博和博彩税	S、L	S、L	S、L、I	州和基层政府负责
彩票	S、L	S、L	S、L、I	州和基层政府负责
赛马税	S、L	S、L	S、L、I	州和基层政府负责
“公害”税				
碳税	F	F	F、I	旨在应对全球或全国污染问题

续表

税种	税基确定	税率确定	征收和管理	备注
能源税	F、S、L	F、S、L	F、S、L、I	污染影响可能是全国性、区域性或地方性的
机动车燃料费	F、S、L	F、S、L	F、S、L、I	针对联邦、省级和基层公路征收通行税
排污费	F、S、L	F、S、L	F、S、L、I	旨在处理州际、市际或县际污染问题
拥堵费	F、S、L	F、S、L	F、S、L、I	针对联邦、省级和基层公路征收通行税
停车费	L	L	L	旨在控制地方拥堵问题
机动车				
注册费、转让税和年检费	S	S	S	由州政府负责
驾驶牌照税费	S	S	S	由州政府负责
营业税	S	S	S	受益税
消费税	S、L	S、L	S、L、I	基于住所的征税
财产税	S	L	L	完全不流动因素、受益税
土地税	S	L	L	完全不流动因素、受益税
临街税和改良税	S、L	L	L	成本回收
人头税	F、S、L	F、S、L	F、S、L、I	针对提供的当地服务付费
使用费	F、S、L	F、S、L	F、S、L、I	针对获得的服务付费

注：U = 超国家机构；F = 联邦；S = 州或省；L = 基层市县政府；I = 由多级政府监督的独立税收管理机构。

表 4－2　　12 个联邦国家中地方政府税收分配概况

由地方政府确定以下内容的国家数			
税种	税基	税率	征税和管理
关税	1	1	1
所得税和赠与税	5	6	5
遗产税	4	5	4
企业税	3	3	3
资源税	3	3	3
销售税	4	4	4
增值税	3	3	3
消费税	4	6	5
财产税	9	11	10
费	7	8	8
剩余权力	2	2	2

注：样本国家包括澳大利亚、巴西、加拿大、德国、印度、马来西亚、尼日利亚、俄罗斯、南非、西班牙、瑞士和美国。

来源：根据 Shah 中报告的国家案例研究整理（2007a）。

税收统一与协调

一个联邦国家中的税收体制协调（如政府间转移支付体系）是实现分权财政决策优势，而不会过度损害国家经济的有效和公平运行的一个手段。在本节中，我们首先从一般的观点来探讨税收协调的目的，然后概述部分可以选择的实现税收协调的方法，这些方法从协调度最高到协调度最低排列。

税收协调的目标

将征税责任分权至各州的诉求使得税收协调成为必要。各州不协调的税收设定会对联邦内部经济联盟造成有害影响，而税收竞争会造成各州财政系统的低效率。通过鼓励各州政府实现成本效率和财政问责会让税收竞争发挥良性作用。它本身还可以实现一定程度的税收协调。与此同时，分权税收政策会造成联邦内一定程度的低效率与不公平现象，以及导致过高的行政成本。税收协调旨在保护税收分权的优势，同时避免其缺陷。

回顾一下我们先前的讨论，分权财政决策引起的效率低下可以不同形式出现。首先，各州可能会实施有利于本州居民和企业但不利于其他州居民和企业的政策，从而防止非本地居民竞争本地利益。他们也可能实施以邻为壑政策，旨在将经济活动从其他州吸引至本州。低效率的出现也可能仅仅因为各州政府在头脑中毫无清晰的战略目标的情况下，自主选择不同的税收结构从而造成市场扭曲。低效率还会在州级税收系统采用不同的惯例来处理，同时在一个以上辖区运营的企业（和居民）的情况下产生。其结果可能是对某些形式的收入施加双重征税，而对其他形式的收入则根本没有征税。

州级税收体系也可能会将不公平带入税收体制。各州的税收结构可能具有不同程度的累进性且可能与联邦政府的国家公平规范存在很大差异。在人们认为联邦政府应负责再分配公平的情况下使得这一任务更加难以完成。各州出于竞争压力也可能会实施从国家的角度来看似乎呈退化趋势的税收措施。例如，高收入人群或低收入人群的流动性会促使他们设定（本来应该具有的）不是那么累进的税收结构。

在一个不协调的税收体系中，管理成本也可能会存在过高的现象，尤其是在联邦政府与州政府共同占有某一给定税收领域的情况下。纳税人的遵从成本将变得高昂，因为他们需要遵从一种以上的税收体系。审计和征税成本也会较高，因为纳税人可以通过账面性质的跨境交易进行避税，而税务机关无法获得在其他辖区内的业务运营信息。此外，州政府本身的审计重点可能会倾向于从本辖区内的非本地居民或在本辖区之外进行商业活动的本地居民那里获得税收。

税收协调的目的旨在消除这些过度行为。同时，一个协调的税收体系可作为政府间税收转移支付体系的一个有效补充。首先，纵向协调的税收可由州政府作为通过税收共享获得收入的工具。其次，如果税收在各州之间予以协调，则基于各州税收能力的均等化财政转移支付能够更容易得到实施。

税收协调的重要性根据税种的不同而有所不同。针对企业的征税，如企业所得税，是州政府用于税收协调的理想候补税种。他们适用于流动税基，如果不进行协调的话会产生重大的行政管理成本。个人所得税也将受益于税收协调。纳税人的合规成本以及政府的征收成本会因此减少。资本收入的扭曲处理会得到缓减。此外，国家公平目标可通过协调措施得到解决。销售税和消费税的税收协调效果没有那么明显。这里主要的低效率是由跨境购物问题引起的，这些问题可能会通过各辖区之间的税收竞争得到解决。联邦政府与州政府之间协调的销售税体系可能还会节约部分行政管理成本，主要是因为可以减少卖方的合规成本以及税务机关的审计成本。如各州打算运行增值税体系的话，则必须实施某种形式的税收协调。在这种情况下，仅税收协调不太可能完全处理在没有实施边界控制措施的联邦内的跨境交易问题。对于其他税基，如工资税、财产税和使用费，税收协调的优势似乎非常小。

税收协调的方式

根据税收体制内的税收分权程度可采取不同程度的税收协调。以下按集权化降序列出，主要聚焦于涉及联邦政府和州政府的税收协调体系。

税收共享

更大的协调通常意味着更少的分权决策。税收协调的极端形式是税收共享，其中各州从某一给定的税源中获得预定比例的收入。联邦政府确定税基和税率结构（也许经过与各州磋商），以及仅同意与各州分享一定比例的收入。必须确定的是分配给所有各州（作为一个整体）的比例，以及各州之间分配的比例。纯粹的分税制可能属于税收共享逐州适用的体制，这样的话，一个州的税收比例单纯取决于从该州产生的税额，即所谓的派生原则。例如在巴基斯坦，1973 年的宪法强制规定共享由中央政府征收的主要税收。消费税、特许使用权税和天然气附加税；原油特许使用权税；从水力发电中取得的利润基于原产地原则在各省之间共享（Rao，2007a）。在墨西哥，1978 年颁布的《财政协调法案》建立了一个宪法以外的体制，其中各州放弃征收特定税的权利，以换取一定比例的中央政府征税金额。比例接近各州自行征税所取得的金额。主要的共享税包括所得税和销售税（J. Gonzalez，2005）。但没有任何规定排除税收分配的其他公式。例如，在德国，税收共享资金采用均等化原则以及“当地收益原则”进行分配。州政府（作为一个群体）获得 42.5% 的所得税和企业税收入。该比例基于境内税务机关征收的税额在个体州之间划分。州政府（作为一个群体）获得 55% 的增值税收入，基于简单的均衡形式（人均平等原则）予以分配。德国的《基本法》对均衡过程进行了详细介绍，其中将这些初始分配考虑在内（Kramer，2005）。比利时在个人所得税收入分享中采用了原产地原则和均等化原则。中央政府负责征收并将之再分配至构成联邦的各社区和地区。按语言划分的各社区根据其贡献的大小获得一定比例的所得税收入。按领土划分的区域基于其财政能力获得一定比例的税收。个人所得税收入低于全国人均平均水平的区域获得均等化转移支付。自 2002 年以来，各区域被赋予部分税收自主权。各区域可一次性增加或减少征收的个人所得税税额；但会采取相关措施以限制竞争。区域调整额设定为该区域个人所得税征收额的 6.75%。2002 年的《特别法》也禁止各区域进行“不公平的税收竞争”。预计确切定义将会随后予以协商（Deschouwer，2005）。

从经济学的观点来看，税收共享实际上相当于无条件补助体系，尽管其规模取决于从某一特定税源获得的税收。事实上任何税种均可通过这种方式共享。共享的税收予以完全协调，从而实现完全统一的税收结构，且可以以最低的行政管理成本实现国家公平和效率目标。但这种协调是以财政决策分权为代价的。尽管假定联邦政府会就税收共享条款，以及（甚至是）共享的税收结构与各州进行共同磋商，各州实际上没有独立的征税权。另一方面，税收共享公式可能会使联邦政府有能力采取将会对各州造成不利影响的单方面行动，至少是通过改变补助结构。联邦政府还可以通过改变共享税收的税收结构影响税收共享池的大小。

鉴于税收共享计划基本上没有赋予各州任何征税权，因此可能仅适合那些被视为不适合下放的税源。多阶段销售税可能符合这一类别。加拿大目前正在实施一个针对增值税的税收共享体系，由联邦政府和三个省级政府之间共享。但还不是非常清楚实施税收共享（而不是联邦给州政府的转移支付）的目的是什么。各州仍然受制于联邦政府对于税收结构的单方面决策，以及与税收波动有关的不确定性。如果补助的目的之一是确保州财政不受其税基波动的影响，税收共享显然将由一个分配公式能够为各州产生更稳定资金来源的补助体系主导。

此外，税收共享系统可能存在逆向激励因素。如一些采用税收共享的联邦国家所声称的，由于联邦政府从共享税基中仅获得一小部分收入，导致相对于其他税基而言，其基于税收共享使用某一税基的激励因素将会减少，税收共享作为州政府获得更多收入的方法之一（而不是作为税收协调的方法）将在下一章中进行更充分的讨论。

州附加税

单一税收体系的优势可得到保留，同时，通过让各州针对现有联邦税征收附加税，允许各州获得在其辖区内征收的税收。这种做法也被称为级联联邦税。在这种情况下，联邦政府确定某一特定税种的税基和税率并选择税率水平以取得其需要从该税中获得的相应税额。然后，州政府通过设定自己单独的税率（或附加税）借用联邦税税基和税率结构以适用于将确定州政府获得多少税收的联邦税负。联邦政府代表州政府征收州附加税，然后将每个州的税收比例转移给各州。

这里需要就确定在各州之间分配联邦税基的分配公式达成一致。就个人所得税而言，该分配公式可基于纳税人的居住状态（即居住的地址）。就企业所得税而言，分配公式可能基于对在各州产生的利润额的一些衡量，但要实现精确衡量是很困难的，因为许多企业活动影响到全国范围内的利润（例如，行政管理费用、研发、广告）。此外，利润分配会促使企业采取账面交易以便将其利润转至税负较低的州。实际采用的分配公式往往基于各州内的工资比例、收入比例、股本比例或这些因素的组合。销售和消费附加税可能仅基于目的地原则予以分配，而工资税则可能根据向本州内工人支付的工资进行分配。

附加税系统结合高度协调的税基、税率结构和征税机制，再加上将部分征税责任下放至各州。这种做法非常适合个人和企业所得税，因为出于国家公平与效率原因，这两种税非常需要实施此类税收协调。

但附加税也存在一些弊端。联邦政府对税基或税率结构的改变将不仅会影响其自身的税收，也会影响到各州的税收。在大多数情况下，各州不会预期到这类影响的发生，因此他们无法及时对其附加税率采取应对措施以抵消由联邦政府行动所带来的税收变化。

同样，各州由于无法出于政策之目的使用税基或税率结构会感觉受到制约。附加税作为州政府的税收来源其重要性越大，以及州政府相对于联邦政府从税收协调中获得的税收比例越高，这种制约的影响也就越大。通过允许各州实行自己的税收抵免，再加上征收附加税，他们的这种无能力状态会在一定程度上得到缓减。这一体系在过去一直被加拿大运用至今。联邦政府继续设定税基和税率结构以及管理各省的税收抵免。各省被限于实施不会产生扭曲的税收抵免且不得妨碍内部经济联盟的效率。然而，随着各省所占有的所得税税收空间越来越大，他们要求在税收政策制定上获得更大的自治权。各省现在可以采用下一节中我们将会讨论到的更加分权的税收计划，其中他们能够设定自己的税率结构以适用联邦税基。

对于销售税，此种税收体系可能会对联邦政府管理的税种起到制约作用。例如，如果联邦政府希望征收增值税，如果它允许各省借用该税，同时允许各省自行设定增值税附加税，那么其管理成本将会非常高昂（更不用说税收豁免了）。正如我们所提到的，对于跨州中间交易而言，增值税所需的税收抵免过程将会非常繁琐。如发展中国家中采用联邦—州联合增值税的可行方法（如加拿大采用的双重增值税）被证明在管理上是可行的，这些问题也许可以得到很好的解决。事实上，鉴于增值税系统作为一般销售税系统所固有的优势，其结果将会很理想。另一个方法是各州采用与联邦增值税相同的最终税基，以及共同的征税程序来征收单阶段销售税。监控跨境交易的问题将不复存在，但增值税的许多优势也会丧失（例如，废止对早期阶段对商业投入征收的最终销售税）。因此，对于各联邦国家未来的征税工作，多级增值税的进一步工作与实践将是非常必需的。

关于税基体系的征税

州附加税可以被视为一种“税上税”系统，其中州税适用于联邦税负债。它完整保留联邦政府选择的税基和税率结构（尽管会与各省进行磋商）。另一种是保留共同税基，但允许各州自行选择税率结构。该计划不仅可以包括纳税等级系统，还可以包括构成税收系统部分累进性的任何税收抵免。甚至允许特定州的部分税收豁免。各州也可以参与征税过程（例如，审计）。事实上，如果他们的税收结构中包括某些针对他们而非联邦政府的权益项目，他们可能对此非常感兴趣（例如，税收抵免、对其辖区的税收分配）。

该系统继续保有单一征税机构的优势，而共同税基也对税收合规起到了促进作用。在税收政策的设计上，它还为各州提供了更多的灵活性，包括累进程度，以适应其公民的纳税偏好。它还避免了在联邦政府改变税率时对州政府税收施加的大的溢出效应。只要联邦政府保留足够的税收空间，它仍然具备选择税基的道德或政治权威，并可以利用税收体制来为国家社会和再分配目标服务。因此，这一税上税系统可能适合于分权联邦制。

与此同时，税收协调度的部分优势必然会丧失。随着各州在其税收结构的选择上获得更多的自治权，他们对其的利用将会对内部共同市场造成扭曲或构成对州外公民和企业的歧视的可能性进一步增强。同时，国家税收结构变得分裂，这样一来，不同州可能适用不同的再分配公平标准。这种分裂不过反映了在这种背景下，以及其他背景下税收分权的优势与劣势之间不可避免的权衡。

20世纪90年代末，加拿大对个人所得税征收协议进行了修订。中央政府与省政府之间的这些双边协议遵循一个通用模板。它从一个税上税系统变为一个其中各省基于联邦税基自行确定税率结构的系统。参与的各省对纳税等级的规模以及税收抵免的使用具有完全决定权，同时联邦政府作为唯一的征税机构行事。在实践中，各种税收结构被予以选择，一些省份实施了单一税率。许多省份减少了其税收系统的累进性。仅一个省份没有选择参与而是实行自己的所得税制度（Boadway，2007b）。

在该系统中，联邦政府作为实现税收协调的促进者。它设定税收规则（假定经与各州磋商）并激励各州参与其中。这种激励包括为各州提供征税服务，以及提供一些财政激励机制（为各州提供税收空间）让其参与。如果联邦政府不采用考虑中的税源，则税收协调必定涉及州际合作。众所周知，这是个难题，不仅仅难以实现，甚至难以维持。在任何领域中，关于达成具约束力的州际协议的例子似乎很少，更不用说税收协调。这类协议不仅仅涉及几个政府相互之间的讨价还价以求达成共识；它还必须包含旨在约束未来政府的相关机制，以及强制实施协议的纠纷解决程序。这些目标均很难达成。有关分权联邦体制下辖区间协议的经验（如加拿大经验）颇具启发性。加拿大尝试在基础领域（如消除省际贸易壁垒或就某一社会联盟条款达成一致）制定相关省际协议（甚至是涉及联邦政府参与的协议）已被证明完全是徒劳无功。税收协调在联邦政府能够制定议程以及结合奖励、财政激励和交换条件等手段鼓励合规的环境下将更容易得到实现。

不协调的税收分权

极端的例子就是各州以完全不协调的方式涉及某一税收领域，无论是否与联邦政府共享税基。各州选择最适合自己的税收结构和税率，仅受制于跨辖区税收竞争施加的制约条件。因为这种形式的分权会赋予各州最大的独立性，因此假定它会带来最大的问责性。但这里存在明显的缺陷，对此我们之前已予以讨论。不协调的税收设定会导致内部经济联盟的效率低下和不公平现象，以及过高的征税与合规成本。

对于一部分税基而言，这些缺陷没有另外一些税基那么严重。针对非常固定的税基如自然资源和不动产的征税而言，税收协调可能不是那么重要。即使是对于这些固定税基，开发资源属性或将业务属性定位于某一辖区的激励因素也可能会受到税率和税收激励的影响。不协调的州工资税相对而言不会受到效率问题的影响，因为劳动力是相对固定的。税基广泛的销售税在这方面问题稍微要大一些。仅单阶段销售税适合下放至各州，这种征税分权不可避免地会导致效率低下的问题，且该问题在没有实施边界控制的州内会进一步加剧。

以不协调的方式将个人所得税和企业所得税权利下放会导致效率、公平和易于管理方面的重大问题。这些税收除了可能会造成州际资源分配的扭曲以及导致弄巧成拙的税收竞争之外，其业务活动涉及数个辖区的纳税人将不得不遵从不同的税收系统以及与不同的税务机构打交道。这种情形会给税务机构以及纳税人双方带来一些问题。在纳税人可以跨辖区自由重新分配他们的业务活动的情况下，税务机构可能发现很难确保纳税人的税收合规。有时候这种重新分配可以通过账面交易来完成，如转让定价以及将财务管理从一个辖区转移至另一个辖区。如果各州在自己的辖区内采用不同的应税收入分配方法，那么在确定纳税人的收入在各州之间应如何分配上的模棱两可会导致对某些收入的双重征税或完全不征税。

如果联邦政府与州政府共享税基的话，则会出现其他问题。在两级政府单独设定税率及定义其税收结构的情况下，企业的遵从成本将会增加。此外，如果税基具有一定的弹性，可能会出现较大的纵向财务外部性：各辖区在设定自己的税率时不会考虑其可能会给其他州税收造成的影响。如果联邦政府与各省共享税基，在（最低限度上）同意单一征税机构的情况下，州级政府手上很小的财政独立性也会丧失掉。

在决定是否实行联邦—州税收协调时，任何一方必须对协调的好处与成本进行权衡，而对于不同的税收，做出的决定也会不同。税收协调的好处很明显：提高整个联邦税收体系的效率和公平；减少破坏性财政竞争的发生率，同时保留分权财政责任带来的良性竞争与问责形式的优势；以及降低征税和遵从成本。代价是与完全分权的税收体制相比，各州多少会丧失决策方面的自主权，虽然不一定会比依赖于联邦政府的补助更少；各州可能无法通过税收系统实现合法的地方再分配目标；与针对一个州相比，单一征税机构对各州权益问题的响应性可能会有所下降；各州将会面临税基或税率结构方面意想不到的以及单方面的变化，而这将会影响到他们的财政预算。这些好处和代价相互之间如何权衡将取决于所考虑的税种。我们认为，所得税的协调是非常可取的。对于工资税、资源税、消费税以及财产税这样的税种，其净效益不是那么明显。对于这些税种，实行完全分权以及不协调的税收体系将不会造成太大的影响。而销售税在这方面可能会有一些问题。将州政府的征税责任下放的能力，无论协调与否，要视税收形式而定。单阶段税收相对容易下放，对税收协调的需求并不太明显。但出于同样的原因，选择单阶段形式本身就存在疑问。就效率而言，多阶段销售税被认为要大大优于单阶段形式，尽管从征收与遵从成本的角度来看也许并非如此。但对于这一税种，很难将决策权下放至州级政府，哪怕是在一个高度协调的背景下。

均等化的关键作用

这是一个早先已经提到但值得在此重复的一点。各州在自行征税上变得更加自立的情况下，由于各自的税收能力各不相同，他们能够取得的人均税额也会有所不同。就其本身而言，这种能力将会导致财政低效率与不公平现象，原因在于不同辖区的纳税人从其州政府那里获得不同的净财政收益。除非采取行动来弥补这一点，否则分权决策的好处将会伴随内部经济联盟的扭曲与横向不公平现象。弥补方法相对简单直接。征税责任的下放与征税能力均等化体系的到位同步实施，其目的旨在确保各州具备以可比税率为可比公共服务水平融资的潜力。使用术语“潜力”是因为需要各州不被强制采取相同的行动措施，这将与联邦主义的基本前提相抵触。

税收协调和均等化应被视为一般政府间（联邦—州）财政关系体系的互补部分。在各州之间税收能力均等化的情况下，各州存在选择可比税收体系的可能性，税收协调因此容易得到实现。同时，协调的州税收系统可促进税收能力的均等化，尤其是在通过所谓的代表性税收体制方法实现均等的情况下。代表性税收体制方法通过确定在各州的某一代表税基适用一个共同税率的情况下，各州所增加的税收来计算各州税收能力，对此我们将在第九章进行更详细讨论。如果各州就协调的税基达成一致的话，对该项计算中所使用的代表税基的定义会变得更加容易。

第五章

联邦体制中自然资源的所有权与管理

前　　言

联邦的自然资源禀赋通常在整个联邦内的分配极不均衡。在某种程度上，地方政府借着对资源的管辖使用权开发资源而获得的收入，无论是直接收入还是间接收入，都会产生低效率和不公平。在某些联邦国家，若资源所有权属于地方政府，这一问题会更为显著。下放的所有权意味着获得的资源收入直接给地方政府，这会导致地方政府与联邦政府之间的巨大的潜在净财政收益差异。以加拿大为例，虽然联邦政府也可通过所得税和销售税获得某些税收收入，但是自然资源属于其所在省份。还有一些例子是，虽然收入集中于联邦政府，但是管理权属于地方政府。然而在这种情况下，也会有经济发展不均衡，并进而使得联邦处于紧张状态。而且，如果自然资源所在的地方政府感到没有得到其应得份额的收益分红，那么其与获得收入的联邦政府之间也可能关系紧张。当然，如果联邦政府给地方政府一种不能合理使用资源或者公然腐败的印象，那么两方紧张关系也会加剧。

自然资源禀赋极为优越的联邦需要面对许多问题。首先有管理开采率、提取资源及资源的加工的问题。通常，一级或多级政府行使监督权并控制资源管理权，这涉及建立资源产权开发、使用及管理的法规。因此，私人企业可能以给政府一些补偿来换取资源产权，并进而获得显著收入。又或，资源产权为公共企业或公私合营的企业所有。于是，作为生产收益，政府通过特许使用费、税收及公共企业利润包括利润分成等多种方式获得收入。对相关层级的政府来说，这些收入以及出售产权所得非常重要。

其次，征税的设计方式也会导致多种差异。某种程度上，如果征税基础偏离来自资源的经济租金，无论是预期的还是真实的，资源开采、提炼和加工都可能是低效益的。现有大量文献研究其他资源收入征管的形式，包括租赁权拍卖、税收或生产特许权使用费、所得税及利润分成等。[①] 这里我们不需要过度关注收入征管，因为与其相关的是联邦系统这些收入所产生的影响与作用。这些收入的使用、分配是产生这些关注的原因。一方面，自然资源收入的大量汇集是否会对实体经济造成破坏取决于如何使用这些收入。“资源诅咒”或“荷兰病”现象反映的就是这个问题，即自然资源收入有多种方法可以影响经济发展。[②] 活跃的资源板块自身会吸引来自其他生产机构的生产要素，尤其是那些更倾向于生成生产力收益的生产要素。资源收入用完的时候，提高币值也会加剧这种生产要素转移的情况。生产要素再分配至有自然资源的区域，会产生地区间和行业间的影响，而地方政府主动使用收入以吸引其他地区的经济活动，则会进一步加强这些影响。

再者，自然资源收入尤其易有波动倾向。针对世界市场的资源价格波动所产生的不确定性，不同级别的政府可能应对方式不同。此外，

---

① 调查的问题涉及自然资源税收，请参阅 Heaps 和 Helliwell（1985）及 Boadway 和 Flatters（1991）。资源税收制度的扭曲影响可通过使用边际有效税率概念估计。关于对非可再生资源影响的相关影响，请参阅 Boadway 等人（1987）。

② Shah 和 Warner（1999，2001）分析的自然资源对经济增长和发展的影响。

因为不可再生资源的政府收入必定是不可持续的，所以前瞻性政策十分重要，但是这些政策在资源产权的背景下更加难以实现。

加拿大的案例可以很好地说明这些问题，因此本章节中我们会不时地引用加拿大的例子加以说明。[①] 加拿大联邦近些年的一个重要特征就是西加拿大尤其是艾伯塔省的石油、天然气收入的迅速增加。尽管与传统的油田相比从所谓的沥青砂中大量提取原油花费更大，但是石油价格的持续上涨，使得这种提取方式成为可能。主要的经济活动的再分配以及工人大量涌入到西部，造成了艾伯塔和其余省份之间空前的横向不平衡，这超出了均等化系统所能解决的范围。这种资源繁荣的影响以及财政收入的使用方式，极有可能激发其他省份以极大的成本重建工业。尽管这种现象在国家的较贫困的、劳动力输出省份非常显著，甚至也影响到了加拿大中部的制造业中心地带。

接下来，我们会重点关注自然资源禀赋丰富所引发的相关问题，因为这也是大家广泛关注的问题。正如前面所提到的，一个国家无论是不是联邦制国家，都可能会遇到自然资源禀赋丰富所引发相关的问题。首先，我们集中分析单一制国家背景下出现的问题，因为这些问题通常与“资源诅咒”相联系。虽然如何处理“资源诅咒”在文献中仍是一个开放性问题，然而我们可采取措施消除这些损害。正如我们在挪威的案例中所学到的，认真管理自然资源收入可把经济从短期内混乱的现金流量波动中解救出来。简单来说，把资源收入纳入基金以投资外国资产获得增值，在一定程度上可以遏制“资源诅咒”诱发的大部分财政影响。然而，不是所有的政府都能自律以保存所有的资源收入。即使这样的基金可以维持，资源繁荣的真实影响整体上也是不可避免的。不仅是在区域内，在某种程度上，资源在整个国家内的分布也不均衡，因此行业间的调整是必然的。

联邦体制下，这些问题会更加严重。资源丰富的区域有更大的能力提高收入，如果不进行调整，这将导致从其他区域诱发性金融迁移。

---

① 关于加拿大案例的讨论大量借鉴了 Boadway（2007a）的研究。

某些区域更有财政能力提供相应等级的公共服务，这也就是我们在前面的章节反复提到财政低效率和不平等的典型来源。这些都可以被认为是资源收入不均等带来的消极影响。这问题对分权的联邦制国家而言是个更为棘手的问题。现在资源丰富的地方政府有收入来源，因此其可用来使用吸引经济活动发展本省经济，但是这种发展在某种程度上以牺牲其他省份的发展为代价。使用资源收入用于地区建设的这种诱惑可能会导致资源的过快开发，而不能保存资源收入并建设基础设施，以吸引非资源工业到这些只有自然资源而没有天然产业区位优势的地区。

这些问题给在联邦系统中管理自然资源造成了极大的挑战，因为联邦体制并不十分适合处理不对称且在有限的区域内高度集中的自然资源。确实，经济政策分析只能给我们相对较少的关于如何设计政策处理这种情况的指导，但是这种指导是比较笼统的，并不能区分这种情况是否发生在联邦制的国家。即使在单一制的国家，人们也没能充分理解最优区域发展模型和基础设施投资问题。在联邦制的情况下，这个问题更为复杂，因为地方政府有很高的财政能力来参与策略性区域建设政策，并有对其他地区造成局部损害的动机。考虑到这些情况，下文中的许多讨论多是推测性的，所提的观点也多是建议性的，并没有理论证明或实证检验。

背　　景

自然资源不同于其他的行业，因为某种自然资源常常是某个国家特有的，而且只存在于特定区位的禀赋。也就是说，依据定义，自然资源开采和提炼活动并不像生产的其他产品和服务，是不能跨区域或全国流动的。当然，也有一些对工业生产有利的区位优势也会影响工业生产地的位置。此外，自然资源的开发使用的是与其他行业竞争的生产要素，因此某种程度上生产活动本身是流动的。在一个国家范围内，自然资源禀赋可因区域及类型的不同而不同。可能有这种情况，即不同类型的资源（例如，石油、矿产、渔业、林业、水域）集中于不同的区域但是禀赋的整体多样性被抵消掉了，因此筹集收入能力的差异并不大。在这种情况下，联邦出现的许多特殊问题就不会出现了。然而，在许多联邦制国家或中央集权制国家，某些区域趋向于资源丰富但是其他区域资源贫乏（例如，澳大利亚、加拿大、马来西亚、尼日利亚、南非及美国）。

不同类型的资源会带来区域发展的不同问题。理论上，不可再生资源是会最终完全耗尽的，因此管理其开发速度是很重要的。可再生资源原则上可无限地重复利用，但是这也只有在适当控制的情况下才可做到。资源禀赋可能在规模和价值两方面是极为不确定的。只有开采投资，才能发现石油和矿产的储藏量；不过开采投资会受到公共政策的影响。价格可能极为不稳定且难以预测，因此潜在收入也不确定。资源开发需要大量资本投入，这也使得这些自然资源的固有风险给人们造成很大压力。自然资源可供几代人使用，因此必须考虑资源枯竭后的代际后果。

对联邦国家来说，自然资源管理和开发的所有权及职责的安排是非常重要的。正如我们前面章节所论述的，对此的观点和看法并不统一。一方面，因为自然资源是不可流动，某种意义上，应该下放管理职责和监管其开发甚至筹集收入。例如，资源开发要求特定类型的基础设施，比如资源所在的偏远地区所需的交通运输工具和公用事业。提供这样的基础设施通常是地方政府的职责。另一方面，考虑到全区的自然资源分布通常极不均衡且其价值的不持续性，中央控制筹集的收入是一个更周全的做法。各联邦之间政策实践的不同，是因为历史发展中确定产权归属的规则不同。因此，对于联邦的形成以前由单独司法管辖区形成的州，这些州保留其原先享有的公共产权的所有权。在这种情况下，自然资源所有权的收入以及管理开发职责归于地方政府。即便如此，中央政府通常有能力通过其他税收手段筹集收入。在这些情况下，中央政府和地方政府之间的收入部门将会是经由两级政府分别决定的结果。中央政府将从中筹集更多的资金，也就是说，对于地方政府来说筹集自然资源企业的所得税收入将会更加困难。在下文中，我们会讨论不同程度的收入分权，但是这些讨论都基于一个假设，即地方政府可通过基础设施投资和管制手段影响资源开发。

自然资源有一些其他值得提到的特征，因为这与某些地方政府的某些决策有关。自然资源商品，无论是否经过加工，通常在国际市场进行交易，资源产品可能由外商独资企业控制或者地方生产者之间通过协议共享。这种安排意味着这会对国际市场包括货币市场的资源活动产生直接影响。自然资源需要经历不同程度的进一步提纯和加工活动且通常需要特殊的设施把产品运输到市场。这也就意味着资源开发的高度资本密集。相应地，就会有与资源开发相关的下游经济活动，比如提纯和其他加工，以及运输或传送。资源开发对环境质量的影响也需要计算在内。最终，资源开发会对进行开发地区的当地公民产生不可避免的社会影响。例如，在加拿大，原土著居民群体其生活方式就由于资源开发而被破坏。

自然资源开发不同于制造业开发，常常会对公共政策造成挑战。许多挑战甚至触及到区域经济发展的原则性问题，这也是许多公共财政专家不能充分理解的地方。这些问题也曾是经济史学家和经济地理学家（Krugman，1995a，1998）的研究课题，虽然其中只是涉及了经济政策的几个一般原则。自然资源的财政联邦制度系统还有待进一步研究，因此，我们所讨论的很多观点都是建议性的。

从财政联邦制和资源的问题来看，比较可行的研究切入点是先搁置联邦制问题，并考虑中央集权且地域多元化国家经济政策的资源繁荣结果。该方法便于我们针对自然资源开发本身的特殊问题做专门研究，而不是直接把问题归因于联邦制。

单一制国家的自然资源问题

我们考虑的单一制国家是由很多区域构成的。其中的某个区域，我们把它称为派多利亚，其蕴藏着大量的石油和天然气。准确的蕴藏量不确定，但是所知的储量十分庞大且由于世界油气价格高企而十分有价值。我们聚焦于应对自然资源冲击的问题，为了便于讨论，我们假设由于最近价格的升高，资源存货的价值创近年新高。其他区域也有这样的自然资源禀赋，但是在价值总量方面极为有限，且不会导致各区产生较大的差异。

我们首先考虑区域性新兴的资源繁荣的到来会如何影响私人部门，尤其是必须进行类型调整的部门类型。然后我们重点讨论对于单一制国家的政府公共政策选择面临的挑战。

私人部门调整

假设派多利亚因为世界石油和天然气价格的持续上升，其已知的大量石油和天然气储备的价值突然增加。其他类型的资源繁荣也会带来类似的问题，比如发现新矿藏。实际上，我们的讨论另一方面也适用于面临负面经济冲击的区域，如世界自然资源价格的突然暴跌或资源存货（比如鱼或矿产）的耗尽。对此的第一反应是通过提炼、加工、运输及更深度探测提升资源的开发级别。假设资源繁荣相对庞大，即使这两种资源类型之间还有很多具体的差异，首先都会吸引大量的劳动力及资金到派多利亚，也会促使中间商从不同的渠道增加对资源的购买。

如果我们假设派多利亚可用剩余劳动力有限，那么就会有许多来自其他区域的劳动力以及许多国际劳动力涌入该地，在某种程度上这些国际劳动力甚至也可能会移民。因为大部分的劳动力以前从事的是其他行业，所以某些再度培训是必须的，尤其是对于那些在工作中必须使用石油或天然气行业特定机器的工人或者管理工人来说，他们必须学习关于石油和天然气的知识。当然，对于有些工人其技巧通常足够适应新工作的需要，比如那些涉及体力劳动、运输的工作和某些办公室的工作。由于需要吸引其他区域和行业的工人加入，所以需要一定程度上提高工资。虽然工资标准提高可以一定程度上弥补，但是其他地区还是会遭受经济活动下降带来的负面影响。

对资金的需求的增加将会尤为明显，因为资源生产是资金高度密集型产业。部分资源生产需要的机器和设备会由其他地区生产，因此资源繁荣的某些好处也会让其他区域受益。某些机器和设备可能需要进口，这本身会对该国货币的价值造成压力。然而，假设大部分的资源产出是用于出口，那么资源生产还是会抵消设备机器进口对本国货币币值的影响；否则就会发生汇率升值的后果。

不动产投资的增加将伴随金融资本的流入。对于资本市场是向国际市场开放的国家而言，在某种程度上大部分金融资本需求的增加将来源于国外，特别是当资源公司是跨国公司的时候。这也会抵消资源产品出售导致的汇率影响。即便如此，如果国家资本市场由于交易成本或国家特有的风险在某种程度上是与国际市场相分离，则某些资本需求的增加将指向其他地区。

劳动力和资本市场的调整结果就是所有的区域都需要做出某些调整。派多利亚的人口将会因为地区间和国家间的移民而增加。因为劳动力移民主要是工作年龄的人，其居民的平均年龄将会下降，且劳动力人口比例将会上升，正如所提到的，对劳动力的需求也会显著提高地方工资标准，尤其是如果迁移到派多利亚的成本过高，在短期内可能会有显著的劳动力短缺。假设调整现有房屋存量需要一段时间，那么人口数量的改变也将会引起房地产价值的提升。其他行业也会繁荣，包括那些为石油和天然气行业，以及增加的人口提供产品和服务的行业。更多的人口本身可促进行业的多元化，因为众多具有较高技能的劳动力的集中通常会带来集聚经济。这也会进一步促使派多利亚工业活动的增加。

同时，这将一定程度上抵消其他区域的劳动力和工业活动的减少所带来的影响，即使这个抵消的程度远不如竞争所能带来的。这些区域将会丢失最具流动性的工人，这些工人通常是相对年轻的、具有高技能的企业家型和管理型人才。这种劳动力的流失会在一定程度上得到缓解，如果大部分工人都是国际移民。因为石油和天然气行业是资本密集型行业，该行业所需的直接劳动力数量是有限的。然而，许多非资源行业，包括服务部门和建设部门，在派多利亚会变成劳动密集型。需要移民这个事实会促使工资标准提高，因而对其他地区的行业造成压力，包括制造业和高技术部门这些生产率得到提高的地方。某些工人可能仅是暂时地迁移，或者甚至依然住在他们本来居住的地方，现在只是通勤到派多利亚。这对于那些对其原有区域非常依恋的人是非常现实的，因为他们可能发现永久地搬迁到可能很偏远且不那么有吸引力的派多利亚地区是非常困难的。这种暂时性的移民行为可作为降低适应资源繁荣的长期成本的有效调整机制。

从整个国家的角度来看，石油和天然气繁荣的重要影响是对实际汇率的影响。两种情况下，资源繁荣对实际汇率的压力（外汇的实际价格）不会那么大：一是如果生产的大部分石油和天然气销往国外；二是如果外国投资流入为行业扩张融资，这有助于增加外币供应。另一方面，派多利亚用于工业的中间物品和资金设备的进口也会增加对外币的需求；因为国内收入的增加导致进口的需求增加，也会导致潜在的更为重要的影响——为了保证储蓄增值而对投资外国金融资产需求的增加。国内储蓄的变动很大程度上受如何使用石油和天然气销售产生的净收益（租金）的影响。某种程度上，这些储蓄得以保值，尤其是外国资产，主要是因为得益于石油和天然气销往国外的销量增加，汇率波动的影响极大减轻。另一方面，如果租金花尽，是否会对该国家的其他产业造成额外的压力取决于收入支出领域。因为石油和天然气租金数额巨大，所以其影响也是十分重要的。石油和天然气租金可由工业和单一制国家的政府共享，因此租金能否保值或有结余，很大程度上取决于政府如何处置其份额。给政府的资源租金的份额以及政府对于租金的支出与储存安排，这两方面都是重要的政策问题。

国家作为一个整体，将要经历的是资源繁荣会导致工业活动由非贸易部门曾经非常支持的非资源行业转为资源行业。在某种程度上，衰退产业是那些似乎有创新和有生产力增长的产业，这是一种很突出的“资源诅咒”（Sachs 和 Warner，1999，2001）。资源诅咒会导致实际汇率更快地下降（而实际工资率上升）。这些因素在设计对应政策的时候都需要仔细加以考量，这对单一制国家和联邦制国家都是如此。

因资源繁荣而作出的调整会引发不可避免的社会效应，那就是区域收入差异将出现或加剧。派多利亚的人均收入将相对于其他地区大幅上升。稍后收入上涨与否取决于劳动力搬迁的抵消效果，石油和天然气繁荣所需的资金是否得到满足，以及其他地区的某些行业是否能够销售的中间投入和消费品到派多利亚。无论何处的资金拥有者都能取得更高的收入，以至于在某种程度上他们都与派多利亚工业利害相关。即使劳动力外流，如果实际汇率变动会使现有的生产者销售其产品更加困难，那么其他地区的失业率仍会上升。人均收入和就业的变化程度部分取决于劳动力从一个地区移向另一个地区的自由程度对经济的激励。移民的成本越高，收入的差异越大，且适应工人需求而产生的失业率就越高。故此，其他地区人口平均年龄的增加会对政府政策产生重要的影响。

对公共部门的影响

即使政府不做政策调整，尽管这种情况出现不太可能，私人机构对资源繁荣的调整也必然对政府有影响。我们首先总结可能影响是什么，然后讨论政府可能采取的恰当政策回应。现在我们继续假设该国是个单一制的国家且其回应政策要考虑资源繁荣的地区影响。然后我们再看，在联邦制国家内可能出现的额外问题。为了强调资源繁荣给联邦制国家造成的特殊问题，我们提出的假设区分了单一制国家和联邦制国家的改革反应。

单一制的国家政府会筹集收入并提供全国范围内的公共产品和服务。假设收入体系以税收系统为基础，并统一应用于该国内所有地区所有公民及该国内所有区域的企业。公共产品和服务提供同样也是全国范围的，但是由于提供服务的成本不同而存在地区差异。此外公民无论居于何地，都有权利享受相对统一标准的公共服务，比如教育、社会保险和医疗保健。国家政府的收入来源之中，自然资源的收入包含向私人企业出售自然资源的开采开发权，任何公共资源企业的利润以及关于自然资源多种类型的直接税收的组合。

这些来自资源的收入及其他税收收入可能归入一般收入基金。或者就不可再生资源的情况来看，也有可能会将其中一部分由专门的基金保存以备将来使用。正如我们所知道的，对自然资源收入的处置与国家经济受资源繁荣的影响程度有关。如果自然资源收入得以保留，那么对其他行业的潜在负面影响将会得到抑制，特别是把自然资源收入转化为外国资产来保存的情形下，对实际汇率的影响降到最低。

广义层面来说，资源繁荣将会更普遍影响国家收入和支出。由于出口产量增加，所得税收入和销售税收入会增加。同时企业所得税收入尤其是来自资源相关部门的收入也会增加。地区的税收收入分布将会改变，但是由于所有收入都是国家固有收入，所以不会产生什么影响。在支出方面，地区影响极为重要。劳动力的迁移和从其地区转移到派多利亚的经济活动将要求政府调整其提供的公共服务以适应需要的改变。这些改变将反映出移民导致的年龄结构变化。

财政体制需要适应资源繁荣重新分配所带来的影响。整个地区个人收入分布的改变将会受到累进税制的抑制。社会保障体系，包括失业保险和福利转移，有助于保障个人在为了经济活动的区域转变而搬迁后，其个人生活不会受到过多的影响。不同区域公共服务的调整，也将促使大量的社会保险出现，这是为了承担处理资源繁荣再分配的影响。实际上，国家财政体制应用与我们讨论的财政联邦制相关，也意味着国家需要提供跨区域保险以协调区域间公平，从派多利亚筹集的收入将通过国家预算暗中再分配到其他不太富裕的区域，帮助这些地区获得公共服务资金和转移支付。

此外，也需要调整不同地区基础设施的提供。派多利亚的国家政府将不得不决定基础设施投资的数量及形式，以适应日益增加的经济活动，以及促进随后的经济发展。这些投资将把目标定位在资源行业自身及配套产业的交通运输和通讯。还需要大力发展当地公共事业，比如：供水设施和污水处理设施，学校和医院，以适应人口的增加。从更长远的利益来看，可能还需要通过培训或高等教育对人力资本进行投资，当然这种投资在全国范围内实行可能效益会更高。更难规划的是，应该在派多利亚资源基础上，多大程度地进行经济扩张和经济多元化建设投资。当然，在对派多利亚增加公共投资的同时，对其他地方的投资相应会减少。

单一制国家的政策回应

资源繁荣对私人部门和公共部门两者造成的影响都需要政府做出政策回应，因为这是政府在资源产业层面上的义务。政府通常享有对自然资源的某种形式的产权，因此必须决定如何行使这些权利。政府决策会考虑应该卖给或者租给私人部门的权利的数量，控制开发和提炼强度，伴随资源开发应该提供的基础设施。此外，政府必须决定如何使用其征集的资源收入及如何回应资源繁荣所引发的其他部门及区域经济的变化。即使不会面临联邦体制复杂的政府政策协调问题，所有这些事情也涉及艰难的决策。决策不仅需要基于全国的经济效益和经济增长水平，也要基于全国不同区域经济发展的结果。此外，因为资源繁荣将产生输家和赢家，对两者的衡量包含艰难的公平判断。在本章中，我们通过一个假想的内化所有地区影响的单一制国家政府论述了将要面临的改革问题。但是即使在这种假设的环境下，目前也没有足够的学术研究成果可供参考。目前我们能做的是概述必须考虑的多种因素。

假设石油和天然气的价格上升十分明显，派多利亚所拥有的自然资源的价值提高了。该国回应价格升高首先要做出的决策是关于如何快速寻找并开发石油和天然气资源的。这个艰难的决策受几种因素影响，甚至某些因素是尚未明确的。人们非常关注石油和天然气的未来前景，即使标准的预测是上升趋势，但是这也会受到诸如天气及政治剧变等事件的影响。甚至很难预测未来价格，因为勘测投资成功率本身就是不确定的。有关如何快速开发自然资源也必须合法处理涉及产业成本和全国的区域调整的问题，尤其要考虑其他行业包括那些科技进步及创新行业可能比自然资源更有潜力。还需要考虑资源开发的环境影响，包括环境质量下降，水供应的耗损及对林地和野生动物的影响。不同于行业调整，这些改变是持久的而不是暂时的。资源开发会对社会及文化包括土著居民及其他脆弱的群体带来不可避免的影响。很可能这些脆弱的群体可存在的时间仅和不可再生资源的寿命一样长，因此必须要创造新的群体。并且，正如前面提到的，最难判断的问题之一就是如何处理当代和子孙后代的竞争需求，因为不可再生资源的开发意味着留给子孙后代的国民财富的减少。与资源开发的这些影响相关的不只是标准经济成本效益分析，更多的是如何进行综合性的考量，进而决定怎么开发。

一旦确定了资源勘测率和开发率，接下来的问题是多少份额的自然资源收入应划归于公共机构及设计什么政策手段来征收这些收入。对于什么是转移自然资源租金的一部分给公共机构的最有效方式，经济学家们已做了大量研究，并形成了一些共识。预期租金可在资源勘测或生产之前，通过销售勘测权和开发租约或通过公共部门与私营部门的权益共享协议进行征集。或者，租金可通过征收适当的租金税的办法转移到公共机构。我们目前还不清楚混合这些机制是否适当，不过政府通常混合使用这些手段。理论上，通过竞价拍卖出售租约，可以得到所有预期租金，因此可能在某种程度上这种做法最为合理，因为资源产权属于公众。然而，销售租约通常不能取得所有预期租金。一方面，考虑到可能只有一小部分潜在买家参与，出售可能不是通过竞价方式；另一方面，租约所涵盖的资源价值存在相当大的不确定性，因此需要一个重要的风险溢价。更重要的是，租约买方可能会意识到其最终的利润是要交税的，从而将其资本化为租约价格的一部分。对利润和收入征税的情况下，原则上设计的税基应该能够反映经济租金，从而实现资源的有效开发。例如，对资源公司的现金流征税等价于租金税。[①] 实践中，自然资源税收通常偏离租金。通常给予资源公司的勘

① 现金流税包括所有收入并允许全额扣除投资（但是不能扣除资金成本或折旧）。税基等于现金流税的论述参阅 Boadway 和 Flatters（1991）。

探和开发费用十分有利的扣除，从而鼓励在这些活动上的过量投资。此外，如果政府征收使用费或收入的采掘税（或者目前净成本），而不是对经济租金征税，那么就会扰乱资源开发和租约出售相关的决策。

资源繁荣促使相当大量资金流入公共收入。接下来的问题是如何处理这些资金。它们通常被保留下来并在未来逐渐取用。在这种情况下，必须做出关于持有资产类型及稍后在何种收益率变现这些资产的决策。或者，其中某一部分或全部用于支出。这些支出可用于当前政府产品和服务，或可用于基础设施和区域发展或多元化项目。处理自然资源收入的一种可借鉴的模式是挪威模式，挪威的北海①发现了大量的石油和天然气。在挪威模式中，所有公共部门石油收入都来自于销售勘测许可证和生产公司的税收收入，其所有收入都被存放在所谓的政府全球养老基金（2006 年以前，称为挪威石油基金）。该基金投资外国资产，投资项目比较多元化，且只有基金的投资收益可供当前政府使用。因此，资产的保存是完整的。显然，维持这种基金需要高度自律，也需要政府的远见。目前在这方面，挪威的做法是绝无仅有的。其他国家不能抵抗诱惑，通常支出自然资源收入的很大一部分，这是缺陷，正如我们之前提到的在联邦制国家可能出现特殊的问题。不过即使在挪威，政府有时也会迫于压力利用基金收入的某一部分以补贴国内高税率的纳税人。挪威机制有一系列的优势。它能保证几代人财富共享；避免对国内经济创造过多的当前需求；保护国内经济，防止行业结构的重大改变，避免“资源诅咒”或“荷兰疾病”；降低可能对国内经济有害的汇率升值；保护政府远离资源收入波动。但是正如所提到的，很少有政府能够成功地实行挪威机制并确保资产价值水平。

作为对一个直接对资源的租金进行征税的系统的补充，有适当的尽量不被扰乱的企业所得税系统是十分重要的，因为这样可以保证有效分配不同用途间的投资。在公共财政方面，应该设计税收系统以便边际有效税率能在各行业和区域达成合理统一，边际有效税率是企业

---

① 挪威石油政策的论述主要参见 OECD（2005）。

所得税税率的地方应用于指定类型的边际投资。税收应该与企业所得税相结合，其中企业所得税是一种可适用于股东利润的税款预扣，其意图是避免企业瞒报企业收入以避税和预防非公民股东扣留。正是这种扣留动机说明了对权益收入征税是具有正面作用的。显然，目前全世界的营业税制度都不够理想。例如，营业税技术委员会（“茗茨委员会”）曾记录了加拿大的情况，加拿大的营业税系统一方面通过大量税收抵免支持资源部门的勘测和开发，一方面系统发现歧视作为创新和生产力增加的主要来源之一的服务部门。类似的结构问题也可能在世界其他地方的营业税。

税收转移到社会保险体系的设计，也是减轻资源开发对所有地区个体劳动者及其家庭的影响的重要手段。这个体系服务于纯粹的再分配的动机，其主要目的是为公民提供对抗各种逆境的社会保护，其要素包括累进所得税，就业保险，伤残转移支付及社会福利。设计这些体系必须衡量社会保险和潜在劳动力可能在其居住地和其他地区就业的动机。这是典型的公平与效率的权衡，包含重要的价值判断以及国家政府相对于其他机构例如家庭、朋友和社区及提供社会保险的慈善组织所起的作用。

社会保障制度涉及的不只是转移支付和社会保险，涉及选择医疗、教育及社会服务等公共服务领域水平。这完全是以再分配为目的的累进的税收转移支付体系的效果。实际上，人们可能对通过公共服务带来的再分配多于通过转移支付带来的再分配有不同的看法。派多利亚资源繁荣的情况下的问题是，如何调整当地的公共服务水平和其他地区对该区域人口变化的回应，以及其他地区劳动力到偏远地区进行资源开发的可能性。更需要考虑的是，单一制国家的政府必须决定在派多利亚扩建医院、学校、专科院校及高等院校的速度，并根据其他区域人口调整统一回应。这个问题部分涉及居民对其享受基本公共服务权利的期待，或可称为居民对其社会居民权力的期待。在单一制国家，人们可能期望社会公民权是以国家为基础进行定义的，因此合意可比水平的公共服务应有效地提供给所有区域的居民，就像相应的税收对所有区域的居民都是适用的一样。然而，即使在单一制国家的情况下，跨区域的公共服务水平的差异可能也是无可非议的，因为在不同地区提供相应等级服务的成本差别很大。在大多数国家，城市居民比农村居民享受到的许多公共服务的水平更高，这反映出了提供成本的差异。即便如此，不同区域的人们可能还是希望受到同等的对待，派多利亚的农村公民期望能像其他地区的农村居民一样有权获得相应的医疗和教育资源。把其转变为对派多利亚石油和天然气繁荣造成的人口快速变化回应的特定模型是一个价值判断的问题，并且这与自然资源本身开发的合意速度相关。在任何情况下，考虑到税收转移支付体系和社会保险体系的再分配性质，以及公共服务资金来自国家一般收入的事实，这意味着由于对派多利亚石油和天然气繁荣的政策回应，会有大量的区域间隐含的再分配。

单一制国家不可避免的更艰难的决策是服务资源活动和偏远人口的基础设施投资程度。这会影响到吸引劳动力来派多利亚的程度，也会反映有关资源开采速度及程度的明智决策。多少基础设施发展需要资源收入自身融资也是一个重要的政策问题。

最艰难的政策涉及的问题不是多种生产因素要投入到资源开发，而是应该花多少钱在基础设施上，以及应该进行多少基础设施建设及投入多少其他投入吸引其他经济活动，从而使派多利亚的工业结构多元化。这包括是否应采取积极政策鼓励上游活动，比如资源的精炼和加工。从更大的层面上来说，公共投资应使横向相关行业多元化，比如，创建如工业园和大学的机构，因为这类机构的存在可能会促进所有类型的工业活动，包括有持续价值的行业如制造业和高科技产业。关于跨区域工业活动的理想分配尤其是资源丰富地区应工业多元化的程度，经济学暂时几乎没有可提供的指导建议。有没有聚集效应可利用？派多利亚是否应该多元化？如果应该多元化，考虑的因素可能是其已经拥有很多资源活动，并预计会有大量的潜在的可供劳动密集型产业使用的劳动力？派多利亚是否是一个培养多元化的好地方，也就是说这是否是一个良好的增长结点？城市经济发展专家承认劳动力的聚集和城市区域内活动的多元化可充当经济发展的引擎，因为活动间的溢出效应可以互相促进。同样的考虑可能应用于区域发展。集聚经济可起到促进曾经滞留的区域经济发展的作用。问题是，应在什么地方鼓励这种聚集成长结点？目前一切都不明确，我们并不清楚自然资源财富储藏的位置本身就是可用于发展和多元化经济活动增长的结点位置。相反，自然资源通常位于偏远地区，即对于经济发展除了自然优势没有其他方面优势。

所有这些政策问题，不仅是联邦制国家的政府会遇到的，也是单一制国家的政府必须面对的。尤其是涉及有效集聚方面，无论是经济学还是其他相关学科都无法给予明确的政策指导。关于在哪里集中区域经济发展积极性，并不能依赖于经济学中经常强调的常用边际分析。经济发展过程涉及经济规模的变化和潜在的多种平衡，所有的政策问题都是很难的问题。我们这里想说的是，即使不是联邦制国家，针对特殊资源繁荣，政府需要出台一系列政策，这是势在必行的。此外，我们这里并没有假设一个国家的政府（即使是个慈善政府）在出台有效政策的判断方面是绝对垄断的。

联邦制国家的自然资源问题

正如之前的讨论所显示的，即使是单一制国家，仍有许多艰难的政策问题亟待解决，因为不同的地区所拥有的自然资源的数目极为不同。我们这里着重强调如何适应资源价值的冲击，但是资源禀赋价值的持续性差异也需要长期政策。为了适应资源冲击，效率和公平两方面问题都需要考虑，不仅要考虑勘测和开发资源的速度，依据资源繁荣调整基础设施水平和支出的速度，也要考虑在某种程度上应鼓励地区间和国际间到该地区移民，更要考虑设计税收体系、转移支付体系、社会保险体系，改变公共服务以对所有地区将会发生的各种混乱做好回应。解决这些政策问题涉及很多方面：对于资源价格的预期未来路径做好判断；在资源丰富地区应该鼓励多少多元化活动；预估资源开发应该会带来多种社会和环境的成本；而且更艰难的是，如何在所有区域的居民间和当代及子孙后代间分享资源繁荣的成果。

当一个区域受益于一种主要资源繁荣时，同样的问题显然也适用于联邦制国家。但是事实上，由于联邦制国家的分权财政决策和政府间转移等附加因素，资源繁荣所带来的问题反而更多。本节中，我们将讨论更深入的问题，即在分权的联邦制国家中，地方政府有大量政策和财政自由量裁权的情况下会出现的问题。现在，我们首先要区分哪些地方的资源归联邦政府所有，哪些地方的资源归地方政府所有。在许多联邦，事实情况是所有权归两者共有，两者共同享有对自然资源的管辖权及其收益。本节我们会重点讨论自然资源只归联邦政府所有，以及自然资源只归地方政府所有这两种极端情况，因为对这两种极端情况的充分了解有助于我们了解认识资源所有权由联邦政府和地方政府共享的中间情况。

自然资源的联邦政府所有权

首先考虑第一种情况，在这种情况下联邦政府拥有资源并从中获取直接收入。此外，在这个意义上，该联邦是个分权联邦，即州政府有权通过标准税收来筹集自身收入且负责提供其辖区的公共服务，包括，如教育、福利和医疗重要服务。州政府没有自然资源的所有权，也就消除了一个重要的与自然资源繁荣有关的结构问题—州际大型财政差异是由州政府资源所有权造成的，这一点我们会在下一小节进行深入讨论。即使消除了这种忧虑，在联邦制情况下，也会出现很多其他问题。只不过州政府拥有资源的所有权会在一定程度上加剧这些问题。连同另外一个分权的联邦一起，我们假设有一组适当的联邦政府与州政府之间的转移支付为所有在前面章节提到过的转移支付标准目的服务。在这种环境下，我们再次假设派多利亚，作为一个州，拥有大量的石油和天然气且从价格冲击中受益。

即使没有资源收入归于派多利亚，石油和天然气繁荣的经济影响将会是它和其他区域间产生显著的财政能力差异。工资标准将会上调，派多利亚的人均收入将会比全国平均值更高。这将使派多利亚获得比任何地方都高的人均收入获得能力。联邦政府和州政府之间的财政转移支付体系倾向于消除这些差异，使其在某种程度上实现均等，我们假设的正是这种情况。但是，除非转移支付体系能在平均值以上的州和平均值以下的州之间实现完全均等，否则某些财政差异仍然存在。实际上，许多均等化体系从联邦一般收入以外融资，平均值以下的州会通过联邦政府与州政府的转移支付提高某些财政能力的标准，但是平均值以上的州不会降低这种能力。

同时，派多利亚和全国剩余部分州政府的公共服务需要也将改变。来自其他区域的移民将导致派多利亚人口的增加及其他地区人口的减少，且公共服务将不得不作出相应调整。然而，由于涉及的移民主要是年轻人，身体健康的正值工作年龄的人，人均对公共服务的相对需求将会在某些其他区域提高（尤其是穷困地区）而在派多利亚下降。这在某种程度上将抵消派多利亚的迁入者定居在偏远地区的成本，因为在这些地方提供公共服务的成本较高。原则上，均等化体系可应对支出需求的改变以及收入筹集能力的改变，但是不是所有的实际体系都是这样做的。它们有效承担的支出需求等于人均值，也就意味着人口结构调整和提供成本改变不被计算在内。

总的来说，从其他区域到派多利亚经济活动的转变似乎加大了各州在相应等级税收基础上提供相应等级公共服务的能力差异。正如财政联邦文献所强调的，及我们早些时候所讨论的，这些差异可导致低效率和不平等（Boadway 和 Flatters，1982a，1982b；Boadway，2006b）。如果鼓励个人和企业迁移到以较低税收成本（较高净财政收益）利用较高水平的公共服务的地区，那么低效率就会出现。当然，也有许多其他因素吸引人们来到派多利亚，例如薪水更高的工作前景。此外，实证数据表明财政因素对移民决策有某些影响。[①] 这不是说不会有大量

① 这个问题曾在加拿大进行过研究，其省际的移民现象十分显著。经验评估财政收益对省际移民的影响可参阅 Winer 和 Gauthier（1982），Day（1992），及 Day 和 Winer（2006）。对于这些有效的反应结果 L. Wilson（2003）进行了评估且其数据结果表明影响相当大。

的外地移民到派多利亚，但是如果是这样，这应该反映的是生产力因素而不是单纯的财政因素。

各州间财政能力的变化，从其出现的意义上，可认为是受石油和天然气繁荣影响而出现的被动结果，即使州政府不改变其财政立场。然而，在派多利亚的石油和天然气繁荣出现之后，各地州政府似乎不太可能继续坚持原有政策。州财政政策不是孤立的，而是反映对存在有价值的流动资源和企业的竞争意识。财政竞争一般当作联邦内的一种健康的特征。它有助于提高效率，增强各州为其公民提供公共服务的问责性，并鼓励创新。然而，这些好处基于公平竞争，即假设州政府在合理平等的基础上以其能力参与财政竞争。这里一个州比其他州（均等化以后）有显著的财政能力优势，那么财政竞争就不会带来上面提到的好处了。

在派多利亚有主要石油和天然气繁荣的情况下，财政竞争似乎支持派多利亚与比它财政能力更高的州竞争，且可采取多种形式竞争。可能采取的财政措施包括吸引好工人来派多利亚，而其他州可能对这类措施难以回应。出于同样的原因，税收政策和基础设施建设两种财政政策，可用于吸引企业到这个州。即使缺少州政府拥有资源所有权可获得的租金，派多利亚还是可以参与州建设活动，并将吸引走其他区域的工业活动。考虑到派多利亚享有不同的财政能力收益是石油和天然气禀赋的结果，而不是某些自然工业优势，派多利亚凭借其优越的财政能力采取以邻为壑的工业政策会导致低效的工业区位模式。从更大层面上来说，如果调整资源开发的部分成本由其他区域承担，那么可能会出现单个区域资源开发过快的情况。

分权化的决策还会造成其他类型的低效率，例如不统一的税收转移支付体系，会扰乱内部经济联盟及州支出项目的成本或好处所带来的溢出效应。其中大部分都不是自然资源繁荣独有的。在石油和天然气繁荣的情况下，我们可以明显地看到某些州际低效的特定来源。一种是在各州间协调以满足跨越州边界运输石油和天然气的需求。另外一种是在提取石油和天然气的过程中在较偏远的地点使用大量的水和电，这可能会影响周边各州和地区的水和电供应。这也可能是跨越州边界的环境溢出效应。

从经济学的角度来看，有证据可以证明联邦政府在解决特定州石油和天然气繁荣所导致的低效率和不公平问题扮演了重要的角色。联邦政府需要做的包括再分配州际转移支付，通过条件转移支付使用联邦支出权力影响州行为，联邦税收及支出政策即对州建设的低效结果保持缄默，并协调各州间的行为。然而，因特定区域的资源繁荣导致的财政能力差异，以及可能出现在如派多利亚的州建设政策，会给传统的联邦政府与州政府财政安排造成的巨大挑战。相应的挑战包括需要调整跨州的公共服务水平和回应财政能力差异，以及减轻在派多利亚不可避免的州建设趋势的影响。正如我们所提到的，派多利亚将按照我们预期的那样以积极的方式利用其财政优势促进工业发展和派多利亚经济的多元化，进而引起工业活动从其他区域迁到派多利亚，并会导致财政能力差异的加大和由此引起的迁移。

在其他分权化的联邦，关于联邦政府责任的标准观点将会促使联邦出台政策回应因财政能力差异诱发的工业活动从其他区域迁移到派多利亚的显著转变的影响。即使州政府负责为其公民提供重要的公共服务，联邦政府确实有处理国家关注问题的某种职责，包括区域经济发展和需要确保所有区域的公民都享有可接受水平的公共服务。[①] 尚不清楚的是联邦政府如何充分履行其职责。举例来说，不能实施以牺牲其他州为代价达到抑制一个州的州建设发展政策。如前所述，联邦政府与州政府之间均等化的标准体系似乎并不足够。虽然这些标准体系通过对不富裕的州进行转移支付来取消各州间某些最惊人的财政能力差异，但是其通常不能使具有高财政能力的州均等下来。均等化体系也不能处理调整问题或处理派多利亚的州建设对其他地区的影响，尤其是那些最贫困地区。某些联邦政策手段是很有用的，比如全国范围

---

① 在一些国家，这些职责在宪法中清楚地阐明。例如，在加拿大，联邦政府负责在各省的区域发展，机会均等并确保给国家的所有公民提供可比水平的基本公共服务。

的累进税体系和社会保险体系。此外，在这一制度下，联邦政府获取公共份额的资源租金，因此，即使如何做的细节还没有完全成熟，联邦政府也有足够的资源执行全国基础设施战略。联邦政府可继续在以下方面发挥其重要作用：促进各州财政政策的统一，以及在提高重要类型的税收收入中保持显著地位，并承担为各州政府提供的社会项目融资的主要责任。有无石油和天然气繁荣，这些职责都是联邦政府的重要职责。但是，协调其他区域的决策，比如环境政策，跨境溢出效应问题和与水相关的问题，及土著居民政策对联邦政府来说也是十分重要。

自然资源的州政府所有权

现在考虑自然资源归地方（州）政府所有会出现哪些问题。这类情况的一个例子就是加拿大，加拿大各省在资源禀赋尤其是石油和天然气方面存在显著的差异。自然资源由州政府所有而不是国家作为一个整体所有，可能会加剧处理集中在一个州的主要资源繁荣的问题的难度，且也使联邦财政政策对这些问题做出回应变得更加困难。除了之前提到的资源造成的所有政策挑战，州政府对自然资源的所有权还会引发以下相关问题：

因各州财政能力差异造成的普通问题更为严重。相较于其他所有地区，包括那些可能有更为先进的工业的地区，来自石油和天然气的收入可能显著增强派多利亚的财政能力。取决于联邦政府与州政府间的均等化转移支付体系如何对待该州的自然资源收入，这些差异可能在转移支付后仍然很大。均等化体系在如何对待各州的收入筹集能力上有很大不同。即使在加拿大，自然资源收入直到最近才被完全包括在省级财政能力的计算内，均等化体系不能消除来自石油和天然气收入的财政能力差异，因为它是一个只补偿财政能力平均值以下的非资源省份的总体系统。因而，主要的石油和天然气生产省份艾伯塔，在均等化后留下的收入筹集能力是与其能力最近的省份竞争者的两倍。[①]

① 参见均等化和区域公式性财政补贴专家小组提供的评估结果。

在该体系中，收入被视为收入筹集能力的当前附加，艾伯塔有能力筹集的人均收入是安大略省的两倍。即使以前用来决定接收省份的均等化水平的标准也显著增加，并不清楚这样的结果在政治上是可行的或联邦政府可负担的，艾伯塔将仍然保持比国家平均值高很多的收入筹集能力。结果是，资源的地方所有权是产生横向不平衡的主要来源，这个影响同样适用于这种情况下的任何联邦。如果资源收入由像派多利亚这样资源丰富的州用于当前目的，那么就可以创建纯粹的大幅财政激励措施鼓励个人和企业迁往派多利亚。即使对在联邦引发迁移的相对财政激励大小有某些疑问，但是加拿大的例子说明由于当前的石油和天然气繁荣而造成省际的迁移的规模是相当大的。[①] 此外。移民的人口统计对于接收的州相对有利，这使得横向的不平衡更加明显。

与石油和天然气繁荣对财政能力差异的影响相关的是，即使在慷慨的体系中保持联邦政府与州政府之间的均等化体系的情况下，转移支付体系也会受到限制。尤其是当除了自然资源在收入筹集区域的职责更加分权的时候。即使没有自然资源，州政府筹集的税收份额越大，各州收入筹集的财政差异程度就越大，联邦政府履行其均等化职责拥有的财政资源就越少。由于派多利亚石油和天然气繁荣，以及其他选择的州可能较少的自然资源繁荣所导致的差异增加，均等化体系的支付能力将会变得甚至更加严重。支付能力问题可获得一定程度的缓和，如果联邦政府可使用其一般征税权力来从自然资源收入里获取较大份额。例如，在某种程度上，联邦政府能从基于租金企业税制中获得收入。然而，无论什么原因，政府倾向于在其领域支持自然资源所得税体系，主要的支持手段是给勘测开发和加工投资大量抵免。在州政府拥有自然资源的情况下，可能还有别的原因导致联邦政府在自身获取资源收入的份额方面更加谨慎。支付能力问题被以下事实夸大，即由于多种原因联邦政府选择不开发其全部能力通过所得税体系获取资源

① 关于加拿大财政引发移民的长期福利结果的最新研究表明其数量是显著的。（L. Wilson，2003）。

收入。[①] 我们会在最后一节回到讨论这些问题。

随着支付能力受到威胁，平稳的总量均等化制度的持续性变得脆弱。即使均等化是联邦政府处理财政差异和因分权出现的不平等的重要政策手段，其本质上还是要求一个关于的国家重大的共识程度，即国家仍然是一个“共享社区”。该国总体有多少居民愿意承诺不管税收差异所有州的居民都可在相应的税收水平享有相应水平的公共服务？换而言之，作为国家的社会公民身份多大程度上会是作州政府的社会公民身份的对立面？国家规定的共享社区根本上是在国家层面上还是在州层面上？[②] 当财政能力差异变大时，这些就成为公开的问题。

或许州政府资源所有权最关键和引人注目的影响就是加剧了各州间财政竞争的不对称性。派多利亚显然有资源从事基础设施建设和其他形式的支出设计，使其经济多元化并参与州建设，这在很大程度上以其他州的发展为代价。州建设是否构成有效发展这显然有疑问，因为其基础不是所有经济地理学的基本原理，而仅仅是基于资源收入可作为为州建设融资的可能性。起初，人们可能以为州建设是无效的，因为这是一个州自发的且仅基于自身利益的行为。然而，其他州必然会受到影响。很难知道如何说服派多利亚考虑其他州的利益，因为联邦政府对其影响的能力有限。这个问题与关于哪个城市有活力的辩论相类似。那些担忧忽略了把现存城市作为增长的潜力源的人应该加倍担心这种事情，派多利亚凭借其石油和天然气收入，吸引了太多资源来投入到其基础设施的建设。没有经济学数据表明经济发展的最好地方是存在大量石油和天然气资源的地方。

当然，这些由财政引起的经济活动迁移和不对称的财政竞争的影响，很大程度上取决于资源收入是否被作为一般收入对待，且可用于基础设施建设及经济发展方面而不是由资源丰富的州政府保留。如果

① 关于加拿大案例的详细结果表明（营业税技术委员会，1998），现存的营业税体系通过慷慨对待勘测和开发费用给资源工业提供优惠待遇。此外，从联邦企业所得税基础扣减省资源费使联邦收入损失已经出现，直到最近，通过资源部门默认收入信托受益。

② 社会公民概念和共享社区概念及其对财政安排的相关性讨论见 Banting 和 Boadway（2004）。

派多利亚走的是挪威的路径，那么由资源收入的州政府所有权导致的许多问题均可消失，即使自身所产生的差异仍然存在。

我们并不清楚什么样的回应才是联邦政府对这些问题的最佳回应。仅仅通过增强均等化来满足州建设的不对称能力的需要是不可行的，因为完全的净均等化是根本行不通的。这并不是说均等化情况下对待资源差异不是个重要的问题。但是仅仅是这样，并不能够应对在显著的资源繁荣背景下州建设可能的低效结果所带来的挑战。总而言之，联邦政府设计因时因地制宜的处理财政平衡的手段是至关重要的。最后一节，我们会讨论较为温和的问题，即假设分权的联邦可能存在可行政策，联邦政府可采用什么有效办法解决财政平衡问题。从更大层面来说，我们要讨论的是联邦作为一个整体如何回应需要两级政府协同行动的区域资源繁荣的可能性；众所周知，这是分权联邦国家众所周知的必要条件。

联邦政府对自然资源繁荣的回应

在这最后一节，我们意识到资源繁荣导致联邦各州间主要的财政差异之后更广阔的联邦政策。可把这些差异放到一个联邦内财政不平衡的更广阔的情形下。即使横向财政不平衡和纵向财政不平衡这两者是相互依存的，区分两种规模的财政不平衡仍然是十分有用的。财政不平衡概念并不十分清晰，但是尽管如此，我们都认可这是组织人们具有更广的财政联邦主义政策的想法的有力工具。① 纵向财政不平衡出现是因为联邦政府和州政府同时颁布的决策影响了彼此。联邦政府选择筹集多少收入，如何支出及把什么级别收入转移给州政府。州政府指定自身计划来筹集收入和提供公共产品和服务。如果这两套具有规范意义的决策彼此间不一致就会出现纵向财政不平衡。也就是说，考

① 联邦中纵向不平衡和横向不平衡的实用讨论可发现于 Boadway 的著作（2006），在这里面介绍了相关讨论。对于尝试把这个概念更加理论化，参阅 Boadway 和 Tremblay（2006）的著作。

虑到支出在某些意义上对两级政府是最优的，以及两级政府共享税收空间，如果转移支付给州政府的水平不足以平衡其预算，那么纵向财政不平衡就会出现。是否是纵向财政不平衡取决于关于联邦政府最优支出水平和州政府最优支出水平，以及两者之间收入分配的观点，但是这些观点是不明确的。即便如此，纵向财政不平衡的观点在概念上还是很重要的，对于此概念，加拿大最近有一场关于财政联邦制的辩论（参阅财政不平衡委员会，2002；财政不平衡咨询专家小组，2006）。

横向财政不平衡的情况不是那么不明确，但是仍然需要某些判断。如果一个联邦内，不同的州之间存在财政能力的差异或者基于相应税率提供相应公共产品和服务的能力上有差异，那么就存在横向财政不平衡。一个更为精确定义会进一步明确对比中应该包含什么样的公共产品和服务的水平和类型以及税收形式；考虑到各州自身做出的选择极为不同，对于横向财政不平衡的定义也很难达到精确。此外，在一个各州地理、历史、语言、文化或者宗教都不同的分权的联邦体制中，是否应该消除所有这些差异也是值得怀疑的。虽然这可能阻碍了对横向财政不平衡的精确定义，但是大部分人赞同财政能力中的大的变量构成了一定程度的不平衡。

在涉及由派多利亚石油和天然气繁荣造成的不对称时，联邦中财政平衡的辩论显得更为重要。横向行政和纵向行政两方面在这种意义上十分重要，因为联邦政府通过其均等化体系处理财政能力的大的差异，调整纵向收入将是必须要做的。反过来采取措施纵向调整联邦财政对横向平衡有影响，且实现横向平衡必须意味着对纵向调整方向和幅度有某些限制。从更普遍的层面来说，重新平衡对于一个多样化国家的经济联盟想要实现的效率和公平有重要意义，且将对联邦的发展有较长时期的影响。如何对待自然资源是财政平衡辩论的中心。即使横向行政和纵向行政相互依存，我们还是可以采取一个有助于厘清问题的策略：依次地探讨其各自相关的问题。

横向平衡自然资源差异

正如我们所讨论的，派多利亚自然资源繁荣的最直接影响就是引起了各州间的财政差异。无论资源所有权属于州政府还是属于联邦政府，这个影响都是存在的。派多利亚的情况里，横向平衡辩论主要关系到州政府自然资源收入应均等化的程度。为了完全解决由于资源收入易于引起的差异所造成的公平和效率问题，可行的一个办法是州政府资源收入能力完全均等化。只有这样才能消除由资源繁荣所导致的净财政收益差异。除了关于设计这种均等化体系之外的详细问题，其他关于完全均等化资源收入的问题也需要考虑。[①]

首先相关的是产权或者宪制上的观点。这涉及在联邦均等化框架内，州政府自然资源所有权和均等这些资源收入之间的不可避免的冲突。该观点是自然资源的州政府所有权阻碍了这些收入的完全均等化，因为均等化数量取消了资源所有权的说法是不具有完全说服力的。第一，州政府税收收入的所有权同样可以适用于所有的收入来源而不仅是资源，且很少人会同意收入均等情况下的这种妥协更普遍的说法。此外，虽然均等化转移支付是有条件的基于州政府能力筹集的资源收入，但是其不构成资源收入的税收。实际上，联邦政府确实通过其所得税系统和销售税系统对自然资源活动征税施加直接影响，且这种做法并没有被支持州政府所有权观点所排除。

第二个观点是支付能力。这表明因为联邦政府对资源收入没有直接使用权（例如，特许使用权费，租约出售），这使得对其完全均等化是不可行的。对此有两种回应：第一种是正如我们所提到的，联邦政府通过常见的所得税和销售税确实有权使用资源产生的收入。实际上，如果联邦政府选择这样做，那么从资源产业比改革营业税体系获得更多的大量收入是可能的。正如所提到的，很少有政府通过企业所得税

---

① 最近对与艾伯塔石油和天然气繁荣相关的问题在加拿大进行了辩论。均等化自然资源收入的优势和劣势由均等化和地区公式化补助专家咨询小组（2006）详细地列出。关于这些问题的更详细论述，请参阅 Boadway（2005a，2005b，2006a）。

体系完全开发对资源租金的征税机会。第二种，在某种程度上支付能力是一个问题，他可通过改变均等化接收州政府标准使其相应的解决支付能力问题，而不是通过改变资源收入的比例使其得到解决。这明确显示出标准的改变意味着各州权力的平均人均改变，因此均等化接收州标准至少是维持横向平衡。资源均等的比例降低将对资源贫乏的州造成损害。

第三种观点是当某些资源处于较贫困的州时，需要考虑均等化自然资源的后果。设想如果自然资源也均等化，该原则也应该适用于所有这样的资源，而不仅仅是像派多利亚那样位于富裕州的资源。主要观点就是完全均等资源收入阻止均等化接收的州发展自身的自然资源。不过该动机问题被夸大了。在自然资源已经收到均等管制的联邦，例如在加拿大，没有任何证据显示这种均等对州政府开采资源的速率有任何影响。此外，有许多理论反对这种均等化自然资源的做法。一旦发现资源，无论任何时候发生任何均等化调整，开发都会进行。因此推迟开发没有优势。存在的任何抑制因素在发现阶段有效，而在发展阶段无效。

第四种观点是均等化自然资源收入潜在的严重问题是衡量特定资源收入筹集能力的困难。不同的资源开发会有不同的筹集收入的能力，因为不同的资源开发所需的成本不同，该变量也增加了使用再分配税收体系的方法的难度。有观点以此认为，相对于潜在收入而言，实际收入更好构成均等化基础（均等化和地区公式化补助专家咨询小组，2006）。使用实际收入的问题是其加剧了激励问题，因为实际收入取决于州政府所选择的税率。在这些情况下，在公式中仅包含的资源收入的一部分几乎是必然的。解决不具备激励意义的测量问题的方法之一，就是使用所谓的分层方法以此把收入分解成更具可比性收入能力的群体。这样做在某种程度是在目前的均等化体系中使用代表性税制方法（例如，加拿大、澳大利亚）。

最后，有一种观点由 Courchene（2004）提出：由于需要提供专用的基础设施和其他企业服务，州政府获得资源收入的成本过高，资源收入不应当完全均等化使用。有关这个观点的问题是这种化整为零的方式偏离了对于特殊资源的收入均等化原则，且它忽略了利用或开发许多其他收入基础会造成一定的成本这个事实。例如，医疗和教育系统确实有助于提高个人和企业税基所依赖的收入能力大小。因此，需要根据这些原因区别对待自然资源的差异。

自然而然，这些反对完全均等化资源收入的意见将会导致任意且系统性损害资源贫乏州的体制建议。这不仅不能缩小各州间财政能力差异主要来源；而且也促使把自然资源禀赋当作为经济发展的主要决定性要素。

纵向平衡的处理

现在让我们把关注的目光放得稍微广一些，并考虑纵向财政不平衡的问题，我们主要关注的两类情况：首先，由于联邦变得越来越分权，维持纵向平衡是很重要的。联邦的逐渐分权是一个持续的现象。相对重要的公共服务由地方政府提供，比如，医疗保健和教育服务正在增多，以及相对于来自于联邦收入的资金，应该多少资金源于省份自有收入的问题也相应出现。其次，联邦有时也会受影响联邦政府和州政府的财政情况的冲击。因此，如果联邦受冲击制约导致突然的赤字情况，那么相应的问题是联邦转移系统是否应该做出回应，如果是那样如何做出回应。同样地，如果联邦政府遭受财政冲击，无论正确与否，它都可选择与州政府共同分担冲击。从更大的层面来说，纵向财政不平衡可能会随着年份逐渐增强，因此联邦财政系统不适于涉及这种情况。

解决纵向不平衡的一种方法是研究从长期看来什么是适当的纵向平衡。纵向平衡的问题应该归结于州政府从自身来源税收而不是联邦转移支付取得收入。假设联邦是一个典型的且有合理程度的分散的联邦。州政府负责给其公民提供给公共服务的大部分支出且有大量的自有来源收入，包括扩展税基所得。同时，联邦政府给州政府进行了大量转移支付，部分是为了均等化目的，而部分是为了维持收入和支出和谐的统一体制。也假设州政府要求更多的财政自主权和更少依赖联邦主义，部分是为了减少其应对任意联邦转移支付变化的脆弱性，以及为了减少联邦政府给予条件转移支付的可能。当然，联邦政府很可能对此反驳。如果存在这种假设的情况，那么我们就需要在纵向平衡上作出改变。

大体上对于处理纵向平衡问题有三种方法：第一种是维持现状，这意味着维持联邦政府转移支付占州政府支出份额的总体一致，同时考虑是州政府支出很可能随着时间继续不成比例地增加的事实。第二种是将税收空间留给州政府，并同时减少联邦转移以满足州政府对更多自主权的渴望。第三种做法与其相反，增加与联邦政府的税收份额及其转移支付水平。从州政府的角度来看，第二种选择是最具吸引力的，至少对那些不会过于依赖联邦政府的州政府来说。如果过去联邦政府使用其转移支付权力过于冒昧且以不可预知的方式，这可能也很有吸引力。虽然与自然资源的关系问题稍微薄弱，但是也有必要指明为什么这不是个好主意。相反，我认为第三种选择可能更为合适。

对于移交税收空间给州政府并且使它们更加自给自足，主要有三种观点：第一种观点是问责性。州政府会更加对其支出负责，如果州政府被要求自己筹集收入应对支出。第二种观点是移交收入筹集权力给州政府且减少联邦转移支付，尤其是对政府社会开支项目的支持，将减少联邦政府使用转移影响州政府决策的能力。不仅避免使用支出权力以确保州政府以不受约束的方式追求其优先事项，而且也避免给州政府的转移支付出现突然且非预期的变化，比如当联邦政府突然面临某些财政冲击和突然地减少转移支付时，就会出现这种情况。第三种观点是将税收空间留给州政府实际上可能是鼓励其统一自身税收体系的一种方式。例如，这些论点用于支持加拿大采用这种建议，即联邦政府应该将某些或全部销售税给其消费税没能很好统一的各省（财政不平衡委员会，2002；Poschmann 和 Tapp，2005；Smart，2005）。有待考证的是，省销售税的统一是使加拿大走上提高加拿大经济联盟效率的重要一步，并且使加拿大工业更有竞争力。

然而，也有很多引人注目的观点是反对深入推进州政府的收入分权。问责性的观点不是非常令人信服，并非真的支持这个观点。关于为何州政府在支出自身收入的时候应该比支出联邦转移支付更加小心的观点，我们一直没有找到很好的理由来支撑。其实，一旦接受，两者都是可代替的。此外，问责性已经为了增加边际收入而存在，因为它们必须来自于在各州筹集的额外税收。或许更重要的是，在像销售税等有广阔基础的税收情况下，州政府就不用使用税率，尤其是销售税率来调整其预算。相反，它们一定会接受在其给定税率后的任何收入。为何它们应该区别对待这些由于无条件转移支付接受的收入，目前尚不明确。如果人们重视问责性的观点，就不得不假设严重的问责性问题也伴随着来自自然资源的意外收入，但是没人阐述过这种说法。

同样地，通过给予其更多税收收入转移促进州政府税收统一和谐是完全一厢情愿的。相反，几乎可以肯定地说，这会使得税收统一更为困难。过去仅仅当联邦政府是主导收入的筹集者时才会发生税收的统一。收入来源集中于州级别通常是在联邦中最不协调的，资源税在其中最为明显。此外，当联邦政府空出特殊种类的税收空间给州政府时，这些税收通常变得不那么统一。一个很好的例子是加拿大的个人所得税。在极端情况下，当联邦政府移交继承税给加拿大的省时，其会逐渐消失。没有特殊的理由，可以期待州政府会单方面地选择增加其所有主要税收的统一程度作为对联邦降低税率的反应。现在，他们已经了解到了统一的优势，所以他们选择不去对联邦降低税率作出反应。

同样重要的是，当增值税是销售税的主导和首选形式时，我们并不清楚统一的增值税在联邦系统是否在行政上可行的，因为在该体制中州政府对其自身税率有真正的自由裁量权。边境管制的缺失使得各州税收不同时管理贷款和开发票程序非常困难（更详细地讨论参阅 Boadway，2006b），它是真实存在的通过增值税下放可实施的模型。[①] 然而，它们尚未应用于任何地方，包括欧盟。在加拿大，魁北克确实是把销售税（QTS）作为分权的增值税实施，与联邦保持一致。但是

① 对于某些选项，参阅 Keen 和 Smith（2000），McLure（2000），以及 Bird 和 Gendron（2001）。

出于行政理由把魁北克销售税延伸到其他省份是否合理尚不明确。换种方式，可能对分权且统一的增值税系统运行是可行的，但是鉴于其行政成本，我们在后面会提到一个更好的替代品以避免行政成本。

对分权税收空间给各省的另一种反对理由是，这可能会造成各省间较大的财政差异且增加均等化体系的压力。为了维持现存的均等化结构，转移支付的规模就需要增加。对支付能力的关注会更加强烈，当前水平均等化的持续性将会受到威胁。这些关注点特别适用于资源收入归州政府拥有的情况。

最后，联邦的重新平衡意味着联邦政府与州政府较少的转移支付，将给予联邦政府能以通过附加条件转移支付（支出权力）影响降低州政府效率。关于联邦支出权力的作用人们可持有不同的观点，当然还可能存在滥用的潜在性或用于非合作方式。然而，联邦支出权力仍是一种重要的政策手段。这是联邦政府唯一可用于履行其在国家效率和公平的合法政策利益的有效的手段。即使联邦转移支付大部分是无条件的，仅存的重大联邦政府和省政府之间的转移支付将在政府间的交互中给联邦政府一个有利的位置，并为说服州政府协调和统一政策的优点提供某些合法性。但是这也允许联邦政府参与支出项目促进国家发展，例如给基础设施、人力资本和城市投资。对于平衡州政府的州建设政策，这或许是有益的。

建议选项

前面的讨论反对在联邦内进一步分权收入筹集给能有权使用广阔的收入来源的州政府。换句话说，它反对减少或消除纵向财政差距方向的步骤。相反，可以使这种情况更加严重，即通过在筹集收入和给予转移支付两方面维持一个强有力的联邦存在，实现财政联邦最重要的目标。我们认为通过对某些辩论方法做进一步解释来结束本章是非常适当的，我们赞同并支持一种特殊的有助于联邦筹集资金的联邦重新平衡形式，即使它可能有点反对近期强调的把尽可能多地分权作为财政联邦制度的目标。该选项假设了一个类似加拿大或美国的联邦，在这个联邦，州政府或省政府通过销售税和所得税筹集它们的大部分收入。

最佳的选择会采取下列形式。州政府会完全让渡消费税领域，且联邦政府将会通过新的或增强的国家增值税来占据税收空间。原则上来说，这将统一销售税系统，因此实现大家都期待的效率提高的目标。州政府销售税收入的损失将经由对于国家增值税收入的明确收入分享协议进行补偿（在这里不需要提出精确的分享比例，重要的是原则）。收入分享构成可以以多种方式在各州间进行分配，虽然最简洁的方式可能是平均人均分配。按照这种方式做，就不需要进行更深入的均衡。

澳大利亚和德国曾采用过统一的国家水平的增值税及其收入在指定税率与省共享的方式。这也类似于参与统一销售税系统的三个加拿大省份目前使用的系统。只不过后者是关于这三个省份的收入的分配共享方案。在这种情况下，收入于是变成该省份完全均等的收入来源，这使得其类似于人际均等转移支付。正如所提到的，这种做法不用牺牲问责性。州政府按照分配给它们的增值税收入份额获取一般收入，就像在更加分权的收入筹集系统按照其接受的州政府税收收入获取一般收入。不管在哪种情况下，联邦政府都对收入都有不多不少的控制权。税收体系的这样一种重新平衡将保留完整的联邦政府与州政府之间的转移支付体系，包括那些用于支持且影响州社会项目支出。可能仍有通过改变这种决定和改变转移，支付过程这主要是为了激励联邦政府尽可能负责地且尽可能可以预见地方式利用支出权力。

更直接相关的是，我们所建议的再平衡改革不能解决因石油和天然气繁荣导致的主要问题，即我们认为会在派多利亚或将来其他各州可能出现的问题。最好的情况是再平衡不会加剧该问题。只有派多利亚可采取减轻石油和天然气带来的负面影响的行动。尤其是，在某种程度上州的石油和天然气的净收入存放在一个专门的存储基金中而且资金没有用尽，这些提到的主要的问题将不会出现，在这里“净”指的是减去给资源行业提供必要的商业基础设施成本以后的收入。如果以挪威的方式设立存储基金，在基金存储所有州政府石油和天然气的净收入，并把该基金收益作为可用于当前使用的永续资金收入，该问题将不会出现。不过这似乎不大可能发生这种情景，因为派多利亚可能有州建设或更确切的强烈动机，同时缺乏动力去考虑其行动对其他州的影响。或许也是因为联邦政府有对其自身基础设施建设和人力资本发展战略的更多考量。

第六章

地方政府治理理论[①]

我们将不遗余力地提高民众对于公民责任的意识，这样一来……我们给予这座城市的绝不会少于他过去所赋予我们的，这座城市将会变得更伟大、更美好和更美丽。

——雅典古城委员会成员誓言

地方政府与地方治理

地方政府指通过国家宪法（如巴西、丹麦、法国、印度、意大利、日本、瑞典）、州宪法（澳大利亚、美国）、更高级别的中央政府的一般立法（新西兰、英国及大多数国家）、省级立法（加拿大、巴基斯坦）或行政命令（中国）建立起来的特定的机构或实体，用于向相对较小的地域提供特定的服务。地方治理是一个更宽泛的概念，即在地方级别上制定和执行的集体行动。因此，地方治理包括地

① 本章中地方政府主要是指当地的基层政府。——译者注

方政府和政府各级正式机构的直接作用和间接作用，以及非正式规范、（社会）网络、社区组织和社区协会在通过定义公民与公民间，以及公民与国家间交互、集体决策以及地方公共服务框架时，实现集体活动的作用。

因此，地方治理的目标十分广泛，其中包括建立充满生机的社区、现存可行的社区或是环保自治社区等等。好的地方治理不仅要提供各种地方服务，而且还涉及保护公民的生活和自由、为民主参与和公民对话创造空间、支持市场导向的和环境可持续的地方发展以及促进便于改善公民生活质量的各种成果。

虽然地方治理的概念如人类历史一样悠久，但是直到最近才出现在学术和实践文献的广泛讨论中。全球化和信息革命正在迫使我们重新审视公民与国家的关系、各级政府的作用以及政府之外实体之间的关系，因此，人们对于地方治理的关注度增加了。但是，这一概念还没有被发展经济学领域的学者全面阐述和讨论，是因为研究发展援助社区的学者沿袭惯例，不是关注地方政府就是社区组织，从而忽略了整体的制度环境能够促进亦或阻碍在地方层面上提供公共利益的各组织、团体、规范和社会网络之间的互联、合作或竞争。

有几位学者（Bailey，1999；Dollery 与 Willis，2001；Rhodes，1997；Stoker，1999）认为，现存的政府之外实体组成了一个庞大的网络参与提供地方服务或涉及改善生活质量问题，所以将地方政府视为一个单独的实体是不切实际的（也可参考 Goss，2001）。为了构建一个良好的地方治理体系，我们需要仔细审视地方治理这一宽泛概念的分析认知。一个良好的地方治理体系应该是一个有回应、负责任，以及可问责的系统。有回应（做正确的事，提供公民关心或与公民偏好一致的服务）；负责任（用正确的方式做正确的事，高质量、低成本、树标杆）；可问责（基于公民所拥有的权利）。此概念分析尤为重要，因为地方政府在这一背景下的作用与其传统职责产生了强烈的反差。

本章将地方治理的演化作为背景，展示地方治理体系的理论分析基础，从而为更好地了解第七章列出的比较实践提出理论铺垫。下一节列出了地方治理的分析方法，这些方法将有助于了解政府的作用、对比制度安排。本章还进一步建立了地方治理的模型，其中融合了地方治理文献中的各个部分。该模型可为发达国家和发展中国家的地方治理的评估和改革提供重要参考。

地方治理和中央地方关系的概念观点

原则与理论

几个得到了广泛认可的理论在效率、问责、管理和自主方面为分权决策以及地方政府强有力的作用提供了强大理由。

Stigler（1975）列出了两条关于管辖区域设计的原则：（1）代议政府与人民越亲近，其运行得就会越好；（2）人民有权为其所需的公共服务的种类和数量投票。从这些原则中可以看出，决策过程应当与分配效率保持一致，从而在最基层的政府进行。而且此类地方政府应当具有自治规则——也就是说，它们完全具有对地方服务进行决策的自主权利。因此，管辖区的最佳范围会因规模经济和效益成本溢出情况而有所不同。

财政均等原则

一种关于辖区设计的相关概念已经出现于有关公共选择的文献中。Olson（1969）认为，如果某行政辖区和受益范围重叠，则能够克服所谓的“搭便车”问题，而且边际效益等于生产的边际成本，因此可确保公共服务的最优供给。财政均等原则使得行政辖区和受益范围的等同，它需要对每一项公共服务进行单独管辖。

对应原则

Oates（1972）提出了一个相关概念，即决定每一项公共产品供应水平的管辖机构应当精确的了解使用该公共福利的个体。该原则一般需要大量重叠的管辖机构。Frey 和 Eichenberger（1995、1996a、1996b、1999）对这一概念进行了扩展并定义了功有覆盖型竞争性辖区（FOCJ）的概念。他们认为管辖区应当根据其职能类型、地域重叠因素而划分，另外，辖区内的个人和社区应当能够自由地在相互竞争的辖区机构中进行选择。个人和社区可直接通过倡议和公投来表达其喜好。辖区行政机构有权管理其成员，并且有权对他们收取税款来完成任务。瑞士苏黎世州以及位于北美洲的个别地区所采纳的模式就是遵循此 FOCJ 概念。

地方分权化理论

根据 Oates（1972，55）提出的该理论，“每项公共服务都应当由对最小地域有控制权的辖区机构提供，由此可以达到此类服务提供的效益和成本的内部化”，其原因是地方政府更加了解当地公民的诉求，地方决策应对当地公民需求有所回应并对所需服务加以安排。因此，地方政府会鼓励财政责任和效率，尤其是当服务的资金来源被分权下放的时候；不必要的行政管理层要被取消；辖区之间的竞争和创新得到加强。

一个理想的分权体系不但能够确保公共服务与选民偏好达成一致，而且还能够为高效提供此类服务提供激励因素。当考虑到空间外部因素、规模经济情况、行政与执行成本的时候，适当的中央控制或补偿性转移支付可以确保服务的提供。该原理的实践结果再一次证明了，在采用地方分权化定理的辖区需要大量重叠的辖区行政机构。

主从原则（即下级自治优先法则）

税收职能、支出职能和管理职能应当由较低级别的政府执行，除非有足够的理由才可以将此类职能分配给更高级别的政府。该原则源自于罗马天主教堂的社会教导，并由罗马教皇利奥十三世（Pope Leo XIII）于 1891 年提出。后来，罗马教皇皮乌斯十一世（Pope Pius XI）

对辅助性原则进行了强调，并认为其是介于独裁和放任自由之间的第三种治理方法。《马斯特里赫特条约》（Maastricht Treaty）将该准则作为指导性准则，用于欧盟（EU）各成员国之间的责任分配。该原则与中央集权制的国家一般采取的剩余原则恰恰相反，在中央集权国家中，地方政府通常获得的职能是中央政府不愿意执行或其无法执行的职能。

执行机制

若要达到地方辖区的最佳数量和规模，需要社区形成过程的运作，以及辖区边界的重新划分。

◆ 用脚投票。根据 Tiebout（1956）提出的理论，人们在决定其安居之所时，会将税收成本和行政辖区提供的公共服务纳入衡量范围。因此，用脚投票的机制影响了辖区的形成，这是因为其机制创造了一个类似提供公共服务的市场。Oates（1969）表明，如果人民都采取用脚投票机制，社区之间的财政差别就可用自住物业的价值进行估算。这一结论被 Brueckner（1982）和 Shah（1988a、1989a、1992）提出的对分配效率的测试结果推翻。这两次检验都证明了，公共服务的最佳供给不能仅依靠用脚投票机制而达成，还取决于合理的投票行为。

◆ 不记名投票。这一研究方向指明，集体决策可能无法保证选民福利的最大化，因为公民与其政府代理人会有不同的目标。

◆ 自发联盟。Buchanan（1965）假定，当地公民通过自治组织或俱乐部所提供的公共服务可以保证行政辖区的形成与公共服务的最佳提供要求相符合。

◆ 辖区边界的重新设计。在现代社会中，社区形成的一个重要过程就是重新划分现有行政辖区的边界，从而创立特殊或具有多功能的行政辖区。

地方政府的作用与责任：分析基础

关于政府的模式和地方政府的作用与职责有以下五种观点：传统的财政联邦制、新公共管理（NPM）、公共选择、新制度经济学（NIE），以及地方治理的网络形态。联邦制与NPM观点主要与市场失灵以及如何有效公平地提供公共产品有关。公共选择和NIE观点涉及政府失灵的问题。治理网络的形态涉及对克服市场失灵和政府失灵的制度性安排。

传统财政联邦制观点：地方政府作为更高层级政府的仆人

财政联邦制提议将地方政府视为一个多层体系的下级层面，而且为各级政府的作用和责任列出了相关原则（见Shah，1994b对财政法规设计框架的描述）。因此，在例如加拿大和美国等大多数联邦制国家中，地方政府是州政府的延伸（二元联邦制）。在少数个别情况中，如巴西和南非，地方政府与上级政府具有平等合作伙伴的关系（合作联邦制）。在瑞士这个特例中，地方政府不仅是统治权力的根源，还拥有比联邦政府更大的宪法意义。因此，由于地方政府具有宪法依据也具有合法地位，联邦制国家中的州政府对地方公共服务的提供承担着不同程度的监管任务。在中央集权制的国家中，各级政府都可以作为中央政府的代表履行职责。因此，在中央集权制的国家中，一套指导地方公共服务分配责任的有效方针应当是由国家政府决定服务和执行的政策制定和标准，由州政府或省政府进行监督执行，由基层政府、市政府或地区政府提供服务。

在所有的国家，由基层政府或地区政府提供的服务可以分为公共或私人两种方式。除消防之类的纯地方公共服务以外，其他公共服务的责任都可以采用这些指导方针共同承担。

向基层政府、市政府及地区政府分配公共服务的时候，应当考虑多种因素，其中包括规模经济、范围经济（通过合理的地方公共服务打包，利用信息和经济协调提高效率，并通过投票人的参与和成本回收强化问责）、成本效益溢出、与受益人接近、消费者的偏好以及关于支出组成的预算选择。分配到服务的特定层级的政府可根据效率及公平考虑因素决定提供服务的公共或私人特性。对于人口超过一百万的大都市可以考虑进一步划分为一级市政府（规模更小，负责提供社区式服务）和二级市政府（提供全地区的服务）。一级市政府应当进行直接选举，而且这些被选举出来的市长可以成为二级政府的城市委员会的一员。澳大利亚的墨尔本、加拿大的温哥华、美国宾夕法尼亚州的阿勒格尼以及瑞典的斯德哥尔摩都在使用这种大都市治理的双层结构。

在发达国家，具有特殊目的的机构和组织负责提供各都市或地区公共服务，其中包括教育、医疗、规划、娱乐和环境保护。此类机构可包括图书馆委员会；运输及警察委员会，还有提供水、煤气和电力的公共设施机构。这些机构提供服务的区域超过了行政管辖区，而且通过贷款、用户收费和指定的收益税得到了大量的资金。例如，以财产税为基础的补充性物业税率，为地方教育委员会提供资金。如果被保持在最低水平，此类机构也能够充分利用经济规模，对行政界限与服务区不一致的地方提供相应的公共服务。这些机构数量的增加会在地方层面上破坏问责性和预算灵活性。如果专门机构的成员是任命的而非选举的，也会削弱选民的问责性和回应性。如果大部分地方支出超出了地方委员会的控制范围，那么预算的灵活性将会被降低。

表6－1列出了对各种分配标准如何有利于地方或大都市分配以及公共或私人生产是否有助于效率以及公平方面的主观评估。该表列出的标准和评估比较随意，另外实践和制度考虑因素应当应用于该分析，因此读者使用同样的标准可能会得出不同的结论。

表 6－1　授予市级政府、地区政府或都会政府的地方公共服务

公共服务	提供服务的分配标准						公共及私人生产的分配标准		
	规模经济	范围经济	收益成本溢出情况	政治亲近性	消费者主权	部门选择的经济评估	综合	效率	公平	综合
消防	L	L	L	L	L	M	L	P	G	P
警察	L	L	L	L	L	M	L	P	G	G
垃圾收集	L	L	L	L	L	M	L	P	P	P
社区公园	L	L	L	L	L	M	L	P	G	G
街道维护	L	L	L	L	L	M	L	P	P	P
交通管理	L	M	L	L	L	M	L	P	P	P
当地运输服务	L	M	L	L	L	M	L	P	P	P
当地图书馆	L	L	L	L	L	M	L	G	G	G
小学教育	L	L	M	M	L	M	M	P	G	P，G
中学教育	L	L	M	M	L	M	M	P	G	P，G
公共交通	M	M	M	L，M	M	M	M	P，G	G	P，G
供水	M	M	M	L，M	M	M	M	P	G	P，G
污水处理	M	M	M	M	M	M	M	P，G	P，G	P，G
垃圾处理	M	M	M	M	M	M	M	P	P	P
公共卫生	M	M	M	M	M	M	M	G	G	G
医院	M	M	M	M	M	M	M	P，G	G	P，G
电力	M	M	M	M	M	M	M	P	P	P
空气及水污染	M	M	M	M	M	M	M	G	G	G
特种警察	M	M	M	M	M	M	M	G	G	G
地区公园	M	M	M	L，M	M	M	M	G	G	G
区域规划	M	M	M	L，M	M	M	M	G	G	G

注释：L = 地方政府；M = 地区或都会政府；P = 私人部门；G = 公共部门。

资料来源：Shah（1994b）。

私人部门的参与也可以通过多种方式实现，其中包括通过竞争投标进行承包、特许经营（地方政府为管理机构）、转移支付（通常适用于娱乐及文化活动）、抵用券（地方政府可通过私人供应商赎回）、志愿者（大多数在消防局和医院）、社区自助活动（如防止犯罪），以及私人非营利性组织（如社会服务）。因此，一种混合的公共服务供应系统适用于地方公共服务。在大多数发展中国家中，地方政府的财政能力得到了较大限制。因此，在提供地方公共服务方面鼓励私人机构的参与变得更加重要。此类私人部门的参与能够提升地方公共部门的责任与选择权。但是，将提供服务的责任分配给具体层级的政府并不意味着该政府要直接参与服务的生产。有限的经验证据证明，私人机构生产某些公共服务实际上可以提高效率和公平。

财务联邦制文献还为地方政府的融资选择提供了指导。在将征税权力授予各级政府的时候，需要考虑以下四个主要原则。第一，经济效率标准规定，对影响内部共同市场效率的流动性要素与可交易商品征税的权力应当分给中央层级。如果将对流动要素的征税权授予地方政府，那么将会导致地区或基层政府使用“以邻为壑”的政策而吸引社会资源到本地。在这个全球化的世界中，因为免税区的存在以及难以将虚拟交易的收入与实际的空间结合起来，所以即便是将流动资本的课税权赋予中央政府，有时候也无法有效执行。第二，国家公平的考量因素，累进再分配税收权利应当分配给中央政府，这种方法能够限制地区和基层政府通过不正当的再分配政策使用税收和转移支付来吸引高收入人群并排斥低收入人群。但是，这样做可能会造成地方政府对当地居民在所得税的基础上再次征收附加费、固定税率或其他形式的地方征税。第三，根据行政可行性标准（降低合规和行政管理成本），税收权利应当赋予那些最有能力监督相关评估的行政机构来执行。该标准将行政管理成本降到了最低，同时也将逃税的可能性降到了最低。例如，财产税、土地税和不动产增值税都应该交给地方政府处理，这是因为地方政府能够更好地评估此类资产的市场价值。第四，依据财政需求或收入充足性标准，为了确保问责性，收入方式（从自有资源增加收入的能力）应当尽量与支出需求相匹配。此文献涉及长期资产应当主要通过借债来获得资金，从而确保几代人能够公平承担责任（Inman，2006）。另外，此类大宗投资一般无法使用当前的收入和储备金来获得资金（见专栏 6－1）。

专栏 6－1 地方政府财政的关键考虑因素及工具

关键考虑因素

地方政府的整体目标就是高效提供公共服务为居民最大化社会成果，并为私人部门有效提供公共服务的发展提供一个有利环境。这需要地方财政考虑到以下几点因素：

◆ 地方政府应当限制再分配服务的自筹资金；

◆ 只能够针对企业服务向公司课税，不能够为再分配向公司课税；

◆ 当前服务的资金应当来自于当年的运营收入，未来的服务资金应当来源于以后时期的税收、使用费和借款；

◆ 居住服务的资金应当来源于税收和居民缴纳的费用；

◆ 商业服务的资金应当来源于土地价值税以及使用费。利润税、产量税、销售税和可动资产税会迫使企业离开辖区。

地方财政的工具

■ 收取地方税是为了提供具有公共产品性质的服务——如道路、街道照明等。

■ 使用费应该基于具有私营产品特点的服务——如水、废水、固体垃圾处理等。

■ 有条件的、非配套的、以产出为基础的国家及州级政府拨款是为了提供有益品：如教育和医疗。

■ 有条件的等额拨款是为了解决某些服务的溢出效应。

■ 无条件的拨款是为了弥补财政缺口，推进均等化。

■ 资本拨款是财政能力低的时候进行基础设施建设。

■ 资本市场融资是为了在财政能力高的时候进行基础设施建设。

■ 开发收费是为了地方政府边界的土地开发获得更高收费，为经济增长提供资金。

■ 公私合作是为了基础设施筹资，但是要保持公众对战略性资产的所有权和控制权。

■ 税收增量融资地区是为了应对城市衰败。为此，应当指定一个地区用于再开发并将年财产税收入冻结在开发前水平。对于某一特定时期，比如说 15 年到 35 年，所有高于基础的税收收入都要用于再开发。能力的提升可以通过城市借贷或针对预计的税收增量发行的债券来实现。

资料来源：Inman（2006）；Shah 及 Shah（2006）。

这四条原则说明，使用费适用于各级政府，但是分权的征税并不像分权化的公共服务一样被强制执行。这是因为，在联邦国家内的资源分配过程中，较低级别的税种不仅会导致无效率，还会造成对不同行政管辖区人民之间的不公对待。另外，征收成本和遵从成本也会大幅增加。这些问题对于某些税种来说更加严重，所以选择下放的税种必须慎重考虑，平衡较低层级政府中对实现财政和政治问责的需求，并克服针对分权化的税收制度所带来的劣势。分权的税收责任会增强问责以及增加经济成本，问责加强和经济成本的增加可通过财政安排（允许通过税收的联合征收并在各种税收中相互调节）以及财政均等化转移支付（可以减少区域和基层行政辖区之间因财政能力不同产生的财政低效率和不公平）来减轻。

之前所述的财政联邦制观点是很有帮助的，但实际上这些观点却造成了一些重大困难，尤其是在发展中国家。这是因为实际操作过程中，财政联邦制的结构和过程被看成了最终目的，而不是实现目的的方法。这些结构和过程的设计是为了应对市场失灵和异质性偏好，从而并不太关注政府失灵或政府之外实体的作用。NPM 和 NIE 文献（将在下文进行总结）进一步阐明了这些困难的根源。此相关文献强调的是政府失灵的源头及其对地方政府作用的影响。

新公共管理观点：作为创造公共价值的独立促进者的地方政府

近来，NPM 文献中出现了两种相关的原则：确定地方政府应该干什么，以及地方政府应该如何做得更好。

在讨论第一条标准的时候，该文献将公民视为主体，但是却有不同的身份，如管理者（业主—授权人、选民、纳税人、社区成员）；活跃分子和生产者（服务的供应商、联合生产商、影响他人参与活动的自助者）；以及消费者（客户和受益人）（Moore，1996）。在这一背景下，重点主要放在了作为人民的代理人来服务公共利益和创建公共价值的政府身上。Moore（1996）将公共价值定义为可以测量的社会成果和生活质量的增长。这一概念直接与基层服务和市级服务联系了起来，为此，服务的改进是可以测量出来的，而且能够具有一定的归属感。这一概念有助于评估使用地方资源的矛盾及复杂的选择。这一概念也有助于定义政府的作用，尤其是地方政府。这一概念在那些认为公共部门挤出了私人部门投资的人以及那些认为公共部门除了提供基本的实际服务和社会服务外，还为私人部门的成功创造了良好环境的人之间引起了争论。

Morre（1996）表明，地方政府并没有从私人部门转移资源，其使用的一些资源是免费物品——这些资源包括选民的支持、诚意、乐于助人、社区精神、承诺和集体公共行动。这一论点指出，地方政府中的公共管理者的任务就是发掘免费资源，并让改进的社会成果普及到收入相对贫乏的地方。因此，公共管理者通过动员和促进地方政府之外的供应商网络来创造价值。民主责任性能够确保关于创造公共价值的管理选择是以更广泛的当地民众的共识为基础的（Goss，2001）。因此，地方公共部门会不断地努力尊重公民的选择，并对其负责。这种注重创建公共价值的环境会鼓励创新和实验，并且可以通过每个社区中的中间选民对风险的承受能力而有所限制。

但是，NPM 的主流文献关注的不是需要做什么，而是怎样做得更好。该文献认为在一种激励的环境中，管理者应当能够灵活地使用资源，但他们也要对结果负责。因此，作为结果自上而下的控制则被自下而上的方法所代替。最近几年，两种 NPM 模型已经被运用在实践中。第一种模型提倡让管理者进行管理。在新西兰，这一目标是通过新的契约论实现的，公共管理者签订了提供服务的正式合同从而受到制约，但是却能够灵活地进行资源分配和选择公共或私人供应商。马来西亚尝试通过客户章程来实现相同的目标，根据此类章程，公共管理者需要按照是否能够满足特定的服务标准来评估（Shah，2005c）。

第二种模式通过创建激励措施来让管理者进行管理。这种模式使用了新的管理主义方法，此模型在澳大利亚和美国已投入使用。在使用这种模型的过程中，政府在提供服务和社会成果方面的表现要被监督，但是却没有正式的合同，与此同时管理者的责任性也是通过非正式的协议进行指导的。在中国和英国为实现绩效问责实行的是自治机构模式。加拿大利用了一种另类的服务供应框架：鼓励公共管理者促进服务供应商网络，并使用基准来实现公共资金的最优使用。正在全世界的许多地区兴起的以客户导向以及基于结果的问责在鼓励地方政府进行大胆创新（Caulfield，2003）。

公共选择方法：地方政府作为促进自身利益的一种机构

Bailey（1999）对地方政府的四个模式进行了概念化处理：

◆ 知道如何以最佳方式将其公民的福利最大化的地方政府称为仁慈专制模式。

◆ 能够提供符合当地公民的支出意愿服务的地方政府称为财政交换模式。

◆ 关注公共服务的提供以改进社会目标的地方政府称为财政转移模式。

◆ 受到利己的管理主义者及政客束缚的地方政府称为利维坦模式，该模式符合公共选择观点。

在此概念下，Breton（1995）提出了一种全面的政府模型。他将政府划分为两大类。第一类体现的是公共产品的信条，而第二类则会努力保护统治精英阶层的自身利益。第二类政府可以被看作是一种单一庞大的结构或是一种复合的结构。在庞大的结构中，地方政府会受到官僚主义者或利益团体的束缚。同样，地方政府可能会为占统治地位的利益团体（如在利维坦模式中）谋求最大化的经济利益，或者可能会进一步推行高压政策或强制手段。如果假设利己模式是一种复合的结构，则可能会激发地方政府间蒂布特类型（Tiebout－type）的竞争。

公共选择文献推崇政府的利己主义学说，而且认为，参与政策制定和执行的各种利益相关者都希望利用机遇和资源来提升自身利益。这一观点对于地方政府机构的设计有重要的影响。对地方政府来说，若旨在服务于人民的利益，那么他们就必须在税收和支出方面拥有完整的地方自治权，而且还要受到政府内部和外部竞争的控制。在这些先决条件缺失的情况下，政府就无法高效地对居民的需求做出反应（Boyne，1998）。Bailey（1999）认为应当加强地方治理的退出机制和对话机制，以克服公共选择中由于利己主义教条所引发的政府失灵。他认为，通过广泛的竞争来减少公共服务供应方的限制，从而能够增加选择机会并促进退出机制的选择，而且直接的民主表达能够强化对话机制（也见于 Dollery Wallis，2001）。稍后讨论的 NIE 方法借鉴了政府代理人的机会主义行为对居民委托人交易成本的影响。

NIE 关注公共治理机构：政府是辆失控的火车

NIE 理论为分析财政体系和地方授权提供了一个框架，同时，也为对比地方治理的机制提供了理论框架。该理论架构有助于设计多层次的政府，以及在更广泛的地方治理框架中明确地方政府的职责。根据该 NIE 框架，创建不同层级的政府（作为代理人）的目的是要为居民（作为委托人）的利益服务。管辖权的设计应当确保这些代理人能够，按照最小化交易成本的原则，为公共利益服务。

现有的机构框架不允许这种最优化，这是因为政府委托人受到合理性的限制，也就是说，政府虽然可以根据现有的信息做出最佳选择，但是却并不完全了解政府的运行情况。让政府委托人了解更多的情况就会增加交易成本，而这是居民不愿意看到的情况。这些成本包括参与和监督成本、立法成本、执行决策成本、代理成本或代理人遵守合同的成本，以及与不稳定的政局引起的不确定性成本（Horn，1997；Shah，2005a）。与委托人相比，代理人（不同层级的政府）更了解政府的运行情况，但是出于某种动机而保留信息并沉溺于机会主义行为中或“用诡计谋取私利”（Williamson，1985：7）。因此，委托人与其代理人之间仅用不完整的合同维持关系。这种环境造会引起责任问题，因为代理人可能不会遵守协议。

有三种因素会使这一情况变得更加复杂——具有弱势或强势的对抗性的现存机构、路径依赖性，以及各种行动的相互依赖性。对抗性机构，例如司法系统、警察机构、议会和民间激进组织通常比较弱势，而且无法限制政客和官僚主义者对利益的追求。历史及文化因素、可以让人们见到少许利益的精神模式，以及激进主义的高成本会妨碍改正措施的行为。另外，授权地方委员会来代表居民采取行动通常会导致选民与委员会之间的代理机构失去意义，因为委员会成员可能会干涉决策的执行，也可能会成为决策执行的指定成员从而逃避其相应的法律责任。NIE 框架强调在设计辖区不同的服务以及衡量竞争政府机制的选择时，使用交易成本中不同的因素的重要性。

地方政府作为地方治理网络形成的促进者

NIE 方法为地方治理的替代性形式和机制提供了一个评估架构。该方法尤其为有等级制度的地方治理中所产生的政府失灵问题提供了指导方针。该框架还适用于检验地方政府与各种组织的合作关系中的行为。Dollery 和 Wallis（2001）将 NIE 方法扩展到了以下问题中。他们认为，一种依赖于资源的结构会损坏民众为公共产品的利益进行的集体活动，因为公地悲剧源于公共利益资源。这种情形会导致多组织关系中横向协调的失灵。

一种可能的解决方案就是引入市场机制治理，在此机制下，一个契约机制管理的代理机构需要与所有合作者签订制约合同。但是，这种解决方案难以实现，此类合同可能会因为意外事件数量过多而无法全面覆盖。第二种解决横向协调的方法即所谓的科层机制治理，这种方法依赖于制度安排，以说明相关的作用和责任，并为咨询、合作和协调建立各种机制，正如一些联邦国家所采用的一样。此类制度安排需要承担较高的交易成本，而且极有可能会因为合作伙伴之间的利益冲突而引起制度失灵。

鉴于为多级组织之间的合作而建立的市场机制治理和科层机制治理的高交易成本和不可执行性，学者们为此类合作关系提出了一个治理的网络机制，作为一种可行的治理模式——即通过地方政府进行管理。这种治理的网络形式依赖于与非正式保证制度下的合作伙伴之间的信任、忠诚度和相互作用。如果成员仅限于能够做出重大资源贡献的合作者，且各成员之间的关系具有平等性的话，那么以共享利益为基础建立的各种网络（基于利益的网络）可以提供稳定的治理形式。此类网络的内部成员会频繁地交互交流，且会把在某一个地区的合作情况看作参考决定在另一地区合作的参考。成员之间反复交流就会产生信任。以希望为基础的网络是在成员之间的共同感情的基础上建立的。成员对于网络的目标有共同的价值观，而且对于实现这些目标富有激情。这种网络的稳定性非常依赖于其领导的献身精神和领导风格（Dollery 与 Wallis，2001）。

在本着为本地公民改善社会成果的目标中，地方政府在促进基于利益和基于希望的网络的过程中可以起到催化剂的作用。为了起到这样的作用，地方政府必须为形成和保持这种合作关系建立一种战略观点。但是接下来，地方政府需要一种新的地方公共管理范例。此类范例需要地方政府将政策建议从项目的执行中分开，而且成为公共服务的购买者，而没有必要是公共服务的提供者。地方政府可以以更高的提供成本外包服务，并让内部的供应方承受来自外部供应商的竞争压力，从而为公民降低交易成本。地方政府还必须主动参与到基于利益和寄予希望的网络中，从而取代地方服务。地方政府还需要提升自身在不同的群体中做好协调工作的能力。

综合：迈向有回应、负责任、可问责的地方治理框架

我们通过研究了政治学文献、经济学文献、公共行政管理文献、法律文献、联邦制文献中提出的各种概念，从而总结到 NIE 就是需要建立一种完整的分析框架，从而将地方政府和地方治理机构的对比分析整合在一起。

这类文献的主要关注点是各级政府面临的激励因素和责任性框架，

但是对提供符合居民偏好的服务没有太大帮助。因此，公共治理中渗透着腐败、浪费和低效。自上而下的科层控制不再有效。政府治理几乎没有什么问责可言，因为居民无权让政府承担责任。

全世界的财政联邦主义关注的都是结构和过程，从而忽略了产出和结果。根据完善的联邦立法，这些联邦财政制度的国家支持自上而下的政府结构（例如，联邦立法凌驾于地方立法）。中央政府位于权利金字塔的顶端，进而对体系进行着直接的控制和微观的管理。各级政府执行的科层控制是按照内部的规定的，对于其指令几乎不怎么关心。政府的权限影响其技术和行政管理的能力，几乎不会考虑委托人、自下而上的问责和为居民降低交易成本等方面。各级政府沉迷于对不合作的零和游戏的控制。

这种拉锯战会导致权力平衡的大幅摇摆。共享的规定是造成困扰和冲突的根源，尤其是在联邦制体系中。地方政府一般都是州或省的辅助力量，不仅权利受到种种限制，而且在其职能范围内的自治权也被削弱了。简而言之，位于这种“政府有、政府治、政府享的联邦体制”中的地方政府会在更高级政府入侵式控制的体制之下被压榨。另外，居民的话语权和退出权也受到了限制。

这种体系的治理影响非常明确。各级政府会被与不完整合同和未定义的资产权有关的代理问题折磨得苦不堪言，因为课税权、支出权和管理权的授予仍然要得到阐明——尤其是在需要共治的地区。政府间的讨价还价会产生很高的交易成本。普世主义政治和猪肉桶政治会造成公地悲剧，因为各级政府会竞相要求获得更多的公共资金资源。在这一治理体系下，居民均被视为代理人而非委托人。

对于如何扭转这一趋势并让政府对公民做出反应且对居民负责，文献中的主要观点强调的就是主从原则、财政平等性原则、公共价值的创造、以结果为基础的问责以及交易成本的最小化。这些主题虽然有用，但是需要将其融入一个更广泛的以居民为中心的治理框架中，才能在公有领域创建一种激励环境，从而符合公共部门对服务的提供以及问责自下而上的环境。这种融合有望能够应对各级政府中出现的承诺问题，其方法就是授权于居民，并限制其代理人沉迷于投机行为的能力。

如要对以居民为中心地方治理制度进行改革，则需要认同以下一些基本原则（表6－2）。以下三条基本原则的探讨推进了关于改革的讨论内容：

• 有回应的治理。该原则的目的是让政府做正确的事情——也就是说，提供符合公民偏好的服务。

• 负责任的治理。这个原则强调政府还应当用正确的方法做事——也就是说，谨慎地管理其财政资源。政府应当通过更好地工作、降低成本，以及通过为社区财政管理和社会风险管理来赢取公民的信任。政府应当努力提升公共服务的质量和数量以及增大公共服务的覆盖范围。因此，政府应该用标杆绩效的标准作为衡量地方政府工作的标准。

• 可问责的治理。地方政府应当对其全部选民担当起责任来。地方政府应当执行适当的保证措施以确保其能够诚实地服务于公众利益。地方政府在应对选举与改革期间的责任性时，可能需要进行法律改革和制度改革，例如公民章程的改革以及公职人员辞退条款的改革。

表6－2　　以居民为中心治理的关键要素

有回应的治理	负责任的治理	可问责的治理
• 具有主从原则和自治规则； • 具有直接民主制度； • 具有符合公民的偏好预算优先权； • 获得符合标准的特殊当地公共服务； • 改善社会结果； • 提供生命和财产安全保障； • 为所有人提供食物和住所； • 拥有干净的空气、安全的饮用水和卫生条件；	遵守正当程序： • 越权原则或一般权限或社区治理准则； • 程序规则； • 地方总规及预算； • 分区规则及规定； • 有资金支持的指令。 财政谨慎： • 平衡的经营预算； • 借款的黄金法则； • 对新的资本项目需要明确规定维持成本和债务偿还；	增加透明度： • 地方政府对公民知情权制定的细则； • 在互联网上公布的预算建议书和年度绩效报告； • 在互联网上公布所有的决定，包括成本减让； • 独立智囊团对资金进行物有所值绩效审计； • 公开信息和公共评估。 努力加强公民的话语权和退出权：

续表

有回应的治理	负责任的治理	可问责的治理
• 拥有无噪音和得到保护的环境； • 能提供方便的交通和平坦的道路； • 拥有步行即可到达的小学； • 具有合理的消防及救护响应时间； • 拥有图书馆和互联网接入； • 拥有公园及娱乐项目和设施	• 确保可持续债务水平的财政准则； • 主要资本项目需要进行全体投票决定； • 维持正净值； • 经过商业审计的财务报告。 赢取信任： • 员工的专业性和诚实性； • 防止渎职行为； • 简化流程及电子政务； • 投诉及相应反馈； • 诚实公平的税收管理； • 严格遵守服务标准； • 公民能够看懂的输出预算及服务提供业绩报告； • 参与式预算编制及规划工作好，成本低； • 所有的任务都要接受服务供应检验——涵盖政府供应方及准政府实体的竞争规定； • 为竞争和创新创造激励提供融资； • 对服务供给方进行比较评估； • 公共部门通过绩效合同成为采购方，而不一定是服务的供应方； • 管理具有灵活性，但也要对结果负责； • 非终身制或轮转任命； • 任务的专业化； • 预算分配及基于产出的绩效合同； • 基于活动的成本支出； • 资本使用费； • 权责发生制； • 向最优基准看齐； • 受公共审查的行政管理成本； • 平衡规模和范围经济、外部性以及决策成本收益的地区边界； • 符合财政可持续性的地区边界	• 公民章程； • 服务标准； • 公民话语及选择的要求； • 透明的权力； • 政府项目的退出条款； • 公平和基于产出的政府间拨款； • 以公民为导向的绩效（产出）预算编制； • 服务供应产出和成本； • 公民对服务供应绩效的评价； • 在公开市政厅会议上公开预算、合同及绩效报告； • 所有的文件都要便于公民查阅； • 公开合同招标的进程； • 大型项目的决策结果依赖于强制执行的全民投票； • 采取有效措施让至少让超过半数有选举权的选民进行投票； • 为提供服务供应绩效评估和反馈信息而建立公民委员会； • 全民倡议机制和公职人员辞退的规定； • 纳税人权力细则

资料来源：Shah 和 S. Shah（2006）；Shah 和 F. Shah（2007）。

能够体现这些原则且将这些原则具体化的地方治理即被称为以居民为中心的治理（AndrewShah，2005a、2005b）。其与众不同的特点包括通过以权力为基础的方法向公民授权（直接的民主规定，公民章程）；从下到上的结果问责；公民（作为公共服务的管理者、纳税人和消费者）对政府（作为公共服务供应方网络的促进者）的业绩进行的评估。

该框架强调的改革能够加强居民作为委托人的作用，同时也为政府代理人遵守其委托创造激励条件（表6.2）。

可以通过创建以居民为中心的地方治理来缓解承诺问题——通过制定直接的民主措施、在政府运行引进治理结果中以及治理结构的改革，从而让决策更贴近于人民。直接民主措施要求对重大问题和项目进行全体公投，而且规定居民有权否决任何立法或政府项目。一个“为结果进行治理”的框架要求根据政府提供服务的业绩来衡量其对居民的职责。因此，居民特定的章程规定他们的基本权利以及特定标准的公共服务的权力。以产出为基础的政府间转移支付能够促使对这些标准的遵守，并加强责任及居民的权利（Shah，2006c）。

国家内部权力划分的影响：中央政府及地方政府角色的逆转

以上讨论的框架对于政府结构改革具有重要影响。地方治理自上而下的命令需要被自下而上的协议所取代。另外，地方政府的促进作用要加以扩展，从而尽可能服务于政府供应方及非政府实体网络的形成、发展和运行。在该治理统治框架下地方政府传统上曾被认可的技术能力变得不再那么重要。相比之下，地方政府作为服务的购买方的制度优势变得更为重要；地方政府的制度优势还体现在其为发展社会资本和提升社会成果而成为联盟的协调者，合作伙伴，协会、俱乐部和网络的促进者。就这一方面而言，政府间的制度有两个明显不同的选择，而且这两个选择都意味着地方政府在政府间体制中具有关键作用。第一个政府间的制度选择为：地方政府作为主要的代理人，将权利转包给地方、州及联邦或中央政府，与此同时，还并会让政府之外网络和实体参与其中；第二个政府间的制度选择是地方政府、州政府及国家政府均为独立的代理人。

选项一：地方政府作为公民的主要代理人。在这一角色中，地方政府是地方服务的购买者，是政府供应方及政府之外实体网络的促进者和协调者，同时也是州政府及国家政府的看门人和监督员，负责监督共享规则以及分配给地方政府的责任。这一角色体现了从上级政府向地方政府权利分配的基本转变。这种权利转变具有重要的宪法意义。剩余的职能仍然由地方政府承担。州政府履行城市之间的服务职责。国家政府履行的职能包括再分配、安全、国际关系，以及调和国与国之间的关系并达成基本共识。瑞士的治理体系则与该模式十分接近。

选项二：各级政府作为独立的代理人。为了确立委托人至高无上的地位，一个替代性框架可以明确各级政府作为独立代理人的责任和职能。该框架会限制共享规则的实施。财政会受到严格的控制，且财政安排要定期检查，以便于进行微调。地方政府享有地方自治权，还有完整的税收和支出的自治权。巴西的财政法规虽然与之有很大的区别，但还是显现出该模式的某些特点。

选项的可行性：选项一是以现代政府的发展历史为基础而建立起来的，而且它主要适用于那些近期历史上没有内外冲突的国家。瑞士已经把这一选项付诸实践。在近代史上，战争、对抗和安全问题都会导致各级政府角色的转变，从而削弱了地方政府的职能。全球化和信息革命所带来的压力已经赋予地方政府更强大的职能作用（Shah, 2001）。虽然大部分政府已经弥补了其财政体系的漏洞，但是我们所建议的激进变化却未在任何地方得到重视。现有体制和既得利益的苛求，无法克服路径依赖问题，从而使得这样的改革无法进行。在这样的情况下，选项二似乎更可行，但是这里所说的职责明确可能在政治上行不通，因为主要是政党缺少对此类问题进行如此大胆改革的意愿。然而在全球化、公民权利和信息革命的影响下，这一模式将不可避免地被大部分国家逐渐执行起来。

表 6－3　　　　新地方治理观点下地方政府的作用

20 世纪的旧观点	21 世纪的新观点
以剩余原则为基础，而且地方政府作为州政府监护对象	以主从原则和自治规则为基础
以越权为基础	以社区治理为基础
关注政府本身	关注以公民为中心的地方治理
是中央政府的代理人	是公民的主要代理人；是共享规则的领导者和守门人
对更高层级的政府有回应并负责	对地方选民有回应，并对其负责；在改善地方自治方面具有领导作用
是地方服务的直接供应方	是地方服务的购买方
关注机构内部规定	是地方治理网络机制的促进者；是政府供应方和准政府实体的协调者；是争端的调解者；是社会资本的利用者
关注保密性活动	关注信息公开性；进行透明治理
控制投入资源	认可结果的重要性
内部依赖	关注外部资源且强调竞争性；是替代性服务供应框架热情的实践者
封闭且缓慢	开放、迅速和灵活
无法容忍风险	具有创新性；承担适度的风险
依赖于中央指令	在税收、支出、管制和行政决策方面上具有自治权
受规定驱使	具有管理灵活性并对结果负责
官僚和专家	参与式；通过直接的民主规定、公民章程和绩效预算编制来加强公民的话语选择和退出选择
具有强制性	关注赢取信任、为公民对话创造空间、服务于公民以及改善社会成果
在财政方面不负责任	在财政方面比较审慎；运行地更好，且成本更低
排外的和精英垄断后	包容性的及参与式
克服市场失灵	克服市场和政府失灵
局限于一个中央集权体系中	连接在一个全球化和本土化的世界中

资料来源：Shah 与 S. Shah（2006）；Shah 与 F. Shah（2007）。

结　论

我们对地方治理的概念和制度相关文献进行了简要概述。综合的概念文献指出，现代地方政府的作用就是要应对市场失灵和政府失灵。这一角色需要地方政府作为地方服务的购买者、政府供应方和政府之外实体网络的促进者、协调者以及作为在共享规则下国家及州政府的看门人和监督者。地方政府还需要在各实体和网络之间扮演调解者的角色，促进其协同增效作用，并开发利用社区中未开发的能量，进而改善公民的生活质量。全球化和信息革命证实并强化这些概念观点，这些观点最终将起到地方政府改革的催化作用。

这一观点建立在工业国家的发展历史的基础之上，同样也建立在中国和印度这些文明古国的基础之上。地方政府曾经是政府的主要形式，直至战争和征服的出现导致地方政府的职责向中央及地区政府上转移。这种权利集中化的一度趋势十分盛行，直至全球化和信息革命凸显出了中央集权的统治在改善生活质量和社会成果方面所存在的弊端。

这里所提出的对于地方治理的新观点（表 6 - 3）主张地方政府在多中心、多指令、多层次或多级别的政府体系中应当具有领导作用。在这种治理体系中，居民被视为最终的权力拥有者，而各级政府被视为提供公共治理的代理人。这一观点对于创建和维持以居民为中心的治理来说是至关重要的。在发展中国家，当政府不愿意或无法改革自身的时候，这种还权于民的做法可能是改革公共治理的唯一方法。

第七章

地方政府治理实践[①]

从历史上看，地方治理在单一民族的独立国家出现之前就已存在了。在古代，部落和氏族在世界很多地区都建立了地方治理体系。他们建立了自己的管理准则、征税方式，以及向部落或氏族提供服务。部落和氏族的长者建立关于各个成员作用和职责的共识。某些组织和技术更好的部落和氏族会通过征服其他部落或与其他部落进行合作从而扩大其势力范围。中国的首个王朝夏朝（公元前 2070 年到公元前 1600 年）就是通过这种方式建立起来的（见 Zheng 与 Wei，2003）。类似的情况也出现在了印度，发生在公元前 3000 年（大约是公元前 2500 年），当时在印度河谷（现在的巴基斯坦）建立了一个富足的文明。这一高级文明将重点放在了地方治理的自治权上，并为社会上的各成员的工作分配制定了规则。这一治理方式导致了阶级社会的产生，在这样的社会中，每个成员都有其固定的职责：道德价值观的卫道者、士兵、农民、商人、工人。每个社会都会形成其自身的关于社会服务的

① 本章中地方政府主要是指当地的基层政府。——译者注

共识，以及如何实现社会服务的共识。

在北美洲的原始美洲部落和西欧的部落和氏族也享有自治权。后来征服和战争导致了地方自治中这些和谐的自治体系的灭亡，世界上开始出现由中央政府规定的地方自治。这种发展趋势（大约在公元前1000年前的西欧）最终导致了大多数国家的地方自治的产生；这种发展趋势同样导致了地方自治与中央地方关系独特体系的形成。为了进行分析，可以将这些体系分成下列的几大类。

地方治理的替代性模式与中央地方关系

北欧模式

在十五世纪，丹麦、挪威和瑞典都是由丹麦国王统治的。这些国家的居民都要向国王的国库进献财物，与此同时，他们也可以自主处理本地事务（Werner 与 Shah，2005）。在没有中央侵扰的情况下，地方运行、以委托人为导向、福利型国家的种子开始发芽。结果，地方政府承担了大部分的国家职能，而中央政府主要承担起礼仪性的职责以及外交事务相关的职能。因此，地方政府不仅负责地方服务的供应，还要承担社会保护职能和社会福利职能。北欧国家的地方政府对其居民提供了从摇篮到坟墓的服务，即终身服务。他们提供的服务不但是以资产为导向同时兼顾以人为本。

在现代，北欧各国的中央政府承担了更广泛的管理和监督职能，但是仍保留的地方政府的主导地位，例如丹麦的地方政府所做的贡献超过了国内生产总值（GDP）的30%；同样，因为居民对地方政府的总体表现很满意，所以地方政府也享有自治权。北欧模式强调的是能够自筹资金的小型地方政府（管理的居民平均不超过10000人）。丹麦和瑞典接近75%的地方支出，挪威略低，大概64%的地方支出，都是从自有资源的收入中获取资金的。个人所得税（在国家基础税收之上）是地方财政收入的主要来源（近91%税收收入），而资产税则只占到了税收收入的7%。

瑞士模式

瑞士联邦的渊源能够追溯到乌里州、施维茨州和翁特瓦尔登州在1291年成立的防御同盟。在此次事件之前，瑞士的领域分别由独立的地方政府（Cantons）的控制。这种地方政府统治的传统一直延续到瑞士今天的体系中：地方政府不仅在财政事务方面享有自治权，而且还在移民问题、公民权、当地语言情况和对外经济关系方面享有自治权。

强大地方政府的传统还得到了瑞士宪法中直接民主制度的进一步加强，直接民主制度包括人民的倡议、全民公投和请愿。人民的倡议给予公民对宪法进行修正的权利。来自人民的倡议可以采取一般建议书的形式呈现，或是可以作为准确表述的文件来呈现，这时，议会和政府不得对此类文件中的语句进行修改。如果居民想要得到政府对其倡议的回应，就必须在8个月的时间内收集到10万名选民的签字。大部分的州和行政区都认可此类倡议行为。

通过全民公投，居民有权对立法机构或者行政机关考虑的事务，甚至决定的事务，发表他们的看法。在后一种情况中，全民公投起到的是否决作用。联邦法律和国际公约都可以根据全民公投的结果进行修改，前提条件是要在法令公布后的100天内有至少5万名公民要求进行全民公投的活动。根据请愿的规定，凡是有资格的选民均可向政府递交请愿书，而且有权收到政府的回应。瑞士有26个州和2842个行政区。每个州都有其自己的宪法、国会、政府和法院。每个行政区都是对州政府言听计从。行政区执行某些特定的任务，如人口登记和民防，但是在教育、社会福利、能源供应、道路、地方规划和地方税收方面享有自治权（Switzerland，2003）。

法国模式

在法国模式中，地方政府的主要作用是让基层的公民有机会参与国家层面上的决策过程。该体系体现的是卢梭及伏尔泰对合理性和社会凝聚力的思想，该体系还体现了拿破仑对秩序感和未打破的命令链条的想法。国家政府及其相关机构代表的是这一体系的顶端，然后是地方长官和部门长官，该体系的最底层是市镇的行政首脑及市长。这些不同级别的政府官员形成了一条打不破的命令链条。在政策方针和职能部门也存在着一条类似的命令链条管理模式。因此，该模式有的时候被称为地方治理的双重监督模式。

该体系允许同时发生的政治命令或同时拥有多个职位，从而确保被选举出来的低级别政府官员在高级政府中有话语权。公共服务的供应仍然是国家政府的主要责任，且国家政府的相关机构可以直接参与到地方服务的供应中。地方政府管辖的平均规模较小（不超过 1 万名公民），且在服务供应方面地方政府只有有限的自治权。地方政府可以使用混合的地方财政方式，但主要依赖于中央政府的资助。这种模式的重点是强大的中央命令和双重监督。事实证明，这种模式在来自于法国、葡萄牙和西班牙的殖民统治者之间非常流行，同样在军事独裁者之间也非常流行。该模式被广大发展中国家广泛效仿（Humes, 1991）。

德国模式

德国模式注重的是主从原则、合作和行政管理的效率。德国将决策职能赋予联邦政府，并将提供服务的责任按照地域非配给州政府和地方政府，且地方政府和州政府在服务供应方面享有大量的自治权。所有的纯地方性服务均被分配给地方政府。地方政府平均管辖 2 万名居民，且地方支出占到了大约 GDP 的 10% 。总收入的共享是地方财政的主要来源。

英国模式

英国模式具有法国双重监督模式的一些元素。英国模式强调的是中央政府在任命地方官员方面的强有力角色以及行业部门和职能部门在提供地方服务方面强有力角色。地方政府必须与这些官员协调，确保其行动与他们保持一致。地方政府在纯地方性职能方面具有大量的自治权，但是只能够使用有限的税收方式。地方政府在以资产为导向的服务中可以起到主导作用，例如道路维护、垃圾收集、供水和废水处理等，但是在以人为本的服务中的作用却十分有限，例如在医疗、教育和社会福利等方面。财产税是地方政府资金的主要来源。一般情况下，地方政府收入的2/3来自于中央拨款。地方政府无法获得个人所得税。行政长官的作用不强，而地方委员会则在地方决策过程中起到了重要作用。地方政府的平均规模较大，涵盖大约12万名居民，且地方支出占到了GDP的12%左右（McMillan，1995，2008）。在以前的英属殖民地中，地方长官的作用得到了强化，从而可以代表中央殖民地政府对地方政府进行一般监督和控制。

印度模式

沿袭印度最古老的传统，印度的地方层面拥有强大自治权。在前莫卧儿王朝时期，印度运行的地方治理比世界上任何地方都要广泛。小型村镇是通过习俗和社区的领导人进行管理的，管理权主要授予由长老组成的委员会，而这样的委员会则是由长老会首脑领导的。位于顶层的机构是五人长老会，其责任包括法令和秩序的制定、地方服务、土地管理、解决纠纷、司法管理、提供基本需求和课税。这些机构让每个村镇都能够和谐运行。

随之发生的战争和俘虏导致印度的地方治理被削弱。在莫卧儿王朝时期，五人长老会虽然被要求收集中央税款，但是地方政府自治权却没有受到干扰（Wajidi，1990）。在英国统治时期，地方政府的重心放在了命令和控制，不太关注服务的供应，地方治理体系遭受了重挫。权力被集中起来，如果地方政府忠于英国的统治，就能够获得土地作为奖赏，这导致了封建贵族阶级的产生，而封建贵族阶级则代表英国政府进行地方政治管理。中央政府还任命流动的官员来执行地方事务。自印度和巴基斯坦独立以来，就一直保留着这种中央集权的治理方式，与此同时，中央集权的政府只采取了少量的措施来加强地方自治。在印度，通过土地改革废除了封建贵族；而在巴基斯坦，这样的改革却无法执行。因此，在巴基斯坦的封建统治区，一些精英阶层仍然掌控地方自治权。

中国模式

中国模式非常强调将省级政府和地方（基层）政府视为一个整体，并将其融入国家政府的范围内。这一过程通过两种方式实现：一是通过民主集中制。这种方法通过选举制将地方人民代表大会与国家人民代表大会融入到了一起；二是通过地方政府的双重从属关系。在这种情况下，省级政府和地方（基层）政府需要对更高级别的政府负责，但是职能部门也要向更高级别的职能机构和部门负责。人员职能也同样被融入到各级政府中。因为其综合性，这种模式允许省级政府和地方（基层）政府在服务供应方面承担更大和更广泛的职责。地方（基层）政府的平均治理规模非常大。省级以下地方政府的支出占到了合并公共支出的51.4%。省级以下地方政府聘用的公务员数量占到了政府总公务员数量的89%。某些明确的政府职能，如失业保险、社会保险和社会保障等，都被下放给了省级政府和地方（基层）政府实施。地方自治权直接与地方（基层）政府的财政能力挂钩，较富裕的行政辖区会自己进行调整，而较贫困的行政辖区则要按照更高级别政府的要求行事。

日本模式

日本的地方政府体系是在明治时期引入的，大约为1890年，该体系具有法国模式和德国模式的基本部分。如同法国的地方政府模式一样，该体系通过内务部强调集中控制，内务部负责任命地区政府的长官（县长），这些通过内务部任命的区政府的长官控制着地方辖区和自治区。地方政府只需要执行中央政府确定的政策。在第二次世界大战后期，日本政府引入了直接选举机制，从而可以通过选举而决定理事、市长和委员会。机构代表团的执行（德国模式）得到了保留，而地方政府需要执行中央政府及其机构授予的职能。负责支持地方政府的内务部是在1960年设立的（Muramastu与Iqbal，2001）。所得税是地方政府财政的主要来源，占到了自有资源税收收入的60%，其次是财产税（大约为30%）和销售税（大约占总税收收入的10%）。

北美模式

在北美的早期历史中，地方社区，通过其成员的双方同意，以民众共和国（Kincaid，1967）的形式运行。美国宪法的创立者并不认可地方政府。美国内战导致了美国的集权化。后来，各州建立了正式的地方政府机构。司法制度通过对狄龙规则进一步限制了地方政府的作用：地方政府职能履行州立法中明确向其授予的权力。随后，很多州都尝试通过修改地方自治规定向地方政府授予自治权，以扩充其特定的职能（Bowman与Kearney，1990）。

加拿大的地方政府面临的情况与美国类似。因此，北美模式将地方政府认为是州和省的延伸，但是却尝试向地方政府授予特定职责范围内的自治权——主要是提供以财产为导向的服务。地方政府执行的是中等范围的职能。美国地方政府的平均管辖范围大约是1万名公民，而加拿大则是大约6000人。财产税是地方收入的主要来源。地方政府支出占到了GDP的7%左右（McMillan，1995，2008）。

澳大利亚模式

澳大利亚的宪法不认可地方政府。在澳大利亚的地域内，各个州级政府有权来决定地方治理的体系。绝大多数的州政府都向地方政府分配了一些职能，其中包括工程服务（道路、桥梁、人行道和排水设施）、社区服务（老年人护理、儿童护理及消防）、环境服务（废品管理及环境保护）、管理服务（区域划分、住房、建筑、餐饮、动物）以及文化服务（图书馆、艺术馆、博物馆）。地方政府所筹得的资金只占国家收入的3%，但却要负责6%的固定公共支出。财产税（收费）和使用费是其资金收入的主要来源（大约占70%），而中央及州政府的拨款则大约占到了地方支出的20%。运输、社区康乐设施和娱乐及文化活动占到了地方支出的2/3。新西兰的地方政府与澳大利亚模式非常相似。

发达国家的地方政府组织及财政

我们已经注意到，在发达国家有很多不一样的地方治理方法。本章节就将介绍一下经济合作及发展组织（OECD）成员国的地方政府组织及财政的几个关键对比性指标。

地方政府的法律地位

在不同的发达国家，地方政府的法律地位也是不同的。在丹麦、法国、德国、荷兰和瑞典，地方政府的权利源自中央宪法；在澳大利亚、瑞士和美国，地方政府的权利源于州宪法；在英国和新西兰，地方政府的权利从国家立法获得授权；而在加拿大，地方政府的权利则从省立法获得授权。有意思的是，对于从国家和州宪法中获取法律权利的地方政府，他们的自治权和所提供的地方服务范围均没有明确的模式。但是，通过立法创建的地方政府非常弱势。

地方政府的相对重要性

我们使用了两个指标对比了发达国家地方政府的相对重要性：占公共部门合并支出的份额（图7－1）和地方支出占GDP的百分比（图7－2）。在这两个指标方面，北欧国家均占领先地位。英国和美国排名较低；加拿大、法国和德国的排名最低。丹麦的地方政府排名第一，占总支出的近50%，以及GDP的30%左右。在发达国家中，澳大利亚是个例外，其地方支出还不及GDP的3%。

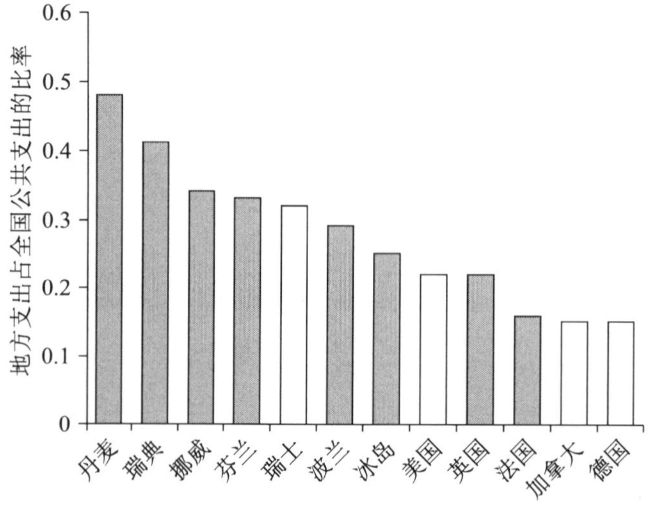

图 7-1　2000 年地方政府占全国公共支出的份额的对比分析

注释：白柱代表联邦制国家。

资料来源：Shah（2006c）。

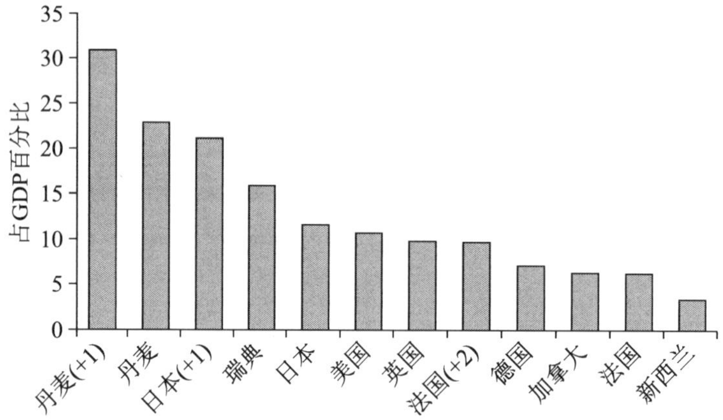

图 7-2　2001 年地方支出占全国 GDP 的份额

注释：法国（+2）包括直辖市、大区和下属各省；日本（+1）包括市和县；丹麦(+1)包括市和县。

资料来源：Shah（2006c）。

地方政府覆盖的人口规模

各国地方政府的数量有很大差别：最少的如丹麦，只有 74 个；而最多的美国则达到了 35906 个。表 7-1 按几个发达国家自治区的大小类别列出了分布情况。同样，在 1998 年市政府管辖的平均规模在冰岛为最小（1160 人），在英国最大（约 16 万人）（见表 7－2 和苏格兰事务部，1998）。在大部分发达国家，市政府的平均管辖人口都不足 2 万人。

表 7－1　　　　发达国家在横向普查年的市政府规模分布

公民人口数量	加拿大（2001）[a]	丹麦（2002）	法国（1999）	德国（2001）	日本（2000）[b]	新西兰（2002）[c]	瑞典（2003）	美国（2002）[d]
0—499	1975	0	21038	3680	0	0	0	0
500—999	1023	0	6763	2521	0	0	0	18013
1000—9999	1786	134	7957	6097	1557	14	73	14057
10000—49999	308	125	802	1348	1220	40	175	3125
50000—99999	51	12	82	109	224	12	30	461
100000—499999	33	3	32	70	206	8	9	219
500000—999999	6	1	3	10	11	0	1	22
1000000 以上	2	0	2	3	12	0	0	9
城市总数	5184	275	36679	13838	3230	74	288	35906

注释：a. 小型加拿大人聚集地的高数值是以所有的美洲原住民带都是相关的。例如，在本次调查中共包含 1052 个原住民聚集地和 5 个尼斯加（Nisga'a）的村庄。

b. 日本包括所有的市、町、村和县。另外，东京被算作一个市，且不包括冲绳县的人口。

c. 除了 74 个传统机构之外，新西兰还有 1860 个地区单位，这些都是非常小的聚集地。

d. 美国包括所有的城市、直辖市、镇和郡。另外，2002 年的数字仅代表所有人口小于 1000 人的地方政权。

资料来源：Shah（2006c）。

表 7－2　　　　OECD 成员国每个地方政府的平均人口

市政府管辖的中位人口	国家（按人口数量升序排列）
1000—5000	冰岛、法国、希腊、瑞士、卢森堡、奥地利、西班牙
5000—10000	加拿大、美国、意大利、德国、挪威
10000—15000	芬兰
15000—20000	比利时、荷兰、丹麦、澳大利亚
30000—35000	瑞典、葡萄牙
35000—40000	日本
40000—50000	爱尔兰、新西兰
100000 人以上	英国

资料来源：Shah（2006c）。

地方支出责任

关于地方的支出责任没有统一的模式，唯一相似的一点是几乎所有的国家以资产为导向的服务都是在地方层面上提供的。在基础设施方面，澳大利亚的地方政府占到了总支出的27%，相较之下，英国为62%，而欧盟和OECD国家分别为47%和41%。以公民为导向的或以人为本的服务显示出了更大的差别。在教育方面，澳大利亚的地方政府根本起不到任何作用，而加拿大、英国和美国的地方政府却占到了总支出的60%。在OECD国家中，其平均值为大约46%。在医疗方面，澳大利亚和英国的地方政府没有起到任何作用，而丹麦的地方政府却占据了主导地位（占大约92%）；欧盟和OECD国家的平均支出份额分别为28%和19%。大部分发达国家的上级政府介入对社会服务的提供，然后在环境保护方面，会分配给地方政府但不给予资金支持。

总体看来，北欧国家的地方政府提供了范围最大的地方服务，包括大量的以人为导向的和以财产为导向的服务。欧洲南部国家及北美地区的国家排在中游，而且更注重以财产为导向的服务。澳大利亚的地方政府参与的以财产为导向的服务最少（主要是“道路和垃圾”）。

地方收入及收入自治权

所得税、财产税和服务费是地方政府的主要收入来源。在比利时、丹麦、芬兰、德国、冰岛、日本、卢森堡、挪威、瑞典和瑞士，超过80%的税收收入来自于个人所得税和企业所得税。与之相反，在澳大利亚、加拿大、爱尔兰、荷兰、新西兰、英国和美国，财产税占到了地方税收收入的80%以上。奥地利、法国、希腊、意大利、葡萄牙和西班牙依赖于各种地方税收的组合形式，其中西班牙大约40%的税收收入来自销售税。对于整个欧盟来说，所得税占主导地位，其次是财产税、销售税和各种费用。平均看来，在发达国家，50%的地方收入来自税收，20%来自用户收费，30%来自更高级政府的拨款（见McMillan，1995）。图7-3列出了地方运营收入的主要成分，且图7-4

列出了特定国家的税收收入的主要成分。

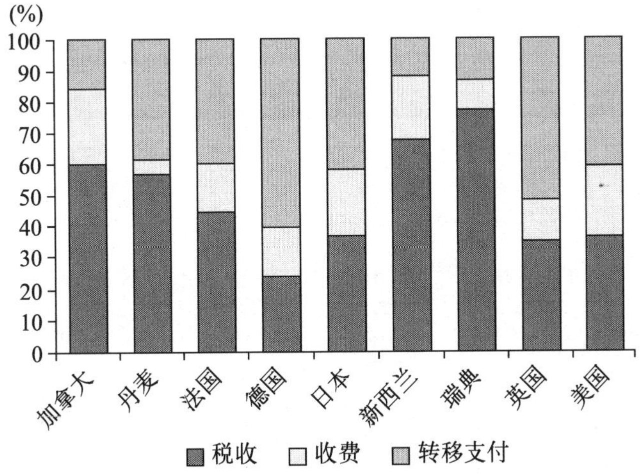

图 7-3 2001 年地方政府运营收入对比

注释：德国和日本的共享税是包含在转移支付项下的。另外，该调查中不包括地方借款。

资料来源：Shah (2006c)。

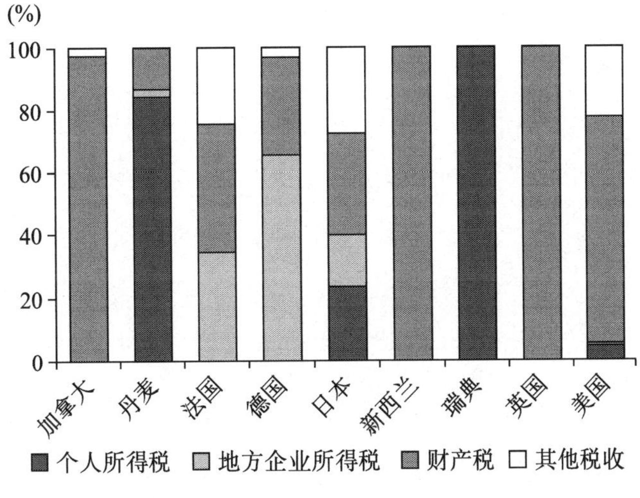

图 7-4 2001 年地方税收收入构成

注释：不包括德国（个人所得税和增值税）和新西兰（地区委员会的燃料税）的共享税。

资料来源：Shah (2006c)。

从表 7-3 可以看出，在奥地利、加拿大、丹麦、芬兰、新西兰和瑞典政府间财政的重要性相对较小，而在大部分 OECD 国家中，拨款在政府支出中占的比例非常大（见图7－3）。拨款的这种大比例情况说明了在许多OECD国家中，地方政府一般都执行更高级政府的代理职能，而且当地事务仅有限的决定权和的责任。在多数OECD国家中，主要依靠的是使用财政能力的一般目的且基于公式的拨款以及需求系数，但是芬兰、新西兰和美国是例外。在这三个国家中，特殊目的拨款对地方财政很重要。

表7－3　2000年OECD国家中政府间拨款占地方政府收入的比重

拨款占总地方收入的百分比	国家（按拨款份额的升序排列）
10—20	芬兰、瑞典、丹麦、新西兰
20—30	加拿大、奥地利
30—40	法国、日本、澳大利亚、美国
40—50	爱尔兰、挪威、比利时、德国
50—60	西班牙
60—70	希腊、葡萄牙
70—80	意大利、英国、荷兰

资料来源：Shah（2006c）。

在大多数国家，机场、停车场、供水、污水处理和垃圾处理的资金主要来自于用户收费，然而社会服务的资金主要来自于一般税收收入和拨款。基础设施的资金依赖于多种资源的组合，其中包括自有资源收入和储备金、收费、财政拨款、借款、公私合作协议等。在多数国家中，更高级的政府可以提供重要的帮助，以协助地方政府进入信贷市场。

协助地方获取信贷

地方如要获取信贷则需要有非常完善的金融市场以及值得信赖的地方政府。虽然这些前提条件在发达国家很容易就能实现，但是上级政府协助地方政府的传统已经建立了起来。在美国，州政府和地方政府可以获得贷款的利息补贴，因为此类债券的利息收入不用缴纳联邦税。不用多说，这类补贴有很多扭曲的影响：这类补贴有利于更富裕的管辖区和收入更高的人群；它会对非债务资金来源产生歧视，如储备金和权益；它有利于地方政府的投资而不是自治机构的投资；它会打击私营机构的参与度，使其让步或利用建设—拥有—移交（BOT）的形式参与。在美国，有很多州会通过建立市级债券银行来协助小型地方政府进行借款。市级债券银行是作为自治机构建立的，可以向投资人发行免税证券，并用收益购买几个地方政府的集体债券发行。通过汇集大量的较小债券以及使用州的更高级别的信贷评级，市级债券银行能够降低向更小的社区提供贷款的成本。

在加拿大，大部分省会协助地方政府对项目进行工程分析、财务分析和经济分析。艾伯塔、英属哥伦比亚及新斯科舍的地方政府会通过省财务公司获得借款方面的协助，这些公司会利用省级信贷评级来降低向地方政府提供资金的成本。某些省，尤其是马尼托巴和魁北克，会协助地方债务的准备和上市。加拿大的省政府在某些情况下会免除其地方政府的债务。在西欧和日本，根据商业准则运行的自治机构会协助地方政府借款。芬兰的市政财政是由地方政府联盟拥有的，同时也能够为市政府提供共用债务。与之类似的是瑞典市政投资（Kommun Invest of Sweden）。它是由地方政府的联盟拥有的，但实际上是通过私营方式进行管理并向地方政府提供信贷。比利时公共信贷银行（Credit Communal de Belgique）是由比利时中央政府和地方政府共同拥有，其存款是资金的主要来源。法国的德克夏银行（Dexia）是一家私营银行，它完全依靠通过发行债券的方式筹集资金。西班牙的地方信贷银行（Banco de Crédito Local）也是通过私营方式管理的，其使用债券进行融资。在丹麦，地方政府拥有集体共同合作建立的合作市级银行。在英国，公共工程贷款委员会会将中央融资引导到地方公共事业上。

根据发达国家的经验，我们学到了很重要的一点，那就是当市级金融公司能够按照商业准则运行且为争取资本和借款人进行竞争的时候，就能够很好地运行。在这样的环境中，代理机构允许风险累积，会更好的使用规模经济，而且能够利用对地方政府的了解及融资潜力以更有利的条件提供商业信贷（McMillan，1995）。

小 结

地方治理的历史演变以及当前实践能够为地方政府的改革提供宝贵的经验，尤其是为发展中国家。发达国家的地方治理实际上有很大差别，但是也有一些共同点。其差别在于制度安排，而制度安排实际上在一段很长的时间里得到了充分的发展。这种发展导致了地方政府的不同作用以及各国地方政府与中央政府的不同关系。在北欧国家，地方政府主要是人民的代理人，而在澳大利亚，地方政府在地方事务方面的作用是最小的，履行代理人这一职责的是州政府。

对于地方政府的规模、结构、层级和职能来说，OECD 各国没有一个统一的模式。但是，有一些非常有趣的共同特点。首先，多数国家认为财政必须遵循职能，以确保地方政府能够有效和平等地履行其责任。其次，地方自治被认为对于实现地方的期望和要求并回应地方居民来说是至关重要的。因此，地方政府必须拥有大量的课税自治、开支自治和管理自治。另外，地方政府必须能够在不听取更高级政府的意见的情况下，聘用、开除员工，并为员工制定参考准则。只有这样，地方政府才能通过引入绩效问责来创新管理，并利用竞争性条款、承包和外包等适当的方式来创造替代性的服务供应安排来创新服务的供应。地方政府还能够促进形成广泛的地方治理网络，并利用整个社会的各种能量来塑造更好的社会成果。最后，也是最重要的一点，发达国家地方治理可以成功的最重要的因素是其对地方居民的责任性。这种责任性通过民主选择、参与、透明度、业绩预算编制、公民的权力章程以及支持公民更广泛的话语权、选择权和退出权的各种法律规定和融资规定得以加强。

发展中国家的地方政府组织及财政

概念性文献认为地方政府在地方发展以及在地方层面上改善公共服务和公民生活质量等方面起到了非常重要的作用。因此，通过学习地方政府的概念性文献对我们了解发展中国家地方政府的作用具有一定的启发。以下章节对十二个发展中国家的地方政府组织和财政进行了综合概述。

地方政府的法律地位

不同的发展中国家的地方政府所具有的法律地位也是不一样的。在巴西、智利、印度、南非和乌干达，地方政府具有宪法地位。在孟加拉国、印度尼西亚、哈萨克斯坦和波兰，地方政府则是根据国家立法建立的。在阿根廷是根据省级立法成立的，而在中国则是根据中央政府的行政命令成立的。有趣的是，我们发现，根据国家及州宪法或立法获得其地位的地方政府在自治权和所提供的地方服务范围方面没有明显的模式。总体而言，除了波兰以外，通过立法成立的地方政府具有非常弱势的职能。

地方政府的相对重要性

发展中国家地方政府的相对重要性是通过两个指标进行对比的：一个指标是占固定公共部门支出的份额（图 7－5）；另一个指标是地方支出占 GDP 的百分比（图 7－6）。根据这两个条件，中国的地方政府所占份额最大，占固定公共支出的 51% 以上以及占 GDP 的 10.8%；相比而言，印度地方政府的百分比最小，仅占公共支出的 3% 以及占 GDP 的 0.75%。但是，某些国家的排序在这两个标准方面并不一致。如南非的第一个指标要好于巴西，但第二个指标则不如巴西。在所有取样的国家中，地方政府支出平均占到了固定公共部门支出的 23%，以及占到了国家 GDP 的 5.7%。相较经济合作也开发组织（OECD）国家的样本数据而言，那些发达国家支出占固定支出的 28% 以及占 GDP 的 12.75%。因此，地方政府的作用很大，但是相对于发展中国家的中央政府和中级政府以及 OECD 国家的地方政府而言，除了中国和波兰，多数发展中国家的地方政府的作用要相对小得多。在中国，省级以下的地方政府公务员达到了 3870 万人，占到了总公务员数量的 89%。

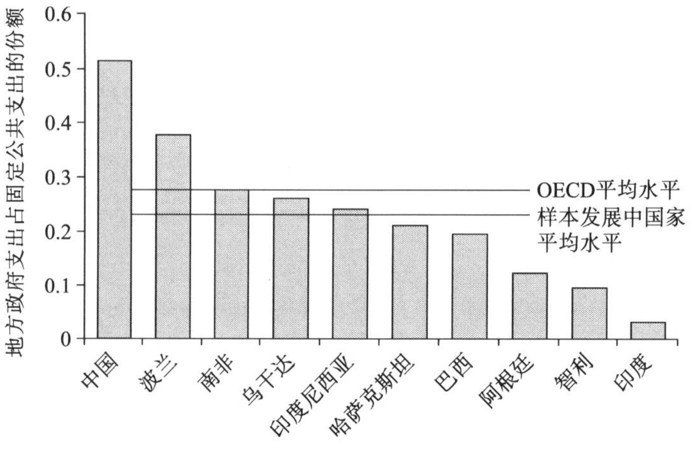

图 7－5　地方政府支出占全国公共支出的份额对比分析

注释：每个国家的数据均为最新的可用数据：1997 年，波兰；2001 年，智利、印度尼西亚和南非；2002 年，印度；2003 年，阿根廷、巴西、中国、哈萨克斯坦及乌干达。

资料来源：Shah（2006d）。

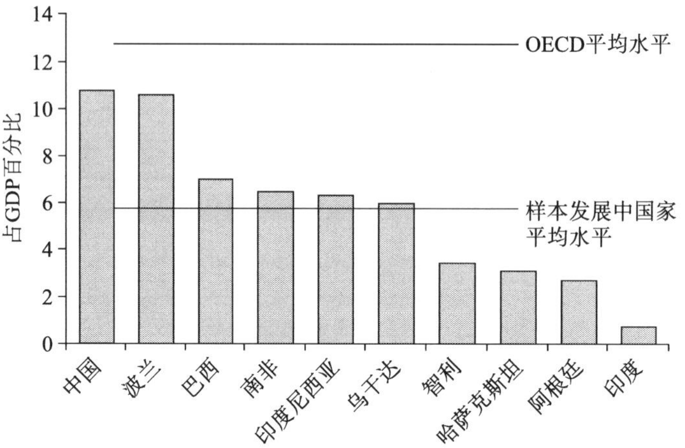

图 7－6　地方支出占全国 GDP 的比重

注释：每个国家的数据均为最新的可用数据：1997 年，波兰；2001 年，智利、印度尼西亚和南非；2002 年，印度；2003 年，阿根廷、巴西、中国、哈萨克斯坦及乌干达。

资料来源：Shah（2006d）。

地方政府覆盖的人口规模

被调查国家中的市政府的数量以及平均规模有很大差别。乌干达仅有 70 个市政府，而中国则有 43965 个（表 7－4）。哈萨克斯坦的

表 7－4　　发展中国家市政府的规模分布

人口数量	阿根廷（2001 年）	巴西（2002 年）	智利（1992 年）	中国（2004 年）	印度（2001 年）	印度尼西亚（1990 年）	哈萨克斯坦（2002 年）	波兰（2003 年）	南非（2001 年）	乌干达（2002 年）
0—4999	1770	1365	269	43258	230161	1237	7660	604	0	0
5000—9999	↓	1316	16	↓	16155	62	201	1049	4	1
10000—19999	360	1342	40	↓	5536	↓	81	731	16	0
20000—24999	↓	989	↓	↓	↓	↓	↓	↓	7	↓0
25000—49999	24	↓	↓	↓	1386	7	↓	↓	36	6
50000—99999	↓	309	↓	↓	498	↓	7	54	61	6
100000—199999	↓	123	↓	↓	388	6	18	22	67	9
200000—499999	↓	82	↓	374	↓	↓	↓	13	52	31
500000—999999	↓	20	↓	283	↓	↓	↓	5	25	15
1000000 以上	↓	14	↓	50	35	↓	1	↓	14	2
城市总数	2145	5560	325	43965	254119	1314	7968	2478	282	70

注释：箭头上数据加总包含指出的人口数量范围。

资料来源：Shah（2006d）。

市政府涵盖的平均人口不到 10000 人，而中国、南非和乌干达则超过了 100000 人。阿根廷和波兰的地方政府平均涵盖人口不到 20000 人，而巴西地方政府涵盖的平均人口则为大约 31000 人。智利和印度城市地区的市政府涵盖的平均人口在 60000 到 70000 人之间（表 7－5）。

表 7－5　　发展中国家每个地方政府的平均人口

国别	每个地方政府的平均人口
印度（农村）	3278
哈萨克斯坦	4331
印度尼西亚	5915
阿根廷	14972
波兰	18881
巴西	30099
智利	64592
印度（城镇）	68027
中国	107334
南非	238839
乌干达	373321
全部样本国家	79000

来源：表 7－4（本书）。

地方支出责任

不同发展中国家的地方政府有不同的责任。中国将大部分的支出职责都授予了地方政府。除了传统的地方服务和市政服务之外，中国的地方政府还负责社保（主要是养老金和失业补助），而且在地方发展方面起到的作用也大于其他国家的地方政府。印度和南非的地方政府在提供地方服务方面的作用是最小的，且主要主用于提供市政服务。在哈萨克斯坦，所有的地方服务都是中央和地方共担的责任，地方政府没有独立的预算且没有财政自治权。在阿根廷、巴西、智利、印度尼西亚、哈萨克斯坦、波兰和乌干达，教育和医疗占到了地方政府支出的近一半。在乌干达，仅教育一项就占到了地方支出的近 40%。在印度和南非，市政服务（如供水、污水处理和垃圾处理）以及市政行政管理占到了大部分的地方支出。在中国，教育、市政管理、司法和公安则占到了地方支出的近一半。

地方收入及收入自治权

受调查国家的地方政府能够从税收获得39.6%的收入，另外9.5%来自服务收费，而剩余的50.9%则来自更高级别政府的拨款（图7－7和表7－6）。相较之下，OECD国家的地方政府收入有49%来自税收，16.6%来自服务收费，34.4%来自拨款。在乌干达（85.4%）、波兰（76%）、巴西（65.4%）、印度尼西亚（62%）和中国（58%），财政拨款的作用明显高于平均水平。受调查国家的收入结构也有很大差别。平均看来，有32%的税收收入来自房产税、15%的收入来自个人所得税、4%的收入来自企业所得税，而另外49%的收入则来自大量的小税种及各类收费。相较而言，OECD国家的地方收入有54%来自房产税、23%来自个人所得税、14%来自企业所得税，以及9%来自杂税。因此，与发展中国家相比，OECD国家的地方政府更依赖于房产税和所得税。在中国，财产税仅占地方收入的3%，而在印度尼西亚则占到了74%（中央管理的财产税）（图7－8）。

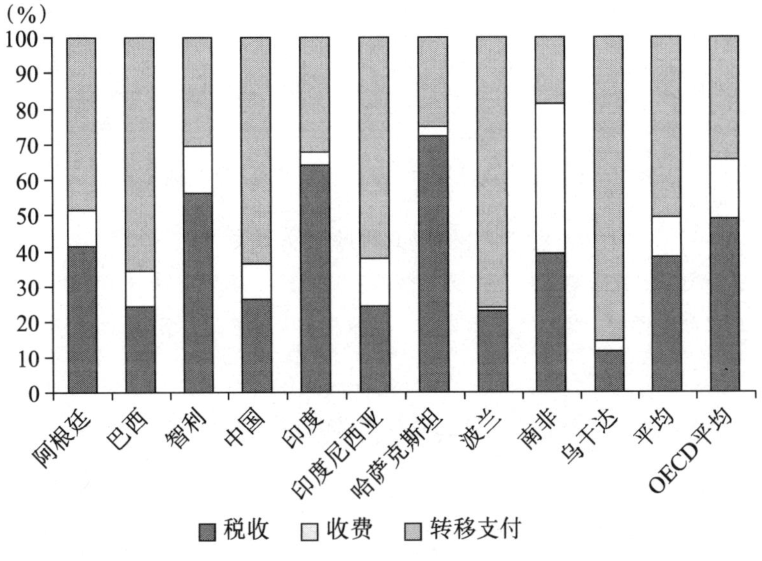

图7－7　地方政府运营收入对比

注释：每个国家的数据均为最新的可用数据：1997年，波兰；2001年，智利、印度尼西亚和南非；2002年，印度；2003年，阿根廷、巴西、中国、哈萨克斯坦及乌干达。

信息来源：Shah（2006d）。

表 7－6　　发展中国家政府间拨款占地方收入的比重（2003）

拨款占总地方收入的百分比	国家（按拨款份额升序排列）
10—20	南非
20—30	哈萨克斯坦、智利
30—40	印度
40—50	阿根廷
60—70	印度尼西亚、巴西、中国
70—80	波兰、乌干达

来源：Shah（2006d）。

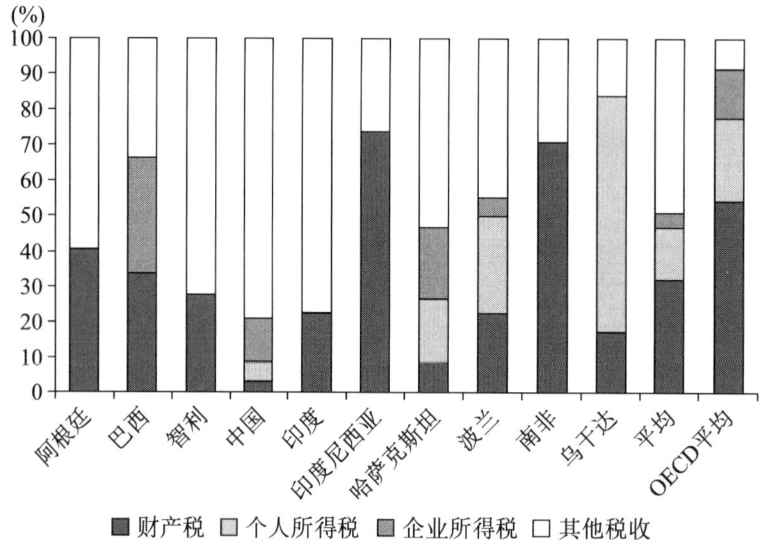

图 7－8　地方税收收入构成

注释：每个国家的数据均为最新的可用数据：1997 年，波兰；2001 年，智利、印度尼西亚和南非；2002 年，印度；2003 年，阿根廷、巴西、中国、哈萨克斯坦及乌干达。

信息来源：Shah（2006d）。

对于所有的发展中国家，来自房产税的收入占到了 GDP 的 0.5%，而这一数字在发达国家则为 2% 左右（1%—3%）。这一情况说明，房产税具有进一步开发的巨大潜力。使用费是收入的重要来源，但是此类收费的设计和管理往往不合理，而且不能达到平等性和遵循效率原则，同样也无法为穷人提供特殊保障。在阿根廷、巴西和波兰，地方政府在计税基础的确定和管理方面有极高的自治权，而在其他国家则受到了限制，甚至在哈萨克斯坦根本不存在。整体而言，在受调查国家中，税收集权化的程度要远远高于按照经济原理或政治考虑因素规定的情况。

整体而言，受调查国家一般会遵循基于公式的一般目的拨款方式。但是，相对比第八章列出的准则和最佳实践来看，拨款的设计往往还具有有待改进的地方。中国、印度尼西亚、波兰和南非尝试使用财政能力和财政需要来测量其财政平等性拨款，而其他大部分国家则用多种因素建立了收入分享项目。财政均等化拨款的实践是受欢迎的，但是，没有一个受调查国家会使用明确的均等化标准来确定拨款的总额度以及这些拨款的分配。结果，拨款没有实现财政均等的目标。特殊目的的拨款一般都是临时的，而且不会产生保护其目标的激励措施。尤其值得一提的是，没有一个受调查国家使用过基于产出的财政拨款来制定基本服务的国家最低标准，或是为了结果和业绩来提升对公民的地方责任性。因此，对财政拨款进行改革来确保公平和可靠的治理仍然是一个未完成的任务。

协助地方获取信贷

大部分受调查国家都允许地方政府向资本市场借款，但是中国、智利和印度尼西亚除外。但是，在中国，中央政府可以代表地方政府借款或发行债券，且地方政府拥有的地方企业也可以直接从资本市场借款。在阿根廷、巴西和波兰，地方政府允许从国内外的资本市场借款，但是却受到了财政规定的限制，以确保财政谨慎性和债务的可持续性。在南非，大部分此类借款都是由国有机构完成的，如基础设施金融公司和南非发展银行。南非的中央政府对所有此类借款进行管理监督。如果地方政府无法履行债务偿还责任，则南非的中央政府则有权进行干预。南非为确保地方级谨慎财政，执行了一个全面的框架，其包括宣布破产的规定。在哈萨克斯坦，地方政府仅能够向中央政府借款。

在严重缺少基础设施的发展中国家，特别需要地方政府能够获得大量借款。但地方政府对信贷的使用需要有完善的金融市场和可信赖的地方政府。在发展中国家，落后的长期信贷市场以及薄弱的市政信誉限制了市政府对信贷的使用。而且，中央政府的主要政策重点在于中央控制。因此，很少有国家关注协助实现地方借款。在少数国家，可通过专门的机构以及中央担保来获得此类协助，从而向市政府提供更多的信贷。这些机构一般都是非常脆弱且不太具有可持续性，而且会受到政治影响。通过这些机构提供的利率补助妨碍了新兴资本市场的替代选择的出现。另外，这些机构无法平稳地向以市场为基础的资本金融体系过渡。

因此，在发展中国家，地方政府为资本项目融资而可用的选择项受到了很大限制，且可用的选择也并不有利于为此类资金建立一个可持续的制度环境。这些限制之所以存在是因为宏观经济的不稳定性以及缺乏财政纪律和适当的管理体制限制了金融和资本市场的发展。另外，地方层级的收入能力受到限制是税收集中化造成的。向地方政府提供有限的信贷市场使用的第一个过渡步骤可能就是要建立根据商业原则运行的市级金融公司，并鼓励市级评级机构的发展来协助此类借款。税收的分权化对于建立私人部门向地方政府借款的信心并共同承担此类借款的风险和共享收益是非常重要的。地方政府对于国家级以下的债务的紧急救援和担保应当通过执行全面的财政责任框架和财政破产框架而被取消，如同巴西和南非近期对这一措施的实践。地方预算编制和独立信贷评级机构的透明度对于国家以下级借款的市场导向型方法的平稳过渡也是至关重要的。

小　　结

最近几年，发展中国家出现了与地方治理有关的良好发展势头。地方政府在提供公共服务方面的作用越来越大。但是，除少数国家之外（如巴西、中国和波兰），其他国家的地方政府在人民生活方面的作用仍很小。这些国家的地方政府一般会受到超越权限准则的束缚，且只允许执行少数由上级政府委派的职能。这些地方政府在支出决策方面的职权十分有限，而且几乎没有权利决定税收。这些地方政府的自有资源收入限制在一些少数非生产性的税基。地方的政治及官僚领袖对于争取更多的课税权力并不感兴趣，相反他们将精力放在了争取更高层级政府的财政拨款上。

结果，税收的分权没有与政治分权和支出分权同步。因此，我们无法看到太多的税基共享的例子，而且甚至地方政府目前可用的税基也没有得到完全开发。在发展中国家，财政拨款一般占到地方收入的60%（受调查国家为51%），而相比在OECD国家中则仅为34%。这一税收和支出决定方面的明显差别阻碍了对地方居民的责任性，因为地方领导人不必非得证明向其选民做出的地方支出决定的正当性。

地方政府的自身融资对于强化治理、提高效率和问责是非常重要的。虽然多数国家选择了公式化的财政拨款，但是这些拨款的设计仍不够完善。这些拨款没有为制定国家最低标准或为对结果问责创造激励条件，而且一般也不会为地方财政平等性的目标提供帮助。

第二部分

收入共享与财政转移支付

收入方式尽可能与支出需求匹配对各级政府来说是加强问责治理的理想目标。事实上，这一目标还未实现，因为税收权力分权比支出责任分权更困难，且联邦政府希望留出一定空间来使用支出权力以影响地方性政策来实现国家目标。本部分章节讨论了这些财政工具在确保共同经济联盟方面的作用。

原因如前所述，收入方式与支出需求之间的不匹配或纵向财政缺口在联邦制国家中（常见于于较低级别政府）是通常情况。此类缺口可以通过按照基于各类税收或从专项或一般性资金池向地方政府转移支付规定份额的联邦收入来缩小。第八章讨论了收入共享的优势和劣势，并评估了替代性收入共享机制的可用性。

第九章详细列出了可以用来实现联邦支出权力的政府间财政工具。该章强调的是各种工具和相关设计的激励性、问责性意义和潜在影响。该章还讨论了在保持分权决策的自主性和灵活性的同时，使用以绩效为导向的转移支付来实现基于结果的问责。然后，该章列出了政府间（联邦—州—基层）财政转移支付的经济原理，并讨论了转移支付设计问题，来实现此类转移支付的公平和效率目标。

政府间的财政转移支付为发展中国家和转型经济体的提供了约60%的地方性支出资金，而为OECD国家提供了大约1/3的此类支出资金。除了提供支出资金外，转移支付还打造了激励和问责机制，影响了财政管理、效率、公共服务供给公平性以及政府对公民的责任性。第十章回顾了政府间财政的各类实践，其目的是获得一些与发展中国家及转型经济体的决策者和实践者有关的一般经验。该章为转移支付的设计提供了原则，并描述了全世界不同国家财政转移支付的目标和设计。在发展中国家和转型经济体中，财政转移支付主要关注的是收入共享转移支付，而很少关注服务于国家目标。该章引用了一些简单但有创新的转移支付制度设计案例，这些设计既可以满足授予方的目标，又能够保持地方自主权并为良好的、负责的、平等的和可问责的公共治理创造良好的环境。该章的结论部分强调了与发展中国家和转型经济体当前政策争论有关的一些经验教训，并且列出了在设计和执行转移支付项目时需要避免和需要效仿的做法。

第八章

收入共享

在联邦制国家中，纵向财政缺口（VFG）反映的是各州收入方式及支出需求之间的差别。该缺口一般需要联邦政府获得的收入填补，为各州支出提供资金。该转移支付可以通过两种主要方式来实现：向各州提前划分规定的联邦收入份额，或通过政府间（联邦—州）转移支付来完成（此类转移支付的规模并非取决于联邦收入标准）。第一种方法是收入共享，即本章的主题，而第二种方法则属于政府间（联邦—州）转移支付的范畴。两者的区别仅是概念上的，因为这两种方法都是拨付一定数量的资金，而且有共同的特点。因此，我们所说的收入共享倾向于指根据联邦税收收入份额计算的向各州进行转移支付的特定方法，所以根据常见实践应用将其作为独立的章节进行分析。

各国都有不同的收入共享体系结构，列出不同形式分类是有益的。大部分收入共享体系的一个共同特点就是相关的转移支付一般都是无条件的。也就是说，此类转移支付的使用完全由收到拨款的州政府来决定。这绝对不是收入共享的一个必要特点，但确实是一个常见特点。

收入共享一般只是一个更庞大的转移支付体系的一部分。如联邦政府想使用其支出权力来影响给地方政府的转移支付，那么可以通过设计有条件转移支付来实现这一目标（将在下一章进一步讨论）。

收入共享的基本结构可以描述为三个组成部分：需要共享的联邦收入类型、需要转移至各州的此类收入比例、共享收入在各州之间的分配机制。需要共享的收入可以很狭窄也可以很宽泛。收入来源可以是单一的，例如州政府无法获得的税基广泛的税种（如所得税或一般销售税），也可以是一系列联邦税收。当然，需要共享的联邦收入来源越大越多样，那么需要实现既定的收入转移支付规模的共享比例就越小，而各州获得的收入就越稳定。

转移给各州的收入的比例会大概根据州支出责任相对于其自有来源收入的充分性规模进行选择。当然，这是一个判断问题，因为州支付责任或各州获得其自身收入的能力都没有完美的定义。如果发现各州难以履行其职责，联邦政府将调整采取的共享原则，并对共享的资金量进行调整。

收入在各州之间的分配可以遵循不同的原则。一个极端的情况就是派生原则，在这种情况中，收入是按照联邦收入征收的地点转移给各州的，转移支付中根本没有任何再分配要素。资金可以通过简单的人均均等原则进行转移，这实际上是一种再分配原则。具有高于平均水平的人均税基的各州将会把资金转移给低于平均水平的各州。更普遍的是，收入可以根据下章所讲述的均等化原则进行转移支付。每个州所占的份额将反映该州相对于其他省份的税收能力，以及为了提供特定标准水平公共服务而对资金的需要。这些公式中的哪一种适合，取决于除了收入共享外而存在的其他的政府间（联邦—州）转移支付。如果收入共享是各州获得无条件资金的主要方法，那么原则上讲，其设计目的就是要满足政府间（联邦—州）转移支付目标，其中包含一些均等化因素。

最后，各国用来确定需要共享的收入的类型及数量的机制也是不同的。其方法可以一定程度宪法化。因此，宪法中可以规定哪些联邦税收收入必须遵守收入共享原则（如德国、阿根廷）。而在另一方面，收入共享结构可以建立在某些联邦制国家（如澳大利亚、印度、南非）的准独立机构的建议和意见的基础之上。从上述国家情况来看，这些机构在决定最终结果方面都或多或少地具有一定的影响力。但是，最常用的方法就是联邦政府自身来决定收入共享的方式，在此过程中要考虑其政治目标和经济目标。这种方法的优势在于可以让联邦立法机构对于体系更负责和更可靠。但是其潜在的劣势就是这种方法可能需要经常变动，其频率可能会赶上年度联邦预算。

收入共享的优点与缺点

收入共享被全世界的联邦制国家所广泛采用。对于支持其采用的主要观点是非常明了的。我们将先阐述其优点，然后再讨论其部分缺点。

支持收入共享的观点

收入共享是各州获取具有合理保障且不断增加的收入总额的简单方法。如前所述，收入共享方法非常简单透明。对于特定的收入共享基础，我们只需要规定共享的比例及在各州之间的分配。

标准的收入共享系统通过包干性和无条件的方式向各州提供转移支付。各州可完全决定如何支出此类拨款。这促进了财政责任的分化，并提高了联邦体系的效率。各州需要通过立法程序为提供公共服务的方式向其自身的选民进行负责。另外，只要各州具有自有收入的合理来源，他们就能够决定其支出项目的规模。收入共享转移支付将会是收入的超边际来源。

与此同时，收入共享可以是非常灵活的政策手段。除了缩小财政缺口之外，还可以用来实现政府间（联邦—州）转移支付的其他目标。例如，收入共享可以对各州的收入起到均等化效果。在瑞士，部分特定联邦税收收入要根据各州的财政能力进行共享，并将其作为联邦支持财政均等化的一部分（Schmitt，2005）。在印度尼西亚，中央政府管理所有的共享税收，其中可以包括再分配要素。例如，财产税收入主要分配给来源地（80%），但是还有一部分也会分配给其他地区（Taliercio，2005）。从原则上讲，收入共享可以具有条件性要素，这与分类财政补贴中发现的情况一样。当然，收入共享体系中这样的特点越多，则该体系就会变得越复杂，而对于联邦自由裁量权的开放程度就越高。这可以从州财政决策的独立性中看到。

收入共享的使用与其他形式的政府间（联邦—州）转移支付的使用一样，允许将支出责任下放到各州，并在联邦层级上保留主要的收入权力。因此，可以将其看作是促进了财政责任向各州的有效分权，且保留了完全协调的税收体系。例如，在澳大利亚，联邦政府负责征收所得税及产品服务税产生的所有收入。对所得税的联邦政府的唯一使用权始于第二次世界大战。在20世纪90年代末，各州同意放弃额外的税后，联邦政府同意向其分配产品和服务税（GST）收入。这些共享的收入（一般收入资金）是按照人口比例在各州进行分配的，而均等化系数的调整考虑了收入能力和支出需求（Saunders，2005）。

收入共享是一种以进一步促进分权有效性为基础的方法。分权的总原则就是要提高效率，实现按公式计算而非自由裁量的转移支付。自由裁量转移支付的存在为联邦政府过度控制各省支出重点提供了条件，并且通常是无法抗拒的。而收入共享体系可以提供解决这种情况的一些原则。当各州依赖联邦转移支付来获得大部分资金的时候，这一点将变得尤为重要。

收入共享的缺点

除了能够在最小干预的情况下让各州可以简单快速地获得资金之外，收入共享也存在一些缺点，尤其是对其过度依赖的时候。主要问题涉及的情况就是，虽然各州有相当的自由裁量权决定收入共享资金的使用，但其实际上并不能决定所收到的资金的数量。如果收入共享被看作其他形式的政府间（联邦—州）转移支付的替代性选择，那么就不会有这样的缺点。但是，收入共享通常是联邦制国家的一个特点，并且给州政府几乎没有留下什么收入责任。例如，在墨西哥，中央政府负责征收大部分重要的税收。大约有 60% 的联邦税收收入是共享的。州政府非常依赖于联邦收入转移支付。2003 年，平均有 95% 的州级收入来自于转移支付；市级收入这一数字的范围为 50% 到 98%（J. Gonzalez，2005）。在这些情况下，收入共享必须针对划分各州的税收资源进行评估。如前章中所见，各州可以通过不破坏单一税基完整性以及征税权力的前提下取得广泛的税收资源，例如通过征收联邦纳税义务的附加税。提高各州获取其自身收入的能力可以增加州政府对其财政绩效的问责性。

收入共享计划的另外一个潜在的缺点就是这种决定了州收入分配的方法与实际的州支出少有联系。尤其值得一提的是，如果确定了共享计算方式，则州收入将会以共享的联邦税收的增长速度增长。这与州支出责任的增长速度有很大差别。在大部分联邦制国家中，重要的教育、医疗和社会服务责任都是由州政府承担的，而这些则是支出增长最快速的领域。在发展中国家，州支出的增长速度可能尤为迅速，因为在这些地区的项目正在建立、分权正在进行且各州可能需要对重要的基础设施项目负责。当然，从原则上看，收入共享比例可能因此得到调整，但是这样做的灵活性远不如让各州能够更自主地取得自身收入。

收入共享的最后一个潜在缺点就是会让各州面临与联邦税基不可预知的变化有关的风险。如果收入共享税基较窄，那么这种情况就会变得尤为严重。人们通常会说，联邦政府的重要作用之一就是为各州应对特质风险提供保障。情况是否属实，仍需要进行讨论。可能有人会认为，至少当特质风险随与时间变化无关时，各州可以通过资本市场借贷避免此类风险的影响。如果各州必须依赖联邦政府来实现风险共担，那么收入共享就不是一种适当的工具。收入共享不但不会保护州政府免受来自于内部资源的风险，实际上还会让州政府面临联邦政府可能面对的风险。如前所述，这说明收入共享最好应该只是政府间（联邦—州）财政安排中众多可行组成部分之一。

收入共享机制

我们已经大体列出了收入共享体系可能存在的不同形式。在这一部分，我们将更加详细地了解一下这些形式的特点。

按税基进行的收入共享

原则上讲，收入共享可应用于联邦政府占用的任何计税基础。但是，共享窄较窄的税基似乎不是很恰当，如消费税。更窄的税基不会让各州获得相当大笔的收入，而这是收入共享的主要目标之一，并且这些税基不太可能产生有保障的收入来源。因此，我们可以关注各类广泛的税基，包括所得税、工资税、一般销售税、财产税甚至是重要的资源税。

所得税

对于政府来说，所得税是最大的税基，而且是最大的潜在收入来源。在经济与合作发展组织（OECD）国家中，所得税占据税收收入的大部分，但在大多数发展中国家，其潜力并没有被充分挖掘出来。所得税一般是由联邦政府征收的。如我们所见到的那样，许多人认为应当保留具有共同税基甚至是共同税率结构的单一税收征管机构。实际上，在很多国家只有联邦政府有负责收所得税和确保合规性的征管机构。作为一个较大的税基，所得税可以提供稳定的政府收入来源，虽然偶尔会受到周期性波动的影响。因此，似乎可以将其看作是税收共享的适当替代方式，至少是在能够利用该税基的国家。

与所得税有关的真正问题在于是否能够通过收入共享机制来最好地实现对其收入的使用。如在上一章讨论的那样，可以让各州通过联邦政府所得税征收附加税，从而使其能够直接获取所得税（实际上，甚至允许各州直接将联邦所得税作为税基直接征税）。这样的机制能够实现与收入共享大致相当的目标，因为各州获得了一部分联邦收入，但是这种机制却有一个优点，那就是每个州都能够选择其附加税的税率。这使得各州可以对其税率进行调节，以适应自身的需求和偏好，并提高州政府的责任性和可靠性。

从某种意义上说，将附加税作为税收共享的一种替代性方法具有更多的限制。因此，根据衍生原则，取得的收入归于各州。因为共享的资金可以通过更具再分配性质的方式进行分配，所以收入共享更为灵活。也就是说，这些资金可以用来实现转移支付的其他目标，如各州提供既定水平公共服务能力的均等化。如果各州被允许使用附加税，那么就会需要一种转移支付补偿体系来实现这些额外目标。这一体系的要求就是必须付出一定的代价才能让州政府获得收入的职责，而这本身也是一个值得赞赏的目标。

工资税

同样考虑也适用于工资税。工资税的税基比所得税的略窄，但仍然是一个巨大的潜在收入来源。收入共享可能会为各州带来大量的收入，这些收入可以在各州之间进行分配，从而实现除消除财政缺口以外的其他目标。

但是，允许各州直接获得工资税的理由，至少与获得所得税一样强，甚至更强。我们在上一章提到，工资税是分权到各州的理想税种。工资税税基广泛，通过工资扣除征收相对容易（至少对规模合理的雇主而言如此），需要的协调更少，而且产生的财政外部性要少于其他税基。即便是各州还没有准备好来管理自身工资税，那么也能够附加于联邦工资税之上。另外，如果规定使用工资税为特定的州支出项目（如养老金、失业保险、工人补偿等）提供资金，那么工资税实际上将变成州税种。所以，我们还不清楚为什么会有政府将工资税收入共享，而不是作为各州自有的资源收入。

如果各州独享工资税，而不是收入共享，那么就必须再次通过转移支付体系的设计来实现转移支付的其他功能。否则，收入共享将被用于该目的。

一般销售税

对于多数国家而言，一般销售税都是税收收入的中流砥柱。对于发展中国家来说，一般销售税尤为重要。另外，多数国家已经意识到了采用增值税（VAT）作为销售税的首选的优点。VAT是税基广泛，其应用涵盖生产链到零售阶段。投入的进项税抵扣，税收鼓励出口的能力，以及对进口的完全征税，让VAT成为一种中性税种。增值税并不会偏向任何一个行业，而且对国产商品及进口商品一视同仁。另外，进项抵扣机制强化了税收遵从性。

与直接对收入或工资征收的税项不同，增值税不适于各州参与。如果允许各州设置其自身的增值税税率以及联邦增值税的附加税，这样的体制将变得复杂和难以管理（尽管不是不可能，见第四章讨论）。增值税比起所得税或工资税而言，更适于收入共享，尤其当增值税是一种相当稳定的税基。

增值税收入共享应用的主要问题，是选择将收入共享作为各州获得转移支付的方式，还是作为以公式为基础的无条件转移支付方式。后者的优势在于，确定转移支付规模的公式及其增加可以更多地直接以各州的需求为基础，而不是基于联邦税收收入多少。例如，这些转移支付可以基于资助标准水平州公共服务所需的资金总量来测度，并且根据某些州支出需求指数而增加。另一方面，这种增加并不是能直接完成。

支持采用以公式为基础的转移支付方式，而不是由联邦政府自由裁量权来决定转移支付的理由是强有力的。对于使用收入共享体系而不是转移支付体系作为实现稳定公式分配的方式，可能是基于政治上的考虑。也就是说，收入共享公式可能比转移支付公式更具可持续性。年复一年对公式进行修改的机会很小，政治决策者们也不易被诱使这样做。

资源税

在一些国家，资源收入是政府收入的主要来源，如当 国家拥有丰富的矿藏或油气储备，以及大量森林之时。在这种情况下，正如我们所讨论的那样，让联邦政府获得收入权力是有很大的优势的，尤其是当各州资源财富分布非常不均之时。鉴于收入的重要性，且作为公共资源，各州可能会要求共享其产权，所以资源收入可能天然就是收入共享标的。例如，墨西哥宪法就包括规定联邦政府要与各州共享来自于联邦政府对独占资源征收的“特殊税”收入。这些税包括石油产品税和森林开采税。进一步预期的是，各州能够与各市共享这些收入（J. Gonzalez，2005）。

与其他主要税种一样，资源收入共享也是有利有弊。从有利方面来说，比起直接让各州获取资源收入，收入共享可能是一种更好的办法。如果资源在各州之间分布不均，那么各州可能会获得数量差距较大的收入。从理论上讲，这种情况的劣势可以通过均等化制度来抵消。但是，这样的制度可能从政治角度上难以持续，如向各州分配资源收入的联邦制国家的经历一样（如加拿大）。另外，目的是消除资源收入分配不平等的均等化计划将不可避免地对各州产生负面的激励效果。一个州获得的资源收入的数量，一定程度上是由州政府关于资源开发的政策决定的。如果各州产生的额外资源收入最终将通过均等化体系被拿走的话，那么它们将不会愿意开发资源资产。如果资源收入（以及资源管理）由联邦政府控制，且收入会与各州进行共享的话，那么这些问题就不会出现。共享公式可以保证所有的州都能获得“公平”的收入份额，而无论这些收入来自于哪些州。

另一方面，收入共享也有弊端。标准的资源共享是各州没有决定其收入使用的自主权。作为收入共享的基础，资源收入同样具有不稳定的缺点，因为资源收入取决于资源价格。只要联邦政府能够更好地控制商品价格波动的风险，那么根据更稳定的公式进行转移支付就要优于根据资源收入的份额进行转移支付。

与特定收入共享有关的其他问题

在与应用于特定税种类型的收入共享有关的其他考虑因素中，其中之一涉及收入共享对联邦政府的激励。如果联邦政府只能获特定税基收入中的一部分，那么相对于其他税基来说，联邦政府将不愿意使用这一税基。除此之外，联邦税务机关在管理该税种时就会变得不那么警惕，而选择将其稀缺的规制资源投入到其他税种。印度就是共享特定税种带来的不利影响的经典案例。印度政府最初强制规定共享来自于非农业所得税以及中央政府征收的联邦消费税的收入。共享的总量是由财政委员会决定。连任的委员会增加了各州的份额，在 20 世纪 90 年代，净所得收入达到了 87.5% 的高点，而其中联邦消费税则达到了 47.5% 。中央政府的应对是随时间增加对非共享收入的依赖程度，尤其是关税及国有垄断部门的价格管制。这一体系在 2002 年得以改变，当时第八宪法修正案要求所有联邦税收收入都成为可分割资金池的一部分。第十二任财政委员会建议在 2005—2006 财年到 2009—2010 财年期间，30.5% 的中央税收收入由各州共享（Rao, 2007b）。

还有部分纯粹的行政管理问题。其中之一就是，如果执行衍生原则，或向各州的转移支付是以每个州的税基为前提，那么就必须计算各州获取的税收收入。这可不是个轻松的任务。而且纳税时间及最终税收责任确定的时间之间可能会有显著的时滞。例如，这将会造成各州获得适当数量收入的时间大幅延迟。此种延迟可以通过基于其他原则的转移支付体系来避免。[①] 如果联邦政府能够比州政府更好地承担风险，那么无条件的基于公式的转移支付计划就优于收入共享计划。

总收入共享

总收入共享是指将大部分联邦收入分配给各省/州的体系。这一方案更多直接与无条件转移支付项目相比较，因为这两类方案的资金基本上都来自于联邦总收入。主要的区别就在于收入共享情况下的转移支付数量直接与联邦收入挂钩，而无条件转移支付则没有这种限制。

---

① 基于公式的转移支付不能完全避免这种延迟。例如，如果转移支付是以人口为基础的，那么最终核算的延迟将会非常严重。当前的人口预计可能不如收入预计准确。

另外，两者体系也具有相当高的可比性。尤其值得一提的是，资金在各州之间的分配完全可以按照主观意志进行选择。同样，也能够对各州转移支付资金的使用附加总量条件。

在收入共享和有条件转移支付体系之间的选择似乎归结于将转移支付与联邦政府收入挂钩的意愿。从表面上看，这看上去就像不必要的限制，因为州支出需求与联邦收入的变化方式是不同的。另外，如我们所见，让州转移支付与联邦收入挂钩说明了州收入的某些周期不稳定性。

与此同时，对于收入共享的使用，可能还有一些非经济性的争论（除了要求收入共享作为转移支付形式的宪法规定外）。将提供给各州的转移支付与联邦税收收入挂钩确保了转移支付的可承受性。如果转移支付与州支出挂钩，那么联邦政府可能就会担心丧失对州转移支付增长率的控制。另外，如前所述，将转移支付公式应用与收入共享计划中可能会让基于公式的转移支付体系更具可持续性。

评　估

为了完成本章的讨论，我们盘点了支持和反对收入共享作为政府间（联邦—州）财政安排体系组成部分的相关案例。观点总结如下：

1. 基于广泛税基上的收入共享是让各州在避免税收体系扰动的情况下，获得大笔资金的简单行政性方法。因此，能够促进支出责任的分权。

2. 税基狭窄的税收共享理由无说服力。各州获得的资金数量相对于其支出需求而言微不足道，资金支持也是相对多变，且该体系可能会影响对联邦政府的激励。

3. 总收入共享向各州提供了恰当可预测的资金量，而且有助于确保总体转移支付是以公式为基础的，而不是由联邦政府斟酌决定。但是，其可预测性却受到共享收入周期性的事实的限制，因此，各州将与联邦政府一样面临相同的财政风险，但是各州却不具备承担此类风险的能力。

4. 收入共享的公式基于如下事实，既定的共享规则规定，各州/省获得的资金按联邦税收收入增长率，而不是按州/省级支出需求指标增加。

5. 收入共享的资金可以在各州之间分配，从而实现与联邦—州/省转移支付相同的目标。这些资金同样可用于弥补因支出分权大于税收分权的情况造成的财政缺口。这些资金可以用于实现均等化，如果各州财政能力不同，但却有提供标准水平公共服务的公共支出需求时，这一点尤为重要。而且在引导各州资金用于认清并促进国家经济和社会政策目标时面临多种不同环境。

6. 收入共享的主要缺点在于使得各州无法自主获得收入，即便是边缘收入。这种自主权的缺失减少了财政和政治问责。这说明，转移支付不应当是各州唯一的或主要的收入来源。相反，转移支付应当配合足够的收入责任，这样一来，各州才能有效控制其预算的规模。

7. 在广泛的税基中，支持增值税收入共享的理由最为充分，而对于所得税和工资税等直接税而言最为薄弱。对所得税而言，州附加税不仅可以用来让各州获得收入，而且可以通过向各州授权决定其收入数量。至于工资税，各州即可以附加征税于联邦税收基础之上，又可以通过其自身的税收体系征税。而让各州自行征收增值税或附加征税于联邦增值税之上是非常困难的。如果各州能够直接获得税收来源，不论是自行征收还是与联邦政府共享，都需要有补充的转移支付计划来均衡各州的财政能力并实现政府间（联邦—州）转移支付的其他目标。

总之，虽然收入共享可能是让各州获得大量收入的有效方法，但同时总会存在更好的方式来让分权决策与真正承担分权责任。同时，实施收入共享时还要配合其他的财政安排，从而保证各州能够有效地决定其预算规模。

第九章

政府间转移支付原则

转移支付分类及其目的

政府间（联邦—州）转移支付是所有联邦制国家的重要特征，类似的制度也广泛应用于有着多层级政府的非联邦制国家。[①] 这些转移支付构成了更广泛的联邦和州级政府间财政关系制度。引言部分从转移支付的类型入手，然后论述政府间转移支付的基本原理。文中交替使用了“转移支付”和“补助/拨款”等称谓。

政府间转移支付的类型

政府间财政转移支付是政府间财政安排的一部分，协调两个高级

---

① 多地区的联邦制和非联邦制国家之间的区别是模糊的。几乎所有的国家都至少拥有中央和地方两个层级的政府。联邦制国家的地方政府通常被认为具有自主权。一般情况下，地方政府在某些领域有独立的立法管辖权，在细节上并不需要向国家政府负责。但一些名为非联邦制国家的多层级政府实际上是实行联邦制。例如，南非的州级政府拥有相当的独立决策责任，然而也许是出于政治原因，它却没有“联邦”标签。

别的政府——联邦和州政府的财政决策。政府间财政关系主要包括从联邦政府到各州政府的一系列财政转移支付，以及协调和分享特定税基的一系列财政安排。也许还有政府间财政协议，例如内部贸易协定，两级政府共有政策职能（如环境政策）行使协调的协议，以及政府间管制的相互影响。理论上，两级政府在财政上可以独立和自主，但实际通常并非如此。联邦政府会获得多于实现自身目的需要税收收入，并通过转移支付或税收收入的直接分享向州政府转移多余的收入。这一结果反映了以下事实，相当程度的支出责任分权可能是有效率的，而收入分权却没有这样的效率。因此，在一个分权的联邦国家，政府间转移支付是有必要的，以使联邦政府实现国家效率和公平目标。

政府间财政工具有一些共同属性，这些属性从一开始就值得总结。

政府间财政工具

政府间财政转移支付或补助/拨款可以大致分为两个大类：一般性（无条件）转移支付和专项（有条件的或指定用途的）转移支付。

一般性转移支付。一般性转移支付通常作为一般预算支持，不附带任何条件。这些转移支付通常由法律授权，但有时候也有临时或斟酌的性质。此种转移支付的目的是保护地方的自治权并促进地区间的均等。这也是为什么《欧洲地方自治宪章》第9条规定："对地方政府的转移支付应尽可能不指定具体项目用途。转移支付不得排除地方当局在自己管辖范围内斟酌制定政策的基本自由"（Barati 和 Szalai，2000：21）。

当一般性转移支付用于广泛支持一般领域的地方政府支出（如教育），并允许接受方拥有分配具体用途资金的自由裁量权时，被称为分类转移支付。分类转移支付是一个定义模糊的概念。它属于一般性和专项转移支付之间的灰色地带，因为它既提供不附带任何具体条件的广泛预算支持，又大致规定了地方政府的支出范围。

一般性转移支付绝对的增加了接受方的财力。正如图 9.1 所描述的那样，它使接受方政府的预算线（AB）向右上方平移转移支付的量

（AC = BD），产生新的预算线（CD），因此只有收入效应。由于一般性转移支付能用于任何公共产品或服务的支出，或用于减轻居民的税收负担，因此一般性非配套补助不会影响相关价格（即没有替代效应）。同时，它也仅对地方支出有最低程度的刺激作用，特别是一般每增加 1 美元的额外的无条件转移支付，地方支出才增加不到 0.5 美元。由于税负减轻，当地居民就有剩余资金用于私人产品和服务的消费。

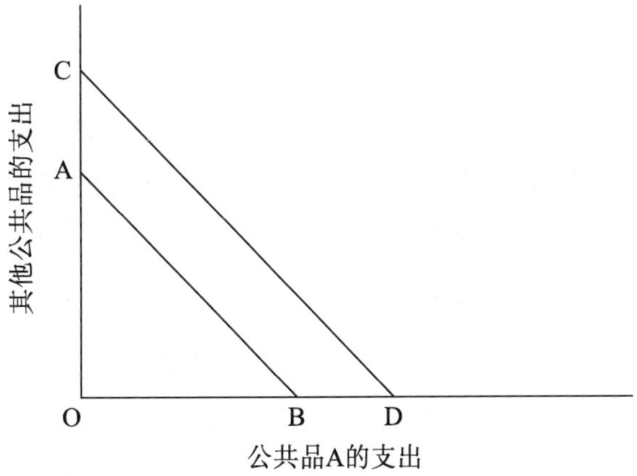

图 9.1　一般性非配套转移支付的效应

从理论上说，增加 1 美元的当地居民的收入和接受 1 美元的一般性转移支付对地方公共支出应该有完全相同的影响——使预算线向外等量移动。实际上，所有的实证研究表明，以一般性转移支付形式直接给他们 1 美元，能比当地居民的收入提高 1 美元带来更多地方公共支出。也就是说，保留的用于地方支出的补助比例将会超过地方政府对居民收入进行有效税率征税的比例（Rosen，2005；Oates，1999；Gramlich，1977）。拨付的资金将粘在其最初拨付的部门，而在减轻税负方面产生的效应比预期的要小，这就是人们所说的“粘蝇纸效应”。其含义是指，由于政治原因和官僚主义的原因，对地方政府的拨款将比直接对当地公民征收相等数额的税收收入带来更多的地方支出（Mc-Millan，Shah，and Gillen，1980）。对这种影响的一个解释就是假设官僚机构希望使自己的预算规模最大化，因为这样做的确能给他们带来在当地更大的权力和影响力（Filimon，Romer，and Rosenthal，1982）。

基于公式计算的一般性转移支付是很普遍的。巴西联邦政府及州政府对直辖市政府的转移支付就是一个例子。有证据表明，这种形式的转移支付会导致直辖市政府不能充分利用它们的税基（Shah，1991）。

专项转移支付。专项转移支付或有条件的转移支付的目的是为地方政府从事特别项目或特殊活动提供激励。这些转移支付的性质可以是规定的或是法定的，也可能是斟酌的或是临时的。

条件性转移支付指定了资金的支出类型（基于投入的条件限定）。支出类型可能是资本性支出或日常运转支出，或两者兼而有之。条件性转移支付也可能对所提供的服务要求带来一定的结果（基于产出的条件限定）。基于投入的条件限定通常具有一定的干预性和非收益性，而基于产出的条件限定既能促进拨款者的目标实现，又能保护地方的自主权。

条件性转移支付可能包含配套资金的要求，即要求接受方政府利用自身资源提供一定比例的资金支持。配套资金既可以是非限额的配套补助，即无论接受方政府提供多少的资源，拨款方都会提供与之相对应的配套资金；也可以是限额的配套补助，即拨款方对接受方只提供事前约定好的一定额度的补助。

配套资金要求促使地方政府在补助资金的支出方面更加谨慎，同时也鼓励地方对补助支出更多的主导权。限额配套补助能保证拨款方对转移支付项目的成本进行一定的控制。但是，配套资金要求对那些财力有限的辖区来说反而造成了更大的负担。鉴于此，为了保证较贫穷的辖区也能参与到补助项目中来，比较可取的办法是使配套资金的比例与辖区人均财力成反比。

非配套转移支付。条件性非配套转移支付为地方提供了一定额度的资金，而不要求地方提供相应的配套资金，只要求条件性非配套转移支付用于某一特定目的。在收到这种转移支付（AC）后，图 9.2 的预算线就从 AB 转移到 ACD，在新的预算线上至少能获得 OE（ = AC）单位的辅助性公共产品。

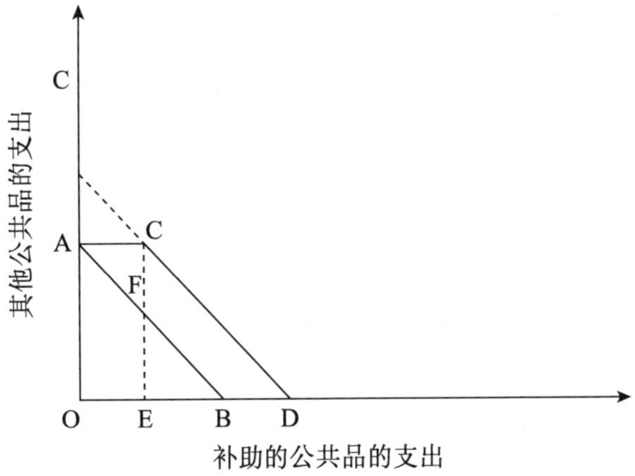

图 9.2　条件性非配套转移支付的效应

条件性非配套转移支付最适用于补贴那些被更高层级的政府优先考虑，而较低层级的政府较少优先考虑的活动。尤其当一项活动在一定的产出水平上（OE）能产生较高的外溢性，之后其外部效应会突然消失，情况就更是如此了。

对于给定水平的转移支付，接受方政府更喜欢非条件性的非配套转移支付，因为其能使他们在追求自身目标时使自己对资金的使用有最大的灵活性。由于这种转移支付能增加地方的财力而不会影响它们的支出类型，能使接收方的福利达到最大化。但是，资金拨出方政府可能会牺牲地方政府的满意度，以保证资金直接用于那些它们优先考虑的领域。在由垂直管理机构或部门执行联邦政府的目标，而不是由中央机构（如财政部，它们具有更多的任务）执行联邦政府的目标时更是如此。联邦部门不希望地方政府把项目资金挪用到其他领域。在这种情况下，条件性（选择性的）非配套（分类的）拨款能保证资金用于部门的利益相关领域（如医疗卫生），而不会扭曲地方政府在不同活动中的优先顺序或在目标支出领域中导致无效率的资源配置。

配套转移支付。条件性配套转移支付或成本分担项目，要求资金的使用依据特定的目的，并且接受方政府要在某种程度上有资金相匹配。图 9.3 显示了对交通提供 25% 的项目补助给地方政府预算带来的影响。AB 是没有补贴时的预算线——在预算为 OA（OA = OB）时一个城市能

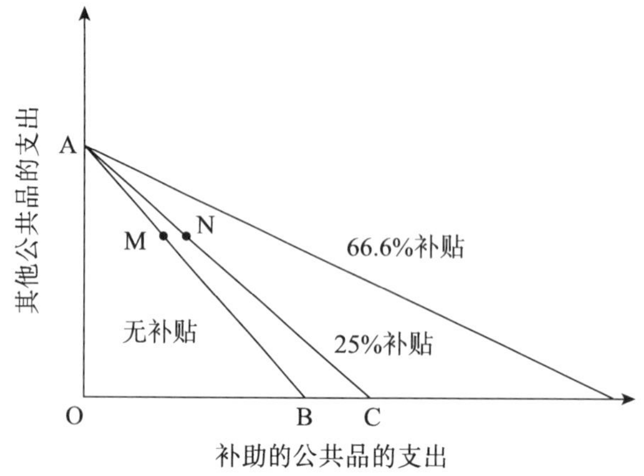

图 9.3　非限额配套转移支付的效应

得到的交通运输和其他公共产品和服务的组合。而在联邦政府提供25%的交通补贴的情况下（即联邦提供1美元的交通补助，地方需要支出3美元用于交通），可获得组合的预算线被移到AC。无论其他产品和服务处于何种水平，社区居民都能多得到1/3的交通服务。如果在补贴之前社区选择的服务组合为M点，那么在补贴后社区就有可能选择N点的服务组合，在该点上，公民能得到更多的交通服务。

这种转移支付能产生两种效应，即收入效应和替代效应。这种补贴给社区公民提供了更多的财力，一部分增加的财力使他们获得更多的交通服务（收入效应）。由于这个补贴也降低了交通服务的相对价格，社区公民在一定的预算约束线下能获得更多的交通服务（替代效应）。这两种效应都会刺激更多的交通服务支出。

虽然这种补助是针对交通服务的，但是同时也需要更多的其他公共产品和服务，即便替代效应使得它们的价格相对提高。如果收入效应足够大，它将在这两种效应中占据主导地位，而且补助将增加其他产品和服务的消费。大部分研究表明，这种类型的转移支付在特定领域的支出增加额小于补助的总额，剩余的补助资金会用于其他公共服务和产品的消费以及减轻税负（见 Gamkhar and Shah，2007）。这就是所谓的补助替代效应。条件性补助的替代性取决于被支持的公共服务的支出水平以及这种支出的相对优先程度。比如，如果补助接受方政府在被支持领域的自筹资金支出超过了条件性补助的总额，那么补助资金的条件限定对接受方政府的支出行为就几乎没有或只有很小的影响：所有的、或部分的、或根本没有转移支付用于被支持的领域。Shah（1985，1988b，1989b）指出，在艾伯塔省政府，对城市公交的补助被部分地转移到其他服务方面，而对公路交通改善的资金却没有转移到其他服务领域。

非限额配套转移支付在配套资金方面没有进行限制，它非常适合于纠正在公共产品提供方面出现的外溢性或外部性时的低效率问题。当一个地方政府出钱提供的服务使得其他没有出钱的地方政府也受益时，就出现了效应溢出。由于提供方政府承担了项目的所有成本而只得到部分收益，提供方政府就倾向于提供不充分的服务。如果受到影响的社区无法协商损失，那么这种情况可以由更高层级的政府通过补贴该服务而得到纠正，根据外溢程度决定补贴的额度或配套的比率。

配套转移支付能纠正由外溢性带来的低效率问题，但是无法解决州与州之间或地方政府之间的财力不均等或财力不充足问题。有丰富资源的地方政府能满足配套资金的要求并且得到很多补助。而财力有限的地方政府可能无法提供相应的配套资金，因而无法得到那么多的补助，虽然它们的支出需求可能等于甚至大于那些较富裕的州（Shah，1991）。在这种情况下，还需要其他形式的援助措施来平衡政府之间的财力。

补助提供方政府通常更偏好限额配套转移支付（在这种情况下只需提供限定的资金量），因为这种转移支付能使他们保留对预算资金的控制权。图 9.4 表明了限额配套补助对地方预算的影响。AB 是初始的预算线，在某种支出限制下，对每 3 美元的地方资金支出提供 1 美元的补助时，预算线就成了 ACD。原本成本是在 1/3 比 2/3 的基础上分担的，直到补助上限 CG（ = CE）的水平。超过 OF 部分的支出将得不到补助，因此预算线的斜率将回到原先的 1∶1，而不是 AC 阶段有补贴时的 1∶3。

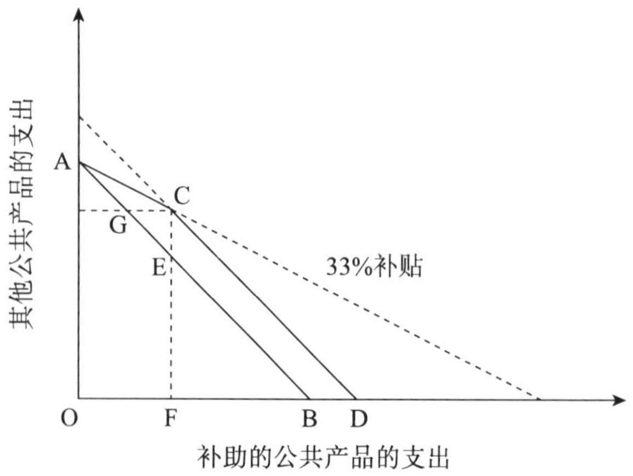

图 9.4　限额配套转移支付的影响

经验研究表明，限额配套转移支付比非限额转移支付更能刺激受补贴项目的支出（Gramlich，1977；Shah，1994b；Gamkhar 和 Shah，2007）。据估算，每增加 1 美元限额配套转移支付将带来 1.5 美元的支出。制度因素能帮助我们解释为什么会带来如此之大的支出增加。

条件性限额配套转移支付在解决公共产品提供方面的问题和低效率时似乎作用不大，但为什么其在工业化发达国家那么流行呢？答案在于，纠正这种低效率不是唯一甚至不是主要的目标。转移支付用于提高地方政府财力的同时，也促进用于补助支出方给定的优先项目的支出。支出的条件性（选择性）则用来保证资金能直接用于拨款方政府认为最需要的支出领域。但是，鉴于这些补助的替代性，这也可能是一个虚假的安慰而已。地方的配套资金或成本分担机制赋予拨款方一定程度的控制权，要求接受方政府具有一定程度的财政可问责性，并使它的成本能为拨款方政府所知晓。

从拨款方政府的角度来看，条件性限额配套转移支付既有优点也有缺点。由于这种转移支付可能带来可观的资金转移，它也可能使产出发生扭曲并带来低效率等问题，因为这种补助通常只是针对少量活动的，这样就使得这些领域的支出过多，而其他领域却缺乏足够的资金支持。如果资本性支出能得到补助而运行成本不能得到补助，那么这些补助就会导致支出流向资本密集型的领域。

条件性非限额配套转移支付在促使下级政府增加被支持领域的支出方面是最合适的政策工具（见表 9-1）。如果政府的目标仅仅是提高地方公民的福利水平，一般性非配套转移支付是最可取的，因为它能保护地方政府的自主权。

表 9-1　　　　转移支付分类及其概念影响

转移支付的类型	收入效应			价格(替代)效应			总效应				对目标函数的排列		
	a_1	A	U	a_1	A	U	a_1	A	U	$\partial A/\partial G$	支出增加	对结果的问责性	社会福利
条件性（基于投入的）配套转移支付													
非限额	↑	↑	↑	↑	↑	↓	↑↑	↑↑	↑↓	>1	1	3	3
限额													
强制性的	↑	↑	↑	↑	↑	↓	↑↑	↑↑	↑↓	≥1	2 或 3	3	4
非强制性的	↑	↑	↑	n.a.	n.a.	n.a.	↑	↑	↑	≤1	3	3	2
条件性非配套转移支付	↑	↑	↑	n.a.	n.a.	n.a.	↑	↑	↑	≤1	3	3	2
条件性非配套转移支付													
基于产出导向	↑	↑	↑	n.a.	n.a.	n.a.	↑	↑	↑	≤1	3	1	1
一般性非配套转移支付	n.a.	↑	↑	n.a.	n.a.	n.a.	n.a.	↑	↑	<1	3	3	1

注释：1 = 最高分，4 最低分，↑ = 正效应，↓ 负效应；a_1 = 辅助子函数；A = 辅助函数；U = 非辅助函数；G = 转移支付；n. a. = 不适用。

资料来源：Shah（2007c）。

为了保证对结果的可问责性，以结果为导向的条件非配套性转移支付比其他类型的转移支付更可取。以结果为导向的转移支付尊重地方的自主权和预算弹性，也为提高服务绩效提供了激励机制和问责机制。我们将在后面部分讨论这种转移支付的设计。

通过绩效导向的转移支付实现基于结果的问责

以结果为导向的转移支付（也称绩效转移支付），在经济上的解释缘于新公共管理学对以契约为依据的管理的强调，以及新制度经济学中通过降低公民取得公共服务时所发生的交易成本来强化对良好治理的需求。新公共管理学通过改变公共部门的管理范式（即把终身任期制改为合同聘用制，在履行了提供服务的条款后可以续任）来加强对结果的可问责性。它希望以相似条件向所有的公共服务供应商（不管是政府组织还是非政府组织）提供同样的资金支持，借此为公共服务的提供创造一个竞争性的环境。

新制度经济学方法认为，公共领域的管理混乱源于公共部门官员的机会主义行为，因为在此过程中公民无权问责公共部门官员的违法或腐败行为以及由此产生高交易成本。在此框架下，公民被看作委托人，而政府官员则是代理人。委托人具有有限理性，他们在自身能得到的不完全信息条件下采取理性行动。获取并处理公共部门运行方面的信息代价高昂。代理人（政府官员）比委托人更具信息优势，受到自身利益的驱使，他们会截留这些信息，而不将其透露给公众，因为公布这些信息会促使委托人向代理人问责。这种信息不对称会诱使代理人采取机会主义行为，这种机会主义行为会由于委托人需面对高额的交易成本和缺乏可以履行问责管理的制衡机制而变得无法控制。通过绩效转移支付带来的基于结果的可问责性，使公民的信息得到增强，并降低了采取行动的交易成本。

以产出为导向的转移支付把拨付的补助与服务提供的绩效连接在一起。这些转移支付在结果方面限定了相关条件，但在项目的设计和为实现这些目标所需的相关支出方面却给地方提供了充分的灵活性。这种转移支付有利于地方政府将注意力集中在结果导向链（见图9－5）和替代的（竞争性的）服务提供框架上，以实现这些目标。为了实现拨款的目标，接受转移支付的地方政府公共管理者会对这个结果导向链进行检查，以确定这些项目是否能产生了预期的结果。为了实现这个目标，公共管理者需要检查项目活动及其投入，包括中间投入（用于产生结果的资源）、产出（公共产品或服务的质量和数量及其可获得性）、结果（为消费者/纳税人提供公共服务或实现项目目标的进展的中期和长期后果）、影响（提供公共服务带来的项目目标或超长期影响）及其范围（这个项目的受益方和受损方）。这种管理机制通过强调相互信任，强化了委托人和代理人在实现共同目标中的共同所有权和责任。因此，内部和外部汇报从传统的投入导向型转为产出、范围和结果导向型，尤其是带来结果的产出。项目设计和执行中的灵活性，通过从强调对投入的严格监管转为强调绩效结果及其衡量标准来实现。对预期结果的进度跟踪是通过指标来实现的。这些指标由服务提供者和资金提供方协商确定。这种共同的目标设定和报告制度能保证客户（即居民）的满意度，同时在项目中建立合作关系和所有者关系（Shah，2005b）。

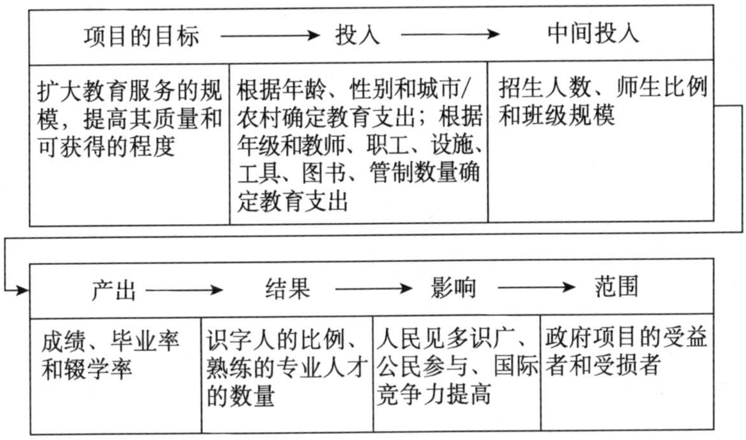

图 9－5　教育服务的结果链

数据来源：Shah（2005b）。

产出导向型的转移支付必须对产出而不是结果设定条件，因为结果会受到公共管理者可控制之外的因素的影响。公共管理者只对他们能控制的因素负责。产出导向型的条件会分散对结果问责性的实施。由于转移支付的条件与公共服务提供的绩效（如产出的质量和可获得性）联系在一起，因此公共管理者可以自由选择项目及其投入来取得成果。为了取得这些成果，拨款条件有积极激励的作用，鼓励发挥可供选择的服务提供机制，例如把项目分包出去，外购或者鼓励政府提供者和非政府提供者之间的竞争。这些可以通过建立融资平台来完成，由竞争性招标引入特许经销商或为标准化竞争中绩效好的项目提供奖励。这种激励环境被期待生成一种基于结果的客户问责管理范式，包含以下共同的要素：

1. 合同或工作项目协议要建立在提前设定的结果和绩效目标及预算分配的基础上。

2. 将终身任期制改为合同聘用制，并规定专门任务。

3. 管理灵活但对结果问责。

4. 把公共部门的角色重新定义为公共服务的购买者而不一定是提供者。

5. 引入主从法。也就是说，公共部门的决策可以由最接近公民的那一级政府做出，除非有令人信服的理由能证明可以不这样做。

6. 激励成本效率。

7. 激励服务提供透明和竞争。

8. 对纳税人负责。

在这种可问责的管理框架下，由拨款提供资金的预算分配会支持合同和工作项目协议，这些合同或协议是根据预先确定的产出或绩效目标签订的。补助接受方政府在投入选择中的自主权（包括人员的雇用、解雇和项目的实施）能得到充分的尊重，但在结果的实现方面却有严格的问责性。以产出为导向的转移支付所带来的激励和可问责的政府希望能带来一个积极响应的、负责任的、可问责的管理机制，同时也不会削弱地方的自主权。相反，传统的以投入为导向的转移支付却会削弱地方的自主权，降低地方的预算灵活性，同时也会强化机会主义和寻租的文化（见表9－2）。

表9－2　传统的条件转移支付和基于产出的转移支付的特征

特征	传统的转移支付	基于产出的转移支付
转移支付的目标	支出水平	公共服务的质量及其可获得性
转移支付的设计和管理	复杂	简单透明
资格	接受方政府部门或代理人	接受方政府为所有政府或非政府提供者提供资金

续表

特征	传统的转移支付	基于产出的转移支付
条件	对授权职能或项目的支出	公共服务提供的结果或绩效
分配标准	项目或带有支出详情的项目建议书批复	按潜在客户的人文因素来分配
遵从度及核查	更高层级政府的监督和审计	客户的反馈和纠正；对各种公共服务的质量和可获得性的比较
处罚	对财务遵从度的审计监督	公众的责难、竞争压力、客户的呼吁以及退出机制
管理的灵活性	很少或几乎没有；无法承担风险，对结果的失败没有问责机制	绝对的管理灵活性；对承担风险具有一定的收益，但在持续失败的情况下会遭到惩罚
地方政府的自主性和预算灵活性	很小	完全的
透明度	很小	完全的
关注点	内部	外部，竞争性，创新性和标准检查
问责性	对更高层级政府负责，控制投入，但很少关注或几乎不关注结果	结果导向型，从下到上的，客户驱动型问责制

以产出为导向的转移支付能创造一种激励机制，推动对结果问责的文化。如果中央政府希望提高穷人受教育的可获得性，并提高教育质量，通常的做法就是通过条件性转移支付为公立学校提供补助。这些补助规定了这些支出的类型（书本、电脑、教师补助等）以及财务报告和审计方面的要求。这种对投入的条件限定会影响预算的自主性和灵活性，同时也无法保证这些结果的达成。而且在实践上也很难实施，因为可能有很多机会提供替代性的资金。实践证明，在公共支出的增加和公共服务提供的绩效改进方面没有一一对应的关系（Hunter，Roberts 和 Shah，1997）。

以产出为导向的转移支付设计有助于结果问责性的实现。如专栏

9－1所示，按照这种方法，中央政府按照地方学龄人口的数量来对地方进行资金分配，地方政府按照入学的学生数量对公立学校和私立学校进行资金分配。如果非官方的教育提供方依据学生的质量进行招生，同时对家庭困难的学生提供学费补助的话，那么这些私立学校就有资格获得转移支付。所有学校都被期待在标准化考试中提高或至少维持考试分数，提高毕业率、以及减少辍学率。如果没有做到这些将会引起公众的不满，甚至在极端情况下补助资金会被终止。同时，绩效差所造成的名誉风险将降低学校的入学率，从而减少了补助资金的获得。学校在使用这些转移支付时具有完全的自主权，并且能保留那些未动用的资金。

专栏9－1　通过基于产出的转移支付为学校提供资金的财政需求补偿：一个典型的例子

州政府或地方政府的分配依据：学龄人口——15至17岁年龄的人口。

服务提供商的分配依据：政府和非政府学校生均相等。

条件：普及中小学教育。

非政府学校依据能力招收穷人的孩子。学习成绩的提高和毕业率的改善。没有资金使用条件。

惩罚：公众的责难，补助资金的减少，持续性违约导致终止的风险。如果家长让他们的孩子从不作为的学校退学，补助资金自动减少。

奖励：随着学校吸引更多的学生，补助资金自动增加。更好地管理资源以节约资源实现最优利用。

影响和意义：鼓励竞争、创新和公民问责，提高质量和获得性。通过父母的选择自动监控和执行规定。

资料来源：Shah（2007c）。

这种类型的转移支付能为公立学校和私立学校提供一个竞争环境，帮助这些学校取得成就、留住学生并建立起优质教育的声誉，因为父母对学校的选择决定了每个学校的转移支付额。这种竞争环境对公立学校来说尤其重要，因为这些学校的教职员工都是终身制的，他们的工资和绩效水平无关。预算的灵活性和节余的保留，能鼓励这些学校在提供优质教育过程中进行创新。

产出型转移支付因此能保证地方的自主权，鼓励竞争和创新，并为公民带来严格的结果问责。这种问责机制是通过消费者选择（当前例子中父母的选择）自我实现的。

政府间（联邦—州）转移支付的角色

我们可以找出五个被广泛接受的经济理由支持联邦对州政府的转移支付，且这些理由都基于效率或公平考虑，具体的联邦经济体适用每一个理由的程度不尽相同。所有这些在前面的章节中已经讨论过。理由包括：由于支出责任的分权大于税收能力的分权所导致的纵向财政失衡或财政缺口的存在；各州之间的净财政收益（NFBs）不相同造成的财政不公平；相同资源的财政低效率；各州政策的收益（或成本）的州际间溢出效应；和国家财政结构的协调统一。我们逐个对这些理由进行分析。

纵向财政缺口

几乎所有联邦制国家共有的一个特点是联邦政府的收入大于它的支出需要，而将多余的资金转移支付给州政府来保障它们的支出。[①] 联邦收入和支出需要的差额，被称为纵向财政缺口（VFG）。[②] 各个联邦国家的纵向财政差距很大，澳大利亚、德国和许多发展中国家的纵向财政缺口很大，但在加拿大和美国却小得多。对于一国如何选择合适水平的纵向财政差距，目前还没有成熟的理论指导。有关财政联邦主义的文献直到最近才试图分析最优水平的纵向财政差距，而且也仅仅是基于简单的模型。一般来说，决定一国纵向财政差距水平的原因主要有两个：一是涉及支出分权与税收分权的相对程度；二是纵向财政

① 以往值得注意的例外是中国和俄罗斯。由于历史原因，这两个国家的税收征管是高度本地化的，税收收入被上缴到中央政府。近几年来，这两个国家的征税权力也逐渐集中。

② 在最近的财政分权相关文献中，纵向财政缺口和纵向财政失衡常被错误地互换使用。纵向财政失衡通常发生于纵向财政缺口没有通过支出职责的重新分配，或财政转移支付等手段得到充分解决时。Boadway（2005a）认为，纵向财政失衡概念包含有不同层级政府理想的或最佳的支出水平，因此很难衡量。

差距在联邦政府履行其制定国家经济政策的职责过程中的作用。[①]

第一种观点成立对纵向财政差距而言很简单，因为支出分权的程度远远大于税收分权的程度。正如我们在第二章和第三章所论述的，州政府可能在为个人和企业提供公共服务并基于非收入特征进行转移支付时将更有效率。主要的公共服务领域如医疗卫生、教育及社会保障构成公共部门预算的主要部分，且在许多联邦国家高度分权。另一方面，正如第六章所提到的，对于税收方面不分权在很大程度上有强而有力的论据。税收可以很容易地由中央政府进行管理，在此共同税收制度可适用于单一征税机构的好处。因税收制度支离破碎造成的经济联盟内部扭曲可通过集中征税避免，且可应用统一的再分配标准。集中的税收制度避免了可能的税收竞争和州际的税收扭曲，不过这将妨碍州政府通过自身筹集最佳收入金额。通过竞争吸引资本，商业活动甚至劳动力将导致各州筹集低于有效水平的财政收入并引发州际的资源分配失衡。单一税收制度的某些收益可通过税收协定实现，但是如果联邦政府保持主导比重的税收空间，这些事情更易获得支持。

以这些论据为基础的纵向财政缺口的准确规模仍然是一个需要判断的问题。人们认为过多的纵向财政缺口削弱了州政府的责任，因为它不负责筹集其所花费的收入。其相反观点为，就责任而言重要的是筹集财政收入的边际能力以及无论纵向财政缺口的程度如何州政府都可以实现的筹集边缘收入的职责。同样地，从技术角度来看，纵向财政缺口越大意味着联邦税率越高并令州政府决策产生更大的纵向财政外部效应。正如我们在第二章所论述的，州政府将忽略其税收政策对联邦税收收入的影响。在某种程度上，州政府税收的增加减少了联邦政府可用的税基，且对联邦政府有负的财政外部效应影响。州政府将有动机设立过高的税率。联邦政府的税率越高，这种外部效应就越大。

---

① 见 Boadway，Keen（1996）和 Boadway 等（1998）的文献。关于纵向财政缺口（VFG）和纵向财政失衡（VFI）的一个更具有政策导向意义的讨论，请参阅 Boadway（2005b，2006a）。文中对纵向财政缺口和纵向财政失衡概念做了区分。

从另一方面来说，通过给州政府更多的税务权力降低纵向财政缺口会导致更大横向财政外部效应，而哪里是最佳的平衡位置在哪尚不明确。

可能也有很多观点认为联邦政府保持财政优势是以稳定目标为依据。具体地说，两种相对观点包括联邦政府需要控制大部分的主要财政工具以确保其财政政策产生影响；以及州政府可通过采取撤销联邦政策影响的行动阻挠联邦财政政策（例如，顺周期行为）。没有过于强调这些观点是因为人们对标准财政政策的功能效果存在质疑。此外，可以说对于有效的财政政策而言重要的是按照财政态势进行边际调整的能力，在分权背景下的联邦中也可能实行。近年来，财政政策更倾向于解决长期问题，如控制债务和鼓励增长及创新等。也可以说联邦财政优势的存在已在某种程度上与这些观点的目标相背离。例如，在加拿大，很大部分联邦赤字控制政策只是通过暗中削减转移支付把这个问题转移给州政府。这将导致州政府在收入方面更多自给自足和在决定联邦转移方面更有发言权的两种观点。

对于纵向财政缺口的第二种观点认为，鉴于当前了解的情况，更令人信服的是联邦政府需要对州政府进行转移支付是为了履行其职责以实现经济联盟内部效率和公平。为了验证该观点，我们转向分权联邦国家中政府间转移支付的其他作用的讨论。

财政不公平

当一个联邦内两个不同州的居民因财政体制而被区别对待时会产生财政不平等。考虑到横向公平的联邦（在全国内平等对待其所有居民），其公民化的结果为想要对分权联邦自然产生的财政不公平进行纠正。正如我们在第二章和第三章所论述的，有自身支出和税收职责的州政府将能够为其辖区内的居民提供不同的净财政收益。除非这些差异将由转移支付体系纠正，否则财政公平将不会在联邦内普及。

跨州间的净财政收益会出现差异是因为各州税收能力不同，提供公共服务的成本以及各州内的特殊公共服务需要存在差异。在一个全面集权的国家将假设这种情况不会出现，因为国家政府将通过国家税收体制给其所有公民提供相应的服务。然而，在分权的联邦国家将导致州政府选择其公共服务的水平和适于自身财政环境的税收。有较低税收能力或较高公共服务需要，及较高提供成本的州政府不可能与其他更富有的州那样以相应税率提供公共服务。净财政收益差异将不可避免地导致各州间财政不公平。与其他较穷困州相比，较富裕州的居民可以系统地从州政府获得较高的净收益。

联邦政府与州政府间的补助可消除这些净财政收益差异，如果转移支付给每个州的数目取决于州政府相对于其他州的税收能力以及提供州内公共服务的相对需求和成本。联邦政府与州政府间补助的再分配需求尤其取决于税收体制的分权程度，因为税收能力的差异可能是财政不平等的最重要根源（以及作为最简单的衡量手段）。例如，假设成本和需求差异不存在，且假设州政府的公共服务主要是大致等量提供给每个州的准私人物品，那么假设税收体制全面的集权，给予所有的州相等的人均补助可避免财政不平等。由于许多税收体制是分权的，那么补助将不得不考虑各州间税收能力的差异。

更普遍地说，从概念上讲使用单一制国家作为最佳均等化方案的基准是有用的。那么联邦政府与州政府之间的均等化转移支付目标可被视为试图复制单一制国家财政结果的同时又兼顾了财政分权的很多优势。这涉及设计补助以确保州政府能够潜在的以相应税率提供相应水平公共服务的能力，而不需要迫使他们采取一致行动。这可被视为在实现全面的横向均等（正如在单一制国家那样）和获得州政府财政决策分权好处之间找到折中点的一种合理方式。即使有可能提供同样的公共服务组合和采用同样的税收结构，财政分权使得州政府可以通过使用不同的税收结构行使提供多种不同的公共服务组合的职责。接下来，涉及均等化净财政收益差异[①]时我们通常采用这一潜在财政公平的概念。

实际上，财政联邦主义的一个主要政策问题，同时也是我们随后所讨论的构成转移支付的另一种可能作用，就是在哪种程度上联邦政府应该采取行动确保州政府提供相应水平或结构的某些重要公共服务。

财政低效率

支持联邦政府与州政府之间的均等化转移支付消除净财政收益差异的观点的一个强有力的原因是由同样的净财政收益差异所引起的财政不公平也会导致财政低效率的事实。正如我们在第二章和第六章所论述的，各州间净财政收益的差异给予了个人和企业迁移到净财政收益较高的州以纯粹的财政激励。因为这些差异不能反映劳动生产率的差异，财政引导的这种迁移引起各州间劳动力分配的低效率，且致使过多的劳动力聚集在净财政收益较高的州。对于财政不公平而言，这种情况可以由基于不同税收能力和需求的均等化转移支付来避免。

虽然财政公平和财政效率的观点普遍加强了均等化，但是在某些领域可能是冲突的。这涉及在提供公共服务方面基于成本进行区别对待，而不是基于需求的不同。需求的差异源于人口构成的不同。如果一个州的老年人比例较高，那么其通常需要更多地公共服务因为老年人倾向于更多地使用这些公共服务。如果一个全国性的政策目标为从一般收入筹措资金为老年人提供特定水平的公共服务，需要进行均等化以确保该目标的实现。如果各州提供公共服务的成本相同，那么单一制的国家大概可为老年人提供相同水平的服务，无论其居住地在哪里。在分权的联邦背景中，州政府有不同的人口构成，均等化转移支付必需确保能以指定的税率提供同等水平的公共服务。

另一方面，如果各辖区间提供公共服务的成本不同，那么即使在

---

① 实际上，当各州目标不一致及因此州政府目标与联邦政府目标不一致时，没有财政联邦主义文献所谓最优的均等化体系。在各州辖区内允许州政府治理偏好似乎符合联邦主义的精神。

单一制的国家也可能会提供不同的数量（例如，在城乡之间）。这是一个公平与效率的权衡。在这些情况下，将成本差异进行均等化，不会因效率理由而被提倡。当这些家庭迁移到其他地区时的生产率可能更高，这样做将为家庭提供财政激励，而留在成本较高的州。这可能是用于均衡成本差异的一种公平论点，但是即使在这里也应认识到公平与效率之间的权衡。

关于财政公平和财政效率的讨论结果是显著的，这两者都需要相似类型的均等化。该论点可适用于不同的环境。在某种程度上家庭是不流动的，可以适用于财政公平的观点；在某种程度上家庭是流动的，可适用于财政效率的观点。

州际间溢出效应

这是传统的论点用于条件性配套补助。如果一州用于特定类型支出不仅使该州公民获益而且也使其他一个或多个州的公民获益那么就存在州际间溢出效应。在服务好处外溢的情况下，州政府将没有适当动力来提供足够水平的服务。在决定服务水平方面，州政府的激励为给该州公民带来的益处与提供成本权衡，而忽略了给其他州公民带来的益处。这将导致其提供的公共服务水平过低。如果溢出效应以互惠的方式出现在各个州的项目支出上，那么各州都将提供过低的服务水平且如果提高其提供的水平则使各州都会更好。基于支出的政府间配套补助的体制引起溢出效应，这将为州政府提高支出提供激励。通常来说，很难衡量溢出效应的程度因此使用配套比率进行纠正会有某种程度的随意性。

基于溢出的论点逻辑上是正确的，但是它是否证明了许多联邦使用的50:50的匹配补助的合理性目前尚不明确。虽然外溢效应毫无疑问地发生在州政府提供的重点项目，如教育、医疗保险、社会保障和各州的公路，但是很难形成通常配套方案所要求的重要性次序。高配套率可能具有更好的正当理由，以各州实际支出为依据，作为把各州需求差异考虑在内的一种手段。配套转移支付也提供了联邦政府对州政府自身支出高度问责的方式。在配套转移支付项目下，联邦政府可保留其对联邦配套资格的各种支出的控制。它们也可以被视为激励各州推行这些项目的原动力。无论观点如何，使用配套转移支付已成为许多联邦的中流砥柱。不幸的是，使用该办法的负面效应极为显著：如果给予州政府配套的资金，那么它们就有动机大肆扩张配套资金所支持的项目。另外一种分类条件转移可替代完成配套转移支付的大部分工作，即其想要在特定领域支出方面对州政府提供财政支持，同时给州政府更多的自由裁量权。

国家标准的支出协调

政府间转移支付的最重要原因之一，并较少被财政联邦主义的文献认识到的原因与以下事实有关，即在分权联邦国家的联邦政府可能出于国家政策目标的原因保留着对某些州政府支出项目总体设计的合法兴趣。此外，联邦越分权，转移支付的作用可能越重要。可通过使用有条件转移支付实现其杠杆作用，即行使所谓的联邦支出权力。使用支出权力的经济理由是，通过鼓励州政府把特殊的联邦规定的标准并入其辖区内的某些支出项目，来实现某些国家目标，而对于这些标准州政府本来是没有原动力来达到的（但是它们可能会集体赞同这些标准）。

更为精确的说，协调州政府的支出项目极为重要可能有两个原因。首先是维持与内部共同市场的效益。一个国家作为整体，协调主要州政府公共支出项目是有优势的，因为统一的支出项目将有助于商品和服务以及劳动力和资金的自由流动并将以此提高来自内部共同市场贸易的收益。因此，使用条件转移以确保给州政府项目的可携带性或可获得性有助于劳动力的跨区自由迁徙。协调的标准也可能减少州际竞争在支出方面浪费的可能性。一致性及可携带性可能在这些领域，如医疗、教育及社会保障领域极为有效，作为鼓励劳动力在各州间无障碍自由流动的方式。

协调州政府支出项目也可能服务于国家公平或社会政策目标。许多州一级的公共服务的提供是基于再分配的意图，提供实物再分配，社会保险或者面向该州的居民的专项转移支付。在某种程度上联邦政府有兴趣把再分配作为目标，提供这些类型的公共服务符合再分配的国家利益。因为许多项目可能出于效率原因包含提供州一级的实物再分配，联邦政府可能局限于通过条件补助对州政府项目的设计施加影响，附加的条件倾向于实现国家公平目标。

可通过使用条件补助完成支出的协调。使用条件补助实现国家在州辖区领域内的目标，总会有一致性方面的权衡，这鼓励了商品和生产要素的自由流动以及公共服务的公平获得，而分权可能鼓励创新、效率和问责。这表明使用尽量低调地使用条件完成这些目标是必要的。用于此种目的的补助应主要是分类转移支付。这些条件可能规定了大致的条款以确定项目覆盖的范围、可获得性、可携带性等等，而不是包括构成州项目和优先事项的微观管理的详细规定。同时，联邦政府行使支出权力的能力实际上也有助于有效的分权。行使支出权力的能力增加了分权提供公共产品和服务的情况，因为其允许实现分权的益处而不用过度地损害国家的效率和公平。出于同样的原因，联邦越分权，支出权力就变得越为重要。

总的来说，许多国家都希望在一个分权的联邦中政府间的转移支付可起到重要的作用。其使得支出比收入筹集更为分权成为可能；其使得联邦政府纠正因分权的事实所导致的低效率和不公平成为可能，否则这将导致各州间净财政收益水平的差异；它们允许联邦政府对州政府设计项目施加某种影响，以便考虑到国家的目标。因此，政府间的转移支付使得以分权的方式实现其利益，而不损害国家效率与公平目标。

政府间（联邦—州）财政安排的某些特征

正如我们所提到的，联邦政府与州政府之间的财政安排包括了通过联邦政府到州政府的条件转移支付和无条件转移支付以及税收收入的共享和协调。更普遍的是，财政关系可能包括经磋商达成的协议和共同涉及的其他领域的行为守则，例如支出项目和管制。财政安排的形式取决于联邦的本质以及各级政府所感知的作用。很多普遍原则已足够明确。

首先，财政关系体制必须被视为一个整体而不是被视为一组不相关的部分。其原因是每种工具都趋向于为多个目标作出贡献；也就是说每个目标都需要使用多种工具。此外，某些政策工具有相当的互补性且某些还有同等的效果。例如，收入分享协议与无条件补助具有相似的财政效果；来源于一般性收入与同等人均补助在均等化方面有相同的效果。

其次，财政体制越分权，一整套的财政安排就越重要。经济学家们持有这种观点，即在一个联邦中公共服务的提供分权是有价值的，因为这增加了提供服务的效率和责任。出于同样的原因，某些收入的分权必须伴随着支出的分权。然而，分权也同样带来对内部共同市场效率的潜在干扰，两者都通过带来辖区间的扭曲及以邻为壑和歧视性政策，以及因此引起的不同州成员之间的不平等。财政安排的创新可抵消因这引起的低效率和不公平而同时保留分权提供服务的好处。特别是，支出权力的使用和联邦政府作用协调或统一是极为重要的。

最后，财政安排的设计关键取决于经济对政府进行资源的分配和调拨的依赖程度。政府所起的作用越大，财政安排的作用就越重要。也就是说，可以对联邦政府促进效率和公平有更多的期待。在一个有着分权财政责任的联邦国家中，这意味着财政安排的一种积极作用，可作为确保州政府决策符合国家目标的一种手段。

这些普遍观点意味着财政安排的特殊集合取决于所讨论的该国的联邦制度以及该联邦的分权程度。实际上，同样的观点也适用于分权给地方政府的单一制国家，然而，存在一系列制度组合，有益于前述分析基础上的多种具有联邦特征的国家。下面是一些极为重要安排的清单，我们已经遇到过其中的大部分。

税收统一和协调安排

对税收统一和协调的特殊形式的需求取决于联邦中收入的分权程度。对于联邦政府而言，州政府的收入需求是有限的，因此统一税收来源对指定的州而言相对不是那么重要。这可能包括：消费税，财产税，许可证税和费用以及部分资源收入。对于这些税而言，无需明确统一。统一对于公平和效率更为重要的税基应分配给联邦政府，例如直接税（和转移支付），资本税，甚至一些基本税如工资税和销售税。

对更加分权的联邦，我们必须找到一种方法给予州政府更多的收入筹集职责而不危害国家的效率和公平目标。有很多方法可以做到这一点。正如我们在第八章所讨论的，联邦政府和州政府之间的收入分享的简单安排，在联邦政府保留对税基、税率结构以及征税的控制的基础上进行磋商，但会给予州政府一定的份额。虽然，这是把收入给予州政府的一种简单方法，但是州政府基本上是收入被动的接收者且没有筹集收入的职责，因此其拥有的财政问责权是有限的。正如第四章所解释的，财政问责可通过多种途径实现。某些广义的收入来源可被单独分配给州政府或者共同分配给州政府和联邦政府，工资税以及税基广泛的销售税适合于分配给州政府。在这两种情况下，可从税基统一和各州间的分配获得某些好处，虽然这并不是必要的。就销售税而言，其理想形式取决于州政府的参与。我们已经提到过虽然不是不可能，但是在州政府层级操作多层次的销售税有行政方面的困难，因为对州际中间物品的交易计算存在困难。通过税基协调及对于征税方面的合作实现联邦政府级别与州政府级别的普通销售税的某些统一是可能的。这种方法全面与单阶段州税收和作为增值税收入的联邦税收相匹配。

如果州政府在直接税领域有某些收入权力，那么统一就变得更为重要。鉴于联邦的职责具有国家的公平和效率以及简化行政管理的重要性，那么联邦政府保有对直接税基以及甚至包括税率结构的控制权是可取的。州政府可以通过征收该州特定的附加税而搭联邦直接税收便车。在更为分权的体制中，州政府甚至可以在联邦管理所得税制度的共同基础上设定其自身的税率结构。

最后，就资源收入，在各州的分权程度而言，进行某些统一可能也会有益处。如果以经济租金来征收资源税，那么州政府资源税对资源分配影响就将变为最小。然而，通常资源税的征收基础包括对资本要素收入以及租金。在这种情况下，州政府的资源税有可能扰乱各州间资金的分配以及被用作以邻为壑的政策工具。

管制

理想情况下，对于资本、劳动力以及可贸易的商品和服务的市场管制应是集权的，在某种程度上这样的管制是在任何情况下都可使用的，这一点我们已在第二章进行了论述。如果集权不可能，那么应有某些手段协调或监督各州管制的效果以确保内部共同市场不被扰乱。一种方法是美国使用的方法，即联邦政府有权推翻各州法律以确保其不妨碍跨越内部政治边界的商品和服务的自由流动。在其他情况下，联邦政府与州政府之间的自由贸易协议可进行磋商阻止了联邦政府强有力的参与扭曲性或歧视性管制的可能。这样的管制存在于加拿大，虽然尚不明确其是否有作用。或许，可以依赖于司法（或准司法）制度进行裁定是区别对待各州法律还是限制州际间贸易，就像我们已在前面指出，法院可能非常不适合执行此项任务。

弥补财政缺口

鉴于分权支出的较大好处与收入筹集职责有关，财政缺口的普遍存在需要来自联邦政府到州政府的转移支付。在没有反对理由的情况下，转移支付应是无条件的且人均分配应是相等的。然而，正如我们刚才所见，偏离这个目标有两个重要的原因：一个原因是进行均等化转移支付的要求。均等化转移支付要求降低净财政收益的差异以便共同实现财政的效率与公平。正如我们所讨论的，均等化转移支付的一般目标是为了确保州政府在其辖区内以相应的税率提供相应水平的公共服务。

另外一个偏离简单无条件均等的人均补助原则的原因涉及使用条件补助来对州政府的行事方式施加影响。一方面，联邦政府可运用条件匹配补助使得州政府提供特定的较高水平的公共服务，这将比没有条件配套补助的情况下提供服务的水平高。这在涉及明显的溢出效应时可能是十分适当的。配套补助也可能是考虑需求差异及特定服务类型成本的一种不完美方式。也可能是促使州政府首先引进特定项目类型的一种方式，不然可能不适合单独来做的项目（例如全民医疗保健体系）。联邦政府可能只是想要确保州政府的项目不违反国家有关效率和公平的规范，例如，通过对各州居住要求进行严格设定。分类条件转移支付体系可满足大部分目标，这里的条件不是特别具体，其展现的是应遵循的基本原则而不是规定项目设计的详细要求。

机构控制

最终，一个重要的问题是谁负责设计联邦政府与州政府之间的财政体制？答案可能有多种替代选择。最为明显的一种是由联邦政府全权负责，其理由是联邦政府负责国家目标而这可通过财政安排达成。在许多国家，这种选择就是常态。它的问题可能是联邦政府自然趋向于过度干预州政府的决策而无法实现分权带来的全方位好处。在某种程度上，该倾向可通过宪法限制联邦政府凌驾于州政府的决策能力而克服。另外，有一种独立的主体参与设计后续的改革并执行其财政安排。该主体可能是一个公正的咨询机构或是一个包含联邦政府代表及州政府代表两者的机构。它可以有真正的决策权，也可以纯粹是个咨询机构。不管怎样，为了使其有效，至少需要能够协调两级政府之间的决策。

总之，人们应该牢记其运行目标是为了获得分权决策的好处而不损害内部经济联盟的整体性和公平国家标准。

专项（有条件）转移支付

事实上每个多级政府国家都运用从国家到地方政府的专项转移支付，这不仅包括宪法保障拥有独立立法职责的较低等级辖区的联邦制国家，还包括单一制国家。在这里较低层级的政府（通常是基层政府或州政府）拥有有限的自主权。这对主要公共服务提供（教育、医疗及社会保障等）分权到各州政府或基层政府的国家有尤为重要的作用。但是其也可用于提供并强制执行更加狭义的确定项目，例如基础设施建设或行政管理，作为实现分权决策权的更有效的方式。下面的讨论集中于联邦的情况下，这里州政府可能有相当大的自由裁量权。然而，类似的原则也适用于非联邦国家对下级辖区的转移支付。

专项转移支付的基本理由

联邦政府与州政府之间的条件补助的使用范围及其设计很大程度上取决于该国相关的宪法、体制及财政情况。从最普遍的意义来说，条件补助的目的是影响州政府的财政决策并大概推测联邦政府实现某些目标的明确意图，包括由宪法规定的目标。更具体地，我们可在原则上识别许多原因来解释为何给州政府的条件补助可能是联邦政府在特定情况下的合适政策工具。这些原因与前面所提到的原因相似。

州际间溢出效应

对于传统的条件补助尤其是配套型条件补助采用的观点是基于一州支出项目所带来的溢出效应可使其他州的公民受益。许多实例可能包括用于家庭和企业的周围各州的交通设施，提供给频繁改变居住州的家庭的教育或培训，或减少跨界污染的控制措施。在这些情况下，没有用于记录非本地公民所获得收益的机制。条件补助意味着对此的一种替代。溢出的好处可通过选择适当的配套补助方式使其内部化，这里的配套率反映出该项目的总体效益的溢出效应好处所占的比重。类似的观点也可用于纠正由于税收竞争而导致的公共资金边际成本（MCPFs），但是基于收入来源或税收努力方面的配套补助并不常见。[①]

虽然该观点具有天然的吸引力且简直是无可争议的，但是在实践中似乎无法解释政府间转移支付的体系。实际上，在许多联邦国家中（例如，加拿大），配套补助已经过时了，主要是因为其追求的目标可通过分类（非配套）条件补助实现。通过避免配套，负面的激励效应也得以避免。管辖范围的补助规模可用于设计反映需求及人们认为的溢出的好处。

内部共同市场的效率

一种相关观点是，条件补助可有助于实现内部共同市场或经济联盟的效率，也就是说，劳动力、资本、商品和服务可跨越州边界自由且正常的流动。如果留给州政府自己设计，无论是有意的还是无意的，州政府设计的项目都可能扰乱这些跨边界流动。例如，州政府项目可能无法保证自由迁移权，教育和培训资格可能各州间有所不同，重要公共服务的不同服务水平可能阻碍了家庭或企业在各州间迁移的念头，或者州政府可能参与以邻为壑的政策以牺牲其他州的利益来吸引经济活动。

用于深化国家的效率目标可以使用分类条件补助，且促进这些目标的条件大概相当普遍。其可能旨在确保某些非歧视性的一般原则，机会均等且保证自由流动的权力，或更一般的他们试图协调涉及州际交换项目的设计。这些条件通过减少不符合情况的补助规模来产生强大威力，然而，这可能并不是最优解决方案。

公平的国家标准

更为重要及或更有争议的是使用分类条件补助以实现公平或公正

---

① 请参阅 Dahlby（1996）对该原因的理论分析。基于税收努力的补助与税收方面的配套补助相似。其目的与纠正导致的公共资金边际成本有相当大的不同。

的目标。其关键是使人们回忆并认识到很多支出责任分权给州政府的是追求再分配目标的不可或缺的政策工具。许多例子，包括教育、医疗卫生和福利服务的主要类别，共同解决了机会均等、收入分配及社会保险的目标。虽然有基于效率原因的好理由支持上述服务供给分权至州政府，然而联邦政府还是对项目设计怀有兴趣。使用分类条件补助对于联邦政府来说是履行其国家公平目标职责的一种有效方式，同时保留了其供给分权的优势。必要时，对深化国家公平目标目的的分类补助附加各种条件将是相当普遍的。

用于为医疗、教育及社会保障服务提供资金的补助附加条件的有效性取决于州政府通过补助筹集资金所占支出的比例即纵向财政不平衡。州政府财政方面越能自给自足，那么确保其符合一般条件可能越困难。同时，条件补助促进公平与效率国家标准的可被视为均等化的互补品而不是替代品。均等化解决了财政低效率和财政不公平的特殊问题，而条件补助解决了潜在违反内部经济联盟的效率和人际间公平的问题。

基础设施建设

条件补助可能在为州政府基础设施建设项目筹集资金上起到了特殊的作用。这些项目通常是一次性而不是经常性的支出。此外，他们还涉及创建持续使用的资产。如果有进入资本市场被限制，州政府可能在筹集资金方面有困难。它们可能对于逐步建立自身能力以提供国家重要的未来服务（学校、医院）或提供资产逐步提高一个州的经济能力以便减少对未来补助的依赖（例如，道路、通讯设施、公共事业）极为重要。这些问题将在第十二章进行更为详细地解决。

州政府行政能力建设

关于基础设施建设的一个观点是，条件补助可能对于发展一个州提供公共服务的能力非常重要。可被人们接受的公共服务水平的提供需要实物资产和人力资产两方面。后者包括获得特殊技能及开发管理和行政专长两方面。某些可通过培训获得，某些只是需要经验。在这两种情况下，非常规的一次性开支需要用来开发州政府之前被限制的决策能力。一旦实现人力和实物资产的储备，那么州政府提供重要公共服务的能力也建立在了持续发展的基础上。这与发展中国家尤为相关。

战略观点

然而另一个与条件补助相关的观点是极为必要的用来抵消那些所谓的州政府战略行为，即我们在前面章节所遇到的所谓的紧急救助问题或软预算约束问题。正如我们前面所论述的，其观点是如果州政府认识到其资金部分取决于其服务满足公民重要公共服务需求的程度，他们可能会采取行动加剧这些需求并导致联邦政府增加其补助资金。州政府的利用方式可能包括超支或以低效且不负责任的方式支出，引导过多的开支直接用于该州项目但是不服务于国家利益，在基础设施建设或培训方面开支过少等等。当然，均等化转移支付的部分目的是消除那些州的负面激励。不幸的是，该机制可能不尽完美。此外，虽然给予各州正确的均等化补助的金额，其也可能根本不被用来提供满足联邦政府规定的标准的服务。在这种情况下，联邦政府可能没有选择只能对其提出附带条件，尽管这样做也有弊端。

条件补助的原因与均等化补助有所不同，但是相关。后者的部分目的是缩小出现的纵向财政缺口，其产生的原因是支出责任分权程度甚于收入筹集能力。但是无条件补助也服务于重要的国家公平和效率目标，其在确保全国公民无论其居住地在哪儿都能以相应税率享有可接受标准的公共服务方面是必要的。这确保所有公民的财政待遇平等（财政公平）以及消除经济活动从一个州迁移到另一个州的人为财政激励（财政效率）。如果有效的均等化补助机制适得其所，使其有效可能涉及对其附加条件。

专项转移支付的问题

使用条件补助，即联邦政府使用支出权力的一个例子，可能会引起争议。问题是联邦支出权力似乎与各州独立行使立法权相矛盾。如何避免这种情况目前尚不明确。如果把联邦政府视为国家公平和效率的看门人，难以想象可能使用除了支出权力以外的政策手段来实现其目标。支出权力被广泛地运用于全世界的联邦中，有着不同程度的侵犯性。[①] 但是，与其他潜在政策手段相比，诸如否决州政府的立法或管制州政府行为，这可能相对而言不具有侵犯性。

虽然其作为政策手段在财政分权的国家实现国家目标是有用的，但是条件补助本身有其潜在的根本缺陷。其中一个主要原因是其意图影响州政府的财政行为，这必然减损分权的目标之一，即使得州政府为其自身决策负责。如果能够阐述清楚反映国家目标的条件且没有多余条件，那么这种干涉州政府自主权的行为是合理的。但是事实却并没有如此明确。

一方面，在实践方面不可能以清晰明确的方式界定一般条件所反映的国家目标。这意味着某些自由裁量权州政府在决定遵守条件的程度方面是必要的。这不可避免地使联邦政府或某种情况下的独立机构，不得不持有这种立场，即州政府在一定程度上应为其支出的分类补助负责。除了干涉州政府的自主权，这也使州政府受制于某些不确定的因素作为判断其政策是否可接受的依据。因此，即使联邦政府是完全仁慈的，它也不可能在实践中应用全面避免干涉州政府可能的合法目标的普通条件。最终，必须在确保州政府行使其自主权实现分权好处而不抛开国家目标的必要性之间达成妥协。这需要找到恰到好处的平衡，也是所有联邦政府体制的核心问题。

另一方面，联邦政府可能不会那么仁慈而拒绝利用条件补助对州政府优先事项施加不当影响的机会。这种的侵犯诱惑表明国家会在谨

---

① 参阅 Watts（1999）对其他联邦国家使用支出权力的广泛调查。有关支出权力方面的经济文献极少。经济学家们倾向于认为其的使用是理所应当的。

慎的方面犯错，不要对一般的分类补助施加条件，除非这对实现国家目标是绝对必要的。联邦政府可以以强制的形式建立医疗、教育和社保项目的主要特征以期望州政府得到满足。无论州政府是否满足国家或宪法规定的目标，这对于选民的判断和反对党吸引公众的注意力是极为重要的。其可能有助于形成这种判断，即某些联邦在设计联邦政府与州政府之间的财政安排方面独立机构起到了咨询作用。这样的机构存在于澳大利亚、印度、南非，且它们都非常适合就州政府实现目标的成功程度提出把国家作为一个整体发表评论，并建议加强管制无论是否需要通过附加更具体的补助条件。

这些条件可能变得很必要，其强制执行也很重要。处罚不符合国家规范和标准的州政府项目可能达不到预期目的。这种处罚可能使得州政府达到符合这些规范更加困难，其结果是那些最为需要的公共服务以难产告终。因此，通过财政处罚强制执行对补助的使用施加条件的决定是非常困难的。人们希望道德劝说能够确保长期符合规范，尤其是如果该条件反映了基于共识的国家目标。如果合理地设计补助并遵循宪法原则，就没有必要对其强制执行。

具体的条件补助很容易落实和执行。其目标可更好界定且补助的精确条款可与接受的州政府进行磋商。对于联邦政府过度干涉州政府优先级的设定和决策仍存在诱惑。与分类补助不同，具体补助倾向于自由决定而不是公式化，这不可避免地给了联邦政府权力，其执行可能难以抗拒。如果仅是为了确保这种补助的使用受公众的审查和辩论，那么监督和咨询机构有至关重要的作用。

基于税收努力的转移支付

转移支付可能通过州政府对筹集收入方面施加影响而不是（或以及）在支出方面施加影响。对于依据收入或税收努力的转移支付有两个潜在原因。第一个原因在于使用与外溢效应相似的论据支持支出项目的条件拨款的体制，可能涉及将财政外部效应强加给其他辖区的公民且这可能会产生正面或负面的影响。[1] 此外，其可能是横向的（各州之间）或纵向的（州政府和联邦政府之间）。正面横向税收外部效应出现是税收竞争的结果：增加一个州移动税基的税率导致某些税基迁移到周边的省份从而增加后者的税收收入。出现负面横向税收外部效应是因为税收输出。增加一个州的税基部分由其他州的居民承担，他们可能购买和进口征税商品或在应用征税的州拥有某种生产要素。同样的纵向税收外部效应可对平衡造成正面或负面的影响。如果增加州政府的税率会导致联邦政府使用的税基萎缩，那么会出现负面的纵向税收外部效应，从而减少联邦的税收收入。然而，增加一个州的税率也可导致联邦税基的增加。这方面工资税就是一个实例。如果联邦工资税的税基是税前的工资，增加省/州税率可能很好地导致联邦税前工资的增加（即使税收工资会下降）。在这种情况下，联邦收入实际上将会增加。

原则上，使得转移支付积极地随着税收努力而变化，是将正向的税收外部效应（无论是横向的还是纵向的）内部化的一种方式。由于存在正向的外部效应，州政府选择的税率不应过低。税收课征效率转移支付将导致较高的税率。对称推理表明如果负面税收外部效应显著，那么转移支付应与税收努力呈负相关关系。这些观点不同于在实践中形成的税收努力补助的基础，因为很难确定是正面的税收外部效应还是负面的税收外部效应，这将在实践中盛行。

第二种关于依据税收努力的转移观点更关注行政上的考虑，而且或许应用于发展中国家会更有力度。联邦政府或许想要鼓励州政府从其现有的税基征收更多的税收收入。这可能部分鼓励州政府更加有效的征收税收，但是如果其认识到转移支付越高他们在指定税率征税的收入越低，这可能成为州政府有效征税的抑制因素。就是说，与联邦政府与州政府之间的财政安排有关的问题可能有道德风险。

① Dahlby（1996）总结了州政府预算的支出方面和税收方面财政外部效应的多种形式，并讨论了其补救措施。

在实践中，基于税收努力的转移支付并不常见。这可能是因为政府不想鼓励州政府过分扩大税收征管。同样的，有关于税收努力大小的激励难以精确，这在前面论点有效的情况下是合适的。

一般性（无条件）转移支付和均等化

无条件转移可基本上满足两个目标。一个是当其不具备收入筹集能力时得到资金给予州政府筹集足够的收入为其支出职责提供资金，就是说，缩小财政缺口。另一个是均等化多个州政府提供公共服务的能力。这两个目标之间有必然的联系。均等化方案通常涉及由联邦政府筹集收入并从联邦政府转移到州政府的差异。就是说，这是总方案而不是“净”方案。[①] 同时，由转移的存在而导致的纵向财政缺口远远达不到明确界定的幅度。对什么是州政府筹集收入的能力没有明确的概念。纵向财政缺口的实际规模实际上是联邦政府一种政策选择问题。其选择的转移金额有效的决定了州政府应筹集多少收入以为其所需的支出提供资金。正如我们在前面章节所论述的，下放收入筹集职责有利有弊。

就本章节的目的，我们基本上把纵向财政缺口被下放到各州的资金数额看做一个整体。然后与其相关的是分配到各州间的金额是多少。其分配基于均等化原则，我们将在下面的章节进行解决。

然而，在某些具有多级政府的国家，必须计算所需的纵向财政缺口的规模。当州政府没有收入筹集能力或自由裁量权时就会出现这种情况，因此其从联邦政府接收的转移有效决定了其预算的规模。在这种情况下，必须由国家计算所需的转移金额而决定纵向财政缺口以确保州政府提供满足标准的公共服务。随后我们讨论均等化时，将考虑计算这一要素。

---

① 对于该规则的一个例外是德国的案例，虽然与收入分享制度紧密结合，但是他们确实运用了均等化方案。但是即使是在德国的案例中，纯粹的均等化联邦资助因素也在有关前东德的州政府（Lander）方面逐渐发展。

均等化

均等化转移支付的制定带有从较富裕的州向较穷困的州进行收入再分配的目的。如果该方案是联邦政府筹集总体方案资金就会出现这种情况，因为来自联邦一般收入的融资本身主要是从相对来说较富裕的州获取的。均等化是大部分联邦以及大部分非联邦国家分权支出的一种特色且可能授予下级的政府筹集收入职责（例如，市州县）。因此，该问题涉及很普遍且几乎适用于所有有多重辖区的国家。有大量的文献关于联邦均等化理论，及其在实际操作中所涉及的某些政策问题。[①]

均等化转移支付的存在主要是为了抵消发生在分权联邦的净财政收益差异及财政不平等和/或财政低效益的来源。正如我们所见，差异的出现是因为州级税收能力的差异以及公共支出需求的差异。净财政收益差异的确切性质取决于分权的支出和税收类型且在某种程度上州政府的政策是进行再分配。什么适合于指定的联邦，这取决于联邦的具体特征。出于说明的目的，在税收能力全面均等化的州采取基准设定是很有用的。使用这些基准，我们就可以以实际体制可能偏离的方式解决问题。

基准均等化制度

在基准的设定中，州政府具有以下特征：

- 州政府支出为准私人支出且提供同等的人均数额使该州的所有居民受益。
- 州政府可能使用以来源为基础的税收和以居住为基础的税收两方面，且跨区的每个州的税基可不同。
- 以居住为基础的税收（所得税、工资税、定向消费税）依据比

① Boadway 和 Wildasin（1984）已概括地论述了均等化的作用。由 Boadway 和 Flatters（1982a，1982b）及最近 Boadway（2004）发展了其理论基础。请参阅 Wildasin（1986），Usher（1995）及 Mieszkowski 和 Musgrave（1999）的近期著作。Boadway 和 Hobson（1998）及 Shah（1994b）解决了政策问题。

例进行征收。

- 各州可有不同的平均收入水平及收入分配格局。
- 各州的以居住为基础的税收的税率是相同的。

鉴于联邦的这些特征，州政府的财政政策可能仅在其公共支出的人均数额方面有所不同。拥有较大人均税基的州政府可能拥有相应较高的税收收入和人均支出。与我们的目的尤为相关的是这个事实即任意两州之间的净财政收益差异对其所有公民是相同的，无论其收入多少，净财政收益差异的这种不同恰好等同于这两州人均税收征收水平的差异。①

该基准的设定导致了特殊的简单均等化制度。州际应发生再分配以便使各州的人均收入相同。这涉及各州间税收能力差异的全面（100%）均等化。原则上，这发生于运用“净”方案，在此从较高征税能力的州取得收入并把它转移到较低征税能力的州。但是这样的方案通常是在政治上难以实施的。如果纵向财政不平衡足够大，那么在“总”方案中转移给较贫困州的收入全部来源于联邦政府是可能的。所以，给每个州的转移支付差异反映了其征税能力的差异。

全面的均等化方案将消除分权体制而存在的净财政收益差异而不需对此进行均等化。就这一点而言，可能存在于其他方面的所有财政不平等及低效率将不再适用。实际上，均等化后的结果将重复我们所指的那些作为单一制州政府的基准。

然而，在这些基准的情况下假设由于均等化的缺失所有的州政府应用以居住为基础相同的税率，这不是该基准的必然特征。确保实现财政公平和效益的所有要求归根结底都是州政府应以相同的税率征税，且在全面均等化存在的条件下提供相同水平的公共服务。在实践中，即使面临同样的预算条件州政府也可能选择不同的行事方式。这实际上是我们推测的一种分权的优势。其言下之意是即使是全面平衡，也不可能全面实现财政公平和财政效率。例如，如果两个州选择提供不

① 该基准的案例基于 Boadway 和 Flatters（1982b）的著作。

同的公共服务水平和不同的税率，那么高收入的人群将会在较高税率的州获得较低的净财政收益，反之也适用于低收入人群。这在联邦中是不可避免的。我们所采取的这种办法旨在消除所有潜在的净财政收益差异的来源。在基准的设定中，这意味着均等化各州的征税能力以便假设其能够选择设置相同的税率且提供同等水平的公共服务。

即使在以居住为基础的征税与收入成正比，且人均公共服务收益大致相同的背景下，实现税收能力的完全均等化也并非易事。一方面原因是激励问题。联邦政府不能把州政府征收的实际税收收入简单地均等化，因为很明显会有负面的激励效应。与此相反，它们必须依据某些征税能力概念或筹集收入的能力。没有明确界定的衡量征税能力的方法，因此许多均等化制度使用州政府实际的税基规模作为替代。[①]这个解决方案是不完美的，因为税基不完全是外生的。在某种程度上，州政府的政策影响其税基，且其财政政策受均等化的影响。例如，在某些联邦中，州政府对自然资源开发有控制权。如果以来源为基础的税收适用于州政府可利用的资源收入，那么均等化制度将不鼓励资源开发，因为这将暗中减少州政府从资源开发中获得的收入。更一般来说，在某种程度上税基适应税率，均等化将减少公共资金边际成本因为这将降低提高税率的收入成本（Smart，1998）。目前尚不明确如何避免这个设计问题而不损害均等化的功能。

此外，实施均等化转移支付可能涉及衡量问题。在现实世界中，税收体制是复杂且包含了无数的规定。州政府的税收政策分权通常会导致税收体制的不统一。实施均等化制度较为复杂且其依据是各州间税基的比较。通常来说，必须选择某些标准税基这有别于实际使用的税基。州政府税收体制存在的差异越大，均等化制度就越不完美。这构成了统一各州间税收体制的众多论据之一。

基准的设定有要求州政府征税能力全面均等化的特征；实际上，

① 在加拿大的案例中，其均等化依据的是各省收入数量，即将各省实际税基应用省一级的国家平均税率，且对各省结果进行对照。

这是其属性的选择。同时，其也有某些相当强有力的特征，尤其是要求州政府支出为其所有公民提供相同的人均收益且以居住为基础的税收结构是成比例的。人们可能对此有争议，即从程序化的角度来看，该设定是不合理的。许多联邦的州政府支出职责包括提供准私人的公共服务，且其通常提供的服务与收入无关。此外，可从税收归宿的研究中发现整个体系大致是成比例的。但是可能能够识别这些假设不适用于哪些情况。让我们考虑均等化的理想形式将如何受偏离这些假设的影响。[①]

偏离基准的均等化制度

在基准的设定中假设州政府在同样的人均基础上为其所有家庭提供准私人产品。实际上，许多公共服务都是准私人服务但是其在有选择的基础提供给特定类型的公民：给年轻人提供教育，给有需要的人提供福利，给生病的人提供医疗等等。在许多情况下，这些服务的削减跨越不同的收入线因此这不影响财政体制的平均累进度。但是在制度上，不同的州可能有着不同的人口构成，这将导致其提供指定水平的公共服务的资源需求不同。净财政收益的差异用于任何指定的收入群体就会取决于各州间需求的差异。

原则上，可直接把需求的差异并入均等化制度。如果提供指定水平的公共服务不同的人口群体需要不同的资源，那么这些差异原则上可以衡量并包含于均等化转移支付。[②] 在这种情况下，均等化制度将由两部分构成——征税能力均等化和需求均等化。请注意对于均等化制度包含需求的观点依据是不同特定年龄的群体对公共服务有系统性不同的需求的概念。这不同于一定数量的公共服务各州的提供成本可能

① 尽管净财政收益差异事实存在，许多作者也曾对此有争议，即中央政府根本不需要参与均等化。较富裕的州将自发地给较贫困的州均等化转移支付，从而内化源于净财政收益差异（Myers，1990）的财政低效率。该观点与著名的科斯定理相类似，但仅能实际应用于非常特殊的情况下，包括每个辖区的个人都是相同的，如 Boadway（2004）所论述的那样。

② 许多国家的均等化转移支付体系包含需求要素，包括澳大利亚、日本及南非。它们都采用了本书建议的某种变通方法。

不同的观点。在后者的情况下，均等化的效果并不明确。各州提供成本不同导致了两州之间权衡公平与效率的不同。在效率方面并没有明显体现出人们想要均等化的差异类型。

接下来，假设基准的情况不适用累进制。例如，假设州政府的税收是累进的而不是按比例征收的。在这种情况下，其直接展现出对征税能力应该进行全面均等化。其原因为与比例税收相比，累进税收在高收入的州将比低收入的州产生相对更多的人均收入。出于同样的原因，如果州政府税收制度是累退的，那么其对全面均等化的需求就会较少。在特殊情况下税收可满足受益原则没有均等化需求；指定的税收制度将给低收入州和高收入州两者的每类人都产生同样的税收负担因此不会带来净财政收益差异。这是实际的均等化制度需要考虑的。人们必须对累进州政府财政政策与基准制度的联系进行判断以便选出最佳的均等化制度。这显然不是一个容易的要求。

前面讨论的必然结果是，部分支出因素带来的好处与收入水平密切相关。例如，州政府可能为低收入的人提供转移支付。这有效地增强了州政府预算的累进程度并将导致对征税能力全面均等化的需要（此外，该项目可能包括于前面计算所讨论的需求差异中）。

可能某些特定类型的税收可从征税能力均等化的计算中略去，因为其收入已为纳税人提供了好处。使用费可能是这种情况的一个例子，或者甚至财产税也可能是这样的例子。然而人们必须对该观点引起注意。某些所谓的使用费实际上只是适用于某些商品使用的消费税。汽车牌照费可能就是这种类型的使用费。作为受益收费，使用费必须实际指定来为使用该商品提供资金。一般地说，不同的税收可能有不同的累进模式。所得税可能比工资税或销售税更累进，而销售税又比消费税累进。原则上，随着在很大程度上把较为累进的税基均等化给不那么累进的税基，均等化制度可根据自身需求对待每种税收。这不是平常的做法，毫无疑问因为政策制定者并不能充分了解而能够精确地决定各种类型税收的最佳均等化程度。

州政府的公共支出可能不全是准私人物品但是可能包括有不同程

度“公共性”的物品。原则上，均等化公式可以通过使用拥塞控制参数体现其复杂性。[1] 均等化制度的定性特征随之发生较大变化且没有简单的公式可适用。鉴于其倾向于在实践中涉及各种项目类型，许多研究者使用其作为工作假设，即州政府的公共服务接近于私人服务。

然而对基准观点的另外一种警告是用于均等化的公平基础取决于人们接受其潜在的价值判断基础，即全国的财政政策应该满足横向公平。该判断的基础是该国的所有公民应该“被计算在内”且在国家社会福利功能上是平等的。但是对于内部差异很大的国家来说，这可能是毫无可能的横向均等。[2]

最终，均等化的第二种功能（除了消除净财政收益差异）可能作为发生在各州间的分担风险的机制而起作用。如果州政府遭遇特殊冲击，那么当其收入下降时均等化制度可转移给它们反之其将承担保险机制的作用。这是某些最近文献的焦点，同时也强调了该种保险形式的激励问题。[3]

纵向财政缺口的计算

我们前面所讨论的均等化隐含这种假设即州政府控制着其预算的规模。无条件转移支付是包干的或者是超边际的，州政府通过其自由决定收入筹集能力决定其支出水平的边际。在这些情况下，均等化不同的支出需求是实现横向平衡的一个有效问题。州政府公共服务的国家标准由与其相关的实际平均支出决定。与其他州相比，有较大需求的州需要更多的资金确保其能提供相应水平的公共服务。

在某些情况下，人们不能依赖于州政府选择提供的公共服务水平

---

① 这是 Buchanan 和 Goetz（1972）使用的方法。Boadway 和 Flatters（1982a）发展了包含此种参数的均等化理论。

② Usher（1995）的成果中有反对横向均等的观察案例。基本上，他采用了与传统经济模式不同的横向形式。他也指出在实际的联邦中可能有次优的最佳考虑因素反对全面均等化，即使其符合横向的概念标准。尤其是，中央政府的政策本身可能已经偏向了较贫困的州。

③ 尤其是请参阅 Persson 和 Tabellini（1996a，1996b）及 Alesina 和 Perotti（1998）的成果。这些作者也强调了某些政治经济方面的分权。

作为均等化转移支付的基础。这是因为州政府可能在收入筹集方面没有足够的自由裁量权以决定自身支出水平的规模。自由裁量权的缺失可能反映出这个事实即其自身的收入来源是极为有限的，或者即使其收入来源十分充足，也没有可适用于其收入来源的多种税率的自由裁量权。那么纵向财政缺口就不是由州政府实际提供的某些平均水平的服务决定而是由需要州政府提供的某种定义的标准水平的公共服务决定。服务水平的标准可能由联邦政府自身，或者依据咨询机构的输入资料确定。此外，联邦政府可能仅在其能支付的基础上决定转移支付金额。面临具体纵向财政缺口要求的国家，包括澳大利亚、日本、北欧国家等。

当纵向财政缺口的依据是提供某些标准水平的公共服务时，按照直接原则计算纵向财政缺口。实际上，这与使用规定标准依据需求计算均等化相类似。[①] 对于指定类型的公共服务，服务的标准水平是明确的。那么潜在的用户群可按照人口类型进行界定。这些类型可按照年龄、性别、收入、以及/或可能造成的提供成本差异进行分类。对于每种人口类型，规定的标准服务水平成本是可计算的。那么其需求由成本乘以每种特定年龄群体的人口数量决定。这样做是为了向所有类型的公共服务转移支付提供支持。例如，就教育而言，其标准可能按照班级规模进行划分且要求学校提供不同水平的教育。那么按照年龄划分的特定年龄群体和收入群体，或由某些特征的地方社区进行补充，例如人口密度或偏远程度。

随着均等化的计算，纵向财政缺口的计算意味着将导致每个州的包干性转移支付。因此，其转移依据不是州政府的实际成本或实际支出，但是依据了某些衡量成本，这意味着其已经反映了现有技术限定提供的最小成本。这些预算成本的依据是由各州产生的某些平均值，或者其可能依据更复杂的经济学预算，正如澳大利亚在其案例中所做的。如果使用州政府自身规定的实际成本决定该州需求，那么会对该

---

① 可在金融财政委员会（2000）发现一个对于详细程序的好描述。南非的情况就是如此，医疗、教育及社保的职责被下放给各省，但是各省的收入筹集能力有限。

州产生明显的负面激励效应。这对经济方面的供给成本没有激励因为增加的转移支付将补偿所有的增加成本。

因为这些计算的种类显然不是直接的，那么其很难做到全面与精确。因此州政府要求的纵向财政缺口估算可能不被认为是最终的估算。联邦政府可能更多把其作为一种指标使用而不是作为确定金额使用。那么将选择使用需求估算作为实际纵向财政缺口的一个基准，这由其他定性信息及财政约束进行论证。然而，这为确定的转移支付增加了自由裁量的因素，就是说对联邦有潜在的危害。州政府将面临某些有关于它们所接受的转移支付水平的不确定性，并且联邦政府可能会试图在确定拨款，以及各州使用拨款的方式方面过于干涉。

政策协调及统一

联邦政府与州政府之间的财政关系可能不止涉及财政转移支付，其也可能涉及到统一政策的协定。统一可用于多种目的：确保内部经济联盟的效率，实施公平的共同标准且简化政府及公民财政项目的管理。

统一的需求因政策范围而不同，在税收领域有高度的优先权。征管的成本及合规性和透明性的税法可通过共同税基特征的税收制度降低且甚至有单项税征管权。此外，如果不止一个州涉及纳税人，那么为避免重复收税，某些形式的协调是必要的。转移支付制度可能也能通过统一进行简化，尤其是其还与其他税收一起管理。统一公共服务或许在行政原因上不是那么急迫，因为对于用户其倾向于相对较小的辖区重叠。当然，可能的国家效率和公平问题可通过在不使用支出权力的情况下进行州际的统一解决。最终，某些管制的统一也是令人满意的，尤其是纳税人在不同的州运作。

正如我们在第二章与第四章所讨论的，统一可完成的方式是有争议的。某些人可能认为许多可通过各州间的横向协议实现，无论联邦政府是否参与。[①] 但是实现政府间的横向协议似乎有困难。在一致同意规则下，由于否决威胁的使用能用于获得偏好的条件，很难协商达成实质性协议。这也制约了所有的州协议可能获利的范围。因此，对州际均等化方面的横向协议，划分了联邦转移支付的一定数额，或者涉及国家公平目标的许多政策是无法实行的。联邦政府的参与似乎没有影响。即使能够签署该协议，其执行也会是一个问题。同样，即使建立了争端解决机制，其最终效果总是取决于州立法机关的主权大小。

这些考虑因素使得联邦政府成为有吸引力的协助者。联邦政府有“钱包”（支出）权力，这允许其执行或引导不仅在民主决策方面的统一而且也避免了法院的介入。虽然，统一支出项目涉及支出权力的使用，但是这不需要以严厉的方式执行；其制定的使用附加条件只是为了必要的干涉目的，且州政府可在持续的基础上进行参考。虽然，最终需要报告给全国的选民才是真正的检查。为了统一税收州政府的参与似乎需要一个交换条件，例如单项税征管权和某些州在税收政策的投入问题以及在税收领域足够的联邦主导地位，因此联邦政府可在广义的税收指标确定上发挥领导作用。这暗含了纵向财政不平衡的程度和联邦政府及州政府使用的税收组合。

---

① 该观点在加拿大变得显著，此观点的最近阐释见 Courchene（1996）。

第十章

政府间转移支付实践

在发展中国家和转型经济国家中，政府间转移支付大约占地方财政支出的60%，而在经济合作与发展组织（OECD）的成员国中，这个比例大约为1/3（在北欧国家占29%，其他欧洲国家占46%）。这些转移支付除了支持地方的支出以外，也提供了影响财政管理、财政效率、公共服务供给的公平性及政府对公民的可问责性的一种激励和问责机制。

为了给发展中国家和转型经济国家的决策者和政策实施者提供一些相关的经验和教训，本章回顾了政府间转移支付的实践。本章还提供了转移支付设计原则，并描述了世界各国财政转移支付的目标和设计。这表明在发展中国家和转型经济体中，财政转移支付主要关注收入共享方面，几乎忽略了服务国家目标。书中列举的一些简单又富有创新性的例子，既能满足转移支付提供方的目标要求，又能保护地方的自主权，为公共治理提供一个有回应、负责任的、公平的、可靠的环境。本章的结论部分为发展中国家和转型经济国家当今的政策争论提供了相关的经验教训，列举了在设计和实施转移支付中应当避免以及值得仿效学习赶超的做法。

财政转移支付的设计

财政转移支付的设计在保证地方政府公共服务提供的效率性和公平性方面是至关重要的，同时在保证地方政府的财政健康方面也极其重要。在设计转移支付制度时，以下这些简单的指导可能会很有帮助：

1. 转移支付资金的目标必须清晰。补助资金必须明确地规定要实现的目标，以指导转移支付体系的设计。

2. 自主权。地方政府在设定其政策优先级方面必须有完全的独立性和灵活性，不应当受项目绝对结构的限制，或者受中央政府政策决定过程中的不确定性的影响。税基分享（允许地方政府在中央税的税基，或者基于公式的收入分享政策，或者分类补助）与这个目标一致。

3. 税收的充足性。地方政府应该有足够的收入来履行其责任。

4. 反应程度。补助项目应该在适应地方政府的财政状况中未预见的各种变化方面具有足够的灵活性。

5. 公平性（或平等性）。分配资金应该与财政需求成正比，应该与辖区内的财力成反比。

6. 可预见性。通过提供5年期的补助项目，财政转移机制应该保证地方政府分配资金份额的可预见性。分配的公式应该想办法降低年度波动幅度，如通过移动平均或规定上限和下限。公式中任何一个重要变化都应当有一个无害或不追溯条款。

7. 透明度。为了在项目的目标和运作方面建立一个尽可能广泛的共识，应广泛宣传公式和资金的配置。

8. 效率性。除非有明确的公平或效率理由附带转移支付条件转移支付的设计在地方政府对分配资金和其他不同类型的活动的选择方面应当是中性的。

9. 简单化。转移支付的资金分配应当依据较少受单个部门控制的客观因素来决定。分配公式应易于理解，避免使获取转移支付能力强的单位获益。

10. 激励性。转移支付的设计应当为健全的财政管理体制提供一个激励机制，并且防止无效率的做法。不应拨付旨在弥补地方政府财政赤字的专项转移支付。

11. 范围。所有的转移支付项目都会有赢家和输家。在决定项目的有用性和可持续性方面应当区别受益者和受害者。

12. 保证支付方目标的实现。通过规定项目必须实现的目标（产出导向型转移支付）和接受方政府在资金使用方面的灵活性，最大限度地保证支付方目标的实现。

13. 可承受性。转移支付项目必须考虑支付方的预算约束，这就意味着配套转移支付必须是限额的。

14. 单一目标制。每一个转移支付项目应当只关注单一的目标。

15. 对结果的可问责性。支付方应对项目设计和实施具有问责权。接受方必须在财政可靠性和项目结果方面对支付方和公民负责，也就是能提高服务提供的绩效。公民的呼声和在转移支付设计方面的退出机制，有助于建立一个自下而上的问责制度。

上述这些标准中，有的标准可能与其他标准相冲突。因此，在对比不同的设计时，支付方政府必须为各种各样的因素中指定一个优先级（Shah，1994b；Canada，2006）。

为了提高政府对选民的负责性，所有层级的政府都应当使自身的收入渠道（即从自有资源中征税的能力）与本身的支出需求尽可能一致。但是必须允许更高层级的政府获得超出自身需求的收入，以使它们既能履行自身服务提供方面的直接责任，又能使它们能通过财政转移支付实现全国和地区的效率和公平。

国家财政转移支付中有 6 大目标。这些目标包括弥补纵向财政缺口、均等化各州财政能力、设定最低国家标准、补偿溢出效应、影响地方政府优先事项，以及处理基础设施的不足。在不同的国家中，每一个目标的适用程度也不同。这些目标都需要特定的转移支付体系设计。如果在设计中缺乏特定的目标，就会带来对这些转移支付的负面认识（见专栏 10 -1）。我们接下来分别讨论六大目标。

专栏 10 -1　对政府间转移支付的负面认识

对政府间转移支付的认识大体上都是负面的。很多联邦政府官员都认为把资金和权利交给地方政府，就像把威士忌和车钥匙交给十来岁的孩子一样危险。他们认为这些补助资金将使地方政府继续增加无端的开支，而中央政府则要承担他们不顾后果的支出行为所带来的后果。地方政府官员过去的支出行为也显示“补助资金没有带来任何有用的东西”，因为他们把补助金看作是天上掉下来的馅饼，在支出方面非常浪费，而在提供的公共服务方面却几乎没有改进。公民把政府间转移支付看作是资金在不同政府之间资金传递的魔术，并眼睁睁地看着这些转移支付资金消失得无影无踪。

在发展中国家的实践中，这些影响是有根据的，这些国家主要关注如何瓜分这些资金。在发展中（和非发展中）国家，有 4 种类型的转移支付比较流行：

推卸责任（Passing - the - buck）型转移支付：这种类型的转移支付主要是多重因素、多种目的的收入分享计划。阿根廷、巴西、印度、菲律宾等很多国家现行的转移支付就是这种类型。

自找麻烦（Asking - for - more - trouble）型转移支付：这种类型的转移支付是为了减少地方政府的赤字水平，但在此过程中它却会带来越来越高的赤字。中国、匈牙利和印度实行的就是这种类型的转移支付。

政治目的拨款（Pork barrel）型转移支付：在过去，政治机会主义的转移支付在巴西和巴基斯坦很流行，现在它在印度和西方国家依然很盛行，尤其是在美国。

指挥控制（Command - and - control）型转移支付：这种类型的转移支付对投入进行了条件限定，用于微观管理和干预地方政府的决策制定。在大多数工业化发达国家和发展中国家，这种类型的转移支付仍然广泛使用。

弥补纵向财政缺口

纵向财政缺口是由收入和支出需求之间的不匹配引起的，尤其发生在较低层级的政府。中央政府有更多的财政收入来履行其直接和间接的支出责任，而地方政府的收入相比它们的支出责任要少。

引起纵向财政缺口的原因有四个：支出责任的不合理划分、征税权的集中化、地方政府以邻为壑的税收政策（即浪费性的税收竞争）、中央政府给地方政府带来的较重的税收负担使地方政府缺乏征税空间。为了解决纵向财政缺口，更重要的是通过政策组合，如责任的重新划分、税收分权、中央对地方的税收返还、税基分享（允许地方政府对中央税基征收补充性税收）来对纵向财政缺口的源头进行控制。税收分享或一般性转移支付只能作为最后的手段来使用。在解决纵向财政缺口方面，以上的所有方法都会削弱地方政府征税的积极性。中国和印度所实行的税收分享是最不可取的方法，因为其导致支付方政府在选择分享税种的时候不尽全力，而把注意力集中在它们具有完全征税权的税种上。在工业化发达国家，纵向财政缺口通常是通过税收分权或税基分享来解决的。加拿大和北欧国家通过允许中央政府为地方政府提供减税和地方政府对中央税基征收补充性税率，来实现个人所得税和公司所得税的平衡。在发展中国家和转型经济体，税收分享和一般性收入分享（即一般性转移支付）是典型的解决纵向财力缺口方法。

在很多国家，如中国、印度、马来西亚、巴基斯坦、南非和斯里兰卡等，过去都提供了赤字补助以弥补地方政府的财政缺口，但带来的不利后果是地方政府的赤字迅速增加。这种类型的转移支付在中国、匈牙利和南非依然很盛行。

通过财政均等化转移支付来缩小财政差距

财政均等化转移支付被提倡用来解决地区财政的公平问题。从政治和经济角度来看，这种转移支付是合理的。

地区财政差距大可能造成政治上的分化，甚至会带来分裂的威胁（Shankar 和 Shah，2003）。这种威胁绝不是空穴来风：1975 年以后，由于政治联盟分裂，产生了大约 40 个新国家。财政均等化转移支付能预防这种威胁并创造一个政治参与环境，正如这种转移支付在加拿大魁北克省的分裂主义运动中所起的作用那样。

根据公民居住地区的财力水平，决策分权能给公民带来不同的净财政收益（公共支出减去税收负担后所得到的收益估算），这就导致了在资源分配中的财政不公平和财政低效率。当采取不同方式对待不同地区收入相同的公民时，就出现了财政不公平。资源配置中的财政低效率是由于公民在搬迁过程中对新居住地的总收入（个人收入加上公共服务的净福利减去搬迁成本）的比较而产生的。财政效率要求只考虑对比个人收入减去搬迁成本后所得的净收入，而不考虑任何公共产品所带来的福利水平。一个国家在评价国家的横向公平（在全国范围内对所有公民一视同仁）和财政效率时，需要纠正由政府分权所带来的不平等和低效率问题。如果根据每个州与其他州的相对财力和公共产品的相对需求度及其提供的相对成本来决定每个州的转移支付额，那么中央政府对地方政府的转移支付就能消除地方政府在净财政收入方面的不均等状况。税收体系分权的程度越高，就越需要均等化的转移支付。

地方净财政收入的不均等需要采取全方位的财政均等化措施来解决，使得各地的财力（按照国家平均税率从自有资源中征税的能力）能达到全国的平均水平，同时也要求对不同的支出要求和其内在的成本进行弥补。一些经济学家认为，如果公共部门的税收负担和服务收益能在资产价值中完全资本化，那么财政均等化转移支付的作用将会变弱，因为较富裕地区的公民将消费更多的私人服务和更少的公共服务，而较贫穷地区的情况恰恰相反。根据 Oates（1972）的这种观点，财政均等化就是一个政治偏好问题。这种观点在美国的联邦政府中广泛传播，并且也能帮我们解释为什么美国没有联邦层面的均等化转移支付项目。相比较而言，地方政府的均等化转移支付驱使美国的州政府对下级地方政府提供财政援助，尤其是在教育资金方面（见专栏 10－2）。

专栏 10－2　美国的教育拨款

美国各州政府采取各种各样的方法来为教育提供资金。美国的夏威夷州、爱达荷州、华盛顿州为小学教育和初中教育提供完全的资金支持。相比之下，新罕布什尔州只提供了9%的教育资金。

特拉华州和北加利福尼亚州通过分类拨款来为教育提供资金。这些一次性拨款根据各州的人口数量、GDP以及通胀的增值率来计算，根据各个学校的学生数量、教师数量、教室数量、课程数量以及其他因素来计算每个单位的均等数额，在各学校之间进行分配。可以通过使用各种衡量指标（如教学规模、教师和学生的比率等），来对这些分配单位进行标准化。这些学校也采取了衡量学生的各种标准，如入学率、平均每日出勤率、各年级的入学率、学校的活动项目类型、有特殊需求的学生数量等。

其他州使用了均等化补助的形式为教育提供资金，包括基金补助、百分比均等化转移支付以及地区的均等化转移支付。

基金补助与学校董事会的财力水平成反比，可以运用以下公式来计算：

基金补助＝（生均补助最大额－拥有该学校的地区政府根据法律规定的生均最低税率征收的税收收入）×入学人数

在运用该方法时，42个州都采用了这种方法的变量，其中有22个州规定了最低法定税率。在确定入学人数时也采取了不同的方法，包括在具体某一天花名册上的学生人数、平均每日出勤率以及某一时期的平均出勤率。大多数州（36个）还对年级、项目和学生残疾情况进行了加权。

罗德岛使用了百分比均等化转移支付，即对学校支出采取资金配套的均衡性生均补助＝［1－配套率×（该地区人均税收能力/该州各地区的人均税收能力）］×该地区的人均支出。

华盛顿州和印第安纳州采用了地区均等化转移支付，包括激励各地区在均等化转移支付中提高税收努力程度，它运用了如下公式：

补助金额＝（人均财力－该地区人均财力）×该地区的税率

资料来源：Vaillancourt（1998）。

从概念上说，完全的资本化要求公民能在很小但开放的范围内无成本地移动，但很多大国的联邦政府和州政府都无法满足这一条件，因此，运用资本化观点支持均等化转移支付，可能只有较少的经验性支持（Shah，1988a）。

从原则上说，一个设计适当的财政均等化转移支付项目能够纠正各种扭曲现象，这些扭曲现象能通过各州之间净财政收益的均等来引发州与州之间的移民行为。在衡量净财政收益时，对各州提供公共服务的成本和收益进行合理的预测是很必要的。因此，有必要开发衡量州与州之间不同的征税能力和各州提供公共服务的成本与收益的方法。净财政收益的均衡，可以通过采用一个均等化的标准和建立必要的转移支付的融资手段来实现。

财政能力的衡量

衡量财力（即政府单位从自有资源中汲取收入的能力）无论从概念上还是从实践上来说都很难。衡量财力的两个比较常用的方法是宏观经济指标方法和代表性税收体系方法。

收入和产出的衡量可以起到一个州的公民承担税负的能力指标的作用。以下是几种比较好的衡量方法：

- 各州的国内生产总值（GDP）：各州的 GDP 指一个州范围内所生产的商品和服务的总价值。在衡量一个州政府的征税能力时，各州的 GDP 水平不是一个完美的衡量指标，因为很大一部分收入增加都要归因于非居民生产要素所有者。例如，澳大利亚的北方领地的人均收入是澳大利亚最高的，但是在政府间的财政关系中，这些北方领地却是最贫困的。
- 各州的要素收入：各州的要素收入包括该州取得的所有资本收入和劳动收入。这种收入没有区分居民取得的收入和居民留存的收入。
- 各州居民的要素收入：倘若各州能对要素收入征税，那么这一衡量指标会更加有用。
- 各州的个人收入：在衡量各州居民承担税负的能力时，每个州所有居民的收入之和是一个合理的衡量方法，但是在衡量各州的征税能力时，这不是一个很完美的衡量指标。因此，其在衡量州政府整体财力时不是一个令人满意的衡量方法。

- 个人可支配收入：个人可支配收入等于个人收入减去直接税和间接税，再加上转移支付，其受到影响个人收入的所有因素的限制。

总之，宏观的衡量方法无法反映地方政府从自有资源中征税的能力。人们可以反对使用宏观指标来衡量均等化转移支付的公式，理由是宏观公式忽略了一个事实，即财政低效率和财政不平等是州政府选择的税收组合带来的后果（Boadway，2002）。忽略这个事实会带来违反均等化原则的风险。在使用宏观指标进行转移支付衡量时，遇到的第二个比较大的问题是能否获得地方精确而及时的数据。这些数据在使用当中往往都经过了一个重要时滞，而且其精确性存在问题。因此，对这些数据的使用会带来人们的争议（见 Aubut 和 Vaillancourt，关于加拿大案例对这一点的分析，2001）。尽管存在这些问题，巴西和印度在政府间收入分享项目中仍然使用了宏观衡量指标。

代表性的税收体系方法衡量的是各州的财政水平，它的依据是政府按照全国平均使用程度来使用本级政府的所有资源时所能取得的税收收入。运用代表性税收体系方法来测量均等化转移支付的数量，要求具备各州税基和税收收入的相关信息。没有采用这种方法的州的财力水平被当作中位数、平均数或其他。把所有州看作一个标准化组织，各州对均衡化补助的应得权益可以按照以下公式来确定：

$$E_x^i = (POP)_x \{[(PCTB)_{na}^i \times t_{na}^i] - [(PCTB)_x^i \times t_{na}^i]\}$$

上式中，E^i 是 x 州从税源 i 中得到的均衡化收入；POP 是人口数量；$PCTB^i$ 是税源 i 的人均税基；t^i是税源 i 的全国人均税率；下标 na 是全国平均值；下标 x 表示 x 州。一个州从某个税源上取得的收入可能是负值，也可能是正值，或者是零。这些值的总和显示这个州是否能从州际的收入分享中得到一个正的或者是负的收入。由于实施代表性税收体系所需要的税基和税收的数据都要求由各级地方政府定期发布，不会带来新的数据要求，在那些税收责任已经分权到地方政府的国家中可以采用，在大部分转型经济体也有条件这样做。当然这种方法在税收分权非常有限的国家（即存在很大的纵向财力缺口的国家）和税收征管能力低下的国家中是不可行的。

支出需求的衡量

旨在消除各州之间净财政收益的财政均等化措施会引起移民现象。税权和公共支出权的下放导致了不同的净财政收益差别的产生。各辖区之间人口构成等人口统计学因素的差别会带来不同的公共服务需求，如教育、医疗保健和社会福利。年龄分布的差异会影响对学校、医院和娱乐设施的需求。各州之间贫困率和疾病率的差异会影响对教育、培训、医疗保健、社会服务和转移支付的需求。那些具有更高需求因素的辖区需要更高的收入水平，使得在具有可比性的税收水平下提供具有可比性的公共服务水平。这些需求的差异很可能引起各州所提供的公共服务的水平及其组合的巨大差异，这会进一步带来不同的净财政收益。必须根据效率标准和公平标准来制定转移支付方案，以消除那些引起不同的净财政收益的需求差异。

财政联邦主义的文献把成本差异看作是需求差异的同义词，但是一些成本差异可能是由于地方政府刻意的政策决定而不是需求差异引起的。可以认为，即使存在内在的成本劣势，比如城市和农村之间的成本差距，更加均等化的转移支付带来的公平优势必须与效率的损失相权衡（Boadway，2004）。如果在农村地区提供公共服务的成本比在城市地区高出很多，那么这种均等化转移支付对于解决成本差异所发挥的作用就是无效率的。即使在一个单一制国家中，偏远地区、农村地区或高山地区的公共服务水平，通常低于人口密集的城市的公共服务水平。在一个分权财政体制的国家中，政府必须作出公共服务最低标准的政策选择，但是没有一个辖区会在城市和偏远地区提供同一水平的公共服务，正如澳大利亚的财政需求均等化计划正在做的那样。相反政府应该把对所有地区提供公共服务地点的成本进行分级，并采取措施在地区之间可比阶层进行均衡。均等化转移支付应仅仅用于抵消部分内在缺陷，而不必理会反映故意政策决定的成本差异或使用资源的效率差异。

在实践中，界定和获得支出需求比财政能力更加困难。这些困难包括定义均衡化标准、理解人口统计学因素、服务领域、人口数量、地方的需求、政策因素等方面的差异以及理解接受方政府的战略行为。尽管存在这些困难，但人们已经做了很多努力以衡量支出需求。这些方法大致可以分为3个大类：对支出需求的特别决定方法、使用直接投入方法计算的代表性支出体系方法、基于理论的代表性支出体系方法。

支出需求的特别决定方法。这一方法采用了在一般性转移支付中衡量支出需求的简单方法。其中使用的因素及其比重都是人为随意决定的。如，德国使用人口规模和人口密度的调整值、中国使用公务员的数量、印度则使用较为落后的方法。

在加拿大，各省对自治市政府的一般性转移支付采用了简单的支出需求衡量方法，包括人口规模、人口密度、人口增长因素、公路的总里程、居住区的数量、地点因素（如在北方）、城乡因素（城市人口和城市/乡村人口的分类）以及社会救助性支付等（Shah，1994b）。在这些方法中，最好的方法是萨斯喀彻温省所采用的方法，它假设某一阶层的市政标准化支出是该阶层所有人口数量的函数。为了获取市政府人均支出表中的分级标准，还按照人口级数进行了回归分析。

一个有趣的例子是南非，它在确定中央政府对省级政府的均等化转移支付的份额时也运用了这种方法（South Africa，2006）。南非2006—2008年的均等化转移支付公式，几乎把所有注意力都放在需求因素方面，其中只有1%的权重赋予负的需求因素（人均GDP）。该公式使用了以下因素：

1. 基础份额（14%）是根据各省的人口占全国总人口的百分比推导出来的。

2. 教育份额（51%）是根据各地区学龄人口（5—17岁）的数量以及过去3年中公立普通学校学生（R年级到12年级）的平均数来计算的。

3. 医疗份额（26%）是根据各地区能够取得和无法取得医疗服务

的人口比重计算得出的。

4. 制度因素（5%）是在各省之间平均分配的。

5. 贫困比率（3%）是根据各省的贫困率计算得来的。

6. 经济产出因素（1%）是根据地区的 GDP 数据来计算的。

使用直接投入方法计算的代表性支出体系方法。该方法试图在支出方面创建一种与代表性税收体系平行的体系。实现这一目标的方法是将地方的支出划分到各种各样的职能之中，决定每个辖区对每项职能的总支出，识别相关需求/成本因素，通过使用直接投入的方法或回归分析对这些因素赋予相对权重，根据每个职能的相对成本及其需求把总支出在所有辖区之间进行分配（见表 10－1 工业化发达国家中需求因素汇编）。

这种方法的优点是量化某一水平的公共服务提供，无需作出假设并进行准确的计算。之所以能这样做，是因为其在衡量支出需求的过程中使用了实际总支出的总和，因此减少了根据所选择的需求指标来把总支出在各省之间进行划分所带来的问题。这种方法的缺点是未必能把省级政府承担的、超出“合理的公共服务水平”的支出排除在外，但是这种方法可以通过排除那些可识别的超额需求来调整（例如，一些富裕国家提供某些黄金标准的服务或相对难以承受的福利）来找出哪些需求要满足。

澳大利亚联邦拨款委员会所采用的方法中采用了一个复杂的变量，它把支出定义为按照平均水平提供现有的地方服务组合时所产生的成本。通过使用 41 项地方支出项目的直接投入来决定相对的支出需求。以下假定的案例显示了如何决定社会福利的支出，其采用的方法类似于澳大利亚联邦拨款委员会在代表性支出体系下决定支出水平时所采用的方法。

假设在 Grantland 有 10 个州，所有州在提供社会福利时的单位成本都是一样的，但由于成年人口中失业人数的百分比不同、总人口中非工作年龄人口的百分比不同以及单亲家庭所占百分比不同等因素的影响，使得各州对福利具有不同的需求。独立的拨款委员会为处于工作

表 10－1　以服务类别划分财政需求的衡量

类别	财政需求指标	每单位成本	调整指数组成部分
教育（小学和中学）	学龄人口 （例如，7 至 18 岁）	全国人均中小学教育公共支出	工资指数＝部门工资水平与全国平均水平之比； 租金成本指数＝每平方租赁成本与全国平均水平之比； 学生残疾指数＝身患残疾学生百分比与全国平均水平之比； 贫困家庭指数＝低收入家庭学生百分比与全国平均水平之比
医疗	总人口	全国人均医疗公共支出	医疗价格指数＝卫生保健成本与全国平均水平之比； 婴儿死亡率指数＝婴儿死亡率与全国平均水平之比； 预期寿命反比指数＝全国平均预期寿命与地区预期寿命之比； 人口密度反比指数＝全国平均人口密度与地区密度之比
警察与消防	地区总人口	全国人均安全与消防公共支出	工资指数＝工资水平与全国平均水平之比； 犯罪指数＝人均犯罪率与全国平均水平之比； 火灾指数＝人均火灾数量与全国平均水平之比； 城市化指数＝自治市地区的城市人口比例与全国平均水平之比
社会福利	地区总人口	全国人均社会福利公共支出	最低工资指数＝最低工资水平与全国平均水平之比； 贫穷指数＝低收入人口百分比与全国平均水平之比； 老年指数＝老年人口（比如，60 及 60 岁以上）百分比与全国平均水平之比； 失业指数＝失业率与全国平均水平之比； 残疾指数＝身患残疾人口百分比与全国平均水平之比

续表

类别	财政需求指标	每单位成本	调整指数组成部分
交通运输	地区公路总长度	全国人均交通公共支出	工资指数 = 工资水平与全国平均水平之比； 等级指数 = 平均公路等级与全国平均水平之比； 降雪指数 = 年度降雪量与全国平均水平之比； 人口密度反比指数 = 全国平均人口密度与地区密度之比
其他服务	地区总人口	全国人均其他服务公共支出	工资指数 = 工资水平与全国平均水平之比； 实际成本指数 = 每平方租赁成本与全国平均水平之比； 地区城市化指数 = 自治市地区的城市人口比例与全国平均水平之比

资料来源：Barati 和 Szalai（2000：42）。

年龄的人口中失业人数的百分比赋予了45%的权重，为总人口中非工作年龄人口的百分比赋予了35%的权重，为单亲家庭的百分比赋予了25%的权重。假设所有州的社会福利支出为50亿美元，A州在第一个因素中所占的百分比为4.8%，在第二个因素中所占的百分比为3.0%，在第三个因素中所占的百分比为2.2%。因此，预测A州在社会福利方面的需求水平为：

50亿美元 × （0.048 × 0.45） + （0.03 × 0.35） + （0.022 × 0.25） =1.88亿美元

或者说占所有州社会福利支出的3.2%。

Shah（1994a）在加拿大省级地方支出设计中，对各种支出职能因素的选择及所赋予的权重进行了量化分析（见表10－2）。

表10－2　加拿大政府间（省一基层）支出职能中各因素的权重

支出类别	需求/成本要素	相对权重
交通和通信	降雪量（每年，单位：厘米）（SNOW）	0.1020
	公路建设的价格指数（HCPI）	0.6580
	每平方千米中铺设的公路和街道的长度（RSPR）	0.0005
	无法开垦土地的面积占总面积的比重（NCAR）	0.2357
	合计	1.0000
	指数＝（0.10 × ISNOW + 0.66 × IHCPI + 0.0005 × IRSPR + 0.24 × INCAR） × ISRP	
高等教育（PSE）	13年级以上脱产学生的入学数量（PSS）	0.0480
	以少数民族语言为母语的学生数量所占的比重（ML）	0.1900
	省级的失业率（UR）	0.0180
	教育价格指数（EPI）	0.7170
	希望得到援助的指数（HWI）	0.0100
	海外留学生数量（EPS）	0.0170
	合计	1.0000
	指数＝（0.18 × IPSS + 0.70 × IML + 0.08 × IUR + 0.04 × IFPS） × IHWI × IEPI	

续表

支出类别	需求/成本要素	相对权重
小学和中学教育（ESE）	18 岁以下的人口数量（PO17）	0.0140
	人口密度（PD）	0.0170
	教育价格指数（EPI）	0.9690
	合计	1.0000
	指数 =（0.02 × IPD + 0.98 × IEPI）× IPO17	
医疗（HE）	为酒精中毒引起的病例安排的医院数量（ALCO）	0.1230
	城市人口数量（PU）	0.8770
	合计	1.0000
	指数 =（0.123 × IALCO + 0.877 × IPU）	
社会服务（SS）	单亲家庭的数量（SPF）	1.0000
警察保护	犯罪事件发生率（CCO）	0.3900
	大都市人口所占的比重（PMAR）	0.6100
	合计	1.0000
	指数 =（0.39 × ICCO + 0.61 × IPMAR）	
一般性服务（GS）	私人部门的工资（工业部门）（AMW）	0.7690
	说少数民族语言的人口占说母语的人口的百分比（ML）	0.0010
	人口密度（PD）	0.0230
	人口规模（POPF）	0.0390
	降雪量（每年，单位：厘米）（SNOW）	0.1680
	合计	1.0000
	指数 =（0.001 × ML + 0.175 × ISNOW + 0.8 × IAMW + 0.024 × IPD）× IPOPF	

资料来源：Shah（1994a）。

注：基于回归系数进行计算。变量前加上字母“I”代表的是变量的相对指数。

这种方法带有强烈的主观色彩，容易引起人们的争议。澳大利亚最近的实践就生动地显示出，如果在实践中使用这种方法，就会带来各种问题。我们将在下面具体讨论。通过在选择因素和权重时使用量化分析的方法，可以降低一些主观性和不准确，这正是 Shah（1994a）所建议的。

基于理论的代表性支出体系方法。基于理论的代表性支出方法试图客观地实现概念上理想的支出需求观点，也就是说，基层政府要补偿固有的成本障碍，而不是反映不同政策和偏好的差异。如果这些后果的影响是孤立的，代表性支出体系可以大大改善。这种方法使用了一个概念性框架，其中包括对财政需求的正确界定和对支出职能的正确划分，其使用客观的定量分析来对支出作出预测，正如 Shah（1994a，1996b）为加拿大建议的那样。依据这种精确的方法，即所谓的基于理论的代表性支出体系，在存在全国平均需求因素和全国平均财力的情况下，如果用全国平均财力水平减去 A 州的 i 支出类别的人均潜在支出，i 支出类别的均等化应得权益就等于 A 州的 i 支出类别的人均潜在支出。

这种精确的方法比精确性较差的方法更难以实施，但它具有客观性的优点，同时使得分析家可以根据实际观察到的行为而不是自己的价值判断来采取措施。通过计量分析来决定各种需求因素的相对权重以及它们对资金分配的影响。而且这种方法既能计算各地方政府均衡性转移支付的资金总量，也能对这些资金的分配产生影响。这种方法要求识别每个服务类别中的决定因素，包括相关的财力和公共服务需求变量。每个支出因素在决定每一类别的公共服务支出水平时所带来的影响，可以通过一个正确的回归方程计算得出。这个信息可以用来决定如果一个州的财政水平已达到全国平均水平，但实际上还存在支出的需求因素，那么这个州实际上应该支出多少。这可以与每种服务标准化的支出水平相对比（假设该州财力已达到全国平均水平和全国平均需求因素以后，根据相同的等式计算出来的该州应该支出多少资金）。对所有支出的差别之和，决定了这个州到底处于平均需求之上（如果和为正数）还是之下（如果和为负数）（Shah，1996b，加拿大对这一方法的运用）。

x 州对支出类别 i 的均等化转移支付公式如下：

$$EE_x^i = POP_x(PCSE_x^i - PCSE_{na}^i)$$

上式中，EE_x^i 表示 x 州对支出类别 i 的均等化转移支付；POP_x 表示 x 州的人口规模；$PCSE_x^i$ 表示 x 州对支出类别 i 的人均标准化支出水平（或者预测的该州在达到全国人均财力的基础上为了满足实际需求将支出的数额）；$PCSE_{na}^i$表示全国对支出类别 i 的人均标准化支出水平。根据全国财力的平均值和需求，这个公式预测了所有州的支出水平。

对某一既定的支出类别的均等化转移支付的数值可能是正的，也可能是负的，或者是零。所有支出类别中的转移支付都被用于均等化的目的。

通过考察一个州从代表性税收体系和代表性支出体系中所得到的单一支付额，我们可以得到一个综合体系决定的每个州总的转移支付额。只有那些净转移支付额为正数的州，才有资格获得转移支付的全部或部分金额，其中的部分转移支付由中央政府根据其资金的可获得性来决定。

在均等化支出需求中的实际困难：澳大利亚的经验

澳大利亚联邦拨款委员会发现，基于理论的代表性支出体系在实践中很难实施。他选择了一个替代性的代表性支出体系，考察运用直接推算的方法来均衡每个州实际的平均支出水平。澳大利亚的这种体系对 41 个州的地方服务（而不仅限于优质产品）提供了一个绝对的可比性（有些人对这样做是否值得产生疑问）。

澳大利亚实施的这种方法带来了一些问题。偏远地区对所有服务的需求都能不惜成本地提供吗？如果一个较富裕的州决定为它的政府官员购买高级轿车，或者为原有公民提供较高的社会福利水平，那么为什么对较贫困地区的均等化转移支付额也会上升？这种方法使得各州显示出“拿更多的钱做更少的事”或“这些钱买不了多少”，而不是“拿较少的钱做更多的事”，因为这种均等化转移支付的公式鼓励高消费，同时人们没有动力在提供公共服务的时候努力节约成本。这种体制鼓励了一些不良行为，包括特殊群体对某些服务的过度消费，旨在吸引资金和劳动力而花掉的税收收入以及国家所承担的或有负债。

除了概念上的问题，澳大利亚项目也面临着测度方面的问题。各种支出类别的支出需求的自变量是根据大致的判断取得的。在这一过程中，应用了一些随意性的程序来对各因素赋予权重，并且将各种因素归入公式中。由各种因素导致的州政府财政困境是很复杂的。对于那些高度相关的因素来说，通过重复计算和乘方，人为地夸大了这种财政困境。澳大利亚的经验集中显示了实施财政需求补偿（作为广泛的财政均等化方法的一部分）时出现的实践困难（Shah，2004b）。

财政需求均等化实践的结论

一旦一项（政治）决策是根据均等化标准来做出的时候，财政均等化就相对易于理解，而且在实施过程中也更可行。财政需求均等化是一个复杂而且带有争论的问题，因为从其自身的性质来说，需要运用一些主观的判断和不精确的分析方法。出于技术和其他动态考虑，在内在的结构也发生变化时，那些使用历史数据的分析方法（如回归分析等）就不适用了。对每一项服务都需要认真考虑其决定因素。

澳大利亚联邦拨款委员会通过使用大致的判断和抽样服务来计算拨付资金。除了北方领地（那里的土著公民很多），其他各州在支出需求方面几乎没有差别。因此，如果对北方领地提供一个特殊拨款，将简化澳大利亚的均等化项目，同时又能保证均等化目标的实现。

几乎没有哪个国家会选择财政均等化的综合性项目。相比较而言，一些工业化发达国家使用了财力均等化项目，包括联邦与州政府之间（如加拿大、瑞士）和州与基层政府之间（如加拿大、瑞典、瑞士和丹麦）。财政需求补偿很重要，但它是出于简单化和客观性的考虑，而不是将财政需求均等化方法作为财政均等化项目的一部分，是通过产出导向型的国家最低标准化补助的方法来实现对一一对应服务的财政需求的补偿。南非没有实行基于产出的转移支付，而是采用了以一一对应的服务为依据来确定一般性补助的省级应得权益，并以此来补偿财政需求。

设计均等化转移支付时经常出现的问题

一些问题经常会出现在界定均等化标准以及决定是否应该包括税收努力、保证稳定、避免出现试图取得更高层次的转移支付的战略性行为之时。净财政收益的均等化要求明确的均等化标准，即哪个层级的政府有权取得均等化收入，以给家庭部门提供能与其他州相比较的公共部门净福利。简单化要求选择那些参与的政府单位的平均值或中间值作为标准。如果没有出现离散数据，平均值就具有很好的代表性。如果样本值的范围很大，通过消除离散数据后得到的平均值或中间值就具有更好的代表性。但是平均值比中间值更受欢迎，原因是其易于计算。

一个完美的财政均等化项目可以自筹经费。各地方政府被赋予了正的或负的转移支付，这些转移支付之和等于零，而联邦政府在这一过程中则起了引导作用（这种体系在德国已经实施）。如果州之间的均等化资金总额出现了缺口，那么可以通过运用联邦政府一般性收入来为均等化项目提供资金支持，正如加拿大所实施的那样，这个资金支持额中部分是出自州政府得到的均等化转移支付。

在专业文献中已经达成了一项共识，即如果政府在其可控制的范围内按照标准化的税率水平来征税的话，均等化体系应该能使州政府自行提供一揽子标准化的公共服务。但是州政府或者各州的公民应该可以为较低的公共服务水平选择较低的税率。在这种情况下，均等化转移支付应当采取无条件转移支付的形式，这种转移支付只有收入效应。在那些有充分理由为全国标准设定一个最低值的服务领域，最好采取绩效导向型的条件性转移支付或成本共担的转移支付。通过提高州的财政水平，无条件的均等化转移支付能使较贫困的州参与到成本共担的项目之中。

如果将税收努力加入到决定均等化转移支付数额的公式中，需要将均等化转移支付的公式变成该州实际的税收征收额与该州税基之间的比率关系。那些无法得到转移支付的州希望在公式中加入这个因素，使那些具有财政赤字的州也无法获得均等化转移支付，即使它们没有在该领域征税。那些有希望得到转移支付的州则希望加入税收努力，因为如果不加入这个因素，与其他较富裕的州相比，它们本身付出的额外的税收努力将变得没有价值。

将税收努力程度加入项目当中会带来一些问题：

- 加入税收努力程度将使这些项目偏离其本身的无条件性质。各州应该有权自由决定用转移支付取代自有收入。

- 如果某个州通过提高税收来提供成本高于标准水平的一揽子服务，那么它就不应得到均等化转移支付；如果某个州决定为它的公路上油漆，其他的州不应该为它承担大部分成本。
- 税收努力程度会将联邦政府和各州的支出观念绑定在一起。
- 一些州在所有领域都没有税基。
- 加入税收努力程度，可能鼓励州政府实施战略性计划。
- 考虑到各州针对出口收税能力的差异，对税收努力程度的衡量也是很粗略的。
- 加入税收努力程度将使贫困州增加税收。

出于以上考虑，可以认为加入税收努力程度将不能对均等化转移支付项目进行改进。

如果均等化转移支付是根据财力的相对数来计算的，其应该起到稳定各州的收入的作用。转移支付的数额应当与各州的收入能力成反比。如果转移支付根据所有的收入能力来计算，同时运用全国平均的均等化标准，省级经济的循环波动很小，并且计算这些转移支付时的时滞相对较短，那么将会出现州—基层政府收入最大程度的稳定。当整个税基中某个较大的因素（如自然资源的收入）出现不稳定之后，这种不稳定带来的影响将是很大的。在这种情况下，当州级政府的预算面临不确定性时，可以采取一些平均公式来减少省级的财政困难。

策略是指省/州政府为影响它们所能得到的转移支付的水平而采取的行动。如果一个转移支付项目促使政府采取战略行动，那么这个项目就是不可取的，因为从一般情况来看，它们得到的超额收入与它们的实际资金缺口毫无关系。比如，一个促使地方政府提高税收努力程度的转移支付项目，将使地方政府通过在那些税率低于全国平均水平的领域征收高税来增加它们的收入。这个问题在实践中比预期的要好一些，因为在这些贫困州不具有这些税源，从这些税源获得的额外税收也就极其有限。

均等化性转移支付实践比较的反思

尽管为数不多，但是越来越多的工业化国家和转型经济体已经采取了财政均等化转移支付项目，其中包括澳大利亚、加拿大、中国、丹麦、德国、印度尼西亚、日本、拉脱维亚、立陶宛、波兰、俄罗斯、瑞士、瑞典以及乌克兰。所有这些均等化项目都考虑到了辖区之间的公平或横向的财政平等，而不是人际间的（纵向的）公平。哪个层级的政府为均等化项目提供资金或对资金进行管理，既可以由宪法来确定（如加拿大、德国和瑞士），也可以由立法机构来确定（如澳大利亚）（见表 10 -3）。

较高层级的政府为较低层级的政府提供资金来实施相关的父级项目，这种情况是很普遍的（如澳大利亚和加拿大）。而父级项目或者罗宾汉项目（罗宾汉劫富济贫）却非常少见（德国州一级政府和丹麦基层政府除外），因为它由同一层级的政府出资建立一个资金池，由较富裕的辖区出钱，而较贫穷的辖区则获取其收益。从某种程度上说，罗宾汉项目更受青睐，因为它能平衡联邦和出资的辖区之间的利益（如德国《团结合约Ⅱ》）。这种措施有利于促进国家的统一，因为较贫困的州能看到其他州的公民为它们的福利所做的贡献。父级项目缺少兄弟级项目的原则性要求，因为除非在宪法中对父级项目做出规定（如加拿大那样），否则它们大部分是根据国家政策及联邦和州/省级政府（地方均等化）的预算状况来实施的。

表 10 -3　　所选国家中财政均等化转移支付的特点

特点	澳大利亚	加拿大	德国	瑞士
目标	在相同的税收努力程度和相同的运行效率下，为相同标准的服务提供财力	在各省之间征收合理的、有比较性的税收，并提供合理的、具有可比性的公共服务	平衡各州之间财力的差异	提供可接受的某种公共服务的最低标准，同时不给某些行政区带来过高的税收负担

续表

特点	澳大利亚	加拿大	德国	瑞士
法律规定	联邦法律	宪法	宪法	宪法
立法机关	联邦议会	联邦议会	联邦议会，并由上院提议	联邦议会
父级项目还是兄弟级项目	父级项目	兄弟级项目	兄弟级项目	两者的结合
对转移支付总额的决定	专项决定	按公式计算	按公式计算	专项决定
均等化标准能否决定支付总额及其分配	否	是	是	否
资金的分配	根据公式	根据公式	根据公式	根据公式
财力均等化	是，代表性税收体系	是，代表性税收体系	是，实际的税收收入	是，主要的宏观税基
财政需求均等	是	否	否（只有人口规模和人口密度）	一定程度上是
项目的复杂性	高	低	低	中等
是否建立了政治共识	否（但不明确）	是（但不明确）	是（但不明确）	是
是否包含自行废止条款	否	是，5 年期	否	否
解决争端	最高法院	最高法院	宪法法院	最高法院

一些国家在它们的转移支付项目中将父级项目和兄弟级项目结合在一起。在瑞士，从 2007 年开始，联邦政府将为项目提供 2/3 的资金，剩余的 1/3 由较富裕的地区提供。这些项目根据收入因素来计算，它们具有财力均等化的特点，其中 59% 的资金来自联邦政府，41% 的资金来自较富裕的地区。承包均等化项目的资金将全部由联邦政府提供。德国的均等化项目只有很小一部分的补充性资金是由联邦政府提供的。在丹麦，地方层级对县（85% 国家平均标准）和大城市 90% 国家平均标准财政能力及 60% 国家平均标准财政需求的财政能力和财政需求的均等化项目采取的是罗宾汉项目的形式，对较小城市的财政能力均等

化项目 50% 国家平均标准作为均等化标准采取的是父级项目的形式，而在财政需求均等化项目 35% 国家平均标准作为均等化标准采取的是罗宾汉项目的形式。

在财政均等化项目中，总资源池对这些项目的贡献的决定方式。在加拿大和德国，对省/州政府的转移支付资金的总额及其分配都是根据公式计算得出的；在澳大利亚和瑞士，转移支付的资金总额是由联邦政府根据国会的法案，人为武断地作出的包括澳大利亚一般销售税总收益及来自瑞士联邦政府和富裕州的武断决定的资金水平。

不同项目之间的均等化方法也是不同的。澳大利亚、加拿大和德国使用代表性税收体系对人均财力进行均等化，瑞士则使用了宏观税基指标。在所运用的以下 8 个因素中，对成本均等化赋予了 19% 的均等化资金。这 8 个因素是人口规模、面积、人口密度、80 岁以上的人口数量、大城市的数量、居住年限超过 10 年以上的外国成年人的数量、失业人数、本州需要社会援助的人的数量。在德国的计算中，采用的是实际的而不是潜在的税收收入，这是因为联邦立法规定各州的税基和税率必须一致，所以实际税收和潜在税收是相等的。德国根据人口规模、人口密度以及是否为港口城市，来对支出需求进行简单地调整。虽然中央政府在立法中规定税基和税率一致的情况下，实际税收和潜在税收是相等的，但是中国使用了潜在的税收收入水平。加拿大的转移支付项目没有包括财政需求的补偿。澳大利亚采用了一个综合性的均等项目，对所有州的财政能力和支出需求进行均等化。与加拿大的制度不一样，澳大利亚隐含将通过调整转移支付来往下均等化高于平均水平的州以及往上均等化低于平均水平的州。在这个意义上，其相当于一个“净”体制。引入支出需求补偿的均等化项目会导致复杂程度的增加并带来人们的争论，削弱政治共识。因此，澳大利亚的转移支付项目是所有转移支付项目中最复杂、最具争论性的，并且它所能得到的政治共识是最小的。

大多数被采用的转移支付项目都是永久性的。但加拿大是个例外，因为它的国会制定了一个定期废止条款，议会对这些项目每 5 年进行一次审核并且续签。这一条款对常规的周期评价和更新体制有所帮助。几乎所有成熟的联邦制国家都为争端提供了一个正式的解决机制。

总之，从成熟联邦制国家在财政均等化方面的经验来看，从简单化、透明度和可问责性等方面，以更明确的标准来界定财力均等会更为可取，因为这些明确的标准不仅可以确定资金总量，而且能决定这些资金将如何在各单位之间进行分配。财政需求补偿最好通过专项转移支付的形式来实现，就像大部分工业化发达国家所实行的那样。

大部分转型经济体在对地方政府的补助项目中都包含了均等化的因素。中国、拉脱维亚、立陶宛、波兰、罗马尼亚、俄罗斯和乌克兰等都采用了转移支付的公式，这些公式中明确包含了财政、支出需求均等的考虑，或两者兼而有之。在地方的财政均等方面，这些国家对不同的地方政府采用了“一刀切”的方法，这就带来了公平性问题。

除印度尼西亚，所有发展中国家都没有在其实施的项目中明确使用均等化标准，尽管在阿根廷、巴西、哥伦比亚、印度、尼日利亚、墨西哥、巴基斯坦和南非的一般性收入分享项目中已隐含了均等化的目标。这种一般性的收入分享机制的公式中融合了相互冲突的目标组合，从而缺乏个体性目标。因为这些公式缺乏明确的均等化目标，它们无法令人满意地解决地区之间的公平性目标。甚至在印度尼西亚的项目中，总资金池也不是通过明确的均等化标准确定，均等化的标准也是由用于均等化目的的资金总额特别确定的。

设定全国最低标准

在地区和地方的服务方面设定全国最低标准非常重要，原因如下：第一，这些标准对国家整体来说是有好处的，同时能促进商品、服务、劳动力和资本的自由流动，并减少各辖区之间浪费性的支出竞争，从内部普通市场上的贸易中提高收益。第二，这些标准对国家的公平目标有利。地方政府所提供的很多公共服务（如教育、医疗和社会福利等）的设计意图，就要求其具备可再分配性，以对公民进行返还性再分配。在联邦制体制中，这些服务的供给不足——同时要求具有效率性、偏好相配，并且具有可问责性——会对联邦政府实现其公平目标带来困难。要素的流动性以及税收竞争会促使较低层次的地方政府提供不充分的公共服务，并且限制那些需要的人（比如穷人和老人）获得这些服务。试图把这些最需要公共服务的人排除在外，是因为地方政府认为这些人更容易遭到疾病的侵袭，所以会带来成本增加的风险。这种负面激励可以通过非条件性配套转移支付来减少，因为它的条件限定反映了国家的效率性和公平性要求，地方政府违反这些条件就会受到财政处罚。这些条件不是用来限制资金的具体使用，而是限制公共服务标准的质量、服务的可获得性以及服务水平。这种绩效导向的转移支付不会影响地方政府节约成本的动机，但是它们确实能鼓励在全国范围内遵守这些特定标准。正确地设计一个非条件性配套、以绩效为导向的转移支付，能够鼓励地方政府进行创新和相互竞争，以提高公共服务的供给水平。投入导向型的转移支付无法创造这样一种环境。

大部分（除了下文提到的几个国家）的工业化发达国家和发展中国家在对不同经济部门的财政需求补偿中，都没有采取产出导向型的转移支付。工业化发达国家都采用相对简单的人口统计学因素，希望投入导向型的条件性部门拨款的设计能够简单化。与之形成对比的是，发展中国家运用了最新的量化方法，它们的转移支付公式很复杂（见表10－4）。

表10－4　所选择国家对医疗服务转移支付的需求因素

国家	医疗转移支付的需求因素
在一般性转移支付中对医疗服务的需求因素的排序（从高到低）	
比利时	年龄、性别、失业人数、残疾人口数量
芬兰（对基层政府而言）	年龄、残疾人口数量、偏远程度、地方税基
德国	年龄、性别
荷兰	年龄、性别、城市化水平、收入基础
瑞士	年龄、性别、地区、收入水平
旨在提供核心医疗服务的基于需求的专项转移支付	
丹麦	年龄、单亲家庭的孩子数量

续表

国家	医疗转移支付的需求因素
英国	年龄、性别、死亡率、失业人数、老年人单独居住的人数
法国	年龄
意大利（2/3）	年龄、性别、死亡率
北爱尔兰	年龄、性别、死亡率、出生时体重超低的人数
挪威（50%）	年龄、性别、死亡率、老年人单独居住的人数
葡萄牙（15%）	疾病负担（糖尿病、高血压、艾滋病、肺结核）
苏格兰	年龄、性别、死亡率、农村提供医疗的成本
西班牙	人口的跨境流动
瑞典	年龄、单独居住的人数、就业人数、住房
威尔士	年龄、性别、死亡率、农村提供医疗的成本
以主要组成部分分析为依据，并使用复合指数的医疗卫生转移支付	
巴西	婴儿死亡率、1—64岁之间的人的死亡率、65岁以上的人的死亡率、由于传染性和寄生性疾病所导致的死亡率、肿瘤带来的死亡率、心血管疾病导致的死亡率、未成年妈妈的比重、文盲率、不具备卫生条件的家庭数量的百分数比例、缺乏自来水的家庭数量的百分数比例、没有垃圾回收的家庭数量的百分数比例
南非	女性的比例、5岁以下儿童所占的比例、农村人口的百分数比例、25岁以上未接受过教育的人数的百分数比例、失业人口百分数比例、居住在传统住宅区的人数的百分数比例、不管是小棚屋还是租来的房子百分数比例、在住房里或小区中没有自来水的家庭百分数比例、缺乏垃圾处理设施的家庭所占的比例、没有安装电话的家庭百分数比例、没有安装电灯的家庭的百分数比例、在家庭中由女性做主的家庭的百分数比例

资料来源：World Bank（2006）。

加拿大联邦政府实施的医疗转移支付体系，是一个简单但有效的产出型转移支付体系。这个转移支付项目使得加拿大各省保证为所有公民提供相同的、高质量的医疗卫生服务，不管他们的收入为多少，也不管他们居住在哪里。

在这种体系中，联邦政府按人均数额向各省提供用于医疗卫生的转移支付，转移支付增长率与 GDP 增长率挂钩。在对转移支付资金的支出方面，联邦政府没有限定条件，但是在对取得医疗服务方面却有严格的条件限制。作为获得联邦政府转移支付协议的一部分，各省必须遵循以下 5 个相关条件：

1. 普遍性、全面性和可获得性。所有公民都能享受到同样水平的医疗卫生服务。

2. 可携带性。移居到其他省的公民，在一定时期内还享有原来居住省提供的医疗卫生服务。常住公民和非常住公民可获得相同的医疗卫生服务。

3. 公共保险，可由政府或私人提供。各省同意为所有公民提供全面的社会保险。在相同的支付条件下，政府提供者和私人提供者都可以在公共保险体系中报销，报销额度及支付条件由省医疗协会协商确定。

4. 进入和退出机制。参加该体系的提供者不得直接向病人收取费用，而是在省级政府报销。所有医疗卫生服务提供者也可以选择退出该体制，直接向病人收取费用，而且可以不根据药方上的标价收费。在这种情况下，病人可以向省级政府提出索赔申请，政府会根据支付条款来报销。

5. 不能收取额外费用。该体系中医疗服务提供者不得收取高于药方的额外费用。

如果提供者违反了其中任何一个条件，他将被处罚；如果违反了前 4 条中的任何一条，那么提供给他的转移支付资金将被终止；如果违反了最后一条，那么转移支付的资金额将按等额的方式减少。

发展中国家和转型经济体在保证公共产品的国家最低标准和财政需求补偿项目中，很少使用非条件性配套产出型的转移支付，但是有一些转移支付却有明显的绩效型特点，要求在资金的分配方面与绩效挂钩。如，印度尼西亚中央政府对省级政府和地方政府的初级教育及交通运输方面的转移支付就是这样的（2001 年停止）。智利按照人均数额向所有学校提供转移支付，同时对那些绩效最佳的学校提供了

25%的额外转移支付作为对教师的奖金（P. Gonzalez，2005）。同时智利向市级政府提供中央拨款，以补贴穷人的用水和垃圾处理（Gomez - Lobo，2001）。在哥伦比亚和南非，中央政府按照人均额度为教育提供转移支付。在巴西，联邦政府按照人均数额向州级政府提供中级教育的转移支付，向市级政府提供初级教育的转移支付（Gordon 和 Vegas，2004）。

在 2001 年之前，印度尼西亚对行政区的教育和公路维护拨款都设计得非常好。在给地区和乡镇政府分配学校的运营资金时，印度尼西亚将学龄（7—12 岁）人口数作为分配的标准。将由学校建设资金（地方政府以土地出资的形式作为配套）作为配套的拨款资金用来补充这些运营资金，使初级教育的覆盖（在每个社区中，在步行范围内就有一个小学）达到国家最低标准。这种转移支付使得印度尼西亚在提高公民的识字率和在全国范围内实现初级教育准入的最低标准方面取得了显著成效。

在 2001 年之前，印度尼西亚城区/乡镇道路改善拨款委员会在对道路维护提供拨款时，将道路的总长度、路况、交通密度以及单位成本作为标准。这项拨款有利于连续监督道路枢纽的运行状况，并使所有地区的道路处于良好的状态（Shah，1998）。

在智利和美国的密歇根州，政府为学龄儿童提供教育券，由他们的父母决定将孩子送入公立学校还是私立学校或者是教会学校。智利对市级政府提供穷人用水和垃圾处理的拨款，占每月家庭水费的 25%—85%（经过测试），占每立方米垃圾处理费用的 15%，其剩余费用由用户自己支付（Gomez - Lobo，2002）。

巴西对初等教育和医疗卫生服务的拨款中，有两个值得注意的国家最低标准拨款项目。根据联邦宪法第 14 条修正案，州政府和市政府必须将其两项主要税收（州的增值税以及州与联邦政府收入分享的转移支付中州政府得到的转移支付；在市级政府则是市政服务税以及市政府与州政府收入分享的转移支付中市政府得到的转移支付）的 15% 交给基础教育特别基金（FUNDEF）。如果州和市政府按要求交纳的贡献总额除以初级教育学校的学生总数以后，所得到的值低于国家最低标准，那么联邦政府将出资弥补剩下的资金。基础教育特别基金将按照学校的学生人数在州和市之间进行分配。

巴西为统一的医疗服务体系提供财政转移支付，该服务体系是根据宪法规定建立起来的，即每个人都有权利获得免费的医疗卫生服务。它由一个叫“年度预算上限（TGF）”的联邦项目进行管理。这个项目具有两个组成部分，在第一个部分中，联邦政府通过州政府向市政府提供相等的人均转移支付，并将其用于基本医疗服务。在第二部分中，联邦政府为住院和非住院护理提供资金支持。所有登记的医疗服务提供者——州、市级的以及私人提供者——都可以通过各自的州、市政府获得联邦补助。在这种拨款中，医院病人数及高成本的护理服务受到每一种治疗费用上限的限制（World Bank，2006）。

加拿大艾伯塔省的地方政府运用一种新的方法来分配纳税人的教育资金的贡献额度。常住的纳税人可以选择将他们的财产税账单中的教育部分指定给公立学校还是教会（宗教的、私立的）学校的董事会。这些申报的财产税额决定了补助公立学校或私立学校的财产税总数。学校根据生均数来取得这些补助，父母依然保留着为孩子选择哪所学校就读的权利。这种方法鼓励学校之间为争取学生而展开竞争，这就解释了为什么艾伯塔省和其他采用这种方法的省的学校具有更令人满意的成绩。在安大略省有更高的教育补助，但它对不同的教育类型赋予了不同的权重，其中医学和工程学的权重要大于人文学科。

总之，虽然基于产出（绩效导向型）的转移支付比传统的基于投入的条件性转移支付能更好地实现上级政府的目标，同时也更容易进行管理，但是它们在实践中却很少实施。原因是它与政客和官僚机构面对的激励机制有关。这种转移支付给公民提供了权利，同时会减少机会主义行为和消除政治腐败。它们要求增强政客和官僚精英对公民的责任心，削弱他们干预的能力和建立官僚机构的能力。它们提倡物有所值，反对腐败、低效和浪费，因此，它们会被潜在的失败者（政治集团）所阻挠，这也就不足为怪了。

补偿福利的溢出

补偿福利的溢出是提供条件性配套转移支付的一个传统观点。地区和地方政府没有足够的动力去提供那些会对其他辖区的公民产生福利溢出效应的服务，或者会减少这类服务的供给水平。一个根据支出水平来决定的非限额配套性转移支付体系，将鼓励地方增加这方面的支出。由于溢出往往很难测量，因而配套率的决定也是有点随意的。

虽然效益和成本的外溢在很多国家都是一个重要的因素，但除了南非，其他发展中国家都还未实行这种类型的转移支付。南非根据教育部门中非本地生源的学生入学数量和医疗部门中非本地公民对医疗设施的使用情况来测算福利的溢出，并为教育和医疗部门提供了一个限额配套性转移支付。

影响地方的优先权

在联邦制国家中，各级政府建立的优先政策往往存在某种程度的冲突。使较低层级的政府遵循较高层级政府建立的优先政策的一种方法是，较高层级的政府运用自身的支出权向地方提供配套性转移支付。较高层级的政府可以向它们提供一种限额配套性转移支付，其配套比率与地方政府的财力成反比。但是使用专项转移支付或非限额配套性转移支付则是不可取的，因为专项转移支付很可能不会产生上级政府所预期的目标，非配套性转移支付可能会给支付方政府带来预算困难。

印度、马来西亚和巴基斯坦实施了条件性限额转移支付。在 20 世纪 90 年代末期，由于为省级税收努力提供了非限额配套性转移支付，巴基斯坦陷入了艰难困境。当这种转移支付项目无法实现中央政府的目标后，巴基斯坦中央政府不得不中途取消该转移支付项目。

应对基础设施不足，在萧条地区创造宏观经济稳定性

财政转移支付可以用于实现中央政府的地区稳定的目标，资本性拨款适合这一用途。假如未来的设备维护资金也充足的话，资本性拨

款在较贫困地区也可以用来解决基础设施供给不足的问题，以增强共同经济联盟的发展。

资本性拨款是根据项目的需要，依据具体项目而决定的。印度尼西亚在基础教育的准入方面（在社区的步行范围内就可以得到基础教育）设定了国家最低标准，来为初等教育提供这种拨款。中央政府为学校提供建设资金，而地方政府则为学校提供土地。

南非在解决基础设施不足的问题时，根据公式计算资本性拨款的数额。市政基础设施拨款公式包括资金的横向和纵向划分。纵向划分就是把资源分配给那些优先的领域或部门，横向划分则根据公式来决定，该公式考虑了地区的贫困人数、储备以及市级政府的权力和作用。这个公式包含以下 5 个组成部分：

- 基本的住宅基础设施，包括新的基础设施和原有基础设施的翻新（占 75% 的权重）。水供给、卫生、电力、道路和其他（道路照明和固体垃圾清理）等方面按比例分配。
- 公共市政服务基础设施，包括新基础设施的建设和原有基础设施的翻新（占 15% 的权重）。
- 社会机构和小型企业的基础设施（占 5% 的权重）。
- 节点城市（5% 的权重）。
- 最后调整，包括根据每个市区过去对拨款条件的履行情况进行核减或补足。

实行资本性拨款的经验表明，这种拨款通常能给地方政府带来它们无法提供的设施，这些设施或者其效用受到地方政府的怀疑，或者地方无法提供资金来对它们进行维护。

资本性拨款在发展中国家和转型经济体中都很流行。大部分国家的资本性拨款项目的申请立项和审批都有复杂的程序，这些程序容易受到游说、政治压力和献金等因素的影响，并且它们更喜欢那些中央政府能看得见的项目。这些项目缺少公民和利益相关者的参与，并且由于缺乏地方的所有权、缺乏利益机制和监督机制而常常导致失败。考虑到这些困难，最好的做法就是通过要求地方政府提供配套资金

（与接受方单位的财力成反比）或者通过鼓励私人部门的参与（提供政治和政策风险担保），来限制资本性拨款的运用。为了便于私人部门的参与，公共管理人员必须付出必要的努力，来保证私人部门不会把公共部门变成“免费搭车”者或者中途退出该项目。

州/省政府向地方政府提供转移支付时出现的特殊问题

对地方政府提供一般性转移支付需要考虑一些特殊问题，因为地方政府的人口数量、管辖面积、服务领域以及所提供的服务类型都是不一样的。因此，比较可取的做法是根据地方政府的人口规模、城市类型、城乡差别等对地方政府进行分类，并对每一类别提供不同的转移支付公式。较高层级政府应该采取根据财力均等化体系设计的代表性税收体系和对不同层级或类型的城市进行拨款的最低标准。在缺乏足够的税收分权和地方税管理不善而导致代表性税收体系变得不可行的情况下，应该使用一个比一般性转移支付更注重实效但不如它科学的转移支付方法。这些拨款公式中一些有用的因素包括：相等的市均组分，相等的人均组分、服务领域组分和财力组分。拨付额应该与所提供的服务直接挂钩，并且与财政能力成反比（Shah，1994b）。澳大利亚、巴西、加拿大的州政府对基层政府的转移支付以及南非在中央对地方的转移支付中就使用了这种方法的一个变种（见专栏 10－3）。

专栏 10－3　南非的政府间（中央一基层）财政转移支付公平分享公式

南非中央政府对基层政府进行转移支付时，使用了一个公平的分享公式。拨款的数额由下式决定：

拨款额＝(BS＋D＋I－R)±C

上式中，BS 为基本服务组分；D 为发展程度组分；I 为制度性支持组分；R 为对汲取税收能力的修正；C 为修正和稳定性因素。

基本服务组分

加入基本服务组分的目的是使市政单位能够提供基本服务（水、卫生、电力、垃圾清理等），包括使每月收入少于 800 兰特（R）（约 111 美元/月）

的家庭也能免费得到这些基本服务（2006 年 4 月 1 日后，环境卫生服务也被纳入到基本服务之中）。环境卫生面向市区内的每一个人，因此这个子因素需要计算所有家庭的情况，而不能仅包括贫困家庭。对一个补贴的基本服务来说，有两个层次的补助水平：对得到服务的家庭给予全部补贴，对没有得到补贴的家庭给予部分补贴。这个组分的计算如下：

基本服务 =（水费补贴 1 × 有水的贫困家庭 + 水费补贴 2 × 无水的贫困家庭）+（卫生补贴 1 × 有卫生条件的贫困家庭 + 卫生补贴 2 × 缺乏卫生条件的贫困家庭）+（垃圾清理补贴 1 × 有处理条件的贫困家庭 + 垃圾清理补贴 2 × 无处理条件的贫困家庭）+（电费补贴 1 × 有电的贫困家庭 + 电费补贴 2 × 无电的贫困家庭）+（环境保护补贴 1 × 所有家庭的数量）

制度支持组分

制度支持组分对那些较贫困的行政区来说尤其重要，因为它们无法征收足够的税收来弥补行政和管理的成本支出。这种资金缺口使得较贫困地区无法为所有公民、用户和企业提供足够的基本服务。制度支持能为市政的行政和管理成本提供一定的补贴。但是它无法对行政和管理的所有成本进行完全补贴，因而主要的责任还是落在每一个市政。

制度组分包括两个因素：行政能力和地方选举的可问责性。拨款额按照下式进行计算：

I = 基本拨款 +（行政支持 × 人口规模）+（市议会支持 × 席位数）

上式中，I = R350000 +（R1 × 人口规模）+（R36000 × 议员数）

基本拨款流向所有市政（地区管理区域除外）。上式中的第二项表示成本将会随着人口的增加而增加，第三项则表示为了保持立法和监督部门的议员数量需要付出一定的成本。席位的数量由省级和地方政府的部长来决定。

发展组分

2005 年 4 月 1 日开始运用上式公式时，发展组分被设定为零，促使人们探索如何在公式中使用这个组分。

对增收能力的修正

对增收能力的调整为基本服务和行政基础设施的成本提供了额外的资金补助。基本方法是通过使用各市自行公布的征税能力和南非统计局公布的这些市的客观信息之间的关系，来对所有市政的税收汲取能力进行排序。每一个市能够收取的税收需要运用5%的税率进行调整。在地区服务委员会提供的替代性拨款中，对税收的调整是根据每个市实际得到的拨款进行调整的。

资料来源：South Africa（2006）。

财政关系的制度性安排

应由谁来负责设计联邦、州、地方政府的财政关系呢？答案有很多种。最常用的做法就是由联邦（中央）政府独立设计财政关系，这种选择的理由是联邦政府有责任通过财政安排来实现全国的目标。很多国家都是这样。这种方法的潜在问题是联邦政府本能地对州的决策过程进行过度干预，并且不允许出现分权化充分带来好处。通过以下方法，我们能在一定程度上解决这个问题，即对中央政府凌驾于州和地方的决策的能力在宪法上进行限制。作为替代，应该有一个独立的机构参与转移支付体系的设计，并参与财政安排的改革和实施。它应是一个公正的机构，或者是由联邦政府和州政府的代表共同组成。它既可以是一个真正的决策制定机构，也可以是一个纯粹的咨询机构。不管哪个机构负责财政关系的设计或执行，为了有效地行使这个独立机构的作用，它必须能够协调两级政府的决策制定。

为了确定转移支付制度，我们可以找到四种在实践中使用的类型。第一种也是最常用的做法是联邦（中央）政府独自决定。在印度，联邦政府仅对计划委员会的拨款和中央政府的资助项目负责。这些转移支付对投入条件进行了严格的限定，有可能会削弱州政府和地方政府的自主性。1988年，巴西宪法通过规定转移支付公式的决定因素来防止联邦政府对地方的过度干预。这些保护性条款是一种极端措施，削弱了财政安排的灵活性，使它无法应对经济环境的变化。

第二种实践中的做法是设立准独立机构（如拨款委员会）来对财政体系进行设计和改革。这种委员会拥有永久性的地位，如澳大利亚和南非实行的那样，或者像印度实行的那样，周期性地存在以便为下一个五年计划提供建议。在一些国家中，这些委员会是无效率的，原因大致是因为它们所提出的建议会被政府置之不理，从而也就没有付诸实施，南非就是这种情况的例子。在其他情况下，政府接受了这些建议并把它们付诸实施，但在改革这些体系时由于受到自我限制，出现了无效现象，就像印度那样。在一些国家中，这些委员会采用的方法过于严格，并带有很强的学术性，这就使得政府间转移支付体系变得过度复杂化，澳大利亚联邦拨款委员会的情况就是这样（Shah，2004b，2007d）。

第三种实践中的做法是运用行政联邦制或联邦与省级委员会来对转移支付体系的条款进行协商。在德国，通过在国会的联邦参议院（上院）中增加州的代表，从而强化了该体系。这种体系允许各参与方积极的政治投入，其意图是建立一个政治共识。

第四种做法是第三种做法的变通，即通过政府间立法暨公民社会委员会（代表权在组成单位平均分配，联邦政府主持）就现有安排的变化进行协商。巴基斯坦财务委员会代表了这一模式。这种方法有一个优点，那就是所有的利益相关者（拨款方、接受方、公民社会以及专家）都在这个委员会中有代表。这种方法能使政府间的财政安排变得简单而透明。但是这种方法的重要缺点就是，由于采取一致同意的规则，委员会不断陷入僵局，正如巴基斯坦最近见到的那样。

国际实践的经验与教训

回顾国际惯例，能告诉我们在设计和实施政府间财政关系的时候应该避免什么、应该学习什么，其中有很多教训值得借鉴（见表10－5）。

表 10－5　转移支付制度设计的原则及好的实践案例

转移支付的目标	转移支付的设计	好的实践案例	应避免的实践案例
弥补财政缺口	重新划分责任、税收返还、税基分享	税收返还和税基分享（加拿大）	弥补赤字和发放工资的转移支付（中国）、分税种的共享（中国、2000年前的印度）
缩小地区间财政差距	一般性非配套的财政均等化转移支付	具有明确标准的财政均等化转移支付，该标准既能决定资金总额也能决定如何分配（加拿大、丹麦和德国）	涉及多种因素的一般性收入共享（巴西、印度）、资金总额固定的财政均等化转移支付（澳大利亚、中国）
补偿福利溢出	非限额配套性转移支付，其配套率要与福利的溢出一致	对教学医院的转移支付（南非）	限额配套性转移支付
设定国家最低标准	根据服务标准和获得性的条件，提供条件性非配套的基于产出的分类转移支付 条件性资本转移支付，其配套率与地方的财力成反比	道路维护和初等教育的转移支付（2000年之前的印度尼西亚） 对教育的转移支付（巴西、智利、哥伦比亚） 对医疗的转移支付（巴西、加拿大） 对学校建设的资本性转移支付（2000年之前的印度尼西亚）、对州政府提供的公路建设配套性转移支付（美国）	只根据支出条件提供的条件性转移支付（大部分国家）、政治目的的转移支付、专项转移支付 没有配套资金要求和没有提出未来的维护要求的资本性转移支付
影响地方的政策优先级（国家优先级高，但地方优先级低的领域）	非限额配套性转移支付（配套率最好与财力成反比）	对社会援助的配套性转移支付（2004年之前的加拿大）	专项转移支付
提供稳定性，并解决基础设施不足的问题	提供维护费用的资本性转移支付	配套率与地方财力成反比资本性转移支付	没有提出未来的维护要求的稳定性转移支付

负面教训：避免的转移支付类型

决策者应该避免设计以下几种类型的转移支付：

1. 目标模糊的转移支付。

2. 实施多因素、多目的的一般性收入分享，削弱了政府的受托责任，并且无法提高财政效率或对财政公平目标的实现没有帮助。税收分权或税基分享能更好地替代这种一般性收入分享，因为其能强化政府的问责，同时保护地方的自主性。

3. 弥补地方政府赤字的转移支付，这会提高地方政府未来的赤字水平。

4. 拒绝包含财政努力激励的无条件转移支付。提高服务的供给同时降低税收成本应当成为公共部门的目标。

5. 投入导向型或过程导向型的转移支付，或专项条件性转移支付项目，它们会削弱地方政府的自主性和灵活性，降低财政效率，影响财政公平目标的实现。

6. 避免设计无法保证未来维持费用的资本性转移支付并产生华而不实“摆设”（white elephant）* 的可能。

7. 避免在联邦体系内协商决定或自由处置的转移支付，这会带来异议和不和。

8. 拒绝对地方政府提供“一刀切”的转移支付，造成极大的不公正。

9. 不提倡突然改变资金总额及其分配的转移支付。

正面经验：应采纳的原则

决策者在设计和实施政府间转移支付时应该努力遵循以下原则：

1. 简单化。在财政转移支付的设计中，如果要赢得更多人的认可获得可持续发展的话，大致的公平性比完全的公平性更为可取。

---

* white elephant 白象指无用而累赘之物。——译者注

2. 在转移支付项目中，集中关注一个目标，并且使转移支付的设计与这个目标相一致。如果设定了多个目标，就有可能连一个目标也无法实现。

3. 设定转移支付金额的上限（与宏观指标相联系）和下限，以保证转移支付的稳定性和可预见性。

4. 引入定期废止条款。比较可取的做法是对转移支付项目进行定期（如，每五年）复议或更新（如果合适的话）。在复议或更新过程中，不应该对原有项目进行改变，为了对所有层级政府的预算项目提供确定性。

5. 为人均财力的均等化规定一个特定标准，以实现财政均等化目标。这个标准可以用来决定转移支付的总额及其在各政府之间的分配。大部分国家需要计算使用主要税基代表性税收体系的财政均等化。相比之下，支出需求均等化需要进行困难和复杂的分析，邀请大量专家进行辩论，因此，虽然可取但却不值得实行。鉴于这一实际困难，通过基于产出的财政转移支付可以强化基于结果的问责，是实现支出需求均等化的最好方式。均等化的标准成为国家的共识非常重要，可以确保任何均等化方案的可持续性。看待均等化程序不应当脱离更广泛意义的财政制度，尤其是有的条件转移支付。均等化项目必须有终止条款并提供正式的复议和更新。对于地方财政均等化，不应当实行“一刀切”。

6. 在特定目的的转移支付项目中，应该对产出或其可获得性标准以及服务的质量进行条件限定，而不是对投入及其过程进行限制。这就使得支付提供方政府能实现自己的目标，同时又不削弱地方最好地提供这些服务的自由权。大多数国家需要为基本服务建立一个全国最低标准，以增强内部市场和经济联盟的统一。

7. 在决定对地方政府的转移支付时需要识别人口规模、服务覆盖的面积以及服务的城市或乡村特征。为每一种类型的地方政府分别设定不同的分配公式。

8. 建立一个无害或追溯条款，保证所有的接受方政府至少能得到和改革前一般性转移支付一样多的资金。随着时间的变化，经济也在发展，这种条款不应当延误改革的逐步推进。

9. 保证所有的利益相关者的心声都能得到倾听，并且达成一项关于均等化原则和均等标准的政治协定。政治因素必须内化于这些制度安排中。公平的机制设计（如独立的拨款委员会）在这方面没什么帮助，因为其反对政治参与，因此会使解决方案变得复杂，并且缺乏透明度。

从公共部门瓜分“战利品”（即转移支付）的治理文化，转向一个鼓励有回应的、负责任的、公平的和可问责治理文化是很关键的。为了实现这个目标，必须采取所有可行的税收分权措施，建立产出导向型的运营机制，进行资本性转移支付，同时根据明确的均等化标准建立一个正式的财政均等化转移支付项目，保证负责任的举债行为。

第三部分

公共服务的融资和提供

集中决策的目标是确保地方政府能够提供符合地方偏好的服务、用最节约的方式利用税收资金、提供公平治理并对地方公民负责。对财政制度安排进行设计来为各种特殊商品实现此类多样化的目标，如教育、医疗、基础设施和减贫，并且支持分权化的决策是本部分各章的动力所在。

医疗和教育支出构成了政府所提供的最重要的公共服务。其特点也与具有多级政府的国家紧密相连。医疗和教育服务的提供，甚至是个人的医疗保险报销，一般情况下都是由地方政府完成的。与此同时，这些服务能够实现重要的国家目标。这些服务有助于实现再分配目标，例如机会平等性和社会保险，而且还能够促进国家经济的效率和增长。结果就是，虽然医疗和教育服务的提供是分权的，但是联邦政府仍然对其提供方法感兴趣，而且制定了各种政策来影响此类服务的提供。第十一章更细致地研究了因为这种共担责任而造成的一些问题。该章讨论了医疗和教育服务分权化的概念考虑因素和实践，以及能够确保在追求效率以及满足本地公民要求时不影响平等性目标的融资机制。该章进一步评估了在提供服务时对专门机构的运用情况，以及依靠使用费来为此类服务获取资金的公平性影响。

人们认为，应对公共基础设施不足对于私人资本积累、经济增长和减贫来说是至关重要的。在分权治理的背景下，地方政府在应对基础设施不足方面具有举足轻重的作用。但是，此类支出的性质，如长期和共担，在为共担支出以及获取资金让多代人共同承担税收负担方面则产生了特殊的问题。第十二章讨论了基础设施拨款和资本融资的原理，以及非干预性资本拨款的形式和确保负责任的借款的制度机制。

除教育和医疗之外，减贫项目在发展中国家也是最重要的社会项目。目前在很多国家中执行的发展战略都涉及一种双管齐下的方法：鼓励私人投资以及利用市场过程来促进高增长率，并且降低贫困的发生率。如果没有此类纠正干预，就会出现社会上最贫困的群体变得更加贫困的危险。高效减贫项目的目的必须是永久地让那些最需要的人成为社会的可生产成员。政策工具包括现金拨款、服务的提供以及让接受拨款的人就业。鉴于复杂的行政管理和信息要求，地方政府必须参与到其中。但是，与此同时，还需要考虑到明显的国家利益。因此，应当考虑财政联邦制中所涉及的所有经典问题。第十三章讨论了如何才能实现这些国家目标。

第十一章 医疗与教育的融资和提供

医疗与教育支出构成了政府提供的一些最重要的公共服务。其特点也与具有多级政府的国家紧密相连。医疗和教育服务的提供，有时包括个人的医疗保险的覆盖，通常都是由地方政府负责的。与此同时，正如我们在之前的章节中所述，这些服务构成了重要的国家目标。这些服务有助于实现再分配目标，比如机会的平等以及社会保险，而且能够促进国家经济的效率和增长。结果就是，虽然医疗和教育服务的提供是分权的，但是联邦政府对于其实现的方法仍然抱有兴趣，而且参与到政策制定来影响服务的提供。在本章，我们将从更多细节中探察因这种共担责任而造成的一些问题。

按政府级别划分的责任

在讨论医疗和教育分配责任以及各级政府扮演的角色的时候，区分服务的提供及其资金来源是很重要的。

医疗及教育服务的提供

医疗和教育代表由医院、医生、学校、老师及其他人员直接向个人提供的服务。不可避免的是，这些服务的提供是分权到地方机构或组织的。分配问题在于决定由哪一级政府来负责这些机构。在有多级政府的国家中，常见的做法就是将这一责任分配给较低级别的政府，一般是中间层级政府，比如州政府或地区政府。例如，加拿大向省政府赋予教育、医疗和医院的专属责任（Knopff 与 Sayers，2005）。在德国，教育是各州的责任（Kramer，2005）。比利时联邦将教育和医疗责任授予了以语言为基础划分的地区（Deschouwer，2005）。这种分配是在第二章中讨论观点的基础上，也就是说，州一级的政府能够更好地判断当地居民对这些服务的偏好和需求，且能够更好地监督地方机构的行为，而在这一情况中是当地的老师和医生在实际提供这些服务。同时分权的责任可能增强责任感并鼓励创新和节约。

与此同时，州政府的责任常常不是专属的。在比利时，因为地区负责医疗政策，而联邦政府负责医疗保险，所以合作是必需的（Deschouwer，2005）。在美国，教育是州和基层政府的共同责任。基层政府一般负责提供小学和中学教育，而州政府则提供高等教育。医疗服务可以通过州政府管理的机构（通常附属于教育机构）以及市、县和特区运营的机构来提供（Schroeder，2006）。在巴西，医疗和教育都是共担责任。自20世纪90年代中期以来，市政府一直负责医疗和小学教育服务（Souza，2005）。墨西哥宪法将教育和医疗列为并发责任（J. Gonzalez，2005）。在印度，教育一直都是邦政府的责任（Majeed，2005）。另外，《第73号宪法修正案》承认基层政府的责任不仅包括小学和中学教育，而且还包括初级医疗中心、药房和医院。实际上，基层政府的参与取决于授予州的立法的权力（Alok，2006）。在中国，各级政府都会参与到教育中。国家政府负责建立教育目标，省政府按照这些目标制定有针对性的政策和规定，基层政府提供九年制义务教育。在1999年，印度尼西亚对其教育系统进行了权力下放。中央政府仍然保留对高等教育的控制权。省政府负责高中教育，而小学及初中教育则成了地区级政府的责任。在2003年，进一步的权力下放将基础教育的责任转嫁给了学校（King与Guerra，2005）。在菲律宾，医疗责任是各级政府共同承担的。基本上看，初级医疗服务是乡镇政府的责任，而初级医疗机构则是由市政府负责的。二级医院是省政府的责任，而中央政府的卫生部负责运行大多数高级医院和专科医院。医学研发也是中央政府的责任（Lieberman、Capuno、Van Minh，2005）。

如前所述，这些服务具有重要的国家层面的意义。让我们来看一看第一个教育的例子。教育无疑是实现一个国家机会平等并保证所有公民都有能力参与到社会经济生活中的最重要的政策工具之一。这也是在可持续的基础上减缓贫困的关键政策工具之一，因为教育能够提供基本的读写能力、社交能力和分析能力，而这些能力则是生产就业的先决条件。实际上，从所有适龄儿童必须接受义务教育的情况就可以看出教育的重要性。一些有力的观点认为需要某些国家标准，或是要让所有的国家教育体系都至少提供最低水平服务。还有一些好的观点包括统一职业资质和教师待遇、可对比的师生比率和配备教科书、物资及信息技术。

将在下一部分详细讨论这些国家标准的观点可能部分基于效率的考量。如果各州的教育质量不同，将会影响经济活动在各州之间的分配，并且会造成内部经济联盟的失衡。或如果各州不顾国家标准而擅自行动，则会造成参与财政竞争而降低教育标准。各州可能会与其他州竞争教师或者会参与到税收竞争，最终减少了可用于教育的资源，当然财政竞争是一把“双刃剑”。这种竞争也可以通过提供性价比高的服务和创新来提高效率。

更强烈的观点可能认为州教育政策的协调性应当以平等为基础。教育在向所有学生提供机会方面的作用（无论这些学生住在那里），需要有教育的最低标准。将学生放在同一起跑线上可能需要在课程设置中具备某些基本的元素（虽然可能需要有空间给各州来安排特定的地域文化知识）。例如，在西班牙，教育部规定了所有学校65%的教学材料，剩余的 35% 到 45% 的材料则留给各自治体安排反映地域特色（King 与 Guerra，2005）。因此，国家标准的元素存在于大部分国家中。这些国家标准对于较低水平的教育有更大的影响。如果实施义务教育，那么几乎所有的儿童都会上小学，并从中学习劳动就业和享受充实人生的基本技能。就是在这一水平上，机会均等的观点是最为强烈的。进入中等以及高等教育的时候，入学率就会降低，而学到的技术将变得更高级和更有针对性。另外，机会均等的观点在更高级的教育水平上可能会丧失一定的力度：机会均等的重点将更加侧重于给人们以机会去获得这些水平的教育。然而潜在的扭曲的财政竞争仍然存在，以公平性原则为基础的国家标准的理由下降了。

从理论上讲，国家教育标准可以通过各州之间的合作来实现，尤其是当所有的州都有所收获的时候。例如，德国依赖于教育部长会议来协调各省之间的政策。该会议确保整个国家的教学课程和教育质量都是完全相同的（Kramer，2005）。但实际上，各州之间的协议是难以倚仗的。从其性质来看，这样的协议必须得到一致同意，而且即便所有的参与者都有利可图，这样的协议也难以实现，尤其是难以执行。同样教育的通用标准几乎肯定会涉及各州之间某些不明朗的再分配，而这很难得到全体赞成。结果联邦政府参与进来促成教育的国家标准几乎是不可避免的。

联邦政府有很多方法可以用。在最低程度上，联邦政府可以使用其支出权力向各州进行拨款，赋予各州必要的资金来提供标准水平的教育服务。这类拨款可以附带一定的条件，从而确保各州的教育体系实际上能满足这些标准。其危险是这些条件可能过于详细以及存在过多干预，从而过分限制了各州对其决定权的自由使用。例如，它们可能要求各州在支出上提供细致的会计核算。这可能且至少部分损害了教育权力下放的初衷。

此外，如果国家宪法允许，则联邦政府可能会对各州的教育项目进行更直接的监督。它们可能规定这些州项目的某些特点，或者要求州项目必须符合联邦立法。另外，教育的不同方面的责任可能需要在联邦政府与州政府之间进行划分。例如，联邦政府可能要负责培训和招聘教师以及设计课程，而州政府则负责实施这些服务。如果这样的责任划分可以在没有太多重叠的情况下达成，那么每个级别都有明确规定的一系列任务并对这些任务负责。

类似的考虑同样适用于医疗。有强烈的观点认为应当将提供医疗服务的权力下放到各州，但是也有同样强烈的观点认为，无论居住在哪个州都要有一些国家医疗标准可用。正如下一部分所讨论，这可能涉及在全国普及基本的医疗服务、与可获得性有关的原则、在各州之间的可携带性以及医护人员统一的认证和培训。

对于教育而言，如果没有联邦政府的积极参与，那么这些国家标准将难以达到。这种参与可能包含对有条件拨款的使用、授权的设置以及两级政府之间的责任分配，这与我们对教育讨论的内容类似。另外，诀窍在于通过立法实现国家目标并获得权力下放所带来的全部好处。这种观点可能有利于将联邦政府限制在监督或者设定最低标准上，并让各州来设计其各自项目的详细内容。

例如，在印度，邦政府的作用是协调医疗服务的提供。政府会偶尔召集主题相关的委员会来讨论协调政策，并向所涉的多个州之间或邦政府与州政府之间推荐这些政策。这些会议包括中央医疗委员会会议以及中央印度药物委员会会议（Majeed，2005）。在印度尼西亚，联邦政府在医疗方面的作用包括制定国家政策和最低服务标准，而服务提供方和基础设施的管理责任则交给基层政府（Eckardt 与 Shah，2006）。

州政府提供教育和医疗服务的责任不排除私人部门的参与。也就是说，代表州政府实际提供服务的机构既可以是私立的也可以是公立的。医院和学校可以是私立的，包括非营利性或宗教组织。医生可以是自由职业者，州政府购买其服务，而医生不必成为州政府的雇员。服务提供的机构模式可以独立于分管此类服务的政府。当然各州必然会希望私人供应商遵守其认为是必要的准则。也就是说，州政府不会让私人供应商仅仅追求自身利润最大化。

一种颇具争议性的私人参与形式可能就是让私人供应商与公共部门一起提供服务，尤其是当私人机构获取国家支持的时候。例如，在巴西，中央政府会为私立医疗服务提供者以及较低级别的政府（通常是市政府）报销医疗和医院诊所的维护费用（Afonso 与 Araujo，2006）。对于医疗服务，私人供应商可以看作是一种减少医疗需求的方式，可能会转移愿意支付更多的费用的富裕家庭到私人服务。对于这样的安排，可能具有效率和公平性方面的优势。从公平性观点来看，私人服务的用户愿意为此类服务买单，从而通过纳税为公共系统做出了贡献。因为私人供应商必须为客户进行竞争从而一定程度上提高了效率，反过来，也会激发公共供应商的效率变得更高。这可能会产生“标尺竞争”效应，因为私人供应商提供服务的成本可能会变成衡量公共供应商的标准。另一方面，对于私人供应商提供服务也是一些劣势。从政治经济学的观点来看，如果公共医疗系统只适用于收入较低的人群，那么对该体系的政治支持就会受到侵蚀，进而其质量也会受到损坏。同样实际上可能无法将私人部门与公共部门完全分开。二者可能会介入相同的医院和其他机构。私人服务的用户通过使用这些设施可能“插队”，从而降低了机构对于低收入人群的可获得性和公平性。最终，私人医疗机构可能会从公共医疗机构中挖走最好的医护人员，从而造成两个机构之间的质量差距。

同样的观点也适用于教育，虽然其影响力可能更小。私立学校一般与公立学校并存。那些选择私立学校的人仍然会通过纳税向公共系统做贡献（虽然可能会因为其私立学校支出的可扣除性获得某些税收的减免）。私立学校参与教育所产生的担心可能不如医疗那么强烈。几乎所有的国家都有公私立学校并存的教育体系，其中公立学校的资金来源于政府的一般财政收入，而私立学校则来源于学费。在某些情况下，私立学校能够获得政府的支持。阿根廷的天主教学校以及印度尼西亚的伊斯兰学校就是这种情况。另外，政府也可能会向选择私立学校的家庭提供支持。比如荷兰（自 20 世纪 20 年代开始）、智利（自 20 世纪 80 年代）、捷克共和国和瑞典（自 20 世纪 90 年代）以及新西兰

（自1991年）都属于这种情况（World Bank，2003）。

一种私人机构参与医疗和教育服务的特殊形式就是非政府组织（NGO），与私人公司的区别在于不以营利为目的。在大多数情况下，非政府组织都是通过志愿者机构、慈善机构或宗教机构的捐助来运营和资助的。其工作人员往往非常敬业，而且具有特殊技能。他们给发展中国家带来各种资源和专业技术来补充当地资源。非政府组织也经常为当地人提供非常有价值的培训服务。

与非政府组织提供的教育和医疗服务有关的主要问题就是要将其活动与国内组织的活动进行协调。同样有人认为，非政府组织提供的服务的性质也要满足与国内机构适用于相同的国家标准。负责提供此类服务的政府（最好是州政府）应当承担监督非政府组织活动的任务。在印度，政府成功地与某非政府组织进行了合作，在两座城市（孟买和巴罗达）创立了有效的补习教育项目。地方妇女被聘用去补习班教导学业落后的学生。人们发现这种低成本的项目是提高学习的有效方法，尤其适用于较为贫困的学生。目前该项目已经扩展到了印度的20个城市（World Bank，2003）。

医疗及教育服务的融资

医疗及教育服务的提供是一件事，而资金来源则是另一件事。有许多获取资金的模式与联邦或州政府提供的服务，私人和公共提供的服务相匹配。实际上，至少部分地让某一级政府来进行筹资并让另一级政府提供服务是非常有可能的事情。

在考虑各级政府进行公共融资的作用之前，先要解决的一个问题就是公私营机构公共服务（如医疗和教育）进行筹资的比例。在这两种情况下，提供的服务从本质上讲都是私人的，所以我们可以自然地认为服务的用户至少要承担一部分资金。例如，私人保险在巴西、智利、南非和美国的医疗体系中起到了很大的作用。在所有这些国家中，是公共部门的员工使用私人融资体系（World Bank，2005b）。在德国，保险协会都是非营利性机构，从公共和私人供应商那里购买医疗服务

(World Bank, 2003)。这一问题很难解决，因为这两种服务完成的社会目标使其有别于其他普通公共服务。如果这两种服务仅仅是私人产品且只有用户受益，那么公共融资的重要性将被降到最低。普通消费产品没有其他的理由来获得公共支持。当然即便是在这一情况中，公共部门也许会有一定作用。

对于干预医疗及教育服务的提供可能有效率方面的观点。对于医疗来说，低效率有几种形式。医疗保险市场可能会出现市场失灵，由涉及道德风险或逆向选择的不对称信息造成的。人们也非常了解，这些形式的不对称信息的出现，使得高效的保险无法提供。当难以察觉的道德风险存在的时候，家庭就无法得到全面的保障。当逆向选择出现的时候，保险的理想额度和条款就无法提供给具有不同风险类别的家庭。实际上，可能不存在市场平等。政府在这些形式的市场失灵中是否有作用现在根本不清楚。政府得到的信息也并不比私人部门得到的多。另一方面，一种可能的情况就是强制保险可能在面临逆向选择时能带来效率的改善，但是这种形式的干预不应该包含任何公共资金。医疗市场的低效率也可能是供应商在信息和垄断经营上享有的优势造成的。例如，医生被认为更了解他们的病人需要什么样的治疗。他们有权确定治疗方案，而在这个意义上，可能存在不被需求的过度的医疗服务的使用，结果来自病人的道德风险和来自医护人员的利益驱动一样大。也有一些证据可以证明，私人保险公司产生的行政管理成本要比单一支付方制度产生的成本高得多，例如公共保险。医疗服务的某些元素也受外部影响，尤其是传染病。在遇到此类情况的时候，公共干预理由就会变得更加显著，而此类公共医疗系统参与到其服务的供应和融资过程也是常见的。

即便是医疗和保险的资金来源于公共渠道，根据效率观点，补充私人出资也具有一定的作用。例如，很多国家通常都有有限的使用费制度，也就是说，某些类型的医疗服务用户必须付费。这可以包括看医生、住院、买药、检查等等。例如，北欧的芬兰、挪威和瑞典就要求需要为初级医疗和住院缴纳少量的费用并为药物共同付费（Lotz,

2006）。个人经常能够公开补充提供的医疗服务以及向所有家庭提供了基本水平医疗的保险，不论是否有能够向其提供升级服务的私人附加。

效率观点不太能为医疗保险和主要需要公共资金的融资体系的常见趋势进行辩护。除美国之外，经济合作与发展组织（OECD）成员国倾向于将医疗服务看作是一种或多或少面向所有家庭提供的公共服务。用来支持这一方面的观点是以平等性考虑因素为基础的。有人认为，医疗是一种独特的社会保险的形式，与用来应对其他种类不幸的私人保险有很大区别（如火灾、车祸、盗窃等）。不同的人具有出现健康问题的不同风险，而且这些风险在某种程度上讲和一个人与生俱来的特点有关。或者说，他们可能有伴随终身的健康问题，令他们处于不利位置。无论是哪种情况，因为保险合同不是终身制的，这样的人不能购买保险，因此在生活福利方面尤为脆弱。社会保险的准则讲到，家庭应当能够因为其无法控制的不幸获得赔偿，尤其是那些无法得到充分保险的情况。有人认为，统一提供医疗保险是一种确保所有家庭都能够得到意外、健康问题保障的方法，尤其在假如政府无法获得所有疾病倾向的信息来进行直接再分配的时候。

这种社会保险观点与之前提到的效率观点似乎至少部分说明了为什么公立机构会深入参与医疗服务。无论最终的合理性如何，情况就是医疗保险一般是由公立机构提供的。即便是缺少统一保险覆盖的国家也会为穷人提供政府项目。在印度尼西亚，日惹省在2003年开始了一个新的项目，通过为穷人支付保费让其使用公立医疗设施。这一项目在2004年扩展到了非贫困人口中，从而让政府开始与私人供应商开始竞争。菲律宾在1995年建立了针对贫困人口的医疗保险项目。菲律宾医疗保险公司（PHIC）为公共部门和私人部门的成员进行支付，而且该公司为其扶贫计划主动征召家庭参与。但是地方政府必须为更贫困的人口共同支付保费，这被看作是一种没有资金支持的管制（Lieberman等，2005）。美国最大的联邦项目之一就是医疗援助项目（Medicaid），该项目为低收入个人和家庭支付医疗费用。联邦政府和州政府都会向该项目提供资金。联邦拨款所占费用的比例在各州之间是不同的，收入越低的州获得的拨款越高。每个州政府都负责设计和管理其自身的项目。在某些情况下，州政府还会选择让一些基层政府（一般是县）来共同承担费用（Schroeder，2006）。下文我们将会考虑一下哪级政府应当负责医疗保险。

教育的情况也是类似的。教育基本上是私人的。从原则上讲，我们可以通过定价机制来配给教育服务。我们可以认为，这样做可能是无效的，因为有一些与教育服务有关的外部因素。如果民众的受教育程度较高，那么整体社会也会从中受益。例如，犯罪率会降低、私营机构会从受过高等教育的劳动力所产生的凝聚力效果中受益，某个人的生产力可能会部分地取决于其他工人的生产率。另外，如果受过教育的工人自给自足的程度更高，则未来在需要拨款和公共服务方面对社会产生的负担就会越小。如果这些观点在某种程度上被认为是有效的，那么私立教育理应获得一些公共补助。

与教育有关的外部性可能并非是详细的全部内容。这些外部性可能无法对该事实做出解释：几乎所有的社会都向大部分儿童提供公共教育。正如医疗的情况一样，教育被视为免费向所有人提供的一种公共服务，或许是基于与公平相关的理由。实际上，在教育方面，不仅是免费提供，而且普遍强制所有学龄儿童上学。在教育方面，我们可以将其看作是一个机会均等目标的实现。另外，公立学校系统可能被看作是一个对不同背景的儿童社会化的重要机构。无论如何，对于医疗我们都可以假设其提供方是公共的，而其大部分资金也来自于公共部门。

正如我们之前所谈到的，医疗和教育服务的提供一般要下放到州一级的政府。问题是哪一级的政府应当负责其资金。有人认为，在责任性基础上，州政府应当负责为其大部分医疗和教育项目提供资金。然后这些项目的政策及其执行的质量会对接受服务的公众更为透明，尤其是资金在多大程度上用于这些目标。例如，有些时候，教育的资金来自于地方税收，如房产税，而医疗的资金可能来自于工资税。在另一方面，没有必要规定资金的用途。如依赖此类资金，则会在税收结构方面限制政府，从而难以将提供这些重要的再分配服务的成本公平分摊到公民身上。这一问题在美国已经出现，因为国家的房产税是中小学教育的主要地方收入来源。这些收入得到了州政府拨款的补充。计税基础的不公平分配关注的是州内的资金分配。在半数州中，法院要求州立法机构设计拨款，以确保该州中的所有校区都有充足的资金。具体的拨款公式是不一样的。少数州提供每个小学生相同的拨款，或是投入某特定税收的固定比例。最常见的方法就是“基石项目”，在此类项目中，州政府确定最低的必要资金额度，以及“适当的”房产税率。州政府拨款被用来填补最低税收收入和可用预计税收收入之间的差额。州政府本身也会获得联邦政府提供的用于支持教育的拨款（Schroeder，2006）。

与此同时，有人强烈认为，联邦政府应当为这些服务的资金负责。另一方面，对于资金的需求在各州之间也很不同。如果各州能够自给自足，且被要求自己为这些项目提供资金的话，那么需求较多的州会发现难以提供与更富裕的州相比的服务标准。当然这些差别可以通过一个总体系统来消除，该系统可以对根据各州需求和财政能力提供的拨款进行平均，从而提供各种类型的公共服务。这样的系统显然是非常重要的，因为这样的系统可以让所有的州都能够提供达到认可水平的医疗和教育服务。

中国就是一个例子，在中国，中央政府重申了其在面对不同行政管辖区之间越来越严重的不平等的情况所起的作用。作为其分权改革的一部分，中央政府减少了向地方学校的拨款。地方政府通过税收、企业收入、学费和社区及个人出资来寻找其他资金。但是在1994年，中央政府通过削弱地方政府的征税权来应对越来越严重的地区差距。中央政府继续资助教师工资以及某些资本支出。贫困地区能够获得来自中央政府和省政府的补助。但是不同省份之间每个学生的支出差别仍然很大。这一问题的原因是缺少明确的均等化机制。现有的对贫困地区的补助只是少量的专项转移支付（King与Guerra，2005）。

在菲律宾，中央政府和省政府都要进行一些均等化支出。其中一项地方政府教育资金的来源是由中央政府向每个城市拨付的内部收入拨款。另一个来源是特殊教育基金（SEF），即根据城市拥有的房地产评估价值收取的1%的税款。有一半的SEF将保留在本地，另一半将被上交给省地方学校委员会，然后委员会将基金再分配到各市的教育项目中（King与Guerra，2005）。

在西班牙，中央政府通过分类拨款和收入共享的地域内补偿基金（FCI）来解决地区间的不平等情况。例如，在1996年，马德里收到了不到1%的再分配资金，而安达卢西亚则收到了39%的FCI以及38%的州再分配收入（King与Guerra，2005）。

巴西在20世纪90年代中期创立了基础教育维护及发展与教师感谢基金（FUNDEF），以均等基础教育的资金。全国的小学都得到了每个学生最低支出的担保。同时各州内部也展开了局部均等化（King与Guerra，2005）。

在印度尼西亚，中央政府使用专项拨款（DAK拨款）来解决财政能力低于平均水平的基层政府的特殊需求。这些配套拨款一般用于资本支出。解决教育或医疗需求的内容里会考虑条件差的教室数量以及可用的医疗设施数量等因素（Eckardt与Shah，2006）。

另外一个关于联邦政府应当承担一部分州的医疗及教育支出的观点认为联邦政府与州政府共担责任，以确保所有的州都能够获得最低标准的服务。如果联邦政府能够在各州之间起到财政杠杆的作用，那么就能更好地完成这一任务。例如，联邦政府可以强制各州遵守某些条件，以确保医疗和教育服务的水平及质量。例如，在巴西，地方供应商需要遵守中央政府的规定，致力于建立国家项目和最低标准。州政府使用专门的联邦资源来强化其作用（Souza，2005）。在菲律宾，中央的医疗部（DOH）负责管理有条件的配套拨款，其目标是确保地方的资金能够专门用于核心公共医疗项目。最开始通过一个认证项目（Sentrong Sigla）向地方政府提供拨款更新医疗设施。在富裕城市显然能够获得现金奖励的时候，该项目改为向新的符合资质的地区提供相应拨款。而认证也成了获得其他DOH拨款的一个前提条件（Liberman

等，2005）。

当然正如我们通篇强调的那样，重要的一点就是财政影响的能力不能违背最开始的决策分权的目的。提出的条件应当足够概括化以免损害各州执行最适合其公民需求的项目的能力。

在印度尼西亚，教育资金的获取就是一种共担的责任，但是中央政府资金的某些方面还是会限制地方的自治权。例如，提供给各地区的整体拨款就包含一部分拨款要用作现有教师工资的要求。整体来看，教育的资金机制仍然是不完整且多样的，让某些教育官员仍不明白能用的资金到底有多少（King 与 Guerra，2005）。南非就是一个省政府自主权非常有限的例子。省政府的预算大部分都用在了医疗、教育和社保上。这些服务的资金主要来源于中央政府的拨款。这些拨款包括“均等份额”的国家收取的收入以及一些自由决定的有条件的拨款。实际上，大部分省政府的支出都是根据满足国家标准的需要来确定的。所有的省级资金的大约 85% 已经在国家层面上就分配完了（Steytler，2005）。

联邦财政支持的一个相关观点就是对于关键服务的提供可能会对财政竞争十分敏感。各州可能不仅需要选择其各自的医疗和教育政策来吸引高收入人群甚至是公司，而且还不太能吸引非常依赖于这些服务的人群。同样重要的是各州还要为医生、医护人员以及教师展开竞争。这样的竞争对于有需要的省份可能是极为不利的，因为这些省份的关键人才可能会流失到能够提供更高待遇的省份。菲律宾的中央政府已经启动了几个项目以试图解决边远地区寻找有资质的医护人员的困难。医生去贫民区项目开始于 1993 年。从中央政府领薪水的医生要签订一份两年的协议，并会获得更好的工资福利待遇。但是留住人才一直都是一个难以解决的问题，因为为地方政府工作获得的工资更低。政府通过一个单独的项目（1995 年村（社）医疗工作者福利及奖励法）培训支援工作者，并为其提供奖励来为地方医疗站工作。这些志愿者从事记录工作和少量的医疗程序，如对病人进行测量和称重。在印度尼西亚，中央政府在 20 世纪 90 年代初就启动了一个项目，向边远地区提供医生。合同制医生项目（PTT）聘用了毕业于医学院的外科医生。最初的项目要求这些医生要在边远地区工作 3 年才能晋升。后来这些规定得到了修改，允许进行交替，如在某些特定的地区作为公务员进行工作，或在边缘地区作为诊所员工工作。在分权之后，很多地方地区继续欢迎中央聘用的医生和 PTT 医生。但是该中央项目满足地方供需要求的能力让人们的担心（Liebrman 等，2005）。

联邦财政干预的最后一个观点就是联邦政府可能能够更好地应对与社会保险支出有关的风险，而这也是均等化拨款系统的目的之一。在另一方面，相对较小的州可能会在较大支出方面面临较大的意外冲击。

最后，州医疗和教育服务支出的资金来源可能是多样化的，具体包括：

1. 州税收。各州可能使用总体收入来为医疗和教育提供资金，也可能会依赖于特定类型的税收用于此类目的。专用资金能够提高透明度和责任性，而且能够保护这些资金不受州财政状况的影响。但是在另一方面，专用税收可能无法促进公平性目标的实现，而这对这些项目来说又是非常重要的。实际上，专用税收通常对于各州来说是一个很重要的税收收益部分。

2. 联邦拨款。均等化拨款和有条件的分类拨款都可能成为促进医疗及教育服务提供分化的融资手段，并且能够确保国家效率目标和公平目标的实现。均等化拨款能够确保各州可以提供某些最低标准的服务。分类有条件拨款可以为州项目提供激励措施，从而满足通用的认可标准并避免财政竞争的某些负面后果。

3. 使用费。对于医疗支出和教育支出这两种情况，使用费能够提高家庭使用这些服务的效率。使用医疗设施或学校资源的适当费用提供了一种避免过度使用或无节制使用的激励措施。在另一方面，使用费会造成贫困人群对服务的使用减少，因此部分违背了这些项目的公平性目标。

4. 退出选择。如果允许人们选择服务的私人提供，则能够节约公共系统中的资源。鉴于公共系统的资金来源于税收收入，那些选择退出的人（可能是富人仍然对于公共系统的融资做出了贡献，并且承担了私人使用的成本（如果没有获得补助）。因此，公共系统的公平性特点没有受到必要的折损。而在另一方面，私人部门的存在对于公共部门来说可能是不利的，因为私人部门有可能将稀缺资源从公共部门吸引走，或者会对支持造成侵害（当然我们首先假设公共系统服务于某种合法的公共目的）。

国家标准的制订

虽然医疗和教育项目通常会分权到较低级别的政府，但是这些项目能够实现重要的国家目标。内部经济联盟的效率，包括资源在各州之间的分配，会受到各州设计此类项目的方法的影响。同样这两类项目都会为国家平等性目标做出贡献，尤其是那些涉及社会保险和机会均等的目标。因此，联邦政府会希望各州能够遵守某些项目设计的国家标准。让我们来为医疗和教育的国家标准的可能方面进行一下研究。

关于医疗

如果将医疗服务认为是所有公民在可比较条款上能够获得的公共服务，那么制定适用于州医疗项目的某些通用标准可能是非常有用的。为避免对州决策的过度干预，这些标准应当比较普遍。根据国家及其政治机构，此类标准按照财政激励条件（有条件的拨款）、法院或联邦政府的法定授权来执行。国家标准的某些方面可包括：

1. 可携带性和移动性。公民无论在哪里都应当能够获得医疗服务。因此，某一州的公民在访问另外一个州的时候，应当有权获得与后者待遇相同的医疗服务。根据各州对其自身医疗项目的资助，各州之间可能会对这种情况收取一定的费用。同样变换居住地点的居民应当有权在定居的州获得医疗服务。可携带性规定确保了对医疗服务的无缝获取，并且消除了在各州之间进行移动的障碍。

2. 对医疗服务的可获得性。如果医疗服务被认为是应当向所有居民提供的公共服务，也就是说是一种社会保险形式，那么无论居民居住在什么地方，都应当能够实际地获得此类服务，而且不能有太多的财政障碍。这明显是一个难以达到的标准。有些人可能居住在偏远地区或人口稀少的地区，如要向其提供与城镇地区居民相同水平的医疗服务则会产生很高的成本。因此，很明显地涉及了一定数量的自由裁量权。另外，如果允许这些人补偿其公共覆盖范围或者退出选择私人服务，那么他们获得的服务水平就可能更高。可获得性标准应当适用于与最低水平的覆盖范围有关的方面，也就是说由公共计划提供的服务。

3. 服务的全面性。可能有一些规定的最少服务的列表需要由各州的医疗计划来进行提供。这其中包括特定类型的诊断、检测、医院服务和药物。这一列表可能取决于各州的承担能力。可能的情况时，各州有一定的余地来确定需要提供的额外的服务，以及决定如何才能更好地提供服务。

标准可能有其他方面，例如医院中床位的最少数量、对可能影响可获得性的使用费的限制，以及特定类型资本支出的标准，如高科技设备。

联邦政府也有可能参与到协调医护人员的数量和质量的过程中。医生的培训可能是联邦政府的责任，或者有资质认证的统一标准。但是医护人员本身应当能够在各管辖区之间流动。联邦政府还可能会参与到对州医疗系统的广泛监督中。但是详细的成本统计会产生大量的干预。

在印度尼西亚，教师和医生等人员的资质要求是由国家级部门制定的（Ecckardt 与 Shah，2006）。在印度尼西亚和菲律宾，中央的医疗部门建立了一个重要药物清单，并且推广普通药物的使用。但是不良的信息分布和执行机制让其难以确保药物的质量（Lieberman 等，2005）。

很明显，定义国家标准以及确保能够执行的精确性取决于相关的国家。最重要的就是这样的安排（比如更普通的联邦政府和州政府间安排）应当允许各州有足够的自由裁量权来确保能够有效可靠地提供医疗服务，并确保内部经济联盟的国家效率目标以及全国的质量目标能够达成。

关于教育

在教育方面使用的一般准则与医疗的类似，但是所需的服务范围更窄，且规定得更明确。对于学校课程，可能有最低国家标准，包括课程的内容和级别。很多国家都会采用这种方法。中国的中央政府为18岁以下的公民制定了九年制义务教育体系。在印度尼西亚，中央政府为初等和中等教育制定了课程和结构。菲律宾和智利的中央政府保留了对课程的控制权。在澳大利亚，课程标准框架规定了8个关键的学习方面。与之类似，英国也有国家课程，为核心科目规定了目标（King与Guerra，2005）。学生从一个系统到另一个系统的可转移性应当得到保证，而且还要保证相关级别的可携带性。因此，在一个州完成了初等教育的学生应该能够进入另一个州的中等教育机构学习，而且不用缴纳罚款，这应当同样适用于完成了中等教育且需要进入高等教育机构的人员。也可能需要一些与可使用性有关的指导方针来确保所有的学生无论住在哪里都能够获得教育。

应当制订与班级大小和师生比率有关的指导方针。同样对于使用的教科书以及向学生教授的内容也应当有一些最低标准。如同医护人员一样，对于教师的培训和资质认定也要有通用的标准。另外，教师应当能够在不同的管辖区之间流动。中央政府控制教师的程度是不同的。在德国，教师是公职人员，其工资是由联邦法律规定的。西部各州和东部各州的工资标准是不同的，但是每个地区内的基层政府均不得为员工展开“竞争”（Werner，2006）。在智利和墨西哥，对于教师有标准化的国家工资标准且合同都是集中签订的。在印度尼西亚，教师是公务员，因此中央政府可以通过国民服务法来对教师的工资和补助进行一定的控制。在英国，中央政府为教师制定了认证标准和最低工资标准。个别的学校需要负责聘用其自己的员工并负责支付工资。与之类似的是，中国的中央政府在教师教育方面起到了一定的作用，但是却希望学校校长通过其对教师的选择以及对教育奖励措施的选择来保持师资质量。在尼加拉瓜，学校委员会（由校长、家长、教师和学生组成）可以聘用和开除教师（King 与 Guerra，2005）。在萨尔瓦多，通过社区管理学校项目（EDUCO），聘用和开除教师的决定权被分化到了社区的教育协会。中央教育部直接向这些协会拨付资金，并且与教师的合同是一年一签的（World Bank，2003）。

对于学校业绩的监督应当进行统一。例如，常规测验应当被用作鼓励达到可接受业绩标准的一种方法。另外，除了这里列出的希望州教育系统能够达到的标准之外，这些标准应当保持普遍性，而且各州应当根据其公民的需求和选择以及为了教育系统的正常运行来执行州教育政策。

对于各州应当负责的教育水平，有一个非常重要的问题。有人可能会说，各州应当承担对教育的控制权，至少应当到中等教育水平。学龄学生一般会在其所居住的州上学。实际上，小学教育服务的提供可以进一步分化到基层政府，并由州政府进行监督。对于中学以后的教育，如前所述，联邦政府应当起到更直接的作用。学生以及高等教育机构的毕业生的流动性更高，且此类机构的一部分输出应当是知识的创造，这将造福整个国家。在德国，联邦政府在三级教育体系中的作用已经形成。中央政府对于高等教育机构的建设和扩大做出了重要贡献，而这一开始则是各州的专属责任（Kramer，2005）。

特殊目的机构的使用

虽然州政府可能负责提供教育和医疗服务，但是实际提供这些服务的是地方机构。这些机构可以使负责代表州政府来运行服务的地方政府，也可以是专门为此类服务创建的特殊目的机构。因此，地方学校委员会负责为地方社区运营学校，而医院委员会对于医疗服务也具有相同的责任。虽然这些特殊目的机构需要对州政府负责，但是对于管理服务的细节却有一定的自由裁量权。实际上，它们具有的自由裁量权越多所提供的服务效率就越高。

在加拿大，地方直接选举的学校委员会负责中小学教育（McMillan，2006）。同样在美国，中小学教育经常是通过特殊目的校区来提供的。这些校区由通过选举产生的独立委员会进行管理，并且可以收取一些费用并发行只与教育有关的债券（Schroeder，2006）。在巴西，有几个州已经改革了其教育体系，其方法是创建学校委员会、直接向学校提供资源，并允许社区选举其本地的校长。萨尔瓦多的EDUCO项目让每一个选举出来的社区教育联盟依法负责管理学前教育机构和小学。这些委员会与教育部签订了为期一年的合同。而教育部本身则负责监督基本政策和技术设计。在澳大利亚，学校委员会制定了学校章程，这实际上是学校和政府之间的一种协议（King与Guerra，2005）。

负责管理教育及医疗服务供应的特殊目的机构的替代性方法就是让基层政府来做。基层政府已经有了完成这项任务的行政开支，但是却可能没有经验。在选择让特殊目的机构还是基层政府来提供教育和医疗服务的时候，要考虑多种因素。基层政府在责任性和透明度方面具有优势。如果治理标准规定明确，则基层政府应当对其选民负责，且如果成果不尽如人意，则应当能够通过选举被取消职务。这种可能性应当会让基层政府能够更好地应对地方选择及需求。因为基层政府有能力获得收入，所以也应当在财政方面对高效的成果进行负责。例如，在巴西，市政府需要通过形成共享成本、设备和人员的联盟来应对医疗越来越高的责任性（Souza，2005）。

而在另一方面，特殊目的机构的针对性更强，可以直接提供与学校和医院运营有关的更多的专业经验。从原则上讲，此类机构也获得了一些责任带来的收入，例如通过地方财产税或使用费。其委员会成员也要接受定期选举，这与基层政府非常相似。但是责任性可能会比较模糊，而且资源的分配会因为政治机构的重叠（以特殊目的机构和基层政府的形式）而受到影响。这些机构可能会服务于普通选民，而且会从相同的当地资金中获得资源。相同的问题在当地公用设施以及供水服务和卫生服务方面也存在。理想的解决方案将取决于当地环境以及基层政府治理的质量。

特殊目的机构的一个有趣的例子就是瑞士的大学会议。这一机构的成员有联邦的代表、大学行政区的代表以及大学本身的代表，最初的创建目的是做出关于三级制教育的各种决定，是一种共担责任（Schmitt，2005）。

使用费的作用

我们已经略微提到了将使用费作为收入来源以协助向教育和医疗服务提供资金的可能性。使用费在发达国家已经司空见惯了，但是对于发展中国家，使用费具有更高的重要性，其原因有两个。第一个原因就是发展中国家面临向这些服务提供资金的巨大压力。与 OECD 国家相比，发展中国家的收入移动水平相对较低，这可以从极低的税收收入与 GNP 的比率就能够看出来。与此同时，对于此类基础服务的需求非常高，主要是强烈希望向所有儿童提供普遍教育并提供基本医疗服务。公共资金的竞争要求非常高，其原因包括减贫、基础设施甚至是国防。使用费及其他形式的成本回收对于来自于税收收入的有限资金的争取是非常有吸引力的方式。当然从非政府组织及援助机构吸引外部资金也有帮助。

使用费为何如此有用的第二个原因就是能够协助治理。很多发展中国家一直以来公共部门参与经济的情况都非常严重，因此官僚机构通常非常庞大、集中，而且受其自身目标的驱使。这些国家可能无法有效控制特定服务的供应方：例如，在某些国家，教师的旷工率是非常高的，这就是管理控制不良的一种表现。分权的一个目标就是将公共服务的方向从以供应为驱动转化为以需求为驱动。这就需要听到并注意用户的声音。分权本身就能够促进这一目标的达成，因为分化能够更近距离地发现用户对医疗和教育服务的决定。向用户提供财政支持也是非常有用的，例如可以将使用费推广成一种地方税收的替代工具。

如我们之前所述，如果将使用费看作是调动额外收入并向流程赋予话语权的方式进行选择，那么就会面临一些危险。因为公共部门在提供教育和医疗服务方面的主要作用是再分配作用，所以使用费会妨碍这一作用（同样的观点不适用于能够更有效地动员的地方服务，如公用设施、供水和卫生服务）。任何使用费系统都必须适应负面的公平性影响，这些影响来自于向穷人收费。使用费也会妨碍对基本医疗服务的使用，并会妨碍对教育的参与（不顾其强制性质）。人们可能会认为，一定程度的收费可能会增加系统的效率，尤其是在医疗服务方面，因为这样做能避免过度使用。但是我们可以看到，这些好处足以确保与用户收费有关的不平等性。

仍然要说的是，我们可以找到各种方法来利用使用费，而不会造成公平性问题和妨碍参与。一种走出这一窘境的方法就是将使用费限制到高于所有人需要的基本水平以上的服务水平。另外一种方法就是将使用费的目标设定为有能力付款的人。这在行政上可能是非常复杂的。我们可能无法看出谁需要这样的服务，而且还要担心这样做可能会对穷人产生耻辱的影响。另外，对那些有能力付款的人也很难进行收费。如果最终的目标是确保所有人都能够获得基本水平的教育和医疗服务，那么将很难不让那些没有付钱的人不使用这些服务。

在 20 世纪 90 年代初期，菲律宾的马拉拉格市政府委员会就成功引入了医疗服务的使用费。《马拉拉格收入准则》规定了一个累进付款计划，让收入较高的家庭承担份额较大的固定服务成本。低收入家庭将优先获得服务。在执行之后，产生的使用费带来了额外的收入，足够让政府将服务扩大到医疗服务、牙医服务和外科手术服务（Lieberman 等，2005）。

对于造成推广医疗和教育服务费的财政紧缩性，有人提出了关于私人体系应当在医疗和教育方面与公共体系平行的观点。当然其准则就是私人服务的质量要好于公共机构提供的服务，因为如果公共机构提供的服务具有相同的质量且成本更低，那么人们肯定不愿意花钱来使用私人服务。

如发展中国家的许多政策问题一样，在使用费和私人参与之间的选择是非常困难的。这需要根据当地的情况来权衡收益和成本。例如，对于马里学校的使用费的研究发现家长愿意交费，因为他们看中的是学校质量的改善，而不是费用本身（World Bank，2003）。在中国，中央政府禁止收取使用费，但是地方政府却鼓励收取。基层政府设定了费用的额度并保留一定比例的费用收入。这些资金一般被用来资助其他地区的学校，用于设施的维修或改善（King与Guerra，2005）。而在另一方面，使用费的淘汰与一些国家较高的入学率有关，如肯尼亚、坦桑尼亚、乌干达和越南（World Bank，2005b）。在2001年菲律宾的中央教育部禁止小学收取使用费。主要原因是使用费会造成入学率降低（King与Guerra，2005）。

第十二章
基础设施的融资和提供

公共部门资本，包括基础设施在内，是公共支出的一个重要组成部分。公共资本的存量有多种形式。某些类型的公共产品本质上是需要长期投入的。例如，国防支出，不仅包括军队人员的支出，而且还包括各种设备的支出，如兵器、坦克、飞机和军舰。实际上，所有的公共项目，包括向公民提供公共服务，都需要配套设施和相关设备。公共部门会或多或少地参与到为私人部门提供基础设施的过程中，比如：交通设施（如道路、桥梁）的建设以及通信设备的安装等。作为有效运行的私人部门的重要组成部分，这些形式的基础设施对于生产力和经济增长作出了卓越的贡献。本章将讲述公共产品和服务的重要资本组成部分对于财政联邦制产生的影响。

因为基础设施的建设具有长期性，所以对于资本的获取产生了一些特殊的问题。当前的资本购买既会带来一系列好处，也会带来在未来各个阶段进行维护和更新的需求。这也相应地造成了两种影响，首先，公共服务决策规则必须要考虑到跨时期方面影响。服务的提供不仅需要当前的支出，而且要相应的切合实际的能力来对其进行维护和更新，也就是说公共服务规划必须考虑到能够满足未来的服务需求的增长。对公共服务进行维护以及磨损后更新的能力必须得到保障。简而言之，需要有一个长期的规划来全面考虑公共服务的跨时期性质进而决定相关资本的投入。实际上，因为聘用的人员一般会在其岗位上工作多年，聘用人员本身也涉及资本投入和流向的很多方面。此外，还有一个重要的方面，而这一方面引发了第二个影响。

即便聘用在岗人员具有决定资本的一些特点，但是其成本可以被看作是流动支出：一位员工会因为他所提供的服务而获得酬劳。但是在资本支出的情况下，资本一般都是购买的而非租赁的，这说明现金支出必须提前完成。这就引发了为现金支出而融资的问题。当然可以使用当前的税收收入作为资金来源，但是使用债务对至少一部分资本项目进行融资也是非常好的。债务的使用有助于缓冲税收收入方面的起伏。同样关于长期的资本项目，未来的纳税人（其中有很多不是当前的纳税人）是资本支出的受益者。因此，我们觉得很公平，因为未来的纳税人分担了投资的成本。而融资问题必须得到充分全面的考虑，特别是考虑到低层级政府获取资本和基础设施建设的需求的时候。

资本购买的责任分配

如前所述，资本购买不仅包括提供公共服务必备的资本项目，而且还包括提供给私人部门及公共成员所使用的基础设施建设和维护所需要的资本。如同再分配的责任一样，资本购买的责任不能够分配给单一层级政府。实际上，任何情况下，相较于联邦政府，资本支出对州政府和基层政府而言更为重要。较低层级的政府一般会深度参与公共服务的供给，如教育和医疗，这需要作为固定资本进行投入（如医院和学校）。联邦政府的支出则多用于转移支付和社会保险，其资本密集程度更低。同样很多类型的基础设施和公共设施都是基层政府提供的，包括道路和人行道、供水、污水处理以及娱乐设施。

理论上来说，没有理由认为较低层级的政府不应当为提供产品及服务的相关的资本支出承担责任。但是实际上，分权这类资本支出的压力对于提高效率而言非常重要。因为分权了资本支出的压力，较低层级政府就可以更好地掌握需要投入的资本的具体数额，进而能够最有效地提供服务。

世界上有很多国家，资本支出的责任是各级政府共担的。例如，在印度尼西亚，中央政府和基层政府都是教育基础设施的资金来源。小学和中学的基础设施以及学校的修缮是中央政府的责任。而基层政府负责为这些基础设施提供资金和进行管理。农业和灌溉基础设施是由三级政府（中央政府、省政府和基层政府）共同提供的，但是交通基础设施的责任是独立的。中央政府负责为国家级基础设施提供资金并进行管理，省政府负责省级基础设施，而基层政府负责管理和资助当地的交通网络（Eckardt 与 Shah，2006）。在菲律宾，中央政府要负责主要的基础设施，包括电力传输网络以及主要的道路网络。三级基础设施，如道路和供水则是市政府的责任（Peterson Muzzini，2005）。在美国，各级政府都要提供交通基础设施。主要的高速公路是使用来自联邦政府和州政府的资金建设的。道路的维护是州政府的责任。其他的道路可由任何层级的地方政府进行建设。基础设施有的时候是特区提供的，而特区则是基层政府的一种形式，主要是为了某种特殊目的而设立的政府单位，其范围可以不同于现有的行政管辖区。例如，机场一般是由基层政府或特区负责建设的。地方交通设施可由特殊的运输机构或市政府来提供，但是地方公共设施，包括废水处理和供水则是基层政府或特区的责任（Schroeder，2006）。

对基层政府而言，拥有对投资的自由裁量权非常重要。在北欧国家，基层政府能够决定服务的提供方式，可以决定学校和医院的数量以及所有公共基础设施项目的地点（Lotz，2006）。在德国，近 2/3 的公共投资是在基层层面上完成的（Werner，2006）。水资源的管理，包括融资一直以来都会被分化到基层层面（World Bank，1994b）。墨西哥 1990 年启动了一个市政资金项目，要求各社区参与到农村基础设施项目的规划和执行中（World Bank，1994b）。印度尼西亚和菲律宾都建立了相关的投资项目，让地方社区能够选择其可以管理的小规模投资项目（Peterson 与 Muzzini，2005）。在印度，农村的供水现在越来越依靠社区管理的体系。基层社区能够帮助设计这样的体系。中央政府能够提供大量的资金支持，而赞助组织则负责提供技术和组织支持。基层社区负责管理这些体系，并承担运营和维护费用（World Bank，2003）。在阿根廷，基层政府在满足地方需求方面开始发挥更大的作用。在圣达菲，有几个城市形成了高速公路联盟，这是一种合作形式，联盟成员可以共同开发和维护通用的高速公路基础设施（Asensio，2006）。

但是资本的持续性给融资带来了更特殊的困难：真正的分权管理比管理当前支出更加困难。造成这些问题的原因包括需要通过借债来为部分资本收购融资，以及通过借债获取比预期更多的资金的诱惑。如前所述，通过债务融资以获得所需资金是一件很自然的事情。否则，政府将面临大量的税收债务，而这些债务则需要由那些只能享受部分时期资本收益的人来承担。继承公共资本的下一代人却不用对其支付任何费用。这种债务融资的观点不应过度引申。这种做法会使得资产和大量的债务代代相传，然而只有少量的资产的严格的收益税确是每代人都要缴纳的。我们可以认为，债务政策应当是一个宏观层面的经济决定，其中要考虑代际之间转让的所有形式，也要考虑到如何避免税收起伏波动。[①] 但是合理的债务政策，不同于普通的债务政策，是宏观层面的经济决定。至少对于公共部门的资本来说，我们可以使用不动产来应对融资所带来的债务。对于低层级的政府来说，如果效益原则的相关性越高，债务融资越能得到特殊的保障。实际上，无论是哪种情况，公共资本的获取主要是通过债务融资，尤其对于州政府和基层政府的借债而言。在联邦政府层面上，这样的借债会产生很多问题。

---

① 从代际角度来看，承担合理债务政策所需的信息最近因为代际核算的创新而显著增加。如要了解详情，请参考 Auerbach 等（1999）。

借债与纵向财政缺口

通过借债来让较低层次的政府完成资本购买可以由相关政府自身完成，也可以有联邦政府代表其完成。联邦政府可能更容易进入资本市场，因此能够以更好的条件获得借债。例如，金融市场可能会认为联邦政府的债务风险更小，因为联邦政府有更多可以用于偿还债务的收入来源。同样联邦收入的来源也具有较小的风险，因为联邦政府可以承担个别州收入来源不稳定的冲击。这些考虑因素容易促使联邦政府承担起代表州和基层进行举债的责任。

但是这样的安排也有严重的缺陷。缺陷之一就是联邦政府不一定会有充分的信息来评估各州的借债需求，即各州（或县）能够更好地履行其职责所需的公共资本的必要额度。另一个缺点就是，联邦政府对州和基层资本项目的债务融资将不可避免地造成联邦政府对这些支出的更进一步的控制。联邦资金对于低水平的资本项目的支持可能是视情况而定的，判断是否给予支持有可能完全基于一些很特殊的、细小的事情。故而这种来自联邦政府的干预可能无法与分化决策所需要的独立性和责任性相匹配。

另外，对现有的资本项目进行监督的需要，以确保为保证资本的完整性已经进行了充分的折旧并支付了维修费用。同样这种监督也会对这种有利于联邦制国家高效决策的分权支出责任做法造成负面影响。

在印度尼西亚和菲律宾，中央政府在融资方面的作用让其能够影响地方基础设施决定。在印度尼西亚，地方政府只能够通过向中央财政借债的方式获得外国资本（Eckardt 与 Shah，2006）。在菲律宾，中央政府也只是国际借款人和地方政府之间的中间人。来自国际组织的资金以较低的市场利率提供给两个机构——菲律宾发展银行和菲律宾土地银行。这两家银行也接收来自于菲律宾国家银行的资金。然后向基层政府提供的贷款将会得到转移政府间收入共享转移支付的支持。因为私人借债者无法满足这些优惠条件，所以基层政府的商业贷款市场还没有发展起来。印度尼西亚和菲律宾的中央政府都可以通过借债条件和贷款批准权来影响地方基础设施的决策（Peterson 与 Muzzini，2005）。

作为联邦转移支付一部分的资本融资

联邦政府一般会将对资本支出的需求加入到其用来向州政府提供资金的一般转移支付公式中，较低层级的政府则不能主动提出借债。理想的情况下，可以按照需要来获得联邦政府拨款，从而支持州政府提供公共产品和服务。如前所述，对于需求的估算的根据是提供标准化的产品和服务的预算成本以及不同州的实际支出情况。尽管很难估算各州的实际支出，但是可以结合当前的以及资本成本等得到提供标准化的产品和服务的预算成本。

这一过程可能无法避免之前列出的一些困难，例如联邦政府面临的信息劣势以及具体项目的融资的集中决定权将会干扰甚至妨碍州及基层政府自治权的情况。而在另一方面，将资本融资要求融入整体的转移支付公式中也是非常困难的。不同的州经常无法得到与预期需求相匹配的公共资本。例如，在发展中国家，在重要的领域会有资本积压的情况，如教育（学校）和医疗（医院）。计算需求的公式也需要考虑到不同领域之间的差距，而且这些差距的消除也是非常困难的。另外，州政府和基层政府向联邦政府提供资本需求的错误信息也有一定的误导性。综上所述，考虑到差异化的需求和资本积压以及相应的按照每个州的情况制定拨款的要求，联邦政府会被诱导着使用其财政权力过度干扰州政府的支出决定、资本等。

州政府和基层政府的借债

鉴于联邦政府向州资本项目提供资金的这些缺点，那么我们需要考虑将低层级政府的借债作为一种替代性的方案。如果要让其成为可行的替代方案，相关政府必须有足够的获取收入的权力。借债仅仅是延迟的税收，所以借债的权力必须附带着为产生的债务提供资金的责任。基于收入获取的能力水平，让州政府和基层政府自己自由地借债来为其资本支出融资从表面上看是合理的。一般来说，似乎没有将借债与资本项目联系在一起的特殊需求，因为这并不是联邦政府所要求的。

与此同时，有很多所谓的问题与较低层级政府的借债有关。实际上，至少从联邦政府的角度来看，较低层级政府借债确实存在很多问题，因此对于这些借债的限制在全世界各个国家中都是很常见的。这些限制的松紧程度可能不一样。借债可能需要更高层级政府的批准、对资本支出有所限制、只能够从更高层级的政府而不是私人机构进行借债或者干脆被禁止。到底是哪些问题使得联邦政府做出这些限制呢？

风险性

较低层级政府的偿债能力取决于其掌握的收入来源。这些收入来源的风险极有可能高于联邦政府的收入来源，因为较低层级政府的这些收入来源一般是从更窄的范围中获取的，而且会受到州政府层面上可能出现的特殊冲击的影响。某些此类额外的风险存在可能会得到保障，也就是说，其中一部分完全是固定不变的。州政府可能能够通过使用浮动税率或通过修改其借债额度的方式来进行自我担保。但是似乎对于系统性的风险，州政府则无法进行担保，例如全国的总体冲击，或国家经济情况相对较大的意外变化。另外，道德风险的问题以及可能的负面选择会降低风险担保的程度。因此，保险的可利用性会诱使政府承担更多的风险或降低警惕性。资本市场可能无法全面评估某特定州政府的风险性，因为这依赖于政府本身未来的行为（依赖于其身份、流行的时间理念以及政府在未来的经济、社会和政治环境）。鉴于这一原因，资本市场会很自然而然地希望对州政府和基层政府规定的利率要高于联邦政府的利率，这也就增加了低层级政府为其资本支出融资所需的成本。

关于风险，还有一个很重要的问题需要考虑。某种程度上来说，如果较低层级的政府面临的风险实际上是系统性风险，那么国家政府也无法对其进行担保。实际的问题更大层面上是消除风险的问题。而另一方面，如果风险是特定的，那么联邦政府就能够承担各政府间的风险，这是毫无疑问的。但是对于特定风险，私人市场也能承担。因此，不应当有与较低层级政府有关的风险保险金。或许真正实际上的问题是道德风险的问题，这一点我们将会在下文进行讨论。即便是在州政府或基层政府层面上存在系统风险，我们也不清楚借债者到底面临什么风险。如果是私人贷款，导致违约的无力偿还就是一个清楚的概念。如果是政府，则无力偿还的概念就没有这么清楚了。政府对于经济体中的纳税人具有强迫权。原则上讲，只要债务的额度被限制到了少于预计未来 GNP 当前价值的水平，那么公共债务就能够随时间最终还清。对于标准水平的债务，现在还不清楚公共债务会涉及什么样的违约风险。或许需要做的仅仅是拒绝继续承担已经变得过于繁重的债务的偿还，当然对于这种情况的预估会导致更高的利率。但是我们很难精确地说这样的违约风险会在何时出现。

对于风险还有最后一个需要考虑的因素。如果低层级政府面临的特定风险是高层级政府能够更好地担保的那么就可以，而且应当通过均等化体系来解决。不管是对于联邦政府和州政府来说，还是对于联邦制国家中的基层政府和州政府来说，这都是可以做到的。也就是说，高层级的政府应当能够担保低层级政府的特定风险。基于对税收能力差别的测量而制定出的均等化公式应当可以自动根据较低层级政府收入来源的波动性进行担保。当然这可能不是实际的收入，而是能够成为均等化基础的收入能力，以此避免常见的激励问题。出于同样的原因，如果支出需求具有风险，例如社会保险项目造成的风险，这些也会通过一个均等化体系来进行担保，而其公式中包含了一部分需求。

政府会通过大量的策略来帮助消除向地方政府借债所产生的更大的风险。其中一些方法包括提供贷款来建立信用历史、通过法律规定一个明确的管理框架以及进行直接的监督和控制。在印度，20 世纪 90 年代初期建立了基础设施租赁及金融服务中介机构，其目的是当信用历史建立起来之后，就向私人机构出售其贷款。印度尼西亚使用了一种传统的信贷体系，被称为地区开发账户，以按照接近市场利率的利率向地方政府提供资金；其目标是让地方政府能够建立起资本回收机制，并在3—5年的时间里建立起信用历史（World Bank，1994b）。南非采取了多个步骤来打造市政借债。1996年宪法允许在一个中央规定框架中使用市政债务。其管理核心是2004年的《市政融资管理法》。市委员会可以为债务做证券的约束性抵押。如果不能履行这些职责，那么省政府甚至是国家政府就会进行干预。明确的借债框架可能会鼓励商业参与。实际上，自1997年以来的几乎一半的长期和短期借款都来自于基础设施融资公司，即南非主要的商业银行之一建立的专门的市政贷款机构（Heymans，2006）。

在印度，依赖私人市场为城市基础设施提供资金的程度也有所增加。如果有州政府的批准，城市政府可以向市场进行借款。州政府一般会发布关于某些项目的指导意见，如债务的期限、市政债券提供的利息（必须与其他政府证券一致）以及债务偿还的规定。一般情况下，贷款是以资产税评估出的土地和楼房的价值为基础的。20世纪90年代中期，州政府为通过特殊实体进行的贷款提供了担保，这些机构包括住房及城市发展公司。自1996年以来，市政债券市场出现了发展，主要是受到了政府激励以及对信用评级机构越来越多的使用的影响。在对一个城市进行了评估且其推荐的债券发行得到了信用评级服务的批准之后，这种成功案例促使其他城市也纷纷要求获得市场资金。另外两个信用评级机构建立了其自身的评估准则。通过允许合格的发行人提供免税市政债券来为城市基础设施的资本投资融资，这是印度政府提供的进一步的激励措施。其条件包括保证用来资助项目的充足的收入来源以及创建债务偿还的履约保证账户。在9个发行了债券的城市中，7个城市没有州政府或银行的担保，这说明越来越多的人开始认可市政债券作为向城市基础设施提供资金的一种方法了（Mathur，2006）。有趣的是，印度农村的五人长老会却无法从公共或私人来源获取贷款（Alok，2006）。

软预算约束

如前所述，州政府和基层政府在债务方面经常会面临常见的道德风险。它们可能会不太愿意在需要的时候收取收入、可能会过度扩大其支出，也可能会面临更高的债务水平。这种趋势会因为在任的政府的短见而加深。在一个联邦制国家中，除了资本市场的缺陷造成的道德风险之外，还有另外一种行为会造成道德风险：低层级政府依赖于高层级政府的拨款，而且至少有一部分此类拨款的目的是为了确保州政府和基层政府能够满足其支出需求。如我们在其他地方讨论的那样，这些基本的低层级政府需要很多资金来投资关键的社会基础设施等项目。在这样的情况下，低层级政府将更愿意扩大其自身支出。当拨款是联邦政府视情况决定而非公式为基础的时候，这一情况会尤为突出。

如果低层级政府过度支出且没有尽职，并在此之后发现其无法提供能够达到可接受标准的基本的公共服务，那么联邦政府将被变相挟制，不得不提供财政协助。实际上，宪法即可强制联邦政府做到这一点。例如，在德国，市政府不能破产；联邦政府必须对所有的债务进行偿还（Werner，2006）。在北欧国家，有一种类似的法律传统，那就是市政府不能破产（Lotz，2006）。换句话说，对预算的限制可能不是那么严格，这就如同我们在之前的章节中不断强调的那样。当然这种软预算约束的问题即便是在没有州及地方债务的情况下也会出现。即便是无权借债，各州也能够减少其资本储备，并在当前项目上进行过度支出，但是借债能力提供了一种可以利用软预算约束的方法。

有人可能认为，软预算约束问题的解决方案就是宣布一条硬化预算约束的限制，并要求各级政府遵守这条限制。然而对于政府来说，难以对此类政策做出承诺。我们需要强调的是，这也是支持基于公式的拨款而不是自由决定拨款的有力论据。如果制定了公式，明确规定了拨款的决定因素，并将拨款的依据规定为客观标准而不是一个州的实际预算，那么各州实际上会觉得受到拨款的限制，更像是预算的自由决定权所带来的限制。当然这取决于拨款公式本身不会鼓励接受拨款的政府进行过度支出的假设。

根据软预算限制的可能性，州政府及基层政府应当负责通过借债来解决其自身的赤字问题。通过这种方法，它们将面临公正的资本市场提出的更加硬性的预算限制。资本市场将通过很多办法，尤其是通过增加利率快速限制具有大量债务的政府。某些 OECD 成员国使用的就是这种方法。例如，在加拿大，省政府和基层政府可以自由地从资本市场举债并自己承担风险。这种模式下，省政府和基层政府后续出现财政压力的情况很少。当然如要让这样的系统运行，则较低层级的政府必须对其自身的预算政策有较大的自由决定权。而许多联邦制国家的联邦政府都对较低层级的政府进行了严格的监督，尤其是在州政府和联邦政府提供重要公共服务的方面。因为联邦政府愿意看到这些政府实际上提供了达到可接受标准的公共服务，所以确保这些政府能够在不出现软预算约束问题的条件下做到这一点是一个挑战。

在德国，政府对市政借债的监督非常严格，这不仅反映出了联邦政府要平衡地方债务的责任，而且还反映出了大部分地方借债的来源。向市政府提供的最直接的贷款都是由公共储蓄银行提供的，而基层政府拥有这些储蓄银行并担保其信用等级。从理论上看，市政领导人有可能作为一家银行的执行董事会成员用其能力来评估其拥有的贷款。不同的联邦州之间的地方借债法律也是不同的。总体而言，借款只能够用来进行投资，而且只能够在其他收入来源被分配完毕之后才能使用。地方预算必须递交给联邦财政部或其地方机构审阅。财政部在理论上有权控制地方预算（Werner，2006）。

在北欧国家，市政府不能破产，所以对于借债，有一条传统的“黄金法则”限制。当投资的大部分资金都来源于贷款的时候，当前的预算收入就应该足以承担当前的支出和债务的偿还。应急措施条件被视为是“耻辱的”，而且被认为具有一种遏制作用（Lotz，2006）。

在美国，地方政府借债受到法律和市场准则的双重限制。长期借款可以用于基础设施的投资。在某些情况下，短期借款也允许被用来满足短期预算需求。资金可通过债券的销售直接从资本市场获得。利率是具有竞争性的，尽管州政府和基层政府可以享受到这些债券的利息免于征收联邦所得税的优势。法令对于债券销售量的限制是常见的。几乎所有的州都会根据资产税计税基础限制税收收入担保的债券的数量（充分信用债券）。在某些情况下，选民的批准也是必要的。市场原则同样会限制债务，被私人机构给出不良债券评级的政府债券，将会被要求支付更高的利息。

流动性

有人一直认为，如果低层级政府的纳税人群的流动性更高，那么这些政府将更容易出现债务。因此，如果能够通过流动到相邻行政辖区而避免还债责任，那么在低层级行政辖区中的纳税人将过度发行大量的债务。[①] 这一观点的重要性具有争议。在大部分联邦制国家，流动性的程度似乎不足以大到能够成为激励过度借债的因素。

资本支出与当前支出的混合使用

虽然债务融资很适合能够提供长期收益的资本项目，但是州政府和基层政府可能更愿意用债务来为当前支出提供资金。这种时间上的问题非常普遍，似乎不仅限于低层级政府层面。即便是这样，也有国家愿意统一在州政府和基层政府层面上来解决这一问题。我们之前已经指出，资本支出在州政府和基层政府层面上的相对重要性更高。同样虽然联邦政府能够限制低层级政府发行的债务数量以及债务的用途，但是还不能对联邦政府本身进行限制。有可能对预算平衡限制进行立法，但是对于限制债务融资的潜在滥用，所用的方法可能不尽如人意。例如，在美国，州宪法或法令一般会禁止地方政府产生当前预算赤字（Schroeder，2006）。同样在加拿大，不允许市政府对运行赤字进行预算编制（McMillan，2006）。最后，政治过程和可靠性机制，例如有效和独立的公共审计机构，可能是仅有的实际保护。实际上，没有什么能

---

① 本观点是在 Bruce 的正式模型中提出的（1995）。

替代良治。如果公民的话语权有效，其政治家愿意对其选民负责，那么这可能是限制过度债务融资的最好办法。例如，在纽约州，独立地方校区的预算每年都必须得到地方选民的批准（Schroeder，2006）。

资本投资与预算编制

投资

从原则上看，对于基础设施的投资决定与其他资本投资决定是相似的。这需要对比利润流和成本流、最初的资本成本和正在进行的更换、折旧以及维护成本。决定投资到哪里以及投资多少的标准是净现值（NPV）准则。NPV 就是未来的利润流的现值减去成本流的现值，并按照相关的折现率进行折算，而且要适当考虑风险。如果 NPV 不是负值，那么就值得进行投资，否则就不值得投资。

在私人部门，利润流包括通过销售成果获得的收入，而投入流则包括资本的成本以及按照市场价格评估的当前投入。资本投入一般是按照债券发生制进行统计的，所以其中包括折旧的现值、利息融资的成本（包括任何风险溢价）以及资本产生的任何资本损失。折现率是公司拥有者折算未来与当前资金的比率。可以通过按照当前价格评估利润和成本以及使用标准折算率进行折算来考虑通货膨胀，也可以使用固定价格以及实际折现率来考虑通货膨胀。执行这一过程说明 NPV 是一种从公司股东观点对项目的利润进行的测量。

公共部门投资决策原则与私人机构的投资决策准则有很大差别。投入和产出是按照影子价值或社会价值来评估的。这些与市场价格都不一样，因为相关的市场被扭曲了，有与使用投入或产出有关的外部因素，或者是因为从再分配的观点来看，投入或产出有特定的价值[①]。同样对项目进行的融资会反映出与公共部门通过税收或债务收取的收

① 影子定价的相关程序以及项目评估涉及的其他技术可在 Boadway 成果中找到（即将出版）。

入（仅仅是未来的税收）。这将包括公共部门融资的边界增加造成的扭曲。折现率反映的是政府未来交易与当前资金的比率，而且包括政府在当前一代人与后代之间的消耗上的权重。公共项目的 NPV 反映了其对社会的价值，而不是其营利性。实际上，这两方面一般来看都是有很大差别的，因为公共部门进行的项目一般都是其难以或不足以通过销售收入提供资金的项目。

造成公私营部门决策之间的另一个差别的原因就是对于公共部门来说，收入并不是来源于特定的项目。相反，投资的资金一般来源于固定的资金，且需要做的决定是如何在不同的项目之间分配这些资金。这是一个资本预算编制的问题，对于无法进入资本市场但是可能会面临更高层级政府规定的固定预算的地方政府来说，这尤为重要。

预算编制

假设无论出于什么原因，决策者对用于正在考虑的项目的资本预算有一个上限，该预算可以用来为项目的不同组合筹集资金。从原则上讲，项目的选择是上述 NPV 准则的直接扩展：在预算限制内选择项目组合，从而最大化所有组合项目的总 NPV，而且 NPV 的计算与以前完全一样。当然这就暗示着不会实施个体 NPV 最高的项目，以尽可能地使总 NPV 最高。

这种情况下，折现率可能会被认为是一个问题。因为资本预算是固定的，没有机会借款或贷款，所以利率无法反映出对项目进行融资的边际成本。但是在公共部门，实际的融资成本并不一定是适当的折现率或社会折现率。相反，应当是社会（也就是从被考虑项目中获益的个人）实际对未来资金与当前资金进行贴现的比率，或者是其进行的消耗。在没有外部因素的情况下，如果我们假设家庭能够自由地在资本市场上进行借贷，那么社会折现率就是家庭在资本市场上面对的税收利率。虽然因税率的不同会造成家庭之间的折现率的不同，但是这种差别一般不足以成为量化上的考量因素。

虽然有资本预算编制限制的时候，项目评估的准则是明确的（实际上与不受限制的项目评估没有什么区别），但是实际上还是要解决许多概念上的问题。

未使用的资本性资金、多阶段成本以及未来的需求

如果选择的项目组合没有用完事先分配的资本预算，那么相关的问题就是未使用的资金会变成什么。如果这些资金变成总收入，并用于放宽政府的整体预算限制，那么这就必须谨慎考量。实际上，任何公共融资中超额负担的减少都要加入到项目的评估中。使用了更少资金的项目一般来说产生的超额负担会更少。换句话说，为各种选择考虑实际的资金额度与在没有资本预算限制额情况下为项目评估考虑实际的资金额度是相同的。后者只不过是对可用的资本加了一个上限。

评估需要考虑不同项目在几年的时间里产生的资本成本的程度，以及资本预算限制是如何应对这些成本的。并没有什么特殊的新因素需要纳入考量范围，只要能够适当地考虑所有的成本和收益，包括公共资金的成本，那资本预算提出的唯一限制就是对可用资金的额度的限制。不同项目的资本要求可能会有相应的不同的时间要求。只要在其实施的时间段里，成本能够得到适当的控制，那么就不会有问题。评估机构必须选择项目组合来最大化总体的 NPV，而且不能违反已分配的资本预算。

类似的考虑因素也适用于未来需要用于扩张或更换投资的资本融资。如果资本限制适用于这些投资，那么这些限制因素就必须得到满足。

问责与治理

公共基础设施的提供产生了特定的责任分配的问题。因为其长期性，长期规划是很重要的。在今天，进行基础设施投资的决策意味着在未来产生的运营及维护（O&M）支出流。如果所需的运营及维护不是按照预先设计的结构连续进行的，那么基础设施就不会提供能够满足其原本意图的服务。

在发展中国家，这一问题尤为重要，因为在这些国家中预算极为有限，且地方政府（常负责基础设施的落地实施）难以使用其拥有的收入。如果公共服务机构庞杂且官僚主义严重，而且被一定程度上看作是创造就业的机构，那么工资和薪酬会成为运营及维护的主要支出。另外，通常认为在很多公共部门中，资金支出的规划是要考虑公共部门供应商的利益而不是用户自身的利益。另外，除了这些问题之外，地方政府可能还不具备管理经验或没有进行过适当的评估、缺乏财务会计以及信息过程来有效的管理基础设施。实际上，这种经验的缺乏可能就是没有获取履行责任所需的自主权的后果。

责任分权的一个挑战就是要克服管理中的这些缺陷，从而确保所有种类的服务（包括来自于基础设施的服务）都能够最好地适应潜在用户的需求。有几种方法可以改善治理，从而让公共服务更加以需求为导向。综上所述，因为负责任的政府必须真正拥有在其管辖区内实施的基础设施项目，所以重要的是让地方政府拥有自主权。如果用户能在政府所提供的服务中享有一定的经济利益，那么用户的声音也能会被更好地听到。因此，使用费以及对地方收入来源的依靠，尽管会给当地居民增加负担，也会使得公共服务供应商对用户更加负责。因为地方政府面临严格的收入限制，所以通过对使用费来吸引基础设施的私人供应商的可能性变得尤为重要。最后，可以通过良好的管理、对过程进行预算编制以及提高机构和人力资本的能力来改善管理，从而有效管理大型基础设施项目。

使用费

对于政府来说，向使用由政府提供的基础设施的住户、公司收取使用费或通过其他的方法回收成本是常见的做法。这不仅为政府提供了一个重要的收入来源，还可以向基础设施提供资金，而且还能够为基础设施在用户之间的有效使用进行定量。实际上，对于使用基础设施提供的服务所征收的费用只是政府收取费用的众多方面的一个，尤其是地方政府。

有效的定价

政府经常参与到某些产品的供应中，这些产品本质上是私人的，但却是公共部门提供的，造成这种现象的原因有很多，不一一讨论：或是因为这些产品的规模报酬非常高，或是因为这些产品是垄断经营，也可能是因为这些产品有特殊的社会价值。当然有很多人在争论哪些私人产品应当由公共部门来提供。限于本章讨论的重点，我们仅需要注意到，在一些领域公共供给是很常见的，如公用设施、交通、通信、供水和卫生。在这些方面，使用费的收入要低于平均成本，所以公共部门最后必须对产品进行补助。纯粹有效的定价计划应当包含按照边际成本进行的定价，并考虑到边际成本会因为时间或季节而产生变化。

但是价格可能会因为多种原因而与边际成本出现较大差异。其中一个原因就是，从税收理论的观点来看，将价格设定在高于边际成本以上的水平就相当于对产品征收消费税。这一政策可能会被合法化，因为产品会得到来自总收入的补助，这些收入本身也会对其他产品征税。对于另外一个原因，可能有再分配的观点，也就是如果产品被看作是，即便是收入最低的人员也要使用的生活必需品，那么应当将价格设定到边际成本以下的水平。供水就是这样的一个例子。将价格定在比边际成本更低的水平或者不收取任何费用可能还有纯粹的行政管理原因。例如，可能难以很好地监督垃圾的处理，来确保制定一个定价计划。

常见的现象是，基础设施的使用费是由基层政府收取的。在美国，基层政府可以对下水道系统或其他设施的使用（如医院）收取费用。特区非常依赖于来自使用费的收入。这些地区可以组织提供不受政治边界所限的服务，如机场、交通体系和排水系统（Schroeder，2006）。在加拿大，政府会对市政服务收费，如供水、垃圾回收以及废水处理。但是交通网络（道路与公路）是主要的市政基础设施，因此费用仅限于特定的项目或公共交通（McMillan，2006）。在阿根廷，各城市形成了各种联盟来建设和维护常用的高速公路，而在一些情况下可以收取过路费（Asensio，2006）。在南非，各种服务的收费（如供水、卫生、电力和固体垃圾处理）是当地市政府收入的主要来源（Heymans，2006）。实际上，南非的约翰内斯堡已经重组了服务的供应及预算编制系统，因为在此之前中央政府因20世90年代后期的金融危机拒绝对该城市进行担保。该城市的三年计划“iGoli 2002”创建了半独立的实体来提供水、卫生、电力和垃圾管理等服务。通过收费和建立新的用户群体来让社区提出要求和投诉。服务的供应已经得到了改善，并扩展到之前没有得到服务的贫穷落后社区（World Bank，2003）。

通过征收使用费来改善服务供应和维护的潜力通常会随着经验变得更加清楚。在1990年之前，墨西哥的水灌溉系统是由半官方组织运行的。虽然它们得到了补助，但农民拒绝支付任何费用，这是因为服务和维护的程度还不够。后来服务供应和维护的这一责任转移给了用户联盟。这些组织自愿收费来满足维护需求。大多数地区都变成了自给自足的地区。在阿根廷，以前私人机构接手公路特许经营权之后，要对现有的道路网络开始征收新的费用以便为道路的维护筹集资金，这个时候司机们就开始抱怨，因此所收费用不得不降低。但是现在随着道路质量的提高，公众对道路收费的认可程度也提高了（World Bank，1994b）。

政府也可以通过建立明确的政策用收费来全面回收成本。中国希望地方政府能够在为地方基础设施筹资方面变得更加独立。为此，希望市政府为供水、固体垃圾和废水处理征收全成本费用。这些费用应当包括运营和维护成本、债务偿还以及新资本投资的回报（Peterson与Muzzini，2005）。在北欧国家，垃圾和废水处理费能够完全回收提供此类服务的成本（Lotz，2006）。

也有一些特殊的情况，使用费会因为特定的公平性原因与成本有一定差别。在阿根廷，布宜诺斯艾利斯供水服务的私有化造成最初的连接成本增加到了完全回收的水平。很多用户无法承担服务的费用，而这一问题成为在对合同进行第一次修改时的中心（World Bank，2005b）。印度城市地区的水服务价格是低于成本的。居民用户缴纳的费用还不到运营和维护成本的1/10。工业用户缴纳的费用比较高，但是仍然低于大部分城市的基本成本回收水平。如何调整这些费用是一个摆在当前的问题。某些国家需要采用目标补助的办法。在智利，国家提供给住户用水补助。在南非，“国家生命线关税系统”为每家每月确保了最低的水量（World Bank，2003）。另外，市政结构法案规定了各种服务的价格表，如电费和垃圾处理费用，以保证穷人也能使用基本服务（Heymans，2006）。

还有一些重要的服务包含公共部门提供的有效的私人产品。这些包括很多由地方政府提供的服务，如教育、医疗和社会服务。这些服务的价格一般都低于边际成本甚至是不收费。如前所述，其原因是这些服务是实现政府的再分配目标和社会保障目标的重要方法。

管制服务的收费

征收使用费的另外一个原因，尤其是在发达国家，就是要为管理服务进行收费，因为这些服务是提供给特定行业的公司的。也就是说，需要检查食品的清洁卫生、药品的安全性以及工业产品的质量和污染。在这种情况下，管理的成本将被看作是生产和销售相关产品的社会成本。产品的市场价值可能会因为消费者能够得到更好的信息而被提高。或者说消费成本能够通过执行可以提高产品安全性或改善环境质量的管理规定而被避免。无论是哪种情况，如果管理活动是法定的，那么此类活动的成本通常就会由提供特定行业产品的生产商承担，当然生产商也常常以更高的价格把管理成本转嫁给消费者。

这一原则的执行可能是困难的。其原因之一就是，管理有可能是不必要的，而且无法向产品的消费者或普通大众提供明确的利益。所以没有任何机制能够确保管理者能通过一种有效、全面和及时的方法来完成其工作。管理活动的某些公共责任性的形式可能是有益的。最后，即便管理活动是必要和有效的，但是也难以确定管理的实际成本，从而让特定的公司进行承担。政府中参与多个任务并具有大型组织机构的部门可能会负责进行管理。

获取公共资源的租金

使用费经常被用作获取公共资源回报的方法，此类资源包括公园、水路和其他资源。这些收费的形式可能是许可证，而许可证的成本与使用的频率没有紧密的关系。这一准则很明显与上面提到的定价准则有紧密的关系，因为定价的目的是限定对某些类型的公共基础设施的使用。相同的问题也适用于此。

地方政府，尤其是基层政府，通常都愿意收取各种使用费。这既是因为这些政府能够提供各种最适合征收费用的服务，也是因为让基层政府为其收入使用受益税原则还有一些别的好处优势。这样做会让更高层级的政府承担再分配责任，而更高层级政府可以提供更加统一的国家级标准再分配。另外，如果基层政府使用了受益税，那么财政低效率和财政不公平的问题就不会出现。

资本及基础设施转移支付

购买资本的资金来源可以是当前的收入、借债，也可以是联邦政府的转移支付（如果是地方政府）。另外，联邦政府可以代表地方政府通过借债来向其资本项目提供资金。不过让所有的资本支出都通过债务来获得资金是不太可能的情况。某些投资尤其是更新投资，更有可能通过当前来源获得资金，包括来自更高层级政府的转移支付。债务融资和资本支出之间的关系将通过多种常见的经济学因素进行确定，如宏观经济稳定性、人口统计数据以及利率。我们在这一章的重点主要是讨论转移支付作为资本项目融资来源的作用。

资本转移支付的理由

转移支付的作用和结构与州政府（以及基层政府）的财政自主程

度是密不可分的。在极端情况下，州政府完全负责其自身的财政决策，它们收到的所有拨款都完全是无条件的。州政府不仅负责通过税收和借款来获得其自有资源收入，而且还负责在其支出项目之间进行资金分配，以及负责资本支出和当前支出的组合。之前章节已经讨论过这种程度的财政自主情况：这是联邦制政府的心脏和灵魂。州政府被认为能够更好地评估其项目支出需求——例如决定需要多少医院和学校、维护要求是什么以及要将医院设施放在什么地方。

资本拨款的前提是联邦政府对于确定资金的资本支出目的有兴趣，而不是依赖于各州来决定其自身的资本支出计划。这所涉及的问题是为什么资本拨款对联邦政府来说是很合理的做法。当然这可能只是因为联邦政府是以一种过度干预的方式在履行职责，对于各州所做的事情进行微观管理，而不是让各州来管理其财政资源并为其自身承担各种责任。但另一方面，还有一些原因是从表面上看比较有说服力的。

问责

不同的州可能有不同的资本支出需求。人口统计条件和公共服务的组合及水平可能也不一样，后者是州人口的人口统计构成造成的。在这种情况下，资本和当前支出的组合在各州之间可能是不同的，因此就会造成各州人均拨款水平的差别。仅仅作为会计核算的话，联邦政府可能会想把资本拨款和运营拨款区分开来，从而作为一种区分各州的方法。

联邦政府可能也会坚持按照相同的比例来划分各州实际的支出，但是其原因还不明确。向各州拨付的基于需求的均等化拨款一般来自于对各州需求的预计，从而可以使用某些单位成本的标准预计来提供一揽子公共服务。然后拨款可以无条件提供，或者可以有条件地提供，从而让各州来最终决定需要提供什么样的公共服务，进而满足国家标准的要求。由此来说，各州的责任应当包括确定如何生产服务——也就是说用什么资本密度。例如，教育方面的教室规模、医院住院病人和非住院病人之间的关系、社会部门现金拨款与住房的使用以及所有会影响资本支出与当前支出比例的情况。不过如果没有其他特殊原因的考虑，要求各州维持联邦政府规定的比例似乎太过死板。另外，资本支出和当前支出的实际定义比较模糊，所以预先规定好的比例可能难以执行。各州应当能够通过创新性的会计实践来实现这些比例。

利用资本市场来为资本项目融资

有人可能会认为，如果各州不能充分利用资本市场，或者联邦政府将代表州政府借债的话，那么资本拨款将会是适合的。实际上是，联邦政府能够以更优惠的利率获得资金，条件是要联邦政府负责还款。假设州政府进行了借款，如果这些款项已经被用于资本支出，那么将一定额度的联邦资金规定为州资本支出专项可能就是合理的。

这一观点可能也没有说服力。在有完全自主权的州政府的联邦制国家中，如果州政府能够充分利用资本市场，那么就没有理由坚持让借款和资本支出之间具有特定的关系。仅仅是因为州政府无法充分利用资本市场不能说明它们就会选择不正确的资本支出和当前支出的组合。在任何情况下，资金一旦掌握到了州政府的手中，就变成可以自由支配的了。只要州政府有足够的资本支出，就总是能够将联邦拨款用于为这些支出提供资金，或者是用于投资。另外，还有观点认为，应当让州政府负责其自身的借款，并遵守金融市场的规律。这可能要涉及在开发管理机制和人力资本方面建立成本以应对资本市场，但是根据某些 OECD 成员国的经验，这样做是可行的。

对于进行资本拨款并坚持将拨款用于资本支出的联邦政府，其这么做一定是因为如果把资本拨款的支配权交给各州，各州会面临投资不足。我们估计，各州的官僚在对资本进行投资从而为公共服务提供资金方面，并不足以进行合理的生产决定。毕竟资本投资规划涉及建设项目的规划、承包以及监督，而各州可能还没有这些方面的专业经验。但是这种看法也并非非常合理的。如果我们能够认真对待责任分化，那么只有当各州对于公共服务有自由控制权的时候，才能实现利益最大化。如果各州的官僚机构只是联邦政府的守卫者，那么这些利益是无法实现的。换句话说，各州的能力必须发展到一定的水平，才能够通过自治的方式按照上述标准提供公共服务。

各州对其资本支出分配缺乏预算的另外一个原因可能就是州政府与联邦政府相比，其关注的时间范围太短。当前支出能立即产生效益，而资本支出的效益会在未来产生。在任何民主政治体系中，在联邦层面和州层面的政治家只有在选民愿意重新选择他们的时候才会发挥作用。这种情况可能会让政府偏向于做出有利于以短时间范围为基础的决定，除非选民更关心遥远的未来。我们需要考察的是这种为了吸引选民而偏向于短期利益的问题在州政府层面上是否比联邦政府层面上更普遍。情况很可能是资本支出在国家层面上要比在地方层面上更加重要，所以具备长期观点的重要性会更高。但是这种情况本身并不能说明联邦政府应当将其在资本支出方面的意志强加到各州，除非联邦政府在向各州提供资本拨款的时候要比规划自身的支出时更能够考虑长远利益。

我们之前提到过一个观点，其可以说明为什么州政府关注的时间范围要比联邦政府短，而且其关心的是纳税人在各州之间的流动。这一观点也可以用来解释州政府为什么会发行过多的债务。因为债务的融资成本要在未来进行承担，所以各州当前的一些公民会认为在未来可以移民到其他地方来避免承担这样的成本。如果所有的州都按照这种方式运作，那么就会发行大量的债务，且任何人都将无法通过移民来避免这些成本。还有一个类似的观点就是要说明基于未来的支出的估算确定现在的支出。选择过高的当前支出与资本支出的比例就是这样的一个例子。这种情况的重要性取决于纳税人的流动性，尤其是那些在确定政治成果方面具有影响力的纳税人。

中央政府目标

联邦政府对于各州提供的公共服务如此有兴趣的一个重要原因就是联邦政府要会为国家性质的利益服务。如在之前章节中所述，提供医疗、教育等领域的某些关键公共服务以及社会服务的责任一般会分配到地方政府。但是这些服务对于实现国家的公平性、机会公平和社会保险目标来说都是重要的工具。因此联邦政府会对其有兴趣，通常会通过宪法进行强调，以确保这些服务在所有的州都能够按照满意的水平提供。联邦政府可能会尝试通过使用有条件的拨款来履行该职责，从而确保统一的服务水平，并避免财政竞争的负面结果。

这种有条件拨款的原理被广泛地认为是合法和必要的，而这种情况能否让条件性扩展到资本支出和当前支出的组合则是另外一回事。如果联邦拨款是以各州能够提供达到某些最低标准的服务为条件的，那么就很难说各州是否必须要限制其资本支出。一个原因可能是服务的标准难以遵守和监督，所以可能需要使用更粗略的指标，如在提供服务时所用资本的额度。另外一个原因就是，如果各州在联邦政府资助的服务质量方面只有有限的自我利益，那么州政府就会利用资本支出的拨款进行过度的当前支出，因为当前支出会为其立即产生收益，例如公共部门的就业和官员的偏好。

在某些特定类型的基础设施方面，也可能会有一定的各州之间的溢出。例如，州公路、医院或环境项目可能会对州外的公民提供重要的利益。或者说，如果基层政府需要负责提供其中的某些项目，则溢出可能就会变得更加严重。资本拨款可能就是一个确保地方政府承担溢出产生的支出的一种方法。

资本积累问题

在一些发展中国家，一个重要的问题就是不同的州具有不同的发展水平。这种差距在农村和城镇对比方面尤为突出，但是这种情况在经历过殖民地时期的国家也是存在的，在这些国家中，曾经被殖民者占据的地区的发展程度要比其他地区高。这种差异造成的影响之一就是不同地区之间公共部门资本的相对积累程度是不同的。因为公共资本的积压程度不同，所以数额相等的拨款也会使得不同地方政府提供的公共服务水平差别较大。

解决这一问题的一个方法就是分配一系列的资本拨款来解决积累

问题。相同的问题也会在按照资本支出对此类拨款进行调节方面出现。假设如果有资本积累，那么这些积累的资本会同时得到当地公民以及联邦政府的认可。对于为什么必须为资本支出进行拨款也涉及之前提到的相同的问题。资本积累中积累的存在可能会被用来说明进行差异化人均拨款的重要性。如果州政府及其所在地方政府需要对此负责，则使用这些拨款来选择其认为合适的资本支出和当前支出的组合就是州政府及相应地方政府需要做的。与这一观点有关的问题是，拨款本身的规模取决于积累的额度。各州会有激励措施不把积累用于资本，因为这样做能有效地确保其拨款的积累部分在未来保持在一个较高的水平。当然还有一个类似观点是更为普遍的：如果其认为可以在未来获得特殊的积累拨款，那么各州将愿意让其资本积累降低，这在本质上讲是软预算约束论证的一个版本。

软预算约束

最后，如我们之前所述，州政府的财政决策和支出不能偏斜，因为存在软预算约束问题。存在软预算约束问题通常体现在过度支出的承诺，尤其是那些可以通过债务提供资金或需要资金的预算赤字造成的承诺。毋庸置疑，软预算约束会导致资本和运营支出组合的偏差。尤其值得一提的是，对于各州来说，有一种激励因素可以让其在运营支出上投入更多的资金，因为各州能够获得更高的当前利益，而且能够依赖联邦政府来弥补资本支出的短缺。

这种观点对于资本拨款来说可能是最具说服力的一个观点。与此同时，出现这种观点是因为各州从一开始就没有足够的财政自主权。这些情况导致了州政府依赖于联邦政府，把联邦政府当成救命稻草，而不是依赖于其自身的纳税人或私人资本市场。对于更普遍的软预算约束问题，可采取的措施是通过让各州财政方面更加负责来直接解决这一问题，而不是通过更严格地监督各州的支出项目来解决。

资本转移支付的形式

假设州财政自治没有完全实现，且资本拨款是政府间（联邦—州）财政协议的一部分，那么财政拨款的形式是什么？对于资本支出来说，干预性最小的拨款应该是通过均等化公式按照需求计算进行的拨款。基于需求的均等化公式会向每个州提供其需要的拨款额度，从而确保州政府提供能够达到认可水平的公共服务，这个均等化公式的依据就是将此类服务提供给各类人群的标准成本。标准成本一般会根据所有的州承担的平均成本而不是获得拨款的州承担的成本进行预计，这样一来各州就无法控制其拨款了。这些还应当包括以某些按年计算的资本成本提出的资本和运营成本需求。如果所有的州都处在差不多的发展水平，那么这将会是充分的。如果不是，那么就需要考虑资本积累来反映出各州的需求，从而填补某州相对于其他州的资本积累的差别。如前所述，必要的一点就是要促使各州将积累用在投资上，从而避免在未来保持其积累需求。另外，基于需求的拨款应当是无条件的。

印度尼西亚有一个资本拨款项目，其中加入了各种元素来平衡财政能力并解决基础设施积压。该特殊拨款（DAK 拨款）向国家重点项目或特定地区的特殊需求提供资金。拨款条件包括对地方政府财政能力的测量；该项目的目的是将未达到平均财政能力水平的地方政府的特殊需求排在前面。DAK 拨款是配套性拨款，要求地方政府至少提供项目总成本的 10% 的资金。这些拨款一般只能用于资本支出。获得拨款的项目包括道路、灌溉、水利基础设施以及医疗与教育设施的维护。DAK 拨款与中央政府的部门支出相比仍然较小（Eckardt 与 Shah，2006）。

南非正在尝试为市政府对其拨款项目进行统一和精简处理。资本拨款占到了国家直接拨款的 1/3。这些拨款是通过特殊的部门项目以及综合市政基础设施项目完成的。2003 年 3 月，政府决定将所有的市政基础设施拨款合并成一个分权的、非部门的多层次且基于公式的资本拨款。这一新的项目目前仍在探索阶段。对于运营拨款也在进行类似的精简化处理。这些拨款通过对宪法授权的引入进行了合并，从而对国家层面上收取的收入按照公平的份额进行了分配。这些无条件拨款的期限是三年。这些拨款是从上一年预算的基准水平开始提供的。这些拨款反映出了国家政府的重点所在以及一些因素，例如发展需求和积累。其目的是解决市政府层面上的财政缺口，尤其是在贫穷家庭的基础设施方面（Heymans，2006）。

当认为有条件的拨款是必要的时候，拨款附加条件适用的范围对于不同的州来说也有所差异。这些条件可以为整体的资本支出进行指定，从而让各州在其项目之间分配资金。这些拨款也可以被指定用于特定的项目或部门，如交通、医疗或教育，从而让各州选择需要进行投资的项目。或者说，这些拨款可以具有更强的针对性，用于特定的资本项目，如学校、医院或道路。随着针对性程度的增加，各州会对其自身的决定承担更少的责任，因此会减少责任性以及从分权决策中获得的优势。在美国，联邦高速公路资金是特定用途拨款。这些资金是按照公式进行拨付的，而且必须用于道路的建设和重建。州政府和地方政府必须为道路的维护提供资金（Schroeder，2006）。跟美国的处理方法相似，巴西也会专门为交通投资拨付资金。联邦政府收取的燃料税会根据国家立法标准在各州和各市之间进行共享（Afonso 与 Araujo，2006）。在阿根廷，省政府经常会给基层政府拨款，这是省/州与基层联合活动协议的一部分。各省政府会为基础设施资金出资，而基层政府则负责执行和管理项目。圣达菲的公路及水利基础设施都是通过这类安排进行建设和维护的（Asensio，2006）。

在联邦制背景下，会有很多因素诱使联邦政府（尤其是拥有财政杠杆的联邦政府）来直接参与到各州的决策中。与其他各章一样的最后总结，这里我们再次强调：联邦政府的干预对于州政府所提供的重要服务的质量有负面影响。一条有用的普遍准则就是：除有正当理由进行联邦干预外，通常情况下应当允许各州有尽量多的自主权。

第十三章

联邦制国家的减贫

除了教育和医疗之外，减贫项目在发展中国家也是重要的社会项目之一。在很多国家中，当前使用的策略涵盖一种双管齐下的方法。在一方面，发展的一个必要条件就是增加人均收入，这可以通过鼓励私人投资和利用市场过程来实现。发展中国家政府在这一方面的作用主要是进行政策改革——消除不必要的管制、对税收系统进行合理化的改革、撤销对投入和产出价格的管制、减少贸易保护以及国有企业从工业部门中退出。这些改革也会寻求通过减少市场活动的官僚寻租和彻底腐败的机会得以实现更好的治理。

与此同时，高增长率本身并不足以实现包括减少贫困的发生率这些发展目标。这是因为发展的成果在人群之中的分配不均。在没有正确干预的情况下，会出现社会最贫困人群变得更加贫困的危险。因此，需要有各种补充政策来提高社会最贫困人口的生活水平。实际上，经济发展和减贫这两个目标并不冲突，因为更快的发展能够为减贫提供各种资源。另外，如果减贫政策的结构良好，那么就不需要拖发展的后腿：实际上通过改善最贫困人口的生活条件，劳动力的质量也会得到提高。

有效减贫项目的设计对于政府来说仍然是一个困难和具有挑战性的问题。政府必须明确那些最需要帮助的人，而且必须找到方法，通过能够自我持续的方式改善其生活环境。这就意味着，最终的目标必须是让最贫困的人口永久性地成为社会的可生产成员。不用感到惊讶，没有一种单独的政策工具能够做到这一点。某些方法涉及现金转移支付和服务的提供，而其他政策的目标是让接受救助的人就业。鉴于这些项目的行政复杂性以及隐含的信息要求，我们不必诧异地方政府为什么会参与其中。但是与此同时，在这一方面也存在明显的国家利益。因此，财政联邦制涉及的所有经典问题在这里都存在。

在本章中，我们一开始将讨论政府用来解决贫困所使用的各种手段。然后再研究执行减贫政策的职能的分配，随后是对各级政府之间的关系以及实现国家目标的方法的讨论。最后，我们将研究一下减贫项目与其他政策目标的协调。

政策工具

在公共财政领域，关于再分配政策的传统观点就是现金转移支付构成了改善贫困家庭生活水平的最有效的工具，其前提假设是如果使用的现金没有与特定的用途（如食品、住所）关联起来，那么生活水平会随着钱数的增加而提高。但是就算在工业化国家（与发展中国家相比，贫困发生率低得多而且政府行政能力要好得多）现金转移支付（福利）也只不过是众多应对贫困的方法中的一种。出现这种情况是多种原因造成的。首先，如果转移支付回应的是捐助方的利他主义，那么后者将取决于收到转移支付的人是如何使用这些资金的。因此，捐助方可能会选择让其捐款固定地用于食物、衣服及住所，而不是用于报复方可能需要的物品。第二，如果预算相对于应当接受捐助的人的数量非常有限，如发展中国家的情况那样，那么将重点放在数量有限的真正重要的项目上就能获得更大的利益。第三，鉴于难以确定哪些是最需要接受捐助的人，所以实物转移支付可以提高那些最需要的人群的吸纳率。第四，应当采用什么形式？需要进行哪些类型的转移支付以及通过什么机制来进行转移支付？最后，如果扶贫政策的最终目的是提高人们自给自足的能力，那么这些项目就不仅仅是要将现金或其他类型的物资交给贫困人群。这其中包括让贫困人口做好准备进入劳动力市场的措施，或是让他们能够更好地自助的措施。

现金转移支付

与发达国家相比，发展中国家使用的现金转移支付的情况相对较少，部分是因为此类转移支付比较复杂，需要通过所得税体系或是聘用专业技术人员（社会工作人员）的福利机构进行管理。总之，高收入的国家通常会使用不同的测试方法来确定转移支付的适用性。这种方法在东欧也有实行。而在另一方面，在拉美国家中，更常用的是委托人方法测试，此类测试会研究能够通过方便地观察到的财富指数实施。在发达国家中，会使用很多不同种类的现金转移支付，特别是儿童津贴非常流行。在很多西欧国家中，此类项目是非常普遍的。在意大利、西班牙、波兰、俄罗斯联邦以及阿根廷，儿童津贴都得到了相应方法测试（World Bank，2005b）。现金可以用于提供庇护所在英格兰，在公共和私人住所中的低收入住户会收到一种通过方法测试的现金福利。在私人住户中的老年人，也能获得经济支持（King，2006）。在北欧国家中，会提供残疾补助和社会援助，如丹麦政府会向退休老人提供资金和社会现金福利（Lotz，2006）。很多发展中国家没有行政管理手段来向贫困人口提供大量的现金转移支付。更重要的是，在发展中国家里，税收收入的动员比发达国家更加严格。GNP 占税收收入的比例要低得多，但是需要帮助的人口比例却高得多。对于稀缺的公共部门收入，有很多竞争性的需求，其结果就是将现金转移支付用作再分配工具的能力变得非常有限。如果可用的现金要在所有贫困人口中进行分配，则人均可获得的数量将相对较少，而且获得的现金足以满足其需求的贫困人口的数量也会比较有限。决定如何限定资金在贫困人口之间的分配可能是比较随意的。

除了解决长期存在的贫困之外，转移支付项目还可用于其他目的，这些项目也会促进社会保险目标的实现。例如，失业保险项目可以为临时和意外失业的人员提供收入。而这种情况虽然不及发达国家所提供的失业保险规模，但越来越多的发展中国家却都建立了失业保险计划。但是这些失业保险计划一般都提供给已经进入正式劳动力市场的人员，因此排除了核心的贫困人口。与之类似的是，在很多发展中国家都有向老年人提供的转移支付，也就是公共养老金。与失业保险类似，这些转移支付通常是按照所做的贡献提供给就业人员的。因为贫困的老年人是可以确认的群体，所以向其提供州养老金是一种切实可行的做法。当然在很多社会中，从传统角度来看提供给老年人的转移支付都是家庭内部转移支付，因此减轻了政府的负担。有很多国家会向老年人提供社会养老金，而且不会考虑其曾经是否就业。这些项目通常都是经过方法测试的，具体的例子包括南非、印度、澳大利亚、新西兰、意大利以及多个拉美国家。在某些情况下，这些项目能够对捐助制度进行补充，从而让收入更高的个人受益（World Bank, 2005b）。

在发展中国家里，社会保险比福利制度更加流行的情况在很大程度上是因为其资金来源于出资或特殊目的税收，这提供了一个超过标准税收收入的收入动员来源。但是这也说明了非常贫困的人口是无法获得社会保险的。

实物转移支付

鉴于发展中国家政府有限的财政资源，我们不难发现，实物转移支付是用于减贫的一种流行的政策工具。实物补助可以通过利用两种目标形式，即按照商品和按照接受者来产生更高的影响。实物转移支付可以被限定到被认为是对于减轻贫困人群的痛苦至关重要的产品种类。此类产品的目标可以是那些最需要的人群。实际上，如果产品对于贫困人口至关重要，那么他们就有一种自己选择接受人群的趋势，因此能够简化确定最需要的人群的行政负担。

我们可以罗列出很多不同的商品适用于实物转移支付。最常见的是食物，因为这是生存的最基本要求，而且营养不良甚至是挨饿是贫困的常见现象。食物还有一个优势，那就是在发展中国家可以立即提供，因为发展中国家的农业都是最大的产业。适用于实物转移支付的食物（如粮食）是相对统一的，而且能够按照可识别的需要进行分配。其他可以用于减贫项目的产品包括水、燃料、食用油、住所和衣服。很多国家都制定了相关规定，那就是向老年人或无家可归的人提供住所。在英国，政府支持并提供老年公寓。尽管公共住房储备有限，但是地方政府必须确保能够安置无家可归的人员（King, 2006）。在印度，果阿邦、卡纳塔克邦和中央邦都制定了法律，要求城镇市政府为贫困人口建立安静卫生的住所。在卡纳塔克邦，城市政府还必须向贫困的妇女、孤儿和残疾人提供住所。在西孟加拉邦，州法律要求市政府建立和维护老年公寓、无家可归的人的住所以及供贫困人口使用的廉价住所（Mathur, 2006）。基本的医疗需求及药品具有类似的作用。这些实物转移支付可以按照更低的价格进行提供而不是免费提供，可能这是一种节约资源成本的方法。

因为任何项目都试图将目标定为特定的人群，因此实物转移支付会产生一些行政管理问题和激励问题。在确定目标的时候，会出现两种不可避免的错误。如果不注意，有些需要得到救助的穷人会被排除在外——类型 I 的统计错误。另外，有些人员虽然不是救助对象，但是仍然会被定为目标——类型 II 错误。从减贫观点来看，类型 I 错误是最关键的错误类型，因为某些应当得到救助的贫困人口没有从补助中获益。造成这种问题的原因包括行政管理错误或地理环境因素。但是如果有资格获得捐助的贫困人口中的吸纳率过低，那么也会出现这种情况。他们可能无法完全注意到应当获得的项目利益，或者害怕因为项目而被别人看不起。因为自我选择经常被看作是项目的一个重要性质，所以出现低吸纳率的可能性会成为一个严重的问题。当无资格获得救助的人成功申请了救助的时候，类型 II 错误也反映出了自我选择以外的问题。减贫项目设计中的一个挑战就是要最小化这两类错误，尤其是类型 I 错误。

其他的行政管理问题也会出现。如果正在提供的物品具有转卖价值，那么获得补助的人可以将食品卖掉，然后将获得的现金用于其他目的。分配制度也会有问题，例如无效率或贪污腐败。在某些情况下，可以通过让非政府组织（NGOs）或地方社区团体加入到分配制度的方法来减轻这些问题。更普遍的问题可能与需要用来执行实物转移支付的政策有关。以食物补助，那么就会有因素诱使政府为粮食生产者维持保障制度，从而服务于贫困人口，因此会损坏经济自由化的目标。同样在免费提供基本服务（如供水）以及在当地抬高使用价格之间也会出现矛盾，这在发展中国家是一个常见的政策目标。

主动扶贫项目

越来越多的人注意到，向贫困人口提供当前援助并不是解决贫困问题的长久之计。还应当实施各种项目来提高个人参与有意义的社会及经济生活的能力。此目标可以通过普遍教育体系以及基本医疗来实现；且还可以通过提供营养从而提高家庭积极生活的能力来实现。但是很多国家执行了更加主动的项目。

这些项目包括提高个人的劳动力市场技能。它可以通过在职培训和脱产培训来实现。个人能够有机会参加工作项目。例如，公共部门可能会提供公共工作。此类工作的薪酬甚至可能是实物，其原因我们在之前已经讲述过。这些工作至少能够提供可以帮助个人永久性的进入劳动力市场的工作经验。公共工作项目在一些国家的中低收入群体中已经取得了成功，这些国家包括阿根廷、南非和印度（World Bank，2005b）。印度现在为没有技术的成年手工劳动者提供担保就业。2005 年 9 月颁布的《国家农村就业担保法》确保已登记的工人能够在一年中至少工作 100 天（Alok，2006）。

另外一类项目的目标可能就是通过本地的企业家来创建工作岗位。

印度西孟加拉邦的州法律要求市政府要为贫困妇女“推广创收活动”（Mathur, 2006）。经常能见到的情况是，建立新公司时的障碍是缺乏信贷。用于改善信贷市场运营的政策（尤其是在微观层面上）能够成为释放企业家才能的有效方法。

因为所有的政府政策都会对市场经济进行干预，所以公共部门工作岗位的提供以及对小微信贷市场的鼓励会遇到市场过程对自身进行颠覆的风险。在设计这些项目的时候，必须注意到项目在私人机构以及在官僚机构内部对激励因素的抑制效果。

按政府层级的责任分配

减贫一直是国家广泛关注的事项，这一点可以从国家的中央政府所制定的目标中得到体现。与此同时，已有学者呼吁将提供减贫项目分权到各个地方政府，正如我们之前所讨论过的标准原因。如果这些项目包括实物补助或公共服务，那么这些补助和服务必须由接受服务的贫困人口所在地点的机构来执行。如果这些机构受到了地方政府的控制，那么这些机构就能够对项目进行更好的设计，并将目标更好地确定为那些最需要帮助的人群。低层级政府能够更好地了解地方条件和情况，而且应当能够更好地监督和控制负责提供项目的机构。关于激励因素的常见观点是要通过分权的设置来进行经济、创新的提供。当地提供的项目可能更能代表用户群体关心的情况，而且能够对选民负责。

协调问题是联邦制的经典问题，即如何在有效的项目供应和用对满足国家在重要的再分配项目中的目标的愿望来回应用户需求方面对获得分权化优势的愿望进行协调。这种协调包括在各级政府之间对职能的合理分配以及对能够促进国家目标实现的政府间关系体系的建立。这一部分将讲述职能的分配，而下一部分将讲述政府间关系问题。

因为很多此类服务都是由当地机构提供的，而且因为不同地区的需求可能会有很大差别，所以让三个主要级别的政府（国家政府、州政府和基层政府）同时参与进来是不常见的。每一级政府在减贫项目中都有其独特的作用。在德国，社会福利支出是一个共担责任。中央政府设置政策的大体方向（标准和支出水平），而基层政府负责确定社会的需要以及支付拨款（Werner, 2006）。在美国，公共福利服务涉及全部三个层级的政府（Schroeder, 2006）。在巴西，国家、州和基层政府会同时负责社会福利和减贫项目（Souza, 2005）。印度宪法的一致性列表包括社会保障、就业与失业政策以及劳动福利等方面（Majeed, 2005）。在南非，中央和省政府同时负责福利项目和廉价房屋（Steytler, 2005）。在中国，社会福利支出被分配到所有级别的政府。总体看来，中央政府负责制定国家政策而基层政府负责设计和执行当地项目（Qiao 与 Shah, 2006）。

州政府

可以通过让州政府对其管辖范围内的减贫项目进行设计和立法来实现分权化的优势。各州一般对于公共服务的需求水平是不同的，这是因为在平均收入、地理地形和文化方面存在差异。将责任分权到州政府可以让其设计项目的具体参数来适应各州的情况。例如，在比利时，根据语言划分的社区主要负责个人事务，在此类事务中，文化被认为是非常重要的，包括对个人的援助（Deschouwer, 2005）。

与此同时，也有各种合理的原因支持不分权到基层政府的这一观点。其中一个原因就是，这些项目大部分都是数额较大的支出项目，其最好能够通过一般收入来源获得资金，从而州政府能够更好地为此调动自有资源收入。而且只有当负责政府在需要交付的项目中有充分的财政权力的时候才能更好地具备责任性。另外一个原因是，如果将项目完全分权到基层，则大部分地区的人口和地域大小会对项目的提供具有决定性的影响。与州管辖区之间相比，基层政府管辖区之间的流动性可能会更强，而且这会对项目的设计产生不良影响。很多地方太小，无法有效管理复杂的大型项目。而且由于大量不同地区的存在，会难以实现项目设计所需的统一性程度。

在加拿大，社会保障是省政府的责任（Knopff 与 Sayers，2005）。市政府在社会服务和住房方面的支出一般是很小的。安大略省是一个例外，该省的支出权利在 20 世纪 90 年代得到了重新分配。因此近 1/4 的市政支出用在了社会服务上。省政府的拨款为这些支出提供了一半的资金，而盈余则来自于自有资源收入（McMillan，2006）。

尽管如此，当地政府在提供项目方面的确起到了重要的作用。这说明州政府的作用并非包罗万象的。州政府可以被视为负责对项目的主要参数进行立法、监督项目的实现以及管理项目在整个州的方方面面。因此，如果是食品和营养项目，州政府会通过立法规定哪些人能够获得补助、能够获得多少补助以及用来确定资格的机制。如同财政联邦制一样，福利分配的主要问题是将能够确保设计良好的全州项目可行的方法将责任分配到各州，而且不会影响基层政府以独立和负责的方式来履行其职责。

各州在为减贫项目提供资金的方面也有重要的作用。州政府拥有收入来源，包括自有收入来源和来自中央的转移支付，这些资金可以用来支持基层政府对项目的执行。同样使用政府间（州—基层）转移支付将会向州政府提供可以确保基层政府能够遵守项目设计的杠杆工具。因此，只有在必要的情况下转移支付系统的设计才能具有干预性，从而确保基层政府能够按照州政府确定的标准来提供项目。详细的条件和责任性要求可以从分权化的效率好处中获得。

因为不同的地方会有不同的需求，所以州转移支付项目的设计必须要反映出这些需求。这不是一个简单的事情，因为我们会假定基层政府能够比州政府更好地了解其居民的需求。州政府必须将其转移支付的基础设定在相对粗放的需求指标上，例如贫困措施。最理想的情况就是，无论使用了什么指标，这些指标都不能是由基层政府操控的指标，或者可以造成负面激励因素的指标。例如，如果使用了减贫项目的实际成本，那么基层政府就会具有明显的激励因素来产生过多的成本。应当避免以基层活动为基础的措施。

在德国，每个联邦州都有一个地方均等化系统。各州具体的均等化项目都是不同的。每个州都必须对其部分自有税收收入进行重新分配（与中央共享）。其他可能的资金来源包括来自每个省的均等化计划的转移支付，以及来自机动车税的收入。例如，黑森州会向各城市、农村地区和合并城市提供有条件的或无条件的转移支付。无条件的转移支付会提供给需求指标超过计算的财政能力的地方。需求指标是根据人口以及小学生和失业人口的数量计算的（Werner，2006）。

基层政府

基层政府非常适合通过能够最符合其社区要求的方式来提供减贫项目。这意味着项目提供的详细内容，如机构的地点、项目管理、基层建设和维护以及地方招聘，可以掌握在基层政府的手中。因为州政府负责设计项目，所以在基层层面上可能会出现激励措施问题和效率问题。如果基层政府的责任只是按照上级指示管理项目而且只有有限的地方自由决定权，并且需要依靠省政府的资金，那么对于按照地方需求进行经济和有效的交付就有极少的激励因素。从更广的范围来看，将会出现责任性赤字，而且让基层政府对州政府负责将没有什么帮助。

结果肯定会有包括当地利益和责任性的规定出现，也就是说，这会诱使基层政府“拥有”项目。对项目交付和对当地选民的责任性的自由决定权将有一定帮助。因此，州政府的拨款条件不能太多。如果基层政府在项目中有一定的财政利益，那么也会有所帮助，因为这样一来，基层政府就不得不用部分自有来源收入为项目提供资金。同样社区参与的机构机制会吸引地方支持，尤其是通过用户。非政府组织在这一方面经常能够起到帮助作用，因为非政府机构能够获得用户的支持，并动员用户进行参与。最后，责任在州政府和基层政府之间的分界线必须明确，以便于让基层政府对其选民进行负责。

在北欧国家，几乎所有的福利服务网都是基层政府的责任，其中包括社会援助、住房援助和残疾补助。中央政府会提供有条件的拨款，但是基层政府负责确定如何提供服务。例如，基层政府可以决定老年人是否需要通过机构或家庭获得照料。基层政府能够控制人员的聘用和解聘，但是人员的工资需要通过国家协商进行确定。瑞典和丹麦允许自由选择服务提供者。实际上，在丹麦，服务可以通过居住地以外的市政府来获得。北欧的城市有很高的自有来源税收收入，其中包括个人所得税。城市会利用国家所得税，选择年度固定统一税率来附加在国家收取的应纳税收入上。在丹麦，中央管制的基层支出是通过有条件的专项转移支付。这些管制包括提前退休和社会现金福利。其他形式的中央政府支出包括规定最低质量标准的立法，这在挪威很常见（Lotz，2006）。

在巴西，社区委员会的成立目的是要增加地方对资源分配的控制。这些委员会是为政策方面建立的，包括就业、社保服务和减贫。在向项目提供资金的时候，联邦立法或跨国组织经常会要求建立这样的委员会（Afonso 与 Araujo，2006）。

在州政府和基层政府之间实现正确的责任平衡是很困难的。另外，还有两个特定的问题必须解决。第一个问题就是基层政府履行其职责的能力。在分权化的转型期，基层政府没有提供重要公共项目的经验。因此就需要通过培训、基础设施和管理以及由预算编制与会计过程来提高其机构能力。这种发展可以通过使用来自州政府的专业经验以及聘用非政府组织进行促进，但最终基层政府的能力必须建立起来。

第二，基层政府依赖于更高层级的政府提供财政支持危险在与可能会出现软预算约束。因为层级政府能够更好地了解其需求，所以地方政府可能会从战略上进行过度支出或不支出，从而希望能够得到更高层级政府的援助。当涉及重要项目的时候，这一问题将变得尤为困难：更高层级的政府不能够通过削减资金进行简单回应。如果强加繁重的责任性要求，那么就会妨碍对该问题的解决。对于这个问题，没有简单的解决方案，但是采取各种方法来确保基层政府能够拥有项目是非常重要的。

最后需要注意的就是，让基层政府提供减贫项目的一种替代性方法就是通过创建特殊目的的地方机构，这与其他行业的学校委员会和医院委员会类似。与特殊目的机构有关的困难就是难以让其对当地居民负责。如要做到这一点，那么就必须让这类机构中有选举出来的代表，而且要拥有一定的自有资源收入。如果基层政府本身是负责的，那么这些机构就有可能会减少能够实现的责任性。

中央政府

如前所述，减贫项目中有明确的国家目标。因此，我们的例子可以是州政府提供合理通用水平的服务。在这一方面，有两个前提条件需要满足。第一，州政府必须有能力做到这一点；第二，必须有相应的机制来确保州政府能够实际提供这些服务。中央政府的作用就是要以这两个前提条件为中心。

均等化州政府财政能力

中央政府在均等化各州提供可对比水平的减贫服务的能力方面的作用从原则上看与一般均等化作用没有什么区别。不同的州拥有不同的收入获取能力。这些州对于减贫支出也会有不同的需求。如果没有纠正，那么这些州将无法按照可对比的州税率提供可对比的服务，且财政公平和效率将遭到破坏。

因为我们已经详细地讨论了理想均等化系统的准则，所以在此将不再赘述。在将这些原则应用于减贫背景的时候，出现的主要特定问题就是对于需求的测量。税收能力的均等化是普遍均等化计划的一部分。一般原则是要确定有权力获得援助的群体的特点，并且要预计适用于每个州的群体规模的标准成本（此类群体可以根据实际年龄、性别等进行划分）。成本应当是独立于各州自身运作之中，因此激励措施将不会受到影响。应当注意的是，成本在意义上要包含资本成本的一部分。在转型期，应当包含与建设机构能力和基础设施有关的额外成本。

实际上，主要的问题与中央政府获取用于预测不同州需求的信息的能力有关。如我们在州向基层的拨款中的讨论所述，此类预计可以是比较粗略的。但是如果通过吸引获得捐助的州的实际支出来减轻这种粗略程度，那么就会是一个错误，因为这样会造成负面的激励因素。

在北欧国家，税收能力和支出需求的均等化可以得到确保。在多数情况下，均等化是根据潜在的税收收入进行的，并按照人均应纳税收入进行测量。以瑞典为例地方税收收入是使用前两年的实际收入数值进行计算的，并使用国家数据调整当年收入，从而实现对当年收入的预计。但是在挪威，会对实际税收收入的差额进行均等化。支出需求将得到详细的计算。大多数国家会使用人口的年龄分布。其他标准可以包括单亲家庭中的儿童数量（丹麦、瑞典）、老年人租赁公寓的数量（丹麦）、失业人口的数量（丹麦、挪威、瑞典）以及供暖成本（瑞典）。北欧的均均化系统遵守的是一种“罗宾汉”模式，在这种模式下，为贫穷城市提供的资源是从富裕地区收取的。从理论上讲，不需要任何中央政府拨款。但实际上中央政府会提供一些补充拨款（Lotz，2006）。

引入可比的州减贫项目

让各个州获得提供可比较项目的能力以确保州政府能够实际提供这些项目是一个必要但是不充分的条件。中央政府的一个重要作用就是引导这种情况的发生。当然一种可能的情况就是各州自身会通过协议来提供通用标准的项目，但是此类协议难以完成和执行，这是因为这样的协议需要全体同意。作为一项实际事务，对于中央政府的干预似乎没有替代性的措施。

中央政府可以通过两种主要的方法来引导州政府提供可比较的标准。一种方法是对管理州政府行为进行立法管制。例如在瑞典，中央社会事务部和基层政府联盟达成了一项关于老年人护理质量的约束协议，中央政府还为无家可归的人的住房建立了最低标准（Lotz，2006）。这种管制最好还伴有足以用来遵守管制的资金。例如，北欧国家的中央政府被要求向基层政府补助中央级别的新规定或立法所产生的成本（Lotz，2006）。虽然授权可作为一种强有力的工具，但是同时也存在一些问题。因为管制是强制性的，所以会影响分权化的目标以及州对减贫项目的所有权。另外，管制的执行也会产生问题。如果各州不遵守管制会怎样？中央政府有什么资源？假设主要的资源是通过限制向各州提供的拨款提供的。但是这种方法会让对基本类似的管制的使用成为第二大补偿措施，也就是使用有条件的拨款，我们将其称之为支出权力。

支出权力包括对向各州提供的拨款规定条件，如果不能满足这些条件，那么就会减少拨款。这些条件不需要进行详细描述。这些条件可以是且应该是非常一般的条件，其中要规定必要的项目的最低参数，以便于实现国家目标。如果这些条件过于详细或过于繁重，那么各州执行其自由决定权的能力就会受到影响，而分权化的效益就会受到威胁。

支出权力条件的执行也会造成一些重要的问题。首先，如果这些条件非常严格且执行非常艰难，那么就会有无法实现项目目标的危险。因此，如果一个州因为无法满足减贫拨款的条件而面临财政罚款，则罚款本身就会让贫困人口的处境更加困难。这种可能性再次强调了在所有级别上实现政府对项目的所有权的重要性。还有一个问题是确定一个州什么时候违反了这些条件。最后，中央政府会施加罚款，所以必须统一什么时候出现了违规。但是明确的是，各州可能会不同意中央政府的判断，尤其是因为这些条件是相当普遍的，所以必须涉及判断。在这些情况下，重要的一点是在中央政府和州政府之间建立磋商方法来解决纠纷，即便是中央政府是最终的执行人。实际上，这种磋商可以应用于条件本身的设定。

国家标准

在减贫方面，什么类型的国家标准是适当的？这是一个难题，因为可能会缺乏解决所有贫困人口需要的资金。国家标准可以从两个层面进行规定——普通层面和特定层面。

首先，各州可能会需要满足一系列普遍准则，从而有资格获得贫困项目的中央资金。合格标准应当得到明确的规定。应当向那些能够满足规定的合格标准的所有人群公平提供各州的项目。还有一个要求就是如果住所出现了变化，社会福利也能够随之带走，且对于潜在的接受者没有居住地区的要求。应当特别注意特定的贫困人群，如儿童、少数民族和社会弱势群体。例如，在美国，联邦法令可以管理大部分公共福利项目，并规定了能够有权获得福利的个人和家庭。州政府和基层政府负责管理项目并承担一部分成本。基层政府承担的资金占项目成本的0到20%（加利福尼亚州、纽约州、弗吉尼亚州和威斯康星州）（Schroeder，2006）。

第二，对于各州可能会执行更有针对性的规定，包括在获得资助的项目下提供的福利的最低水平以及详细的合格标准。减贫项目的性质，如实物补助的类型或分配方法、与用户收费有关的立法以及公共部门和其他潜在供应商的作用可以得到规定。例如，丹麦、挪威和瑞典已经通过立法为儿童看护和老年人护理规定了最低费用标准（Lotz，2006）。

在设置这些标准的时候，必须注意中央条件的优势和劣势。这些条件应当简单清晰以确保能够实现国家减贫目标，且州业绩预期也要明确。这对于确保责任性以及最小化中央政府和地方政府出现分歧的频率来说是非常重要的。与此同时，这些条件也不能过多和过于具有干预性，否则会干扰各州履行自由决定权来改善项目提供的效率以及成果的成功型的能力，而这正如我们强调的关于政府联邦制的一个重要问题。

与其他公共项目的协调

减贫项目是复杂和多层次的项目。其管理要求规定了各种技能，且与接受者生活的方方面面都有联系。这些项目的许多元素会与其他公共服务的元素重叠，或者可以说其他公共服务会促进减贫。因此，基本的教育和读写能力被认为是让个人和家庭走出贫困的最有效的长期方法。基本医疗服务与食品援助和营养项目齐头并进。相同的贫困人群将会成为所有这些项目的目标。这会提高适当的目标确定以及鼓励获取的重要性。同样这也会强调在提供这些服务的机构中的协调方法的重要性。非常成功的墨西哥“机会”项目（原“进步”项目）项目就进行了仔细的设计和评估。在该项目中，如果能满足特定条件，则可以向母亲直接提供现金转移支付。孩子必须继续上学、家庭成员必须接受医疗检查且母亲们必须参加营养及卫生信息课程。该项目注意到了教育、医疗和营养在消除贫困中的联系。从行政管理方面来看，该项目是高度集权的。社区的家庭会选择一名妇女作为项目官员和接受者之间的中间人（World Bank，2003）。

减贫项目交付的分权化对于这种协调工作来说形成了一个挑战。减贫项目实施的效益和效率可以通过向地方机构赋予提供个别项目的责任来实现。这些机构无法良好地与其他项目领域的机构进行协调。与此同时，如果特定的个人获得了不同机构的服务，无论是同时获得的还是先后获得的，那么促进各机构之间的信息流动就变得尤为重要。这种通过管理信息系统来实现信息的流动最好从属于州政府的职能。从更普遍的方面来看，这些系统也会承担协调政策和活动的能力。在印度，中央政府起到了协调作用。中央家庭福利委员会是一个专门的委员会，其目的是研究市政府关心的各种问题，并为协调措施提出建议（Majeed，2005）。

如果服务被外包到非政府的供应商，如非政府组织或私人公司，那么协调的任务将变得更加复杂。因为这些都是独立的机构，其员工不会直接向政府负责，所以难以让其融入信息网络中。

第四部分

挑战与应对

第四部分提出了财政联邦主义的几个潜在缺点：宏观经济不稳定、竞次逐底的竞争不断扩大的地区差距以及较高的贿赂和腐败发生率。我们依靠现有的概念性指导以及经验证据对这些说法进行详细审阅。另外，这一部分还提出了全球化和信息革命给财政联邦主义带来的最新挑战。

在一个扁平化的（全球化的）世界中，“民族国家太小而无法应对生活中的大问题，又太大而无法解决小问题”（Bell，1987：13－14）。但是能够适应“联合起来”或“团结一致”的联邦财政制度，按照一些学者的观点，对宏观经济稳定造成了威胁。他们认为，分权的治理结构与审慎的财政管理甚至是地区财政公平（原则）格格不入。第十四章调查了这些观点的概念基础和实证基础。更具体地讲，这一章质疑了在分权的财政制度中，宏观经济的管理不善及不稳定性的风险是否更大，并对联邦制国家和单一制国家的宏观经济管理进行了对比评价。

我们利用关于财政制度的新制度经济学观点对交替性财政体制下的财政及货币政策制度的优劣势进行了调查。一个新制度经济学观点旨在降低劝导公民（委托人）遵守各级政府（代理人）命令时的交易成本。人们期望这样的一个财政制度：创建制衡机制以限制各种代理人的机会主义行为，并授权委托人采取改正措施，进而产生更好的财政结果。在本章的背景下，相关问题是哪一类型的财政制度（集权的还是分权的）具有契约执行或规制或约束，以阻止轻率财政管理的更大可能性。与常见的错误概念相反，相比集权的财政制度，分权的财政制度能够为改进的宏观经济治理和地区财政公平提供更大的潜能。财政分权化与改进的财政绩效以及国内共同市场的更好运行有关。这就是人们所期望的，因为分权的财政制度需要更加明确各参与者的角色（决策的中心）、规则的透明性以及更加关注支配他们互动的制度设计从而确保公平参与，并限制寻租机会。

在关于经济学和政治科学的文献中，同级别政府或是具有类似责任的政府间的竞争通常指的是横向竞争，或管辖区内部之间的竞争。

政府间或纵向竞争的相关概念是指在不同级别的政府以及具有不同类别责任的政府之间的竞争——例如联邦政府、州政府和基层政府。第十五章涉及的只是管辖区内部之间的竞争（地区间的竞争或基层间的竞争）及其对联邦政府在确保经济联盟或国内共同市场安全方面的作用的影响。在大部分联邦制度中，州政府和地方政府之间的竞争是很常见的。这一章调查了联邦制度中管辖区内部竞争的利弊，并调查了联邦制政府起到支撑作用的方法，从而强调这种竞争的正面作用，同时解决盲目竞争的负面影响。这一章还评估了解决地区差距的替代性联邦政策。这一章的结论是，用来解决地区不平等的家长主义方法或是不切实际改良主义方法的弊可能大于利，而合作式或无损害方法能够在联邦制国家内的地区一体化和内部凝聚力方面提供最佳政策备择方案。问题并非是否要竞争还是要合作，而是如何确保所有各方能够相互竞争而且不进行欺骗。

如前所述，在过去20年里，世界上经历了分权治理的趋势。这一趋势是学术界和政策界当前关切的一个问题来源，担心本土化可能会通过腐败事件发生率的增加而对公共治理的质量产生负面影响。第十六章通过提供关于腐败的分析观点及其在分权治理背景下的作用研究了这些问题的概念基础和实证基础。我们通过概念性和可用的经验性证据对这一主题进行了评估。这一章的结论是，本土化作为让政府对人民进行回应和负责的方法能有助于减少腐败和提高服务的供给质量。然而，我们必须注意到，制度环境以及地方精英把控的风险。在法治缺失的情况下，本土化可能不是反腐的一种有效补救措施。

第十七章思考了全球化以及信息革命的政府治理影响，并且为多中心治理的权力分配提供了可能的借鉴。这一章中讲到，由于全球化和信息革命，民族国家正在迅速丧失其对一些传统领域的控制，例如宏观经济政策、对外贸易管制、电子通信和金融交易。随着信息革命的推进，政府正经历着对商品和服务流动、意识形态以及文化产品的控制力的降低。这些变化也正在加强本土化，同时导致了公民赋权和地方精英权力的加强。本章提到超国家机构和基层政府的日益重要性、国家政府在社会政策中的新兴领导角色、中间层级（州或省）政府在多级治理中逐步减弱的经济影响力但日益增长的政治影响力。本章强调了来自于这种经济权利分配转变所产生的新兴冲突以及解决这些冲突的基层政府回应。本章预测基层政府以及基层的“准政府”实体未来将会在为其公民改善经济社会成果方面承担关键角色。

第十四章
财政联邦主义与宏观经济治理

全球大量且越来越多的国家正在重新审视多级政府的角色及其同私人部门和公民社会着眼于创建为其人民运转和服务的政府时的伙伴关系（见 Shah，1998c 以及 Shah 和 Thompson，2004 中对变化动机的描述）。这一反思已导致对财政联邦主义原理与实践的兴趣复苏，因为联邦制度被视为能提供防范集权剥削和分权机会主义行为两者威胁的措施，同时使决策过程更贴近于民。事实上，联邦制代表选民地理单位要么“联合起来”要么“团结一致”，从而利用国家的大和小优势，在一个扁平化的（全球化的）世界中，“民族国家太小而无法应对生活中的大问题，又太大而无法解决小问题”（Bell，1987，13－14）。然而，根据一些有影响力的作者，适应“联合起来”或“团结一致”的联邦财政制度对宏观经济稳定构成威胁。他们认为，分权的治理结构与审慎的财政管理甚至是地区财政公平不匹配（Prud'homme，1995；Tanzi，1996）。本章调查了这些观点的概念基础和实证基础。更具体地讲，本章提出了下列问题：

• 在分权的财政制度下，宏观经济管理不善和不稳定性是否具有更大风险（联邦制国家 V. S 单一制国家）？

• 到今天为止，联邦制国家与单一制国家相比，在宏观经济管理方面有何经验？或者说，分权对财政纪律和宏观经济稳定有何影响？

为解决这些问题，本章采用了一个简单的制度计量经济学分析视角。利用关于财政制度的新制度经济学观点对交替性财政体制下的财政与货币政策制度的优劣进行探讨（见 Von Hagen，2002、2005，以及 Von Hagen、Hallet 和 Strauch，2002）。这一观点旨在为公民（委托人）诱导各级政府（代理人）遵守受命进行的工作的过程中降低交易成本。一个创建制衡机制以抑制各代理人投机行为并赋权给委托人采取纠正行动的财政制度有望产生更好的财政结果。财政结果在本章背景下，相关的问题就是什么类型的财政制度（集权的还是分权的）能够为合同的执行或规则或限制提供更大潜力，以限制不审慎的财政管理。为了吸取一些公共政策利益方面的教训，联邦制和单一制国家货币与财政政策的制度安排的定性描述由两个国家的案例研究和交替性财政制度下与财政结果相关的可用实证证明的更广泛综述得以补充。

财政结果制度安排与常见的误解不同，本章的结论是，相比集权的财政制度，分权的财政制度能够为完善的宏观经济治理和地区财政公平提供更大潜力。尽管关于这些问题的实证证据不充分，但是进一步支持了财政分权是与完善的财政绩效及国内统一市场的更高效运作有关这一结论。这正是人们所期望的，因为分权的财政制度不同参与者（决策的中心）角色更加清晰、规则透明以及支配其互动的制度设计更审慎，以确保公平参与并限制寻租机会。本章剩余部分讨论了分别为货币和财政政策详细阐述的宏观经济管理的制度环境；回顾了国内统一市场和经济联盟的注意事项；吸取了提高宏观经济治理质量的一般性和制度性教训。

宏观经济管理的制度环境

利用马斯格雷夫的公共职能三部曲——即（资源）配置、（收入）分配和（宏观经济）稳定，传统上，财政联邦主义文献达成了一个广泛共识：第一个职能往往被分配至低层级政府，而后两个职能就更适合分配给国家政府。因此，宏观经济管理——尤其是（宏观经济）稳定政策被明确地视为中央职能（见 Musgrave，1993；Oates，1972）。（宏观经济）稳定职能不适合分配给地方政府的原因包括：（1）地方举债会使地方政府承担更高的地区成本，却也带来收益，因为这样的（宏观经济）稳定会超过地区边界，结果能提供的（宏观经济）稳定微乎其微；（2）地方债务的货币化会产生通货膨胀压力，并会对物价稳定造成威胁；（3）货币的稳定性需要货币和财政政策职能只由中央执行；（4）周期性冲击一般都是全国范围的（所有地区都是对称的），因此需要全国做出反应。尽管这些观点受到了几个理论和实证领域作者的挑战（Scott，1964；Dafflon，1977；Sheikh 与 Winer，1977；Gramlich，1987：Walsh，1992；Biehl，1994；Mihaljek，1995；Sewell，1996；Huther 和 Shah，1998；Shah，1999b，2006b），但这些观点仍旧赢得大批追随者。经常得出的启发是公共部门的分权，尤其是在发展中国家，对于“宏观经济问题的加剧”来说具有重大风险（Tanzi，1996：305）。

为形成关于此问题的观点，我们仔细考虑了货币和财政政策所需的制度框架的理论与实证基础。

货币政策的制度背景

货币政策关系到对诸如物价水平、货币总量、汇率和名义 GDP 等名义变量的变化水平和速度的控制。因为通过对这些名义变量的控制来提供一个稳定的宏观经济环境是被公认的主要职能，所以货币政策在所有的民族国家（联邦制和单一制国家）都是集权的。但是，偶尔会有人认为应当将地区维度添加到货币政策的设计和执行中。例如，

Mundell（1986）认为，一个最佳的货币区域应当比某些联邦制国家的范围要小，例如加拿大和美国，而且在这种情况下，汇率政策的差异影响可能与地区之间公平对待的宪法要求是不一致的。当联邦政府在国内举债而省政府却从国外借债的时候，情况就会变得更加复杂：加拿大就是这种情况，因为联邦汇率政策影响到了各省的债务偿还本息。与之类似的是，Buchanan（1997）则反对建立邦联中央银行，如欧盟中央银行，因为这样会否定竞争型联邦制的精神。

在一个集权的货币政策环境中，Barro（1996）警告道，如果没有货币当局对物价稳定的强力承诺，则可能无法实现稳定的宏观经济：如果人们预料到会使用货币供应的增加来应对经济衰退，那么对于这种反应的缺少将会加深衰退。对于物价稳定的强力承诺的信用度可以通过一直遵守正式规则或是货币规则来建立，例如固定汇率等。阿根廷的1991年《可兑换法》规定比索在美元方面的价值是平等的，而巴西1994年的《雷亚尔计划》帮助实现了对这一信用等级的测度信用度。阿根廷中央银行通过在1994年12月到1995年3月期间容忍货币基础方面的严重紧缩强化了这一承诺的信用度，因为对于墨西哥危机的投机反应造成了阿根廷外汇储备的下降。

另外，保证各级政府的独立性对于主要任务是物价稳定的中央银行来说，能够建立此类承诺的信用度（Barro，1996；Shah，1998c：11）。Barro认为，对于专注于物价稳定至关重要，以至于他认为理想的中央银行家甚至不需要是一个出色的宏观经济学家，而应当是一个对物价稳定有坚定承诺的人（1996，58）：“理想的中央银行家出现在公众面前应当总是郁郁寡欢的，从来不讲笑话，而且要一直抱怨通货膨胀的危险。”实证研究表明，从1955年到1998年，三大最独立的中央银行（瑞士国家银行——瑞士中央银行、德国联邦银行和美国联邦储备委员会）的平均通货膨胀率是4.4%，而三个最不独立的银行（直至1989年的新西兰、西班牙和意大利）的平均通货膨胀率为7.8%。前三个国家的通货膨胀率进一步体现出了较低的波动。同样的研究还指出，中央银行的独立程度与平均增长率和平均失业率无关。

因此，Barro（1996，57）认为："更独立的中央银行显然能够不劳而获。"欧盟通过建立一家独立的欧洲中央银行已经意识到了这一原则。

那么关键问题是，在分权的财政制度下，中央银行的独立性是否会折中。有人可能会推理预料到，中央银行在分权制度下可能会有更大的利益和独立性，因为这一制度会要求对中央银行的运行准则进行分类，尤其是其职能及其与各级政府之间的关系。例如，当巴西在1988年引入了分权的联邦宪法之后，极大地提高了中央银行的独立性（Shah，1991；Bomfim与Shah，1994）。但是，巴西中央银行的独立性与其他联邦制国家相比仍显得比较薄弱（见Hunther与Shah，1998）。而在另一方面，在集权制国家中，中央银行的角色一般由财政部决定并受到其影响。在极端情况下，英国（单一制国家）中央银行英格兰银行的职能并不是法律规定的，而是由英国财政部培育的传统随时间流逝形成的。只有在1997年5月，新当选的首相托尼布莱尔的工党政府才确保英格兰银行能够自由地实现物价稳定。这种稳定性可能仍会受到折中影响，因为财政大臣仍然是董事会里具有投票权的成员。

新西兰和法国（单一制国家）最近也意识到了中央银行独立性对于物价稳定的重要作用，并授予其中央银行独立性。新西兰1989年的《储备银行法案》授权物价稳定是中央银行的唯一职能，而且明令禁止政府参与货币政策。而在另一方面，中国人民银行却没有享受这样的独立性，而且经常作为开发银行或是中央银行"政策借债"的代理机构运行，且在此过程中逐渐削弱了其确保物价稳定的作用（见世界银行，1995；Ma，1995）。就货币政策而言，中国人民银行只能执行国务院授权的政策。1995年的《中国人民银行法》第七条规定，中国人民银行的角色只是"在国务院的领导下执行货币政策"（见Chung和Tongzon，2004）。

对于这一问题的系统研究，Huther与Shah（1998）将Cukierman、Neyapti和Webb（1992）提出的关于80个国家中央银行独立性的证据与同样国家财政分权指数进行联系。Cukierman等人根据对中央银行运行的16个法定方面的调查对中央银行的独立性进行了评估，这其中包括首席执行官的任职、政策形成的正式结构、银行在其章程中规定的目标以及对借债给政府的限制因素。Huther 与 Shah（1998）发现，在财政分权和中央银行独立性之间存在着一种弱而正相关的关联，证实了我们做出的中央银行独立性在分权制度下得以强化的推理判断。Shah（2005b、2006b）最近的研究使用了 40 个国家从 1995 年到 2000 年的横截面（数据），而且提供了对财政分权对中央银行独立性的影响的计量经济分析。其结果证实了财政分权和联邦制对于中央银行独立性的正面影响。

由中央银行紧急救助出现问题的州立银行和非州立银行而造成的货币基础增加偶尔代表了货币不稳定性的重要根源以及宏观经济的显著障碍。在巴基斯坦这个集权的联邦制国家，中央政府和省政府在过去曾经突袭过国有化银行。在巴西这个分权的联邦制国家，州立银行在过去曾经向其自身的政府提供过贷款而且没有考虑预期的政府营利性和风险，最终导致了 1995 年的所谓千亿美元的州债务危机。但是，后来在 20 世纪 90 年代晚期，巴西通过对州立银行的成功私有化以及禁止政府从州立银行或中央银行借债正面解决了这一问题（Levy，2005）。因此，不管财政制度的分权程度如何，中央银行的确保政府及银行部门之间公平交易的角色会提高货币的稳定性。

已有的实证证据表明，与具有大批参与者的分权结构相比，在具有集权治理结构的国家里，这类公平交易更加难以实现。这是因为分权的结构需要各类公共参与者角色的更大明确性，包括中央银行。难怪我们会发现四个被公认为独立的中央银行（瑞士央行、德国央行、奥地利央行和美联储）都是高度分权化联邦财政结构的产物。有趣的是，德国央行的独立性没有得到德国宪法的担保。规定了此类独立性的《德国央行法》还规定中央银行有责任支持联邦政府的经济政策。实际上，德国央行一开始曾通过关注物价稳定来寻求建立其独立性，这一点在 20 世纪 90 年代得到了验证，当时德国央行决定提高利率来为德国统一提供资金，根本不顾对联邦债务的负面影响（见 Biehl，1994）。

《瑞士联邦宪法》（第 39 条）将货币政策分配给了联邦政府。然而，联邦政府已经将货币政策的执行权委派给了瑞士国家银行，而瑞士国家银行是一家由特殊法律管理的私人有限公司。尽管 1953 年的《国家银行法案》要求国家银行根据国家的整体利益来执行其政策，但还是将执行货币政策的独立性授予了瑞士国家银行。有趣的是，瑞士国家银行会向各州分配一部分自己的利润，来灌输地区在货币政策执行方面的主人翁及参与意识（见 Gygi，1991）。

Shah（2005b、2006b）也实证调查了一些关于财政分权对货币稳定性影响的额外问题，包括货币供应增长、对通胀的控制、通胀及宏观经济平衡。该研究的结论是，货币供应的增加主要是由中央银行的独立性决定的，而且财政分权具有微不足道的正面影响。与之类似的是，财政分权对于价格通胀具有正面但是微不足道的影响。最后，研究发现财政分权对于通胀及宏观经济平衡的影响是微不足道的。

巴西的货币管理：十年的成功改革

长期以来，巴西的银行系统都掌握在各州手中，且政府会从其银行进行轻率的贷款，继而引发紧急救助。这一传统削弱了财政纪律和宏观经济稳定。最近，联邦制度已经能够设法对付这些问题了。为此目的，巴西已经向巴西央行授予了大量的独立性，而且还采用了各种制度来促进政府与金融机构间的公平交易。1996 年 8 月，联邦政府实施了“减少州参与银行业活动的项目”（PROES），该项目要么向州政府提供财政支持，从而准备州立银行的私有化、清算和重组，而且其中一些银行被转变成了开发机构，要么自愿选择将整个改革过程的控制权委托给联邦政府（Beck、Crivelli 与 Summerhill，2003）。政府的努力成功地减少了州立银行的数量。在私有化的州立银行中，包括下列以前的州立银行：里约热内卢（BANERJ，1997 年 6 月）、米纳斯吉拉斯（BEMGE，1998 年 9 月）、伯南布哥（BANDEPE，1998 年 11 月、巴伊亚（BANEB，1999 年 6 月）、巴拉那（BANESTADO，2000 年 10 月）、圣保罗（BANESPA，2000 年 11 月）、帕拉伊巴（PARAIBAN，

2001年11月）、戈亚斯（BEG，2001年12月）和亚马逊（BEA，2002年1月）。

最近，2000年颁布的《财政责任法》（LRF）禁止政府向其拥有的银行或中央银行借债。它要求所有新的政府借债都要获得巴西央行的技术审批以及参议院的审批。在现任的政府任命结束前180天内禁止进行借债操作（Afonso与De Mello，2000）。对于资本市场而言，LRF规定，违反债务上限的融资操作将无法律效力，且已经借出的款项应当不计利息全额归还。因无效性而造成的未付利息构成贷方（放款人）的损失。

总体而言，巴西自1997年以来已经实现了货币纪律，并自1995年以来保持了物价稳定。

中国的货币管理：仍然得过且过

中国的单一制特点通过其一党执政体系得到了极大地强化。在20世纪80年代初之前，中国拥有的是一个并不复杂的由中国人民银行组成的银行体系，连同几个专门的银行，如人民建设银行——财政部的一个分支。中央预算和银行体系提供企业所需的营运资本，以及主要用来支付劳动力资本和农业产品购置的现金。银行体系的角色有限，因为大部分企业固定资产的投资都来源于政府预算的直接拨款。1983年，在一次主要改革中，直接拨款被提供给生产企业的生息贷款所取代。结果，银行系统逐渐成了获得投资融资以及中央权力机构进行宏观经济调控的主要渠道。1984年，在国务院的指示下，中国人民银行变成了中央银行，且其商业银行业务被转变成了中国工商银行。还建立了一个省级分支网络，来接力中央银行的货币业务。与此同时，出现了其他的专业银行和非银行金融机构以及许多地方分支机构。这些银行和中央银行建立了市、县甚至是乡镇级分行。中央银行的借债压力源于国有企业的投资需求。

尽管这些（银行）发展情况使企业融资的分权化成了可能，但是也为资源的争夺创造了一个更广阔的金融舞台，而且让中央对货币政策的管理变得极为复杂。在分权制度下，省和基层政府具有大量的投资决策权，并对地方银行分支机构的信贷扩张产生了极大的影响。虽然各省在年初会获得一定的信贷上限（最高额），但是央行在来自地方的压力下，经常被迫修改年度信贷计划。央行的地方分支机构对于央行向金融部门的年度借债有30%的自由决定权（见 World Bank，1997：7.23）。省政府和基层政府利用央行分支机构的这种自由裁量权进行对自己有利的随意借债，从而威胁到了物价稳定。根据 Qian 和 Wu（2000）的说法，央行提供给省级银行70%的贷款通过央行的地区分支机构进行调拨。结果，在1988年和1989年出现了两位数的通货膨胀，而且后来又出现了银根紧缩（信贷紧缩）。货币（通胀）周期似乎比改革前更加频繁了，而且造成了大量的资源浪费。在1993年、1994年和1995年，又出现了两位数的通货膨胀，这是因为高的惊人的利润超过了1992年的信贷上限（最高额）。鉴于这些影响，某些研究已经发现了在这一时期进行的货币分权是一个错误（Qian，2000）[①]。作为回应，1995年的《中央银行法》通过将央行地区分支机构的监察权重新且唯一分配给央行总部以对货币政策进行再集权。尽管成效有限，中国的货币当局已经采取了各种措施来促进银行系统中的公平交易。它们通过减少省政府对中国人民银行地区分行的影响（现在重组为9个地区，与之前的31个省级行政区配置截然相反）；通过限制地方政府对国有银行的影响，尽管国有企业从这些银行获得的贷款并没有得到限制，而且这些银行未执行的投资组合规模出现了增长；以及通过利率自由化来鼓励市场纪律（上述措施）促进了国有银行业中的公平交易。

这些政策并不是很成功。虽然国家商业银行不受基层政府的控制，且有权决定如何分配其贷款，但是国有银行会受到来自中央政府的强大压力，要么直接向无法支付工人工资的国有企业提供资金（Cull 与

① 按照 Ma（1995）的说法，因为当前的货币和财政制度，地方政府的激励机制与中央激励机制一致。因此，在1989年和1993年进行重大分权改革之后，便立即出现了通货膨胀，从而迫使中央政府重新集权。

Xu, 2003)，要么购买政策性银行发行的债券（Yusuf, 1997）。国有银行愿意遵从这些要求，因为万一出现违约，就期望获得中央政府的紧急援助。在这方面，Cull 和 Xu（2003）提出了实证性证据，证明了银行贷款和营利性之间的联系在 20 世纪 90 年代变弱了；而 Shirai（2003）却通过实证发现，商业银行对政府债券的投资与更低水平的盈利率有关。上述两个研究的结果都证明了中国的改革没有成功促进充满了具有紧急援助性质的贷款业务的银行系统中公平交易的看法。中央政府利用银行系统向地方政府和国有企业提供资金的做法对于金融部门的治理稳定物价产生了有害的影响。

财政政策的制度背景

在单一制国家中，中央政府承担财政政策的专属责任。在联邦制国家中，财政政策是各级政府共担的责任，且联邦政府运用其支出权（如支出权力或财政转移支付）以及道德劝说通过联合会议来引导财政政策使用一种协调的方式。联邦制度下的责任分配也会对（宏观经济）稳定政策的执行给予一定的关注，通常是将稳定且周期性不太敏感的收入来源和支出责任分配给地方政府。此类分配试图将地方政府与经济周期隔离，而且政府在执行（宏观经济）稳定政策方面具有突出作用。在大型联邦制国家中，这种隔离通常可能只对最低层级的政府有效，因为中间层级的政府（州政府和省政府）与联邦政府共同承担提供周期性敏感的服务（的责任），如社会援助。这些中间层级的政府可以使用周期性敏感的且充当内在（自动）稳定器的收入基础。

作为财政审慎毒药的财政联邦主义

数名学者（Tanzi, 1996; Wonnacott, 1972）辩称，在没有实证证据的情况下，地方政府的融资在开放的联邦制度中可能是一个问题来源，因为地方政府可能会避开联邦政策目标。Tanzi（1995）也关注了初级政府的赤字产生和债务管理政策。最近研究强调的是可能违反联邦制经济体中的财政政策协调性而运行的联邦宪法的制度弱点（Weingast,

1995；Seabright，1996；Saiegh 和 Tommasi，2000；Iaryczower、Saiegh 和 Tommasi，2001）。这些研究注意到，定义了联邦治理结构的制度框架通常包括大量不完全契约。[①] 各层级政府中存在关于税收和支出管辖方面的未定义或模糊产权的情况下，次优的政策就会出现，因为这些代表的不是合理经济原理的演变，而是政府间讨价还价过程的结果。他们辩称，联邦讨价还价过程会面临常见的财产资源问题以及"普遍主义准则"或"分肥政治"，这两种情况都会导致涸泽而渔。例如，Jones、Sanguinetti 和 Tommasi（1998）宣称，普遍主义问题在阿根廷的两个层面上得以证明：首先是在各个为联邦资源进行游说的省之间，其次是在为更多争夺各省资源库的地方政府之间。

作为财政审慎福音的财政联邦主义

可用的理论和实证研究成果没有为这些热点问题的有效性提供支持。第一点，在理论层面上，Sheikh 和 Winer（1977）通过（需要用来得出中央当局的宏观经济稳定不起作用仅仅是因为缺乏合作的结论的）低层级辖区证明关于任意不合作的相对极端和不切实际的假设。这些站不住脚的假设包括区域性对称冲击、封闭性经济、资本市场分割化、地方财政政策供给侧效果缺乏地方政府以及区域间贸易中的税收—转移支付制度的内在稳定器作用的未利用率、联邦支出权力运用的限制因素（例如，旨在影响地方政府行为的有条件拨款）、无限制和无纪律的地方借债以及地方政府极端不合作性的共谋行为（也可见 Gramlich，1987；Mundell，1963；Spahn，1997）。Sheikh 和 Winer 为加拿大提出的实证模拟表明，联邦财政政策在大多数情况下的失败不能归咎于低层级政府的不合作行为。Saknini、james 和 Sheikh（1996）进一步证明，分权的联邦制中，拥有明显差异的国家级以下经济体（具有不完整的市场和非贸易产品），联邦财政政策便充当防范地区特定风险的角色，

---

① 这些契约的不完全性出现是因为未知问题进入政策议程。其中几个问题不可能在原始契约——宪法中进行考虑，或者即便是有所涉及，也无法全面解决，因为公共管理的复杂性随时间的推移会不断增加，或者由于为极大量未来可能的情景设计政策，会承担过高的成本。

因此，分权的财政结构不会危害在集权的财政政策下寻求的任何目标（也可见经济政策研究中心，1993）。

Gramlich（1987）指出，在开放的经济体中，面临国际竞争将会使一些地区在损害其他地区的情况下受益。他认为，能够通过地区（宏观经济）稳定政策更有效地解决中央产生的不对称影响，因为在地区和地方层面上，能够获得更好的信息和手段。支持 Gramlich 观点的一个例子是油价波动对于石油生产地区产生的影响。例如，加拿大的艾伯塔省就通过在繁荣年份抽取石油收入的 30% 到艾伯塔遗产信托基金（是一把"雨天伞"，即雨天基金或是稳定基金）中的方式有效地应对冲击。后来，当石油价格下降的时候，该基金就会派上用场。哥伦比亚石油收入稳定基金遵照同样的传统。

然而，这一结论必须通过这样的事实来验证才能名副其实，即联邦国家中强有力成员的不当财政行为能对联邦宏观经济政策的执行有重大制约性影响。例如，在 20 世纪 80 年代末的繁荣年代，由安大略省社会支出增长而产生的通货膨胀压力，使得加拿大银行物价稳定的目标变得更加难以实现。这些困难强调了分权联邦制度下的财政政策协调的需求。

关于分权化的财政管理不善的可能性方面，如之前 Tanzi 所述，来自多个国家的实证证据表明，尽管国家、中央或联邦财政政策一般不会遵守欧盟（EU）赤字不得超过 GDP 的 3% 且债务不得超过 GDP 的 60% 的准则，但是低层级的政府政策一般都会遵守准则，包括诸如巴西和加拿大这样的分权联邦制国家，以及澳大利亚和印度这样的集权联邦制国家。集权的单一制国家在这些指标的基础上表现更差。例如希腊、土耳其、葡萄牙以及大量的发展中国家都不能满足欧盟的准则。政府一般也不会遵守欧盟提出的中央银行不应该充当最后贷款人的要求。

在国家层面强推财政纪律的集体行动失败是由"公地悲剧"或"普世主义准则"或"分肥政治"引起的。但是这些问题并非联邦制度所独有。在他们试图避免僵局的过程中，联邦制和单一制国家的立法者交换选票并通过暗中同意“如果你赞成我的最佳项目，我也会赞成你的最佳项目”这样的方式来支持彼此的项目（Inman 与 Rubinfeld，1992：13）。这一行为导致了悬于国家层面上的过度支出及更高的债务，还导致了联邦企业所得税的地区差异基础，因此通过这些税收支出造成联邦收入的损失。这些税收支出强调的是国家层面上的财政赤字。在美国历史的前 140 年里，通过两个财政规则将普世主义的负面影响维持在了最低水平上：宪法正式将联邦的支出权力限定在狭窄的领域，且随后执行了一条非正式的规定，大意是联邦政府只有在应对经济衰退或战争的时候才能借债（Niskanen，1992）。经济大萧条和新政导致了对这些财政规则的放弃。Inman 与 Fitts（1990）提供了一些支持了普世主义在后新政时期的美国中运行的实证证据。为克服之前提到的关于国家财政政策的困难，提议的解决方案包括“看门人”委员会（Weingast 与 Marshall，1998；Eichengreen、Hausman 和 Van Hagen，1999）、在立法机构内部强推政党纪律（Cremer，1998）、宪法强推的或立法规定的财政规则（Niskanen，1992；Poterba 与 von Hagen，1999；Braun 与 Tommasi，2002；Kennedy 与 Robins，2001；Kopits，2004）、执行日程设定（Ingberman 与 Yao，1991）、市场纪律（Lane，1993）以及当国家政府民主选举的潜在无效性会大于集权化的经济收益之时而进行的分权化。对拉美国家类似情况的观察促使 Eichengreen 等人（1999）提出了以国家财政委员会的形式来建立一个独立的“看门人”，从而定期设置一般性政府债务的最大允许增加额度。虽然联邦制国家和单一制国家都会面临这些问题，但是在试图通过先前提议的解决方案来限制政治市场中的随意且不受欢迎的结果方面，联邦制国家显示出更大的适应性。更有意思的是，财政稳定性在巴西的集权结构下出现失败，而在分权的财政体制下随后的这一舞台却获巨大成功。Shah（2005）进一步确认了这些观察报告。他的结果显示，债务管理纪律（世界银行职员进行的国家评分）与 24 个国家的财政分权化具有正相关但不显著的联系。

鉴于存在会使财政政策的执行变得更加复杂的国家以及地方政府

不当财政行为的可能性，何种制度安排对于防范这一不测事件是必要的呢？如我们稍后所述，成熟的联邦制国家会重点强调通过行政或立法联邦主义进行的政府间协调以及用来实现不同层级政策间同步的财政规则。而另一方面在单一制国家中，传统上会将重点放到对集权化或中央直接控制的运用上。这些控制（措施）因为政府间的博弈而通常都无法实现协调的反应。另外，除了它向诸如国际货币基金组织等外部来源寻求国际援助国家政府可以完全逃避任何详细审查。但是，外部援助会产生道德风险问题，因为会在双方产生官僚激励机制，以确保这类援助是永远需要和可用的。

成熟联邦制国家中的财政政策协调

在成熟的联邦制国家中，财政政策协调是通过行政和立法联邦主义以及正式和非正式的财政规则来进行的。最近几年，立法规定的财政规则已开始在联邦制和单一制国家中得到更大重视（见表 14 - 1 及附录）。这些规则表现为预算平衡控制、债务限制、税收或支出控制以及对新税收及支出方案的全民投票等形式。例如，欧盟在通过《马斯特里赫特条约》的规定实现创立货币联盟的目标时，建立了关于国家赤字和债务的上限，并且支持成员国的中央银行以及欧洲中央银行不得向任何政府提供紧急援助的规定。欧盟也被禁止提供涉及成员国公债的无条件担保（Pisani - Ferry，1991）。这些规定后来通过《增长与稳定公约》的规定得以加强（欧洲议会采用的立法规定的财政规则）。大多数成熟的联邦制国家也会在成立中央银行之时详细规定禁止进行紧急援助，但也有例外：1992 年前的澳大利亚和 1996 年前的巴西。如果有来自于银行业的明确甚至是暗示的紧急援助担保及优惠贷款，那么地方政府就有可能印钞票，因此会对通货膨胀火上浇油。最近的历史证明，尽管欧盟准则为联邦制国家中的宏观经济协调提供了有用的框架，但这些准则可能确保不了宏观经济稳定，因为它们可能以微乎其微的影响来限制诸如希腊等这样较小国家的宏观经济稳定，但是可能不会限制诸如法国和德国这样的超级大国。因此，适当地执行准则可能需要一个财政协调委员会。

表 14 -1　　　　　　　　　财政规则一览表

国家	经营预算平衡要求	债务限制	税收及支出限制	新税收及支出的全民投票	对不遵从的处罚
欧盟——普惠制	是	是	否	否	是
美国各州（共计50）	48	41	30	3	是
加拿大各省（共计10个）	8	3	2	4	是
德国	是	否	否	否	否
新西兰	是	否	否	否	否
瑞典	否	否	是	否	否
巴西	是	是	是	否	是（监狱）
阿根廷	是	是	是	否	否
阿根廷各省（共计23个）	17	17	17	否	否
印度	是	是	否	否	否
印度各州	是	是	否	否	否

来源：摘自加拿大财政部（2004）。

最近的财政调整项目经历证明，虽然立法规定的财政规则对于成功的财政调整来说既不是必要的也不是充分的，但是能有助于加强持续的政治承诺，从而实现更好的财政结果，尤其是在具有分裂政治制度或联合政体的国家中。例如，这类规则有助于维持在比例代表制的国家（巴西）或多党联合执政的国家（印度）以及具有立法和行政职能分立的国家（美国、巴西）对于改革的政治承诺。这类国家中的财政规则有助于限制分肥政治，从而加强财政纪律。Von Hagen（2005）根据对欧盟财政规则经历的回顾得出结论：就是预算制度比财政规则更重要。欧盟财政规则可能鼓励了欧洲国家加强预算制度，这反过来对财政纪律和财政结果具有颇受欢迎的效果。

成熟的联邦制国家在财政政策协调机制方面差异巨大。在美国，既没有政府间（联邦—州）的财政政策整体协调，也没有对于州借债的宪法限制，但是各州自己的宪法规定则会限制经营赤字。政府间的协调一般会通过国会法案建立的财政规则来实现。例如《拉德曼法案》。财政纪律主要由政治和市场文化提供的三个有明显区别的激励因素产生的：选民都是保守的，而且会选择对确保公共支出做出承诺的候选人；执行被视为不审慎的较低资产价值的财政政策，因此降低了公共收入；且资本市场惩罚入不敷出的政府（见 Inman 与 Rubinfeld，1994）。

在加拿大，对于联邦—省财政协调有详尽的机制，表现的形式为政府间会议（定期举行的首席部长及财政部长或财务主管会议）以及联邦委员会（一个省际顾问机构）。加拿大大部分直接的项目支出都是由地方政府完成的，但是渥太华（亦即加拿大的联邦政府）保留了灵活性，并通过有条件地转移支付以及征税协议实现财政的协调。此外，渥太华还为政府间的协商和协调建立了一个有条理的制度安排。然而，关于政府（公共）部门借债的多数纪律都来自于对各级政府的赤字和债务进行监督的私有银行部门。整体的金融市场和选区会在地方政府力推强大的财政纪律。

在瑞士，社会保守主义、财政规则和政府间关系在财政协调中发挥着重要的作用。各州和市镇的借债仅限于可通过现收现付制融资的资本项目，而且需要获得受欢迎的公民投票同意。此外，州和市镇必须平衡当前的预算，包括利息支付和债务摊销（分期偿还）。政府间的协调也通过“普通预算指令”得以促进，该指令适用于各级政府，体现为如下一般原则：公共支出的增加不得超过名义 GNP 的预期增长；预算赤字不得超过上一年的水平；公务员的数量应保持相同，或只能略微增加；政府（公共）部门的建筑体积应保持不变；且应当避免通货膨胀的指数化条款（U. Gygi，1991：10）。

德国宪法详细规定，联邦及州政府具有预算独立性（第 109（1）GG 条），但是必须考虑到整体经济平衡性的要求（第 109（2）GG

条）。1969年的《稳定性及增长法》建立了财政规划委员会及周期规划委员会作为两级政府的协调机构。该法律规定了统一的预算原则以促进协调。要求年度预算要与中期财政规划相一致。该法律进一步授权联邦政府短期内改变税率和支出，甚至限制借债和均等化拨款。州议会不再具有税收立法权，且宪法规定联邦和州借债仅限于资本项目的预期支出（即所谓的黄金准则）。然而，用于改正“一般经济平衡性的干扰”的联邦借债却不受该规则限制。联邦政府随后还会执行一个五年预算规划，这样财政政策立场对地方政府有效。1969年的法律还创建了两大工具来打造合作性联邦制：联邦参议院授权的联合任务以及为联邦立法或联邦—州协议授权的为州及地方支出提供的联邦拨款。在政府间协调方面额外一件有帮助的事就是中央银行（德国央行）独立于所有层级的政府，并且专注于物价稳定。最重要的是，通过联邦参议院（国会的上议院，直接代表州政府）实现了全面而有效的政府间（联邦—州）财政协调。德国的参议院是正式的政府间协调最突出的机构。这类政府间协调的正式机构在具有立法联邦制国家中尤为有用。《南非共和国1996年宪法》也为政府间的协调建立了这样一个机构，名为全国省级事务委员会。

澳大利亚的政府间（联邦—州）财政协调为联邦制国家提供了宝贵的经验。澳大利亚在1927年成立了一个贷款委员会，将其作为信贷分配的一种手段，因为该委员会限定州政府只能够从联邦政府借债。此规则一个重要例外就是，各州可以通过自治（地区）政府及地方政府将借债用于其自身的目的。这一例外证明是联邦贷款委员会的一个阿喀琉斯之踵（软肋），因为各州曾广泛运用这一例外试图绕开委员会的繁琐手续以及委员会对其资本支出计划的控制。联邦政府最终在1993年认识到该中央信贷分配政策是一种有缺陷且低效的手段。联邦政府解除了对州借债的限制，并且重新设立了贷款委员会，这样它便能充当信息交流的协调机构以确保更大的市场问责性。新澳大利亚贷款委员会试图向各州提供更大灵活性以确定其自身的借债要求，并试图以财政需求和总体宏观经济策略来协调借债。该委员会还进一步灌输了对预算过程更深层的理解，并向金融市场提供了关于政府（公共）部门借债计划的及时和宝贵信息。到目前为止，这一过程貌似运行良好。

对于欧盟，Wierts（2005）得出的结论是地方政府对于合并政府（公共）部门赤字和债务的贡献与大部分欧盟国家的中央政府相比较小——包括联邦制国家和单一制国家。

财政分权对财政管理的影响：计量经济证据

Shah（2005b、2006b）提出的计量经济分析探讨了财政分权对财政管理质量的各方面影响。其提出的计量经济证据支持了财政分权对于财政管理质量具有正向的显著影响这一假设。财政分权对于征税效率的影响是负向但不显著的。财政分权会导致对公共资源的审慎使用。尽管公共支出的增长与财政分权呈正相关关系，但是与分权的记分指数的联系不显著。财政分权与赤字的控制呈不显著的正相关关系；对公共债务的增加具有不显著的正向影响；并且能够促进公共管理透明度和问责性的提高。最后，财政分权与 GDP 的增长呈不显著的正相关关系。

巴西的财政政策协调，从财政压力到财政纪律：一个巨大的飞跃

由巴西 1988 年宪法授权的税收分配降低了联邦政府在财政政策执行方面的灵活性。新宪法将一些生产型联邦税收转交给了较低层级的管辖区，并且还提高了地方政府对联邦收入共享计划的参与程度。最具生产性质的税种之一——销售增值税被分配至各州，且州财政部长委员会（CONFAZ）得以建立，扮演协调角色。然而，联邦政府在所得税领域的灵活性仍然未受影响。这种自由化给予了联邦政府某一可能性：即，不仅影响总的可支配收入，进而影响总需求，而且也对最终收到近一半税收收益的较低层级政府的收入和财政行为产生了直接影响。这一政策工具的有效性尚待决定（是一个开放性问题），而且非常依赖于地方政府的信誉。考虑下这一情况：联邦政府决定执行自由裁量的所得税削减。考虑到州政府和地方政府在所得税收益上占据的大份额，这一措施可能会对他们的收入产生显著影响。为了弥补联邦收入的大量损失，较低层级的政府可能会选择在其管辖区内增加税率或税基，或增加其税收努力。地方政府和州政府的这些回应可能会逐渐削弱所得税作为财政政策工具的效率。因此，为了（宏观经济）稳定政策的成功执行，将需要更大程度的政府间协商、合作和协调。

新财政制度安排的一个整体影响就是限制了联邦政府对联邦制国家中政府（公共）部门支出的控制。联邦支出作为（宏观经济）稳定的工具，其成功再一次取决于地方政府在协调其支出政策方面与联邦政府的合作。宪法再一次重视财政政策的政府间协调。这种程度的协调在财政困境时期可能是无法实现的。

由联邦政府自由进行的收入减少以及对支出责任的不完全转移已进一步限制了联邦政府。联邦收入的主要来源是所得税。纳税人能更为轻易地逃避这些税收，因此其作为收入来源的相对重要性正在减少。被视为更具活力的收入来源的是增值税，已分配至州级政府。因此，联邦当局无法获得更具生产性的税收基础，以减少公共债务问题，并且在执行以财政为基础的宏观经济稳定政策方面获得更多灵活性。根据 Shah（1991、1998c）以及 Bomfim 与 Shah（1994）的论述，如果要由联邦—州委员会管理的联合联邦—州增值税能够被设置为替代联邦工业产品税、州货物流通税和市政服务税（其税收基础部分重叠）的税种，那么这一情况便可得以补救。这种联合税收有助于减轻当前的联邦财政危机，而且能够提高销售税管理的效率。他们认为，可以利用联邦政府与纯粹的地方职能相脱离并通过清除对市政当局的联邦税收转移支付来对联邦的支出要求进行削减。对市政当局的转移支付能够在州级政府得到更好管理，因为各州能够更好地获取关于其管辖区的市政财政能力和税收努力的数据。传统上服务于推进“政治分肥”而非实现国家目标的协商转移支付，一些关于其作用的再思考准备就绪。如果这些转移支付由绩效型的有条件的固定（人均）联邦转移支付所替代，以达到国家（最低）标准，那么联邦制国家中的问责性和协调性都能够得到提供。这些（制度）再安排会给联邦政府带来更大的灵活性，以努力实现其宏观经济政策目标。最后，他们提倡制定对所有层级政府以及一个联邦—州协调委员会具有约束力的财政规则来确保这些规则的强制执行。

近年来，（解决）这些问题的大部分都已取得显著进步。例如，由于联邦政府所经历的财政紧缩，协商转移支付已经变得不显著了。参议院已经为州债务规定了指导方针（第 69 号参议院决议，1995）：最高债务偿还不能超过净收入的 16% 或当前收入盈余的 100%（以较少者为准），而且债务积累的增长（新的借债）在 12 个月的时间里，不能超过现有的债务还本付息或是净收入的 27%（以较高者为准。见 Dillinger，1997）。最近，在 1998 年进行的养老金及公务员津贴改革已经为各级政府引入了更大的预算灵活性。同样，通过让资本市场监管地方借债而实现了次优结果之后，巴西的联邦政府选择建立一组相当约束力的财政责任制度。首先，1997 年 9 月的 9696 号法律为 1997 年 12 月到 1998 年 6 月之间签订的一系列债务重组合同建立了一个框架，借此，一部分债务（20%）应该用国有资产私有化的收益进行偿还，而剩余部分的州债务和地方债务要按照补贴利率在最多 30 年内进行重组（相当于每年 6% 的实际利率）。债务重组合同在范围上变得更加全面，因为 27 个州中的 25 个以及 180 多个城市签订了债务重组协议（Goldfajn 与 Refinetti，2003；国际货币基金组织，2001）。作为交换，合同要求地方政府承诺参与调整计划，其目标是在协商期间，将债务与净收入的比率减少到例均 1% 以下。合同为违反调整项目协议而建立了制裁措施，例如增加债务还本付息上限（年债务还本付息与净收入比率为 13% 到 15%，超过这一部分的债务还本付息须资本化），而且要增加针对补贴利率的市场利率置换条件。债务重组合同也会对不遵守规定的州进行严厉的处罚，而且如果出现违约，会授权联邦政府拒绝给予财政转移支付，且如果这一措施力度不够，则会从州银行账户中收回本应归于该州的款项（Goldfajn 与 Refinetti，2003：18）。债务重组协议禁止进一步的信贷或重组业务涉及其他各级政府。这有助于避免政府间紧急救助可能性而产生的道德风险激励机制（国际货币基金组织，2001）。

在1997年的6996号法律以及补充规定的基础上，巴西联邦政府在2000年制定了《财政责任法》（Lei de Responsibilidade Fical，LRF）及其附属规定（Lei 10028/2000），对联邦政府、州政府、市政府和地方政府进行了约束。就《财政责任法》对于巴西联邦制动态的影响而言，它可能是自1988年宪法以来最重要的改革，因为州政府和联邦政府之间的后续折中不断提高了联邦政府的谈判影响力，同时也增加了联邦政府在宏观经济管理中的有效性。《财政责任法》规定了事前机构，如限制州债务、赤字和个人支出上限。根据《财政责任法》，州和市必须将债务积累水平保持在联邦参议院规定中确定的上限之下。如果地方政府超过了该债务上限，那么超过的部分必须在一年的时间内降低，在此期间，州或市将被禁止借任何新债，而且将无资格接受自由裁量的转移支付（世界银行，2002）。《财政责任法》还规定，所有新的借债都要获得中央银行的技术审批以及参议院的批准。在现任政府授权到期前的180天内，禁止进行任何借债业务（Afonso与de Mello，2000）。在人事管理方面，《财政责任法》条款规定了工资支出的上限。即工资支出不得超过联邦政府净收入的50%，而这一上限相当于地方政府的60%。《财政责任法》还将各种事后条款制度化，其目的是为了强制执行其规定。对于政府来说，对员工的冒犯或债务上限的违反，可能导致相当于那些责任人30%的年工资的罚款；对市长或领导的弹劾，而且如果违反了与选举年份有关的命令，甚至会服刑。对于资本市场，《财政责任法》声明，违反了债务上限的融资业务将被视为法律上无效，且已有的借债应不计利息地全额归还。这一条款的目标是阻止金融机构的此类借债行为。

最近几年，巴西联邦政府在确保所有层级政府的财政政策协调和财政纪律方面都取得了显著成就。到2005年6月，2000年的《财政责任法》对于巴西的财政绩效产生了显著的正面影响。所有的州和联邦政府都遵守了人事支出上限的规定（当前收入的50%）。而在债务方面，27

个州中（包括联邦特区）只有 5 个州仍然高于收入的 200% 的上限，这是由 2002 年的货币贬值造成的。92% 的市政当局已经将其债务降到了收入的 1.2 倍水平以下，而且只有少数大的市政当局具有无法维持的债务水平。到 2004 年，所有的州都实现了基本盈余（Levy，2005）。

中国的财政管理：一个未解决的挑战

1980 年之前，中国财政体制的特点是先进行分权征税，然后进行集中转移支付——也就是说，所有的税收和利润都要上交到中央政府，然后根据由中央通过与地方的双边谈判而批准的支出要求再转移支付返还给各省。在这一体制下，地方政府在地方经济发展方面几乎没有管理自主权。1980 年，这一体制被改变成了包干制。在新的制度安排下，每一级政府都要与其下一级政府签订合同，以实现一定的收入和支出目标。一个典型的合同规定了收入共享的方法，收入共享可以是上解给中央的收入百分比，或是固定费用加上百分比。这种包干体制意味着每一级政府的经济利益都能得到明显地确定。

在 20 世纪 80 代初引入的财政包干制之下，地方政府通过以下两种方法控制了有效的税率和税基：第一，地方政府通过提供不同程度的税收减免控制了税收努力。第二，地方政府已通过各种方法将预算内资金转化成了预算外资金，因此避免了与中央的税收共享。结果，中央不得不借助各种临时手段来影响地方政府的收入上解，并且这些手段造成了地方政府的不正当反应。在支出方面，当征税被分权之时，中央没有（给予）实现相应的（地方）支出削减。由于缺少集中控制的财力，外加“资本建设”的沉重负担，中央运用支出政策方面的灵活性已受到严重削弱。1979 年到 1992 年间，政府收入与 GNP 的比率从 30% 降到了 17%。日渐攀高的赤字变成了一个严重的问题，而缺少基础设施投资的资金加剧了经济中的瓶颈。

因为缺乏财力和政策工具，中央政府发现其自身处于一个愈发困难的境地，难以实现宏观经济稳定、地区均等化和公共产品供给的目标。1994 年初，中央政府发起了对税收分配制度的改革，试图解决这些难题。在新的体制下，中央将对中央税和共享税的管理和征收再次进行集权，而且通过新的收入共享方式将获得更大份额的财力。最初在主要的税收中，只有增值税得以集权。后来在2002年，个人所得税和企业所得税的管理也得以集权。增值税是按照75:25的比率（中央:地方）进行共享的，而且所有超出1993年水平的额外中央收入是按照60:40的比率分配的。收入以来源或收入点的基础返给各省。中央政府期望能够通过这些步骤，显著提高其在宏观经济管理中运用税收和支出政策的能力。然而，新体制没有解决旧体制中的很多缺陷：（1）根据所有权划分的税基将继续刺激中央在必要的时候收回企业的所有权；（2）支出责任的划分尚未明确规定；（3）新体制妨碍了地方自治，因为不允许地方政府确定地方税收的税基或税率；（4）政府间转移支付的设计尚未完全得以解决。1994年和1995年，中央政府还对省级政府、地方政府及其企业的投资强制施加了行政限制（见 Ma, 1995 及 World Bank, 1994a 进一步的细节）以应对通胀压力。1996年颁布的国务院第29号文件以及1997年的加强对预算外资金的预算管理的其他措施明显地限制了基层政府，尤其是农村基层政府的强征税费来为其自身支出提供资金的权力（World Bank, 1998）。

1994年的《预算法》禁止中央政府向中国人民银行借债。《预算法》还要求地方政府要有平衡预算，并且限制地方政府通过金融市场和发行债券来借债（Qian, 2000）。对于地方政府的借债以及无资金支持的中央指令的法律限制促使了省及地方政府承担隐性债务。此类借债通过国有实体（企业）进行了引导，例如城市建设及投资公司从银行借债或代表地方政府借债发行债券（World Bank, 2005a）。这种隐性债务对于宏观经济稳定造成了巨大风险。

无资金支持的指令连同极端限制课税权力形成了基层政府建立非正式课税渠道的激励机制。这一结果可以通过省以下政府的高水平的预算外资金（自筹资金）得以证明，其中包括尽管技术上合法，却没有经过中央政府正式批准的额外收费、（一般性）收费、公用事业设施费和使用费。在安徽省的一次试点实验确定了向农民们征收人均费用，其中包括本地教育费、卫生费、民兵训练费、道路建设及维护费、退伍军人福利费和计划生育费（Yep，2004）。1996 年，这一类型的准财政收入占到了总税收收入的高达 56% 的比例（Eckaus，2003；《中国统计年鉴》，2000：257、271）或是 1995 年 GDP 的 8%—10%（World Bank，2000）。这一非税类型的收入征管经常会加重当地民众的超额负担，在农民和地方官员之间不断产生矛盾（Lin 等人，2002；Bernstein 与 Lu，2003；Yep，2004）。如 Krug、Zhu 和 Hendrischke（2005：11）所述，省以下政府机构对收入产权的实际控制并没有被分税制所覆盖，这使得“省以下各级政府能够保留对非正式税收制度的剩余税收权利”。实际上，管理省以下税收工作的机构是由省政府与更低层级政府之间的复杂且不对称的包干制形成的。最近，中央政府已经在 2002 年通过“费改税项目”废除了农业所得税和农村的各种费用及收费。这些禁收措施对于县级财政具有不利影响，因为补偿性转移支付无法完全弥补这些正在增长的县级财政资金来源。

只要地方政府保留对提供私人产品的企业的所有权，缺少对其支出和征税责任的明确划分，并且从中央专项转移支付获取不成比例的数额，那么在地方层级上推进更严格的财政纪律在中国实际上仍然是一个不可能完成的任务。因此，财政政策协调及财政纪律在中国仍然是一个未完成的挑战。

财政政策协调：一些结论

财政政策协调对联邦制度提出了重大挑战。在这一背景下，财政规则和机构能够提供一个有用的框架，但未必是应对这一挑战的解决方案。对各级政府具有约束力的财政规则有助于维持由联合政体或分裂政体统治的国家政治承诺。协调机构在使用道德劝说时有助于促进协调响应。工业化国家的经验也表明，单方面对地方政府强加的联邦控制措施和限制措施通常不起作用。相反，以财政保守主义为基础的社会准则，如瑞士的普通投票和选民的政治激进主义则发挥了重要角色。最终，资本市场和债券评级机构提供了关于财政政策方面更为有效的纪律。在此背景下，重要是不支持州和地方债务，且不允许任何层级的政府对银行有所有权。预算过程和机构的透明度、对选民的负责性以及可比较数据的一般可得性促进了财政纪律。

确保一个经济联盟

在联邦制度中，确保一个经济联盟的四个方面与宏观经济管理有关：国内共同市场的维护、税收协调、转移支付和社会保险以及地区财政公平。

内部共同市场的维护

对于大多数进行分权化的国家来说，内部共同市场的维护仍然是一个重要的关切领域。地方政府在寻求吸引劳动力和资本方面可能会沉溺于以邻为壑政策并且在此过程中建立妨碍商品和要素流动的壁垒。因此，政府监管职能的分权化为地方单位间的不和谐经济关系创造了可能性。相应地，对于经济活动的监管，如贸易和投资，一般最好是留给联邦政府或中央政府来进行。然而，应该指出的是，中央政府本身也可能会执行不利于内部共同市场的政策。因此，如 Boadway（1992）所建议的，通过宪法来保障商品及服务在内部的自由流动可能是将监管责任只分配给中央的最佳选择。

成熟的联邦制国家的宪法一般会提供自由贸易条款（如澳大利亚、加拿大和瑞士）、对州际商贸的联邦监管权（如澳大利亚、加拿大、德国、美国和瑞士）以及各流动性权力（如大多数联邦国家）。相比之下，在中国这样的大型单一制国家中，个体的流动性权力受到了户口登记制度的严格限制，该制度用以确定获得粮食配给、就业、住房、教育和卫生保健等福利的资格。

税收协调

通过鼓励州政府中的成本效率和财政问责，管辖区之间的税收竞争可能会变得有利。税收竞争本身也可以产生一定数量的税收协调。与此同时，分权化的税收政策可能会引起一个联邦制国家内一定程度的低效和不平等，并导致过多的行政成本。税收协调意在维护税收分权化的最佳特色，同时避免其缺点。

分权化决策带来的低效会以各种方式产生。其中一种就是，相对于其他州的居民与企业，各州可能会执行有利于其本州居民及企业的区别性政策。州政府也可能会参与执行意在吸引其他州经济活动的以邻为壑政策。低效也可能发生于这样的事实中：（税收）扭曲起因于不考虑战略目标的州政府独立选择不同的税收结构。如果州税收制度采用不同的惯例来应对同时在多个州运营的企业（以及生活的居民），那么也会造成低效。这种情况可能导致对某些形式的收入双重征税，对其他收入不征税。州税收制度也可能造成不平等，因为人员的流动性会促使它们（税收制度）放弃累进税。在一个不协调的税收制度中，行政成本也可能会过高（见 Boadway、Roberts 与 Shah，1994）。因此，税收的统一和协调会促进国内共同市场的效率，降低收取和合规成本（即税务执行费用），并且有助于达到平等性的国家标准。

欧盟对税收协调进行了重点强调。加拿大使用了征税协议、税收减免和税基共享来对税收制度进行协调。德国联邦通过将税收立法权分配给联邦政府的方法强调了税基的统一性。在发展中国家，因为税收是集权的，所以税收协调问题只与诸如印度和巴西等较大的联邦制国家有关。巴西将商品流通服务税（以源头为基础）用作一种从其他地区吸引资本流入的工具，这一做法已成为地区间出现冲突的一个领域。虽然州委员会寻求对商品流通服务税的税基和税率进行了协调，但有证据表明，委员会拒绝的一些税收减免总之有很多州都在使用。各州也可以依靠税基的减少或允许未加索引的付款延迟（Longo，1994）。例如，某些东北部的州已经向工业提供了 15 年的商品流通服务税收延期。在通胀环境中，这一措施可以充当吸引国家其他地方资本的一种重要诱导因素（Shah，1991）。

尽管从理论上看，税收协调在单一制国家背景中是一个不成问题的问题，但是中国地方政府对非正式税收体制和税收优惠的大量使用将这一问题提升到了一定的突出位置。

转移支付以及社会保险

随着公共产品和服务的提供，向个人和企业进行的转移支付构成了政府大部分的支出（尤其是在工业化发达国家中）。这些转移支付有些是为了普遍意义的再分配，而有些转移支付则是为了执行行业政策或实现地区发展。一些转移支付还为了社会保险意义上的再分配，例如失业保险、医疗保险和公共养老金。有几个因素影响着转移支付的责任分配。如果是向企业进行转移支付，很多经济学家就会认为，这些转移支付不能首先使用。假定这些转移支付能首先使用，然而，如果在省级而非联邦层面上使用，那么它们（转移支付）有可能更加扭曲，因为转移支付的目标一般是要按公司来增加资本投资，而公司在各省间是流动的。对于拨给个人的转移支付，因为大部分是为了再分配，所以其分配会围绕着联邦政府承担公平性的主要责任程度来进行。从经济学视角来看，转移支付仅为负的直接税收。可以认为的是，转移支付应当由控制直接税收的相同层级的政府进行控制，这样它们可以为公平目的而得以整合，也可以为效率目的在整个国家内得以协调。当一个国家认识到几种类型的转移支付可以解决公平性或社会保险不同方面问题的时候，在中央层级上进行的一体化就会得到提高。将失业保险与所得税制度或与支付给贫困人口的抚恤金进行协调会有优势。将拨给个人的转移支付分散到各省可能会导致国内共同市场的低效、财政不公平和跨管辖区的以邻为壑政策。根据这一指导方针，正如大多数单一制国家所为，大部分联邦制国家都会将失业保险和社会保险分配到国家层面上。中国是一个重要的例外，在那里，这些责任被视为地方的责任。

政府间的财政转移支付

在联邦制制度中，政府间（联邦—州）的转移支付提供了重要的目标：减轻结构失衡、修正财政低效和不公平、提供效益外溢补偿以及实现财政协调。最重要的关键考量就是转移支付的设计必须符合转移支付的目标，而专项的政治分肥转移支付应当避免。工业国家的经验表明，缺乏精心设计的财政转移支付项目，成功的分权化是无法实现的。这些转移支付的设计必须简单、透明且符合其目标。结构合理的转移支付会增加对公共服务供给、财政制度问责以及财政协调的竞争，就如同一般的收入共享有可能逐渐削弱转移支付一样。从比较视角看待财政转移支付设计和实践，结果表明，与单一制国家相比，联邦制国家一般会更注重这些转移支付的激励效果。

地区财政公平

虽然我们因为缺少数据而没有解决地区公平问题，但是或许应该进行几点非正式的评论。如前所述，地区不公平对于分权的联邦制度而言是一个关注的领域，且大多数这样的制度都会试图通过国家政府的支出权力或通过兄弟项目来解决这一问题。成熟的联邦制国家，如澳大利亚、加拿大和德国，都有正式的均等化项目。而在发展中国家的制度设计中，分权化的这一重要特征并没有受到足够重视。尽管在很多发展中国家存在横向财政不平衡，但是明确的均等化项目都是未曾尝试过的，即便均等化目标的实现在巴西、哥伦比亚、印度、墨西哥、尼日利亚和巴基斯坦等运用一般性收入共享机制的国家间接地尝试过。这些机制通常会将不同且冲突的目标组合到同一个公式中，并且明显缺乏单独的目标。因为这些公式缺少明确的均等化标准，所以无法令人满意地实现地区公平性目标。

尽管单一制国家更容易解决地区不公平问题，但是有趣的是，单一制国家在解决这些不公平时的记录比联邦制国家更糟糕（Shankar 与 Shah，2003）。Von Hagen（2005，23）也总结道："令人惊讶的是，可能没有明确的证据证明单一制国家的地区风险分担比联邦制国家还要大。"

财政分权及财政绩效：一些结论

财政分权对于宏观经济管理提出了重大挑战。这些挑战需要对货币和财政制度进行仔细设计，从而克服与“公共财产”资源管理问题或与寻租行为有关的不利激励因素。联邦制国家的经验表明，需要通过有意义地借鉴和改编财政制度以创建与公平参与相容的激励机制，并克服不完全契约。这解释了为何在货币和财政政策管理、透明和可问责的治理的大多数方面，分权的财政制度似乎要比集权的财政制度做得更好（见表 14－2）。

表 14－2　　　　财政分权及财政绩效：实证结果总结

财政绩效指标	财政分权的影响
中央银行独立性	正向且显著
货币供给增长	正向但不显著
通货膨胀	负向但不显著
对通货膨胀及宏观经济不平衡的管理	正向但不显著
债务管理的质量	正向但不显著
财政政策及制度的质量	正向且显著
征税的效率	正负向混合但不显著
对税金的审慎使用	正向且显著
政府支出的增长	负向且显著
对财政赤字的控制	负向但不显著
公共债务的增加	正向但不显著
政府（公共）部门管理：透明性和可问责性	正向且显著
GDP 增长	正向但不显著

来源：Shah（2005b、2006b）。

发展中国家应吸取的教训

下面的发展中国家中财政体制改革的重要教训可以从以往经验回

顾中得以提炼：

- 货币政策最好授权给独立的中央银行，其唯一的任务就是物价稳定。此类分配的政治灵活性会在联邦制度下得到提升（分权的财政制度）。

- 财政规则对于财政纪律来说既不是必要的也不是充分的。然而，财政规则连同作为“看门人”的政府间议会或委员会为财政纪律提供了一个有用的框架，并为具有分裂政治体制的国家提供财政政策协调。在此背景下，一国可以利用工业化国家的“黄金准则”经验、马斯特里赫特类型的指导方针、“一般预算指令”，以建立国家特定的指导方针。为了确保能够自愿遵守这些指导方针，适当的制度框架必须得以建立。预算过程和制度的透明度、对选民的责任性以及各级政府财政状况的比较数据的一般可得性，进一步强化了财政纪律。

- 财政部门的完整性和独立性促进了政府（公共）部门的财政审慎性。为了确保此类完整性和独立性，任何层级政府不能对财政部门拥有所有权及优先使用权。在此环境中，资本市场和债券评级机构将会提供有效的财政政策纪律。

- 为确保财政纪律，各级政府必须正视其决策所造成的财政后果。如果中央政府不担保州政府和地方政府债务的偿还；如果中央银行不充当中央政府最后的借债人角色，那么这一情况就有可能出现。

- 关于各级政府角色的社会规范和共识以及对政府权威的限制对于分权决策的成功至关重要。缺乏这些规范和共识，中央的直接控制措施将失效，并且政府间的博弈会导致功能失调的结构。

- 税收分权是地方政府信贷市场准入的一个前提条件。在具有高度集权税基的国家中，地方政府不受限制的信贷市场准入对国家政府宏观经济稳定政策造成风险，因为私有部门期望在出现违约时更高层级政府提供紧急援助，而且适当忽视了此类借债的风险。

- 可能需要更高层级的机构援助来为地方资本项目融资。此类援助可采用建立以商业原则为主题的市政金融公司的形式，通过使用上级政府的高级信贷评级来降低借债成本，并通过市级评级机构来确定信贷价值。

• 国内共同市场最好是通过宪法担保得以维护。发展中国家的政府通常扮演不了这一角色。

• 发展中国家的政府间转移支付会破坏财政纪律和问责，同时构筑了转移支付的依赖性，对财政上处于劣势的地区造成慢性的经济扼杀。另外，设计得当的政府间转移支付可以提高公共产品供给的竞争性，促进财政协调、地方政府问责及地区公平。现在很容易获得关于这些转移支付设计的大量理论和实证指导方针。

• 管辖权分配的定期回顾对于随着不断变化的经济政治现实而重新分配责任很有必要。随着全球化和本土化发展，尽管国家政府在（宏观经济）稳定和宏观经济控制方面的直接作用可能会随时间减少，但是在协调和监督方面的作用有望增加，因为政体和地方政府在这些领域承担完善的角色。宪法及法律制度和机构必须服从及时的调整，以适应不断变化的环境。

• 最后，与常见的误解相反，分权的财政制度为完善的宏观经济治理提供了更大的潜力。这一点往往被认定为分权的财政制度需要不同参与者（即决策的核心）角色的更大明确性；需要支配参与者互动的规则的透明性以确保公平参与。

附　录

经过立法的财政规则：对于财政结果是否重要？

在过去的十年中，财政规则，作为对于预算平衡、债务限制、税收及支出控制和新税收及支出普通投票的法律控制手段，来到了政策讨论的舞台中央，从而力求恢复面临财政压力的国家中的财政审慎性。这些讨论中的核心问题就是立法规定与财政绩效之间的联系。有很多关于这一主题的文献都没有得出与因果关系有关的法定性结论（见 Kopits，2004 年对新兴市场的财政规则的经验的研究）。这些文献认为，某些具有立法财政规则的国家，如1995年到2003年的瑞典和意大利以及2001年之后的规则都实现了财政绩效的大幅转变。印度自2003年以来也出现了进步。其他具有立法财政规则的国家，如美国、德国、法国和新西兰在同一时期却表现得并不好。而在另一方面，一些没有立法财政规则的国家，如加拿大、澳大利亚和英国，也成功地实现了财政调整，但是日本却没有成功（见《加拿大金融》，2004，74）。法国和德国没有遵守《增长及稳定性公约》规定（立法财政规则）的情况进一步说明了用财政规则来限制联邦制国家中大型构成单位的困难。

通过对这些经验的进一步研究证明，成功的财政调整需要持续的政治承诺。此类承诺在一党执政的国家中很容易就能够获得，如加拿大、英国和澳大利亚。但是，这样的承诺可能不会在具有比例代表的国家（巴西）或多党合作政府的国家（印度）或立法职能与执行职能分离的国家（如美国、巴西）中出现。这些国家中的财政规则能够有助于限制政治分肥，因此能够提高财政纪律。这一经验的一个重要例子就是巴西。巴西是一个大型的高度分权的联邦制国家，拥有26个州和1个联邦地区，人口为1.82亿（2005年）。在20世纪90年代中期，价格（宏观经济）稳定政策以及GDP增长的相关下降造成了在联邦层面、州层面和地方层面越来越大的财政不平衡情况。大部分州都面临财政危机，因为州债务长远与GDP的比率达到了GDP的3%，而且越来越高的人工支出（在一些州和地方政府中，达到了运营支出的90%）限制了满足不断增长的社会服务需求的能力。根据这一情况，联邦和州财政秘书长对澳大利亚和新西兰进行了考察，以了解可以解决即将到来的财政危机的选择。在1997年，从新西兰的奥克兰市回国之前，他们达成了一个共识，那就是巴西必须在各级政府上建立财政规则，来化解危机。在通过一项运动为未来的立法建立共识的时候，联邦政府还开展了一个州财政强化项目，鼓励州政府在双边基础上与联邦政府签订正式的合同，从而关闭或出售州立银行，并执行支出限制条件。到2002年，政治共识已经达成，执行了对所有政府均有约束力的严格的财政规则。这一立法被称为2000年《财政责任法》，禁止政府间的债务融资，对债务和人员支出进行了严格的限制，制定了可辨认的财政目标和透明的准则及调解准则，而且提出了机构处罚和个人处罚规定，包括各级政府的政治官员的罚款和有期徒刑。这一立法对于财政绩效产生了积极影响——到2004年，所有的州都实现了初步盈余，所有的州都将人员支出限制到了当前收入的50%，且所有的州和市都减少了债务负担。

印度是一个大得多的国家，但是与巴西相比，其分权化程度较低。印度拥有28个州和7个邦，以及10亿人口（2001）。印度的财政状况与20世纪90年代的巴西相似，而且在联邦和州层面上应对财政不平衡的做法也是紧随巴西的脚步。卡纳塔克邦在执行财政责任立法方面走到了领先地位（从2002年8月开始），并在减少收入和财政赤字并引入财政透明度方面建立了特定的目标。在此之后，联邦政府在2003年8月执行了其自身的立法。后来，7个州也如法炮制。在2005年4月，第十二届财政委员会在其向政府提交的报告中建议通过联邦协助来鼓励制定州财政责任立法，并为各州遵守立法增加激励措施。事实证明这一措施是非常有效的，而且到2007年12月，大部分州都执行了财政责任立法。需要注意的是，与巴西不同，印度的立法没有规定在出现不遵守规定时的机构处罚和个人处罚，而且对于支出和债务限制没有严格的财政规则，而是提出了长期目标。但是，这样的立法提出了消除收入赤字和限制财政赤字的时间表。尽管现在判断这一立法的效果还为时过早，但是最初的结果显然是不错的，而且有几个州已经成功地减少了运营赤字（详见 Howes，2005）。更重要的是，这一立法产生了新的政治动态。例如，奥里萨邦的州长已经使用了立法财政规则通过其内阁同僚以及州立法机构来限制支出需求。

总之，虽然立法财政规则对于成功的财政调整来说既不是必要的也不是充分的，但是却有助于形成持续的政治承诺，从而实现更好的财政结果，尤其是在具有分裂的政治制度或联盟体制的国家中。

第十五章 地区间竞争与区域内聚融合政策

相同层级或具有类似责任的政府间竞争通常在经济学和政治学文献中被称为“横向竞争”或地区间竞争。政府间或纵向竞争的相关概念指的是不同层级政府和具有不同类型责任的政府之间的竞争，如，联邦政府、州政府和基层政府之间的竞争。在本章中我们关注的仅是地区间竞争（地区间竞争或基层间的竞争），及其对联邦政府在保护经济联盟或内部统一市场方面作用的影响。

在大多数联邦国家中州政府间和基层政府间的竞争都是很常见的。这种竞争是通过游说支持创造就业或反对联邦或私人项目（包括军事基地）有害废料地点产生的，鼓励国内外投资以及为吸引资本和劳动力、提供公共基础设施来促进企业进入、提供不同选择的基层公共服务、为许可和注册提供一站式窗口以及提供其他各种开放式政策来吸引新的资本和有技能的劳动力。州政府和基层政府自身之间也会竞争，建立贸易壁垒和关税壁垒来保护地方产业和商业。它们还会在可行的情况下通过竞争来向非居民输出税收负担。

本章研究了联邦体制下地区间竞争的优势和劣势，以及联邦政府可以发挥支持性作用来强调该竞争的积极影响，同时应对过度竞争带来的消积影响的方法。本章还进一步评估了应对地区差距的替代性政策。

地区间竞争及联邦经济体的效率

让公共服务符合公民的偏好

在一个分权化的联邦制国家中，州政府和基层政府的独立决策权可以提高联邦制度的效率，因为这种未经过协调的决策过程能够促进公共服务提供方面的竞争和创新。公民可以根据地点的选择获得不同的税收价格和公共服务。因此，能够通过“用脚投票”来选择公共服务与自身偏好相匹配的社区。这种用脚投票的方式与合理的投票行为一同产生了与公共部门决策类似的私人市场，在这一市场中，较低层级政府的未经协调的行为能够提高联邦经济体的效率（见 Shah，1988a、1989a）。对于美国，Oates 和 Schwab（1998）确认了 Stigler（1957，216）的观点，那就是“社区间的竞争带来的不是障碍，而是让各社区有机会选择他们所希望的政府职能的类型和范围”。根据这一“竞争型联邦主义”观点（见 Berton，1996），地方政府更高程度的分权化和相对无限制的政策使得公共部门更具响应性并对居民负责。竞争性联邦主义重视公共资金使用的效率，并限制政府的规模。要素的流动性限制了基层政府对扭曲政策的使用，而且地区间竞争的收益将远远大于未协调决策的成本，因为政府间的竞争会“促使政治家和公共部门的官员做必要做的事情，从而尽量减小组织成本，或是提供公民所希望的数量及质量的产品和服务（包括再分配）”（见 Breton，2000，1）。

让当地公共产品与当地偏好相匹配的地区间竞争可以改善内部统一市场的运行情况。这种竞争使得劳动法、环境标准、产品安全法、高速公路速度限制、使用地方语言、保护地方文化和动植物种群、采用管制和政府采购以及财政政策来满足地方的需求和偏好。此类基层公共产品的差异化政策可能代表的是国家所期望的偏离统一惯例，而且可能不会绕开效率考量因素，但是要使用国民待遇标准——也就是说，这些政策对行政辖区内的所有的居民和非居民及实体都是平等适用的（Boadway 与 Shah，2007）。

强化自下而上的问责

地区间竞争会鼓励政府通过竞争来保持其公民的忠诚度。这一目标通常是通过与其他政府进行试验、创新和基准评估来实现的。这些通过提供更新的服务或提供质量更好、价格更低的现有服务来更好地服务于公民的尝试被 Wallace Oates（1999）称为“实验室联邦主义”。交易中的最佳基准有助于公民以另一个表现更好的辖区来评估他们自身政府的相对绩效。这可以让公民和具有重要选举平台的政治家对政府提出挑战（见 Salmon，2000）。基准的确定在具有多个竞争辖区的大都市区域中具有强大的政治吸引力。这可以鼓励管理者们关注结果，而且通过这样做，可以促进私人部门参与公共服务的提供。例如，在马来西亚，大多数公共机构的一种常用做法就是将其实现成果的绩效与另一个地区中具有相同职能活动的类似机构进行对比，或与市场上的对应的机构进行对比。在智利和加拿大，学校的融资机制鼓励普通公民进行非正式的基准确定，以指导其对学校的选择。在巴西和南非，地区间的竞争改善了政治竞争，并提高了公众在地方层面上对决策过程的参与（见 Willis、Garman 与 Haggard，1999；Andrews，2001）。

放松对寻租者和腐败的限制

在发展中国家，公共生产过程通常是无竞争压力和不被问责的，这是因为存在公共服务的垄断者，且缺少竞争压力。这些无竞争的生产过程通常会得到关税和管制及信息限制条件的保护，这便为公共管理者提供了腐败和中饱私囊的机会。这些不受限制的低效率情况会促进寻租行为，因为这些障碍对外部审查提供了缓冲保护，而且腐败的所得收益能够作为低效生产方法带来的浪费而轻易蒙混过关。这两个因素限制了发现和检举腐败的机会。服务的垄断者也没有太大的动力对低效率的生产过程进行调整。因为没有分权化而导致的竞争的缺少固化了低效率和负向的激励因素。通过加强地方自治而产生的横向竞争可以打破这种恶性循环。

驯服“利维坦”怪兽

某些国家的公共部门被公民视为“最冷酷的怪兽——无论公共部门说什么，都是在撒谎，无论有什么，都是偷窃而来”。在这里，公共管理者关注的是寻租。在这样的背景下，政府间的竞争会限制其征税权，以及从私人部门榨取资源能力的所谓的利维坦（见 Oates，2001）。在此类情况下，Brenna 及 Buchanan（1980，184）认为，“不同单位之间的税收竞争是用其自身权利进行实现的一个目标”。巴基斯坦旁遮普省地方政府间的税收竞争导致了包税情况的出现，保证了基层政府的稳定性和地方收入的增长。在南非的约翰内斯堡地区（尤其是在桑顿和罗斯班克），商业税率在 20 世纪 90 年代初期出现了大幅增加，从而导致了抗税，而且很多企业搬迁到了 45 英里以外税收更低的比勒陀利亚。

州政府和基层政府一般都能够使用越来越多的受益费。受益费（作为财政竞争的一个要素）的使用，对于内部共同市场来说没有任何风险。这些税收可以作为地方偏好的信号装置，而且对其依赖性的增加会让地方的选择决策变得更加明智。税收竞争可以有效地限制决策者，而且与这些政府的趋势相比，能够更好地用来驯服上文所述的利维坦。在瑞士这个高度分权化的多民族联邦制国家中，各州都能够获得个人所得税（一种可再分配的税收），并将其用作收入来源。Kirchgassner 和 Pommerehne（1996）指出，各州之间的税收竞争既不会对公共服务的提供产生负面影响，也不会损害再分配目标的实现。

改善公共服务的质量、数量和使用

在发展中国家，地区间的竞争可以是改善服务提供的一个重要来源。在具有分权化医疗及教育体制的国家中，地方政府会具有通过竞争来履行职责的激励机制。在拉丁美洲，教育服务的提供方面存在着激烈的竞争，从而导致了教育服务及获取的不同质量和数量。在加纳，地区层面上具有分权化的医疗体系，这种体系增加了公民的满意度和支持率。在巴基斯坦的旁遮普省，多个城市对公立医院进行了企业化，来改善医疗服务的提供。在巴基斯坦的俾路支省，公立学校的运营及维护责任被转移到了社区型组织身上。

地区间竞争：一种“逐底竞争”或“自我保护联邦制”

弱化内部共同市场

对于多数执行分权化的国家来说，保持一个有效的内部共同市场仍然是一个重要的考虑方面。地方政府在吸引劳动力和资本的时候会沉迷于以邻为壑的政策，而在此过程中，可能会有意地或无意地建立起限制产品及要素流动的障碍。

大量的文献将这种行政地区间的竞争看作是导致联邦经济体低效率和不公平的主要原因。基层政府和州政府会使用其支出权、征税权和管制权来改善地方条件，但是要让非本地居民承担费用。这种行为的例子包括对于本地产业和产业的关税和非关税保护、引资的特殊激励因素以及对非本地居民所使用的产品和服务增加税负。差异化的服务标准和居住要求可能会妨碍各种要素在国家中的自由流动。税收激励措施或不同的税率可能会扭曲企业的区位选择。对于社会服务的差异化使用权限限制了个人的流动性。缺少国家最低标准会妨碍产品和服务的流动。所有这些政策都会有意或无意地削弱内部共同市场及经济联盟。

分权的决策的低效率可以通过多种方式产生。其中一种就是，各州会执行偏袒本地居民和企业的利益歧视非本地居民和企业的政策。各州也会使用以邻为壑的政策来吸引其他州的经济活动。低效率的产生可能是因为地方公共服务供应不足，且有大量的收益溢出。例如，在巴西，获取市政医疗服务的资格不是以居住地为基础的。因此，个人经常会往返于各个地方来获取更好的服务。对里约热内卢的一项研究发现，该城市不会考虑这些外部性，而边缘地区在医疗方面的支出则远远比预期的要少（包括人均水平和占税收收入比例）。最终的结果就是，越大的城市地区医疗服务水平处于次优水平（Afonso、Ferreira 及 Varsano，2003）。低效率也可能只是因为州政府在独立选择不同的税收结构时没有考虑战略目标所产生的扭曲这一事实而造成的。如果州税收体制采用了不同的惯例来解决在多个行政辖区运行的企业（或居民），那么也会产生低效率。这会对某些形式的收入造成双重税收，而对其他收入不征税。州税收体制也会形成不公平，因为人员的流动会鼓励他们放弃累进税。在没有经过协调的税收制度中，行政管理成本也可能是非常巨大的（见 Boadway、Roberts 与 Shah，2000）。

生活质量的降低

当州政府或地方政府为吸引资本和劳动力而提供不断扩大的税收优惠和降低环境及管制标准的时候，就会出现最差的局面。在提供较低税率的时候，政府降低的不仅是新资本的税收负担，而且还降低了旧资本的税收负担，因此会显著减少其收入以及降低提供高质量服务的能力。或者，尽管政府可能仍为各企业提供高质量的服务，但是向公民提供的服务或许被缩减了。这种行为导致了公共部门活动螺旋式下降，因此通常被称为“逐底竞争”。实际上，这种极端情况是不太可能发生的，因为地方公民可能不会接受生活质量的普遍降低。但是在所有社会中，无论是发达社会还是欠发达社会，每天都能看到一些竞争较小的极端例子。例如，在美国，丰田汽车公司的装配工厂的落位在南方多个州之间掀起了一场竞标大战。万豪公司的总部目前位于马里兰市，但是万豪经常威胁要搬迁到弗吉尼亚州从而让马里兰市提供更高的税收优惠。当福特汽车公司宣布将会在加拿大建立装配工厂但是还没确定具体位置的时候，在加拿大许多地区和省份之间都展开了激烈的竞争（见 Berton，2000）。

有益品供应不足和社会政策的负面影响

在联邦制体系中，医疗及教育等有益品在基层的供应不足以及对效率、偏好匹配和问责的期望会造成难以在具有横向竞争的情况下实现公平目标。要素的流动性和税收竞争对于州政府和基层政府来说，会产生不提供充足服务以及限制最需要人群（如穷人或老人）使用这些服务的激励动机。穷人或老人群体对疾病的更大敏感性以及成本缩减的更大潜在风险性证明这种反应是正当合理的。这种逆向的激励因素可以通过联邦政府提供的有条件的（对于服务标准和服务使用的条件，而非支出或投入控制的条件）非配套转移支付来消除。此类转移支付不会影响基层政府的自治性及其成本效率激励因素，但是会确保其能够符合联邦政府使用标准和服务水平（Shah，1994b、2007c）。

支出竞争

州政府或基层政府可能会尝试使用针对企业的基础设施投资或直接补助来吸引产业和企业。这种行为在美国非常普遍。采购和就业政策可能会歧视非本地公民，巴基斯坦各省就是这种情况。在使用州或基层服务（如教育）的时候，可能会有居住地限制，这在美国各州是非常普遍的。在之前的章节中，我们认为，如果这种措施是有效的，那么就会扭曲内部经济联盟。但是，如果所有的地方政府都参与其中，那么这些措施就可能适得其反，并变得无效。

建立监管障碍

州政府或基层政府有些时候会对非本地居民建立监管障碍。这些障碍包括对本地资本和劳动者的优待；限制非本地居民进入劳动力市场的规定；参加培训和教育项目的差异化准入要求以及非本地居民需要办理的繁锁的重新审批手续；以及对于本地语言的优待。

浪费性的税收竞争

州政府或基层政府可能会因为害怕丧失税基而通过低效率的竞争来减少税收。最终，可能会因为战略性税收竞争，流动要素的税率降低到一个无效的水平上。如果这种行为是普遍的，那么面临竞争性税收激励因素的企业无论决定到哪里去都能够从这种激励中获益。因此，从基层政府观点来看，这些激励会导致适得其反的结果，也就是说收入的降低，并没有吸引到新的资本。

在巴西，使用商品流通服务税（基于原产地）来从其他地区吸引资本流入的方式已经成了各州之间的新兴矛盾领域。虽然国家财政政策委员会（CONFAZ，成员为各州财政长官）力同协调商品流通服务税的基础和税率，但是还是有证据表明有很多州仍在执行已经被委员会拒绝的一些税收优惠。各州也可以利用没有指数化的税基的减少或转移支付的延迟（Longo，1994）。例如，该国东北某些州政府向企业提供15年的商品流通服务税税收递延。在通货膨胀环境下，这种措施是从该国其他地方吸引资本的重要手段（Shah，1991）。

在巴基斯坦（1998年之前）和印度，省/邦政府及基层政府会强制对地区间的贸易征税，从而保护地方产业和限制内部贸易。在印度，制造业州会对用于内部交易的产品征收更高的税率，从而将税收负担转嫁到非本地居民身上。某些州会允许地方市政府对进入其管辖区的产品征税。其最终结果就是在该国产生了一系列的关税区（Rao，2007b；也可见Rao及Shah，即将出版）。在巴西，工业州很难会对州一级增值税提供延长期限的税收递延。巴西的州政府会沉迷于所谓的财政战争，因为通过这种财政战争，他们从战略上试图将地方税收负担转嫁给非本地居民（见 Salomao，2000）。在很多国家，地方政府会提供特定地区的免税期。这些激励措施会吸引不可靠的流动型产业。印度、巴基斯坦、巴西、马来西亚、墨西哥、菲律宾及其他一些国家的地方政府会将税收体制用作一种产业政策的主动工具。在美国，州政府和基层政府通常会提供许多税收优惠（财产税、销售税、企业所得税和个人所得税），并用这种方法来吸引产业。这些激励措施的目标可以是个别企业，也可以是具有特定性质的所有企业（Fox，2007）。即便是在中国这个具有统一税收法律协调的税收体系的国家中，地方政府也会努力提供各种优惠措施来吸引投资。更富裕的地区，能够轻松完成其被分配的“税收收入”任务，可以免除当地税收，或向企业退还共享税的地方比例部分，目的就是吸引投资（Dong，2007）。

向非本地居民转嫁税收负担

可能有机会对非本地居民使用的产品和服务征收进口税。这种情况对于企业所得税和自然资源税尤为明显。这种做法在大多数联邦制国家中都很常见，但是因为要素的长期流动性和需求回应的存在，对于这种策略也存在诸多限制。

鼓励政治分肥

在发展中国家，浪费性竞争的另外一个原因就是地方政府为获得更高层级政府的财政资源而进行的竞争。Shah（1998a）指出，因为国家缺少对服务供给及对其自身公民的责任性的关注，这种竞争会导致地方政府为稀缺的公共资金进行竞争，从而讽刺地证明“钱什么也买不来”。在巴西，联邦政府和州政府参与了很多特定的项目。对于其中很多项目或公约来说，项目的目标一般都没有明确说明，或者很模糊，而在某些情况下，转移支付的目标是在发放资金之后才确定的。在1989 年，巴西拥有 5000 个这样的项目，其中有近 3000 个在总统若泽·萨尔内的家乡所在的州（Shah，1991）。1995 年在巴基斯坦，总理贝娜齐尔·布托要求将所有自由决定的资金都投入到她在巴基斯坦信德省拉卡那的家乡地区（Shah，1996c、1998b）。在阿根廷（Willis 等人，1999）、印度、中国、巴基斯坦和斯里兰卡（Shah，1994b）都存在省政府之间为国家政府的资金进行竞争的有趣例子。在 20 世纪 80 年代，国家政府层提供过赤字转移支付来补偿省政府的预算赤字，这促使各省不断增加赤字来与其他各省竞争联邦资金。在南非，各省负责管理本土化的国家职能，例如医疗和教育，而这些资金则全部来自于中央。各省在 20 世纪 90 年代后期战略性地将在地方职能，例如体育场、公园和娱乐设施上进行超支，然后宣称没有足够的资金来提供国家政府要求的服务。近些年来，国家政府一直都在使用强制性投入控制来解决这一问题，因此，省政府的努力方向变成了对国家政治家和官员的更密集的游说和关系培养上。南非还提供了额外的一些例子，其中基层政府为了给偏爱的开发项目寻找资金，各自展开了公开和激烈的竞争。德班与理查兹湾为了建立一个散货集装箱码头而对资金进行了激烈的争夺。德班与开普顿为了建立会展中心来获得竞争优势也展开了竞赛。

保护经济联盟的替代性方法

为了克服横向竞争的不利特点，联邦制国家使用了各种方法。

横向协调机制

地方政府部长协会（如巴西）或总理、第一大臣会议（加拿大和澳大利亚）在制定自我约束规则以避免过度的不合作行为并允许高度的自由参与方面起到了重要作用。定期召开较低层级的会议也能够促进协调。澳大利亚的制度包括，在澳大利亚政府委员会（COAG）之下的一个部长级委员会网络体系，以及诸如国会起草人等政府工作人员的政府间会议，（Le Roy 与 Saunders，2006）。在德国联邦政府中，会定期召开不同领域专家的会议，来交流信息和协调决策。在行政管理层级上，有超过950个工作组和讨论组，对政策进行横向和纵向协调（Kramer，2005）。在瑞士，较大的州通常会协助向较小的州提供复杂服务，如复杂的医疗服务。经过协商的协定能够对合作进行正式化（Linder及Steffen，2006）。政府间合作的一个有趣例子涉及大学政策。拥有大学的各州达成了一项正式协议，将其权力委派给了一个新的实体——瑞士大学会议。联邦政府在一项关于大学资金的联邦法律中，也类似地下放了权力。其结果就是在这种共担责任的基础上产生了一个具有真正决策权的联合机构（Schmitt，2005）。虽然双边协议可以起到同样的目的，但是成本更高。在德国，各州之间可以达成协议，也可以与联邦政府之间达成各种协议。只要协议的主题是各州专属立法责任（如教育或文化），那么就不需要获得联邦政府的同意（Kramer，2005）。

政府间机构

纵向合作及协调的机构，如德国联邦参议院、德国的国会上议院以及贷款委员会、澳大利亚政府委员会以及澳大利亚的总理委员会和巴基斯坦的国家经济委员会会尝试在各级政府之间实现经过协调的政策响应。瑞士各州为了在国家层级上寻求更大的影响，创建了“州政府联席会议”。该组织既可以为省的利益进行游说，也可以作为合作者参与中央政府在州政府的利益重合领域进行的协商。瑞士的一个问题就是该组织代表了州政府之间的合作而不是议会之间的合作（Linder与Steffen，2006）。

比利时提供了一个在政府实体之间进行广泛协调和合作的例子。比利时作为一个双重性质的联邦制国家，拥有以语言为基础的社区和领土地区，因此被称为是“增量式冲突管理”的结果。在地区和社区之间没有等级关系，这两者都是平等的构成单位。最常见协调的形式就是两个或两个以上实体之间的合作协议。这些协议既可以是横向的也可以是纵向的（Deschouwer，2005）。

联邦政府的作用

联邦政府在保护经济联盟方面也会起到重要的作用。这种作用在不同国家会有显著差别。如我们在下列讨论中所见，事实证明，某些联邦制的方法比其他方法更有用处。

宪法规定

宪法禁止妨碍要素自由流动及以邻为壑政策将会非常有效。然而，这会让法院在解读宪法规定方面具有重要作用。法院的干预可能会有很高的成本，而且有的时候对于保护竞争型联邦制没有任何帮助。成熟联邦制国家的宪法一般会具有自由贸易条款（如澳大利亚、加拿大和瑞士）、联邦政府对州间贸易的管制权（如澳大利亚、加拿大、德国、美国和瑞士）以及个人的流动权（如大部分联邦制国家）。在美国，宪法对州权力进行的两条限制是（见 Rafuse，1991，3）商业条款（第 1 条第 8 节："国会应有权管制与外国、各州之间以及与印第安部落之间的贸易"），以及政党程序条款（第 XIV 修正案第 1 节："任何州不得在没有正当法律程序的情况下剥夺任何人的生命、自由或财产"）。

印度尼西亚的宪法具体规定了自由贸易和流动性条款。而另一方面，在中国，个人的流动权利受到了户籍制度的严重限制，因为户口被用来确定获得粮食配给、就业机会、住房和医疗服务的资格。

宪法对税收竞争的限制也取得了一定的成功。德国的《基本法》中对全国同等生活水平的要求有效地消除了各州之间的税收竞争。现在，有些州认为，这条禁令连同大量的均等化转移支付已经去除了官员有效收入支出的激励机制（Kramer，2005）。

联邦制国家在保护共同经济联盟中的作用方法

联邦制国家希望通过各种方法来缩小地区间的差异，并保护内部共同市场和国家意识。这些方法可以大体分为两类：一种合作式的或无害方法和一种家长式的或有益方法。在下面的章节中，我们将讨论这两种方法在应对不断减少的信息和协调成本方面的效率，以及解决地方政府不合作竞争行为有关的动态不稳定性方面的效率。

合作式或无害方法

维护内部共同市场

对于大部分进行分权化的国家来说，内部统一市场的维护仍然是一个需要考虑的重要方面。为了应对地方政府的以邻为壑的政策，大多数联邦制国家中的经济活动的规定，如贸易和投资的管制权，一般会留给联邦政府或中央政府。在上文引用的福特汽车公司的例子中，加拿大政府就对各省政府进行了干预，并成功地引导其避免为吸引工厂所造成的财政战争。然而需要注意的是，中央政府本身也会执行会对内部统一市场造成损害的一些政策。因此，如 Boadway（1992）所述，宪法对产品和服务在国内的自由流动的保证可能是将管制责任单独分配给中央的最佳替代方法。

税收统一及协调

如前所述，地区间的税收竞争可以是有益的，因为这种竞争能够鼓励州政府和地方政府实现成本效率及财政问责。其本身也会产生一定程度的税收统一。与此同时，分权化的税收政策会在联邦制国家中造成一定的低效率以及不公平，而且会产生过多的行政管理成本。税收统一的目的是维护税收分权化的最佳特点，并避免其缺陷。因此，税收统一和协调能够促进内部共同市场的效率、减少收税及遵从成本并有助于达到国家的平等标准。

欧盟非常重视税收协调问题。加拿大已经使用了征税协议、税收减免和税收基础分享等方法来对税收体制进行统一。德国强调的是税收基础的统一性，使用的方法就是将税收立法权交给联邦政府。瑞士的联邦法院将根据要求来解决涵盖多个州或市的税收基础分享问题(Schmitt, 2005)。在澳大利亚，增值税是通过收入共享机制进行协调的，在这种方法中，联邦政府负责收税，并与各州共享收入。在发展中国家，因为税收是集权的，所以只有少数较大联邦制国家具有税收协调问题，这些国家包括印度和巴西。在巴西，CONFAZ（国家财政政策委员会）尝试让商品流通服务税在各州之间保持相对统一。由于一致同意规则，这些措施并不总能够获得良好的效果。例如，在 1997 年 9 月 25 日于伊瓜苏市召开的国家财政委员会会议上，27 个州中有 26 个州达成了一致意见，同意资本商品免征州级增值税（商品流通服务税），来应对生产州对这些产品征税所产生的不公平，但是进口州需要提供税收抵免。但是，这种措施可能无法采用，因为唯有圣保罗州持反对意见。

在美国，宪法并未要求州政府或联邦政府对其税收体制进行协调，或是相互之间进行合作（Tarr, 2005)。实际上，这些体制都是相互联系的。大部分的州都会使用联邦政府的定义来计算其自身的所得税基础，而且大部分州都依赖于联邦的行政管理体系（数据库和审计）来帮助征税。各州之间也会在遵从等方面相互合作。2005 年 10 月，在经过了漫长的磋商之后，终于达成了《简化销售税及使用费协议》。19 个州执行了该立法，来简化销售税并使得对远程交易征税更容易。通过法院判决和国会立法强制会对竞争进行限制。例如，2004 年的联邦法院规定（涉及戴勒姆—克莱斯勒）阻止了许多税收激励措施的使用。尤其值得一提的是，如果某企业在一个州的活动得到了扩展，那么该州就不能降低该企业的税收负担，而且如果该企业的扩展出现在其他地方，则该州同时也会拒绝降低其税收负担。然而，这些对竞争的限制并不全面。没有一种具有广泛基础的方法可以确保这些政策不会让一个州相对于其他州处于劣势地位（Fox, 2007)。

政府间的财政转移支付

在联邦制国家中，政府间（联邦—州）转移支付具有重要的目标：

减轻结构不平衡、纠正财政低效率以及不公平、为利益的溢出提供补偿，并实现财政统一。这些转移支付允许联邦政府使用支出权力来解决财政竞争的某些不尽如人意的方面。有条件的转移支付是一种重要的工具，可以来应对利益的溢出，并确保国家最低标准能够保护经济联盟。同样，均等化转移支付也可以解决与财政造成的移民有关的低效率和不公平。

结构合理的转移支付可以提升为公共服务供给、财政制度问责性以及财政协调方面的竞争力，这是因为一般的收入共享可能会对其造成破坏。例如，为基本医疗和初等教育提供的转移支付可以公平提供给公共部门及非营利性私人部门，其依据就是人口统计资料作为标准，如获得服务的人数、学龄人数及学生的入学人数。这样做会促进竞争和创新，因为公共机构和私人机构都会为公共资金展开竞争。智利允许天主教学校获得公共教育资金。加拿大各省允许公民个人在公立学校和私立学校之间进行选择，从而获得其财产税资金。这样的选择让公立学校和私立学校有了改善其绩效并及竞争力的强大激励机制。这种融资选择对于让农村地区获得更多的公共服务来说具有很强的吸引力。

防止倚强凌弱、创建公平竞争环境

较小的或具有财政劣势的地区可能会因为税收基础较小或无法完全利用规模和范围经济而无法参与竞争。对于联邦政府来说，应当对这些地区进行帮助。有几种选择可以提供此类帮助：向较小的城市提供特定服务的双边协议（如加拿大，各城镇从加拿大皇家骑警处购买安保服务）；通过普遍协议在多个地区中让联邦政府承担不对称的角色；支持建立财团来解决特定问题（如美国的密歇根州就建立了债券银行来向较小的城市提供债券融资）；通过均等化转移支付来确保地方政府能够以合理可比的税收负担提供合理可比的公共服务。

帮助基层政府获得信贷

促进基层政府进入信贷市场也能够减少地方政府对以邻为壑政策的需求。基层政府对信贷的使用需要运行状况良好的金融市场和值得信赖的地方政府。这些前提条件在工业化国家很容易满足。尽管如此，在这样的国家中，并没有很好地建立起较高层级政府协助基层政府的良好传统。

在发展中国家，未发展的长期信贷市场和薄弱的市政府信誉限制了市政府对信贷的时候。但是，中央政府的主要政策重点在于中央控制，因此很少会关注对借债的援助。在少数国家，这种援助可以通过专业化机构和中央政府的担保来获得，从而促进市政府获得信贷。基层政府为资本项目融资可以进行的选择非常有限，而且现有的替代性方法也不利于此类融资的可持续制度环境的发展，因为宏观经济的不稳定性和财政纪律及适当的管理体制缺少妨碍了金融市场和资本市场的发展。另外，税收集权化也对基层政府的收入能力造成了限制。让地方政府进入有限的信贷市场的第一步临时措施可能就是建立按照商业原则运行的市政金融公司，并鼓励市政评级机构的发展来援助此类借债。税收的分权化对于建立私人部门借债给地方政府并共同承担此类借债的风险和收益的信心来说也是非常重要的。

通过转移支付和社会保险进行社会风险管理

将提供给个人的转移支付分权到州政府和地方政府也可能会造成内部统一市场的低效率、财政不公平和地区间的以邻为壑政策。因此，联邦政府在失业保险、医疗保险、公共养老金及其他社会安全网络方面具有重要的作用。例如，在美国，福利政策在1996年得到了下放，以鼓励创新，并让各州有更高的自主权来决定支付的水平和形式。联邦政府和法院都采取了各种措施来确保对于变成“福利磁铁”的担心不会造成服务的大幅缩减。联邦转移支付包括各州维持其历史福利支出水平的要求。法院也规定涉及居住时间的资格要求是违反宪法的。

其中一个项目是例外，该项目规定，新的移民在开始阶段只能够获得与其原先所在州水平相同的福利。联邦法院还要求地方政府允许非本地居民获得同等水平的服务，如教育和医疗（见 Afonso 等人，2003；Schmitt，2003；Aroney，2003；Fox，2007）。

减轻全球化的负面后果

通过技术改进减轻全球化的负面后果也会通过阻止移民来回应财政考虑因素的问题，而且会让具有劣势的地区在内部市场中竞争。经济活动的全球化给财政联邦制带来了特殊挑战。在新兴的无疆界全球经济体中，居民作为公民的利益经常会与其作为消费者的利益产生差别。在世界经济体确保其作为消费者的利益的过程中，个人会越来越多地寻求公共决策的本土化和区域化，从而更好地保护其利益。随着资本流动性的增加以及外国直接投资管制环境的放宽，作为基础设施相关服务供应方的基层政府会比中央政府更适合吸引此类投资的落地。在德国，跨边境机构可以授权执行州政府的职能。这种主权的转移需要联邦政府的同意，而且仅限于首先是州政府责任。此类机构一般会被用来处理地区规划和交通管理、环境保护或联合公共服务的领域。相关的例子包括波罗的海地区的新汉莎以及巴伐利亚的阿尔斯山区、奥地利、瑞士和意大利（Kramer，2005）。

比利时采用了一种不同的机制来体现国际层面上的地区利益。联邦制国家中的合作协议可以让一个社区或地区部长来代表欧盟部长理事会中的一个国家。地区和社区会首先对将被采用观点达成一致意见。如果没有达成共识，则比利时将会禁止投票（Deschouwer，2005）。

随着资本及其他投入的流动，技术而非资源禀赋将会决定国际竞争力。然而，教育和培训一般都是地方政府的责任。因此，可能需要通过让国家政府在技术改进方面具有更大的作用来对这一责任进行重新安排。新的经济环境也会对技术工人有利的收入分配两极分化进而加重了收入的不平等和地区差距。因为国家政府可能没有办法来解决这一社会政策问题，所以与国家政府合作的地方政府会有不同的策略来应对社会政策中出现的危机。

总之，通过其自身政策来保护经济联盟体的联邦政府将有助于创建一个公平的竞争环境，因此会减少州政府和地方政府执行以邻为壑政策的激励因素。

家长式或有益方法

应对具有地区不公平的横向竞争的家长式观点要求中央政府具有一种激进的财政态度和管理立场，通过阻止要素外流以及保护地方产业不受国家其他地区的竞争来减轻地区差距。此类政策的例子包括地区免税期以及税收抵免、具有地区差别的社会福利、为地区行业提供的保护、地区支出的中央资金来源以及直接的中央政府支出。请回想一下，在之前讨论的合作式方法中，政策的主要推力是关于创建一个具有自由流动、竞争和技术扩散的授权环境。而在这里与此相反，强调的重点在于创建一个保护壁垒，来培育“婴儿”地区，并减缓（如果不是阻碍）自然的调整机制。问题是，这样的政策环境可能会创建一个削弱某个地区的长期增长潜力的激励结构。这种不正常的结果被定义为“转移支付依赖性”（见 Courchene，1996）。转移支付依赖性不是指构成单位绝对依赖于中央政府的收入救济而不用承担责任，但是这种情况也是造成转移支付依赖性的因素之一。相反，转移支付依赖性所指的情况是中央政府的地区政策为个人和地方政府创建了各种刺激机制，来采取在没有此类政策的情况下长远利益的行动。从地区差异收入转移支付政策的观点来看，转移支付依赖性还产生了让居民留在本地的激励因素。例如，接受转移支付的州或省可以提供高于其生产力水平的私人部门工资。尽管这些州或者可以在保持与其他州一致的贸易赤字的情况下运行，但是此类赤字对于省内的工资和价格几乎没有影响，因为这些赤字一般会由中央政府再分配政策的提供完善而得以弥补。结果，这些政策会妨碍市场调整响应，并导致现有收入和就业差距的情况不变甚至恶化。当出现下列情况时，就可以说存在了转移支付依赖性：地区失业率持续高于国家平均水平；工资高于劳动生产力所显示的工资；且在极端情况下，个人收入高于 GDP。

加拿大的论大西洋地区、巴西的北部和东北部、巴基斯坦的俾路支省以及意大利的南部地区都不同程度地受到这种转移支付依赖性的负面影响。因此，地区政策的过度慷慨对接受转移支付的州不利，并会削弱其长期增长潜力。

如果我们用地区收敛来研究国家经验，可以得出的明显结论就是，合作式方法取得了一定程度的成功，而家长式方法根本不起作用（见 Shankar 与 Shah，2003；Shah，2008）。在这种背景下，美国经验的例子相当具有启发性。例如，Blanchard 和 Kata（1992）发现，经历了需求负面冲击的州会出现向外迁移的情况。美国采用的解决地区差异的合作式方法被 Lester Thurow（1981）引用到研究新英格兰情况。Thurow 认为，新英格兰今天的繁荣昌盛，是因为其经历了从垂死的老工业到增长的新工业的痛苦转型。根据 Thurow 的说法，如果华盛顿保护了新英格兰垂死的老工业，则那里就仍可能会是一个萧条而衰退的地区。

结　论

保护政府间竞争以及分权化的决策对于联邦制国家中的有响应及可问责的治理非常重要。以邻为壑的政策有可能会削弱这些来自于分权决策过程的好处。在缺少联邦政府干预的情况下，可以使用不同的解决方案。相互竞争的地区可以就博弈规则和协调策略达成共同协议。达成此类协议以及建立执行机制可能需要很高的协调成本。最后，此类协议可能在某些问题上证明是低效率的，其中风险对于相互竞争的地区来说可能更高。另外，宪法对地区阻碍要素流动的禁止规定可能是有帮助的。但是法院对于这些规定的解释可能不利于联邦制，而且可能会过度地限制地方政府的权力。

同样地，对于联邦制政府在保护横向竞争并克服与这一竞争有关的负面影响方面的作用可能没有达成共识。联邦政府对于横向竞争的监督可能过于莽撞，而没有尊重地方自治。在另一方面，联邦政府在使用其支出权力来保护共同经济联盟方面的作用似乎大有可能。

综上所述，我们的结论是在联邦制国家中的地区内聚及融合方面，合作式方法能够提供最佳的政策选择，因为这种方法能够通过确保常见公共服务的最低标准，消除贸易壁垒选择扩大信息及技术的使用来加强要素的自由流动促进经济联盟的实现。问题不是竞争或合作，而是如何确保所有各方都能在不作弊的情况下进行竞争。

第十六章
分权化治理与腐败

在追求有回应、负责任和可问责的公共治理的过程中，很多国家最近都采取了一些措施来重新审视其各级政府的作用。这种重新审视带来了一场席卷全球的沉默的革命，虽然进展缓慢，但是逐渐产生了能够体现超国家化、邦联化、集权化、省级化和本土化的多样性特点的重新安排。需要注意的是，本土化体现了地方自治原则——也就是说，在地方层级上对基层服务的决策和问责。地方自治原则的基本要素是地方政治自治（民选官员对于本地公民负责的能力）、地方行政自治（本地官员雇佣和解雇地方政府职员的能力）以及地方财政自治（获取收入的自主能力以及使用地方资源的权威性和灵活性）。通过这一沉默的革命缓慢固定下来的这种治理结构说明了从为大部分人民从单一制宪法结构到联邦制或邦联制治理的转变，或者是在单一制政府环境下对地方治理的加强（29 个联邦制或准联邦制国家以及 20 个分权的单一制国家，二者人口占到了世界总人口的2/3）[①]。这种趋势是目前学术界和政策界主要研究的关注来源，担心本土化可能会通过增加腐败的发生率而对公共治理的质量产生负面影响。

本章研究了这些问题的概念及实证基础。我们首先定义了腐败和治理，并讨论了当前对腐败关注的重要性[②]，然后提出了关于腐败的分析观点；而且，在本章最后的部分，讨论了在分权治理环境下对腐败的特殊问题，并总结了关于该主题的综合实证证据。

基础概念及相关问题

腐败被定义为官员通过违反公众利益的方式或通过滥用职权来获取私人利益的行为。公共部门的腐败是一种治理失效的情况。在这里，我们将“治理”定义为准则、传统和制度，通过这些准则、传统和制度在一个国家中行使权力——包括参与制度和治理问责、公民的话语权及退出机制以及公民参与的准则和网络；宪法、法律框架以及公民和政府之间问责关系的性质；选举、监督、问责和更新或换届的流程；以及管理公民本身及其政府之间的政治、经济、文化和社会等方面互动制度的合法性、可信度和有效性。

通过滥用职权中饱私囊的腐败相关问题与政府的历史同样悠久。在公元前350年，亚里士多德在《政治学》中建议到：“为了保护国库不被窃取，一切公款应在全城当众支付，账本副本应存放于不同选区。”

最近几年，随着腐败对发展不利影响的证据不断增加，对于腐败的关注也与日俱增（World Bank，2004a）。事实证明，腐败会对GDP增长产生负面影响（Mauro，1995；Abed及Davoodi，2000）；会降低教

---

①　这些国家的总人口从1975年的14亿增加到了2004年的20亿。在2008年，28个联邦制国家的人口占到了世界总人口的40%以上（Anderson，2008），而另外20个分权化的单一制国家（具有联邦制国家的特点）则占到了世界总人口的35%。

②　本部分摘自Shah和Schacter（2004）。

育质量（Gupta、Davoodi 与 Tiongson，2000）、公共基础设施质量（Tanzi 与 Davoodi，1997）和医疗服务质量（Tomaszewska 与 Shah，2000；Treisman，2000b）；而且会对资本积累产生负面影响。腐败会降低发展援助的有效性，并会增加收入的不平等和贫困（Gupta、Davoodi 与 Alonso－Terme，1998）。受贿经常是公共部门腐败最常见的表现形式，会损害国家的声誉并侵蚀国家的信誉。同样，不良的治理和腐败让一些贫困及弱势群体（如妇女和少数民族）更难以获得公共服务。例如，如果债务担保的分配是以任人唯亲为基础的，或是金融机构中出现欺诈，那么宏观经济就会产生不稳定性问题，从而导致存款人、投资者和外汇交易市场信心的丧失。例如，在 1991 年被揭发的国际商业信贷银行（BCCI）丑闻导致了加蓬养老金体制的破产，而巴基斯坦信德省迈赫兰银行的腐败行为（在 20 世纪 90 年代中期）导致了巴基斯坦人民对国家银行体系信心的丧失。

虽然关于腐败的数据经常是有问题的，但是可用的数据说明，腐败行为经常影响很大一部分的经济活动。例如，在肯尼亚，管理人员和审计人员在 1997 年发现的“有问题的”公共支出达到了 GDP 的 7.6%。在拉脱维亚，世界银行调查（2004a，37）发现，超过 40% 的拉脱维亚家庭和企业同意“腐败是我们生活的天然部分，而且有助于解决很多问题”这一说法。在坦桑尼亚，服务提供调查数据显示，在警察、法院、税收服务和土地局等领域，向官员支付的贿赂达到了官方公共支出的 62%。在菲律宾，审计委员会估计，每年因公共部门腐败而被转移的资产高达 40 亿美元（见 Shah 和 Schacter，2004）。另外，Tomaszewska 与 Shah（2000）对服务供给腐败的分支进行了一次研究，结论是海外国家风险指南腐败指数标准差的提高使得婴儿死亡率降低了 29%、公共医疗服务的获得者的满意度增加了 52%，且公众对改进的道路条件的满意度增加了 30%—60%。

随着相关问题的增多人们普遍对腐败行为提出了谴责，从而导致了某些国家领导人被撤职。另外，很多政府和开发机构在近年来都投入了大量的资源和精力来反腐败。即便是如此，腐败的发生率也没有出现明显下降，尤其是在腐败高发的国家中。缺乏显著进展可能是因为很多项目都是偏方或者是一刀切，因此成功的几率很小。如要让这些项目发挥作用，就必须认清楚需要应对的腐败的类型，而且要抓住与国家相关的特定根源，解决功能失调型治理的“驱动因素”。

腐败的形式多种多样，实际上，通常有至少四种广泛形式。

1. 小型腐败、行政腐败或官僚腐败。很多腐败行为都是个别滥用职权的公职人员进行的单独的交易，例如这些官员会索要贿赂或回扣、挪用公共资金或给予个人考虑的好处。这些行为通常被称为小型腐败，但是如果累加起来的话，会涉及大量的公共资源。

2. 重大腐败。国家官员（通常是与政治精英或管理精英有关的人员）对大量公共资源的窃取或挪用被称为重大腐败。

3. 国家或管制俘获及渎职。私人参与者与公职人员或政客相互勾结共同谋取私利被称为国家俘获。也就是说，私人机构为其自身目的“俘获”了国家的立法机关、行政机关和司法机关。与国家俘获共存的是腐败的传统（或对立）观点，在这种观点中，公共官员会为私人目的敲诈或盘剥私人机构。

4. 庇护或家长作风以及“抱团”。这些腐败行为包括利用职位向具有相同地理、种族和文化背景的委托人提供帮助，从而让其在与公共部门的交易中获得优待，包括公共部门就业。相同的帮助也可以以交换条件为基础提供给属于非正式关系网的朋友和盟友。

众所周知，腐败与一个国家的特点有关，因此，各国解决腐败问题和提高治理质量所使用的常用政策和工具（如一刀切）一般有很大差别，而且很可能无效。我们需要了解鼓励和允许公私参与者参与腐败的地方环境。

最后，我们了解到，如果腐败关乎治理而治理关乎国家权力的运行，如果要让打击腐败的工作成功和可持续，那么就需要地方的强力领导和所有权。

什么驱动着腐败？

公共部门的腐败作为一种治理失败现象取决于多种要素，如公共部门管理的质量、政府和公民之间问责关系的性质、法律框架以及公共部门进程中所伴随的信息透明程度和传播程度。解决腐败的措施如果不能充分考虑这些潜在的“驱动因素”，那么就不可能产生深远和持久的效果。为了了解这些驱动因素，需要从概念和实证观点来理解为什么腐败状况会难以消除，以及什么才是有用的解药。在概念层面上，已经提出了一些有意义的概念[①]，这些概念可以被大体分为三类：委托—代理模型、新公共管理观点和新制度经济学框架。

委托—代理模型

最常用的建模策略包括委托—代理模型。这些模型中的一种共同主线就是政府由一名仁慈的独裁者领导，作为委托人，其目标是要激励政府官员（代理人）在使用公共资源的时候要正直地履行职责（见 Becker, 1968; Becker 与 Stigler, 1974; Banfield, 1975; Rose - Ackerman, 1975、1978; Klitgaard, 1988、1991; Becker, 1983）。其中一个被 Gary Becker（1968）称为犯罪与惩罚模型的观点认为，只要通过腐败获得的预期收益能够超过与腐败行为有关的预期成本（检查与处罚），那么利己的公职人员就会索取或接收贿赂。因此，根据这一观点，如果能够减少公共官员具有自由裁量权的交易数量、减少其从交易中获益的范围、增加检查的几率以及增加腐败行为的处罚，那么就能够减少腐败行为。另外，因为增加检查的成本较高，但是增加处罚的成本并不高（至少是当检查是准确的时候），那么消除腐败最有效的方法就是强制实施对发现概率相对较低的实施高额的罚金。Klitgaard（1988）重申了这一模型来强调不受限制的垄断权力和政府官员的自由裁量权。按照

① 全面的腐败调查研究见 Aidt（2003）。

他的说法，腐败等于垄断加自由裁量权减问责。为了在这一框架下消除腐败，人们需要拥有一个以规则驱动的政府，该政府要有强大的内部控制以及少量的公职人员可用的自由裁量权。这种模型得到了公共政策领域的广泛认可，并且成了实证研究和政策设计的基础，以应对行政腐败、官僚腐败或小型腐败。但是，腐败情况高发的国家的经验否定了这种方法的有效性，因为规则强制执行者本身就会增加腐败的额外负担，而自由裁量权的缺少也会受阻于腐败者的共谋行为。实际上，缺少自由裁量权通常被参与腐败的纵向网络的腐败行为的腐败官员用作借口。

委托—代理模型的另外一个变化形式将立法人员和民选官员的角色融入到了分析当中。在这种变化形式中，高级别的政府官员（以立法官员和民选公职人员为代表）制定或操控有利于特殊利益集团的现有政策和立法，这说明私人部门的利益及实体以及公共官僚机构的实体或个别单位会为了更高的预算展开竞争从而换取租金或补偿性支付。在这一框架中，立法人员考虑的是腐败行为产生的个人货币收益、增加的被重新选举的几率、降低的被抓或被处罚以及名声受损而落选的几率。影响这一决定的因素包括选举活动的融资机制、选民对信息的获取程度、选民投票出局腐败立法人员的能力、政治竞争性的水平、选举制度、民主制度和传统以及治理中的问责制度。此类分析的例子包括 Rose - Ackerman（1978）、Andvig 与 Moene（1990）、Grossman 与 Helpman（1994）、Flatters 与 Macleod（1995）、Chand 与 Moene（1997）、Von Rijckeghem 与 Weder（2001）以及 Acconcia D'Amato 与 Martina（2003）的研究成果。这一概念性框架有助于分析政治腐败或国家俘获。

一条明确的分界线划分出了关注于本土化对腐败影响的理论模型，以及从一个“行业腐败组织”类框架分析多层次体系中腐败分权化的理论模型。在后面一个类别中，划分了“自上而下的腐败”（其中较高级别官员向较低级别的官员分享收益的一部分）以及“自下而上”的腐败（其中低级别官员将其自己收取的贿赂与高级别的官员分享以避免检查和处罚）。前一种现象更有可能存在于联邦治理体系中，因为在这样的体系中，权力可能是由各级政府共同分享的，而后者更有可能盛行于的单一制或集权形式的治理中。治理对腐败网络的影响是一个有趣但是还未得到研究的主题。Tirole（1986）利用一个三层的委托—监督—代理模型对这一网络的一个方面进行了分析（也可见 Guriev, 1999）。这种对传统的委托—代理模型的延伸有助于了解能够在一个三级单一制政府结构下进行演化的腐败关系类型的推断。这些推断对于在多级别治理体制下与委托—代理关系有关的潜在假设高度敏感（四层分级结构是由 Carillo, 2000 及 Bac 与 Bag, 1998 建立的）。在 Guriev 的三层分级模型中，中间层的官员监督代理人，并向委托人进行报告。比较上下各级腐败的均衡的特点方面 Guriev（1999, 2）总结到，顶层腐败“是无效率的，因为需要为了代理人的利益重新分配租金，因此对于潜在的进入者来说更具有吸引力”，因此会造成更高发的总体腐败。

Shleifer 与 Vishny（1993）运用了一种传统的产业组织理论模型，并总结道，分权化有可能会增加腐败。在这一模型中，政府官僚机构和代理机构是作为销售政府生产的免费产品的垄断者，而这些产品对于私人机构的活动来说并不是法定的。这一模型背后的主要思想就是在集权腐败背景下，官僚机构就像是一个联合垄断者一样运行，而在分权化的腐败背景下，官僚机构就像是独立的垄断者一样行事。当官僚机构作为独立的垄断机构时，就会忽略更高的价格对于产品的整体需求的影响，因此就会增加累积的贿赂负担。

Waller、Verdier 与 Gardner（2002）将分权化的腐败定义为一个体系，在这一体系中，更高级别的官员从每一个收受贿赂的官僚那里收取固定额度的贿赂收入，而且不用考虑官僚收取的贿赂的数量。相反，在一个集权的体系中，贿赂的规模是由更高级别的政府官员决定的，因为这些官员会从官僚那里收取贿赂，并在保留一部分之后将剩余的部分重新分配给他们。Waller 等人人为，分权化的腐败会降低经济体中整体腐败水平（分布更低）、每个企业家的贿赂水平的增加（程度更高）以及较小的正规部门与集权化腐败均衡之间的对比。但是，如果特定参数能够满足关键条件，那么这些结果对于该模型中特定的“政体”来说会有很大差别——例如，对于足够高的工资和监督体制来说，集权的腐败会减少总体的腐败，并扩大正规经济。

虽然之前讨论的研究关注的是腐败的组织结构，但是 Ahlin（2001）提出了不同的意见，他把重点放在了不同类型分权化的可替代性影响上，而且从一个横向观点而不是从分层结构观点做到了这一点。在这一模型中，国家被分成不同的地区，每一个地区都有一定数量的独立权力集团。官僚机构分权化会通过增加权力集团或官僚机构的数量来影响某地区的政治组织，而行政辖区的数量会体现地区分权化的程度（如拥有唯一的地区和官僚机构体现的是集权化的最大程度）。Ahlin 的理论结果说明，腐败是由经济代理人在不同地区之间的流动决定的。在没有地区间流动的假设下，尽管腐败情况会随着官僚分权化程度而增加，但是却独立于地区分权化的程度，而对于完全的地区间流动性来说，腐败会随着地区分权化而出现减少，而且独立于官僚分权化。这一模型的一个关键看法就是，腐败官僚无法内化向其他官员收取贿赂时增加的成本。

Arikan（2004）使用了一个税收竞争框架来研究本土化与腐败的联系。在其模型中，腐败是以官员据为己有的税收收入部分来测度的，而分权化则是通过为流动性税收基础展开竞争的行政地区的数量来体现。地方政府决定税率水平和腐败收益，从而最小化腐败收益与公民公用设施的加权合计额度。在这一框架中，更高程度的分权化有望会产生更低水平的腐败。

Bardhan 与 Mookherjee（2000）研究了能够体现民主过程的决定因素。他们得出结论：相对选票获得的程度是模糊的，而且与背景息息相关。Bardhan 与 Mookherjee 发现，在地方层级上的选票获得程度取决于选民的意识水平、利益集团的凝聚力、选举的不确定性、选举竞争力和地区间收入差距。这一模型的一个关键假设就是政治意识的程度与教育和社会经济地位有联系——尤其是，中产阶级中消息灵通的选民数量要小于或等于富人的数量而高于穷人的数量。不了解情况的选民会随着选举活动的资金获取情况而变得摇摆不定，而了解情况的选民会支持能够最大化自身阶级效用的政党平台。地方和国家选举在政策平台方面的成果将符合四个假设：（1）所有的地区都有相同的社会经济构成，以及所有地区之间的摇摆（尤其是特定地区对两大政党之一的偏好）是完全相关的；（2）国家选举是多数决定的；（3）在地方选举和国家选举中，了解情况的选民的数量是相同的；（4）为游说活动出资的富裕选民的数量在国家层面和地方层面上是相等的——富裕选民在国家层面上的组织与地方层面上的组织一样好。另外，如果不能满足假设（3）和（4），那么选票获得在地方层面上将会更高——也就是说，国家层面上的了解情况的选民数量要更少，且国家层面上对富裕选民的组织程度要低于地方层面上的组织程度。相反，在地方层面上，因选举竞争造成的更大的选举不确定性说明了地方层面上的选票获得更低。例如，如果摇摆的情况并非完全相同，而是从地区之间相同的分布——那么在该分布情况满足常规性条件的假设下——摇摆的异质性会有利于不同的政党，表明了国家执政党较少的选票支持率。

通过代理式概念模型，无法获得出关于腐败以及集权与分权联系有关的决定性结论。这些模型只是重申了腐败的发生率取决于环境，因此无法通过一般化的模型发现。

新公共管理框架

在另一方面，新公共管理（NPM）文献指向了公共部门管制、授权环境及运行文化和能力之中的更根本的冲突。根据新公共管理理论，这种冲突导致政府的运行就像是一辆失控的火车，而政府官员则沉迷于寻租行为，而且公民几乎没有机会来限制政府行为。这种观点需要使用基本的公民服务和政治改革来创建一个契约型政府，并让其为结果负责。公职人员将不会再有永久地循环任命，相反只有能够满足契约责任才能够保住他们的工作（见 Shah，1999a、2005c）。

新公共管理的范式对于本土化和腐败的研究有明显的影响，因为提出了要在提供公共服务方面使用契约安排。在分权治理结构下，这样的契约框架可能会通过外包、购买方与供应方分离来鼓励竞争性的服务供应。新公共管理的目标与本土化是一致的，因为对结果的更大问责会通过对话和退出机制强化政府对公民的责任性。因此，从概念上看，新公共管理有望减少腐败机会（见 Shah，1999a、2005c；Von Maravic，2003）。Andrews 与 Shah（2005a）将这两种概念整合到了一个以公民为中心的治理框架中。他们认为，还权于民是提高问责并减少腐败机会的关键。

别人并不同意这些结论并且认为新公共管理会造成更严重的腐败，这是因为服务供应的投标和购买方与供应方分离可能会导致更加严重的寻租行为，并会增加腐败的可能性（Batley，1999；Von Maravic，2003）。进一步来看，有些人认为分权化的管理会导致更高层级政府更弱的纵向监督，以及对分权化的机构进行控制的机制的不充分（Scharpf，1997）。纵向问责的这种损失被看作是增加腐败机会的一种来源。当然，这种观点忽略了更大程度横向问责所产生的潜在收益。

新制度经济学框架

最后，新制度经济学（NIE）提出了一种关于腐败原因和解决方法的耳目一新的观点。新制度经济学方法认为，腐败是公共官员的机会主义行为造成的，因此，公民要么没被赋予权力，要么就要面临高昂的交易成本来让公共官员对他们的腐败行为负责。新制度经济学将公民看作是委托人，而将公职人员看作是代理人。委托人具有有限的理性——他们根据拥有的不完整信息进行理性的活动。为了获得一个关于公共部门运行的更明确的观点，委托人获取和处理信息方面面临高昂的交易成本。而在另一方面，代理人（公职人员）能更好地获得信息。这种信息的不对称会让代理人沉迷于不会被察觉的机会主义行为，而这主要是主体面临的高交易成本和缺少补偿制度来执行问责治理造成的[①]。因此，有腐败情况的国家具有不充分和契约执行机制、薄弱的司法体系和不足的公共安全保障。这会进一步增加经济体中的交易成本——增加私人资本的成本以及公共服务供应的成本。这一问题会因路径依赖（亦即，与过去的重大决裂难以实现，因为任何重大改革可能会受到有影响力的利益集团的阻碍）、文化和历史因素以及思想模型（因腐败而受害的人感到试图解决腐败问题将会导致进一步迫害，而且将腐败分子绳之以法希望渺茫）而被进一步复杂化。这些考虑因素会让委托人认为，他们对腐败行为的限制会引起强大利益团体的强烈报复。因此，还权于民（如通过放权、公民章程、权利法案、选举和其他形式的公民参与）在打击腐败方面承担着至关重要的作用性，因为还权于民对于公职人员响应公众利益的激励机制具有重大影响。

实证观点

这一主体的实证文献对上文讲述的新制度经济学观点提供了支持，但是也超越了这一观点，从而根据深入的国家研究包括最近世界银行对危地马拉、肯尼亚、拉脱维亚、巴基斯坦、菲律宾和坦桑尼亚的研究——以及对发展中国家、转型国家和发达国家的经济计量研究发现了几个关键驱动因素（见 World Bank，2004a；Tomaszewska 与 Shah，2000；Gurgur 与 Shah，2002；以及 Huther 与 Shah，2000）。世界银行在对这六个国家的研究中讨论了腐败的根源，并评估了世界银行在减少每个国家腐败情况方面所做工作的影响力。这些研究发现了四个关键的腐败驱动因素：

- 作为“公共利益”监护人的国家的合法性受到了质疑。在腐败严重的国家中，公众几乎不认可国家的作用是要超越个人利益从而保护更广大的公众利益这一说法。“庇护主义”——公职人员关注的是服

---

① 沿着这一思路，Lambsdorff；Taube，与 Schramm（2005：14）注意到，从新制度经济的角度来打击腐败的过程中，决策者应当将目标设定为“鼓励腐败各方相互揭发、动摇腐败协议、不允许腐败契约被合法执行、阻碍腐败中间人的操作以及找出明确方法管理利益冲突”。

务于与其具有民族联系、地域联系或其他联系的特殊委托人群体，形成了腐败发育的公共温床。“公”与“私”之间的界限是模糊的，因此通过滥用职权来谋取私利就成了常见的现象。

- 法治薄弱。如果法律只对某些人执行而不对其他人执行，且法律的执行者为了进一步获取私利而不是为了保护公众利益的话，公共部门的腐败就会变得猖獗起来。在腐败高发的国家中，法治崩溃常见标志就是将警察描述为违法者而不是执法者一词作为索取贿赂的借口，例如，虚构交通违法让车辆停下以此索贿。同样，在腐败高发的国家中，作为法律支柱的司法的独立也通常遭到严重损害。

- 参与和问责制度是低效率的。在公共部门腐败情况相对较低的社会中，人们一般会发现具有强有力的参与和问责制度，这些制度对公职人员的滥用职权进行了控制。这些制度有些是国家本身创建的（如选举过程、公民章程、权力法案、审计长、司法机构和立法机构），有些则是来自于正式的国家机构的之外（如新闻媒体和有组织的公民社会）。而在腐败高发的国家中，参与和问责制度存在明显的薄弱环节。

- 国家领导人对打击腐败的承诺不强。如果国家不愿意或无法强有力解决腐败问题，那么广泛的腐败就会持久存在公共部门中。在公共部门腐败猖獗的社会中，人们有理由相信腐败已经触及了政府的最高层，而且很多高级官员将没有动力来打击腐败。

如何制定策略

那么决策者要做什么来打击腐败呢？经验说明，答案就是采取间接措施并从根源抓起。为了了解主要原因，我们应当来看一下一个根据腐败发生率将发展中国家分成三大类的高度、中度和低度模型。该模型还假设高度腐败的国家具有低质量的治理，中度腐败的国家具有一般水平的治理，而低度腐败的国家具有良好的治理（见表16－1）。

表 16－1　避免一刀切：根据对每个国家更广泛制度环境的认可，有效的反腐政策能够确定改革的优先次序

腐败发生率	治理质量	反腐措施的优先次序
高	不良	制定法律、强化参与和问责制度、制定公民章程、限制政府干预、实施经济政策改革
中	中等	分权化和改革经济政策和公共管理，并引入对结果的问责。
低	良好	建立反腐机构、强化财政问责、提高公众及官员的意识、要求反贿赂宣誓、执行高调的检举

这一模型显示的是，因为腐败本身就是一种基本治理失败的情况，所以腐败的发生率越高，反腐策略就越不应该包含仅仅针对腐败行为的策略，而越应该关注治理环境的广泛潜在特点。例如，如果腐败猖獗且治理环境具有重大缺陷，那么对于反腐机构和公众意识宣传活动的支持就不太可能成功。事实证明，在治理强度较弱的环境中，反腐机构会被错误的用作政治迫害的工具。这些类型的干预更适合于腐败程度较低的环境，因为在这样的环境中，我们可以（或多或少地认为）治理的基础是合理健全的，且腐败是一种相对边缘的现象。

这一模型还说明，当腐败情况严重的时候（且治理质量相应较低），关注公共部门渎职的重要驱动因素将更具有意义，例如，通过加强法律制定和问责制度。实际上，事实证明，缺少民主制度（一个关键的问责制度）是腐败最重要的决定因素之一（Gurgur 与 Shah，2002）。在 20 世纪 90 年代初，马来西亚采用了“委托人章程”，其中规定了服务标准以及政府机构违规时公民的求助方法，这一措施重新将公共机构定位到服务的供应商，并改变了治理文化（Shah，1999a、2005c）。

在腐败水平介于高低之间的社会中，建议尝试承担少量政府职能的改革——例如尝试让公务员为结果更加负责，从而通过分权化让政府的决策过程更加接近公民、简化行政管理程序并减少简单的政府责任的自由裁量权，例如发布许可证和牌照。

对过去失败的研究

在考虑这一模型的时候，并不难理解为什么有这么多的反腐措施都没有取得成功。例如，关于针对政府官员、国会议员和记者的大范围反腐，媒体宣传活动和座谈会及研讨会几乎都没有取得成功。如该模型所示，这种结果可能会出现在治理较弱的国家中，因为在这样的国家中，腐败是一种公开的行为，无论是一般公众还是正直的公职人员都没有感觉到被赋予权力来反对腐败，甚至还会担心成为受害者。而在另一方面，在具有一般治理或良好治理其腐败发生率较低的国家中，意识宣传活动有望产生积极影响。

分权化进一步证明了对于腐败发生情况的理解的重要性。实际上，有证据证明分权化克服腐败的有效制度，因为分权化能够增加公共机关对于公民的问责性（额外的参考和证据见 Gurgur 与 Shah，2002；Shah、Thompson 与 Zou，2004）。而在另一方面，分权化创建了数以百计的新的公共机构，而且每一个机构都有权征税、支出和管制，而且这些权力在治理较弱的环境中会被滥用。世界银行在20世纪90年代对菲律宾的分析显示，如果分权化是在错误的环境中进行的，那么可能会增加而非限制腐败的机会，而不是对其进行限制。这个问题是本章的中心主题，而且将在下文中进一步分析。

对于增加公务员工资以及减少工资压缩——在某国家收入最高和最低公务员的工资比率，该模型提供了一些观点。证据证明，在治理薄弱的环境中，以工资为基础的策略对于公务员腐败不可能有重大的影响（见 Huther 与 Shah, 2000）。另外，如果公共机构职位被看作是有利可图的职业选择，那么减少工资压缩可能甚至会鼓励腐败。例如，在一个腐败的社会中，公共职位经常可以通过向家人和朋友借钱来购买。提高公共部门的工资只会提高购买职位的价格，以及后续偿还借款的腐败行为。

那么建立有权检查和举报腐败行为的“看守人”机构呢？——大多数发展中国家会这样做。治理与腐败的联系在这里仍然是关键。

只有在治理质量较好的国家中，如澳大利亚和智利，监察机构才能取得成功。但是，在治理较弱的环境中，这些机构通常会缺少可信度，有时甚至还会索要贿赂。在肯尼亚、马拉维、塞拉利昂、坦桑尼亚、乌干达和尼日利亚，反腐机构的效率都不高。在坦桑尼亚，政府的反贪局每年只定罪六起，大部分都是针对低级官员的，而公共部门的环境却到处都是腐败现象。在巴基斯坦，国家问责局甚至无权调查强大的具有影响力的军队中的腐败现象。在治理不良的国家中，道德办公室和巡视官比反腐机构也成功不了多少（见 Huther 与 Shah，2000；Shah 与 Schacter，2004）。

回顾关于本土化和腐败的争论

对于之前讨论的腐败文献的回顾，能够为关于腐败和分权化的讨论提供有用的背景。在下列章节中，我们简单回顾了讨论双方之间的争论以及证明，然后根据之前讲述的简单分析模型得出了一些结论。

本土化滋生腐败

已经提出来各种论据来支持腐败会随本土化增加的观念。在这里我们对其中少数论据进行了总结。

人格主义

Vito Tanzi（1995）认为，本土化可以让官员与公民更加接近。这促进了人格主义并且减少了专业主义和公平的关系。在他看来，人格主义滋生了腐败，因为政府官员会更加关注个别公民的需求，而忽视公共利益。另外，在地方层级上更高水平的自由裁量权以及地方官员的长期任职让其能够更容易地建立不道德的关系（Prud'homme，1995）。

薄弱的监督和纵向控制

对于腐败行为的障碍也会因为地方政客及官僚通过共谋来获取自

身利益以及中央层面的审计机构和监督效率降低而出现减少（Prud' - homme, 1995）。本土化可能会增加公职人员之间的腐败的动因，因为本土化创建了一种印象，那就是公职人员将接受更低水平的监测、控制和监督。

财政分权化及过度放牧

Treisman 认为，分权化的财政制度倾向于具有更高的腐败率，其原因包括，分权化的财政制度规模更大、在中央和地方层级会分散警力（这会因为过度放牧而增加腐败）以及更倾向于拥有一个地区选举的具有否决权的议会上议院（这也会增加腐败，因为地方政府可能会买断这些有否决权的参与者，或是利用强大的手段来保护其不正当利益）。通过各国的回归分析，Treisman（1999、2000a、2000b、2007）提出了实证证据，支持了这种负向关系的存在。但是，Treisman 的实证结果对于公式中其他变量的包含是非常敏感，而且从缺少腐败的基础框架来看，可能忽略了变量的偏差。

Fan、Lin 与 Treisman（2007）最近的研究提出了关于政治分权化影响的更细致的观点。将 80 个国家的横截面二级数据与 9000 名企业主的调查研究相结合，结果发现，"在具有大量政府层级或行政管理层级以及（特定地方收入）更大数量的地方公职人员的国家中，贿赂的频率更高。当地方政府或中央政府收到了收入中较大份额的 GDP 的时候，贿赂的频率就更低"（2007，1）。这些结果说明，虽然分权化从整体上看为大量的个人打开了寻租的大门，但是税收分权化会限制这些机会，因为税收分权化会加强公民对于地方政府运作的监督。

政治分权化及纪律的缺失

Shleifer 和 Vishny（1993）将政治分权化看作是贿赂的一个级联系统。他们指出："如要向一家俄罗斯公司进行投资，一名外国人必须贿赂与外国投资有关的所有机构，包括外国投资办公室、相关的行业部门、财政部、地方政府执行机构、立法机构、中央银行、国有资产局等等”（1993，15）。同样，Bardhan（1997）与 Blanchard、Shleifer（2000）也提出了政治分权化将产生更低水平的腐败的看法。Blanchard 与 Shleifer 认为，政治分权化在俄罗斯是腐败的来源，而在中国却不是这样，这一结论得自于基层政府与当地企业之间的关系具有鲜明对比的作用。在中国，基层政府具有一种支持作用，而在俄罗斯，基层政府会通过税收、管制和腐败妨碍新公司的发展。作者注意到，俄罗斯基层政府行为可以通过老企业的国家俘获来进行解释，致使基层政府保护他们不受竞争的影响，而且当地官员的寻租行为也阻碍了新企业的进入。作者将这种形成鲜明对比的情况的原因归纳为在俄罗斯具有政治分权化，而在中国则没有。他们认为，中国的政治分权化有利于政党纪律，反过来又减少了地方俘获及腐败的风险。但是，Blanchard 和 Shleifer 的分析没有充分注意到对于这两个国家中基层政府与企业之间的关系。中国的地方企业是基层政府拥有和运行的，而且地方企业除了经济职能以外，甚至还会提供地方服务，如教育、医疗和交通运输。因此，地方企业是基层政府不可或缺的一部分。而在俄罗斯，这些关系的混合形式已经开始出现。因此，基层政府的鲜明对比性经历可以通过代理问题而不是政治分权化得到更好的解释。实际上，强有力的基层领导人的出现而削弱的政党纪律可能会促进地方产业的发展，因为这些领导人有最终中央规划的强大支持。

利益集团俘获

因为利益集团在地方层面上具有更大的影响力，所以腐败的机会会增加（Prud'homme，1995）。在这一方面，Bardhan 与 Mookherjee（2000）认为，如果这些利益集团的凝聚力更高（为游说出资的少数最富裕阶层），或者地方层面上了解情况的选举人的数量较少，那么地方利益集团俘获的可能性就会更高。在地方层面上更低水平的政治关注度以及媒体对地方选举的更小覆盖也会阻碍地方民主，并产生更高的俘获。Shah（1998a）提出了以往因民主体制的弱点而出现地方层级的俘获的观点。最近，世界银行的研究中也提出了对于地方俘获风险的担忧（World Bank，2004a），该研究认为，在某些发展中国家，分权化可能会增加腐败的机会，因为在这些国家中，对于公共行政管理的干预是一种常态，而且行政机构的管理体制薄弱，参与和问责制度的效率较低。这一问题在巴基斯坦和菲律宾尤为严重，在危地马拉和坦桑尼亚也存在，而这些国家正在开始执行限制程度更高的分权化。巴基斯坦开始了一个分权化项目，其中包括创建 7000 个地方及地方政府。鉴于巴基斯坦公共服务的系统性政治化，分权化可能会强化而不是减少政治或官僚共谋的压力，但是，这可能会通过进一步的行政分权化来进一步减轻，从而让选举出来的地方官员有权利聘用、解雇公务员，并设置雇佣公务员的标准。应当注意的是，在封建影响下的行政分权化可能会加剧腐败问题。同样的问题在菲律宾一直都存在，菲律宾 1991 年的立法授权地区政府和地方政府提供服务和成果收入。一项对菲律宾地方政府采购的研究显示（见 Tapales，2001，21），“承包商承认向其项目所在地的市长交钱，因为他们说，政府官员可以通过扣留必要的许可或是骚扰工人来让工程延期。市长拿 7% 而村长拿 3%。执行机构的领导人——通常是区或市的工程师拿 10%。”

世界银行的研究担心的是当存在政治精英和官僚精英的地方俘获时，分权化对腐败的产生的影响。在文献中几乎都统一认为，如果没有基本的选举和土地改革，本土化就有可能会增加腐败。相反，本土化在存在民主参与和问责的情况下会成为腐败温床的说法从理论和实证上都是站不住脚的。

本土化限制腐败机会

说本土化减少腐败机会的能力通常是以在决策更加亲民的时候，更大问责潜力为基础。这种思路得到了下列观点的支持。

基层政府间的竞争

为生产的流动要素进行的竞争会强化问责文化。这种提升的问责可具有减少腐败的潜力（Weingast，1995；Arikan，2000）。

基层的退出和话语机制

在文献中，基本上都同意本土化会为话语和选择提供更多的机会，因此会让公共部门对于公民选举人更具响应性更加负责。另外，因为存在政治偏好的地区异质性，所以本土化可能会减少唯一的国家主导政党的潜在俘获范围。

更高水平的信息

Seabright（1996）认为，问责在基层会更好，因为当地公民能够更好地了解政府的情况，并且能够通过选举来使政府下台。在集权化环境中，人们部分是依据其他地区的业绩、部分依据国家利益问题来为政党或候选人投票。因此，问责就会被降低，而腐败的可能性就会增加。Bardhan 与 Mookherjee（2000）也认为发展中国家里各种减贫项目的分权化促进了成本效率并减少了腐败，这是因为基层政府能够更好地获得关于当地成本和需求的信息。

腐败产生的更低预计收益以及更大的检查和处罚的可能性

行政分权化会造成对更高层级政府控制权的丧失，因此会减少让其监督和检查腐败活动的激励因素。但是，这也会降低腐败产生的预计收益，因为在分权化之后，负责单独决定的个人的数量减少了。然后，有可能需要让腐败的代理人承担其行为所产生的后果。这种思路对 Carbonara（1999）提出的观点进行了补充，他的结论是，分权化虽然会在组织内部产生代理问题，但能有助于控制腐败，而且 Wildasin（1995）认为，权力有限的基层官员几乎没有参与大学腐败的余地。

政治分权化

Ahlin（2000）认为，分权化有可能会增加腐败，而政治分权化则有可能会控制腐败，因为存在行政地区之间的竞争。这可能是官员与在政治集权体系中任命官僚与的政客之间的信息不对称的减少造成的。

Crook 与 Manor（2000）研究了印度（卡纳塔克邦）、孟加拉国、科特迪瓦和加纳的政治分权化过程，并且发现，这种分权化提高了透明度。随着透明度的提高，普通公民能够更好地了解政府的成败，而且能够说明政府机构是否比以前更加腐败。他们发现，在印度的卡纳塔克邦，政治分权化大幅减少了被有权力的个人挪用的公共资金的数量。但是，因为公民并不知道这些资金已被挪用，他们认为腐败增加了。Crook 与 Manor 根据来自于卡纳塔克邦的证据，总结道，政治分权化会减少款项的挪用，但是在短期看来会增加小范围的腐败，而长期看来，这两种情况都会减少。Olowu（1993）同样认为政治分权化是非洲地方腐败的根本原因。Fiszbein（1997）根据对哥伦比亚政治分权化的回顾得出结论，为政治职位进行的竞争为负责任和创新的领导打开了大门，这反过来又成了地方层面上财政能力建设、服务供应改善和减少腐败的驱动力。

行政分权化

少量研究表明，行政分权化能够减少腐败。Wade（1997）发现，伴有薄弱交流和监督体系的过度集权的从上到下的管理造成了印度运河灌溉的腐败和质量低下。Kuncoro（2000）发现，因为印度尼西亚进行了行政分权化，许多企业都搬迁到了贿赂情况较轻的地方。

财政分权化

Huther 与 Shah（1998）使用国际横截面及时间序列数据发现，财政分权化与治理的质量改善是有关系的，而治理的质量则是通过公民参与、政治及官僚问责、社会公平、改善的经济管理和减少的腐败来测量的。Arikan（2004）重申了相同的结论。De Mello 与 Barenstein（2001）根据各国数据得出结论，财政分权化与治理质量的改善呈正相关关系。Fisman 与 Gatti（2002）发现了财政分权化与腐败之间存在负相关关系。Gurgur 与 Shah's（2002）的研究是唯一一个提供了关于腐败根源的全面的理论和经验框架的研究。他们发现了腐败的主要驱动因素，从而隔离了分权化的影响。在接受研究的工业和非工业化国家中，缺少公共部门的服务导向、薄弱的民主制度、经济孤立（封闭经济）、殖民历史、内部官僚控制以及集权的决策被认为是造成腐败的主要原因。对于参与研究的非工业化国家，腐败的驱动因素包括公共部门缺少服务导向、薄弱的民主制度和封闭的经济。分权化能够减少腐败，但是与联邦制国家相比，单一制国家中的分权化会对腐败产生更大的负面影响。他们得出结论，分权化支持公共部门的更高的问责性，并会减少腐败。

总之，有一小部分但越来越多理论和实证文献证实，本土化有让公共部门在地方层级上具有更高的问责性和响应性以及减少严重腐败发生率的重要潜力。

结　论

按照阿克顿勋爵（Lord Acton）的说法，“权力使人腐败，绝对权力绝对使人腐败”（Lord Acton 写给 Bishop M 与 ell Creighton 的信，1887）。本土化有助于打破国家级面上的权力垄断，因为可以让决策过程更接近民众。本土化会加强政府对公民的问责性，因为本土化可以让公民参与到对政府绩效的监督以及对改正措施的需求过程中。本土化作为让政府对民众有回应和负责任的工具可以帮助减少腐败并改善服务的供给。实际上，改善服务供给的措施经常会迫使政府机构来解决腐败问题及其根源。但是，我们必须关注制度环境以及精英的地方俘获。在某些发展中国家的制度环境中，在一个地理区域内，当封建及产业利益占据主导地位，并且参与和问责制度较弱或无效，以及对地方事务的政治干预猖獗之时，那么本土化就会增加腐败的机会。如表 16 -1 中所示。这支持反腐政策和项目建立优先次序，因此，制定法律并还权于民应当是改革的首要重点。在没有法律规定的情况下，事实证明本土化可能不会是反腐败的有效措施。

第十七章
适应不断变化的世界

全球化和信息革命对工业化国家和正在经历工业化的国家的经济治理产生了深远的影响。全球化让数以百万计的人口脱离了贫困，而信息革命则让公民在国家事务中获得了权力和主动参与的机会，这在过去的历史中是前所未见的。全球化和信息革命还成了在国家内外“重塑”政府职能的催化剂（Friedman，1999；Courchene，2001；Castells，1998），而且在某些情况下，甚至能够从现有的国家创建出新的国家。因为全球化，人们越来越意识到“民族国家太小而无法应对生活中的大问题，又太大而无法解决生活中的小问题”（Bell，1987，13—14）。换言之，国家正在逐步丧失对其传统治理领域的控制权，其中包括宏观经济政策、企业税收、对外贸易、环境政策、电子通讯和金融交易。全球化也在让小型的开放式经济体无法应对大型的对冲基金的影响，而且两极分化的收入分配方式，有利于熟练技术工人和地区但不利于低技术和信息不畅的工人和地区，因此在国家内部，虽然收入水平提高了，但是收入的差距也在不断扩大。因为信息革命，政府控制公共产品和服务、意识形态以及文化产品流动的能力降低了。全球化和信息革命的这对孪生力量也在加强本土化并巩固全世界人口逐渐发展的城市化的成果。全球化和信息革命也让地方（基层）政府和准政府服务供应方——如社区联盟、非营利性组织和营利性组织以及自助团体和网络获得了权力，来发挥更大的作用，通过与其他地方的市场和资源的更强的联系来改善地方层面的经济和社会成果。本土化的影响在某些领域体现为还权于民，在其他领域则体现为强化了地方精英的权力。Courchene（1993、2001）将这些变化的整体影响定义为“全球本土化（glocalization）”，这说明了全球体制、基层政府和准政府实体的作用越来越大，而国家政府和州政府在这个相互交织的世界中的作用正在逐渐发生变化。

本章将分析与21世纪出现的政府结构的重大变化有关的潜力和风险。本章将讨论全球化和信息革命对政府治理的影响，以及多中心治理的权力分化的相关影响。本章强调的是正在出现的挑战以及地方政府应对这些挑战的措施。最后一部分主要展示一种新式的多级治理模式，在这种治理模式中，政府机构和政府间机构得到了重组，以使公民重新发挥管理者的作用。

全球化和信息革命对国家治理的影响

全球化代表的是世界通过在经济、政治、技术、交流和法律方面的全方位联系而变成一个共享空间的过程[①]。这种全球的相互连接性意味着在世界的一个地方发生的事情会对世界的其他地方产生重大影响。这种新的联系逐渐让生产和服务与地点分离开来，因此增加了边界的渗透性并减少了和国家政策工具的影响力。生产的逐渐国际化让公司不再受限于单独一个国家的资源禀赋。Drucker（1993）提出了全球经

① 本部分受到了Courchene（1993、1995a、2001）以及Shah（1998a、1998c、2002）的启发，并大量借鉴了其中内容。

济体三个基本的“去耦（分离）”（也可见 Courchene，1995a、2001、2008）：第一产业（农业）与工业经济脱离；在工业部门之中，生产与就业脱离；而且资本的流动取代了商品和服务的贸易，已经成了世界经济的引擎和驱动力。

随着全球化的不断推进，它引起了暴露现有全球治理体系脆弱性的一个巨大变化。全球化会对将激励因素与国家生产联系在一起的国家产生负面影响。这种社会经济变化的影响程度，使得政府和个人难以应对其带来的后果，尤其是那些因为这种变化而遭受财富逆转的国家和个人。下面的章节将重点讨论这种重大变化对国家治理体系的影响。

民族国家的再定位、超国家机构的出现及本土化的加强

经济活动的全球化对于国家内部的宪法安排产生了特殊挑战。Strange（1996，4）认为“世界市场的非个人力量现在已经超越了应属于国家的位于经济之上的终极政治权力……其他机构和组织，以及基层和地区机构权力的不断扩张体现了国家权力的不断削弱。更容易看到的是，民族国家正在快速丧失对某些传统管理领域的控制权。例如，宏观经济政策、对外贸易、竞争政策、电子通讯和金融交易。国家政府管理控制商品和服务流通、意识形态以及文化产品的能力已经被削弱。例如，东亚金融危机证明，民族国家应当对金融机构和对冲基金的部分行为进行监督核查。危机产生的背景是，工业化国家的银行机构向印度尼西亚的金融机构提供了贷款，而这些金融机构没有足够的抵押品，此外出现了民族国家绝对不允许出现的大型对冲基金冲击国家货币稳定性的情况（见 Whalley，1999）。

同样，资本流动性的增强也削弱了政府对资本收入征税的能力，尤其是在大部分发展中国家为吸引外资而展开激烈税收竞争的时候。因为政府无法追踪跨境交易，所以对资本收入的征税，也变得非常有限。例如，日本政府难以对在布鲁塞尔证券交易所交易英国证券的股票经纪人的收入进行征税。对于跨国公司来说，也有越来越多的机会能够通过转移定价来减轻其税收负担。虽然电子商务得到了发展，但是即便是工业

化国家也难以对这些活动征税。因此，政府资助公共产品——尤其是具有再分配性质的公共产品的能力受损，这是因为随着经济自由化和全球整合，政府对累进所得税（如企业和个人所得税）的获取能力降低了，而对一般性消费税（如增值税）的获取能力提高了（Sinn，2003）。对于公共部门在提供公共服务方面有不良表现的国家来说，通过全球化和税收竞争造成的对政府税收能力的侵蚀可能会是一种受到公民欢迎的变化，这也就是目前大多数发展中国家所面临的情况。

全球化意味着再没有什么“海外”这种说法，而且“无家可归”的跨国公司，可以绕开传统的所在国或母国的管理体制。这些国家管理的难题为全球治理的专门机构的出现铺平了道路，如世界贸易组织（WTO）和全球环境基金（GEF）。除此之外，还有很多这样的机构，尤其是那些用来管理信息技术、卫星通信和国际金融贸易的机构。对于那些正面临经济危机和寻求国际协助的国家来说，即便是在传统的经济政策领域，国际发展金融机构对地方决策的影响力也在提升。因此全球化正在逐渐改变主权、领土和国家权力之间的关系（见 Ruggie，1993；Castells，1997）。这种转变说明治理权力将被分散到国家内外的多个中心。所以在未来的几年中，民族国家将会把这些领域的责任分配给超国家机构。

信息革命及还权于民

信息革命的出现，“数据收集、分析和传递，以及在全世界范围内协调活动的能力得到了大幅提升，与此同时，这样做的成本出现了大幅下降”（Lipsey，1997，76）。各家公司现在能够对“价值链分割”（Krugman，1995b，333）从而获得国际竞争力。信息革命让公民能够通过政府难以阻拦的方式获取、传递和改变信息，并在此过程中削弱行政管理的控制力。信息革命还限制了政府不让公民了解信息的能力。信息的全球化——如卫星电视、因特网、电话和传真也能够提高公民对其自身权力、责任、选择和替代的意识，并且加强权力下放（还权于民）和决策的本土化。在特定问题上的国际合作可以让消费者获得主权、公民获得更大的决定权，这也反过来成为对抗全球资本影响力的力量。此类合作的影响在环境问题上尤为突出，例如建设水坝和阻止海豹捕捞业（Courchene，2001）。

*消费者主权与民主赤字**

在日益融合的无边界世界经济体中，居民作为公民的利益与其作为消费者的利益不相配。生产的国际化让他们作为消费者获得了权力，因为绩效标准是由市场而不是官员制定的。但是他们作为公民投票的权力被剥夺了，因为他们决策的参与权受到了进一步的损害，私人部门和公共部门的决策中心都超越了民族国家范畴，因此产生了民主赤字。例如，在一个全球化经济体中的公民，无法直接参与到影响其自身福利的决策中。这样的决策都是在超国家机构和实体的总部中做出的，如国际货币基金组织、世界贸易组织以及可口可乐和麦当劳等跨国公司。同样，如 Courchene（2001）提到的那样，欧盟部长级委员会发布了数百条命令来限制各国及其公民。Friedman（1999，161）写道，“当所有的政治都是由当地基层政府机构决定的时候，你的投票事关紧要，但是当权力转移到跨国领域的时候，就没有真正的民主选举，也没有投票的人了。”因此在全球经济体中，为了保护公民作为消费者的利益，个人越来越多地寻求公共决策的本土化和地区化，从而更好地保护其利益。为了应对这些发展情况，Castells 认为国家政府应当舍弃一部分主权从而变成全球治理秩序或网络中的一部分，而且国家的中心职能将变成为超国家治理和国家治理机制提供合法性并确保其履行职责（Castells，1997，304—305）。

城市和地区的国际化

随着资本流动性的提高以及对外直接投资限制的放宽，与国家政

---

* 民主赤字，是指政府的政治治理与民主相差巨大，即高层管理者所构建的上层建筑得不到民主的支持。——译者注

府相比，基层政府作为基础设施相关服务的供应方，可能成为吸引此类投资的更适合的渠道。随着边境变得逐渐模糊，以及人口逐渐向城市地区集中，城市有望取代国家参与到交易型经济联盟中。欧洲各地公民已经发现，国家政府与其生活的关联性正在消失。人们正在越来越倾向于将他们的身份与城市和地区关联起来。例如高山钻石联盟就将里昂和日内瓦与都灵联系起来，这成了欧洲打破民族国家限制并形成新的政治经济命运共同体的最激进的措施（Courchene，1995a、2008）。“身份分权化”降低了公民在国家层面上的相互团结性，并破坏了对高福利国家的支持。另外，同样的力量也会形成将国家分解成更小、更同质单位的压力，而且这种压力会降低国家政府的合法性（如前捷克斯洛伐克和南斯拉夫、比利时、西班牙）。

知识与国际竞争力

因为存在资本和其他投入的流动性，技术取代资源优势正在成为决定国际竞争力的重要因素。有技术的劳动力，尤其是能提供“符号解析”服务的人员①，应该被看作资本而不是劳动力。Courchene（1995b）认为，如资本仍要保持其重要性，就必须加入知识或高附加值的技术。这些发展情况说明，即便是资源丰富的国家也必须转型成为以人力资本为基础的经济体，也就是所谓的知识经济，而且社会政策再也无法与经济政策区分开来了。但是以前，教育和培训一般都是地方政府的责任，因此现在这种责任需要得到重新划分，也就是国家政府要在提高技术方面发挥更重要的作用。新的经济环境也使得收入分配更有利于技术工人的收入分配，从而造成收入的两极分化，进而会加重收入不平等，而且有可能会淘汰中低收入阶层。因为国家政府可能没有办法来应对这种社会政策问题，所以，与国家政府合作的地方政府可能就会需要使用不同的策略来应对正在出现的社会政策危机。

---

① Reich（1991）将这些服务定义为问题解决服务、问题识别服务和策略经纪服务。

国家内部的潜在矛盾来源

国际贸易协议一般包括社会和环境政策规定，但是这些政策一般都是地方政府的责任。这些协议体现了各级政府之间日益增多的矛盾，因为关于对外关系的国家决策会影响国家内部的权力平衡。为了避免这些矛盾，这些协议就必须包含社会及当地环境政策规定，并需得到地方政府的批准，目前加拿大的情况就是这样。

国家职能的转向：抗衡全球化的力量

全球化改变了国家调控的环境，并且削弱了小型开放经济体应对外部冲击的能力（Rodrik，1997a、1997b）。这种外部冲击一般会对社会安全网络以及收入分配造成严重的破坏性的影响，而且会增加贫困率，最近的东亚经济危机就是如此。这种社会经济的破坏会增强对公共支出的需求，尤其是在社会保护和再分配方面的支出。全球化也会让有技术的工人获得更好的优待。Courchene（1993、2001）认为优待技术工人也会导致非技术工人的工资达到“全球最高”工资水平，因为这些工人会被其他地方更廉价的劳动力所取代。各家公司可能会求助于社会倾销（也就是通过降低收入保障和社会安全网络福利来保持国际竞争力）。Rodrik's（1998）在其涉及经济合作发展组织（OECD）国家的文章中对这种观点提出了支持。Rodrik 发现经济自由化与公共社会保障和福利支出有积极的联系。随着全球化的不断发展，公共部门必须在社会保障及福利方面进行更多的支出，从而保证社会凝聚力（见 Rodrik，1997a、1997b）。技术工人和非技术工人之间不断加大的收入差距有可能会产生两极分化的收入，并让中低收入阶层消失。因此，Rodrik（1997a）警告道，由此产生的社会瓦解可能最终会破坏国内舆论，从而让保护主义再次在全球出现。为了应对目前在多个国家出现的金融危机。经济自由化的逆向发展现象出现了。某些发展中国家的政府已经通过资本控制（如马来西亚），或通过利用国际援助（如印度尼西亚和泰国）来加强社会安全网络以应对这些冲击。本小节主要讨论超国家机构在应对竞争政策、管制短期资本流动和监管对冲基金活动方面的作用。

信息革命可能会促使国家政府更好地满足公民的需求，并限制对治理分权化的需要。信息革命正在减少交易成本，因此会降低纠正信息不对称性的成本，也会降低编制和执行更好的合作契约的成本（见Eid，1996）。Hart（1995）认为，在全球化的世界，组织形式的改变并不是什么严重的结果，因此对分权化机构的需要也降低了。

总之，全球化绝不意味着国家的消失，相反，全球化意味着将相互连接的世界中的国家重新塑造为应对更复杂的治理结构。某些国家的领导人甚至还会发现，国家在促进全球资本市场运转来应对社会经济政策的问题方面起到更加积极作用，如东亚国家所经历的那样。

本土化

越来越多的国家正在重新审视各级政府的作用及其与私人机构和公民社会之间的关系，以期创建能够为民服务的政府[①]。这些变化的整体推动力显示了向放权化（还权于民），或本土化（分权化）的发展趋势。

事实证明，权力的本土化是一个富有争议的话题。权力的本土化可以被看作是某些问题的解决方案，如不正常的公共部门及缺少民众的参与，另外也可以被看作是新问题的根源，如地方官员的俘获、因缺少财政准则而造成的宏观经济治理的恶化以及地单位不正当的财政行为。如Shah（1994b、1998a、1998d）与Boadway等（1994）所述，在选择各级政府之间正确的权力平衡时也会出现概念上的困难。除了这些概念问题，还需要考虑国家内部的平衡等许多实践因素。这其中包括民众参与大选的水平、封建政治、公民服务文化和激励、治理与问责结构和基层政府的能力。

① 见Shah（1998a）对这些变化动因的讲述，以及Shah（2007b）对新地方治理的讲述。

全球本土化

新兴的管辖权调整

在许多国家中，关于全球化和本土化的讨论以及公共部门的绩效表现日益不满，迫使政府重新考虑权力调整的问题，并促进了管辖权的调整。参考前面提到的观点，专栏 17－1 中列出了联邦主义关于责任分配的最新观点。金融交易管制、国际贸易、全球环境以及国际移民等职能，已经逐渐向上集中化传递给了超国家的机构；部分州政府的培训职能等，正在由中央政府更多地投入；而基层政府的职能，则正在通过提高公民团体和私人部门的参与，下放给了基层政府和非当地准政府组织。在发展中国家，对于这些安排的重新考虑将基层公共服务的责任逐渐下放到了更低级别的政府身上。这些国家的数量虽然不多，但是却在逐渐增加。现实情况是，发展和加强权力下放政策取得成功的体制安排明显滞后。加强基层政府购买和提供当地服务的能力仅受到了有限的关注。在实现这种调整的过程中，即便是强化中央政府和中间层级政府职能也并不总是很成功。实际上，在一些国家，分权化主要是为了把预算赤字和相关的债务负担转移给地方政府。

专栏 17－1　全球化下新兴的政府职能调整

超民族国家层面：金融交易管制、企业税收、国际贸易、全球环境、电子通讯、国际标准、国际移民、监督治理条件、全球安全和风险管理、跨国生产、投资和技术转让以及应对洗钱、腐败、流行病和恐怖主义。

中央政府层面：通过国际协议制定的社会和环境政策、为提高国际竞争力进行的技术改进、社会安全网、监管和提供地方政府的技术支持。

地区化、本土化和私人化层面：所有的地区和基层职能。

21 世纪新兴的治理结构

目前世界上出现的变化具有超国家化、集权化、地区化和本土化等特点。但是不管怎么说，治理结构的缓慢变化也代表了大多数国家的单一制宪法结构向联邦制或邦联制宪法结构的转变。这种转变说明世界正逐步从一个集权的结构转变为全球本土化（Glocalized）的结构。在这个世界上，中央政府的角色将会从管理授权者转变为在多中心的政府环境中的领导者。政府治理文化也在缓慢地从官僚文化转变为参与式运行模式；从命令与控制模式转变为对结果负责的模式；从内部依赖转变为竞争和创新；从封闭和缓慢转变为快速和开放；从无法承担风险转变为允许失败或成功的自由。过去的全球金融危机阻碍了这种变化，但是随着宏观经济稳定性的提升，新的治理结构逐渐在 21 世纪站稳了脚跟（见表 17 –1）。不过在很多发展中国家，这种转变还需要较长时间才能实现，因为这些国家中存在着政治和制度层面的困难[①]。

表 17 –1　　20 世纪与 21 世纪治理组织结构的对比

20 世纪	21 世纪
单一制	联邦制或邦联制
集权	全球化及本土化
管理中心	领导中心
公民是代理人、主题、客户或消费者	公民是管理者和主体
官僚式	参与式
命令与控制	回应与问责
内部依赖	竞争
封闭与缓慢	开放与快速
无法承担风险	允许失败或成功自由
政府为中心	交互式直接民主的治理为中心

① 见 Shah（2007a）中对分权化财政体系中权力划分的再安排的观点。

续表

20 世纪	21 世纪
基于资源的经济竞争优势	基于人力资本的经济竞争优势
作为联合起来或团结一致的工具的联邦制	关注网络治理和延伸的全球合作联邦制
居住原则，越权规则（ultra vires），“狄龙法则（Dillon's rule）①”	社区治理原则、辅助性原则以及自治原则和共享原则
具有民主赤字的有限但是作用不断扩展的全球机制	具有广泛作用的，改良治理和问责的全球机制及网络
共同治理过程中新兴联邦突出	教育、培训和社会保障方面强化的，精简但关爱的联邦政府
强大的州（省）政府作用	各州（省）政府经济影响力不断下降，为保留影响力而激烈竞争（tays - of - war）
基层政府作用逐渐缩小	基层政府作为经济增长发动机发挥关键作用、作为公民的首要代理人、作为共同治理的维护者、作为网络治理的促进者；非政府实体的作用更强大
税收和支出集权，通过有条件的转移支付（带有投入性条件）来承担地方政府支出	税收和支出分权，财政能力均等化和基于产出的国家最低标准转移支付

反思财政联邦主义的迫切需要

财政联邦制与政府联邦系统中的经济决策过程有关，其中公共部门的决策是在各级政府层面上做出的②。不同的联邦制国家在其选择什么样的财政联邦制上有很大差别，关于如何在各级政府之间分配财政权力，以及需要什么样的相关财政安排尤其如此。例如，巴西、加拿大和瑞士都是高度分权的联邦制国家，而澳大利亚、德国、马来西亚和新加坡则是相对集权的联邦制国家。财政权力在联邦成员之间的分配可能是不对称的。例如，某些成员可能会面临不太公平的情况（因

① 从法律上说，各种基层政府都是州政府的创造物，基层政府只能从事那些由州立法机构明确认可的活动，这就是所谓的“狄龙法则”。——译者注

② 本部分以 Shah（2006e、2007b）为基础。

为特殊情况而具有较少的自治权），如印度的查莫和克什米尔以及俄联邦的车臣地区。相对地，有些成员可能会获得比其他成员不平等或更平等的对待，如马来西亚的沙巴州和沙捞越以及加拿大的魁北克。还有一种可能是，联邦体系可以让其成员选择不平等或是更平等的条件，例如加拿大的可以选择进入或退出的制度、西班牙与脱离地区之间的协议，以及欧盟为丹麦和英国颁布制订的例外条款。进一步来看，由这些选择导致的财政安排通常需要接受定期检查和重新定义，以适应国内外不断变化的情况。在加拿大，法律对这种定期检查有明文规定（落日条款），而在其他联邦制国家，财政安排出现变化的原因可能仅仅是法院解读宪法规定和法律的方式不同（如澳大利亚和美国）或者通过各种政府命令来进行修改（大部分的联邦制的做法）。如前所述，近些年，信息革命以及新的无疆界世界经济体的出现所带来的巨大变化让这些选择面临更多的额外压力。下文将重点讲述在联邦制国家中，因财政权力划分所产生的几个常见的重要挑战以及基层政府是如何应对的。

财政权力的分配

信息革命和全球化正在对国家内的宪法构成提出挑战。信息革命通过公开政务让公民监督政府并使其变得更加负责。全球化和信息革命代表了一种向超国家体制和地方化治理的转变。在适应这个不断变化的世界的过程中，联邦体制中的各级政府正在为重新定位自身角色以保持其影响力而感到日趋紧张。

各级政府之间持续不断的压力来源之一就是纵向财政缺口，也就是低级政府层面上收入方法和支出需求不匹配。地方政府的纵向财政缺口和收入自治是这些联邦制国家遇到的一个问题，因为税收权力的集中化的程度远远超过满足联邦必要支出的需求。这种集权强化了中央的影响以及中央对于地方政策的政治控制，而且甚至会破坏自下而上的问责。这种情况在澳大利亚、德国、印度、墨西哥、马来西亚、尼日利亚、俄罗斯、西班牙和南非的州一级政府遇到的问题。在尼日利亚，中央分配资源收入方面存在特殊问题；在德国，这些问题正在促使政府进行一个对分配问题的更广泛的检查，以及重新考虑如何在联邦政府、州政府和基层政府之间分配权力，不过关于德国新的财政联邦制还没有形成共识。

在国家内转移权力平衡方面有两大新兴趋势：第一个是州和省（第二级/中间级）政府在经济中的影响力逐渐被削弱；第二个是基层政府在多级治理中的角色发生转变，影响力逐渐提升。

中间级政府正在失去其对经济的影响力，或是正在向沙漏型联邦制转变。巴西、加拿大、德国、印度、马来西亚、俄罗斯和美国的联邦政府在政府间（联邦—州）共享规定方面发挥着重要的作用。在巴西，固有的权力和特定的收入一定程度上限制了州政府预算的灵活性。在南非，国家政府承担了为社保出资的责任。在美国，联邦政府在共同治理的决策领域起到了越来越重要的作用，并为其在州政府和地方政府的执行方面建立了责任。这种转变通常会通过没有资金的授权或是只提供部分资金的授权而完成的。在加拿大和美国，联邦政府都会通过减少向省或州的财政转移支付来部分解决其债务。

新出现的政府间（联邦—州）之间矛盾还体现在，在双重联邦制的国家中——如澳大利亚、加拿大和美国（基层政府是州政府创建的），联邦政府正在尝试与基层政府建立直接的关系，而且甚至在此过程中避开州政府。在巴西、加拿大、南非和美国，州政府在人民生活中的经济影响力正在逐渐消失，但是其宪法作用和政治作用仍然很强大。这种调整让垂直协调变得更加困难，而且会影响一个州应对其内部财政不平等的能力。在印度，联邦政府通过任命联邦官员担任州执行决策的关键职位保留了对于州事务的强大控制权。整体而言，联邦制体系中，中间政府的经济作用正在衰退，但是这不包括加拿大和瑞士。在加拿大，省政府相对于联邦政府的经济作用正在变得更加重要。在瑞士，州政府具有更加强大的宪法作用，而且得到了来自本地公民的更强大的支持。瑞士的州政府类似于加拿大、印度和美国这种大型联邦制国家的地方政府。但是，在所有联邦制国家中，州政府的政治作用仍然非常重要，甚至在一些国家中，这种作用还出现了加强，如德国和巴基斯坦。在德国，州政府需要发挥执行欧盟法令和为地方规划及发展做出决策的中心作用。在巴基斯坦，2008 年新选举出来的政府需要面对的是省政府具有更大的权力和自治性。

关于地方治理的新观点以及州政府日益增长的抗拒。全球化和信息革命正在加强本土化，并通过当地的网络管理扩展了基层政府的作用。这种调整需要基层政府作为地方服务的购买者、政府网络的促进者，准政府职能的提供者以及州政府和国家政府在共同治理领域的看门人和监督者。但是，基层政府在社会政策领域却面临着来自各自州政府的一定阻力。在巴西、印度和尼日利亚，基层政府具有宪法地位，因此能够更好地发挥其作用。在瑞士，直接民主确保了基层政府的重要作用；在巴西和瑞士，基层政府在地方治理方面也有较大的自主权。在其他大部分联邦制国家中，基层政府是州政府的下级，他们向联邦政府和州政府提出请求，而且拥有极少的自治权。基层政府自给自足的能力依赖着信息革命引发的还权于民。俄罗斯在这一方面可作为成功案例，因为近些年来的集权化过程没有受到各州及基层政府或是广大人民的反对。在加拿大，某些省份对学校资金进行了集中。在南非，基本医疗责任被分配到了省级政府。在大部分国家中，基层政府都缺乏财政自主权，而且只有少量的或根本没有活跃的生产性税基，但是对于基层政府提供服务的需求却是与日俱增。在加拿大和美国，现有的基层税基（尤其是财产税）已经处于过度征税状态，没有增长空间了。在美国，这一问题因为在征税方面的限制以及在环境和社会支出方面没有资金支持的政令要求而变得更加复杂。

弥合国家内部的财政差距

国家内部的财政差距是国家内部经济差距的一个重要方面。基于全国范围内具有可比性的税收水平而形成的具有可比性的公共服务能够促进商品和生产要素（劳动力和资本）流动，而且有助于确保国家作为统一的经济联盟的地位。

大部分成熟的联邦制国家（不包括美国）都尝试过通过财政均等化项目来解决地区财政差异。美国没有任何这样的联邦项目，但是州教育资金使用了均等化原则。加拿大宪法对这样的项目进行了规定，而且经常将其看作是让该国团结在一起的“黏结剂”。大多数均等化项目的资金都来自于联邦政府，但是德国和瑞士的均等化项目是例外。在德国，较富裕的州会累进贡献向均等化基金，而较贫困的州则从该基金获得拨款。在瑞士，新的均等化项目从2008年开始执行，该项目的资金来自于联邦政府和较富裕的州。

各联邦国家对于这些项目的设计、发展和管理的制度安排是不同的。巴西、印度、尼日利亚、西班牙和南非会考虑各地的财政能力的程度以及需求因素，从而在收入分享项目中决定各州的份额。马来西亚使用的是人头税拨款。俄罗斯使用的是混合的财政能力的均等化项目。加拿大和德国的财政均等化项目则是为了平衡各地的财政能力使其都达到特定的标准。澳大利亚的项目更加全面，平衡了澳大利亚各州的财政能力和财政需求，但同时又受到商品和服务税收入总额的限制。

现有均等化项目的公平和效率所造成的影响是大部分联邦制国家持续争论的热点。在澳大利亚，支出需求补偿所产生的复杂性，是不满足现有平等化项目的一个重要原因。在加拿大，省政府对自然资源的所有权，是造成省级财政差别的重要原因。在德国和西班牙，过度激进的均等化项目造成了某些富裕地区财富的消失。德国一些富裕的州，曾经将这件事情上报到宪法法院，以减少其对均等化基金的出资。在巴西、印度、马来西亚、尼日利亚、俄罗斯和南非，现有项目的平等和效率的影响也造成了许多争论。

在自给自足联邦制下的财政审慎和财政纪律

在联邦制国家中，地方政府强大的自治力，加上其有获得联邦紧急援助的机会，使得地方政府层面上的财政无纪律性成了一个需要考虑的问题。保证财政纪律的一个做法是通过执行联邦制和立法联邦制，以及正式和非正式的财政规定来协调财政政策。近些年来，通过立法确定的财政规定已经引起了更多人的注意。这些规定包括预算平衡控制、债务限制、税收和支出控制，以及为新征税和支出活动进行的投票。大部分成熟的联邦制国家也会在建立中央银行的时候，专门强调无紧急援助的规定。如果银行部门提供了明确的或者含蓄的紧急援助担保以及优惠贷款，那么在地方政府层面上，就难以硬化预算约束。财政调整项目的最新经验说明，虽然立法确定的财政规定对于成功的财政调整来说既不是必要的也不是充分的，但是却有助于形成可持续的政治承诺，进而实现更好的财政结果，这对具有分裂的政治制度或联盟体制的国家来说效果更为明显。例如，在比例代表制国家中（如巴西）、多党联合制政府国家中（如印度）以及立法职能和行政职能相分离的国家中（如巴西和美国），这些规定有助于保持进行改革的政治承诺。这些国家中的财政规定有助于限制分肥政治，因此能够改善财政纪律。巴西、印度、俄罗斯和南非的经验就能证明这一点。澳大利亚和加拿大在没有立法财政规定的情况下就保证了财政纪律。而虽然德国拥有立法财政规定，但是财政纪律仍然是一个问题。瑞士的经验是保证可持续的财政纪律的成功经验。为保证可持续的财政纪律，瑞士主要采取了两条措施：财政公民投票让公民能有机会否决政府项目；某些州通过立法规定需要将财政盈余的一部分储存起来，防止财政不景气时出现债务问题。

内部共同市场的分裂

虽然保持内部统一市场不仅是所有联邦制国家的首要目标，而且是经济业绩的关键决定因素，但是，消除对这样的经济联盟的障碍对于发展中的联邦制国家来说，仍然是一个有待解决的挑战。以邻为壑或竞次的财政政策，以及妨碍产品和要素流动性的壁垒，都有可能会削弱分权化决策所带来的优势，这从巴西、印度、墨西哥和西班牙近些年来的经验就能够看出。与之相反，加拿大和美国的联邦体制已经成功地应对了这一挑战，其方法就是保持一个共同的经济联盟。

财政体制无法激励有回应和负责任的治理

在大部分联邦制国家中，尤其是发展中的联邦制国家，政府间转移支付关注的是分配财政蛋糕，而没有考虑为有回应和负责任的服务供应创建激励。收入共享的安排通常会防碍基层税收努力，而通过弥补差距的方式引入不正当的财政激励。在大多数联邦制国家中有条件的转移支付关注的是投入控制和微观治理，因此破坏了地方自治。在少数国家中，如美国，这些转移支付被用作分肥政治的工具。将基于产出转移支付款建立在国家最低标准的基础上，从而为基于结果的问责创建激励条件的实践根本不存在。

结语：多级政府治理的新观点

在过去的 20 年中，全球化和信息革命已经让国内外的治理结构产生了重大变化。这种国内权力分配方面的重大变化所产生的一些影响包括：全球机构在某些中央和联邦政府传统职能领域变得越来越重要，如宏观经济政策和贸易政策以及管制方面；联邦政府在社会及环境政策方面广泛的作用变得更大，而这本来是联邦制国家中省和州政府应该发挥作用的传统领域；中间政府（州或省）的经济影响力逐渐消失，但是其政治作用仍然非常重要；基层政府和准政府实体在为公民改善经济社会成果方面的重要性越来越高；以及最重要的一点，公民重新获得其作为治理者和主体的权力，而不再被看作是话题、消费者或客户了。全球机构重要性的增加强调了民主赤字，因为这些机构的治理结构目前对广大公民既不回应又不负责。在未来十年中，公民行动主义有望促使这些机构对其治理结构进行改革，从而能够更好地回应公民的声音。在国家层面上，重新调整管理结构的压力越来越大。这有可能会鼓励政府自下而上的问责，从而更好地提供服务，并减少公民与政府交流过程中所产生的成本。这种趋势将把目前关注内部的政府结构转变成服从公民直接控制的结构。这说明，基层政府在作为其公民的首要代理人方面的作用得到了提高。在这一作用中，基层政府可以是当地服务的购买者，政府服务和准政府职能网络的促进者，以及州政府和国家政府在共同治理领域的看门人和监督者（见 Shah 与 F. Shah, 2007；Shah 与 S. Shah, 2006）。这一职能体现的是从高级政府到基层政府或准政府实体及网络的基本转变。这一职能具有重要的宪法意义。剩余的职能应当由基层政府来承担。州政府可以提供城市之间的服务，并为社会服务提供资金。国家政府应当主要承担再分配职能、安全职能、外交关系职能和跨州职能。例如，协调统一共同框架。超国家机构将负责提供全球公共产品，而且应当具有透明的、负责的和可靠的民主治理结构。这样的重新安排会让公民成为管理者并重新获得权力，而且会促进竞争和创新以改善当地经济及其与国家及全球市场的联系。全球化和信息革命会促成还权于民这样的转变。而现有的政治和经济机构以及安全和恐怖主义问题则会妨碍这样的范式转变。全世界的社会经济福利的提高关键取决于消除后两种障碍的速度。

参考文献

Abbott, Michael G, and Charles M. Beach (1997). "The Impact of Employer Payroll Taxes on Employment and Wages: Evidence for Canada, 1970 - 1993." *In Transition and Structural Change in the North American Labour Market*, ed. M. G. Abbott, C. M. Beach, and R. P. Chaykowski, 154 - 234. Corpus Christi, Texas: IRC Press.

Abed, George T., and Hamid Davoodi (2000). "Corruption, Structural Reforms, and Economic Performance in the Transition Economies." International Monetary Fund Working Paper no. 00/132, Washington, DC.

Acconcia, Antonio, Marcello D'Amato, and Riccardo Martina (2003). "Corruption and Tax Evasion with Competitive Bribes." CSEF *Working Papers* no. 112, Centre for Studies in Economics and Finance, University of Salerno.

Advisory Panel on Fiscal Imbalance (2006). *Reconciling the Irreconcilable: Addressing Canada's Fiscal Imbalance.* Ottawa: Council of the Federation.

Afonso, J. R. R., and E. A. Araujo (2006). "Local Government Organization and Finance: Brazil." In *Local Governance in Developing Countries*, ed. A. Shah, 381 - 418. Washington, DC: World Bank.

Afonso, J. R. R., and L. de Mello (2000). "Brazil: An Evolving Federation." IMF/FAD Seminar on Decentralization. Washington, DC: IMF, November.

Afonso, J. R. R., and L. de Mello (2000). "Brazil: An Evolving Federation." IMF/FAD Seminar on Decentralization. Washington, DC: IMF, November.

Afonso, J. R. R., S. G. Ferreira, and R. Varsano (2003). "Fiscal Competition." In *Federalism in a Changing World: Learning from Each Other*, ed. R. Blindenbacher and A. Koller, 412 – 431. Montreal and Kingston: McGill – Queen's University Press.

Aghion, Philippe, and Peter Howitt (1998). *Endogenous Growth Theory*. Cambridge, MA: MIT Press.

Aidt, T. S. (2003). "Economic Analysis of Corruption: A Survey." *Economic Journal* 113 (491): F632 – F652.

Ahlin, Christian (2000). "Corruption, Aggregate Economic Activity and Political Organization." Mimeo, University of Chicago.

(2001). "Corruption: Political Determinants and Macroeconomic Effects." Working Paper no. 01 – W26, Department of Economics, Vanderbilt University.

Ahmad, Ehtisham, and Giorgio Brosio, eds. (2006). *Handbook of Fiscal Federalism*. Cheltenham: Edward Elgar.

Ahmad, Ehtisham, and Vito Tanzi, eds. (2002). *Managing Fiscal Decentralization*. New York: Routledge.

Akai, Nobuo, Yukihiro Nishimura, and Masayo Sakata (2007). "Complementarity, Fiscal Decentralization and Economic Growth." *Economics of Governance* 8 (4): 339 – 362. Berlin: Springer.

Akai, Nobuo, and M. Sakata (2002). "Fiscal Decentralization Contributes to Economic Growth: Evidence from State – Level Cross – Section Data for the United States." *Journal of Urban Economics* 52: 93 – 108.

Akai, Nobuo, M. Sakata, and N. Ma (2003). "Complementarity, Fiscal Decentralization and Economic Growth." Paper presented at the 4th International Public Economic Theory Conference, Duke University, June 12 – 15.

Alderman, H. (1998). "Social Assistance in Albania: Decentralization and Targeted Transfers." LSMS Working Paper no. 134, World Bank, Washington, DC.

Alesina, Alberto, and Roberto Perotti (1998). "Economic Risk and Political Risk in Fiscal Unions." *Economic Journal* 108 (449): 989 – 1008.

Alm, James, Jorge Martinez – Vazquez, and Sri Mulyani Indrawati, eds. (2004). *Reforming Intergovernmental Fiscal Relations and the Rebuilding of Indonesia.* Northampton, MA: Edward Elgar.

Alok, V. N. (2006). "Local Government Organization and Finance: Rural India." In *Local Governance in Developing Countries*, ed. Anwar Shah, 205 – 231. Washington, DC: World Bank.

Anderson, George (2008). *Federalism: An Introduction.* Don Mills, Ontario: Oxford University Press.

Andrews, Matthew (2001). "Institutional Effects on Local Government Fiscal Outcomes." Mimeo, Syracuse University.

Andrews, Matthew, and Anwar Shah (2005a). "Citizen – Centered Governance: A New Approach to Public Sector Reform." In *Public Expenditure Analysis*, ed. Anwar Shah, 153 – 82. Washington, DC: World Bank.

(2005b). "Towards Citizen – Centered Local Budgets in Developing Countries." In *Public Expenditure Analysis*, ed. Anwar Shah, 183 – 216. Washington, DC: World Bank.

Andvig, Jens Chr., and Karl O. Moene (1990). "How Corruption May corrupt." *Journal of Economic Behavior and Organization* 13: 63 – 76.

Arikan, Gulsun (2000). "Fiscal Decentralization: A Remedy for Corruption?" Mimeo, Department of Economics, University of Illinois at Urbana – Champaign.

(2004). "Fiscal Decentralization: A Remedy for Corruption?" *International Tax and Public Finance* 11: 175 – 195.

Aroney, N. (2003). "Fiscal Competition." In *Federalism in a Changing World: Learning from Each Other*, ed. R. Blindenbacher and A. Koller, 492 – 501. Montreal and Kingston: McGill – Queen's University Press.

Arrow, Kenneth J. (1995). "An Extension of the Basic Theorems of Classical Welfare Economics." In *Proceedings of the Second Berkeley Symposium on Mathematical Statistics and Probability*, 507 – 532. Berkeley, University of California Press.

Asensio, M. A. (2006). "Local Government Organization and Finance: Argentina." In *Local Governance in Developing Countries*, ed. Anwar Shah, 347 – 379. Washington, DC; World Bank.

Atkinson, Anthony B, and Joseph E. Stiglitz (1976). "The Design of Tax Structure: Direct versus Indirect Taxation." *Journal of Public Economics* 6: 55 – 75.

(1980). *Lectures on Public Economics.* Maidenhead: McGraw – Hill.

Atsushi, Iimi (2005). "Decentralization and Economic Growth Revisited: An Empirical Note." *Journal of Urban Economics* 57: 449 – 461.

Aubut, Julie, and François Vaillancourt (2001). "Using GDP in Equalization Calculations: Are There Meaningful Measurement Issues?" Working paper, Institute of Intergovernmental Relations, Queen's University, Kingston, Ontario, Canada.

Auerbach, Alan J., Laurence J. Kotlikoff, and Willi Leibfritz, eds. (1999). *Generational Accounting around the World.* Chicago: University of Chicago Press.

Azfar, I. A., and D. C. J. Dakas (2005). "Federal Republic of Nigeria." In *Constitutional Origins, Structure, and Change in Federal Countries*, ed. J. Kincaid and G. A. Tarr, 239 – 275. Montreal and Kingston: McGill – Queen's University Press.

Azfar, O., T. Gurgur, S. Kahkonen, A. Lanyi, and P. Meagher (2000a). *Decentralization and Governance: An Empirical Investigation of Public Service Delivery in the Philippines.* College Park: IRIS, University of Maryland.

Azfar, O., S. Kahkonen, J. Livingston, P. Meagher, and D. Rutherford (2000b) . *Making Decentralization Work: An Empirical Investigation of Governance and Public Services in Uganda.* College Park: IRIS, University of Maryland.

Azfar, O. , and J. Livingston (2002) . *Federalist Disciplines or Local Capture? An Empirical Analysis of Decentralization in Uganda.* College Park: IRIS, University of Maryland.

Bac, M. , and P. K. Bag (1998) . "Corruption, Collusion and Implementation: A Hierarchical Design." Mimeo, University of Liverpool.

Bailey, Stephen (1999) . *Local Government Economics: Theory, Policy, and Practice.* Basingstoke: Macmillan.

Banfield, Edward (1975) . "Corruption as a Feature of Government Organization." *Journal of Law and Economics* 18: 587 –695.

Banting, K. , and R. Boadway (2004) . "Defining the Sharing Community: The Federal Role in Health Care." *In Money, Politics and Health Care*, ed. H. Lazar and P. St – Hilaire, 1 –77. Montreal: Institute for Research on Public Policy.

Barati, Izabella, and Akos Szalai (2000) . "Fiscal Decentralization in Hungary." Centre for Public Affairs Studies, Budapest University of Economic Sciences.

Bardhan, Pranab (1997) . "Corruption and Development: A Review of Issues." *Journal of Economic Literature* 35 (September): 1320 – 1346.

Bardhan, Pranab, and Dilip Mookherjee (2000) . "Decentralizing Anti – poverty Program Delivery in Developing Countries." Working paper, University of California, Berkeley.

(2003) . Poverty Alleviation Effort of West Bengal Panchayats. http: //econ. bu. edu/dilipm/wkpap. htm/epwsumm. pdf.

Barro, Robert J. (1996) . *Getting It Right: Markets and Choices in a Free Society.* Cambridge, Ma: MIT Press.

Batley, R. (1999) . "The Role of Government in Adjusting Economies: An Overview of Findings." International Development Department, University of Birmingham, Alabama.

Beck, Thorsten, Juan Miguel Crivelli, and William Summerhill (2003). "State Bank Transformation in Brazil: Choices and Consequences." Paper presented at the World Bank Conference on Bank Privatization and International Society for New Institutional Economics (ISNIE), World Bank, Washington, DC.

Becker, Gary Stanley (1968). "Crime and Punishment: An Economic Approach." *Journal of Political Economy* 76 (2); 167 – 127.

(1983). "A Theory of Competition among Pressure Groups for Political Influence." *Quarterly Journal of Economics* 97 (3): 371 – 400.

Becker, Gary Stanley, and George Stigler (1974). "Law Enforcement, Malfeasance and the Compensation of Enforcers." *Journal of Legal Studies* 3: 1 – 19.

Bell, Daniel (1987). "The World and the United States in 2013." Daedalus 116 (3): 1 – 31.

Bernstein, Thomas P., and Xiaobo Lu (2003). *Taxation without Representation in Contemporary Rural China.* Cambridge: Cambridge University Press.

Besley, Timothy J., and Harvey S. Rosen (1998). "Vertical Externalities in Tax Setting: Evidence from Gasoline and Cigarettes." *Journal of Public Economics* 70: 383 – 398.

Bewley, Truman F. (1981). "A Critique of Tiebout's Theory of Local Public Expenditure." *Econometrica* 49: 713 – 740.

Biehl, Dieter (1994). "Intergovernmental Fiscal Relations and Macroeconomic Management Possible Lessons from a Federal Case: Germany." In *Intergovernmental Fiscal Relations and Macroeconomic Management in Large Countries*, ed. S. P. Gupta, P. Knight, R. Waxman, and Y. – K. Wen, 69 – 121. New Delhi: EDI, World Bank and Indian Council for Research on International Economic Relations.

Bird, Richard M., and Pierre – Pascal Gendron (1998). "Dual VATs and Cross – Border Trade: Two Problems, One Solution?" *International Tax and Public Finance* 5 (3): 429 – 442.

(2001). "VATs in Federal Countries: International Experience and Emerging Possibilities." *Bulletin for International Fiscal Documentation* 55 (7, July): 293 – 309.

Bird, Richard M., and Thomas Stauffer, eds. (2001). *Intergovernmental Fiscal Relations in Fragmented Societies.* Fribourg, Switzerland: Institute of Federalism.

Bird, Richard M., and Francois Vaillancourt, eds. (1998). *Fiscal Decentralization in Developing Countries.* Cambridge: Cambridge University Press.

Blanchard, Olivier Jean, and Lawrence E. Katz (1992). "Regional Evolutions." In *Brookings Papers on Economic Activity*, ed. William C. Brainard and George L. Perry, 1: 1 – 62. Washington, DC: Brookings Institution.

Blanchard, Olivier, and Andrei Shleifer (2000). "Federalism with and without Political Centralization: China versus Russia." Working paper, no. 7616 (March), 1 – 14. National Bureau of Economic Research, Cambridge, MA.

Blindenbacher, Raoul, and Arnold Koller, eds. (2003). *Federalism in a Changing World: Learning from Each Other.* Montreal: McGill – Queens' University Press.

Boadway, Robin (1992). *The Constitutional Division of Powers: An Economic Perspective. Ottawa; Economic Council of Canada.*

(2002) "Revisiting Equalization Again: Representative Tax System vs. Macro Approaches." Working paper, Institute of Intergovernmental Relations, Queen's University, Kingston, Ontario, Canada.

(2004). "The Theory and Practice of Equalization." *CESifo Econom-*

ic Studies 1：211 –254.

(2005a) . "The Vertical Fiscal Gap：Conceptions and Misconceptions." In *Canadian Fiscal Arrangements：What Works, What Might Work Better*, *ed. Harvey Lazar*, 51 –80. Montreal and Kingston：McGill – Queen's Press.

(2005b), "Evaluating the Equalization Program." *Study Prepared for the Expert Panel on Equalization and Territorial Formula*, Ottawa, 40 pp. http：//www. eqtffpfft. ca/submissions/EvaluatingtheEqualization-Program. pdf.

(2006a) . "Two Panels on Two Balances." Policy Options 27：40 –45.

(2006b) . "The Principles and Practice of Federalism：Lessons for the EU?" *Swedish Economic Policy Review* 13 (1)：9 –62.

(2007a) . "Natural Resource Shocks and the Federal System：Boon and Curse?" *In Canada：The State of the Federation*, 2006/2007. Montreal：McGill – Queen's University Press for the Institute of Intergovernmental Relations, School of Policy Studies, Queen's University.

(2007b) . "The Practice of Fiscal Federalism in Canada." In *The Practice of Fiscal Federalism：Comparative Perspectives*, ed. Anwar Shah, 98 –124. Montreal and Kingston：McGill – Queen's Press.

(forthcoming) . "Economic Evaluation of Projects." In *Tools for Public Sector Evaluations*, ed. Anwar, Shah. Washington, DC：World Bank.

Boadway, Robin, and Neil Bruce (1984) . *Welfare Economics.* Oxford：Blackwell.

Boadway, Robin, N. Bruce, K. J. McKenzie, and J. M. Mintz (1987) . "Marginal Effective Tax Rates for Capital in the Canadian Mining Industry." *Canadian Journal of Economics* 20 (1)：1 –16.

Boadway, Robin, and Katherine Cuff (1999). "Monitoring Job Search as an Instrument for Targeting Transfers." *International Tax and Public Finance* 6：317 –337.

Boadway, Robin, Katherine Cuff, and Nicolas Marceau (2003) .

"Agglomeration Effects and the Competition for Firms." *International Tax and Public Finance* 11 (5): 623 - 645.

Boadway, Robin, and Frank R. Flatters (1982a). "Efficiency and Equalization Payments in a Federal System of Government: A Synthesis and Extension of Recent Results." *Canadian Journal of Economics* 15: 613 - 633.

(1982b). *Equalization in a Federal State: An Economic Analysis.* Ottawa: Economic Council of Canada.

(1993). "The Taxation of Natural Resources: Principles and Policy Issues." Policy Research Working Paper no. 1210, World Bank, Washington, DC.

Boadway, Robin, and Paul A. R. Hobson, eds. (1998). *Equalization, Its Contribution to Canada's Economic and Fiscal Progress.* Kingston: John Deutch Institute for the Study of Economic Policy.

Boadway, Robin, Isao Horiba, and Raghbendra Jha (1999). "The Provision of Public Services by Government Funded Decentralized Agencies." *Public Choice* 100 (3 - 4): 157 - 184.

Boadway, Robin, and Michael Keen (1996). "Efficiency and the Optimal Direction for Federal - State Transfers." *International Tax and Public Finance* 3: 137 - 155.

(2000). "Redistribution." In *Handbook of Income Distribution*, ed. Anthony B. Atkinson and Francois Bourguignon, 1: 677 - 789, Amsterdam: North - Holland.

Boadway, Robin, and Nicolas Marceau (1994). "Time Inconsistency as a Rationale for Public Unemployment Insurance." *International Tax and Public Finance* 1: 107 - 126.

Boadway, Robin, Maurice Marchand, and Pierre Pestieau (1994). "Towards a Theory of the Direct - Indirect Tax Mix." *Journal of Public Economics* 55 (1): 71 - 88.

Boadway, Robin, Maurice Marchand, and Marianne vigneault (1998).

"The Consequences of Overlapping Tax Bases for Redistribution and Public Spending in a Federation." *Journal of Public Economic. s*68: 453 - 478.

Boadway, Robin, Sandra Roberts, and Anwar Shah (1994). "The Reforrn of Fiscal Systems in Developing and Emerging Market Economies: A Federalism Perspective." Policy Research Working Paper no. 1259, World Bank, Washington, DC.

(2000). "Fiscal Federalism Dimension of Tax Reform in Developing Countries." In *Fiscal Reform and Structural Change in Developing Countries*, vol. 1, ed. G. Perry, J. Whalley, and G. McMahon, 171 - 200. London: Macmillan.

Boadway, Robin, and Anwar Shah, eds. (2007). *Intergovernmental Fiscal Transfers*. Washington, DC: World Bank.

Boadway, Robin, and J. - F. Tremblay (2006). "A Theory of Fiscal Imbalance." *Finanz Archiv* 62: 1 - 27.

Boadway, Robin, and David E. Wildasin (1984). *Public Sector Economics*. 2nd ed. Boston: Little, Brown.

Bodman, Philip, and Kathryn Ford (2006). "Fiscal Federalism and Economic Growth in the OECD." Macroeconomic Research Group, Discussion Paper no. 7, School of Economics, University of Queensland.

Bomfim, Antulio, and Anwar Shah (1994). "Macroeconomic Management and the Division of Powers in Brazil: Perspectives for the 1990s." *World Development* 22: 535 - 542.

Bordignon, Massimo, Paolo Manasse, and Guido Tabellini (2001). "Optimal Regional Redistribution under Asymmetric Information." *American Economic Review* 91 (3): 709 - 723.

Boskin, Michael J. (1973). "Local Government Tax and Product Competition and the Optimal Provision of Public Goods." *Journal of Political Economy* 81 (1): 203 - 210.

Bowman, Ann, and Richard Kearney (1990). *State and Local Govern-*

ment. Boston: Houghton Mifflin.

Boyne, George (1998). *Public Choice Theory and Local Government.* Basingstoke: Macmillan.

Braun, M., and M. Tommasi (2002). "Fiscal Rules for Subnational Governments: Some Organizing Principles and Latin American Experiences." Paper presented at the IMF/World Bank Conference on Fiscal Rules, Oaxaca, Mexico, February.

Brennan, Geoffrey, and James Buchanan (1980). *The Power to Tax: Analytical Foundations of a Fiscal Constitution.* Cambridge: Cambridge University Press.

Brennan, Geoffrey, and Loran Lomasky (1993). *Democracy and Decision.* Cambridge: Cambridge University Press.

Breton, Albert (1965). "A Theory of Government Grants." *Canadian Journal of Economics and Political Science* 31: 175-187.

(1994). "Designing More Competitive and Efficient Governments." In *Defining the Role of Government: Economic Perspectives of the State*, ed. Robin Boadway, Albert Breton, and Neil Bruce, 55-98. Kingston: school of Policy Studies.

(1995). *Competitive Governments.* Cambridge: Cambridge University Press.

(1996). *Competitive Governments: An Economic Theory of Politics and Public Finance.* Cambridge; Cambridge University Press.

(2000). "An Introduction to Decentralization Failure." Paper presented at the IMF Conference on Fiscal Decentralization, Washington, DC, November 20-21.

(2006), "Modeling Vertical Competition." In *Handbook of Fiscal Federalism*, ed. Ehtisham Ahmad and Giorgio Brosio, 86-105. Cheltenham: Edward Elgar.

Breton, Albert, and Anthony Scott (1978). *The Economic Constitution of Federal States*. Toronto: University of Toronto Press.

Browning, Edgar K. (1975). *Redistribution and the Welfare System*. Washington, DC: American Enterprise Institute for Public Policy Research.

Bruce, Neil (1995). "A Fiscal Federalism Analysis of Debt Policies by Sovereign Regional Governments." *Canadian Journal of Economics* 28: S195 - S206.

Bruce, Neil, and Michael Waldman (1991). "Transfers in Kind: Why They Can Be Efficient and Nonpaternalistic." *American Economic Review* 81 (5): 1345 - 1351.

Brueckner, Jan (1982). "A Test for Allocative. Efficiency in the Local Public Sector." *Journal of Public Economics* 19: 311 - 331.

Buchanan, James M. (1950). "Federalism and Fiscal Equity." *American Economic Review* 40: 583 - 599.

(1952). "Federal Grants and Resource Allocation." *Journal of Political Economy* 60: 208 - 217.

(1965). "An Economic Theory of Clubs." *Economica* 32: 1 - 14.

(1997). *Post - Socialist Political Economy: Selected Essays*. Cheltenham: Edward Elgar.

Buchanan, James M., and Charles Goetz (1972). "Efficiency Limits of Fiscal Mobility: An Assessment of the Tiebout Model." *Journal of Public Economics* 1: 25 - 43.

Burgess, Robin, Stephen Howes, and Nicolas Stern (1995). "The Reform of Indirect Taxes in India." In *India: The Future of Economic Reform*, ed. Robert Cassen and Vijay Joshi, 113 - 166. New Delhi: Oxford University Press.

Canada, Government of (2006a). "Achieving a National Purpose: Putting Equalization Back on Track." *Expert Panel Report on Equalization and Territorial Formula Financing, Department of Finance*. Ottawa: Government of Canada.

Caplan, A. J., R. C. Cornes, and E. C. D. Silva (1998). "Pure Public Goods and Income Redistribution in a Federation with Decentralized Leadership and Imperfect Labor Mobility." *Journal of Public Economics* 77 (2): 265 -284.

Carbonara, Emanuela (1999). "Bureaucracy, Corruption and Decentralization." Department of Economics Working Paper no. 342/33, University of Bologna, Italy.

Carillo, Juan D. (2000). "Corruption in Hierarchies." *Annales d'Economie et de Statistique*, Institut National de la Statistique et des Etudes Econorniques (France) 59: 37 -61.

Castells, Manuel (1997). *The Power of Identity.* Oxford: Blackwell.

(1998). *End of Millennium.* Oxford: Blackwell.

Caulfield, Janice (2003). "Local Government Reform in Comparative Perspective." In *Reshaping Australian Local Government*, ed. Brian Dollery, Neil Marshall, and Andrew Worthington, 11 - 34. Sydney; University of New South Wales Press.

Centre For Economic Policy Research (1993). "Making Sense of Sense of Subsidiarity: How Much Centralization for Europe?" London.

Chand, Sheetal K, and Karen O. Moene (1997). "Controlling Fiscal Corruption." International Monetary Fund Working Paper WP/97/100, Washington, DC.

China Statistical Yearbook (2000). Beijing; China Statistical Publishing House.

Christiansen, Vidar, Karen P. Hagen, and Agnar Sandmo (1994). "Scope for Taxation and Public Expenditure in an Open Economy." *Scandinavian Journal of Economics* 96 (3); 289 -309.

Chung, Wee - Wee Connie, and Jose L. Tongzon (2004), "A Paradigm Shift for China's Central Bank System." *Journal of Post Economies* 27 (1): 87 -103.

Cnossen, S. (1998). "Global Trends and Issues in Value Added Taxation, International Tax and Public Finance." *International Tax and Public Finance* 5: 399 – 428.

Coate, Stephen (1995). "Altruism, the Samaritan's Dilemma, and Government Transfer policy." *American Economic Review* 85 (1): 46 – 57.

Commission on Fiscal Imbalance (Séguin Commission) (2002). A New Division of Canada's Financial Resources: *Final Report.* Quebec: Government of Québec. http://www.desequilibrefiscal.gouv.qc.ca/.

Courchene, Thomas J. (1993). "Globalization, Institutional Evolution, and the Australian Federation." In *Federalism and the Economy: International, National, and State Issues*, ed. Brian Galligan, 64 – 117. Canberra: Federalism Research Centre, Australian National University.

(1995a). "Globalization: The Regional/International Interface." *Canadian Journal of Regional Science* 18 (1, Spring): 1 – 20.

(1995b). "Macrofederalism: Some Explanatory Research Relating to Theory and Practice." Unpublished paper, World Bank, Washington, DC. Available at www.worldbank.org/wbi/publicfinance.

(1996). "The Comparative Nature of Australian and Canadian—Australian and Canadian Economic Space." In *Reforming Fiscal Federalism for Global Competition: A Canada – Australia Comparison*, ed. Paul Boothe, 7 – 22. Edmonton: University of Alberta Press.

(2001). *A State of Minds: Towards a Human Capital Future for Canadians.* Montreal, Quebec: Institute for Research on Public Policy.

(2004). "Confiscatory Equalization: The Intriguing Case of Saskatchewan's Vanishing Energy Revenues." *IRPP Choices* 10 (3, March): 1 – 39.

(2008). "Macro Federalism: An Introduction." In *Macro Federalism and Local Finance*, ed. Anwar Shah., 9 – 76. Washington, DC: World Bank.

Cremer, Jacques (1986). "Cooperation in Ongoing Organizations." *Quarterly Journal of Economics* 101 (1): 33-49.

Crook, Richard, and James Manor (2000). "Democratic Decentralization." OED Working Paper Series no. 11 (Summer), World Bank, Washington, DC.

Cukierman, Alex, Bilin Neyapti, and Steven B. Webb (1992). "Measuring The Independence of Central Banks and Its Effect on Policy Outcomes." *World Bank Economic Review (International)* 6 (3, September): 353-398.

Cull, Robert, and Lixin-Colin Xu (2003). "Who Gets Credit? The Behavior of Bureaucrats and State Banks in Allocating Credit to Chinese State-Owned Enterprises." *Journal of Development Economics* 71 (2): 533-559.

Daffion, Bernard (1977). *Federal Finance in Theory and Practice; With Special Reference to Switzerland*. Bern; Paul Haupt.

Dahlby, Bev (1981), "Adverse Selection and Pareto Improvements through Compulsory Insurance." *Public Choice* 37; 547-558.

(1994). "The Distortionary Effect of Rising Taxes." In *Deficit Reduction; What Pain, What Gain?*, ed. William B. P. Robson and William M, Searth, 43-72. Toronto; C. D. Howe Institute.

(1996). "Fiscal Externalities and the Design of Intergovernmental Grants." *International Tax and Public Finance* 3 (3); 397-411.

(1998). "Progressive Taxation and the Design of Intergovernmental Grants." *International of Public Economics* 67 (1); 105-122.

Dahlby, Bev, and Leonard S. Wilson (2003). "Vertical Fiscal Externalities in a Federation." *Journal of Public Economics* 87 (3-4): 917-930.

Davoodi, H., and H. Zou (1998). "Fiscal Decentralization and Economic Growth: A Cross-Count Study." *Journal of Urban Economics* 43 (2): 244-257.

Day, Kathleen M. (1992). "Interprovincial Migration and Local Public Goods." *Canadian Journal of Economics* 25: 123 – 144.

Day, Kathleen M and S. L. Winer (2006). "Policy – Induced Migration in Canada: An Empirical *Investigation of the Canadian Case.*" *International Tax and Public Finance* 13 (5): 535 – 564.

De Mello, Luis, and Matias Barenstein (2001). "Fiscal Decentralization and Governance Aross – Country Analysis." IMF Working Paper 01/71.

Deschouwer, K. (2005). "Kingdom of Belgium." In *Constitutional Origins, Structure, nd Change in Federal Countries*, ed. J. Kincaid and G. A. Tarr, 48 – 75. Montreal and Kingston: McGill – Queen's University Press.

Diamond, Peter A. (1981). "Mobility Costs, Frictional Unemployment, and Efficiency." *Journal of Political Economy* 89 (4): 798 – 812.

Dillinger, William R. (1997). "Brazil's State Debt Crisis: Lessons Learned." *Economic Notes*, no. 14. World Bank, Washington, DC.

Dixit, Avinash, and John Londregan (1996). "The Determinants of Success of Special Interests in Redistributive Politics." *Journal of Politics* 58: 1132 – 1155.

Dollery, Brian, and Joe Wallis (2001). *The Political Economy of Local Government.* Cheltenham: Edward Elgar.

Dong, Qiu (2007). "China Fiscal Federalism." Unpublished paper, World Bank, Washington, DC.

Downs, Anthony (1957). *An Economic Theory of Democracy.* New York: Harper and Row.

Drucker, Peter (1993). *Post – Capitalist Society.* New York: Harper Business.

Eckardt, S., and Anwar Shah (2006). "Local Government Organization and Finance: Indonesia." In *Local Governance in Developing Countries*, ed. Anwar Shah, 233274. Washington, DC: World Bank.

Eckaus, Richard S. (2003). "Some Consequences of Fiscal Reliance on

Extrabudgetary Revenues in China." *China Economic Review* 14 (1): 72-88.

Edwards, Jeremy S. S., and Michael J. Keen (1996). "Tax Competition and Leviathan". *European Economic Review* 40 (1): 113-134.

Edwards, Jeremy S. S., Michael Keen, and Matti Tuomala (1994). "Income Tax, Commodity Taxes and Public Good Provision: A Brief Guide." *Finanz Archiv* 51: 472-497.

Eichengreen, Barry, Ricardo Hausman, and Jurgen von Hagen (1999). "Reforming Budgetary Institutions in Latin America: The Case for a National Finance Council." *Open Economies Review* 10 (4): 415-442.

Eid, Florence (1996). "Agency Theory, Property Rights, and Innovation in the Decentralized Public Sector." Department of Urban Studies and Planning, Massachusetts Institute of Technology, Cambridge, MA.

Elazar, Daniel, J. (1987). *Exploring Federalism*. Tuscaloosa: University of Alabama Press.

Elhiraika, Adam B. (2007) "Fiscal Decentralization and Public Service Delivery in South Africa." Working paper no. 58, African Trade Policy Centre. Addis Ababa, Ethiopia.

Enikolopov, R., and E. Zhuravskaya (2003). "Decentralization and Political Institutions." http://emlab.berkeley.edu/users/webfac! bardhan/e271_ f03/oct6.pd.

Eskeland, G., and D. Filmer (2002). "Autonomy, Participation, and Learning in Argentine Schools: Findings and Their Implications for Decentralization." Policy Research Working Paper no. 2766, World Bank, Washington, DC.

Estache, A., and S. Sinha (1995). "Does Decentralization Increase Spending on Public Infrastructure?" Policy Research Working Paper no. 1457, World Bank, Washington, DC.

Expert Panel on Equalization and Territorial Formula Financing (2006). *Achieving a National Purpose: Putting Equalization Back on Track.* Ottawa:

Department of Finance.

Faguet, Jean - Paul (2001). "Does Decentralization Increase Responsiveness to Local Needs? Evidence from Bolivia." Policy Research Working Paper no. 2516, World Bank, Washington, DC.

Faguet, Jean - Paul, and Sanchez, Fabio, (2006). "Decentralizations Effects on Educational Outcomes in Bolivia and Colombia" (March). London School of Economics STICERD Research Paper no. DEDPS47. Available at SSRN: http://ssrn.com/abstract = 1127016.

Fan, Simon, Chen Lin, and Daniel Treisman (2007). "Political Decentralization and Corruption: Micro - evidence from around the World." Unpublished paper, Department of Political Science, University of California, Los Angeles.

Filimon, R., T. Romer, and H. Rosenthal (1982). "Asymmetric Information and Agenda Control: The Bases of Monopoly Power and Public Spending." *Journal of Public Economic* 17: 517: 51 -70.

Finance Canada (2004). The Canadian Case. "*International Journal of Public Budget*", no. 56 (December): 51 - 100.

Financial and Fiscal Commission (2000). *The Financial and Fiscal Commissions' Recommendations for the Allocation of Financial Resources to the National and Provincial Governments for the 2001/2002 Financial Year.* Halfway House, Midrand, South Africa.

Fisher, Ronald (2007). *State and Local Public Finance.* Mason, Ohio: Thomson.

Fisman, Raymond, and Roberta Gatti (2002). "Decentralization and Corruption: Evidence across Countries." *Journal of Public Economics* 83: 325 -345.

Fiszbein, Ariel (1997). "Emergence ofLocal Capacity: Lessons from Colombia." *World Development* 25 (7): 1029 - 1043.

Flatters, Frank R., Vernon Henderson, and Peter Mieszkowski (1974).

"Public Goods, Efficiency. and Regional Fiscal Equalisation." *Journal of Public Economics* 3: 99 – 112.

Flatters, Frank R., and W. Bentley Macleod (1995). "Administrative Corruption and Taxation." *International Tax and Public Finance* 2: 397 – 417.

Foster, Andrew D., and Mark R. Posenzweig (2002). "Democratization, Decentralization, and the Distribution of local Public Goods in a Poor Local Economy." Working paper, Brown University, Providence, RI.

Fox, W. F. (2007). "Fiscal Federalism in the U. S.: A Struture in Continuing Transition." In *The Practice of Fiscal Federalism*, ed. Anwar Shah, 344 – 369. Montreal and Kingston: McGill – Queen's Press.

Frey, Bruno, and Reiner Eichenberger (1995). "Competition among Jurisdictions: The Idea of FOCJ." In *Competition among Jurisdictions*, ed. Lüder Gerken, 209 – 229. London: Macmillan.

(1996a). "FOCJ: Competitive Governments for Europe." *International Review of Law and Economics* 16: 315 – 327.

(1996b). "To Harmonize or to Compete? That's Not the Question." *Journal of Public Economics* 60: 335 – 340.

(1999). *The New Democratic Federalism for Europe: Functional Overlapping and Competing Jurisdictions.* Cheltenham: Edward Elgar.

Friedman, Thomas (1999). *The Lexus and the Olive Tree: Understanding Globalization.* New York: Farrar, Strauss and Giroux.

Galasso, E., and M. Ravallion (2001). *Decentralized Targeting of an Anti – poverty Program.* Development Research Group Working Paper, World Bank, Washington, DC.

Gamkhar, Shama, and Anwar Shah (2007). "The Impact of Intergovernmental Fiscal Transfers: A Synthesis of the Conceptual and Empirical Literature." In *intergovernmental Fiscal Transfers: Principles and Practice*, ed. Robin Boadway and Anwar Shah, 225 – 258. Washington, DC: World

Bank.

Goldfajn, Ilian, and Eduardo Refinetti (2003). "Fiscal Rules and Debt Sustainability in Brazil." Technical Note no. 39. São Paulo: Central Bank of Brazil.

Gomez - Lobo, Andres (2002). "Making Water Affordable." In *Contracting for Public Services*, ed. Penelope Brooke and Suzanne Smith, 23 - 29. Washington, DC: World Bank.

Gonazalez, J. M. G. (2005). "United Mexican States." In *Constitutional Origins, Structure, and Change in Federal Countries*, ed. J. Kincaid and G. A. Tarr, 208 - 238. Montreal and Kingston: McGill - Queen's University Press.

Gonzalez, Pablo (2005). "The Financing of Education in Chile." Fund for the Study of Public Policies, University of Chile, Santiago.

Gordon, Nora, and Emiliana Vegas (2004). "Education Finance Equalization, Spending, Teacher Quality and Student Outcomes: The Case of Brazil's FUNDEF." Education Sector, Human Development Department, Latin America and the Caribbean Region, World Bank, Washington, DC.

Goss, Sue (2001). *Making Local Governance Work.* New York: Palgrave.

Gramlich, Edward M. (1977). "Intergovernmental Grants: A Review of the Empirical Literature." In *The Political Economy of Fiscal Federalism*, ed. Wallace Oates, 219 - 239. Lexington, MA: Heath.

(1987). "Federalism and Federal Deficit Reduction." *National Tax Journal* 40: 299 - 313.

Grossman, Gene M., and Elhanar Helpman (1994). "Protection for Sale." *American Economic Review* 84 (4): 833 - 850.

(1996). "Electoral Competition and Special Interest Politics." *Review of Economic Studies* 63 (2): 265 - 286.

Gupta, Sanjeev, Hamid Davoodi, and Rosa Alosno - Terme (1998).

"Does Corruption Affect Income Inequality and Poverty?" International Monetary Fund Working Paper 00/116, Washington, DC.

Gurgur, Tugrul, and Anwar Shah (2002). "Localization and Corruption: Panacea or Pandora's Box?" In *Managing Fiscal Decentralization*, ed. Ehtisham Ahmad and Vito Tanzi, 46 - 67. London: Routledge.

Guriev, Sergei (1999). "A Theory ofInformative Red Tape with an Application to Toplevel Corruption." WP/99/007, New Economic School, Moscow.

Gygi, U. (1991). "Maintaining a Coherent Macroeconomic Policy in a Highly Decentralized Federal State: The Experience of Switzerland." Mimeo, OECD.

Hart, Oliver (1995). *Firms, Contrads, and Financial Structure.* Oxford: Clarendon Press.

Hayashi, Masayoshi, and Robin Boadway (2001). "An Empirical Analysis of Intergovernmental Tax Interaction: The Case of Business Income Taxes in Canada." *Canadian Journal of Economics* 34 (2): 481 - 503.

Heaps, T., and J. F. Helliwell (1985). "The Taxation of Natural Resources." In *Handbook of Public Economics*, vol. 1, ed. A. J. Auerbach and M. Feldstein, 421 - 472. Amsterdam: North - Holland.

Hettich, Walter, and Stanley L. Winer (1999). *Democratic Choice and Taxation: A Theoretical and Empirical Analysis.* Cambridge: Cambridge University Press.

Heymans, C. (2006). "Local Government Organization and Finance: South Africa." In Local Governance in Developing Countries, ed. Anwar Shah, 47 - 92. Washington, DC: World Bank.

Hirshleifer, Jack, and John Riley (1992). *The Analytics of Uncertainty and Information.* Cambridge: Cambridge University Press.

Hochman, Harold M., and James D. Rodgers (1969). "Pareto Optimal Redistribution." *American Economic Review* 59 (4): 542 - 557. Cambridge: Cambridge University Press.

Howes, Stephen (2005). "Fiscal Responsibility Legislation at the State Level in India: Is It Working?" A Note prepared for the Conference on Fiscal Responsibility and Intergovernmental Finance, Administrative Staff College of India, Hyderabad, June 22 - 24.

Humes, Samuel, IV (1991). *Local Governance and National Power.* New York: Harvester/Wheatsheaf.

Huther, Jeff, Sandra Roberts, and Anwar Shah (1997). *Public Expenditure Reform under Adjustment Lending: Lessons from World Bank Experiences.* Washington, DC: World Bank.

Huther, Jeff, and Anwar Shah (1998). "Applying a Simple Measure of Good Governance to the Debate on Fiscal Decentralization." Policy Research Working Paper no. 1894, World Bank, Washington, DC.

(2000). "Anti - corruption Policies and Programs: A Framework for Evaluation." Policy Research Working Paper no 2501, World Bank Experiences. Washington, DC.

Iaryczower, Matias, Sebastian Saiegh, and Mariano Tommasi (2001). "Coming Together: The Industrial Organization of Federalism." Woring Paper no. 30, Centro de Estudio parael Desarrollo Institucional, Fundacion Gobiernoy Sociedad, Buenos Aires.

Ingberman, D., and D. Yao (1991). "Presidential Commitment and the Veto." *American Journal of Political Science* 35: 357 - 389.

Inman, Robert P. (2006). "Financing Cities." In A Companion to Urban Economics, ed. Richard Aronott and Daniel McMillen, 311 - 332. Malden, MA: Blackwell.

(2007). "Federalism's Values and the Value of Federalism." *CESifo Economic Studies* 53: 522 - 560.

Inman, Robert P., and M. A. Fitts (1990). "Political Institutions and Fiscal Policy: Evidence from the US Historical Record." *Journal of*

Law, Economics and Organization 6: 79 – 132.

Inman, Robert P., and Daniel L. Rubinfeld (1994). "The EMU and Fiscal Policy in the New European Community: An Issue for Economic Federalism." *International Journal of Law and Economics* 14: 147 – 162.

International Monetary Fund (2001). "Brazil: Report on Observance Standards and Codes (ROSC) – Fiscal Transparency." IMF Country Report 011217. International Monetary Fund, Washington, DC.

Isham, J., and S. Kähkönen (1999). "What Determines the Effectiveness of Community Based Water Projects? Evidence from Central Java, Indonesia on Demand Responsiveness, Service Rules, and Social Capital." Mimeo, University of Maryland, College Park.

Johnson, William R. (1988). "Income Redistribution in a Federal System." *American Economic Review* 78 (3): 570 – 573.

Joumard, I. (2003). "Problems of Equalisation in Federal Systems – The Concept of Equalisation." In *Federalism in a Changing World: Learning from Each Other*, ed. R. Blindenbacher and A. Koller, 471 – 480. Montreal and Kingston: McGill – Queen's University Press.

Kanbur, Ravi, and Michael Keen (1993). "Jeux Sans Frontieres: Tax Competition and Tax Coordination When Countries Differ in Size." *American Economic Review* 83: 877 – 892.

Keen, Michael (1998). "Vertical Tax Externalities in the Theory of Fiscal Federalism." *IMF Staff Papers* 45 (3): 454 – 485.

Keen, Michael, and Christos Kotsogiannis (2002). "Does Federalism Lead to Excessively High Taxes." *American Economic Review* 92 (1): 363 – 370.

Keen, Michael, and Maurice Marchand (1997). "Fiscal Competition and the Pattern of Public Spending." *Journal of Public Economics* 66: 33 – 53.

Keen, Michael, and S. Smith (2000). "Viva VIVAT!" *International Tax and Public Finance* 7: 741 – 751.

Kehoe, P. J. (1989). "Policy Cooperation among Benevolent Governments May Be Undesirable." *Review of Economic Studies* 56 (2): 289 - 296.

Kennedy, S., and J. Robins (2001). "The Role of Fiscal Rules in Determining Fiscal Performance." Canadian Department of Finance Working Paper 2001 - 16, Ottawa.

Kenyon, Daphne, and John Kincaid, eds. (1996). "Fiscal Federalism in the United States: The Reluctance to Equalize Jurisdictions." In *Finanzvefassung im Spannungsfeld zwischen Zentralstaat und Gliedstaaten*, ed. Werner W. Pommerehne and George Ress, 34 - 56. Baden - Baden: Nomos Verlagsgesellschaft.

Khaleghian, P. (2003). "Decentralization and Public Services: The Case of Immunization." Policy Research Workding Paper no, 2989, World Bank, Washington, DC.

Kincaid, John (1967). "Municipal Perspectives in Federalism." Unpublished paper.

Cited in Ann O. Bowman and Robert C, Kearney, *State and Local Government*, Boston: Houghton Mifflin.

King, David (2006). "Local Government Organization and Finance: United Kingdom." In *Local Governance in Industrial Countries*, ed. Anwar Shah, 265 - 312. Washington, DC: World Bank.

King, E. M., and S. C. Guerra (2005). "Education Reforms in East Asia: Policy, Process and Impact." In *East Asia Decentralizes: Making Local Government Work*, World Bank Report, 179 - 207. Washington, DC: World Bank.

King, E. M., and B. Ozler (1998). "What's Decentralization Got to Do with Learning? The Case of Nicaragua's School Autonomy Reform." Development Research Group Working Paper, World Bank, Washington, DC.

Kirchgassner, Gebhard, and Wener Pommerehn (1996). "Tax Harmonization and Tax Competiton in the European Union: Lessons from Switzerland." *Journal of Public Economics* 60: 351 -371.

Klitgaard, Robert E. (1988). Controlling Corruption. Berkeley: University of California Press.

(1991). "Gifts and Bribes." In *Strategy and Choice*, ed. Richard Zeckhauser, 211 -240. Cambridge, MA: MIT Press.

Knopff; R., and A. Sayers (2005). "Canada." In *Constitutional Origins, Structure, and Change in Federal Countries*, ed. J. Kincaid and G. A. Tarr, 103 - 142. Montreal and Kingston: McGill - Queen's University Press.

Kopits, G. (2004). *Rule - Based Fiscal Policy in Emerging Markets: Background, Analysis and Prospects.* New York: Palgrave Macmillan.

Kramer, J. (2005). "Federal Republic of Germany." In *Constitutional Origins, Structure, and Change in Federal Countries, ed.* J. Kincaid and G. A. Tarr, 143 -178. Montreal and Kingston: McGill - Queen's University Press.

Krug, Barbara, Ze Zhu, and Hans Hendrischke (2005). "China's Emerging Tax Regime: Devolution, Fiscal Federalism or Tax Farming?" Paper presented at the annual meeting of the European Public Choice Society, Durham, UK, March.

Krugman, Paul (1993). *Geography and Trade.* Cambridge, MA: MIT Press.

(1995a). *Development, Geography, and Economic Theory.* Cambridge, MA: MIT Press.

(1995b). "Growing World Trade: Causes and Consequences." *Brookings Papers on Economic Activity* 1: 327 -362.

(1998). "What's New about the New Economic Geography?" *Oxford Review o Economic Policy* 14 (2): 7 -17.

Kuncoro, Ari (2000). "The Impact of Licensing Decentralization on

Firm Location Choice: The Case of Indonesia." Mimeo, Faculty of Economics, University of Indonesia.

Lambsdorff, Johann (1999). "Corruption in Empirical Research – A Review." Mimeo, Transparency International, Berlin.

Lambsdorff, Johann, Markus Taube, and Mathias Schramm (2005). *The New Institutional Economics of Corruption*, London: Routledge.

Lane, Timothy D. (1993). "Market Discipline." Staff Papers, *International Monetary Fund* 40 (March): 53 – 88.

Le Roy, I., and C. Saunders (2006). "Australia: Dualist in Form, Cooperative in Practice." In *Dialogues on Legislative, Executive, and Judicial Governance in Federal Countries*, ed. R. Blindenbacher and A, Ostien, 6 – 10. Forum of Federations and International Association of Centers for Federal Studies. Montreal and Kingston: McGill – Queen's University Press.

Levy, Joaquim Vieira (2005). "Fiscal Rules and Fiscal Performance." Unpublished manuscript, Ministry of Finance, Brazil.

Lieberman, S. S., J. J. Capuno, and H. Van Minh (2005). "Decentralizing Health: Lessons from Indonesia, The Philippines, and Vietnam." In *East Asia Decentralizes: Making Local Government Work*, *World Bank Report*, 155 – 178. Washington, DC: World Bank.

Lin, Justin Yifu, and Z. Liu (2000). "Fiscal decentralization and economic growth in China." *Economic Development and Cultural Change* 49 (1): 1 – 22.

Lin, Justin Yifu, Ran Tao, Mingxing Liu, and Qi Zhang (2002). "Urban and Rural Household Taxation in China: Measurement and Stylized Facts." CCER Working Paper, Peking University.

Lindbeck, Assar, and Jorgen W. Weibull (1993). "Balanced – Budget Redistribution as the Outcome of Political Competition." *Public Choice* 52 (3): 273 – 297.

Linder, W., and I. Steffen (2006). "Switzerland: Cooperative Federalism or Nationwide Standards?" In *Dialogues on Legislative, Executive, and Judicial Governance in Federal Countries*, ed. R. Blindenbacher and A. Ostien, 32 – 35. Forum of Federations and International Association of Centers for Federal Studies. Montreal and Kingston: McGill – Queen's University Press.

Lipsey, Richard G. (1970). *The Theory of Customs Unions: A General Equilibrium Analysis.* London: Weidenfeld & Nicholson.

(1997). "Globalization and National Government Policies: An Economist's View." In *Governments, Globalization, and International Business*, ed. John H. Dunning, 73 – 113. Oxford: Oxford University Press.

Lockwood, Ben (1999). "Inter – regional Insurance." Journal of Public Economics 72: 1 – 37. (2001). "Tax Competition and Tax Co – ordination under Destination and Origin Principles: A Synthesis." *Journal of Public Economics* 81: 279 – 319.

Longo, Carlos Alberto (1994). "Federal Problems with VAT in Brazil." *Revista Brasileira de Economia* 48: 85 – 105.

Lotz, J. (2006). "Local Government Organization and Finance: Nordic Countries." *In Local Governance in Industrial Countries*, ed. Anwar Shah, 223 – 263. Washington, DC: World Bank.

Ma, Jun (1995). "Macroeconomic Management and Intergovernmental Relations in China." Policy Research Working Paper no. 1408, World Bank, Washington, DC.

Majeed, A. (2005). "Republic of India." In *Constitutional Origins, Structure, and Change in Pederal Countries*, ed. J. Kincaid and G. A. Tarr, 180 – 207. Montreal and Kingston: McGill – Queen's University Press.

Martinez – Vazquez, Jorge, and Robert M. McNab (2003). "Fiscal Decentralization and Economic Growth." *World Development* 31 (9): 1597 – 1616.

(2005). "Fiscal Decentralization, Macrostability, and Growth." International Studies Program Working Paper Series at Andrew Young School, no. 0506. Georgia State University.

Martinez - Vazquez, Jorge, and Bob Searle, eds. (2007). Fiscal Equalization: Challenges in *the Design of Intergovernmental Transfers*. New York: Springer.

Mathur, O. M. (2006). "Local Government Organization and Finance: Urban India." In *Local Governance in Developing Countries*, ed. Anwar Shah, 169 - 204. Washington, DC: World Bank.

Mauro, Paolo (1995). "Corruption and Growth." *Quarterly Journal of Economics* 110 (3): 681 - 713.

McLure, Charles E., Jr. (2000). "Implementing Subnational Value Added Taxes on Internal Trade: The Compensating VAT." *International Tax and Public Finance* 7: 723 - 740.

McMillan, Melville (1995). "A Local Perspective on Fiscal Federalism." Unpublished paper, Policy Research Department, World Bank. Available at www.worldbank.org/wbi/publicfinance.

(2006). "Local Government Organization and Finance: Canada." In *Local Governance in Industrial Countries*, ed. Anwar Shah, 41 - 81. Washington, DC: World Bank.

(2008). "A Local Perspective on Fiscal Federalism: Practices, Experiences, and Lessons from Developed Countries." In *Macro Federalism and Local Finance*, ed. Anwar Shah, 245 - 289. Washington, DC: World Bank.

McMillan, Melville, Anwar Shah, and David Gillen (1980). The *Impact of Provincial Municipal Transportation Subsidies*. Alberta Transportation, Edmonton, Alberta, Canada.

Mieszkowski, Peter M., and Richard A. Musgrave (1999). "Federalism, Grants, and Fiscal Equity." *National Tax Journal* 52: 239 - 260.

Mihaljek, Dubravko (1995). "Hong Kong's Economy Two Years before 1997: Steady Sailing, Prosperous Voyage." IMF Survey 25: 109 – 112.

Mintz, Jack, and Henry Tulkens (1986). "Commodity Tax Competition between Member States of a Federation: Equilibrium and Efficiency." *Journal of Public Economics* 29 (2): 133 – 172.

Mirrlees, James A. (1971). "An Exploration in the Theory of Optimum Income Taxation." *Review of Economic Studies* 38 (114): 175 – 208.

Mitsui, Kiyoshi, and Motohiro Sato (2001). "Ex Ante Free Mobility, Ex Post Immobility, and Time – Consistent Policy in a Federal System." *Journal of Public Economics* 82: 445 – 460.

Molander, Per, ed. (2003). *Fiscal Federalism in Unitary States.* New York: Springer. Moore, Mark (1996). *Creating Public Value.* Cambridge, MA: Harvard University Press.

Morris, Alan (2007). "Commonwealth of Australia." In *The Practice of Fiscal Federalism: Comparative Perspectives*, ed. Anwar Shah, 43 – 72. Montreal and Kingston: McGill – Queen's Press.

Mountfield, E, and C. P. W. Wong (2005). "Public Expenditure on the Frontline: Toward Effective Management by Subnational Governments." In *East Asia Decentralizes: Making Local Government Work*, *World Bank Report*, 85 – 105. Washington. DC: World Bank.

Mueller, Dennis C. (1989). *Public Choice* 11. Cambridge: Cambridge University Press.

Mundell, Robert A. (1963), "Capital Mobility and Stabilization Policy under Fixed and Flexible Exchange Rates." *Canadian Journal of Economics and Political Science* 29 (4): 475 – 485.

(1968). *International Economics*, New York: Macmillan.

Muramatsu, Michio, and Farrukh Iqbal (2001). "Understanding Japanese Intergovernmental Relations: Perspectives, Models, and Salient Characteristics." In *Local Government Development in Postwar Japan*, ed. Michio Muramatsu and Farrukh Iqbal, 1 – 28. Oxford: Oxford University

Press.

Musgrave, Richard A. (1959). *The Theory of Public Finance.* New York: McGraw – Hill. (1983). "Public Finance, Now and Then." *FinanzArchiv* 41 (1): 1 – 13. Reprinted in R. A. Musgrave.

(1986), *Public Finance in a Democratic Society* I (New York: New York University Press), 89 – 101.

Myers, Gordon M. (1990). "Optimality, Free Mobility and Regional Authority in a Federation." *Journal of Public Economics* 43: 107 – 121.

Niskanen, William A. (1992). "Political Guidance on Monetary Policy." *Cato Journal* 12: 281 – 286.

Oates, Wallace (1969). "The Effects of Property Taxes and Local Public Spending on Property Values: An Empirical Study of Tax Capitalization and Tiebout Hypothesis." *Journal of Political Economy* 77: 957 – 971.

(1972). *Fiscal Federalism.* New York: Harcourt Brace Jovanovich.

ed. (1998). *The Economics of Fiscal Federalism and Local Finance.* Cheltenham: Edward Elgar.

(1999). "An Essay on Fiscal Federalism." *Journal of Economic Literature* 37 (September): 1120 – 1149.

(2001). "Fiscal Competition and European Union: Contrasting Perspectives." *Regional Science and Urban Economics* 31: 133 – 145.

(2005). "Towards a Second Generation Theory of Fiscal Federalism." *International Tax and Public Finance* 12 (4): 349 – 373.

Oates, Wallace, and Robert Schwab (1988). "Economic Competition among Jurisdictions: Efficiency Enhancing or Distortion Inducing?" *Journal of Public Economics* 35: 333 – 354.

Olowu, Dele (1993). "Roots and Remedies of Government Corruption in Africa." *Corruption and Reform* 7 (3): 227 – 236.

Olson, Mancur (1969). "The Principle of Fiscal Equivalence: The Division of Responsibilities among Different Levels of Government." *Ameri-*

can Economic Review 59 (2): 479 - 487.

Pauly, Mark V. (1973). "Income Redistribution as a Local Public Good." *Journal of Public Economics* 2: 35 - 58.

Persson, Torsten, and Guido Tabellini (1996a). "Federal Fiscal Constitutions: Risk Sharing and Redistribution." *Journal of Political Economy* 104 (5): 979 - 1009. (1996b). "Federal Fiscal Constitutions: Risk Sharing and Moral Hazard." *Econometrica* 64: 623 - 646.

Peterson, G. E., and E. Muzzini (2005). "Decentralizing Basic Infrastructure Services." In *East Asia Decentralizes: Making Local Government Work*, World Bank Report, 209 - 236. Washington, DC: World Bank.

Phillips, K, and G. Woller (1997). "Does Fiscal Decentralization Leal to Economic Growth ?" Working paper, Brigham Young University.

Pisani - Ferry, J. (1991). "Maintaining a Coherent Macro - economic Policy in a Highly Decentralized Federal State: The Experience of the EC," Paper presented at the OECD Seminar on Fiscal Federalism in Economies in Transition, Paris, April 2 - 3.

Poschmann, F, and S. Tapp (2005). *Squeezing Gaps Shut: responsible Reforms to Federal - Provincial Fiscal Relations.* Toronto: C. D. Howe Institute.

Poterba, James, and Jürgen von Hagen, eds. (1999). *Fiscal Institutions and Fiscal Performance.* Chicago: University of Chicago Press.

Prud'homme, Remy (1995). "On the Dangers of Decentralization." *World Bank Research Observer*, August, 201 - 210.

Qian, Yingyi (2000). "The 1nstitutional Foundations of hina's Market Transition." In *Annual World Bank Conference on Development Economics*, 1999, ed. Boris Pleskovic and Joseph Stiglitz, 289 - 310. Washington, DC: World Bank.

Qian, Yingyi, and Gerard Roland (1998). "Federalism and the Soft Budget Constraint." *American Economic Review* 88: 1143 - 1162.

Qian, Yingyi, and Jinghian Wu (2000) . "China's Transition to a Market Economy: How Far across the River? Working Paper no. 69, Center for Research on Economic Development and Policy Reform, Stanford University.

Qiao, B. , and Anwar Shah (2006) . "Local Government Organization and Finance: China." In *Local Governance in Developing Countries*, ed. Anwar Shah, 137 – 167. Washington, DC: World Bank.

Rafuse, R. W. (1991) . "Revenue Raising Powers, Practice and Policy Coordination in the Federal System of the United States." Mimeo, Advisory Commission on Intergovernmental Relations, Washington, DC.

Rao, M. Govinda (2007a) . "Resolving Fiscal 1mbalances: Issues in Tax Sharing." In *Intergovernmental Fiscal Transfers*, ed. Robin Boadway and Anwar Shah, 319 – 337. Washington, DC: World Bank.

(2007b) . "Fiscal Federalism in India: Emerging Challenges." In *The Practice of Fiscal Federalism*, ed. Anwar Shah, 151 – 177. Montreal and Kingston: McGill – Queen's Press.

Rao M. Govinda, and Anwar Shah, eds. Forthcoming. *States' Fiscal Management and Regional Equity in India.* New Delhi: Oxford University Press.

Ravallion, Martin (1998) . "Reaching Poor in a Federal System." Policy Research Working Paper no. 1901, March. World Bank, Washington, DC.

Reich, Robert (1991) . *The Work of Nations.* New York: Alfred A. Knopf.

Rezende, Fernando (2007) . "Fiscal Federalism in the Brazilian Federation." In *The Practice of Fiscal Federalism*, ed. Anwar Shah, 73 – 97. Montreal and Kingston: McGill – Queen's Press.

Rhodes, R. A. W. (1997) . *Understanding Governance: Policy Networks, Governance, Reflexivity, and Accountability. Buckingham*: Open University Press.

Riker, H. William (1964). *Federalism: Origin, Operation, Significance. Boston*: Little, Brown.

Rodden, Jonathan, Gunnar Eskel and, and Jennie Litvack, eds. (2002). *Fiscal Decentralization and the Challenge of the Hand Budget Constraints.* Cambridge, MA: MIT Press.

Rodrik, Dani (1997a), *Has Globalization Gone Too Far?* Washington, DC: Peterson Institute for International Economics.

(1997b), "Trade, Socoal Insurance, and the Limits to Globalization." NBER Woring Paper 5905, National Bureau of Economic Research, Cambridge, MA.

(1998). "Why Do More Open Economies Have Bigger Governments? *Journal of Political Economy* 106 (5: 997 - 1032).

Rodriguez - pose, A, and A. Bwire (2003). "The Economic (In) efficiency of Devolution." Department of Geography and Environment, London school of Economics.

Rose - Ackerman, S. (1975). "The Economics of Corruption." *Journal of Public Economics* 4 (February): 187 - 203.

(1978). *Corruption: A Study in Political Economy.* New York: Academic Press.

Rosen, Harvey S. (2005). *Public Finance.* 7th ed. Boston: McGraw - Hill/Irwin.

Ruggie, J. G. (1993). "Territoriality and Beyond: Problematizing Modernity in international relations." *International Organization* 47 (1): 139 - 174.

Sachs, J. D., and A. M. Warner (1999). "The Big Push, Natural Resource Booms and Growth." *Journal of Development Economics* 59: 43 - 76.

(2001). "The Curse of Natural Resources." *European Economic Review* 45 (4): 827 - 838.

Saiegh, Sebastian, and Mariano Tommasi (2000). "An Incomplete -

Contracts Approach to Intergovernmental Transfer Systems in Latin America." In *1999 World Bank. Conference on Development in Latin America and the Caribbean: Decentralization and Accountability in the Public Sector*, ed. J. Burki, G. Perry, F. Eid, M. Freire, V. Vergara, and S. Webb, 127 – 144. Washington, DC: World Bank.

Saknini, Humam, Steven James, and Munir Sheikh (1996). "Stabilization, Insurance and Risk Sharing in Federal Fiscal Policy." Mimeo, Department of Finance, Ottawa.

Salikov, M. (2005). "Russian Federation." In *Constitutional Origins, Structure, and Change in Federal Countries*, ed. J. Kincaid and G. A. Tarr, 276 – 310. Montreal and Kingston: McGill – Queen's University Press.

Salmon, Pierre (2000). "Decentralization and Supranationality: The Case of European Union." Paper presented at the IMF Conference on Fiscal Decentralization, November 20 – 21.

(2006). "Horizontal Competition among Governments." In *Handbook of Fiscal Federalism*, ed. Ehtisham Ahmad and Giorgio Brosio, 61 – 85. Cheltenham: Edward Elgar.

Salomao, Miguel (2000). "Fiscal Federalism and Tax Competition in Brazil." Paper presented at the First Conference in Cooperative Federalism, Brasilia, D, F, May 9 – 11.

Salop, Steven C. (1979). "A Model of the Natural Rate of Unemployment." *American Economic Review* 69 (1): 117 – 125.

Samuelson, Paul (1954). "Pure Theory of Public Expenditures." *Review of economics and Statistics* 36 (4): 387 – 389.

Sandmo, Agnar (1998). "Redistribution and the Marginal Cost of Public Funds." *Journal of Public Economics* 70: 365 – 382.

Santos, B. D. S. (1998). "Participatory Budgeting in Porto Alegre: Toward A Redistributive Democracy." *Politics and Society* 26 (4): 461 – 510.

Sato, motohiro (1998). "three essays in fiscal federalism." Ph. D. diss, queen's university, Kingston, Canada.

Saunder, C. (2005). "Commonwealth of Australia." in *Constitutional Origins, Structure, and Change in Federal Countries*, ed. j. kincaid and G. A, tarr, 12 - 47. Montreal and Kingston: McGill - queen's university press.

Scharpf, fritz. w. (1997). *Games Real Actors Play: Actor Centered Institutionalism in Policy Research.* Boulder, CO: Westview.

Schmitt, n. (2003). "Problems of Equalization in Federal Systems - revenue Equalization versus Cost Equalization." In *Federalism in a Changing World; Learning form Each Other*, ed. R. Blindenbacher and A. Koller, 481 - 491. Montreal and Kingston: McGill - Queen's University Press.

(2005). "Swiss Confederation." In *Constitutional Origins, Structure, and Change in Federal Countries*, ed. J. Kincaid and G. A. Tarr, 347 - 380. Montreal and Kingston: McGill - Queen's University Press.

Schroeder, Larry (2006). "Local Government Organization and Finance: United States." In *Local Governance in industrial Countries*, ed. Anwar Shah, 313 - 358. Washington, DC: Worl d Bank.

Scott, Anthony (1964). "The Economic Goals of Federal Finance." *Public Finance* 19: 241 - 288.

Scottish Office (1998). "The Constitutional Status of Local Government in Other Countries." Unpublished report, Central Research Unit, Edinburgh, Scotland.

Seabright, Paul (1996). "Accountability and Decentralization in Government: An Incomplete Contracts Model." *European Economic Review* 40: 61 - 89.

Sen, amartya K. (1977). "Social Choice Theory: A Re - examination." *Econometrica* 45: 53 - 89.

(1985). *Commodities and Capabilities.* Amsterdam: North - Holland.

Sewell, David (1996). " 'The Dangers of Decentralization' According to Prud'homme: Some Further Aspects." *World Bank Research Observer* 11 (1): 143 – 150.

Shah, Anwar (1985) "Provincial Transportation Grants to Alberta Cities: Structure, Evaluation, and a Proposal for an Alternate Design." In *Quantity and Quality in Economic Research*, ed. Roy Chamberl ain Brown, 1: 59 – 108. New York: University Press of America.

(1988a). "Capitalization and the Theory of Local Public Finance: An Interpretive Essay." *Journal of Economic Surveys* 2 (3): 209 – 243.

(1988b). "An Empirical Analysis of Public Transit Subsidies in Canada." In Quantity and Quality in Economic Research, ed. Roy Chamberlain Brown, 2: 15 – 26. New York: University Press of America.

(1989a). "A Capitalization Approach to Fiscal Incidence at the Local Level." *Land Economics* 65 (4): 359 – 375.

(1989b). "A Linear Expenditure System Estimation of Local Response to Provincial Transportation Grants." *Kentucky Journal of Economics and Business* 2 (3): 150 – 168.

(1991). *The New Fiscal Federalism in Brazil.* World Bank Discussion Paper no. 557. Washington, DC: World Bank.

(1992). "Empirical Tests for Allocative Efficiency in the Local Public Sector." *Public Finance Quarterly*, 20 (3): 359 – 377.

(1994a). "A Fiscal Needs Approach to Equalization Transfers in a Decentralized Federation." policy research working paper no. 1289, world bank, washing, DC.

(1994b). *The reform of intergovernmental fiscal relations in developing and emerging market economies.* policy and research series 23. washington, DC: world bank.

(1996a). "on the design of economic constitutions." *Canadian journal of economics* 29 (1): 614 – 618.

(1996b). "a fiscal need approach to equalization." *Canadian public policy 22 (2): 99 – 115.*

(1996c). *Fiscal federalism in Pakistan: challenges and opportunities.* Washington, DC: World Bank.

(1997). "Federalism Reform imperatives, Restructuring Principles and Lessons for Pakistan." *Pakistan Development Review* 36 (4): 499 – 536.

(1998a). "Balance, Accountability and Responsiveness: Lessons about Decentralization." Policy Research Working Paper no. 2021, World Bank, Washington, DC.

(1998b). "Indonesia and Pakistan: Fiscal Decentralization – An Elusive Goal?" in *Fiscal Decentralization in Developing Countries*, ed. Richard Bird and François Vaillancourt, 115 – 151. Cambridge: Cambridge University Press.

(1998c). "Fostering Fiscally Responsive and Accountable Governance: Lessons from Decentralization." in *Evaluation and Development: The Institutional Dimension*, ed. Robert Picciotto and Eduardo Wiesner, 83 – 96. New Brunswick, NJ: Transaction Publishers.

(1999a). "Governing for Results in a Globalized and Localized World." *Pakistan Development Review* 38 (4): part 1, 385 – 431.

(1999b). "Fiscal Federalism and Macroeconomic Governance: For Better or Worse?" In Fiscal Decentralization in Emerging Economies: Governance Issues, ed. K. Fukusaku and L. De Mello Jr., 37 – 54. Paris: OECD.

(2000). "Federalism and Regional Equity: Building Partnerships or Transfer Dependencies." Paper presented at the Conference on Cooperative Federalism, Globalization and Democracy organized by the Presidency of the Federative Republic of Brazil, Brasillia, May 9 – 11.

(2001). "Interregional Competition and Federal Cooperation – To Compete or to Cooperate? That's Not the Question." Paper presented at the

International Forum on Federalism in Mexico, Veracruz, Mexico, November 14 – 17.

(2002). "Globalization and Economic Management." In *Public Policy in Asia: Implications for Business and Government*, ed. Mukul Asher, David Newman, and Thomas Snyder, 145 – 173. London: Quorum Books.

(2003). "Fiscal Decentralization in Transition Economies and Developing Countries: Progress, Problems and the Promise." In *Federalism in a Changing World: Lessons from Each Other*, ed. R. Blindenbacher and A. Koller, 432 – 460. Montreal and Kingston: Queen's University Press.

(2004a). "Fiscal Decentralization in Developing and Transition Economies: Progress, Problems, and the Promise." Policy Research Working Paper no. 3282, World Bank, Washington, DC.

(2004b), "The Australia, Horizontal Fiścal Equalization Program in the International Context." Presentation at the Heads of Australian Treasuries Forum, Canberra, Australia, September 23.

(2005a), "A Framework for Evaluating Alternate Institutional Arrangements for Fiscal Equalization Transfers." Policy Research Working Paper no. 3785, World Bank, Washing, DC.

(2005b). "Fiscal Decentralization and Fiscal Performance." Policy Research Working Paper no, 3786, World Bank, Washington, DC.

(2005c). "On Getting the Giant to Kneel: Approaches to a Change in the Bureaucratic Culture." In *Fiscal Management*, ed. Anwat Shah, 211 – 229. Washington, DC: Working Bank.

(2006a). "Corruption and Decentralized Public Governance." In *Handbook of Fiscal Federalism*, ed. Ehtisham Ahmad and Giorgio Brosio, 478 – 498. Chetemham: Edward Elgar.

(2006b). "Fiscal Decentralization and Macroeconomic Management." *International Tax and Public Finance* 13 (4): 437 – 462.

ed. (2006c). *Local Governance in Industrial Countries.* Washington,

DC: World Bank.

ed. (2006d). *Local Governance in Developing Countries.* Washington, DC: World Bank.

(2006e). "Comparative Reflections on Emerging Challenges in Fiscal Federalism." In *Dialogues on the Practice of Fiscal Federalism*, ed. Raoul Blindenbacher and Abigail Ostien Karos, 40 - 46. Montreal: McGill - Queen's University Press.

ed. (2007a). *The Practice of Fiscal Federalism: Comparative Perspectives.* Montreal: McGill - Queen's University Press.

(2007b). "Rethinking Fiscal Federalism." *Federations*: 6 (1): 9 - 11, 25.

(2000c). "A Practioner's Guide to Intergovernmental Fiscal Transfers." In *Intergovernmental Fiscal Transfers: Principles and Practice*, ed. Robin Boadway and Anwar Shah, 1 - 53. Washington, DC: World Bank.

(2007d). "Institutional Arrangements for Intergovernmental Fiscal Transfers and a Framework for Evaluation." In *Intergovernmental Fiscal Transfers*, ed. Robin.

Boadway and Anwar Shah, 293 - 317. Washington, DC: World Bank.

ed. (2008). *Macro Federalism and Local Finance.* Washington, DC: World Bank.

ed. (forthcoming). *Environmental Federalism and the Taxation of Natural Resources.* Washington, DC: World Bank.

Shah, Anwar, and Tugrul Gurgur, (2002). "Localization and Corruption: Panacea or Pandora's Box." In *Managing Fiscal Decentralization*, ed. Ehtisham Ahmad and Vito Tanzi, 45 - 67. London: Routledge.

Shah, Anwar, and Mark Schacter (2004). "Combating Corruption. Look before You Leap." *Finance and Development* 41 (4, December): 40 - 43. Washington, DC: IMF.

Shah, Anwar, and Furhawn Shah (2007). "Citizen Centered Local Governance: Strategies to Combat Democratic Deficit." *Development* 50: 72 - 80.

Shah, Anwar, and Sana Shah (2006). "The New Vision of Local Governance and the Evolving Roles of Local Governments." *In Local Governance in Developing Countries*, ed. Anwar Shah, 1 - 46. Washington, DC: World Bank.

Shah, Anwar, and Theresa Thompson (2004). "Implementing Decentralized Local Governance: A Treacherous Road with Potholes, Detours and Road Closures." In *Reforming Intergovernmental Fiscal Relations and the Rebuilding of Indonesia*, ed. James Alm, Jorge Martinez - Vazquez, and Sri Mulyani Indrawati, 301 - 337. Northampton, MA: Edward Elgar.

Shah, Anwar, Theresa Thompson, and Heng - fu Zou (2004). "The Impact of Decentralization on Service Selivery, Corruption, Fiscal Management and Growth in Developing and Emerging Market Economies: A Synthesis of Empirical Evidence." *CESifo Doce Report, a Quarterly Journal for Institutional Comparisons* 2 (Spring): 10 - 14.

Shah, Anwar, and John Whalley (1991). "Tax Indigence Analysis of Developing Countries: An Alternative View." *World Bank Economic Review* 5 (3): 535 - 552.

Shankar, Raja, and Anwar Shah (2003). " Bridging the Economic Divide within Countries: A Scorecard on the Performance of Regional Policies in Reducing Regional Income Disparities." World Development 31 (8) 1421 - 1441.

Shapiro, Carl, and Joseph E. Stiglitz (1984). "Equilibrium Unemployment as a Worker Discipline Device." *American Economic Review* 74 (3): 433 - 444.

Sheikh, M. A., and Stanley L. Winer (1977). "Stabilization and Nonfederal Behavior in an Open Federal State: An Econometric Study of the

Fixed Exchange Rate, Canadian Case." *Empirical Economics* 2 (3): 195 - 211.

Shirai, S. (2002). "Banking Sector Reforms in the People's Republic of China: Progress and Constraint." In *Rejuvenating Bank Finance for Development in Asia and the Pacific, United Nations Economic and Social Commission for Asia and the Pacific and the Asian Development Bank*, 49 - 92. New York: United Nations.

Shleifer, Andrei, and Robert W. Vishny (1993). "Corruption." *Quarterly Journal of Economics* 108 (August): 599 - 617.

Sinn, Hans - Werner (1995). "A Theory of the Welfare State." *Scandinavian Journal of Economics* 97: 495 - 526. (2003). *The New Systems Competition.* Oxford: Blackwell.

Smart, Michael (2005). *Federal Transfers: Principles, Practice, and Prospects.* Toronto: C. D. Howe Institute. (1998). "Taxation and Deadweight Loss in a System of Intergovernmental Transfers." *Canadian Journal of Economics* 31: 189 - 206.

South Africa, Government of (2006). *Budget, 2006: National Budget Review.* Pretoria: Government Printing Service.

Souza, C. (2005). "Federal Republic of Brazil." In *Constitutional Origins, Structure, and Change in Federal Countries*, ed. J. Kincaid and G. A. Tarr, 76 - 102. Montreal and Kingston: McGill - Queen's University Press.

Spahn, Paul Bernd (2001). "Maintaining Fiscal Equilibrium in a Federation: Germany." University of Frankfurt, Germany, August.

Stansel, Dean (2005). "Local Decentralization and Local Economic Growth: A Cross Sectional Examination of US Metropolitan Areas." *Journal of Urban Economics* 57 (1): 55 - 72.

Steytler, N. (2005). "Republic of South Africa." In *Constitutional Origins, Structure, and Change in Federal Countries*, ed. J. Kincaid and

G. A. Tarr, 311 –346. Montreal and Kingston: McGill – Queen's University Press.

Stigler, George (1957). "The Tenable Range of Functions of Local Government." In *Federal Expenditure Policy for Economic Growth and Stability*, ed. Joint Economic Committee, Subcommittee on Fiscal Policy, U. S. Congress, 213 –219. Washington, DC: U. S. Government Printing Office.

Stoker, Gerry, ed. (1999). *The New Management of British Local Governance.* London: Macmillan.

Strange, Susan (1996). *The Retreat of the State: The Diffusion of Power in the World Economy.* Cambridge Studies in International Relations. Cambridge: Cambridge University Press.

Switzerland, Government of (2003). *The Swiss Confederation – A Brief Guide*, Bern: Bundeskanzlei.

Taliercio, R, . R. (2005). "Subnational Own – Source Revenue: Getting Policy and Administration Right." In *East Asia Decentralizes: Making Local Government Work*, *World Bank Report*, 107 – 128. Washington, DC: World Bank.

Tanzi, Vito (1996). "Fiscal Federalism and Decentralization: A Review of Some Efficiency and Macroeconomic Aspects." In *Annual World Bank Conference on Development Economics*, ed. By Michael Bruno and Boris Pleskovic, 295 –316. Washington, DC: World Bank.

Tanzi, Vito, and Hamid Davoodi (1997). "Corruption, Public Investment, and Growth." International Monetary Fund Working Paper 97/139, Washington, DC.

Tapales, Proserpina (2001). "Corruption and Decentralization in Philippines." Unpublished paper, Operations Evaluation Department, World Bank.

Tarr, G. A. (2005). "United States of America." In *Constitutional Origins, Structure, and Change in Federal Countries*, ed. J. Kincaid and G.

A. Tarr, 381 – 408. Montreal and Kingston: McGill – Queen's University Press.

Technical Committee on Business Taxation (Mintz Committee) (1998). Report. Ottawa: Department of Finance.

Ter – Minassian, Teresa, ed. (1997). *Fiscal Federalism in Theory and Practice.* Washington, DC: International Monetary Fund.

Thiessen, U. (2000). *Fiscal Federalism in Western European and Selected Other Countries: Centralization or Decentralization? What Is Better for Economic Growth?* Diw Discussion Paper no. 224. Berlin: DIW.

Thornton, John (2007). "Fiscal Decentralization and Economic Growth Reconsidered." *Journal of Urban Economics* 61 (1): 64 – 70.

Thurow, Lester (1981). "The Productivity Problem." In *Policies for Stagflation: Focus on Supply*, ed. Ontario Economic Council, 2: 11 – 34. Toronto: Ontario Economic Council.

Tiebout, Charles M. (1956). "A Pure Theory of Local Expenditures." *Journal of Political Economy* 64: 416 – 424.

Tirole, Jean (1986). "Hierarchies and Bureaucracies: On the Role of Collusion in Organizations." *Journal of Law, Economics and Organization* 2: 181 – 214.

Tomaszewska, Ewa, and Anwar Shah (2000). "Phantom Hospitals, Ghost Schools and Roads to Nowhere: The Impact of Corruption on Public Service Delivery Performance in Developing Countries." Working paper, Operations Evaluation Department, World Bank.

Treisman, Daniel S. (1999). "Decentralization and Corruption: Why Are Federal States Perceived to Be More Corrupt?" Paper presented at the annual meeting of the American Political Science Association, December.

(2000a). "Decentralization and the Quality of Government." Working paper, Department of Political Science, University of California, Los Angeles.

(2000b). "The Causes of Corruption: A Cross National Study." Journal of Public Economics 76 (3, June): 399 - 457.

(2007). *The Architecture of Government: Rethinking Political Decentralization.* Cambridge: Cambridge University Press.

Usher, Dan (1995). *The Uneasy Case for Equalization Payments.* Vancouver: Fraser Institute.

Vaillancourt, Francois (1998). "Financing Formulas for Public Primary - Secondary Educations in the United States: Presentation and Evaluation." World Bank, Economic Development Institute, Washington, DC.

Van Rijckeghem, Caroline, and Beatrice Weder (2001). "Bureaucratic Corruption and the Rate of Temptation: Do Low Wages in Civil Service Cause Corruption?" *Journal of Development Economics* 65: 307 - 331.

Von Hagen, Jurgen (2002). "Fiscal Rules, Fiscal Institutions and Fiscal Performance." *Economic and Social Review* 33 (3): 263 - 284.

(2005). "Budgetary Institutions and Public Spending." In *Fiscal Management*, ed. Anwar Shah, 1 - 29. Washington, DC: World Bank.

von Hagen, Jürgen, Andrew Hughes Hallet, and Rolf Strauch (2002). "Budgetary Institutions for Sustainable Public Finances." In *The Behavior of Fiscal Authorities*, ed. B. Marco, J. von Hagen, and C. Martinez - Mongay, 94 - 114. New York: Palgrave.

Von Maravic, Patrick (2003). "How to Analyze Corruption in the Context of Public Management Reform?" Paper presented at the first meeting of the Study Group on Ethics and Integrity of Governance, Lisbon, September.

Wade, Robert (1997). "How Infrastructure Agencies Motivate Staff: Canal Irrigation in India and the Republic of Korea." In *Infrastructure Strategies in East Asia*, ed. Ashoka Mody, 109 - 130. Washington, DC: World Bank.

Wajidi, Muhammad (1990). "Origin of Local Government in the Indo - Pakistan Subcontinent." *Journal of Political Science* 13 (1 - 2): 131 - 139.

Wallack, Jessica, and T. N. Srinivasan, eds. (2006). *Federalism and Economic Reform: International Perspectives.* Cambridge: Cambridge University Press.

Waller, Christopher J., Thierry A. Verdier, and Roy Gardner (2002). "Corruption: Top - Down or Bottom - Up." *Economic Inquiry* 40 (4): 688 - 703.

Walsh, Cliff (1992). "Infrastructure Funding and Federal - State Financial Relations." Discussion Paper no. 21, Federalism Research Center, Australian National University.

Watson, William G. (1986). "An Estimate of the Welfare Gain from Fiscal Equalization." *Canadian Journal of Economics* 19 (2): 298 - 308.

Watts, Ronald L. (1999). *Comparing Federal Systems.* 2nd ed. Montreal and Kingston: McGill - Queen's University Press.

Weingast, Barry R. (1995). "The Economic Role of Political Institutions: Market Preserving Federalism and Economic Growth." *Journal of Law, Economics, and Organization* 11 (1): 1 - 31.

(2006). "Second Generation Fiscal Federalism: Implications for Decentralized Democratic Governance and Economic Development." Discussion draft, Hoover Institution, Stanford University.

Weingast, Barry R., and W. Marshall (1988). "The Industrial Organization of Congress: Why Legislatures, like Firms, Are Not Organized like Markets." *Journal of Political Economy* 96 (1): 132 - 163.

Werner, Jan (2006). "Local Government Organization and Finance: Germany." In *Local Governance in Industrial Countries*, ed. Anwar Shah, 117 - 148. Washington, DC: World Bank.

Werner, Jan, and Anwar Shah (2005). "Horizontal Fiscal Equalization at the Local Level: The Practice in Denmark, Norway, and Sweden." Unpublished paper, World Bank, Washington, DC.

West, L., and C, Wong (1995). "Fiscal Decentralization and

Growing Regional Disparities in Rural China: Some Evidence in the Provision of Social Services." *Oxford Review of Economic Policy* 11 (4): 70 – 84.

Whalley, John (1999). "Globalization and Decline of the Nation State." Paper presented at the First International Conference on Federalism, Forum of Federations, Mont Tremblant, Quebec, October 6 – 7.

Wierts, Peter (2005). "Federalism and the EU: Fiscal Policy Coordination within and between EU Member States." International Conference on Federalism, Brussels, March 1 – 5.

Wildasin, David E. (1986). *Urban Public Finance.* Chur, Switzerland: Harwood Academic. (1991). "Income Redistribution in a Common Labor Market." *American Economic Review* 81 (4): 757 – 774.

(1995). "Comment on Fiscal Federalism and Decentralization." Seventh Annual World Bank Conference on Development Economics, 323 – 328. Washington, DC, May 1 – 2.

(1997). "Externalities and Bailouts: Hard and Soft Budget Constraints in Intergovernmental Fiscal Relations." Policy Research Working Paper no. 1843, World Bank, Washington, DC.

Williamson, Oliver (1985). *The Economic Institutions of Capitalism.* New York: Free Press.

Willis, Eliza, Christopher da C. B. Garman, and Stephan Haggard (1999). of Decentralization in Latin America. *Latin American Research Review* 34 (1, Winter): 7 – 46.

Wilson, John D. (1999). "Theories of Tax Competition." *National Tax Journal* 52: 269 – 304.

Wilson, L. S. (2003). "Equalization, Efficiency and Migration – Watson Revisited." *Canadian Public Policy* 29 (4): 385 – 395.

Winer, Stanley L., and Denis Gauthier (1982). *Internal Migration and Fiscal Structure: An Econometric Study of the Determinants of Interprovincial Migration in Canada. Ottawa: Economic Council of Canada.*

Winkler, D. , and T. Rounds (1996) . "Municipal and Private Sector Response to Decentralization and School Choice." *Economic of Education Review* 15 (4): 365 – 376.

Wonnacott, Paul (1972) . *The Floating Canadian Dollar.* Washington, DC: American Enterprise Institute for Public Policy Research.

World Bank (1994a) . "China: Budgetary Policy and Intergovernmental Fiscal Relations." Report no. 11094 – CHA, Washington, DC: World Bank.

(1994b) . *Infrastructure for Development.* World Development Report, 1994. Washington, DC: World Bank.

(1995) . *China: Macroeconomic Stability in a Decentralized Economy.* Washington, DC: World Bank.

(1997) . *World Development Report*, 1997 – *The State in a Changing World.* Washington, DC: World Bank.

(1998) . *China: Public Expenditure Management Review.* Washington, DC: World Bank.

(2000) . "China: Managing Public Expenditures for Better Results." Report no. 20342 – CHA, World Bank, Washington, DC.

(2002) . "Brazil: Issues in Fiscal Federalism." Report no. 22523 – BR, Brazil Country Management Unit, World Bank, Washington, DC.

(2003) . *Making Services Work for Poor People.* World Development Report, 2004. Washington, DC: World Bank.

(2004a) . *Mainstreaming Anti – corruption Activities in World Ban, Assistance – A Review of Progress since 1997.* Washington, DC: World Bank.

(2004b) . *Devolution in Pakistan: An Assessment and Recommendations for Actions.* Washington, DC: World Bank.

(2005a) . "China Quarterly Update." World Bank Office Beijing, February.

(2005b) . *Equity and Development.* World Development Report,

2006. Washington, DC: World Bank.

(2006). "Capitation Financing Options in the Health Sector: International Experience. Uzbekistan Programmatic Public Expenditure Review." *Europe and Central Asia Region*, Washington, DC: World Bank.

Xie, D., H. Zou, and H. Davoodi (1999). Fiscal Decentralization and Economic Growth in the United States. *Journal of Urban Economics* 46: 228 – 239.

Yep, R. (2004). "Can 'Tax – For – Fee' Reform Reduce Rural Tension in China? The Process, Progress and Limitations." *China Quarterly* 177: 42 – 71.

Yusuf, Shahid (1997). "China's State Enterprise Sector: Problems and Reform Prospects." Mimeo, World Bank Washington, DC.

Zhang, T., and H. Zou (1997). "Fiscal Decentralization, the Composition of Public Spending, and Regional Growth in India." Development Research Group Working Paper, World Bank, Washington, DC.

(1998). "Fiscal Decentralization, Public Spending and Economic Growth in China." *Journal of Public Economics* 67 (2): 221 – 240.

Zheng, Yingpin, and Fan Wei, eds. (2003). *The History and Civilization of China* Beijing: Central Party Literature Publishing House.